KB116593

일본어일기
표현사전

일본어일기 표현사전

지은이 일본어콘텐츠개발팀
펴낸이 **최정심**
펴낸곳 (주)GCC

초판 1쇄 발행 2006년 12월 25일
초판 10쇄 발행 2013년 11월 25일

2판 1쇄 발행 2019년 2월 10일
2판 2쇄 발행 2019년 2월 15일

출판신고 제406-2018-000082호
주소 10880 경기도 파주시 지목로 5
전화 (031) 8071-5700 팩스 (031) 8071-5200

ISBN 979-11-89432-78-2 13730

www.nexusbook.com

내가 쓰고 싶은 말이 다 있는

일본어일기
표현사전

일본어콘텐츠개발팀 지음

JAPANESE DIARY
DICTIONARY

넥서스 JAPANESE

요즘은 영어, 일본어, 중국어 등 어학을 공부하는 이들에게 어학 연수의 기회가 매우 흔하여 졸업하기 이전의 필수 코스와 같이 인식되고 있다. 또 굳이 어학 연수라는 구실을 달지 않더라도, 외국에 나가 현지 체험을 하는 것은 매우 일반화되었다. 특히 일본의 경우 2시간 정도면 닿을 수 있는 매우 가까운 거리에 있고, 우리와 문화와 생활이 비슷하다는 점에서 쉽게 발을 들여놓을 수 있는 나라이다. 그래서인지 우리 주변에는 일본어를 매우 유창하게 하는 사람이 많다.

그런데 막상 문장으로 쓰라고 하면 상황이 달라진다. 실생활에서 몸으로 부딪쳐 현지어를 그대로 익히긴 했지만, 문장으로 표현하는 실력을 다지지 못한 까닭이다. 말은 그리도 잘하는데, 똑같은 말을 문장으로 써 놓으면 한자의 ふりがな를 읽지 못하거나, 작문을 제대로 못하는 사례를 자주 볼 수 있다.

외국어에서 회화는 물론 중요한 부분이지만, 회화는 생략되거나 축약하여 말하거나 소리가 변하여 이용되는 경우가 많다. 그러니 회화는 회화대로 할 줄 알아야 하고, 문장을 쓸 때는 정식으로 문법 및 문장의 구성 요소에 맞춰서 쓸 줄 알아야 한다.

일본어 문장을 한국어로 옮겨 쓰는 것보다 한국어 문장을 일본어로 쓰는 것이 더 어렵다고 한다. 일기를 쓸 때도 일본어로 옮겨 쓰는 데 있어서 일대 일 대응식의 작문을 하면 비문이 될 수도 있다. 자연스러운 작문은 반복되는 학습을 통해서 터득해야만 한다. 『일본어일기표현사전』을 보고 일기문 형식의 짧은 단문을 모방하는 것부터 시작하여 직접 써보다 보면 장문의 글을 쓰는 실력을 다질 수 있을 것이다.

첫 술에 배부를 수는 없다. 이제 이 책을 펴고 일본어에 대한 진정한 학습을 시작해 보자. 이 책에 수록된 많은 표현들은 일기에 쓰이는 표현이기도 하지만, 일상적인 모든 작문에 두루 활용할 수 있는 유용한 문장들이니 분야에 국한됨 없이 일본 학습에 도움이 될 수 있을 것이다.

이 책을 출간하는 데 긴 시간 동안 일본어 번역과 감수를 해 주신 우치야마 마유미(内山真由美) 선생님께 감사 드린다.

일본어콘텐츠개발팀

| 전체 구성 |

■ **필수 패턴 30**
  · 일기 쓰기에 꼭 필요한 문형 30개를 선별하여 각각에 문법적 설명 및 쓰임, 용례를 나타 냈다.

■ **CHAPTER 21**
  · 일기 문장 속에 나오는 일상생활을 21과로 정리하여 실제로 쓰이는 형태로 표현하였다.
  · 각 표현들을 습득하여 일기는 물론 이메일, 작문 등에 쓸 수 있다.

| 과의 구성 |

· 각 과 안에서는 세부 항목으로 나누어 여러 상황에 맞는 표현을 자세히 수록하였다.
· 모든 한자 어휘에는 読み方를 표기하여 학습자의 편의를 고려하였다.

■ **BOX**

각각 테마별 관련 어휘

042	날씨 용어	199	통신용어	414	병원의 종류
047	여러 가지 꽃	213	은행 거래	417	약의 종류
052	여름 휴가	233	사건 · 사고 · 재해	422	학교의 종류
053	비의 종류	242	명절	426	학과목
069	여러가지 눈	256	여러가지 파티	459	전공 과목
107	감정 표현	261	크리스마스 용어	518	결혼 관련어
130	우리 가족	272	한국 요리	524	취미 생활
136	형제자매	273	일본 요리	532	음악의 종류
143	종교의 종류	273	서양 요리	535	악기의 종류
156	주방 도구	277	여러가지 맛	543	애완동물
156	가전 제품	292	옷의 종류	554	운동 종목
160	가재 도구	292	옷감의 종류	558	축구 용어
171	신체 증상	296	여러 가지 액세서리	562	야구 용어
176	여러가지 놀이	304	신체 부위	580	시장보기
180	교통 수단	316	화장품의 종류	607	동물 이름
180	교통 용어	328	성격 관련어	609	나무 이름
181	도로 상황	380	질병의 종류	614	세계의 나라
181	차량 · 운전	380	신체 기관	624	직업의 종류

■ **일기문**
· 각 과의 마지막에 과 내용을 포괄하는 내용으로 실제 하루의 일기문을 수록하였다.
· 실제와 같은 형태를 갖추기 위해 読み方는 표기하지 않았다.
· 일기문 아랫쪽에 NOTE 난을 마련하여 일기문 속 대표 단어들을 정리하였다.

C O N T E N T S

들어가는 말 _4
이 책의 구성 _5
차 례 _6

일본어일기 필수 패턴30 _9

CHAPTER

1

날씨 · 계절
1. 날씨 _42
2. 봄 _47
3. 여름 _52
4. 가을 _66
5. 겨울 _69
DIARY1 _78

CHAPTER

2

하루 일과
1. 아침 _80
2. 점심 _89
3. 저녁 _92
4. 하루의 정리 _102
5. 기분 · 감정 _107
DIARY2 _128

CHAPTER

7

식생활
1. 식성 _268
2. 요리 _272
3. 맛 _277
4. 식사 전 _279
5. 식사 후 _281
6. 외식 _283
7. 배달 음식 _288
DIARY7 _290

CHAPTER

8

의생활
1. 옷차림 _292
2. 액세서리 _296
3. 유행 _298
4. 옷 수선 _299
DIARY8 _302

CHAPTER

9

외모
1. 외모 _304
2. 얼굴 _307
3. 머리 _311
4. 체형 _314
5. 화장 _316
6. 머리 손질 _318
7. 비만 _321
8. 다이어트 _323
DIARY9 _326

CHAPTER

10

성격
1. 성격 _328
2. 긍정적인 성격 _330
3. 부정적인 성격 _334
4. 습관 · 버릇 _338
5. 좋아하기 _340
6. 싫어하기 _342
DIARY10 _344

CHAPTER 3

가족

1. 우리 가족 _ 130
2. 조부모 _ 132
3. 부모 _ 133
4. 형제자매 _ 136
5. 친척 _ 139
6. 장래 희망 _ 140
7. 종교 _ 143
DIARY3 _148

CHAPTER 4

집안일

1. 청소 _ 150
2. 세탁 _ 152
3. 부엌일 _ 156
4. 정원 관리 _ 158
5. 집 꾸미기 _ 160
6. 집 수리 _ 161
7. 기타 집안일 _ 165
DIARY4 _ 166

CHAPTER 5

일상생활

1. 일상생활 _ 168
2. 생리 현상 _ 171
3. 놀이 _ 176
4. 교통 _ 180
5. 통신 _ 199
6. 은행 _ 213
7. 절약 _ 223
8. 봉사 활동 _ 226
9. 실수 · 잘못 _ 229
10. 사건 · 사고 _ 233
DIARY5 _ 240

CHAPTER 6

집안 행사

1. 설 _ 242
2. 추석 _ 246
3. 생일 _ 247
4. 기념일 _ 250
5. 파티 _ 256
6. 크리스마스 _ 261
7. 연말 행사 _ 263
DIARY6 _ 265

CHAPTER 11

언행

1. 예절 _ 346
2. 행동 _ 348
3. 말 _ 351
4. 조언 · 충고 _ 360
5. 위로 _ 362
6. 격려 · 축하 _ 365
7. 기원 _ 367
DIARY11 _ 369

CHAPTER 12

건강

1. 건강 _ 372
2. 건강 검진 _ 377
3. 발병 _ 380
4. 발열 _ 382
5. 두통 _ 384
6. 감기 _ 385
7. 복통 _ 389
8. 피부 _ 393
9. 근육통 _ 398
10. 골절 _ 399
11. 치아 관리 _ 401
12. 시력 _ 405
13. 눈병 _ 408
14. 귓병 _ 410
15. 응급 치료 _ 410
16. 진찰 _ 412
17. 병원 치료 _ 414
18. 약 _ 417
DIARY12 _420

CHAPTER 13

학교 생활

1. 학교 _ 422
2. 수업 _ 426
3. 공부 _ 435
4. 시험 _ 437
5. 성적 _ 442
6. 선생님 _ 444
7. 영어 _ 446
8. 숙제 _ 450
9. 학원 · 과외 _ 453
10. 방학 _ 455
11. 대학 입시 _ 459
12. 대학 생활 _ 462
DIARY13 _ 471

CHAPTER 14

학교 행사

1. 입학 _ 474
2. 체육대회 _ 475
3. 학교 축제 _ 477
4. 동아리 _ 479
5. 캠핑 _ 480
6. 소풍 _ 482
7. 수학여행 _ 484
8. 졸업 _ 486
DIARY14 _ 489

CHAPTER 15

친구

1. 친구 사귀기 _ 492
2. 좋은 친구 _ 494
3. 사이가 나쁜 친구 _ 496
4. 친구와의 다툼 _ 498
5. 옛 친구 _ 501
DIARY15 _ 505

CHAPTER 16

사랑

1. 미팅 _ 508
2. 사랑 _ 510
3. 연애 _ 514
4. 이별 _ 515
5. 결혼 _ 518
DIARY16 _ 522

CHAPTER 17

취미 활동

1. 취미 _ 524
2. 등산 _ 526
3. 독서 _ 527
4. 음악 _ 532
5. 악기 _ 535
6. 노래 _ 536
7. 춤 _ 538
8. 그림 _ 539
9. 사진 _ 540
10. 애완동물 _ 543
11. 연예 _ 546
12. 수집 _ 548
13. 재봉 · 자수 _ 549
DIARY17 _ 552

CHAPTER 18

운동

1. 운동 _ 554
2. 축구 _ 558
3. 야구 _ 562
4. 수영 _ 565
5. 탁구 _ 567
6. 테니스 _ 567
7. 승패 _ 568
DIARY18 _ 571

CHAPTER 19

쇼핑

1. 쇼핑 _ 574
2. 장보기 _ 580
3. 가격 _ 583
DIARY19 _ 588

CHAPTER 20

여가 활동

1. 문화 생활 _ 590
2. 음악회 _ 591
3. 연극 _ 594
4. 영화 _ 597
5. 공원 _ 602
6. 동물원 _ 607
7. 식물원 _ 609
8. 여행 _ 610
9. 외국 여행 _ 614
DIARY20 _ 621

CHAPTER 21

직장 생활

1. 직업 _ 624
2. 취업 _ 626
3. 직장 생활 _ 628
4. 사업 _ 636
DIARY21 _ 639

일본어 작문의 기반을 다져주는

일본어 일기 필수 패턴 30

- 패턴30에서 뜻에 맞는 용법만 나타내었다.
- 각 패턴의 다른 용법과 뜻은 생략되었다.

～이었다, ～했다

～이었다, ～했다 [~た]
완료와 과거를 나타내는 표현이다.

용법 명사 + だった

어제는 내 생일이었다.
昨日は私の誕生日だった。

우리 아버지는 고등학교 선생님이었다.
私の父は高校の先生だった。

용법 い형용사 어간 + かった

오래간만에 자전거를 타서 즐거웠다.
久しぶりに自転車に乗って、楽しかった。

오늘 본 액션 영화는 정말 재미있었다.
今日見たアクションの映画は本当に面白かった。

용법 な형용사 어간 + だった

석양이 매우 예뻤다.
夕日がとてもきれいだった。

용법 동사 유형별 형태 + た

어제 백화점에서 옷을 샀다.
昨日、デパートで服を買った。 (1그룹 동사)

어릴 때는 강에서 헤엄을 쳤다.
子供の時は川で泳いだ。 (1그룹 동사)

오늘은 아침 7시에 일어났다.
今日は、朝7時に起きた。 (2그룹 동사)

점심에 샌드위치를 먹었다.
昼ごはんでサンドイッチを食べた。 (2그룹 동사)

친구하고 축구를 했다.
友達とサッカーをした。 (3그룹 동사)

pattern 02

오다, 가다

1 ~에 가다 [~へ/に 行く]
「へ」는 방향을 나타내고, 「に」는 목적을 나타낼 때 쓴다.

서둘러 학교에 갔다.
急いで学校へ行った。

토요일에 친구랑 야구장에 갔다.
土曜日に友達と野球場へ行った。

친구들과 주말에 캠핑을 간다.
友達と週末にキャンピングに行く。

어제 병원에 치료를 받으러 갔다.
昨日、病院へ治療を受けに行った。

파마를 하러 미용실에 갔다.
美容室へパーマをしに行った。

2 ~에서 오다 [~から来る]
「~から」는 '~에서', '~로부터'의 뜻으로 행동의 기점을 나타낸다.

일요일에 시골에서 할머니가 오셨다.
日曜日に田舎から祖母がいらっしゃった。

일본에서 친구가 왔다.
日本から友達が来た。

3 ~에 다녀오다 [~へ/に行って来る]
'~에 다녀왔다'는 갔다가 왔다는 뜻으로 「行ってきた」라고 쓴다.

나는 일본에 세 번 정도 다녀왔다.
私は日本に3回ぐらい行ってきた。

"다녀오겠습니다."하고 인사를 하고 집을 나섰다.
行ってきますとあいさつをして家を出た。

〜해서, 〜하니까, 〜 때문에

1 〜때문에 [〜から]

앞 문장이 뒷문장의 원인·이유를 나타낼 때는 「から」를 쓴다.

용법 동사/い형용사 기본형 +から
な형용사 な형, 명사 +だから

비가 내리고 있어서 운동하러 가지 않았다.
雨が降ったから運動しに行かなかった。
あめ ふ うんどう い

MP3가 갖고 싶어서 샀다.
MP3プレーヤーがほしいから買った。
か

경치가 멋있어서 꼭 다시 가 보고 싶은 곳이었다.
景色がすばらしいから、ぜひまた行ってみたい所だった。
けしき い ところ

2 〜때문에 [〜ので]

앞 문장의 사실에 따라 당연한 결과를 나타낼 때는 「ので」를 쓴다.

용법 동사/い형용사 기본형 + ので
な형용사 な형, 명사 + なので

날씨가 따뜻해져서 두꺼운 외투를 벗었다.
天気が暖かくなったのでぶあついコートを脱いだ。
てんき あたた ぬ

봄이 되어서 고사리를 캐러 갔다.
春になったのでわらびとりに出かけた。
はる で

나는 입기 편해서 카디건을 좋아한다.
私は着やすいのでカーディガンが好きだ。
わたし き す

나는 키가 아주 크고 호리호리해서 친구들이 나를 키다리라 부른다.
私は背がとても高くてすんなりとしているので友達が私をノッポと
わたし せ たか ともだち わたし
呼ぶ。
よ

감기 걸려서 약을 먹고 있다.
風邪をひいたので薬を飲んでいる。
かぜ くすり の

pattern

04

～위해서, ～하도록

① ～위해서 [～ために]

목적을 나타내는 표현이다.

> **용법** 동사 기본형 + ために
>
> 우리는 떡을 만들기 위해 쑥을 샀다.
> 私たちは、おもちを作るためによもぎを買った。
>
> 몸매를 가꾸기 위해 운동을 시작했다.
> スタイルをよくするために運動を始めた。
>
> 더위를 쫓기 위해 여러 방법을 사용했다.
> 暑さを吹き飛ばすためにいろんな方法を試してみた。
>
> 파티에 참여하기 위해 진하게 화장했다.
> パーティーに参加するために濃い化粧をした。
>
> **용법** 명사 + のため
>
> 건강을 위해서 매일 운동을 하고 있다.
> 健康のために毎日運動をしている。
>
> 나를 위한 일이었다.
> 私のためのことだった。

② ～하도록 [～ように]

어떤 목적으로 뭔가를 한다는 뜻을 나타낸다.

> **용법** 동사 가능형 + ように
>
> 잘 들을 수 있도록 큰 소리로 말했다.
> よく聞こえるように大きな声で話した。
>
> 누구라도 읽을 수 있도록 크게 썼다.
> 誰でも読めるように大きく書いた。
>
> 어려움을 극복할 수 있도록 그가 도와주었다.
> 困難を克服できるように、彼が助けてくれた。

~으로, ~을 이용해서

수단이나 방법으로 이용하여 행동을 할 때 쓴다.

1 ~으로 [~で]

볼펜으로 노트했다.
ボルペンでノートした。

학교까지 버스로 갔다.
学校までバスで行きました。
がっこう　　　　　　い

라이터로 초에 불을 붙였다.
ライターで蝋燭に火をつけた。
ろうそく　ひ

2 ~을 이용하다 [~を利用する]

지위를 이용하여 남을 협박하였다.
地位を利用して人を脅迫した。
ち い　りよう　ひと　きょうはく

미술 시간에 우유 팩을 이용하여 의자를 만들었다.
美術時間に牛乳のパックを利用して椅子を作った。
び じゅつ じ かん　ぎゅうにゅう　　　　りよう　い す　つく

3 ~을 사용하다 [~を使う]

일본 역사 시험 시간에는 사전을 사용해도 된다고 했다.
日本史の試験の時は辞書を使ってもいいと言った。
に ほん し　し けん　とき　じ しょ　つか　　　　　　い

속임수를 사용하면 안 된다.
トリックを使ってはいけない。
つか

에어콘 대신에 선풍기를 사용했다.
エアコンの代わりに扇風機を使った。
か　せんぷう き　つか

pattern
06

너무 ~해서 ~했다

너무 ~해서 ~했다 [とても~て~した]
원인이나 이유가 되는 말을 강조하며, 뒤에는 결과가 되는 말이 나온다.

용법 とても + い형용사 て형 + くて~した

너무 슬퍼서 엉엉 울었다.
とても悲しくてワンワン泣いた。

너무 어두워서 무서웠다.
とても暗くて怖かった。

너무 바빠서 전화를 할 수가 없었다.
とてもいそがしくて電話をすることができなかった。

너무 아파서 눈물이 날 정도였다.
とても痛くて涙が出るほどだった。

용법 とても + な형용사 な형 + で~した

너무 조용해서 아무도 없다고 생각했다.
とても静かでだれもいないと思った。

너무 운전이 서툴러서 걱정이다.
とても運転が下手で心配だ。

너무 신부가 예뻐서 부러웠다.
とても新婦がきれいで羨ましかった。

용법 とても + 동사 て형 + て~した
とても + 동사 た형 + たので~した

너무 늦잠을 자서 약속 시간에 늦고 말았다.
とても遅くおきて約束時間に遅れてしまった。

너무 많이 먹어서 움직이지 못했다.
とてもたくさん食べたので動くことができなかった。

너무 많이 울어서 눈이 빨개졌다.
とてもたくさん泣いたので目が赤くなった。

15

～한 적이 있다

① ～한 적이 있다 ［~ことがある］

과거 경험의 유무를 나타낸다. 과거를 나타내지만 「~ことがあった」라고는
쓰지 않고, 앞에 나오는 동사를 과거형으로 쓴다.

용법 동사 た형 + たことがある

나는 그 사람과 만난 적이 있다.
私はその人と会ったことがある。

나는 일본에 간 적이 있다.
私は日本に行ったことがある。

나는 이 과일을 먹은 적이 없다.
私はこの果物を食べたことがない。

나는 수영을 한 적이 없다.
私は水泳をしたことがない。

② ～하는 때가 있다 ［~ことがある］

'가끔 ～할 때가 있다'라는 뜻으로 쓴다.

용법 동사 기본형 + ことがある

나는 가끔 머리가 아파서 공부할 수 없을 때가 있다.
私は時々頭が痛くて、勉強することができないことがある。

우리는 가끔 외식 할 때가 있다.
私達は時々外食することがある。

운동을 하러 공원에 가지 않을 때가 있다.
運動をしに公園に行かないことがある。

pattern

08

～라고 한다

～에 의하면 ～라고 한다 [(～によると)～そうだ]
남의 말을 전하거나, 인용을 나타낸다.

용법 명사 + だそうだ
な형용사 な형 + だそうだ

그의 여동생은 매우 미인이라고 했다.
彼の妹さんはかなり美人だそうだった。

내일부터 10일 동안 여름 휴가라고 한다.
明日から十日間夏休みだそうだ。

용법 동사 기본형 + そうだ

일기예보에 의하면 내일 비가 온다고 한다.
天気予報によると、明日雨が降るそうだ。

사장님은 곧 오신다고 한다.
社長はもうすぐおいでになるそうだ。

다친 발은 완전히 좋아졌다고 한다.
怪我した足はすっかりよくなったそうだ。

용법 い형용사 기본형 + そうだ

아프리카는 일년 내내 덥다고 한다.
アフリカは一年中蒸し暑いそうだ。

이 만두는 보기보다 훨씬 맛있다고 한다.
この饅頭は見ることよりはずっとおいしいそうだ。

～할 것이다

① 당연히 ～할 것이다 ［~はずだ］
강한 확신을 갖고 말하는 표현이다.

> **용법** 동사/い형용사 기본형 + はずだ
> な형용사 な형 + なはずだ
> 명사 + のはずだ

다음 주에 성적표를 받게 될 것이다.
来週に成績表をもらうはずだ。
らいしゅう　せいせきひょう

대학 생활을 통해 많은 것을 경험할 수 있을 것이다.
大学生活を通じて、多くのことを経験できるはずだ。
だいがくせいかつ　　つう　　　　おお　　　　　　　　けいけん

학용품도 새것을 쓰게 될 것이다.
学用品も新しいのを使うことになるはずだ。
がくようひん　あたら　　　　つか

거기에 가면 더 싸게 살 수 있을 것이다.
そこに行けばもっと安く買うことができるはずだ。
い　　　　　　　やす　か

다음 달에는 월급을 더 많이 받게 될 것이다.
来月には給料をもっとたくさんもらうはずだ。
らいげつ　　きゅうりょう

② ～할 리가 없다 ［~はずがない］
전혀 가능성이 없다고 판단하거나, '절대로'라는 말이 들어갈 수 있는
강한 표현이다.

> **용법** 동사/い형용사 기본형 + はずがない
> な형용사 な형 + なはずがない
> 명사 + のはずがない

나는 합격할 리가 없다고 생각했다.
私は合格するはずがないと思っていた。
わたし　ごうかく　　　　　　　　　　おも

이 내용이 시험에 나올 리가 없다
この内容が試験に出るはずがない。
ないよう　しけん　で

그가 시계를 선물해줄 리가 없다.
彼が時計をプレゼントしてくれるはずがない。
かれ　とけい

pattern 10

~할 것 같다, ~인 것 같다

① ~할 것 같다 [~そうだ]

확실하지는 않지만 겉모습을 보고 판단한 추측을 나타낸다. 앞에 오는 동사는 과거형으로 쓰지 않는다.

> **용법** い형용사 어간 + そうだ
> な형용사 な형 + そうだ
> 동사 ます형 + そうだ

이 책은 재미있을 것 같다.
この本はおもしろそうだ。

이 영화는 너무 무서울 것 같다.
この映画はとても怖そうだ。

그는 건강해 보였다.
彼は元気そうだった。

곧 비가 내릴 것 같았다.
今にも雨が降りそうだった。

맛있는 음식을 많이 먹을 수 있을 것 같았다.
おいしい食べ物をたくさん食べれそうだった。

② ~인 것 같다 [~ようだ]

보거나 들은 사실에 근거하여 추측할 때 쓰는 표현이다.

> **용법** 동사/い형용사 기본형 + ようだ
> な형용사 な형 + なようだ
> 명사 + のようだ

아무래도 감기에 걸린 것 같다.
どうも風邪をひいたようだ。

그는 양심의 가책을 느끼지 않는 것 같다.
彼は良心の呵責を感じないようだ。

잘 잤더니 몸 상태가 좋아진 것 같다.
良く寝たら体の調子が良くなったようだ。

19

막 ~ 하고 있다

① 막 ~하려는 참이다 [~ところだ]
그 일을 시작하려고 하는 순간이나 시작한 지 얼마 안 됐음을 나타낸다.

　용법　동사 기본형 + ところだ

살을 빼려고 다이어트를 하고 있는 중이다.
痩せようとダイエットをしているところだ。

어떻게 사랑을 전할까 고민 중이다.
どうやって愛を伝えるか悩んでいるところだ。

나는 병원에서 치료를 받고 있는 중이다.
私は病院で治療を受けているところだ。

직장을 그만둘까 생각 중이다.
職場を辞めようかと考えているところだ。

② 막 ~한 참이다 [~ばかりだ]
어떤 일이 끝나자 마자인 상태는 ┌~ところだ┘이고,
┌ばかりだ┘는 어느 정도 시간이 지나도 쓸 수 있다.

　용법　동사 た형 + たばかりだ

그녀는 지난달에 막 결혼한 참입니다.
彼女は先月結婚したばかりです。

작년에 자동차를 산 참입니다.
去年、自動車を買ったばかりです。

③ ~하고만 있다 [~ばかりいる]
그것만 계속하고 있다는 뜻을 나타낸다.

　용법　동사 て형 + てばかりいる

선생님의 설명을 듣고만 있으려니 졸음이 밀려왔다.
先生の説明を聞いてばかりいたら、眠気が押し寄せた。

그는 항상 제 잘났다고 자랑만 한다.
彼はいつも偉そうに自慢ばかりする。

p a t t e r n
12

～하면서 ～하다

무언가를 하면서 동시에 다른 것을 하는 것을 뜻한다.

① ～하면서 ～하다 ［～ながら～する］

용법　동사 ます형 + ながら

아버지는 신문을 보면서 아침 밥을 드셨다.
父は新聞を読みながら、朝ご飯を食べた。

친구와 팝콘을 먹으면서 영화를 보았다.
友達と一緒にポップコーンを食べながら、映画を見た。

라디오를 들으면서 공부를 했다.
ラジオを聞きながら、勉強をした。

그는 컴퓨터 게임을 하면서 전화 통화를 하고 있었다.
彼はパソコンゲームをしながら、電話をしていた。

② ～하면서 ［～つつ］

용법　동사 ます형 + つつ

강을 왼쪽으로 보면서 조깅을 했다.
川を左に見つつ、ジョギングをした。

친구의 의견을 물으면서 여행 계획을 짰다.
友達の意見を聞きつつ、旅行の計画を立てた。

햄버거가 다이어트에 나쁘다는 것을 알면서 그만 먹고 말았다.
ハンバーグがダイエットに悪いと知りつつ、

つい食べてしまった。

13 쉽다, 어렵다

1 ~하기 쉽다 [~やすい]

'~하기 용이하다', '~하기 간단하다'의 뜻을 나타내는 표현이다.

> 용법 　동사 ます형 + やすい

추워져서 감기 걸리기 쉽게 되었다.
寒くなってきたので、風邪にかかりやすくなった。
　　さむ　　　　　　　　　かぜ

이 책은 읽기 쉽다.
この本は読みやすい。
　　ほん　よ

쓰기 쉬운 연필을 준비했다.
書きやすい鉛筆を準備した。
か　　　　　えんぴつ じゅんび

고민을 말하기 쉬운 친구가 있다.
悩みを話しやすい友達がいる。
なや　 はな　　　　ともだち

2 ~하기 어렵다 [~にくい]

'좀처럼 ~하기 어렵다'는 뜻을 나타내는 표현이다.

> 용법 　동사 ます형 + にくい

이 단어는 왠지 외우기 어렵다.
この単語はなぜか覚えにくい。
　　たんご　　　　　 おぼ

이 고기는 딱딱해서 자르기 어렵다.
この肉は固くて切りにくい。
　　にく かた　　 き

이 카메라는 사용하기 어렵고 무겁다.
このカメラは使いにくくて重い。
　　　　　　 つか　　　　　 おも

pattern

14

～하기 시작하다, ～이 끝나다

---

① ～하기 시작하다 [~はじめる]

용법　동사 ます형 + はじめる

벚나무에 꽃이 피기 시작했다.
桜の木の花が咲き始めた。
さくら　き　はな　さ　はじ

버튼을 누르면 움직이기 시작한다.
ボタンを押すと動き始める。
お　うご　はじ

갑자기 그가 달리기 시작했다.
突然、彼が走り始めた。
とつぜん　かれ　はし　はじ

비행기가 이륙하기 시작하자 속이 울렁거렸다.
飛行機が離陸し始めると、胸がムカムカした。
ひこうき　りりく　はじ　むね

② 끝나다 [~おわる]

'다 ～하다', '～하는 것이 끝나다'라는 뜻으로 동작의 종료를 나타낸다.

용법　동사 ます형 + おわる

드디어 리포트를 다 썼다.
やっとレポートを書き終わった。
か　お

다 읽은 책을 도서관에 반납했다.
読み終わった本を図書館に返した。
よ　お　ほん　としょかん　かえ

다들 다 먹고 난 후에 늦게 도착했다.
みんなが食べ終わった後に遅れて到着した。
た　お　あと　おく　とうちゃく

숙제가 끝났기 때문에 놀러 나갔다.
宿題をし終わったので、遊びに出掛けた。
しゅくだい　お　あそ　でか

～하고 있다, ～하는 중이다

① 계속 ～하다 ［～つづける］
동작의 계속을 나타낸다.

용법 동사 ます형 + つづける

미지막까지 계속 달리고 있었다.
最後まで走りつづけた。
さい ご　　　　はし

3년 동안 계속 클럽 활동을 하고 있다.
3年間クラブ活動をしつづけている。
ねんかん　　　　　かつどう

② (현재의 상태가) ～하다 ［～いる］
동작의 진행, 상태를 나타낸다.

용법 동사 て형 + ている

지각하는 버릇을 들이지 않으려고 노력하고 있다.
遅刻する癖がつかないように努力している。
ち こく　　くせ　　　　　　　　　どりょく

크리스마스 파티를 고대하고 있다.
クリスマスパーティーを期待している。
き たい

나는 식욕 부진으로 고생하고 있다.
私は食欲不振で苦労している。
わたし　しょくよく ふ しん　　く ろう

나는 그것을 요리하는 방법을 알고 있다.
私はそれを料理する方法を知っている。
りょう り　　ほうほう　し

그 식당은 비빔밥으로 잘 알려져 있다.
そのお店はビビンパで知られている。
みせ　　　　　　　　し

나는 근시라서 안경을 쓰고 있다.
私は近視なので眼鏡をかけている。
きん し　　　　め がね

피부가 거칠다.
肌が荒れている。
はだ　あ

pattern
16
～되다

～되다, ～해지다 ［～なる］
현재의 상태나 변화를 나타내는 표현이다.

> **용법** 명사 + (と/に)なる
> な형용사 어간 + (と/に)なる
>
> 대학을 졸업하고 수학 교사가 되었다.
> 大学を卒業して数学の先生になった。
> だいがく　そつぎょう　すうがく　せんせい
>
> 건강해지기 위해서는 매일 운동을 해야 한다.
> 健康になるためには毎日運動をしなければならない。
> けんこう　　　　　まいにちうんどう

> **용법** い형용사 어간 + くなる
>
> 파란 사과가 익어 빨갛게 변했다.
> あおいリンゴがうれて赤くなった。
> あか
>
> 빌딩은 점점 높아졌다.
> ビルはだんだん高くなった。
> たか

> **용법** 동사 기본형 + ようになる
> 동사에는 직접 붙여 쓸 수 없으며 「ように」를 붙여서 쓴다.
>
> 아이가 키가 커서 선반에 손이 닿게 되었다.
> 子供が背が高くなって棚に手を触れるようになった。
> こども　せ　たか　　　　たな　て　ふ
>
> 자전거가 고장이 나서 탈 수 없게 되었다.
> 自転車が壊れて乗れないようになった。
> じてんしゃ　こわ　　　の

~보다 ~하다(비교)

① A는 B보다 ~하다 [AはBより~だ]
   비교하는 기준이 되는 말이 A에 온다.

> 오늘은 어제보다 따뜻하다.
> 今日は昨日より暖かい。
> きょう　きのう　　あたた

> 나는 그전보다 더 적극적인 성격이 되었다.
> 私は前よりもっと積極的な性格になった。
> わたし　まえ　　　　　　せっきょくてき　せいかく

> 올여름은 작년보다 덜 더웠으면 좋겠다.
> 今年の夏は去年より暑くなければいいのにと思う。
> ことし　なつ　きょねん　　あつ　　　　　　　　　　　　おも

② A보다 B쪽이 ~하다 [AよりBの方が~だ]
   뒤에 나오는 B가 말의 요점이 된다.

> 나보다 동생이 달리기가 빠르다.
> 私より弟の方が走るのが速い。
> わたし　おとうと　ほう　はし　　　はや

> 여름보다 겨울을 좋아한다.
> 夏より冬の方が好きだ。
> なつ　ふゆ　ほう　す

③ A는 B만큼~하지 않다 [AはBほど~ない]

> 버스는 지하철만큼 편하지 않다.
> バスは地下鉄ほど便利ではない。
> ちかてつ　　べんり

> 이성에 관심을 가질 정도로 나는 조숙하지 않다.
> 異性に関心を持つほど私は早熟ではない。
> いせい　かんしん　も　　　　わたし　そうじゅく

> 일본어는 영어만큼 어렵지 않다.
> 日本語は英語ほど難しくない。
> にほんご　えいご　　むずか

pattern
18

~한 것 같다

확신할 수는 없지만, 자신의 실제 경험이나 정보를 근거로 비유할 때 쓴다.

> **용법** い형용사 기본형 + ようだ
> 동사 기본형 + ようだ
> な형용사 な형 + なようだ
> 명사 + のようだ

① (마치) ~한 것 같다 [~ようだ]

산들이 가을 단풍 빛으로 불타는 것 같았다.
山々が紅葉で燃えているようだった。
やまやま　こうよう　　も

그의 행동은 꼭 다섯 살짜리 어린아이 같다.
彼の行動はまるで5才の子供のようだ。
かれ　こうどう　　　　さい　こども

② (마치) ~ 것 같이, ~ 것 같은 [~ように、~ような]

그림 같은 아름다운 경치다.
絵のように美しい景色だ。
え　　　　うつく　けしき

피곤해서 죽은 것 같이 자고 있었다.
疲れて死んだように寝ていた。
つか　し　　　　　ね

도시는 밤에도 대낮인 것 같이 밝군요.
都市は夜でも昼のように明るいですね。
とし　よる　ひる　　　　あか

~하고 싶다

① ~하고 싶다, ~하고 싶어하다 [~たい]
말하는 사람이나 다른 사람의 희망을 나타낸다.

> **용법**　동사 ます형 + たい
>
> 냉이국이 먹고 싶있다.
> ネンイの味噌汁を食べたかった。
> みそしる　た
>
> 나는 언제나 관심 받는 사람이 되고 싶다.
> 私はいつも関心を集める人になりたい。
> わたし　　　かんしん　あつ　　　ひと
>
> 나는 애완동물을 키우고 싶다.
> 私はペットを飼いたい。
> か
>
> 내일은 느긋하게 쉬고 싶다.
> 明日はゆっくり休みたい。
> あした　　　　　　やす
>
> 나는 여름방학 때 해외 여행을 가고 싶다.
> 私は夏休みに海外旅行に行きたい。
> なつやす　　かいがいりょこう　い

② ~하고 싶어하다 [~たがる]
다른 사람이 원하고 있다는 것을 말할 때 또는 말하는 사람의 희망 사항이
조건이 될 때 쓴다. 앞에 ┌いつも(언제나)┐가 붙은 형태로 많이 쓴다.

> **용법**　동사 ます형 + たがる
>
> 야마다 씨는 일본으로 가고 싶어한다.
> 山田さんはいつも日本に行きたがっていった。
> やまだ　　　　　　にほん　い
>
> 그녀는 노래방에 가서 노래를 부르고 싶어한다.
> 彼女はカラオケに行って歌を歌いたがる。
> かのじょ　　　　　　い　　うた　うた
>
> 친구가 이 책을 사고 싶어했는데 절판되었다.
> 友達がこの本を買いたがっていたが、絶版になった。
> ともだち　　ほん　か　　　　　　　　　ぜっぱん
>
> 내가 아무리 알고 싶어 해도, 말해 주지 않았다.
> 私がいくら知りたがっても、何も聞かせてもらえなかった。
> し　　　　　　　なに　き

pattern 20

～하길 바라다, ～해 주었으면 좋겠다

～해 주었으면 좋겠다, ～해 달라 [~ほしい]
뭔가를 해 주기를 바라는 기대감을 나타내거나, 희망 사항을 표현할 때 쓴다.

용법 동사 て형 + てほしい

마감일을 1주일 더 연장해 달라고 교수에게 부탁했다.
締め切りを1週間延ばしてほしいと教授にお願いした。

교수님께 추천서를 써 달라고 부탁드렸다.
教授に推薦書を書いてほしいとお願いした。

친구들에게 안부를 전해 달라고 그에게 부탁했다.
友達によろしく伝えてほしいと、彼にお願いした。

직원이 영수증을 보여 달라고 했다.
店の人が領収書を見せてほしいと言った。

가격을 깎아 달라고 했다.
値段をまけてほしいといった。

내가 산 것들을 배달해 달라고 부탁했다.
私が買ったものを配達してほしいとお願いした。

주다

① (내가) ~해 주다 [~あげる]

자신이 남에게 해 준다는 뜻을 나타낸다.

용법 동사 て형 + てあげる

그에게 좋은 선물을 사 주고 싶었지만 비싼 것을 살 여유가 없었다.
彼にいいプレゼントを買ってあげたかったが、高いものを買う余裕
がなかった。

그의 생일을 축하해 주었다.
彼の誕生日を祝ってあげた。

모든 어린이들에게 사탕과 풍선을 나누어 주었다.
子供たちみんなにキャンディや風船をわけてあげた。

② (남이 나에게) ~해 주다 [~くれる]

다른 사람이 나에게 무언가를 해 주었을 때 쓰는 말이다.

용법 동사 て형 + てくれる

가족들이 내가 좋아하는 음식을 만들어 주었다.
家族が私の好きな食べ物を作ってくれた。

삼촌이 좋은 식당을 추천해 주셨다.
おじさんがいいお店を紹介してくれた。

생일 선물로 책을 사 주었다.
誕生日のプレゼントに本を買ってくれた。

그가 나를 반갑게 맞이해 주었다.
彼が私をうれしそうに出迎えてくれた。

그들이 파티에 와 주어서 감사했다.
彼らがパーティーに来てくれたので感謝した。

p a t t e r n

22 받다

1 받다 [~もらう、~いただく]

다른 사람이 주는 것을 받다는 뜻을 나타낸다.

용법 동사 て형 + てもらう

매니큐어 손질을 받았다.
マニキュアで手入れをしてもらった。
てい

병원에서 검사를 받았다.
病院で検査してもらった。
びょういん　けんさ

선생님에게 숙제를 체크해 받았습니다.
(=선생님이 숙제를 체크해 주셨습니다.)
先生に宿題をチェックしていただきました。

(＝先生が宿題をチェックしてくださいました。)

2 (남이 나에게) ～해 주다, (남에게) ～해 받다 [~させてもらう]

우리나라에는 없는 용법으로, 다른 사람의 언행에 따라 일이 이루어진 것을
겸손하게 돌려 말하는 표현이다.

용법 동사 ない형 + させてもらう

엄마가 영화관에 보내줬습니다.
(=엄마에게 영화관에 가도록 허락 받았습니다.)
母に映画館に行かせてもらいました。
はは　えいがかん　い

언니가 컴퓨터를 쓰게 해 주었다.
お姉さんがパソコンに使わせてもらった。
ねえ　　　　　　　　つか

소개 받았습니다.
紹介させてもらいました。
しょうかい

~할 생각이다

① ~할 생각이다, ~할 예정이다 [~つもりだ、~予定だ]
거의 확정된 예정이나 강한 의지를 나타낸다.

> 용법 동사 기본형 + つもりだ/予定だ

나는 다음주 음악회에 갈 생각이나.
私は来週音楽会に行くつもりだ。

나는 내일 학교를 쉴 생각이다.
私は明日学校を休むつもりだ。

나는 새로운 컴퓨터를 살 생각이다.
私は新しいパソコンを買うつもりだ。

졸업하면 아버지 일을 도와줄 생각이다.
卒業したら父の仕事を手伝うつもりだ。

② ~할 생각이 없다 [~つもりはない]
의지가 없음을 강하게 나타낸다.

> 용법 동사 기본형 + つもりはない
> 동사 ない형 + ないつもりだ

나는 결혼할 생각이 없다.
私は結婚するつもりはない。/ 私は結婚しないつもりだ。

나는 동호회 활동을 할 생각이 없다.
私は同好会活動をするつもりはない。

일요일의 파티에 출석할 생각이 없다.
日曜日のパーティーに出席するつもりはない。

pattern

24

～해야 한다

Ⅰ ～해야 한다 [～なければならない]

해석할 때는 '～해야 한다'라고 하면 자연스럽다. 외부 조건에 따른 당연함, 의무감, 필요성을 나타내는 표현이다. 비슷한 표현인 「～なくてはいけない」는 금지의 뜻이 강하다.

용법 동사/い형용사 ない형 + なければならない
な형용사 な형 + でなければならない

유행에 휘둘리지 않도록 해야 한다.
流行に振り回されないようにしなければならない。
りゅうこう　　ふ　　まわ

나는 음식을 좀 절제해야 한다.
私は食べ物を節制しなければならない。
わたし　た　もの　せっせい

가능한 한 과식하지 말아야 한다.
できるだけ食べ過ぎないようにしなければならない。
た　す

맛있는 요리를 만들려면 신선한 재료를 사용해야 한다.
おいしい料理を作るために、新鮮な材料を使わなければならない。
りょうり　つく　　　　　しんせん　ざいりょう　つか

Ⅱ ～해야만 한다 [～べきだ]

사회 통념상 의무나 당연한 사실을 나타낼 때 쓰는 표현이다.
「する」에 붙을 때는 「するべきだ」와 「すべきだ」 양쪽 모두 쓸 수 있다.

용법 동사 기본형 + べきだ

도서실에서는 조용히 해야 한다.
図書館では静かにすべきだ。
としょかん　しず

지하철에서는 휴대전화를 매너 모드로 해 둬야 한다.
地下鉄では携帯をマナーモードにするべきだ。
ちかてつ　けいたい

회사에는 9시까지는 출근해야 한다.
会社は9時まで出勤するべきだ。
かいしゃ　くじ　しゅっきん

부모님의 허락을 받아야만 한다.
両親の許可をもらうべきだ。
りょうしん　きょか

33

pattern

25

~해도 된다

① ~해도 된다 [~してもいい、~てもかまわない]
허가의 뜻을 나타내는 말로 「~してもいい」보다는 「~てもかまわない」가 더
공손한 표현이다.

> 용법　동사 て형 + てもいい
> 　　　동사 て형 + てもかまわない

만우절에는 악의 없는 거짓말을 해도 된다.
エイプリルフールには悪気のないうそをついてもいい。

할 일이 끝났으면 돌아가도 된다.
用事が終わったら帰ってもかまわない。

자신이 좋아하는 것을 원하는 만큼 가져와도 상관없어요.
自分で好きなものを好きなだけ取って来てもかまわないんだよ。

② ~하지 않아도 된다 [~なくてもいい、~なくてもかまわない]

> 용법　동사 ない형 + なくてもいい
> 　　　동사 ない형 + なくてもかまわない

나는 파마를 하지 않아도 되는 곱슬머리이다.
私はパーマをしなくてもいい天然パーマだ。

그 책은 내일 갖고 오지 않아도 된다.
その本は明日持ってこなくてもいい。

내일은 개교기념일이기 때문에 학교에 가지 않아도 된다.
明日は開校記念日だから学校に行かなくてもいい。

pattern

26

～하면 안 된다, ～하는 편이 좋다

1 ～하면 안 된다 [~てはいけない]

금지의 뜻을 나타낸다.

> **용법** 동사 て형 + てはいけない
>
> 유행되는 다이어트 방법을 무조건 따라 해서는 안 된다고 생각한다.
> 流行しているダイエット方法を無条件に従ってはいけないと思う。
> りゅうこう　　　　　　　　　　　　　ほうほう　　むじょうけん　　したが　　　　　　　　　　　　おも
>
> 실내화를 신고 교문 밖으로 나가면 안 된다.
> 上履きをはいて校門の外に出てはいけない。
> うわ ば　　　　　　こうもん　そと　で
>
> 다른 사람의 물건을 가져가서는 안된다.
> 他の人のものを持っていってはいけない。
> ほか　ひと　　　　　　も
>
> 선생님이 오실 때까지 자리에서 일어나선 안 된다.
> 先生が来られるまで、席を立ってはいけない。
> せんせい　こ　　　　　　　　せき　た

2 ～하는 편이 좋다 [~ほうがいい]

조언 또는 권유할 때 쓰는 표현이다.

> **용법** 동사 기본형/た형 + ほうがいい
>
> 건강을 유지하려면 술을 마시지 않는 게 좋다.
> 健康を維持するために、お酒を飲まない方がいい。
> けんこう　いじ　　　　　　　　　さけ　の　　　　ほう
>
> 시험 전날은 일찍 자는 편이 좋다.
> 試験の前の日は早く寝た方がいい。
> し けん　まえ　ひ　はや　ね　ほう
>
> 날씨가 쌀쌀해서 코트를 입고 가는 편이 좋다.
> 肌寒いのでコートを着ていった方がいい。
> はだざむ　　　　　　　　　　き　　　　　ほう
>
> 오늘은 학교를 쉬는 편이 좋겠다.
> 今日は学校を休んだ方がいい。
> きょう　がっこう　やす　ほう

～하면 ～하다

① ～하면 [~たら]
말하는 사람의 주관적인 가정의 뜻으로 쓰인다.

> **용법** 동사/い형용사/な형용사 た형 + たら

날씬하면 아름답다는 통념을 뒤엎고 싶다.
痩せたら綺麗だという通念を覆したい。

무슨 일이든 시작하면 끝까지 달라붙어 끝장을 낸다.
どんなことでも始めたら最後まであきらめずにやりとおす。

② ～하면 [~ば]
일반적인 사실이나 관계를 나타내는 가정의 뜻으로 쓰인다.

> **용법** 동사/い형용사/な형용사 가정형 + ば

시간은 한 번 가면 다시는 돌아오지 않는다.
時間は一回過ぎれば、再び戻ってこない。

조기 치료를 하면 완치될 수 있다.
早期治療をすれば、完治できる。

사귀는 친구를 보면 그 사람을 알 수 있다.
付き合う友達を見れば、その人を知ることができる。

③ ～하면 [~と]
동작이 이루어진 후에 이어서 다른 동작이 일어나는 것을 나타낸다.

> **용법** 동사/い형용사/な형용사 기본형 + と

나는 긴장을 하면 항상 무언가를 물어뜯는다.
私は緊張するといつも何かをかじる。

책을 읽으면 졸린다.
本を読むと眠くなる。

나는 불편한 상황이 되면 부끄러움을 많이 탄다.
私は気まずい状況になると恥ずかしくなる。

pattern

28

〜뿐, 〜만, 〜밖에

① 〜뿐, 〜만 [〜だけ]

오직 그것만으로 한정하는 뜻을 나타낸다.

하루만이라도 푹 쉬었으면 좋겠는데.
一日だけでも気楽に休んだらいいのに。
いちにち　　　　　きらく　やす

좋아하는 것만 먹고 싶다.
好きな物だけ食べたい。
す　もの　た

남은 건 하나 뿐이었다.
残っているのは一つだけだった。
のこ　　　　　ひと

② (온통) 〜뿐 [〜ばかり]

그 양이나 정도가 많다는 뜻을 나타낸다.

요즘은 흐린 날만 계속되고 있다.
この頃は曇る日ばかり続いている。
ごろ　くも　ひ

세상에는 매정한 사람만 있는 것이 아니다.
渡る世間は鬼ばかりではない。
わた　せけん　おに

친구의 상처가 완치되기를 기원할 뿐입니다.
友達の怪我が完治することを祈るばかりです。
ともだち　けが　かんち　　　　　いの

③ 〜밖에 없다 [〜しか〜ない]

수량을 나타내는 말에 붙어 그것밖에 없다는 뜻으로, 수량이 매우 적음을
나타낸다.

고백하려면 오늘 밖에 시간이 없다고 생각하고, 그녀의 집으로 갔다.
告白するには今日しか時間がないと思い、彼女の家に行った。
こくはく　　　きょう　じかん　　　　おも　かのじょ　いえ　い

여기서밖에 팔지 않는 수제품이 많았다.
ここにしか売らない、手作り物が多かった。
う　　てづく　もの　おお

~지만 ~하다, ~데도 ~하다

전환 관계를 나타내는 표현이다.

① ~만 ~하다 [~が~]

> 용법   동사/い형용사/な형용사 기본형 + が

그는 한국인이 아니지만, 한국어를 유창하게 했다.
彼は韓国人ではないが、韓国語が上手だった。
かれ　かんこくじん　　　　　　　　かんこくご　じょうず

비록 이번에는 실패했지만 다음에는 꼭 합격할 것이다.
たとえ今回は失敗したが、次にはきっと合格する。
こんかい　しっぱい　　つぎ　　　　　　ごうかく

선생님이 문제를 열심히 설명해 주었지만, 나는 이해할 수 없었다.
先生が問題を詳しく説明して下さいましたが、
せんせい　もんだい　くわ　せつめい　くだ
私は理解できなかった。
わたし　りかい

② ~데(도) ~하다 [~のに~]

「~のにもかかわらず」의 형태로 많이 쓴다.

> 용법   동사/い형용사 기본형 + のに
> 명사, な형용사 な형 + なのに

나는 공부하는 시간은 많은데 성적이 오르지 않는다.
私は勉強する時間はたくさんなのに、成績が上がらない。
べんきょう　じかん　　　　　　　　せいせき　あ

조심하라고 말했는데…….
気をつけろって言ったのに…。
き　い

아침 일찍 출발하려고 했는데 그만 늦잠을 자고 말았다.
朝早く出発しようとしたのに、つい朝寝坊してしまった。
あさはや　しゅっぱつ　　　　　　　あさねぼう

편리한 방법인데도, 대부분 사람이 모른다.
便利な方法なのにもかかわらず、ほとんどの人が知らないんだ。
べんり　ほうほう　　　　　　　　　　　　　ひと　し

pattern

30

~뿐만 아니라, ~만은 아니다

부가 관계를 나타내는 표현이다.

① ~뿐만 아니라 ［~だけではなく］

그 밖에도 해당되는 것이 있다는 뜻을 나타낸다. 중지형의 문장이 되어
뒤에는 「、」를 사용한다.

> **용법** 동사/い형용사 기본형 + だけではなく
> な형용사 な형 + なだけではなく
> 명사 + だけではなく

그녀는 얼굴도 예쁠 뿐만 아니라 성격도 좋다.
彼女は顔も綺麗なだけではなく、性格もいい。
かのじょ　かお　きれい　　　　　　　　　　　せいかく

일요일에는 청소뿐만 아니라 빨래도 해야 했다.
日曜には掃除だけじゃなく、洗濯もしなければならなかった。
にちよう　そうじ　　　　　　　　せんたく

건강을 위해서는 운동 뿐만 아니라, 잠도 잘 자야 한다.
健康のためには運動だけではなく、よく眠れるのも重要だ。
けんこう　　　　　うんどう　　　　　　　　　　ねむ　　　　　じゅうよう

여성에게만이 아니라 남성에게도 마찬가지였다.
女性だけではなく、男性にとっても同じだった。
じょせい　　　　　　　だんせい　　　　　おな

② ~만의 ~은 아니다 ［~だけの~ではない］

사회 봉사는 돈으로만 할 수 있는 일이 아니다.
社会奉仕はお金だけでできることではない。
しゃかいほうし　　かね

취업난은 나만의 문제가 아니다.
求職難は私だけの問題ではない。
きゅうしょくなん　わたし　　もんだい

CHAPTER

01

날씨 · 계절

1. 날씨
2. 봄
3. 여름
4. 가을
5. 겨울
DIARY 1

01 날씨

좋은 날씨

○ 화창한 날씨였다.   いい天気だった。
てんき

○ 햇살이 눈부셨다.   日差しがまぶしかった。
ひざ

○ 평온한 날씨였다.   平穏な天気だった。
へいおん

○ 맑은 날씨였다.   澄んだ天気だった。
す

○ 상쾌한 날씨였다.   すがすがしい天気だった。

○ 쾌적한 날씨였다.   快適な天気だった。
かいてき

○ 온화한 날씨였다.   温和な天気だった。
おんわ

○ 아주 산뜻한 날씨였다.   とてもすっきりした天気だった。

○ 오늘은 날씨가 좋았다.   今日は天気がよかった。
きょう

○ 해가 비치고 있었다.   日が照っていた。
ひ て

○ 하늘이 맑았다.　　　　　　　　空が晴れていた。

○ 구름 없는 날씨였다.　　　　　　雲のない天気だった。

○ 이상적인 날씨였다.　　　　　　　理想的な天気だった。

○ 더할 나위 없이 좋은 날씨였다.　なんとも言えない、いい天気だった。/
　　　　　　　　　　　　　　　　　まれにない、いい天気だった。

○ 날씨가 좋아지고 있었다.　　　　天気がよくなってきていた。/
　　　　　　　　　　　　　　　　　天気がよくなりつつあった。

○ 며칠 전부터 날씨가 좋아졌다.　何日か前から天気が良くなった。

○ 오랜만에 날씨가 좋아졌다.　　　ひさしぶりにいい天気になった。

○ 날씨가 개었다.　　　　　　　　　天気がよくなった。

○ 비가 갠 뒤에 날씨가 좋아졌다.　雨が止んだ後、いい天気になった。

○ 오늘은 운동하기에 아주 좋은 날씨였다.　今日は運動するのにとてもいい天気だった。

○ 날씨가 너무 좋아 밖에 나가 돌아다니고　天気がとてもよかったので、外に出て
　싶었다.　　　　　　　　　　　　歩きまわりたかった。

흐린 날씨

○ 구름 낀 날씨였다.　　　　　　　曇った天気だった。/ 曇っていた。/ 曇りだった。

○ 날씨가 우중충했다.　　　　　　　空が薄暗かった。

○ 우울한 날씨였다.　　　　　　　　憂うつな天気だった。

○ 음울한 날씨였다.　　　　　　　　湿っぽい天気だった。

○ 구름으로 뒤덮인 날씨였다.　　　雲で覆われた天気だった。

○ 하늘이 새까매졌다.　　　　　　　空が真っ暗になった。

○ 날씨가 궂었다.　　　　　　　　　天気が悪かった。

○ 하늘이 구름에 뒤덮여 있다.　　　空が雲に覆われている。

○ 부분적으로 흐린 날씨였다.　　　局地的に曇った天気だった。/
　　　　　　　　　　　　　　　　　部分的に曇った天気だった。

○ 전체적으로 흐린 날씨였다.　　　全体的に曇った天気だった。
　　　　　　　　　　　　　　　　ぜんたいてき

○ 잔뜩 찌푸린 날씨였다.　　　　　どんより曇った天気だった。

　　　　　　　　　　　　　　　　❖どんより(と) : 날씨가 잔뜩 흐린 모양.

○ 아침 내내 흐렸다.　　　　　　　朝はずっと曇っていた。
　　　　　　　　　　　　　　　　あさ

○ 날씨가 너무 흐려서 기분까지　　空がとても曇っていたので、気分まで落ち込んだ。
　가라앉았다.　　　　　　　　　　　　　　　　　　　　　きぶん　お　こ

○ 날씨 때문에 마음이 울적해졌다.　天気のせいで、憂うつな気分だった。
　　　　　　　　　　　　　　　　　　　　　ゆう　　　きぶん

○ 하늘을 보니 금방이라도 비가 쏟아질　空を見ると、すぐにでも雨が降り出しそうだった。
　것 같았다.　　　　　　　　　　　そら　み　　　　　　　　あめ　ふ　だ

변덕스러운 날씨

○ 변덕스러운 날씨였다.　　　　　　気まぐれな天気だった。
　　　　　　　　　　　　　　　　き

　　　　　　　　　　　　　　　　❖気まぐれ : 변덕스러움.

○ 날씨가 불안정했다.　　　　　　　天気が不安定だった。
　　　　　　　　　　　　　　　　　　　　ふあんてい

○ 날씨를 예측하지 못했다.　　　　天気を予測することができなかった。
　　　　　　　　　　　　　　　　　　　よそく

○ 요즘은 날씨를 예측하기가 어렵다.　最近は天気を予測するのが難しい。
　　　　　　　　　　　　　　　　さいきん　　　　よそく　　　　　むずか

○ 따뜻하다가 갑자기 추워졌다.　　暖かいと思ったら、突然寒くなった。
　　　　　　　　　　　　　　　　あたた　　おも　　　　とつぜんさむ

○ 아침에는 비가 오락가락했다.　　朝は雨が降ったりやんだりした。
　　　　　　　　　　　　　　　　あさ　あめ　ふ

○ 날씨가 점점 좋아졌다.　　　　　天気がだんだんよくなりつつあった。

○ 햇빛이 나는 데도 비가 내렸다.　日差しが出てきたのに、雨が降った。
　　　　　　　　　　　　　　　　ひざ　　で　　　　　　　　ふ

○ 그런 날씨를 호랑이 장가가는　　こんな天気を─狐が嫁入りする天気─だという。
　날씨라고 한다.　　　　　　　　　　　　　　　きつね　よめい

　　　　　　　　　　　　　　　　❖일본에서는 호랑이(トラ)가 아니라 '여우(狐)가 시집가는 날씨'
　　　　　　　　　　　　　　　　　라고 한다.

○ 이와 같은 날씨가 오래 지속되지는　こんな天気がずっとつづくことはないだろう。
　않을 것이다.

○ 불안정한 날씨 때문인지 머리가 아프다.　不安定な天気のせいか、頭が痛い。
　　　　　　　　　　　　　　　　ふあんてい　　　　　　　　あたま　いた

44

일기 예보

○ 나는 아침마다 일기 예보에 귀를 기울인다.

私は毎朝天気予報に耳を傾ける。
わたし まいあさ てんき よほう みみ かたむ

○ 일기 예보를 확인했다.

天気予報を確認した。
かくにん

○ 일기 예보에서 날씨가 흐리다고 했다.

天気予報で、曇ると言っていた。
くも い

○ 일기 예보에 따르면, 오후부터 날씨가 곧 좋아질 것이라고 한다.

天気予報によると、午後から天気が回復するそうだ。
ごご てんき かいふく

○ 일기 예보에 의하면 내일은 비가 온다고 한다.

天気予報によると、明日は雨が降るそうだ。
あした あめ ふ

○ 일기 예보에서 오후에 천둥을 동반한 심한 소나기가 올 것이라고 했다.

天気予報で、午後に雷をともなったひどい夕立ちに
ごご かみなり ゆうだ
なるだろうといっていた。

○ 기상 캐스터에 따르면 폭설이 온다고 한다.

お天気キャスターによると、大雪が降るそうだ。
てんき おおゆき ふ

○ 일기 예보에서 내일 날씨가 맑을 것이라고 했다.

天気予報で、明日晴るだろうと言っていた。
あした はれ

○ 일기 예보에 따르면 곳에 따라 소나기가 올 것이라고 한다.

天気予報によるとところによってにわか雨になるそうだ。
あめ

○ 오늘의 일기 예보가 맞았다.

今日の天気予報があたった。
きょう

○ 예보된 대로 날씨가 아주 좋았다.

予報どおり、天気がとてもよかった。
よほう

○ 오늘의 일기 예보가 틀렸다.

今日の天気予報ははずれた。

○ 가끔은 일기 예보를 믿지 못하겠다.

ときどき天気予報を信じられないことがある。
しん

기온

○ 오늘 기온은 영상 5도였다.

今日の気温は5度だった。
きょう きおん ごど

○ 오늘 기온은 영하 5도였다.

今日の気温はマイナス5度だった。

○ 온도계는 25도를 가리키고 있었다.

温度計は25度をさしていた。
おんどけい ど

○ 기온이 갑자기 올랐다.　　　　　気温が突然上がった。
　　　　　　　　　　　　　　　　　　とつぜん あ

○ 기온이 천천히 올랐다.　　　　　気温がゆっくり上がった。
　　　　　　　　　　　　　　　　　　　　　　　あ

○ 기온이 급상승했다.　　　　　　気温が急上昇した。
　　　　　　　　　　　　　　　　　きゅうじょうしょう

○ 기온이 35도까지 올라갔다.　　　気温が35度まで上がった。
　　　　　　　　　　　　　　　　　　　 ど　　あ

○ 기온이 갑자기 떨어졌다.　　　　気温が突然下がった。
　　　　　　　　　　　　　　　　　　　　　　 さ

○ 기온이 영하 10도까지 떨어졌다.　気温がマイナス10度まで落ちた。
　　　　　　　　　　　　　　　　　　　　　　　　　　お

○ 오늘 오후 최고 기온은 30도가 될　今日の午後の最高気温は、30度になると予想される。
　것으로 예상된다.　　　　　　　　きょう　ごご　さいこうきおん　　　　　　　よそう

　　　　　　　　　　　　❖〜と予想される/〜模様だ : 〜될 것 같다.
　　　　　　　　　　　　　　　　　　　　　もよう

○ 오늘의 최고 기온은 35도였다.　　今日の最高気温は35度だった。

○ 오늘의 최저 기온은 영하 5도였다.　今日の最低気温はマイナス5度だった。
　　　　　　　　　　　　　　　　　さいていきおん　　　　　　　ど

○ 오늘은 날씨가 흐리고 최고 기온이 20도,　今日は曇っていたので、最高気温が20度、
　최저 기온이 12도였다.　　　　　　きょう　くも　　　　　　さいこうきおん
　　　　　　　　　　　　　　　　　最低気温が12度だった。
　　　　　　　　　　　　　　　　　さいていきおん

○ 체감 온도가 영하 20도였다.　　　体感温度がマイナス20度だった。
　　　　　　　　　　　　　　　　　たいかんおんど　　　　　　　ど

○ 오늘은 평균 기온을 넘은 더운 날씨였다.　今日は平均気温を越えた暑い日だった。
　　　　　　　　　　　　　　　　　　　　 へいきんきおん　こ　　あつ　ひ

02 봄

여러가지꽃

개나리	れんぎょう	봉선화	鳳仙花ほうせんか
국화	菊きく	수선화	水仙すいせん
나팔꽃	アサガオ	안개꽃	かすみ草そう
난초	蘭らん	연꽃	レンゲ
라일락	ライラック	은방울꽃	すずらん
매화꽃	梅うめの花はな	장미	ばら
모란	牡丹ぼたん	진달래	つつじ
무궁화	むくげ	카네이션	カーネーション
민들레	たんぽぽ	코스모스	コスモス
백합	百合ゆり	튤립	チューリップ
벚꽃	桜さくら	해바라기	ひまわり

봄맞이

○ 봄이 빨리 오면 좋겠다.　　春が早く来たらいいと思う。

○ 봄이 살며시 오고 있다.　　春が静かに訪れようとしている。

○ 해가 점점 길어지고 있다.　　日が少しずつ長くなってきている。

○ 이젠 봄기운을 느낄 수 있다.　　今では春の香りを感じることができる。

○ 봄이 되었다.　　春になった。 / 春が来た。

○ 지금 봄이 한창이다.　　今は春の真っ盛りだ。
　　❖真っ盛り : 절정/제일 좋은 시기.

○ 봄은 벌써 눈앞까지 왔다.　　春はもう目の前までやってきた。

○ 날마다 봄다워진다.　　日に日に春めいてくる。
　　❖春めく : 봄다워지다.

○ 봄 햇살이 따뜻하다.　　春の日差しが暖かい。

○ 봄은 일 년 중에 제일 즐거운 계절이다.　　春は一年の中で、一番楽しい季節だ。

○ 나는 계절 중에서 봄을 제일 좋아한다.　　私は季節の中で春が一番好きだ。

○ 아지랑이를 보았다.	かげろうを見た。
○ 봄에는 나무들이 싹을 틔운다.	春は木々から若葉が出てくる。
○ 봄이 되니 새싹이 돋아난다.	春は新芽がふく季節だ。
○ 봉오리 맺힌 꽃들을 보니 봄이 느껴진다.	つぼみがふくらんだ花をみると、春を感じる。
○ 나는 봄을 탄다.	私は春になると、センチメンタルになる。
○ 날씨가 따뜻해져서 두꺼운 외투를 벗었다.	暖かくなったので、ぶあついコートを脱いだ。
○ 봄에 어울리는 짧은 머리를 하고 싶다.	春によく似合う短い髪にしたい。
○ 날씨가 따뜻해지니까 몸이 나른하다.	暖かくなったので体がなんかだるい感じだ。
○ 나른한 봄 날씨 때문에 회사에도 가고 싶지 않다.	五月病のせいで、会社にも行きたくない。

❖五月病 : 일본에서는 4월에 신학기가 시작되어 5월이 되면 긴장이 좀 풀어지고, 날씨도 따뜻해지면서 몸도 나른해진다는 뜻이다.

봄 날씨

○ 날씨가 풀렸다.	寒さがやわらいだ。
○ 오늘은 봄날 같다.	今日は春の日よりだ。
○ 봄이 되어 날씨가 따뜻해졌다.	春になったので、暖かくなった。
○ 상쾌한 봄 날씨였다.	気持ちのいい春の日だった。
○ 구름 한 점 없이 맑았다.	雲ひとつない、いい天気だった。
○ 날씨가 매우 따뜻해서 정말 행복한 기분이다.	最近、とても暖かくて、本当に幸せな気分だ。
○ 산책하기에 딱 좋은 날씨였다.	散歩するには絶好の日よりだった。
○ 잔디에 누워 하늘을 바라보니 하늘이 정말 깨끗했다.	芝生に横になって、空を見あげると、空がとってもきれいだった。
○ 봄바람이 아주 상쾌했다.	春風がとてもさわやかだった。
○ 황사가 있었다.	黄砂だった。

○ 황사 바람이 불었다. 　黄砂まじりの風が吹いた。
　　　　　　　　　　　　　　　　かぜ　ふ

○ 황사 먼지로 하늘이 뿌옇게 안개　黄砂で空がかすんで、霧がかかっているみたいだった。
　낀 것 같았다.　　　　　　　　　そら　　　　　　きり

○ 화창한 날씨로 기분이 싱숭생숭했다.　天気がとてもよくて、るんるん気分だった。
　　　　　　　　　　　　　　　　　　てんき　　　　　　　　　きぶん
　❖るんるん : 마음이 들뜬 모양.

꽃샘추위

○ 오늘은 올겨울 마지막 추위인 것 같다.　今日は冬の最後の寒さのような一日だった。
　　　　　　　　　　　　　　　　　　きょう　ふゆ　さいご　さむ　　　　　　　いちにち

○ 이번 주는 꽃샘추위가 예상된다.　今週は花冷えが予想される。
　　　　　　　　　　　　　　　　こんしゅう　はなび　　よそう

○ 꽃샘추위가 매서웠다.　花冷えが厳しかった。/
　　　　　　　　　　　はなび　　きび
　　　　　　　　　　　寒さが厳しかった。

○ 봄을 시샘하는 추위가 아직 매섭다.　春をねたむ寒さがまだ厳しい。
　　　　　　　　　　　　　　　　　　さむ　　　　きび

○ 봄에 부는 바람은 겨울바람보다 더　春に吹く風は、冬の風より冷たい気がする。
　차가운 것 같다.　　　　　　　　はる　ふ　かぜ　ふゆ　かぜ　つめ　　き

　❖〜気がする : 〜한 것 같은 느낌이 들다.

○ 꽃샘추위가 있어서 아침에 겨울옷을　花冷えして朝、冬服を着た。
　입었다.　　　　　　　　　　　はなび　　　あさ　ふゆふく　き

안개

○ 오늘 아침에는 안개가 꼈다.　今朝は霧がかかった。
　　　　　　　　　　　　　けさ　きり

○ 안개가 끼어 있었다.　霧がかかっていた。

○ 짙은 안개였다.　深い霧だった。/ 深い霧に覆われた。
　　　　　　　ふか　　　　　　　おお

○ 짙은 안개 때문에 바로 앞의 차조차 잘　深い霧のために、目の前の車さえ、よく見えなかった。
　보이지 않았다.　　　　　　　　め　まえ　くるま　　　　み

　❖〜さえ : 〜조차.

○ 갑자기 안개가 짙어졌다.　突然霧が深くなった。
　　　　　　　　　　　　とつぜん　　ふか

○ 안개가 걷히기 시작했다.　霧がはれてきた。

49

○ 안개가 걷혔다. 霧がはれた。
きり

○ 해가 나니 안개가 걷혔다. 太陽が出たので、霧がはれた。
たいよう で きり

○ 아침에 안개가 끼더니 이제는 깨끗이 朝は霧がかかっていたが、今はきれいにはれた。
걷혔다. あさ きり いま

○ 아침에 안개가 끼면 낮에는 날씨가 朝、霧がかかると、午後はとてもいい天気になる
좋다고 한다. あさ きり ごご てんき
といわれている。

봄 음식

○ 시장에 여러 봄나물이 나와 있었다. 市場にいろいろな春の野菜が並んでいた。
いちば はる やさい なら
❖売り場：매장, お店：가게.
うば みせ

○ 우리는 떡을 만들기 위해 쑥을 샀다. 私達はおもちを作るためによもぎを買った。
わたしたち つく か

○ 우리는 쑥떡을 만들었다. 私達はよもぎ餅を作った。
もち つく

○ 나는 쑥의 향을 정말 좋아한다. 私はよもぎの香りが本当に好きだ。
かお ほんとう す
❖臭い：안 좋은 냄새, 匂い：좋은 냄새, 香り：향기로운 냄새.
にお にお かお

○ 냉이국이 먹고 싶었다. ネンイの味噌汁を食べたかった。
みそしる た

○ 달래 무침이 식욕을 돋우었다. ひめにらの和え物が食欲をそそった。
あ もの しょくよく

○ 씀바귀는 쓴맛이 나서 싫어한다. 苦菜は苦くて嫌いだ。
にがな にが きら

○ 딸기가 제철이라 아주 달콤하다. いちごが旬なので、とっても甘くておいしい。
しゅん あま
❖旬：제철/알맞은 시기.

○ 봄에는 딸기 샐러드를 즐겨 먹는다. 春にはいちごサラダをよく食べる。
はる た

○ 겨울에 먹으려고 딸기를 냉동실에 冬にいちごを食べようと、冷凍室に入れておいた。
얼러 두었다. ふゆ た れいとうしつ い

○ 엄마와 딸기 잼을 만들었다. 母といちごジャムを作った。
はは つく

봄 꽃

○ 꽃이 피는 계절이다. 花が咲く季節だ。
はな さ きせつ

○ 개나리가 도처에 피었다. れんぎょうが至るところに咲いていた。
いた さ

○ 개나리는 봄의 상징이다.	れんぎょうは春のシンボルだ。
○ 노란 개나리꽃들로 마을이 환해졌다.	黄色のれんぎょうの花で、町が華やかになった。
○ 환한 빛깔로 핀 진달래를 보러 산에 가고 싶었다.	華やかないろどりに咲くつつじを見に山に行きたかった。
○ 진달래가 음식에 이용된다고 한다.	つつじが食用に使われると言われている。
○ 진달래를 몇 송이 꺾어서 화병에 꽂아 두었다.	つつじを何本かつんで、花瓶にさした。 ❖生ける : 꽃을 꽂다, 生け花 : 꽃꽂이.
○ 나는 연한 보랏빛 목련꽃을 좋아한다.	私は淡い紫色の木蓮の花が好きだ。
○ 봄꽃이 필 때쯤이면 생각나는 사람이 있다.	春の花が咲く頃になると、思い出される人がいる。
○ 거리에 꽃가루가 많이 날렸다.	道ばたに花粉がたくさん飛び交っていた。 ❖道ばた : 길거리 양쪽 옆 부분, 通り : 사람들이 지나가는 통로, 道 : 일반적으로 '길'.
○ 봄이 되면 꽃가루 알레르기가 걱정이다.	春になると、花粉症が心配になる。
○ 온 세상이 꽃으로 뒤덮인 것 같다.	世の中が花で一杯に覆われているみたいだ。
○ 꽃이 시들지 않으면 좋겠다.	花が枯れなかったらいいと思う。

꽃구경

○ 벚나무에 꽃이 피기 시작했다.	桜の木の花が咲き始めた。
○ 꽃구경을 갔다.	花見しに行った。
○ 올해는 벚꽃이 매우 일찍 피었디.	今年は桜がとても早く咲いた。
○ 올봄은 예년보다 일찍 벚꽃이 피었다.	今年の春はいつもより早く桜の花が咲いた。
○ 벚꽃이 한창이다.	桜が満開だ。
○ 지금 우에노 공원에는 벚꽃이 만발해 있다.	今、上野公園では桜が満開だ。
○ 가족들과 함께 벚꽃 구경하러 여의도에 갔다.	家族そろって、ヨイドへ花見に行った。

○ 진해는 벚꽃으로 유명하다. チンへは桜で有名なところだ。

○ 벚꽃 나무에 꽃이 활짝 피어 있었다. 桜の木に花がいっぱい咲いていた。

○ 활짝 핀 벚꽃이 너무 아름다웠다. 満開の桜がとても美しかった。

○ 꽃들이 활짝 피었다. 花々がきれいに咲いていた。

○ 꽃향기가 가득했다. 花の香りでいっぱいだった。

○ 꽃이 바람에 흩날리는 것을 보았다. 花が風で散っているのを見た。

○ 벌써 벚꽃이 다 져 버렸다. もう桜が全部散ってしまった。
❖ 〜てしまった : 〜해 버렸다.

○ 꽃이 시드는 것을 보니 서글펐다. 花がしおれるのを見ると、悲しくなった。

○ 이제 봄도 다 끝났다. もう春も終りだ。

03 여름

여 름 휴 가

여름휴가	夏休なつやすみ	수영장	プール
계곡	谷間たにま	양산	日傘ひがさ
모래사장	砂浜すなはま	에어콘	クーラー
물놀이	水遊みずあそび	일광욕	日光浴にっこうよく
바다	海うみ	자외선	紫外線しがいせん
부채	うちわ	태양	太陽たいよう
산	山やま	튜브	浮うき袋ぶくろ
선글라스	サングラス	피서	避暑ひしょ
선캡	サンキャップ	피서지	避暑地ひしょち
선크림	サンクリーム	해변	浜辺はまべ・海辺うみべ
선풍기	扇風機せんぷうき	해수욕	海水浴かいすいよく
섬	島しま	해수욕장	海水浴場かいすいよくじょう
수영	水泳すいえい	헤엄치다	泳およぐ
수영복	水着みずぎ		

비의 종류

가랑비	霧雨きりさめ	지나가는 비	通とおり雨あめ
낙뢰·벼락	落雷らくらい	천둥번개	雷かみなり
번개	稲光いなびかり	큰비	大雨おおあめ
봄비	春雨はるさめ	태풍	台風たいふう
빗발	雨足あまあし	폭우	暴雨ぼうう
소나기	にわか雨あめ	폭풍	暴風ぼうふう
수해	水害すいがい	폭풍우	暴風雨ぼうふうう
안개비	霧雨きりさめ	호우	豪雨ごうう
이슬비	小雨こさめ	홍수	洪水こうずい
장마	梅雨つゆ·梅雨ばいう		

여름맞이

○ 봄이 가고 여름이 왔다.　春が過ぎて、夏が来た。

○ 봄이 지나면 여름이 온다.　春が過ぎると、夏が来る。

○ 여름이 된 것 같다.　夏になったみたいだ。/ 夏が来たみたいだ。

○ 여름이 시작되었다.　夏が始まった。/ 夏入りした。

○ 올여름은 어떻게 지낼 것인지 걱정이다.　今年の夏はどう過ごしたらいいか心配だ。

○ 옷장에 있는 옷들을 여름옷으로 바꾸어 놓았다.　たんすの洋服を夏物に衣替えした。

○ 여름이 빨리 지나갔으면 좋겠다.　早く夏が過ぎてしまえばいいのにと思う。

○ 나는 끈적거리는 여름이 정말 싫다.　私はべたつく夏が本当に嫌いだ。
❖べたつく : 끈적거리다.

○ 여름이면 외출하는 것조차도 싫다.　夏は外出することさえおっくうになる。
❖おっくうになる : 마음이 내키지 않다.

○ 나는 다른 계절보다 여름에 더 활동적으로 보낸다.　私はほかの季節より夏をもっと活動的に過ごす。

○ 야외 활동 하기에는 여름이 제일 좋기 때문에 나는 여름을 좋아한다.　野外活動をするには夏が最適なので、私は夏が好きだ。

○ 날씨가 갈수록 더워진다.   毎日どんどん暑くなる。/ 日に日に暑くなる。

○ 오늘 날씨는 매우 더웠다.   今日の天気はとても暑かった。

○ 오늘은 정말 더운 느낌이다.   今日は本当に暑く感じた。

○ 찌는 듯이 더웠다.   煮えるくらいに暑かった。

○ 타는 듯이 무더운 하루였다.   焦げるくらいに暑い日だった。/
カンカン照りの一日だった。
❖カンカン(と) : 쨍쨍.

○ 후덥지근한 날씨였다.   蒸しつく天気だった。

○ 끈적거리는 날씨였다.   べたつく天気だった。

○ 무더웠다.   蒸し暑かった。

○ 오늘 날씨는 매우 더웠다.   今日はとても蒸し暑かった。

○ 너무 더워서 짜증나는 날씨였다.   蒸し暑くて、いらいらする天気だった。

○ 너무 더워서 짜증이 났다.   蒸し暑くて、いらいらした。

○ 뜨겁고 습기가 많은 바람이 불었다.   熱くて湿り気の多い風が吹いた。

○ 여름치고는 시원한 날씨였다.   夏にしては涼しい一日だった。
❖〜にしては : 〜치고는.

○ 이번 여름은 작년 여름보다 조금
시원한 것 같다.   今度の夏は去年の夏より少し涼しいみたいだ。

○ 하늘을 봐서는 내일 비가 올 것이다.   空を見る限りでは、明日、雨が降るだろう。
❖〜見る限りでは : 〜봐서는.

○ 하늘에 비구름이 꼈다.   空に雨雲がかかった。/ 空が雨雲に覆われた。

○ 비가 올 것 같았다.   雨が降りそうだった。
❖〜そうだ : 〜할 것 같다.

○ 지금이라도 비가 올 것 같은 날씨였다.   今にも雨が降り出しそうな天気だった。

54

○ 내일은 비가 올 것이다.　　　　　明日は雨が降るだろう。/
　　　　　　　　　　　　　　　　　明日は雨になるだろう。

○ 비가 내리기 시작했다.　　　　　雨が降り出した。
　　　　　　　　　　　　　　　　　❖동사의 ます형＋だす : ～하기 시작하다.

○ 비가 왔다.　　　　　　　　　　　雨が降った。

○ 그냥 잠깐 내리는 소나기였다.　　ただの通り雨だった。

○ 가벼운 비였다.　　　　　　　　　小雨だった。

○ 이슬비가 왔다.　　　　　　　　　霧雨が降った。

○ 부슬부슬 비가 내렸다.　　　　　しとしとと雨が降った。

○ 비를 만났다.　　　　　　　　　　雨にあった。

○ 비가 와서 좀 시원해졌다.　　　　雨が降って、少し涼しくなった。

○ 비가 그리 많이 오지 않을 것 같았다.　雨がそんなに降りそうになかった。

비에 젖다

○ 비에 젖었다.　　　　　　　　　　雨にぬれた。

○ 비에 흠뻑 젖었다.　　　　　　　雨にびっしょりぬれた。

○ 비 때문에 신발 속까지 흠뻑 젖었다.　どしゃぶりの雨で、靴の中までびしょびしょになった。

○ 우산을 가지고 가지 않아서 옷 속까지　傘をもっていなくて、服の中までみんなびっしょり
　비에 흠뻑 젖었다.　　　　　　　ぬれた。

○ 되도록 빨리 옷을 갈아입고 싶었다.　できるだけ早く着替えたかった。
　　　　　　　　　　　　　　　　　❖できるだけ : 되도록/가능한 한.

○ 수건으로 물기를 닦았다.　　　　タオルで水気を拭き取った。

○ 감기에 걸린 것 같았다.　　　　　風邪にかかったみたいだった。

○ 신발이 온통 진흙 범벅이 되었다.　靴が泥だらけになった。
　　　　　　　　　　　　　　　　　❖～だらけ : ～투성이.

○ 젖은 옷을 입은 채 집에 돌아왔다.　ぬれた服を着たまま、家に帰ってきた。
　　　　　　　　　　　　　　　　　❖～まま : ～한 채.

○ 처마 밑에서 비를 피했다.　　　　軒下で雨宿りをした。
　　　　　　　　　　　　　　　　　❖雨宿り : 처마 밑 등에서 비를 피함.

○ 나무 밑에서 비가 그치기를 기다렸다.　木の下で、雨が止むのを待った。

○ 비를 피해 집 안에 있었다.　　　　雨が降るので、家の中にいた。

○ 비가 들어오지 않도록 창문을 닫았다.　雨が降り込まないように、窓を閉めた。

비 오는 날

○ 비는 항상 나를 우울하게 한다.　　雨はいつも私を憂うつにする。

○ 비가 올 때마다 우울해진다.　　　雨が降るたび、憂うつになる。

○ 갑자기 비가 와서 어떻게 하지.　　突然、雨が降ってきて、どうしようかと思った。

○ 빗속을 혼자 걷고 싶었다.　　　　雨の中をひとり歩きたかった。

○ 비가 내리는 것을 보며 감상에 젖었다.　雨が降るのを見ながら、感傷にひたった。
　　　　　　　　　　　　　　　　　❖感傷にひたった : 감상에 젖었다.

○ 비가 오면 부침개가 먹고 싶어진다.　雨が降ると、プッチンゲが食べたくなる。
　　　　　　　　　　　　　　　　　❖〜たくなる : 〜하고 싶어지다.

○ 비가 오면 그저 방에서 만화책이나 읽고　雨が降ると、部屋でマンガでも読みたくなる。
　싶어진다.

○ 나는 창가에 서서 비를 바라보는 것을　私は窓際に立って、雨が降るのを見ているのが好きだ。
　좋아한다.

○ 비가 올 때는 우울한 음악이 듣고　雨が降るときはセンチな音楽を聞きたくなる。
　싶어진다.

○ 비가 올 때는 커피를 마시면서 혼자　雨の日にはコーヒーを飲みながら、
　조용히 음악을 듣는 것이 제일이다.　ひとりで静かな音楽を聞くのが一番だ。

우산

○ 비는 오는데 우산이 없었다.　　　雨が降っているのに、傘がなかった。/
　　　　　　　　　　　　　　　　　雨が降っているのに、傘を持っていなかった。

56

○ 비가 올 것 같아서 우산을 가지고 왔다.	雨が降りそうだったので、傘を持って来た。
○ 만일을 대비해서 우산과 우비를 가지고 갔다.	もしもの時のために、傘とレインコートを持って行った。
○ 다행히 우산을 가지고 있었다.	幸いなことに、傘を持っていた。
○ 우산 가져오기를 참 잘한 것 같았다.	傘を持ってきていて、本当によかった。
○ 우산을 썼는데 고장 난 것이었다.	傘をさしてみたら、壊れていた。 ❖傘をさす : 우산을 쓰다.
○ 우산살이 부러져 있었다.	傘の骨が折れていた。
○ 우산에 큰 구멍이 나 있었다.	傘に大きな穴があいていた。
○ 우산꽂이에 우산이 하나도 없었다.	傘立てに傘が一つもなかった。
○ 누군가가 나에게 우산을 가져다주기를 바랐다.	だれかが傘を持ってきてくれることを願った。
○ 친구와 우산을 나누어 썼다.	友達といっしょに傘をさした。/ 友達と相傘をした。
○ 꼬마에게 우산을 씌워 주었다.	子供に傘をさしてあげた。
○ 친구와 우산을 같이 썼더니 조금 젖었다.	友達といっしょに傘をさしたので、少しぬれてしまった。
○ 강한 바람 때문에 우산이 뒤집혔다.	強い風のせいで、傘が引っくり返った。
○ 강한 바람 때문에 우산을 쓰나마나였다.	強い風のせいで、傘をさしてもささなくても同じだった。
○ 우산을 접었다.	傘をたたんだ。
○ 우산도 없이 빗속을 걸었다.	傘もなく、雨の中を歩いた。

폭우

○ 폭풍우가 올 것 같은 날씨였다.	暴風雨になりそうな天気だった。
○ 큰비가 내렸다.	大雨が降った。
○ 비가 거세게 내렸다.	強い雨が降った。
○ 비가 많이 내렸다.	雨がたくさん降った。
○ 비가 억수같이 내렸다.	どしゃぶりの雨が降った。

○ 호우가 내렸다. 　　　　　　　　　豪雨になった。
　　　　　　　　　　　　　　　　　　　 ごうう

○ 폭우였다. 　　　　　　　　　　　　暴雨だった。
　　　　　　　　　　　　　　　　　　 ぼうう

○ 거센 비였다. 　　　　　　　　　　激しい雨だった。
　　　　　　　　　　　　　　　　　　 はげ

○ 양동이로 물을 쏟아 붓는 듯한 비였다. 　バケツを引っくり返したような雨だった。
　　　　　　　　　　　　　　　　　　　　　　　 ひ　　　　かえ

○ 엄청나게 많은 비가 내렸다. 　　　　ものすごく多い雨が降った。
　　　　　　　　　　　　　　　　　　　　　 おお

○ 이렇게 비가 많이 온 적이 없는 것 같다. 　こんなに雨がたくさん降ったことは、
　　　　　　　　　　　　　　　　　　　　 今までないような気がする。
　　　　　　　　　　　　　　　　　　　　 いま　　　　　　　　　 き

홍수

○ 비가 계속 내렸다. 　　　　　　　　雨が降り続いた。
　　　　　　　　　　　　　　　　　　 あめ　 ふ　 つづ

○ 끊임없이 비가 왔다. 　　　　　　　やむこともなく雨が降った。
　　　　　　　　　　　　　　　　　　　　　　　　　　　 ふ

○ 빗발이 굵어지고 있었다. 　　　　　雨足がひどくなった。
　　　　　　　　　　　　　　　　　　 あまあし

○ 비가 더 거세졌다. 　　　　　　　　雨がもっとひどくなった。

○ 비가 하루 종일 그칠 줄 모르고 내렸다. 　雨が一日中やむことを知らなかった。
　　　　　　　　　　　　　　　　　　　　　 いちにちじゅう　　　　 し

○ 그렇게 비가 심하게 올 거라고는 　　こんなに雨がひどく降るとは、思わなかった。
　 생각하지 못했다. 　　　　　　　　　 あめ　　 ふ　　　 おも

○ 이제 더 이상 비가 오지 않으면 좋겠다. 　もうこれ以上、雨が降らなければいいと思う。
　　　　　　　　　　　　　　　　　　　　 いじょう　　 ふ　　　　　　　　 おも

○ 비가 너무 오랫동안 많이 내려 마을들이 　雨が長い間降り続いたので、町々が浸水してしまった。
　 침수되어 버렸다. 　　　　　　　　　 なが　 あいだふ　 つづ　　　　　 まちまち　 しんすい

○ 비가 너무 많이 내려 강물이 넘쳤다. 　雨がとてもたくさん降って、
　　　　　　　　　　　　　　　　　　 川の水があふれだした。
　　　　　　　　　　　　　　　　　　 かわ　 みず

○ 오늘 아침에 홍수 경보가 발령되었다. 　今朝、洪水警報が発令された。
　　　　　　　　　　　　　　　　　　　 けさ　 こうずいけいほう　 はつれい

○ 거리에 물이 넘쳤다. 　　　　　　　道に水があふれだした。
　　　　　　　　　　　　　　　　　　 みち　 みず

○ 홍수로 수해를 입었다. 　　　　　　洪水によって、水害を被った。
　　　　　　　　　　　　　　　　　　 こうずい　　　　　 すいがい　 こうむ
　　　　　　　　　　　　　　　　　　 ❖被る : 피해를 입다.

○ 음식 · 물 · 의약품 등의 부족으로 　　食べ物、水、医薬品不足で困った。
　 곤란했다. 　　　　　　　　　　　　 た　 もの　 みず　 いやくひんぶそく　 こま

장마

○ 장마철이다.

梅雨だ。/ 梅雨の季節だ。

❖ 梅雨라고도 하는데 회화에서는 잘 쓰지 않는다.

○ 장마철에 접어들었다.

梅雨に入った。

○ 오랫동안 비가 왔다.

長い間、雨が降った。

○ 모든 것이 다 눅눅한 것 같다.

すべてのものが、じめじめしているみたいだ。

○ 반짝이는 햇살이 그립다.

キラキラした日差しが恋しい。

○ 모든 것들을 햇살에 말리고 싶다.

あらゆるものを太陽の日差しで乾かしてしまいたい。

○ 밤에 천둥이 쳤다.

夜、かみなりが鳴った。

○ 번개가 번쩍한 후 꽝하고 천둥이 쳐서
무서웠다.

稲光がしたあと、雷がごろごろと鳴って怖かった。

○ 부근에서 벼락이 떨어졌다.

近くで落雷した。

○ 드디어 비가 그쳤다.

やっと雨がやんだ。

○ 비가 그치고 다시 해가 나기 시작했다.

雨がやんで、再び太陽が出てきた。

○ 드디어 장마가 끝났다.

ついに梅雨が終わった。

바람

○ 바람 한 점 없었다.

風ひとつなかった。

❖ 구름도 雲ひとつ라고 쓸 수 있다.

○ 바람이 불었다.

風が吹いた。

○ 바람이 세게 불었다.

風が強かった。/ 強い風だった。

○ 태풍이 올 것 같았다.

台風が来そうだ。

○ 굉장한 폭풍이 있었다.

すごい暴風だった。

○ 태풍이 남부 지역을 강타했다.

台風が南部地域を直撃した。

○ 산의 큰 나무들이 뿌리째 뽑혀
있었다.

山の大きな木々が根こそぎ倒れていた。

○ 폭풍우 때문에 농작물을 망쳤다. 　暴風雨のために農作物が被害を受けた〔被った〕。/
　　　　　　　　　　　　　　　　ぼうふうう　　　のうさくぶつ　ひがい　　う　　こうむ
　　　　　　　　　　　　　　　　暴風雨のために農作物がだめになった。

○ 유리창 몇 개가 폭풍 때문에 깨졌다. 　ガラス窓何枚かが暴風のために割れた。
　　　　　　　　　　　　　　　　　　まどなんまい　　ぼうふう　　　わ

○ 치마가 바람에 휘날렸다. 　スカートが風で舞い上がった。
　　　　　　　　　　　　　　　　　ま　あ

○ 강한 바람 때문에 걷기가 힘들었다. 　強い風で、歩くのも大変だった。
　　　　　　　　　　　　　　つよ　かぜ　　ある　　　たいへん

○ 바람을 맞으며 걸어가야 했다. 　風を受けながら、歩かなければならなかった。
　　　　　　　　　　　　　　う　　　　ある

○ 바람 때문에 머리가 엉망이 되었다. 　風のせいで髪がめちゃくちゃになった。
　　　　　　　　　　　　　　　　かみ

○ 바람이 잠잠해지고 있었다. 　風がおさまりかけている。/
　　　　　　　　　　　　　　風が静かになろうとしている。/ 風がやみそうだ。
　　　　　　　　　　　　　　　しず

○ 바람이 멎었다. 　風がやんだ。/ 風が止った。
　　　　　　　　　　　　　　　　　とま

가뭄

○ 비가 오랫동안 내리지는 않았다. 　雨が長い間降らなかった。
　　　　　　　　　　　　あめ　なが　あいだふ

○ 며칠 동안 건조한 날씨가 계속되었다. 　何日もの間、ずっと乾燥した天気だった。
　　　　　　　　　　　　　なんにち　　あいだ　　　　かんそう　　てんき

○ 몇 달 동안 비가 한 방울도 오지 않았다. 　何ケ月もの間、雨がひとつぶも降らなかった。
　　　　　　　　　　　　　　　　なんかげつ　　あいだ　あめ　　　　　　ふ

○ 요즘은 가뭄 때문에 날씨가 훨씬 더 덥다. 　最近は干ばつのせいで、普通よりももっと暑く感じる。
　　　　　　　　　　　　　　　　　さいきん　かん　　　　　　ふつう　　　　　　あつ　かん

○ 비가 오랫동안 오지 않아 올여름은 　雨が長い間降らなかったので、今年の夏は干ばつに
　　가뭄이 들었다. 　あめ　なが　あいだふ　　　　　ことし　なつ　かん
　　　　　　　　　　　　　　　なった。

○ 올해는 비가 거의 오지 않았다. 　今年は雨がほとんど降らなかった。
　　　　　　　　　　　　　ことし　　　　　　　ふ

○ 가뭄으로 논의 벼가 시들었다. 　干ばつで田んぼの稲が枯れてしまった。
　　　　　　　　　　　　　かん　　た　　　いね　か

○ 농부들은 농작물 걱정을 많이 하고 있다. 　農家の人達は、農作物の心配で頭がいっぱいだ。
　　　　　　　　　　　　　のうか　ひとたち　　のうさくぶつ　しんぱい　あたま

○ 우물들이 이미 말라 버렸다. 　井戸の水もすでに枯れてしまった。
　　　　　　　　　　　　　いど　みず　　　　　か

○ 곧 비가 내리기를 바랄 뿐이다. 　一日でも早く雨が降ることを願うだけだ。
　　　　　　　　　　　　　いちにち　　はや　あめ　ふ　　　　　ねが
　　　　　　　　　　　　　❖一日でも早く : 하루라도 빨리.

○ 집에서 수돗물을 아껴 쓰고 있다. 　家で水道の水を節約している。
　　　　　　　　　　　　　いえ　すいどう　みず　せつやく

○ 물 부족으로 단수되었다. 　水不足で、断水になった。
　　　　　　　　　　　　　みずぶそく　　だんすい

더위

○ 나는 더위를 잘 탄다.   私は暑さに弱い。

○ 더위를 먹었다.   夏ばてした。

○ 정말 견디기 힘든 더위였다.   本当に我慢しがたい暑さだった。

○ 너무 더워서 피곤하고 갈증이 났다.   とても暑くて、疲れと喉の乾きにおそわれた。/
とても暑くて、疲れて喉が乾いた。

○ 밖이 너무 덥고 습해서 집 안에 있었다.   外がとても暑くて、湿っぽかったので家のなかにいた。

○ 오늘은 불쾌지수가 매우 높은 날이었다.   今日は不快指数がとても高い日だった。

○ 대수롭지 않은 일에도 화가 났다.   ささいなことにも、いらいらした。

○ 짜증 나니까 건드리지 말았으면 했다.   いらいらするので、そっとしておいてほしかった。

○ 이렇게 더운 날씨에는 아무것도 하기
싫다.   こんなに暑い日は何もしたくない。

○ 9월까지 더운 날씨가 계속될 것이라고
한다.   9月まで暑い日が続くだろうという。

○ 더위 때문에 고생하고 있다.   暑さのために苦労している。

○ 난 더위를 잘 견디지 못한다.   私は暑さをよく我慢できない。

○ 열대야 때문에 잠을 못 잤다.   熱帯夜のせいで、眠れなかった。

○ 더워서 밤새 잠을 못 잤다.   暑くて、夜通し眠れなかった。

더위 쫓기

○ 종이부채로 부채질을 했다.   うちわで、あおいだ。

○ 더위를 참을 수 없어서 결국에는
에어컨을 켰다.   暑さを我慢できずに、結局クーラーをつけた。

○ 시원해져서 선풍기를 껐다.   涼しくなったので、扇風機を消した。

○ 비라도 와서 우리를 더위에서 해방시켜
주었으면 좋겠다.   雨でも降って、私達を暑さから解放してほしい。

○ 더위를 쫓기 위해 시원한 콜라 한 잔을
마셨다.

暑さをしのぐために、冷たいコーラ一杯を飲んだ。

○ 적어도 하루에 아이스크림을 열 번은
먹었다.

少なくとも一日に10回はアイスクリームを食べた。

○ 팥빙수가 먹고 싶었다.

かき氷が食べたかった。

○ 찬 물로 기분 좋게 세수를 했다.

冷たい水で、気持ちよく顔を洗った。

○ 찬 물로 등목을 시켜 달라고 부탁했다.

冷たい水で、背中を流してほしいと頼んだ。

○ 외출할 때 자외선을 피하기 위해 양산을 썼다.

外出するとき、紫外線を避けるために、日傘をさした。

○ 가벼운 옷을 걸쳤다.

軽い服を羽織った。

땀

○ 나는 땀이 많다.

私は汗かきだ。

○ 조금 움직였을 뿐인데 땀이 났다.

少し動いただけでも、汗が出た。

○ 계속 땀을 흘렸다.

ずっと汗を流していた。

○ 땀에 흠뻑 젖었다.

汗でびっしょりになった。

○ 티셔츠가 땀으로 흠뻑 젖었다.

Tシャツが汗でびしょびしょになった。

○ 땀으로 끈적거렸다.

汗で、べたついた。

○ 손수건으로 이마의 땀을 닦았다.

ハンカチで額の汗を拭いた。

○ 땀 냄새가 났다.

汗くさかった。／汗の臭いがした。

○ 몸에서 땀 냄새가 났다.

体から汗の臭いがした。

○ 땀투성이가 되어서 찬물로 샤워를 했다.

汗だらけになったので、冷たい水でシャワーをした。

◆ '샤워를 하다'는 「シャワーを浴びる」라고도 한다.

○ 나는 거의 땀을 흘리지 않는다.

私はほとんど汗をかかない。

피서

○ 야외에서 수영을 할 수 있어서 여름이 좋다.

野外で水泳をすることができるので、夏が好きだ。

○ 여름휴가를 어디로 갈지 아직 결정하지
　못했다.

夏休みにどこに行くのか、まだ決めることが
できずにいた。

○ 피서지를 어디로 할지 결정하지 못했다.

避暑地をどこにするか決めることができなかった。

○ 더위를 식히려고 수영하러 갔다.

暑さをしのぐために水泳をしに行った。

○ 수영장 안에 있는 미끄럼틀을 타고
　내려올 때 정말 신났다.

プールの中にある滑り台を滑るとき、
本当にわくわくした。

○ 매년 여름이면 우리 가족은 피서지로
　여행을 떠난다.

毎年夏になると、私の家族は避暑地へと旅立つ。

○ 시골에 별장이 있어서 우리 가족은
　여름마다 그곳에서 지낸다.

田舎に別荘があるので、私の家族は夏休みのたびに
そこで過ごす。

○ 올여름은 시골 별장에서 머물 계획이다.

今年の夏は田舎の別荘で過ごす計画だ。

○ 우리 가족은 산 계곡으로 갔다.

私の家族は山の中の渓谷に行った。
❖滝 : 폭포, 川 : 강, 湖 : 호수, 池 : 연못
山登り : 등산, 釣り : 낚시, 泳ぎ : 헤엄, 遊園地 : 유원지.

○ 계곡 물에 발을 담그고 있었다.

渓谷の水に足を浸していた。

○ 정말 시원했다.

とても涼しかった。

○ 더위를 잊을 수 있었다.

暑さを忘れることができた。

○ 밤에는 반딧불을 볼 수 있었다.

夜には、蛍の光を見ることができた。

여름 바다

○ 우리는 올해 여름휴가 때 해수욕을 할
　예정이다.

私達は今年の夏休みに海水浴をするつもりだ。

❖〜するつもりだ : 〜할 예정이다.

○ 해변의 부드러운 바람이 그립다.

海辺の優しい風が恋しい。
❖さわやかな風 : 상쾌한 바람.

○ 드디어 우리 가족은 바다에 가기로
　하였다.

私の家族はいよいよ海に行くことにした。

○ 해변의 바람이 더위를 식혀 주었다.

海辺の風が暑さをやわらげてくれた。

63

○ 비치 파라솔에 앉아서 바다를   ビーチパラソルに座って、海を眺めた。
  바라보았다.

○ 파도를 타고 놀았다.   波に乗って、遊んだ。

○ 수영 튜브를 타고 파도를 즐겼다.   浮き袋をして、波を楽しんだ。

○ 바나나 보트를 탔다.   バナナボートに乗った。

○ 동생과 서로 물을 튀겼다.   弟といっしょに水遊びをした。

○ 모래를 쌓아 모래성을 만들었다.   砂でお城を作った。

○ 모래를 덮고 쉬었다.   砂をかぶって休んだ。

○ 해변에서 친구들과 배구를 했다.   海岸で友達とバレーボールをした。

○ 물에 빠져 허우적거리다 짠 바닷물도   海におぼれそうになって、塩辛い海水をたくさん
  엄청나게 많이 먹었다.   飲んでしまった。

○ 물에 빠져 죽을 뻔했다.   おぼれて、死ぬところだった。

일광욕

○ 해변에서 일광욕을 했다.   海辺で、日光浴をした。

○ 햇볕이 우리를 내리쬐고 있었다.   日差しが私達を照りつけていた。

○ 선크림을 발랐다.   サンクリームをぬった。

○ 피부가 타지 않도록 신경을 썼다.   日焼けしないように気をつけた。

○ 올여름에는 선탠을 해 보고 싶었다.   今年の夏は日光浴をしてみたかった。

○ 새까맣게 탔다.   真っ黒に焼けた。

○ 햇볕에 노출을 너무 많이 해서 피부가   日焼けをして、皮がむけた。
  벗겨진다.

○ 햇볕에 가벼운 화상을 입었다.   日差しで、軽いやけどをした。

○ 햇빛에 심한 화상을 입었다.   日差しで、ひどいやけどをした。

○ 햇빛에 의한 화상 때문에 피부가   日焼けによるやけどで、肌がヒリヒリする。
  따끔거린다.

모기

○ 모기 때문에 잠을 잘 잘 수가 없었다.　蚊のせいで、眠れなかった。

○ 모기 한 마리가 계속 소리를 내며　一匹の蚊がずっと音を立てて飛び回っていた。
날아다녔다.

❖音を立てる : 소리를 내다.

○ 불을 켜고 그 모기를 찾아보았다.　電気をつけて、その蚊を探してみた。

○ 그 모기를 찾지 못하고 다시 잠자리에　その蚊を見つけられずに、再び布団に入った。
들었다.

○ 또 모기 소리가 났다.　また蚊の飛ぶ音がした。

○ 모기가 밤새 나를 잠 못 들게 했다.　蚊が一晩中、私を眠らせなかった。

○ 모기들이 너무 성가시게 해서 잠을 잘　蚊がとてもうるさくて、眠ることができなかった。
수가 없었다.

○ 모기 소리 때문에 잠을 잘 수가 없었다.　蚊の音のために、眠ることができなかった。

○ 모기 때문에 잠이 깨어 다시 잠들지　蚊のせいで目が覚めて、再び眠りにつくことができ
못했다.　なかった。

❖目が覚める : (잠에서) 깨다.

○ 여름에 모기는 참으로 귀찮은 존재다.　夏の蚊はとても煩わしい存在だ。

❖煩わしい : 귀찮다.

○ 모기장을 쳤다.　蚊帳を張った。

○ 모기에 물렸다.　蚊に刺された。

○ 모기를 잡기 위해 모기향을 이용했다.　蚊をつかまえるために蚊取り線香を使った。

○ 모기약을 뿌렸다.　殺虫剤をふった。/
蚊取りアースをふった。

○ 모기 물린 곳이 무척 가려웠다.　蚊が刺したところがとてもかゆかった。/
蚊に刺されたところがとてもかゆかった。

○ 모기 물린 곳을 박박 긁었다.　蚊が刺したところを強くかいた。

❖強く : 심하게, 세게.

○ 모기가 방에 많이 있었다.　蚊が部屋にたくさんいた。

65

04 가을

가을맞이

○ 가을이 시작된 것 같다.　　　　　　　秋になったみたいだ。

○ 가을 하늘은 정말 멋지고 깨끗하다.　　秋空は本当に美しくてきれいだ。

○ 정말 이런 맑은 가을 하늘이 좋다.　　　こんな秋晴れの空が本当に好きだ。

○ 가을은 공부하기에 좋은 계절이라고들 한다.　秋は勉強するのにいい季節だといわれる。

❖ '~을 하기에'의 표현

スポーツをするのに : 운동을 하기에,

食べ物を食べるのに : 음식을 먹기에,

旅行をするのに/旅をするのに : 여행하기에,

読書をするのに/本を読むのに : 독서하기에,

音楽を聞くのに : 음악을 듣기에.

○ 일 년 중 가을이 공부하기에 가장 좋은　一年の中で、秋が勉強するのに一番いい季節だ。
계절이다.

❖一年のうちで : 일 년 중에.

○ 나는 가을을 제일 좋아한다.　　　　　　私は秋が一番好きだ。

○ 가을은 식욕이 왕성해지는 계절이다.　　秋は食欲の出る季節だ。
❖食欲の秋 : 식욕의 가을.

○ 가을은 추수의 계절이다.　　　　　　　秋は収穫の季節だ。

○ 가을이 깊어져 5시만 돼도 어두워진다.　秋が深くなってきたので、5時にもなると暗くなる。

○ 해가 점점 짧아지고 있다.　　　　　　　日がどんどん短くなってきている。

○ 나는 나뭇잎을 스치는 산들바람을　　　私は木の葉をかすめるそよ風が好きだ。
좋아한다.

○ 바람이 불자 나뭇잎이 떨어졌다.　　　　風が吹くと、木の葉が落ちた。

○ 나뭇잎이 떨어지는 것을 보니 마음이　木の葉が落ちるのを見ると、心がむなしくなった。
허전해졌다.

○ 아무 이유 없이 왠지 마음이 쓸쓸했다.	何の理由もなく、なぜか心寂しかった。
○ 누군가에게 편지를 쓰고 싶어졌다.	だれかに手紙を書きたくなった。
○ 떨어지는 낙엽 한 잎이 가을이 오는 것을 알리는 것 같았다.	落ちていく落ち葉一枚が、秋の訪れを告げるかのようだった。
○ 낙엽이 바람에 흩날렸다.	落ち葉が風に舞い上がった。
○ 과수원에는 사과가 익었다.	果樹園のりんごが熟した。
○ 농부들이 곡식을 추수하느라 바쁘게 보였다.	農家の人達が穀物を収穫するのに忙しそうだった。
○ 풍성한 곡식들을 보면 마음이 풍요로워진다.	豊富な穀物を見ると、心が豊かになる。
○ 올해는 풍년이다.	今年は豊作だ。
○ 올해는 흉작이다.	今年は凶作だ。
○ 감기에 걸리기 쉬운 때이다.	風邪にかかりやすい時期だ。

가을 날씨

○ 맑은 가을 날씨였다.	秋晴れのいい天気だった。
○ 상쾌한 바람이 불었다.	気持ちのいい風が吹いた。
○ 산들바람이 불고 있었다.	やさしい風が吹いていた。／そよ風が吹いていた。
○ 상쾌한 바람이 불고 있었다.	さわやかな風が吹いていた。
○ 정말 시원하고 상쾌한 바람이었다.	ほんとうに涼しくて、すがすがしい風だった。
○ 시원한 날씨였다.	さわやかな天気だった。
○ 날씨가 맑은 후 흐려졌다.	天気が晴た後、曇ってきた。
○ 아침, 저녁은 춥고 낮에는 따뜻하다.	朝晩は冷え込み、昼は暖かい。
○ 한기가 느껴졌다.	寒気を感じた。
○ 음산한 날씨였다.	冷え冷えとした天気だった。
○ 쌀쌀했다.	肌寒かった。

○ 오늘은 겨울 날씨 같았다.　今日は冬のような天気だった。

○ 이맘때 치고는 날씨가 꽤 추웠다.　この時期にしてはかなり寒い一日だった。

○ 바람이 차가워져서 카디건의 단추를
다 채웠다.　風が冷たくなって、カーディガンのボタンを全部かけた。

❖ (ボタンを)かける/しめる/する : (단추를) 잠그다/채우다.

단풍놀이

○ 가을이 되면 산은 아름다운 색으로
물든다.　秋になると、山が美しい色に染まる。

○ 나뭇잎이 빨갛게 물들었다.　木の葉が紅く色付いた。

○ 산들이 가을 단풍 빛으로 불타는 것
같았다.　山々が紅葉で、燃えているようだった。

○ 마음 내키는 대로 어디든 가고 싶었다.　心行くまま、どこかに行きたかった。

○ 단풍놀이를 가고 싶었다.　紅葉を見に行きたかった。

○ 우리는 산으로 단풍놀이를 갔다.　私達は山に紅葉を見に行った。

○ 산에는 사람들이 매우 많았다.　山には人々がとても多かった。/
山は紅葉を見に来る人でにぎわった。

○ 가을 단풍들이 형형색색으로 매우
아름다웠다.　秋の紅葉が色とりどりでとても美しかった。

○ 낙엽이 바스락거리는 소리가 좋았다.　踏むとかさかさと鳴る落ち葉の音がとても良かった。

○ 낙엽을 저벅저벅 밟으며 걸었다.　落ち葉をがさがさと踏みながら歩いた。

○ 노란 은행잎을 몇 개 주웠다.　黄色のいちょうの葉を何枚か拾った。

○ 낙엽으로 책갈피를 만들었다.　落ち葉でしおりを作った。

○ 우리는 그림 같은 경치를 즐겼다.　私達は絵のような景色を楽しんだ。

05 겨울

여러가지 눈

눈	雪ゆき	싸락눈·싸라기눈	あられ
가루눈	粉雪こなゆき	진눈깨비	みぞれ
눈꽃	雪花せっか	첫눈	初雪はつゆき
눈 뭉치	雪ゆきのたま	폭설	大雪おおゆき
눈사람	雪ゆきだるま	함박눈	ぼた雪ゆき·牡丹雪ぼたんゆき
눈싸움	雪投ゆきなげ		

겨울 날씨

○ 추운 날씨가 며칠 동안 계속되고 있다.　寒い日が何日か続いている。
　さむ　ひ　なんにち　つづ

○ 요새 날씨가 추워졌다.　最近寒くなった。
　さいきん

○ 매우 쌀쌀해졌다.　とても肌寒くなった。
　はだざむ

○ 날씨가 본격적으로 추워졌다.　天気が本格的に寒くなった。
　てんき　ほんかくてき　さむ

○ 추운 계절이 시작되었다.　寒い季節が始まった。
　き せつ　はじ

○ 매우 추웠다.　とても寒かった。

❖大変 : 매우/대단히, 本当に : 정말로, 非常に : 아주, ひどく : 몹시.
　　ほんとう　　　　　　　ひ じょう

○ 혹독한 추위였다.　厳しい寒さだった。
　きび

○ 쌀쌀한 날씨였다.　肌寒い天気だった。
　はだざむ　てん き

○ 엄청나게 추운 하루였다.　ひどく寒い一日だった。
　いちにち

○ 오늘 아침은 온도가 많이 내려갔다.　今朝は気温がひどく下がった。
　き おん　　　　　さ

❖날씨에서는 一温度一라고 쓰지 않고 一気温一을 쓴다.
　　　　　おん ど

○ 서리가 내렸다.　霜が降りた。
　しも　お

○ 어젯밤에 내린 서리로 땅이 하얗다.　昨夜降りた霜で地面が真っ白だ。
　さくや お　しも　じめん　ま しろ

○ 이제는 진짜 겨울이 된 것 같다.　このごろ、本当に冬になったみたいだ。
　ほんとう　ふゆ

69

○ 얼어붙을 듯한 하루였다.	凍り付くような一日だった。
○ 겨울치고는 따뜻한 날이었다.	冬にしては暖かい日だった。

추위

○ 겨울 준비를 해야겠다.	冬の準備をしないといけない。
○ 해가 지면서 더 추워졌다.	日が沈んで、もっと寒くなった。
○ 너무 추워 얼어 죽는 줄 알았다.	とても寒くて、凍って死ぬんじゃないかと思った。
○ 추위가 뼛속까지 스며들었다.	骨の中まで寒さがしみた。／
	体の芯まで冷えきった。
○ 매서운 추위였다.	厳しい寒さだった。
○ 살을 에는 듯한 추위였다.	身の切れるような寒さだった。
○ 혹한이었다.	激しい寒さだった。
○ 추워서 덜덜 떨었다.	寒くてぶるぶる震えた。
○ 온몸에 소름이 끼쳤다.	体中に鳥肌がたった。
○ 추위를 견뎌야 했다.	寒さに耐えなければならなかった。
○ 겨울바람 때문에 손이 곱았다.	冬の冷たい風で、手がかじかんだ。
	❖かじかむ : 추워서 손발이 곱다.
○ 동상에 걸렸다.	凍傷にかかった。
○ 동상이 아주 심했다.	凍傷がとてもひどかった。

추위 이기기

○ 추운 날씨에 대비하여 옷을 입었다.	寒いかも知れないので、服を着た。
○ 이제는 겨울용 속내의를 입어야겠다.	これからは長袖の下着を着なければと思った。
○ 옷을 많이 껴입었다.	服をたくさん重ねて着た。
○ 아침에 따뜻한 옷을 챙겨 입었다.	朝、暖かい服を準備して着た。

|---|---|
○ 두꺼운 옷을 입었다.	ぶあつい服を着た。
○ 잠바의 지퍼를 올렸다.	ジャンバーのチャックをした。
○ 목도리로 귀와 목을 감쌌다.	マフラーで耳と首をくるんだ。
○ 벙어리장갑을 꼈다.	ミント手袋をした。
○ 겨울용 부츠를 신었다.	冬用のブーツをはいた。
○ 언 손을 녹이려고 따듯한 입김을 불어 보았다.	凍った手を温めようと温かい息を吹きかけてみた。
○ 외출할 때마다 휴대용 손난로를 가지고 다녔다.	外出するたびに、携帯カイロを持って行った。
○ 너무 추워서 히터를 켰다.	寒くてヒーターをつけた。
○ 히터의 온도를 올렸다.	ヒーターの温度を上げた。
○ 히터의 온도를 낮추었다.	ヒーターの温度を下げた。
○ 추위를 이기고자 운동을 했다.	寒さに打ち勝とうと運動をした。
○ 이제 좀 따듯해졌다	やっと少し温かくなった。

첫눈

○ 첫눈이 오기를 기다리고 있다.	初雪が降るのを待っていた。
○ 첫눈을 기대하고 있다.	初雪を期待している。
○ 한국의 젊은이들은 첫눈에 의미를 많이 둔다.	韓国の若者達は初雪にたくさんの意味をおいている。
○ 많은 젊은이들은 첫눈 오는 날 친구를 만날 것이다.	多くの若者達は初雪の降る日、友達に会うだろう。
○ 첫눈 오는 날 남자 친구를 만나기로 약속을 했다.	初雪の降る日にボーイフレンドと会う約束をした。
○ 오늘 올해의 첫눈이 왔다.	今日、今年初めての雪が降った。
○ 첫눈을 보니 매우 반가웠다.	初雪を見て、とてもうれしかった。

71

○ 첫눈이 펑펑 내리고 있었다.	初雪がこんこんと降っていた。
	❖こんこん：눈이 계속 내리는 모양.
○ 첫눈을 보니 옛날 생각이 났다.	初雪を見たら、昔のことが思い出された。
○ 첫눈을 보자마자 친구들에게 전화를 했다.	初雪を見てすぐ、友達に電話をした。
○ 전화로 친구들에게 첫눈이 온다고 알려 주었다.	友達に電話で初雪が降っていると教えた。
○ 첫눈이 왔으니 이젠 더 추워질 것 같다.	初雪が降ったので、これからもっと寒くなるだろう。

눈

○ 눈이 내렸다.	雪が降った。
○ 눈이 펑펑 내렸다.	雪がこんこん降った。
○ 눈송이들이 펄펄 흩날렸다.	雪が飛び散るように降った。
○ 비 섞인 눈이 내렸다.	雨まじりの雪が降った。
○ 진눈깨비가 내렸다.	みぞれが降った。
○ 싸락눈이었다.	細かい粒〔あられ〕のような雪が降った。
○ 간밤에 눈이 약간 내렸다.	夜中に少し雪が降った。
○ 금년은 예년보다 눈이 적게 내렸다.	今年は例年より雪が少し降った。
○ 우산 없이 눈을 맞으며 걸었다.	傘もなく雪の中を歩いた。
○ 나는 눈을 맞으며 거니는 것을 좋아한다.	私は雪にうたれながら歩くのが好きだ。
○ 큰 눈송이를 잡아 보려 펄쩍 뛰기도 했다.	大きな雪がけらをつかもうとぴょんぴょん跳ねてもみた。
○ 머리와 어깨에 눈이 쌓였다.	頭と肩に雪が積もった。
○ 코트에 쌓인 눈을 털었다.	コートに積もった雪をはらった。

폭설

○ 눈이 엄청나게 많이 내렸다.	怖いくらい雪が降った。

72

○ 폭설이었다.	大雪だった。 おおゆき
○ 일주일 내내 눈이 내렸다.	一週間ずっと、雪が降った。 いっしゅうかん　　　　　ふ
○ 길가에 눈이 많이 쌓여 있었다.	道に雪がたくさん積もっていた。 みち　　　　　　　　つ
○ 눈에 갇혔다.	雪で身動きできなかった。 　　みうご
○ 눈 때문에 오도 가도 못했다.	雪で行き来ができなかった。 　　い　き ❖「行き来」は「ゆきき」とも読む。
○ 우리는 눈에 갇혀 집에서만 하루를 　보냈다.	私達は雪で身動きできず、一日中家の中で過ごした。 わたしたち　　　みうご　　　　　いちにちじゅういえ　なか　す
○ 눈이 1미터나 쌓였다.	雪が1メートルも積もった。 　　　　　　　　　つ
○ 온 세상이 눈에 덮였다.	世の中すべてが雪に覆われた。 よ　なか　　　　　　　おお
○ 밖에는 은세계다.	外は銀世界だ。 そと　ぎんせかい
○ 온 세상이 하얗게 변했다.	世の中が真っ白になった。 よ　なか　ま しろ
○ 올해는 10년 만에 가장 많은 눈이 　내렸다고 한다.	今年は10年ぶりに最も多い雪が降ったと言う。/ ことし　　　ねん　　　もっと　おお　　　ふ 今年は10年ぶりに最高積雪量を観測したと言う。 　　　　　　　　さいこうせきせつりょう　かんそく
○ 폭설 때문에 학교가 휴교했다.	大雪のため、学校が休校になった。 おおゆき　　　　がっこう　きゅうこう
○ 눈이 녹지 않으면 좋겠다.	雪がとけなければいいと思う。 　　　　　　　　　　おも
○ 폭설 때문에 교통이 마비되었다.	大雪で、交通がマヒした。 おおゆき　こうつう
○ 폭설 때문에 세상이 온통 뒤죽박죽이 　되어도 나는 눈이 많이 오는 것이 좋다.	大雪のために、世の中がごったがえしたとしても、 おおゆき　　　　　よ　なか 私は雪がたくさん降ってほしいと思う。 わたし　　　　　　ふ　　　　　おも ❖ごったがえす : 몹시 혼잡하다.

눈 치우기

○ 눈을 치워서 길을 내야 했다.	雪かきをして、道を作らなければならなかった。 ゆき　　　　　　　みち　つく
○ 제설차가 도로의 눈을 제거했다.	除雪車が道路の雪を取り除いた。 じょせつしゃ　どうろ　　　と　のぞ
○ 눈을 쓸어서 치웠다.	雪かきした。 ゆき
○ 길에 있는 눈을 치웠다.	道の雪かきをした。 みち

○ 나는 집 앞의 눈을 삽으로 치웠다.   私は家の前をスコップで雪かきした。

○ 눈이 얼어서 치우기가 어려웠다.   雪が凍って雪かきするのが大変だった。

○ 눈이 녹고 있었다.   雪がとけていった。

○ 눈이 녹아 없어졌다.   雪がとけて、なくなった。

○ 눈을 치웠더니 근육통이 생겼다.   雪かきをしたら、筋肉痛になった。

○ 눈을 치워도 치워도 또 쌓였다.   雪かきをしてもしてもまた積もった。

눈싸움

○ 눈싸움을 했다.   雪投げをした。

○ 친구들과 눈싸움을 하려고 눈 뭉치를 만들었다.   友達と雪投げしようと、雪の玉を作った。

○ 나는 친구들보다 눈 뭉치를 더 크게 만들었다.   私は雪の玉を友達より大きく作った。

○ 우리는 서로 눈 뭉치를 던졌다.   私達はお互いに雪を投げあった。

○ 친구들이 나를 눈 뭉치로 맞혔다.   私は友達が投げた雪に当たった。

○ 친구들은 내 눈 뭉치를 잘 피했다.   友達は私が投げた雪の玉をうまく避けた。

○ 친구들에게 눈을 먹이기도 했다.   友達に雪を食べさせたりした。

○ 친구들에게 눈을 뿌렸다.   友達に雪をふりかけた。

○ 친구 옷 속에 눈을 넣었다.   友達の服の中に雪を入れた。

○ 눈 위에서 친구와 서로 부둥켜안고 뒹굴었다.   雪の上で、友達と抱き合って転がった。

눈사람

○ 우리는 큰 눈사람을 만들기로 했다.   私達は大きな雪だるまを作ることにした。

○ 우리는 운동장에서 큰 눈 뭉치 두 개를 굴렸다.   私達は運動場で大きな雪のかたまり二つを転がした。

○ 귀여운 눈사람을 만들고 싶었다.	かわいい雪だるまを作りたかった。
○ 작은 눈 뭉치를 큰 눈 뭉치 위에 올려놓았다.	小さい雪の玉を大きな雪の玉の上にのせた。
○ 눈사람 얼굴을 만들기 위해 우선 나뭇가지로 눈썹을 만들었다.	雪だるまの顔を作るために、まず木の枝で眉を作った。
○ 그리고 눈사람의 눈, 코 그리고 입을 만들었다.	そして雪だるまの目、鼻、そして口を作った。
○ 드디어 멋진 눈사람이 되었다.	ついにかっこいい雪だるまが完成した。
○ 아주 작은 눈사람도 만들었다.	とても小さい雪だるまも作った。
○ 눈사람과 사진을 찍었다.	雪だるまと写真を撮った。
○ 눈사람이 녹지 않고 그대로 있으면 좋겠다.	雪だるまがそのままとけずにいたらいいと思う。

겨울 스포츠

○ 나는 겨울 스포츠를 즐긴다.	私は冬のスポーツを楽しむ。
○ 다양한 겨울 스포츠를 즐길 수 있어서 여름 보다 겨울이 훨씬 더 좋다.	いろいろな冬のスポーツを楽しめるので、夏より冬がずっといい。
○ 특히 스키를 타고 싶다.	特にスキーをしたい。
○ 이번 겨울에는 스노보드 타는 것을 배우고 싶다.	今度の冬はスノーボードを習いたい。
○ 썰매를 타러 갔다.	そりをしに行った。
○ 강물이 얼어서 썰매를 탈 수 있었다.	川の水が凍って、そりに乗ることができた。
○ 겨울에는 놀이공원에 눈썰매장이 개장될 것이다.	冬には遊園地に雪そり広場ができるはずだ。
○ 놀이공원에서 눈썰매를 탔다.	遊園地で、そりをした。
○ 썰매를 위로 끌고 올라가는 것이 힘들었다.	そりを上まで引っ張りながらのぼるのが大変だ。

❖引っ張る : 잡아 끌다.

○ 썰매를 타고 눈 위를 미끄러져 내려올 때는 정말 신났다.

そりに乗って、雪の上を滑り降りるときのスリルは、なんともいえない。

❖なんともいえない : 뭐라고 말을 못하다.

○ 다른 썰매와 부딪치기도 했다.

他のそりとぶつかったりもした。

○ 실내 스케이트장으로 스케이트를 타러 갔다.

室内スケート場で、スケートをした。

○ 빠른 속도로 스케이트를 탈 때 매우 재미있다.

スピードをつけてスケートをするとき、とてもおもしろい。

○ 친구와 손을 잡고 스케이트를 탔다.

友達と手をつないで、スケートをした。

○ 얼음 위에서 여러 번 넘어졌다.

氷の上で、何回も転んだ。

스키

○ 나는 스키가 정말 재미있다.

私はスキーが本当におもしろい。

○ 눈이 오면 스키를 타러 가고 싶어진다.

雪が降るとスキーをしに行きたくなる。

○ 스키가 몹시 타고 싶다.

スキーがしたくてたまらない。

❖したくてたまらない : 하고 싶어서 참을 수 없다.

○ 나는 스키를 잘 탄다.

私はスキーが上手だ。

○ 매년 겨울이면 우리 가족은 스키를 타러 간다.

毎年冬になると、私の家族はスキーをしに行く。

○ 우리 가족은 스키를 타러 스키 리조트에 갔다.

私の家族はスキーをしにスキーリゾートに行った。

○ 스키 장비를 빌렸다.

スキー道具を借りた。

○ 나는 야간에 스키 타는 것을 좋아한다.

私は、夜、スキーをするのが好きだ。

○ 다치지 않기 위해서 안전 규칙을 명심해야 한다.

けがをしないように、安全規則を守らなければならない。/ けがをしないように、安全規則を肝に銘じなければならない。

○ 초보 스키 코스부터 시작했다.

初心者コースから始めた。

○ 초보자치고는 아주 잘 탄다고 생각했다.

初心者にしてはうまいと思った。

○ 속도 조절하는 것이 약간 어려웠다.　　スピードを調節するのが少し難しかった。

○ 초보 코스 다음에 중간 수준의 코스를　　初級コースの次に、中級コースを滑ってきた。
　타고 내려왔다.

○ 리프트를 타고 더 높이 올라갔다.　　リフトに乗って、もっと高い所にのぼった。

○ 전문가 코스를 타 보았다.　　専門家コースを滑ってみた。/
　　　　　　　　　　　　　　　　上級コースを滑ってみた。

○ 조금 어려운 코스에 도전하는 것은　　少し難しいコースに挑戦することはスリルがあって
　스릴이 있어 재미있다.　　　　　　　おもしろい。

○ 진로에서 벗어나지 않으려고 조심했다.　　進路からはずれないよう、注意した。

○ 스키 코스를 몇 번 내려온 후 간식을　　スキーのコースを何回か滑った後、間食を食べた。
　먹었다.

○ 내가 넘어지자 스키장 안전요원 중 한 명이　　私が転んだので、スキー場のスタッフの一人が、
　내가 일어나도록 도와주었다.　　　　起き上がるのを手伝ってくれた。

○ 시간 가는 줄도 모르고 스키를 즐겼다.　　時間が過ぎるのも知らずに、スキーを楽しんだ。

DIARY 01

とても蒸し暑い夏

7月30日　月曜日　とても暑い

日差しが強くなって、暑くなってきたのをみると、夏が来たようだ。私は暑さに弱く、汗かきなので夏が好きじゃない。私が一番嫌いなのは、夏の夜の蚊だ。去年の夏は本当に我慢しがたい暑さだった。そのむし暑さは本当に私を苦しめた。その暑さを吹き飛ばすためにいろんな方法を試してみたことが、今でも思い出される。一日に何回もシャワーをしてみたし、氷ぶくろを体にあててみたりもした。熱で暑さを退治するともというので、熱いサンゲタンを食べたりした。今年の夏をどう過ごすか、また、心配になる。蒸し暑さに勝ち抜くための良い方法はないだろうか。今年の夏には家族と海にでも行って休暇を過したい。今年の夏は去年より暑くならなければいいなあと思う。それともはじめから、夏を飛び越して、秋が来たらいいのになあと思う。

찌는 듯한 여름

7월 30일, 월요일, 매우 더움

햇살이 강하고 뜨거운 것을 보니 여름이 온 것 같다. 나는 더위를 잘 타고 땀이 많기 때문에 여름을 좋아하지 않는다. 내가 가장 싫어하는 것은 여름밤의 모기들이다. 작년 여름에는 정말 견디기 힘든 더위였다. 그 푹푹 찌는 더위는 정말 나를 힘들게 했다. 그 더위를 쫓기 위해 여러 방법을 사용했던 것이 생각난다. 하루에도 몇 번씩 샤워를 했고, 얼음 주머니를 몸에 문지르기도 했었다. 이열치열이라고 뜨거운 삼계탕을 먹기도 했다. 올여름을 어떻게 지낼지 또 걱정이 된다. 무더위를 잘 이겨내는데 도움이 될 만한 뭔가가 필요할 것 같다. 올여름에는 가족들과 바닷가로 피서를 가고 싶다. 올여름에는 작년보다 덜 더웠으면 좋겠다. 아니면 아예 여름을 건너뛸 수 있다면 좋겠다.

NOTES

蒸むし暑あつい 너무 무덥다, 찌는 듯 덥다 ┊ 日差ひざし 햇살 ┊ 汗あせかき 땀이 많은 사람 ┊ 我慢がまんしがたい 견디기 어렵다, 힘들다 (* ~がたい 뭔가를 하려고 해도 할 수 없다는 불가능을 나타낸다.) ┊ 吹ふき飛とばす 날려 버리다 ┊ 退治たいじする 퇴치하다 ┊ 勝かち抜ぬく 이겨내다

CHAPTER

02

하루 일과

1. 아침
2. 점심
3. 저녁
4. 하루의 정리
5. 기분
DIARY 2

잠 깨기

○ 날이 밝아 왔다. 　　　朝があけてきた。 / 空が明るくなってきた。

○ 해가 떴다. 　　　太陽が出た。

○ 방에 햇살이 비치고 있었다. 　　　部屋に日差しがさしていた。

○ 날이 밝았다. 　　　朝があけた。 / 空が明るくなった。

○ 또 다시 새로운 한 주가 시작되었다. 　　　また再び新しい一週間が始まった。

○ 나는 보통 아침 6시에 잠이 깬다. 　　　私は普通朝6時に目覚める。

○ 나는 6시에 깼다. 　　　私は6時に目覚めた。

○ 일어날 시간이었다. 　　　起きる時間だった。

○ 자명종 시계가 울리지 않았다. 　　　目覚まし時計が鳴らなかった。

○ 자명종 시계 소리가 나를 깨웠으나　　　目覚まし時計が鳴ったが、起きることができなかった。
　일어날 수가 없었다.

○ 자명종 시계 소리가 아주 크게 울렸다.　　　目覚まし時計の音がとても大きく鳴った。

○ 나는 자명종 시계에 아랑곳하지 않았다.　　　私は目覚まし時計の音で目覚めることができなかった。

○ 자명종이 10분 동안이나 계속 울리고　　　目覚ましが10分も鳴り続けていた。
　있었다.

○ 자명종 시계를 껐다. 　　　目覚まし時計を止めた。

○ 다시 잠이 들었다. 　　　また、寝てしまった。

○ 이불을 끌어당겨 머리까지 덮었다. 　　　ふとんを引っ張って、頭までかぶった。

○ 좀 더 자고 싶었다. 　　　もう少し眠りたかった。

○ 나는 커피를 마셔야 잠이 깬다. 　　　私はコーヒーを飲まないと目覚めない。 /
　　　　　　　　　　　　　　　　　　私はコーヒーを飲むと頭が冴える。

　❖頭が冴える : 머리가 맑아진다.

○ 졸려서 커피를 마셨다.	眠たいので、コーヒーを飲んだ。
○ 커튼을 젖히고 창문을 열었다.	カーテンを開けて、窓を開けた。
○ 밖은 아직 어둑어둑했다.	外はまだ、薄暗かった。
○ 아침 공기가 아주 맑고 신선했다.	朝の空気がとてもすがすがしくて、新鮮だった。
	❖すがすがしい : 상쾌하다.
○ 신선한 공기를 마시니 잠이 깨었다.	新鮮な空気を吸ったら、眠気がとんだ。
	❖眠気がとんだ : 졸음이 없어졌다.
○ 어제 비가 온 덕분에 아침 공기가 보통 때보다 더욱 신선했다.	昨日降った雨のおかげで、朝の空気が普段よりもっと新鮮だった。
	❖〜のおかげで : 〜덕분에.

일찍 일어나기

○ 내가 제일 싫어하는 것이 아침에 일찍 일어나는 일이다.	私が一番嫌いなのは朝早く起きることだ。
○ 어떤 일이 있든 간에 아침에 일찍 일어나야 한다.	どんなことがあったとしても、朝早く起きなければならない。
○ 어느 때보다 일찍 일어났다.	いつもより早く起きた。
○ 오늘 아침에는 보통 때보다 한 시간 일찍 일어났다.	今朝は普通より一時間早く起きた。
○ 늘어지게 기지개를 켜면서 하품을 했다.	ゆっくり背伸びをしながら、あくびをした。
○ 서둘러 침대에서 빠져나왔다.	急いで、ベットから出て来た。
○ 아침에 일어나서 침대를 정리했다.	朝、起きてベットを整えた。
○ 일찍 일어나면 아침에 여유를 가질 수 있다.	早起きしたら、朝、余裕を持つことができる。
○ 일찍 일어나는 습관을 가지려고 노력하고 있다.	早起きする習慣をつけようと努力している。
○ 일찍 일어나는 일에 익숙해졌다.	早起きするのに慣れた。
○ 일찍 일어나는 사람이 될 것이다.	早起きする人になろうと思う。

○ 아침형 인간이 되기 위해 일찍 일어나려 한다.	朝方人間になるために早起きしようと思う。 <small>あさがたにんげん</small>　　　　　　　　　　　　　<small>おも</small>
○ 나는 아침마다 조깅을 한다.	私は毎朝ジョギングをする。 <small>わたし　まいあさ</small>
○ 일찍 자기로 결심했다.	早寝をしようと決心した。 <small>はやね</small>　　　　　　<small>けっしん</small>
○ 일찍 자고 일찍 일어나는 것은 건강, 부, 지혜의 근본이다.	早寝早起きは健康、富、知恵の根本だ。 <small>けんこう　とみ　ちえ　こんぽん</small>
○ 일찍 일어나는 새가 빌레를 잡는다.	早起きする鳥が虫を捕まえる。/ <small>はやお</small>　　　<small>とり　むし　つか</small> 早起きは三文の徳。 <small>さんもん　とく</small> ❖早起きは三文の徳(일찍 일어나면 무언가 이득이 생긴다)는 일본 속담이다.

늦잠

○ 나는 언제나 늦게 자고 늦게 일어난다.	私はいつも遅く寝て、遅く起きる。 <small>わたし</small>　　　<small>おそ　ね</small>　　<small>おそ　お</small>
○ 나는 늦잠을 자주 잔다.	私は朝寝坊をよくする。 <small>あさねぼう</small>
○ 나는 잠꾸러기이다.	私は眠たがりやだ。 <small>ねむ</small>
○ 나는 매일 늦잠을 잔다.	私は朝寝坊を毎日する。 <small>あさねぼう　まいにち</small>
○ 아침 늦게까지 잠을 잤다.	朝、遅くまで寝ていた。 <small>あさ　おそ　　　ね</small>
○ 오늘 아침에 두 시간이나 늦게 눈을 떴다.	今朝、2時間も遅く目覚めた。 <small>けさ　じかん　おそ　めざ</small>
○ 오늘 아침에는 한 시간 늦잠을 잤다.	今朝は1時間朝寝坊をした。 <small>じかんあさねぼう</small>
○ 나는 늦잠꾸러기여서 매일 아침 누군가가 나를 깨워 주어야 한다.	私は朝寝坊なので、毎日だれかが私を起さなければ <small>まいにち</small>　　　　　　　　<small>おこ</small> ならない。
○ 밤 늦게까지 공부를 해서 일찍 일어날 수가 없었다.	夜遅くまで勉強をしたので、早く起きることが <small>よるおそ</small>　　　<small>べんきょう</small>　　　　　　<small>はや　お</small> できなかった。 ❖本を読んだので：책을 읽어서、映画を見たので：영화를 봐서、 <small>ほん　よ</small>　　　　　　　　　　<small>えいが　み</small> テレビを見たので：텔레비전을 봐서. <small>み</small>
○ 정말 일어나고 싶지 않다.	本当に起きたくない。 <small>ほんとう　お</small>
○ 침대에서 꾸물거렸다.	ベットでゴロゴロしていた。
○ 어제 잠을 늦게 잤기 때문이었다.	昨日、遅く寝たからだった。 <small>きのう　おそ　ね</small>

○ 해가 중천에 떠 있었다.	太陽が空高く昇っていた。 たいよう　そらたか　のぼ
○ 어젯밤에 동생에게 일찍 깨워 달라고 부탁했었다.	昨夜、弟に朝早く起してほしいと頼んでおいた。 さくや　おとうと　あさはや　おこ　　　　　　　たの
○ 동생이 날 깨우는 것을 잊었다.	弟が私を起すのを忘れた。 　　　おこ　　　わす
○ 좀 더 일찍 깨워 주지 그랬냐고 동생에게 불평했다.	もっと早く起してほしかったと、弟に不平を言った。 　　　はや　おこ　　　　　　　　　　ふへい　い
○ 동생이 일어나라고 소리쳤다.	弟が起きろと叫んだ。 　　おこ　　　さけ
○ 누군가가 잠자고 있는 나를 깨울 때 짜증이 난다.	だれかが寝ている私を起すときいらいらする。/ 　　　　ね　　　わたし　おこ 寝ている時、だれかに起こされると私はいらいらする。 ね　　　とき
○ 자명종이 울리지 않아서 아침 일찍 깨지 못했다.	目覚ましが鳴らなくて、朝早く起きれなかった。 めざ　　　な　　　　　あさはや　お
○ 어젯밤에 알람을 맞추어 놓았다고 생각했다.	昨夜目覚ましを合わせたと思っていた。 さくやめざ　　　あ　　　　おも ❖目覚ましを合わせる : 알람을 맞추다.
○ 내가 잠을 깼을 때는 모두들 일어나 있었다.	私が起きたときにはみんな起きていた。 　　お　　　　　　　　　　お

욕실 사용하기

○ 일어나자마자 욕실에 갔다.	起きてすぐ、浴室に行った。 お　　　　　よくしつ　い ❖일본 가옥은 보통 욕실과 세면실이 따로 있다.
○ 욕실에 누군가 있었다.	浴室にだれかがいた。 よくしつ
○ 동생이 샤워 중이었다.	弟がシャワーをしていた。
○ 욕실에서 빨리 나오라고 하면서 문을 두드렸다.	浴室から早く出てほしいとドアをたたいた。 よくしつ　はや　で
○ 화장실에서 볼일을 보았다.	トイレで用を足した。 　　　　よう　た ❖トイレ/お手洗い : 화장실, 백화점 등에서는 ─化粧室─라고도 한다. 　　　　てあら　　　　　　　　　　　　　　け しょうしつ
○ 화장실 안에서 신문을 읽었다.	トイレの中で新聞を読んだ。 　　　なか　しんぶん　よ
○ 화장실 물 내리는 것을 잊었다.	トイレの水を流すのを忘れた。 　　　みず　なが　　　わす

○ 냄새가 지독했다.	臭いがひどかった。
○ 화장실 물을 내렸다.	トイレの水を流した。
○ 아침에는 세수만 한다.	朝は洗面だけをする。
○ 아침 식사 전에 세수를 했다.	朝ごはんの前に洗面をした。
○ 오늘 아침에 샤워를 했다.	今朝、シャワーをした。
○ 나는 매일 아침 머리를 감는다.	私は毎朝髪を洗う。
○ 머리를 말리는 데 약 10분이 걸렸다.	髪を乾かすのに10分ぐらいかかった。
○ 드라이어로 머리를 말렸다.	ドライヤーで髪を乾かした。
○ 드라이어로 머리를 손질하다.	ドライヤーで髪をブローする。
	❖ブローする : 드라이어나 빗으로 머리를 손질하다.
○ 머리를 빗었다.	髪をといた。
○ 머리를 빗은 후 바닥에 떨어진 머리카락을 치웠다.	髪をといた後、床に落ちた髪の毛を拾った。
○ 얼굴에 로션을 발랐다.	顔にローションをつけた。
○ 수염을 깎았다.	ひげを剃った。

양치질

○ 나는 식사를 하면 꼭 양치를 한다.	私は食事をしたら、必ず歯みがきをする。
○ 아침 식사 후에 양치질을 했다.	朝ごはんの後、歯みがきをした。
○ 칫솔에 물을 조금 묻혔다.	歯ブラシに水を少しつけた。
○ 칫솔에 치약을 짰다.	歯ブラシに歯みがき粉をつけた。
○ 치약은 아랫부분부터 짜라는 말을 들었다.	歯みがき粉は下からしぼりなさいと言われた。
○ 위아래로 그리고 양 옆으로 칫솔을 움직여 닦았다.	上下に、そして左右に歯ブラシを動かしてみがいた。

○ 위아래로만 이를 닦으려 한다.　　　上下にだけ歯をみがこうとする。
　　　　　　　　　　　　　　　　　　うえした

○ 입에 물을 조금 넣고 입 안을 헹구었다.　口に水を少しふくませて、口の中をすすいだ。
　　　　　　　　　　　　　　　　　　くち みず すこ　　　　　　くち なか

○ 입 안을 물로 싹싹 헹구었다.　　　　口の中を水でグジュグジュとすすいだ。
　　　　　　　　　　　　　　　　　　　　みず

○ 세면대에 물을 뱉었다.　　　　　　洗面所で水をはき出した。
　　　　　　　　　　　　　　　　　せんめんじょ みず　　だ

○ 칫솔을 물로 씻어 칫솔걸이에 걸었다.　歯ブラシを水で洗って、歯ブラシ立てに立てた。
　　　　　　　　　　　　　　　　　　　　みず あら　　　　　　　た　 た

아침 신문

○ 나는 시대에 뒤떨어지지 않기 위해　私は時代に遅れないように毎日新聞を読む。
　매일 아침 신문을 읽는다.　　　　　じだい おく　　　　　　　まいにちしんぶん よ

○ 나는 A신문을 구독한다.　　　　　私はA新聞を購読している。
　　　　　　　　　　　　　　　　　　　　こうどく

○ 나는 학생용 영자 신문을 구독한다.　私は学生用の英語の新聞を購読している。
　　　　　　　　　　　　　　　　　がくせいよう えいご

○ 아침에는 신문을 대충 훑어본다.　朝は新聞にさっと目を通す。
　　　　　　　　　　　　　　　　　あさ　　　　　　　　め とお

○ 아침에는 신문 전체 내용을 다 읽을　朝は新聞の記事に全部目を通すことができない。
　수 없다.　　　　　　　　　　　　きじ ぜんぶめ とお

○ 나는 신문에서 주로 사회면을 본다.　私は主に、新聞の社会に関する記事を見る。
　　　　　　　　　　　　　　　　　　おも　　　 しゃかい かん きじ み

○ 나는 스포츠면만 읽는다.　　　　　私はスポーツの記事だけを読む。
　　　　　　　　　　　　　　　　　　　　　　きじ　　　 よ

○ 나는 거의 사설을 읽지 않는다.　　私は社説をほとんど読まない。
　　　　　　　　　　　　　　　　　　しゃせつ　　　　 よ

○ 오늘 신문에 놀라운 기사가 있었다.　今日の新聞に驚くような記事が載っていた。
　　　　　　　　　　　　　　　　　きょう　　おどろ　　　 きじ の

○ 내가 아는 사람이 오늘 신문에 나왔다.　私の知ってる人が今日の新聞に出ていた。
　　　　　　　　　　　　　　　　　　し ひと きょう　　で

○ 내 취미에 관한 좋은 기사 내용이 있어　私の趣味に関する記事が載っていたので、
　오려 두었다.　　　　　　　　　　　しゅみ かん きじ の
　　　　　　　　　　　　　　　　　切り抜いておいた。
　　　　　　　　　　　　　　　　　き ぬ

○ 몇 개의 기사를 스크랩북에 스크랩해　いくつかの記事をスクラップブックにスクラップして
　두었다.　　　　　　　　　　　　　きじ
　　　　　　　　　　　　　　　　　おいた。

아침 식사

○ 아침 식사할 시간이었다.　　　　　朝ごはんの時間だった。
　　　　　　　　　　　　　　　　　あさ　　　 じかん

○ 아침 먹을 시간이었다.　　　　　　朝ごはんを食べる時間だった。

○ 아침 식사가 벌써 준비되어 있었다.　　朝ごはんがすでに準備してあった。

○ 여유롭게 식사를 했다.　　　　　　　ゆっくり食事をした。

○ 급히 아침을 먹어야 했다.　　　　　急いで食事をしなければならなかった。

○ 나는 우유 한 잔과 시리얼을 먹었다.　私は牛乳一杯とシリアルを食べた。

○ 아침 식사 대신 우유를 마셨다.　　　朝ごはんの代わりに牛乳を飲んだ。

○ 오늘은 아침으로 빵과 계란 프라이를　　今日は朝ごはんとしてパンとたまごやきを食べた。
　 먹었다.

○ 나는 보통 한식으로 아침을 먹는다.　　私は普通韓国式の朝ごはんを食べる。

○ 오늘은 밥을 잘 먹었다.　　　　　　今日はごはんをよく食べた。

○ 아침을 많이 먹었다.　　　　　　　朝ごはんをたくさん食べた。

○ 밥을 한 그릇 더 먹고 싶었다.　　　ごはんをもう一杯食べたかった。

○ 아침을 간단히 먹었다.　　　　　　簡単に朝ごはんを食べた。

○ 한 입만 먹었다.　　　　　　　　　一口だけ食べた。

○ 서둘러 아침 식사를 끝냈다.　　　　急いで朝食を終えた。

○ 아침 식사는 준비되었지만 먹을 시간이　　朝ごはんは準備してあったが、食べる時間がなかった。
　 없었다.

○ 아침에 입맛이 없었다.　　　　　　朝、食欲がなかった。

○ 오늘 아침은 건너뛰었다.　　　　　今日は朝抜きをした。

○ 오늘은 아침을 먹지 않았다.　　　　今日は朝ごはんを食べなかった。

옷 입기

○ 잠옷을 벗었다.　　　　　　　　　寝巻きを脱いだ。

○ 속옷을 갈아입었다.　　　　　　　下着を着替えた。

○ 옷을 벗었다.　　　　　　　　　　服を脱いだ。

86

○ 어떤 옷을 입을지 결정하기가 어려웠다.　どの服を着ようか迷った。

○ 옷장에서 옷을 꺼냈다.　洋服ダンスから服を取り出した。

○ 옷이 구겨져 있었다.　服がくしゃくしゃになっていた。

○ 나는 급하게 다림질을 했다.　私は急いでアイロンがけをした。

○ 오늘 줄무늬 셔츠를 입었다.　今日、縞のTシャツを着た。

○ 블라우스, 조끼, 넥타이 그리고 바지를 　ブラウス、チョッキ、ネクタイ、そしてズボンをはいた。
　입었다.

○ 옷의 앞뒤를 바꿔 입었다.　服を反対に着た。／服を後ろ前に着た。

○ 옷을 뒤집어 입었다.　服を裏返しに着た。

○ 나는 셔츠를 입으면 꼭 바지 안에 넣어 　私はシャツを着ると必ずズボンの中に入れる。
　입는다.

○ 옷 입는 것을 도와줄 누군가가 필요하다.　服を着せてくれるだれかが必要だ。

○ 벗은 옷을 옷걸이에 걸어 놓지 않았다.　脱いだ服をハンガーにかけなかった。

○ 옷을 바닥에 두었다.　服を床に置いていた。

○ 옷을 벗은 후 전부 바닥에 그대로 던져 　服を脱いだ後、全部床にそのままにしていた。
　놓았다.

엄마의 당부

○ 선생님 말씀 잘 들어라.　先生のおっしゃることをよく聞きなさい。

○ 선생님 말씀하실 때 딴 짓 하지 마라.　先生がお話しされているとき、他のことをしたらだめよ。／
　先生がお話しされているとき、他のことをしないでね。

○ 친구들과 싸우지 마라.　友達とけんかしたらだめよ。／
　友達とけんかしないでね。

❖しないでね／したらだめよ／するな：～하지 마라,

　してね／しなさい／しろ：～해라.

　「するな」, 「しろ」 는 주로 남자가 사용한다.

○ 친구들과 사이좋게 지내라.　友達となかよくしなさい。

○ 친구들 괴롭히지 마라.	友達に意地悪したらだめよ。/ 友達に意地悪しないでね。
○ 길을 건널 때 조심해라.	道を渡るとき、注意しなさい。
○ 차 조심해라.	車に注意しなさい。
○ 길 양쪽을 잘 살펴라.	道では左右をよく見なさい。
○ 천천히 다녀라.	ゆっくり歩きなさい。
○ 학교에서 잘 지내라.	学校で楽しく勉強しなさい。
○ 수업 시간에 잠자지 마라.	授業中に居眠りしないでね。/ 授業中に居眠りしたらだめよ。
○ 거짓말 하지 마라.	うそをつくな。

❖문장 끝에 「～な」가 붙으면 '～하지 마'라는 뜻으로 남성적이며 매우 강한 명령형이다. 여자는 「うそをつかないでね」라고 한다.

○ 학교 끝나면 집으로 곧장 와라.	学校が終わったら、すぐ家に帰って来なさい。
○ 낯선 사람을 조심해라.	見知らぬ人に気をつけなさい。
○ 손을 항상 깨끗이 해라.	手をいつも清潔にしなさい。
○ 재미있게 지내라.	楽しく過ごしなさい。
○ 즐겁게 보내라.	楽しみなさい。

집 나서기

○ 우리 부모님은 매일 아침 나를 재촉하신다.	私の父母は毎朝私に早くしなさいと言う。
○ 빨리 준비해야 했다.	早く準備しなければならなかった。
○ 필요한 것들을 챙겼다.	必要なものを準備した。
○ 서둘렀다.	急いだ。
○ 집을 나섰다.	家を出た。
○ 학교에 늦지 않으려고 서둘렀다.	学校に遅れないよう急いだ。
○ 늦어서 머리가 젖은 채로 집을 나섰다.	遅れたので髪が濡れたままで家を出た。

○ 늦잠을 자서 10분 지각했다.	朝寝坊をして10分遅刻した。
○ 자명종이 울릴 때 일어났어야 했는데, 일어나지 못했다.	目覚ましが鳴った時、起きなければならなかったのに、起きれなかった。
○ 좀 더 부지런해져야겠다.	もう少し勤勉にならないといけない。
○ 우물쭈물할 시간이 없었다.	だらだらしている暇はなかった。
○ 서둘러 택시를 타고 학교에 갔다.	急いでタクシーに乗って学校に行った。
○ 오늘 아침에 너무 서두르는 바람에 지갑을 놓고 왔다.	今朝、とても急いだせいで、財布を置いて来た。
○ 서두르다가 일을 망친다는 말을 기억해야겠다.	急ぎすぎると失敗すると言う言葉を記憶しておかなければならない。
○ 집에서 버스 정류장까지 걸어서 20분 정도 걸린다.	家からバス停まで、歩いて20分くらいかかる。

02 점심

도시락

○ 나는 매일 도시락을 싸 가지고 다닌다.	私は毎日弁当を包んでいく。
○ 점심을 싸 가지고 갔다.	お昼ごはんを準備して行った。
○ 엄마가 점심 도시락을 싸 주셨다.	母が昼のお弁当を作ってくれた。
○ 엄마의 사랑이 도시락에 담겨 있는 것 같았다.	母の愛情がお弁当にこめられているようだった。
○ 밥 위에 콩으로 하트 모양을 장식했다.	ごはんの上に豆でハートの形を作った。
○ 나는 도시락을 가지고 다니는 것이 번거롭다.	私はお弁当を持っていくのがわずらわしい。
○ 가끔은 도시락 통을 잃어버리기도 한다.	ときどきお弁当箱をなくしてしまったりする。

○ 우리 학교에서는 점심시간에 급식을 　　私の学校ではお昼に給食が出る。
　한다.

○ 우리는 점심 식권을 이용해야 한다.　　私達は昼食食券を利用しなければならない。

○ 때때로 반찬이 마음에 들지 않을 때도　　ときどきおかずが気に入らないこともある。
　있다.

○ 식당에서 그 음식 좀 그만 내놓았으면　　食堂のあのメニュー、ちょっとやめてほしいと思う。
　좋겠다.

○ 오늘 반찬 중 돈가스가 있었다.　　今日のおかずの中に、とんカツがあった。

○ 나는 짭짤한 고기 반찬을 좋아한다.　　私は少し味が濃いお肉のおかずが好きだ。

○ 오늘 오후에 점심을 같이 먹으려고　　今日の午後、お昼をいっしょに食べようと、
　친구를 만났다.　　友達に会った。
　　　　❖「お昼ごはん」은「ごはん」을 생략하고「お昼」라고만도 잘 쓴다.

○ 점심에 먹을 것이 너무 많았다.　　お昼に食べるものがとても多かった。

○ 배탈이 날 정도로 먹었다.　　おなかをこわすぐらいに食べた。

○ 나는 점심에 김밥과 샌드위치를 먹었다.　私はお昼にのりまきとサンドイッチを食べた。

○ 점심을 가볍게 먹었다.　　お昼ごはんを軽く食べた。

○ 점심을 조금 먹었다.　　お昼ごはんを少し食べた。

○ 저녁을 잘 먹을 것 같아서 점심은 간단히　夕食においしいものをたくさん食べるつもりなので、
　먹었다.　　昼食を簡単に食べた。
　　　　❖〜するつもりだ：〜할 생각이다.

○ 점심식사를 건너뛰었다.　　お昼ごはんをぬいた。

○ 점심시간이 한 시간 있다.　　昼休みが一時間ある。
　　　　❖昼休み：점심+쉬는 시간.

○ 점심시간에 방송부원들이 음악을　　昼休みに放送部の人達が音楽を流してくれた。
　틀어 주었다.

○ 친구들과 함께 이야기하며 음악을 들었다.
友達といっしょに話をしながら、音楽を聞いた。

○ 짧은 점심시간에 친구들과 시간을 보냈다.
短い昼休みを友達と過ごした。

○ 우리는 점심시간에 30분 정도 축구를 했다.
私達は昼休みに30分くらいサッカーをした。

○ 점심을 많이 먹으면 졸린다.
お昼をたくさん食べると眠くなる。

○ 점심식사 후 잠시 낮잠을 잤다.
お昼を食べた後、少し昼寝をした。

○ 점심시간이 좀 더 길었으면 좋겠다.
昼休みがもう少し長かったらいいと思う。

○ 낮잠을 충분히 잘 시간이 없었다.
十分に昼寝をする時間がなかった。

군것질

○ 나는 간식을 즐긴다.
私はおやつを楽しむ。/ 私はおやつが楽しみだ。

○ 간식으로 우유를 마신다.
おやつに牛乳を飲んだ。

○ 간식을 조금 먹었다.
おやつを少し食べた。

○ 나는 군것질하는 것을 좋아한다.
私は買い食いするのが好きだ。

○ 나는 단것을 좋아한다.
私は甘いものが好きだ。

○ 쉬는 시간에 간식을 사러 매점에 갔다.
休み時間に間食を買いに売店に行った。

○ 나는 매끼 식사도 규칙적으로 하고 간식으로 여러 가지를 먹는다.
私は3食の食事も規則的に食べて、
いろいろな食べ物を間食として食べる。
❖ ～として : ～으로/～로서.

○ 나는 간식으로 과일만 먹는다.
私は間食として果物だけ食べる。

○ 간식을 먹는 횟수가 잦아서 살이 찌는 것 같다.
間食を食べる回数が増えて、太ったみたいだ。

○ 먹는 것을 조심해야 할 필요가 있다.
食べるものを注意する必要がある。

○ 간식으로 빵을 먹어서 그런지 입맛이 없다.
間食にパンを食べたせいか、食欲がない。

91

○ 이제부터 어떤 간식이라도 먹지 말아야 한다.　今から、どんな間食であっても、食べないようにしなければならない。

03 저녁

저녁 활동

○ 나는 저녁 8시 이후에는 보통 집에 있다.　私は夜8時以降には、普通家にいる。

○ 오늘 저녁에는 그냥 집에 있었다.　今日の夕方はただ家にいた。

○ 나는 이따금 저녁에 친구를 만나러 간다.　私はときどき夕方友達に会いに行く。

○ 오늘은 친구들과 6시에 만나기로 되어 있었다.　今日は友達と6時に会うことになっていた。

○ 친구들과 저녁에 시내를 돌아다녔다.　友達と夕方市内を歩きまわった。

○ 오늘 저녁에는 할 일이 아무것도 없었다.　今日の夕方はすることが何もなかった。/
今日の夕方は暇だった。

○ 나는 오늘 저녁을 먹은 후에 산책을 했다.　私は夕食を食べた後、散歩をした。

○ 곧 어두워져서 집에 돌아왔다.　すぐ暗くなったので、家に帰った。

○ 해질 무렵에 친구를 만났다.　夕暮れ時に友達に会った。

○ 할 일이 별로 없어 친구네 집에 갔다.　することが何もなかったので、友達の家に行った。

○ 오늘은 친구의 집에서 잘 것이다.　今日は友達の家に泊まるつもりだ。

○ 부모님의 어깨를 두드려 드렸다.　両親の肩をたたいてあげた。
◆일본어에서는 자기 부모에게는 보통 존칭을 쓰지 않기 때문에 '두드려 드리다'라는 표현은 「たたいてさしあげる」보다는 「たたいてあげる」를 더 잘 쓴다.

○ 음악을 들으며 오늘의 피로를 풀었다.　音楽を聞きながら、今日の疲れを癒した。

○ 잠자기 전에 내일의 할 일을 점검했다.　寝る前に、明日のスケジュールを確かめた。

○ 나는 잠자리에 들기 전에 일기를 쓴다.　私は布団に入る前に日記を書く。
　　　　　　　　　　　　　　　　　　　わたし　ふとん　はい　まえ　にっき　か
　　　　　　　　　　　　　　　　　　　❖布団に入る : 잠자리에 들다.

○ 나는 잠자리에 들기 전에 늘 일기를 쓴다.　私は布団に入る前に、いつも日記を書く。

　　　　　　　　　　　　　　　　❖夕方 : 오후 4시부터 해질 무렵까지, 夜 : 해질 무렵부터,
　　　　　　　　　　　　　　　　　ゆうがた　　　　　　　　　　　　　　　　　よる
　　　　　　　　　　　　　　　　真夜中 : 밤 12시 이후.
　　　　　　　　　　　　　　　　まよなか

통금

○ 우리 집 통금 시간은 밤 10시이다.　私の家の門限は夜10時だ。
　　　　　　　　　　　　　　　　　わたし　いえ　もんげん　よる　じ
　　　　　　　　　　　　　　　　　❖門限 : 통금 시간.
　　　　　　　　　　　　　　　　　　もんげん

○ 간신히 통금 시간에 돌아왔다.　門限ぎりぎりに帰ってきた。
　　　　　　　　　　　　　　　　もんげん　　　　　かえ

○ 늦어도 저녁 10시까지는 집에 들어가야 한다.　遅くても夜10時までには家に帰らなければならない。
　　　　　　　　　　　　　　　　　　　　　　おそ　　　よる　じ　　　　　　いえ　かえ

○ 어머니께 전화를 걸어 늦게 들어간다고　母に電話をかけて、遅くなると伝えた。
　말씀드렸다.　　　　　　　　　　　　　　はは　でんわ　　　　　おそ　　　　　つた

○ 밤에 늦게 집에 돌아와서 부모님께　夜遅く家に帰って、両親に叱られた。
　꾸중을 들었다.　　　　　　　　　　　よるおそ　いえ　かえ　　　りょうしん　しか

○ 나는 밤에 놀러 다니는 것을 좋아한다.　私は夜遊び回るのが好きだ。
　　　　　　　　　　　　　　　　　　　わたし　よるあそ　まわ　　　す

○ 우리 부모님은 휴일에 늦게 들어오는　私の両親は休みの日に遅く帰るのを許してくれる。
　것을 허락해 주신다.　　　　　　　　　わたし　りょうしん　やす　ひ　おそ　かえ　　　ゆる

○ 내가 집에 늦게 들어와도 우리 부모님　私が遅く帰っても、両親が少し理解してくれたらと思う。
　께서 좀 더 이해를 해 주셨으면 좋겠다.　わたし　おそ　かえ　　　　りょうしん　すこ　りかい　　　　　　　　おも

씻기

○ 간단히 샤워를 했다.　簡単にシャワーをした。
　　　　　　　　　　　かんたん

○ 샤워 커튼을 치지 않아서 욕실　シャワーカーテンを閉めなかったので、
　여기저기에 물이 튀었다.　　　　　し
　　　　　　　　　　　　　　　　浴室あちこちに、水はねした。
　　　　　　　　　　　　　　　　よくしつ　　　　　みず

○ 수건으로 물기를 닦았다.　タオルで水気を拭き取った。
　　　　　　　　　　　　　　みずけ　ふ　と

○ 피곤해서 뜨거운 물을 채운 욕조 안에서　疲れて、熱いお湯につかって休んだ。
　휴식을 취했다.　　　　　　　　　　　つか　　あつ　ゆ　　　　　やす

　　　　　　　　　　　　　　　❖熱いお湯 : 뜨거운 물. ―熱い水―라고는 쓰지 않는다.
　　　　　　　　　　　　　　　　　　　　　　　　　　みず

93

○ 뜨거운 물로 목욕을 했다.　　　　熱いお湯でお風呂に入った。

○ 때를 밀었다.　　　　　　　　　あかすりをした。

○ 목욕을 하고 나니 기분이 상쾌했다.　お風呂に入ったら、すがすがしい気分になった。

○ 건강을 위해 반신욕을 했다.　　　健康のために下半身浴をした。

○ 몸의 물기를 수건으로 닦았다.　　体の水気をタオルで拭き取った。

저녁 식사

○ 오늘은 오후 늦게까지 아무것도 못　　今日は夜遅くまで何も食べれなかった。
　먹었다.

　　　　　　　　　　　　　　　　❖食べない : 먹지 않다, 食べれない : 먹지 못하다.

○ 저녁을 준비했다.　　　　　　　夕食の準備をした。

○ 저녁이 거의 다 준비되었다.　　　夕食の準備がほとんどできた。

○ 오늘은 집에서 저녁을 먹었다.　　今日は家で夕食を食べた。

○ 오늘 저녁은 외식을 했다.　　　　今日の夕食は外食をした。

○ 우리 집은 항상 6시에 저녁을 먹는다.　私の家ではいつも6時に夕食を食べる。

○ 일찌감치 저녁을 먹었다.　　　　早めに夕食を食べた。

○ 저녁 식사를 하면서 우리는 오늘 일어난　夕食を食べながら、私達は一日の出来事について
　일에 대해 이야기를 나누었다.　　語り合った。

○ 저녁 식사 때 우리는 하루를 어떻게　夕食の時、私達は今日一日をどう過ごしたか話をした。
　보냈는지에 대해 이야기했다.

○ 아빠가 항상 늦게 집에 오셔서 함께　父がいつも遅く家に帰ってくるので、いっしょに
　저녁 식사 하는 일이 별로 없다.　　夕食を食べることはあまりない。

○ 한동안 가족들과 저녁 식사를 함께 하지　しばらくの間、家族と夕食をいっしょにできなかった。
　못했다.

○ 저녁을 먹으면서 가족들과 즐거운　夕食を食べながら、家族と楽しい会話をした。
　대화를 나누었다.

○ 저녁을 먹고 나니 기분이 좋아졌다.　夕食を食べたら、気分が良くなった。

94

○ 오늘은 점심도 못 먹고, 저녁도 못 먹었다.	今日は昼食も夕食も食べることができなかった。
○ 오늘 저녁에 외국인 친구를 저녁 식사에 초청했다.	今日の夕食に外国人の友達を招待した。
○ 저녁 식사에 초대되어 친구의 집에 갔다.	夕食に招待されて、友達の家に行った。
○ 오늘 저녁은 외식하고 싶었다.	今日の夕食は外食をしたかった。
○ 오늘 저녁에는 근사한 식당에서 식사를 했다.	今日は豪華なレストランで夕食を食べた。
○ 저녁으로 비프스테이크를 먹었다.	夕食にビーフステーキを食べた。
○ 저녁에 이태리 음식을 먹었다.	夕食にイタリア料理を食べた。

TV 시청

○ 저녁 식사를 끝내자마자 TV를 켰다.	夕食を食べてすぐ、テレビをつけた。
○ 아무 할 일 없이 텔레비전만 보았다.	何もしないで、テレビを見た。
○ 나는 보통 TV를 너무 많이 보는 편이다.	私はテレビをたくさん見る方だ。 ❖〜方だ : 〜편이다.
○ 내 동생은 TV만 본다.	私の弟はテレビばかり見る。
○ 나는 하루에 3시간 정도 텔레비전을 본다.	私は一日に3時間くらいテレビを見る。
○ 손에 리모컨을 항상 들고 있다.	手にリモコンをいつも持っている。
○ 우리 가족은 나를 리모컨이라고 부른다.	私の家族は私をリモコンと呼ぶ。
○ 동생과 리모컨을 가지고 싸웠다.	弟とリモコンのとりあいをした。
○ 나는 TV에 중독된 것 같다.	私はテレビ中毒になったようだ。
○ 나는 TV를 볼 때 너무 가까이 본다.	私はテレビを見る時とても近くで見る。
○ TV에서 뒤로 좀 물러났다.	テレビからちょっと後ろに下がった。 / テレビからちょっと離れた。
○ 저녁 식사 후 거실에서 TV를 보았다.	夕食の後、居間でテレビを見た。

○ 매일 9시 뉴스를 본다.	毎日、9時のニュースを見る。
○ 나는 언제나 CNN 뉴스를 본다.	私はいつもCNNニュースを見る。
○ TV 6번 채널에서 뮤직 쇼를 보았다.	テレビの6チャンネルでミュージックショーを見た。
○ 내가 가장 좋아하는 프로그램은 쇼 프로그램이다.	私が一番好きな番組はショーの番組だ。
○ 그 쇼 프로그램은 MBS에서 매주 월요일마다 방송한다.	その番組はMBSで毎週月曜日に放送される。
○ 이번 주 금요일에 MBS에서 흥미로운 게임 쇼를 한다.	今週の金曜日にMBSで、おもしろそうなゲームショーがある。
○ 오늘은 채널 7번에서 재미있는 코미디 프로그램이 있었다.	今日、7チャンネルでおもしろいコメディー番組があった。
○ 나는 그 프로그램을 즐겨 본다.	私はその番組をよく見る。
○ 그 프로는 정말 우습고 재미있었다.	その番組は本当におかしくて、おもしろかった。
○ 드라마가 재방송되었다.	ドラマが再放送された。
○ 나는 텔레비전 연속극이라면 질색이다.	私はテレビの連続ドラマが大嫌いだ。
○ 우리 가족은 주말 연속극은 꼭 본다.	私の家族は週末の連続ドラマを必ず見る。
○ TV 광고도 참 재미있다.	テレビのコマーシャルもほんとに面白い。
○ 다른 방송으로 채널을 돌렸다.	他の番組にチャンネルをかえた。
○ 우리 부모님께서는 나에게 교육방송을 보라고 강요하셨다.	両親が私に教育テレビを見なさいと強制した。
○ 그 프로는 나에게는 매우 지루했다.	私にはその番組がとてもたいくつだった。
○ TV 볼륨을 줄였다.	テレビの音を小さくした〔低くした〕。
○ TV 볼륨을 높였다.	テレビの音を大きくした〔高くした〕。
○ 마감 뉴스를 보고 TV를 껐다.	深夜の最終便ニュースを見て、テレビを消した。
○ TV 보는 것을 줄여야 한다.	テレビを見る時間を減らさなければと思う。
○ 나는 TV를 너무 많이 본다고 부모님께 종종 꾸지람을 듣는다.	私は長い時間テレビをたくさん見ると両親にいろいろ小言を言われる。

○ 대화할 시간을 좀 더 만들기 위해 거실의 TV를 없앴다.	対話をする時間をもっと作ろうと居間のテレビを取り除いた。
○ 한동안 TV를 볼 수 없었다.	しばらくの間、テレビを見ることができなかった。

라디오

○ 저녁에 TV를 보지 않고 라디오를 듣는다.	夜テレビを見ないで、ラジオを聞く。
○ 라디오를 들으며 공부를 했다.	ラジオを聞きながら勉強をした。
○ 방에서 라디오 소리가 안 나면 왠지 허전하다.	部屋でラジオが流れてないとなぜか物足りない。
○ 나는 항상 라디오를 듣다가 잠이 든다.	私はいつもラジオを聞きながら眠る。
○ 밤새 라디오는 켜져 있었다.	夜通しラジオがついていた。
○ 비디오로 영화를 보고 싶었다.	ビデオで映画を見たかった。
○ 비디오 하나를 빌렸다.	ビデオを一つ借りてきた。
○ 오늘은 하루 종일 비디오로 영화를 봤다.	今日は一日中映画のビデオを見た。
○ 너무 재미있어서 시간 가는 줄 몰랐다.	とても面白くて時間が過ぎるのを忘れた。
○ 내가 가장 좋아하는 여가 활동은 집에서 비디오를 보는 것이다.	私が一番好きな余暇活動は、家でビデオを見ることだ。

저녁 하늘

○ 달이 일찍 떴다.	月が早く出た。
○ 달무리가 아주 멋졌다.	月のかさがとてもきれいだった。
○ 달이 참 밝았다.	月がとても明るかった。
○ 보름달이 하늘 높이 떠 있었다.	満月が空高く出ていた。
○ 하늘에는 반달이 있었다.	空には半月が出ていた。
○ 초승달이 떠 있었다.	三日月が出ていた。
○ 초승달이 빛나고 있었다.	三日月が輝いていた。

○ 보름달이 이지러지고 있었다.　　　満月が欠けようとしていた。

○ 하늘에 별이 많았다.　　　空に星が多かった。

○ 하늘에 별들이 많이 떠 있었다.　　　空に星がたくさん出ていた。

○ 하늘에 별들이 반짝거렸다.　　　空に星がきらきらしていた。

○ 별들을 세어 보았다.　　　星を数えてみた。

○ 내가 가장 좋아하는 별에 소원을 빌었다.　　　私が一番気に入った星に願い事をした。

잠잘 준비하기

○ 내일은 늦잠을 자고 싶다.　　　明日は朝寝をしたい。

○ 자기 전에 밤참을 먹었다.　　　寝る前に夜食を食べた。

○ 하품이 났다.　　　あくびが出た。

○ 일찍 잠을 자야겠다.　　　早めに寝ようと思う。

○ 부모님께 안녕히 주무시라는 인사를　　　両親におやすみなさいと挨拶をした。
　했다.

○ 잠옷으로 갈아입었다.　　　寝巻きに着替えた。

○ 내일 약속에 늦지 않으려면 일찍　　　明日、約束に遅れないように早めに寝ないといけない。
　자야만 한다.

○ 영화를 보느라 밤 늦게까지 자지 않고　　　映画を見たので、夜遅くまで寝ないでいた。
　있었다.

○ 자명종 시계를 맞추어 놓았다.　　　目覚まし時計を合わせておいた。

○ 잠자리에서 잠시 책을 읽었다.　　　布団で少し本を読んだ。

○ 내가 어릴 때 우리 부모님은 잠자리에서　　　私が小さいころ両親が布団で私が好きな本を
　내가 좋아하는 책을 읽어주시곤 했다.　　　読んでくれた。

○ 잠자리에 들기 전에 뭔가를 먹고 싶었다.　　　布団に入る前に何かを食べたかった。

○ 잠자리에 들 때가 되어서야 비로소 일　　　寝る時間になってはじめて、仕事を終えることができた。
　을 끝마쳤다.

○ 눈꺼풀이 무겁고 매우 졸린다.　　　まぶたが重くてとても眠い。

○ 나는 문이 다 잠겼는지 확인을 한 후　　私は戸締まりをしたか確認した後、布団に入る。
　　잠자리에 든다.

❖戸締まり : 문단속.

잠자기

○ 푹 자고 싶다.　　　　　　　　　　　ぐっすり寝たい。

○ 음악을 들으며 잠이 들었다.　　　　　音楽を聞きながら、眠りについた。

○ 너무 피곤해서 곧 잠이 들 것 같다.　とても疲れたので、すぐに寝付くと思う。

○ 오늘밤에는 달콤한 꿈을 꾸고 싶다.　今夜は甘い夢を見たい。

○ 불을 끄자마자 동생은 금방 잠들었다.　電気を消したかと思ったら、弟はすぐに寝付いた。

○ 베개에 눕자마자 잠이 들었다.　　　まくらに横になったかと思ったら、すぐ眠った。

○ 눕자마자 잠이 들었다.　　　　　　　横になったらすぐ眠りについた。

○ 오늘은 잠을 잘 못 잘 것 같은 생각이　今日はよく眠れないような気がする。
　　든다.

○ 저녁을 먹지 않고 잠자리에 들었다.　夕食を食べずに布団に入った。

○ 자정이 넘어서야 잠자리에 들었다.　12時を過ぎてやっと布団に入った。

잠버릇

○ 잠을 잘 때는 푹신한 베개를 베고 자는　寝るときはふわふわしたまくらで寝るのが好きだ。
　　것을 좋아한다.

○ 나는 딱딱한 베개보다는 부드러운 베개가　私は固いまくらより、柔らかいまくらがいい。
　　더 좋다.

○ 나는 다른 사람의 팔베개를 하고 잠을　私はほかの人の腕枕をして寝ると、よく眠れない。
　　자면 불편하다.

○ 나는 엎드려 자는 것이 편안하다.　　私ははらばいになって寝るのが楽だ。

❖はらばい : 엎드리다.

○ 등을 대고 누워 자면 불편하다.　　　背中を下にして寝ると、よく眠れない。

○ 나는 옆으로 자는 것을 좋아한다.　　　私は横向きに寝るのが好きだ。

○ 나는 가끔 잠꼬대를 한다.　　　私はときどき寝言を言う。

○ 동생은 내가 잠꼬대를 한다고 했다.　　弟は私が寝言を言うと言った。

○ 나는 잠을 잘 때 이를 간다.　　　私は寝るとき歯ぎしりをする。
　　　　　　　　　　　　　　　　　　❖歯ぎしりする : 이를 갈다.

○ 우리 아빠는 주무실 때 코를 심하게 곤다.　私の父は寝るときひどいいびきをかく。
　　　　　　　　　　　　　　　　　　❖いびきをかく : 코를 골다.

○ 나는 밤에 자주 깬다.　　　私は、夜、よく目が覚める。

○ 나는 잠을 늦게 잔다.　　　私は夜遅く寝る。

○ 나는 밤샘을 잘하지 못한다.　　　私は徹夜をするのが苦手だ。
　　　　　　　　　　　　　　　　　　❖苦手 : 잘하지 못함.

○ 나는 일찍 자고 일찍 일어난다.　　　私は早く寝て、早く起きる。

○ 나는 아침 일찍 일어난다.　　　私は朝早く起きる。

꿈

○ 나는 잠을 자면서 꿈을 많이 꾼다.　　　私は寝ながら夢をたくさん見る。

○ 나는 꿈을 너무 많이 꾼다.　　　私は夢をとてもよく見る。

○ 오늘 밤에는 그 남자의 꿈을 꾸고 싶다.　今夜はあの男の人の夢を見たい。

○ 나는 가끔 악몽으로 고생을 한다.　　　私はときどき悪夢のために、苦労する。

○ 무서운 영화를 봐서 악몽을 꿀까봐　　怖い映画を見たので、夢を見そうで不安だった。
　두려웠다.

○ 어젯밤에 악몽을 꾸었다.　　　昨夜、怖い夢を見た。

○ 어젯밤에 이상한 꿈을 꾸었다.　　　昨夜、変な夢を見た。

○ 괴물에게 쫓기는 꿈을 꾸었다.　　　怪物に追われる夢を見た。

○ 내가 낭떠러지에서 떨어지는 꿈을 꾸었다.　私が崖から落ちる夢を見た。

○ 어젯밤에 악몽을 꾸었는데 깨어 보니　　昨夜、怖い夢を見て、起きてみたら、
　　온통 식은땀 범벅이 되어 있었다.　　　　冷汗たらたらになっていた。

○ 한 축구 선수의 꿈을 꾸었다.　　　　　　あるサッカーの選手の夢をみた。

○ 꿈속에서 할머니를 보았다.　　　　　　　夢のなかで、おばあちゃんに会った。

○ 꿈이 너무 달콤해서 잠에서 깨기 싫었다.　とてもいい夢だったので夢から覚めたくなかった。

숙면

○ 잘 잤다.　　　　　　　　　　　　　　　よく寝た。

○ 곤하게 잤다.　　　　　　　　　　　　　疲れてぐっすり寝た。
　　　　　　　　　　　　　　　　　　　　　❖ぐっすり : 푹 자는 모양.

○ 깊은 잠을 잤다.　　　　　　　　　　　　ぐっすり寝た。

○ 숙면을 취했다.　　　　　　　　　　　　熟睡した。

○ 푹 잘 잤다.　　　　　　　　　　　　　　ぐっすりよく寝た。

○ 충분히 잘 잤다.　　　　　　　　　　　　十分によく寝た。

○ 무슨 일이 일어나도 모를 정도로　　　　何が起ってもわからないくらいにぐっすり寝た。
　　정신없이 잤다.

○ 오후 내내 잤다.　　　　　　　　　　　　午後ずっと寝ていた。

○ 숙면은 건강에 아주 중요하다.　　　　　熟睡することは健康にとても重要なことだ。

불면증

○ 나는 잠을 깊게 자지 못한다.　　　　　　私はぐっすり眠ることができない。

○ 나는 밤에 자주 깬다.　　　　　　　　　私は夜よく目が覚める。

○ 잠을 푹 자지 못했다.　　　　　　　　　ぐっすり寝ることができなかった。

○ 밤에 전혀 잠을 자지 못했다.　　　　　　夜、全然眠れなかった。

○ 밤을 지새웠다.　　　　　　　　　　　　夜、一睡もしないでいた。

○ 밤을 꼬박 새웠다.　　　　　　　　　　　徹夜をした。

○ 고민이 있어서 밤에 잠을 못 잤다.   悩みがあって、夜眠れなかった。
<small>なや　　　　　　よるねむ</small>

○ 불면증으로 고생하고 있다.   不眠症で苦労している。
<small>ふみんしょう　くろう</small>

○ 잠귀가 밝다.   眠りが浅い。
<small>ねむ　　あさ</small>

○ 한숨도 잘 수가 없었다.   一睡も寝ることができなかった。
<small>いっすい　ね</small>

○ 어젯밤 그다지 잠을 많이 못 잤다.   昨夜、あまり眠れなかった。
<small>さくや　　　　　ねむ</small>

○ 잠자리에서 뒤치락거렸다.   布団の中で、ごろごろしていた。
<small>ふとん　なか</small>

○ 밤새 잠자리에서 뒤척였다.   一晩中、布団の中で寝がえりばかりしていた。
<small>ひとばんじゅう　ふとん　なか　ね</small>

○ 잠이 오지 않을 때는 따뜻한 우유를   眠れないときは、あたたかい牛乳を飲むといいと言う。
　마시면 좋다고 한다.   <small>ねむ　　　　　　　　　　　　ぎゅうにゅう　の　　　　　　　　い</small>

○ 결국 수면제를 먹었다.   結局、睡眠薬を飲んだ。
<small>けっきょく　すいみんやく　の</small>

04 하루의 정리

즐거운 하루

○ 하루의 일을 잘 마쳤다.   一日の仕事を全部やり終えた。
<small>いちにち　しごと　ぜんぶ　　お</small>

○ 모든 일이 다 잘 되었다.   すべてがうまくいった。

○ 즐거운 하루였다.   楽しい一日だった。
<small>たの</small>

○ 유쾌한 하루를 보냈다.   愉快な一日を送った。
<small>ゆかい　　　　おく</small>

○ 신나는 하루를 보냈다.   わくわくした一日を送った。

○ 오늘은 기분이 좋은 하루였다.   今日は気分がいい一日だった。
<small>きょう　きぶん</small>

○ 정말 즐거운 하루였다.   本当に楽しい一日だった。
<small>ほんとう　たの</small>

○ 좋은 경험을 한 날이었다.   いい経験をした一日だった。
<small>けいけん</small>

○ 저녁을 재미있게 보냈다.   夜を楽しく過ごした。
<small>よる　たの　　す</small>

○ 오늘의 일을 잊지 못할 것이다.　　　今日の出来事は忘れることができないだろう。

○ 오늘은 일진이 좋은 날이었다.　　　今日は運のいい日だった。

바쁜 하루

○ 오늘은 할 일이 많았다.　　　今日はすることがたくさんあった。

○ 일에 묻혀 지냈다.　　　仕事に埋もれて過ごした。

○ 아직도 일이 잔뜩 쌓여 있다.　　　まだ仕事が山のように積もっている。

○ 오늘은 매우 바빴다.　　　今日はとても忙しかった。

○ 오늘은 정말 바쁜 하루였다.　　　今日は本当に忙しい一日だった。

○ 바쁜 하루를 보냈다.　　　忙しい一日を送った。

○ 이런저런 일로 바빴다.　　　いろいろなことで忙しかった。

○ 오늘은 일에 얽매여 있었다.　　　今日は仕事にとらわれていた。

○ 오늘 일이 많아 숨쉴 틈도 없이 바빴다.　　　今日の仕事が多くて息をつく暇もなく忙しかった。

○ 오늘은 일이 아주 많았다.　　　今日は仕事がとても多かった。

○ 시간 가는 줄도 몰랐다.　　　時間が過ぎるのも知らずにいた。

○ 오늘은 내 정신이 아니었다.　　　今日は日頃の私ではなかった。

○ 하는 일 없이 바빴다.　　　することもなしに忙しかった。

○ 아무 일도 한 게 없는 것 같은데 바빴다.　　　何もしてないようだけど、忙しかった。

○ 너무 바빠 그에게 전화도 못했다.　　　とても忙しくて、彼に電話もできなかった。

○ 바빠서 죽겠는데 전화가 많이 걸려 왔다.　　　忙しくてたまらないのに、たくさんの電話が鳴った。

힘겨운 하루

○ 하루 종일 일에 많이 시달렸다.　　　一日中、仕事に苦しんだ。

○ 나는 오늘 너무 창피스러웠다.　　　私は今日とても恥ずかしかった。

○ 오늘은 시간이 지독히 안 갔다.　　　今日は時間がひどく長く感じた。

103

○ 정말 힘든 하루였다.　　　　　　　本当に大変な一日だった。

○ 오늘은 정말 몹시 지친 날이었다.　今日は本当にくたびれた一日だった。

○ 오늘은 피곤한 하루였다.　　　　　今日は疲れた一日だった。

○ 녹초가 되었다.　　　　　　　　　へとへとになった。

○ 지쳤다.　　　　　　　　　　　　くたびれた。

○ 피곤하다.　　　　　　　　　　　疲れた。

○ 집에 오자마자 소파에 털썩 주저앉았다.　家に帰ってすぐソファーに座りこんでしまった。

○ 끔찍한 하루였다.　　　　　　　　想像を絶する一日だった。

우울한 하루

○ 하루 종일 기분이 나빴다.　　　　一日中嫌な気分だった。

○ 오늘은 기분이 울적했다.　　　　　今日はなんか寂しい気分だった。

○ 오늘 내가 한 일이 걱정된다.　　　今日、私がしたことが心配だ。

○ 오늘 아무것도 먹지 않았다.　　　今日、何も食べなかった。

○ 오늘 기운이 없었다.　　　　　　　今日、元気がなかった。

○ 오늘 나의 계획이 허사로 돌아갔다.　今日、私の計画が白紙に戻った。

○ 나의 계획이 엉망이 되었다.　　　私の計画がめちゃくちゃになった。

○ 결국에는 계획이 좌절되었다.　　　結局、計画がだめになった。

○ 일진이 별로 좋지 않은 날이었다.　運があまりよくない日だった。

○ 정말 며칠 쉬고 싶다.　　　　　　本当に何日か休みたい。

○ 오늘 하루 쉬었다.　　　　　　　今日一日休んだ。

지루한 하루

○ 오늘은 매우 지루했다.　　　　　　今日はとても退屈だった。

○ 오늘이나 어제나 매일 똑같은 일의 반복이다.　今日だって、昨日だって、毎日同じことの繰り返しだ。

○ 그럭저럭 하는 일 없이 하루가 지나갔다. どうにかこうにか、何もすることもなく一日が過ぎた。

○ 특별한 일이 없이 그저 시간만 보냈다. 特別なこともなく、ただ、時間だけ過ぎた。

○ 하루 종일 빈둥거리며 지냈다. 一日中、ごろごろして過ごした。

○ 하루 종일 집에서 빈둥거렸다. 一日中、家でごろごろした。

○ 언제나 모든 것이 똑같다. いつでもすべてのことがいっしょだ。

○ 매일 매일이 똑같다. 毎日毎日がいっしょだ。

○ 매일 변화가 없는 일상이 지겹다. 毎日変わりのない日常にうんざりする。
　❖ うんざりする : 지겹다.

○ 이렇게 지루한 나날들이 정말 싫다. こんなにつまらない日々は本当にいやだ。

○ 변화가 필요하다. 変化が必要だ。

○ 뭔가 좀 신나는 일이라도 있었으면 何かわくわくすることでもあったらいいと思う。
　좋겠다.

내일의 계획

○ 나는 항상 미리 계획을 세운다. 私はいつも前もって計画を立てる。

○ 내일에 대해 생각해 볼 시간이다. 明日について、考えてみる時間だ。

○ 나는 무엇이든 하루하루 미루는 버릇이 私は何でも一日一日延期する癖がある。
　있다.

○ 내일 무엇을 해야 할지 생각 중이다. 明日、何をしようか考えているところだ。

○ 내일 그곳에 갈 계획이다. 明日、そこに行く予定だ。

○ 내일 날씨에 따라 그 일을 할지 안 할지 明日の天気を見て、そのことをするかしないか
　결정하려고 한다. 決めようと思う。

○ 학습 계획을 세웠다. 勉強の計画を立てた。

○ 내일의 일정을 확인해 보았다. 明日の日程を確認してみた。

○ 내일 할 재미있는 일이 하나 생각났다. 明日する、おもしろいことをひとつ思いついた。

○ 나는 내일 해야 할 다른 중요한 일이 있다. 私は明日しなければならない他の重要な用事〔仕事〕が
　ある。

105

○ 내일 저녁 이맘때에는 그를 보러
　갈 것이다.
明日の夜、この時間には彼に会いに行っている
ことだろう。

○ 계획된 대로 내일 여행을 갈 것이다.
予定通り、明日旅行に行くつもりだ。

○ 장래의 계획까지 세워 봐야겠다.
将来の計画も、立ててみなければと思う。

○ 이틀 동안의 주말 계획을 세웠다.
二日間の週末の計画を立てた。

○ 내 생각으로는 그 계획은 잘 될 것
　같지 않다.
私の考えではその計画はうまくいきそうにない。

○ 지금부터라도 마음을 고쳐먹어야겠다.
今からでも、考え直さなければならない。

굳은 다짐

○ 오늘 해야 할 일을 내일로 미루지
　않으려고 한다.
今日、しなければならないことを明日に延さないように
しようと思う。

○ 계획이 흐지부지 끝나지 않도록
　해야겠다.
計画が中途半端にならないようにしなければならない。

○ 별 다른 문제가 없는 한 계획을 바꾸지
　않을 것이다.
特別な問題がなければ、計画を変えることはないだろう。

○ 계획을 지키도록 노력해야겠다.
計画を実行できるように努力しなければならない。

○ 계획대로 일이 잘 되기를 바란다.
計画通り、仕事がうまくいくことを願う。

○ 내 계획이 허사가 되지 않도록 최선을
　다해야겠다.
私の計画がだめにならないように、最善を尽くさなければ
ならない。

○ 내일이란 결코 없다.
明日というのは決してない。

○ 오늘 할 일을 내일로 미루지 마라.
今日しなければならないことを明日に延すな。

05 기분

감정표현

괴롭다	苦くるしい	안절부절못하다	いてもたってもいられない
기쁘다	うれしい		おどおどする・どうして
낙담하다	落胆らくたんする		いいかわからずに迷まょう
당황하다	動揺どうようする	우울하다	憂鬱ゆううつだ
벙벙하다	呆然ぼうぜんとする	의기소침하다	意気消沈いきしょうちんする
분개하다	憤慨ふんがいする	즐겁다	楽たのしい
분하다	くやしい	짜증	いらいら
비참하다	悲惨ひさんだ	참다	我慢がまんする・こらえる
상심하다	傷付きずつく	초조하다	焦あせる
상처받다	傷付きずつく	침울해 있다	落おち込こんでいる
슬프다	悲かなしい	행복하다	幸しあわせだ・幸福こうふくだ
실망하다	失望しっぽうする	혼란스럽다	混乱こんらんする
아깝다	残念ざんねんだ	흡족하다	満足まんぞくする

감정 조절하기

○ 인간은 감정의 동물이다.
人間は感情の動物だ。
にんげん　かんじょう　どうぶつ

○ 나는 내 감정을 너무 쉽게 드러낸다.
私は自分の感情をとても簡単に表に出す。
わたし　じぶん　かんじょう　　　　　　かんたん　おもて　だ
❖感情を表に出す : 감정을 밖으로 드러내다.

○ 남의 감정을 무시하는 것은 좋지 않다.
相手の感情を無視するのはよくない。
あいて　　かんじょう　むし

○ 감정을 다스리는 법을 알아야만 한다.
感情をおさえることも知らなければならない。
かんじょう　　　　　　　　　　し
❖感情をおさえる : 감정을 다스리다.

○ 나는 기분에 쉽게 영향을 받는다.
私は気分にすぐ影響を受ける。
　　きぶん　　　　えいきょう　う

○ 나는 기분에 따라 행동하는 경향이 있다.
私は気分によって、行動する傾向がある。
　　きぶん　　　　　こうどう　　けいこう

○ 나는 나의 기분을 잘 감추지 못한다.
私は自分の感情をよく隠すことができない。
　　じぶん　かんじょう　　　かく
❖感情を隠す : 감정을 숨기다.

○ 때로는 냉정한 판단보다 감정이 앞선다.
時には冷静な判断より感情が先に出る。
とき　　れいせい　はんだん　　かんじょう　さき　で

107

○ 아침에 기분이 좋았다.　　　　　朝、いい気分だった。

○ 나는 즐거운 기분으로 집을 나섰다.　　私は楽しい気分で家を出た。

○ 시골길을 걸으면 기분이 좋다.　　　田舎道を歩くと、気分がいい。

○ 나는 지금 기분이 참 좋다.　　　　私は今、とてもいい気分だ。

○ 아주 기분이 좋았다.　　　　　　とても気分が良かった。

○ 모두가 기분이 좋은 것 같았다.　　みんながいい気分のようだった。

○ 새 옷을 사서 오늘 기분이 좋았다.　新しい服を買ったので、気分がよかった。

○ 새 옷에 대한 칭찬을 들어서 기분이　新しい服をほめられて、気分がよかった。
　좋았다.

○ 그의 따뜻한 말이 내 기분을 좋게　私の気分が彼の温かい言葉によってよくなった。
　만들었다.

○ 그는 배꼽을 잡고 웃었다.　　　　彼はお腹を抱えて笑った。

○ 세상을 다 얻은 듯한 기분이었다.　世の中のものを全部手に入れたような気分だった。
　　　　　　　　　　　　　　　　❖手に入れる：손에 넣다/가지다.

○ 꿈꾸는 듯한 기분이었다.　　　　夢を見ているような気分だった。

○ 오늘은 기분이 이상했다.　　　　今日は変な気分だった。

○ 오늘 아침 기분이 좋지 않았다.　　今朝、気分がよくなかった。

○ 친구가 나에게 소리를 질러서　　友達が私に怒鳴ったので、気分が悪かった。
　기분이 나빴다.

○ 그가 내 기분을 나쁘게 했다.　　彼が私の気分を悪くさせた。
　　　　　　　　　　　　　　　　❖悪くさせた：나쁘게 했다.

○ 그와의 관계가 살얼음판 위에 있는　彼との関係が、薄く張り付いた氷の上にいるような
　듯한 기분이었다.　　　　　　　感じだった。

○ 기분이 나빴다.　　　　　　　　気分が悪かった。

108

○ 나는 매우 기분이 나빴다.	私はとても気分が悪かった。
○ 그것이 내 신경을 건드렸다.	それが私の感情を刺激した。
○ 감정을 억제하려고 애썼다.	感情を抑えようと、苦労した。
○ 나는 기분 좋게 놀 기분이 아니었다.	私は気分よく遊べる状態ではなかった。
○ 스트레스로 폭발하기 직전이었다.	ストレスで爆発寸前だった。
○ 기분을 바꾸고 싶었다.	気分を変えたかった。
○ 그는 기가 죽어 있었다.	彼は元気がなかった。 / 彼は落ち込んでいた。
○ 기분이 한결 좋아졌다.	気分が一際よくなった。

기쁨 · 즐거움

○ 나는 기뻤다.	私はうれしかった。
○ 나는 행복했다.	私は幸せだった。
○ 나는 즐거웠다.	私は楽しかった。
○ 나는 매우 기뻤다.	私はとてもうれしかった。
○ 그 소식을 듣고 기뻤다.	その知らせを聞いて、うれしかった。
○ 그 소식은 너무 좋아서 사실이라고 믿기 어려울 정도였다.	その知らせがとてもうれしくて、本当かどうか信じられないほどだった。
○ 정말 믿을 수 없는 소식이었다.	本当に信じられない知らせだった。
○ 정말 엄청난 소식이었다.	本当に途方にもない知らせだった。 ❖途方にもない : 터무니없다.
○ 매우 환상적인 소식이었다.	とても幻想的な知らせだった。
○ 날듯이 기뻤다.	舞い上がるくらいうれしかった。 / 飛び上がるくらいうれしかった。
○ 복권에 당첨이 되어서 하늘을 날듯이 기뻤다.	宝くじに当たって、天に舞いあがるくらいうれしかった。
○ 더할 나위 없이 좋았다.	なんとも言えないくらいよかった。

○ 좋아서 껑충껑충 뛰었다.　　　　　うれしくてピョンピョン飛びはねた。

○ 너무 기뻐서 눈물이 났다.　　　　　とてもうれしくて涙が出た。

○ 나는 기뻐서 어쩔 줄을 몰랐다.　　　私はうれしくて、どうしていいか分からなかった。

○ 이보다 더 기쁜 일은 없다.　　　　　これ以上の喜びはない。

○ 지금보다 더 행복할 수는 없을 것 같다.　今よりもっと幸せなことはないだろう。

○ 내 생애에 가장 기뻤던 순간이었다.　私の人生で一番うれしかった瞬間だった。

○ 형이 대학에 합격해서 기뻤다.　　　兄が大学に受かって、うれしかった。

○ 그와 함께 있으면 매우 기쁠 텐데.　彼もいっしょだったら、とてもうれしいのに。

○ 그를 보니 눈물이 나올 정도로 기뻤다.　彼をみたら、涙が出るくらいうれしくなった。

○ 나는 너무 기뻐 입이 귀에 걸렸다.　私はとてもうれしくて地に足がつかないほどだった。
　　　　　　　　　　　　　　　❖地に足がつかない：발이 땅에 닿지 않다.

○ 나는 그로부터 기쁜 소식을 들어 행복했다.　私は彼からうれしい知らせを聞いて、幸せだった。

○ 정말 즐거웠다.　　　　　　　　　　本当に楽しかった。

○ 그가 회복되었다는 말을 들으니 말할　彼が回復したということを聞いて、
　수 없이 기뻤다.　　　　　　　　　言葉にできないくらいうれしかった。

○ 너무 기뻐 말이 나오질 않았다.　　　とてもうれしくて言葉が出なかった。

○ 너무 기뻐 흥분을 가라앉힐 수가 없었다.　とてもうれしくて、興奮を抑えることができなかった。

○ 그 소식을 들었을 땐 마치 꿈이　　　その知らせを聞いたとき、まるで夢がかなった
　이루어진 것 같았다.　　　　　　　ようだった。

○ 그의 밝은 얼굴이 나를 기쁘게 했다.　彼の明るい顔が私をうれしくさせた。

○ 오랜만에 친구들을 다시 만나니　　　久しぶりに友達と再会して、とてもうれしかった。
　무척이나 기뻤다.

○ 나의 가슴은 기쁨으로 두근거렸다.　私の胸は喜びでどきどきしていた。

○ 내 자신에 흡족했다.　　　　　　　自分自身に満足した。

○ 그는 나를 기쁘게 했다.　　　　　　彼は私を喜ばせた。

○ 나는 기쁨을 친구들과 나누고 싶었다.　私は喜びを友達と分け合いたかった。

110

○ 그가 기뻐하는 것을 보니 나도 기분이
　좋았다.

彼が喜ぶのを見て、私もうれしかった。
よろこ　　　　　み　　わたし

○ 정말 행복했다.

本当に幸せだった。
ほんとう　しあわ

○ 더할 나위 없이 행복했다.

なんとも言えないくらい幸せだった。
　　　い　　　　　　　しあわ

○ 기쁨이 너무 커서 꿈이 아닌가 싶었다.

喜びがとても大きくて、夢じゃないかと思った。
よろこ　　　　おお　　　　ゆめ　　　　　　おも

우울함

○ 우울했다.

憂うつだった。
ゆう

○ 의기소침했다.

意気消沈した。
い　き しょうちん

○ 그는 매우 우울해 보였다.

彼はとても憂うつに見えた。
かれ　　　　ゆう　　　み

○ 그는 기운이 없어 보였다.

彼は落ち込んで見えた。
かれ　お　こ　　　み

○ 시험 결과가 안 좋아서 우울했다.

テストの結果が良くなくて、憂うつだった。
　　　けっか　よ　　　　　　ゆう

○ 오늘은 왠지 우울하다.

今日はなぜか憂うつだ。
きょう　　　　　ゆう

○ 비가 나를 우울하게 만들었다.

雨が私を憂うつにさせた。
あめ　わたし　ゆう

○ 그와 헤어진 후에 한동안 울적했다.

彼と別れた後、しばらく落ち込んでいた。
かれ　わか　　あと　　　　　お　こ

○ 농담할 기분이 아니었다.

冗談を言う気分じゃなかった。
じょうだん　い　き ぶん

○ 외출하고 싶지 않았다.

外出したくなかった。
がいしゅつ

○ 혼자 있고 싶었다.

一人っきりになりたかった。
ひとり

○ 울고 싶었다.

泣きたかった。
な

○ 울적한 기분에서 빠져나오고 싶었다.

落ち込んだ気分から抜け出したかった。
お　こ　　　　　ぬ　だ

○ 신나는 음악을 들으면서 울적한 기분을
　풀었다.

軽快な音楽を聞きながら、落ち込んだ気分をほぐした。
けいかい　おんがく　き　　　　　　お　こ

❖気分をほぐす: 기분을 풀다.

○ 그는 하루 종일 우울한 얼굴을 하고
　있었다.

彼は一日中憂うつな顔をしていた。
かれ　いちにちじゅうゆう　　かお

○ 그는 매우 침울한 얼굴을 하고 있었다.

彼はとても暗い顔をしていた。
かれ　　　　くら　かお

111

○ 슬펐다.　　悲しかった。

○ 슬픔에 잠겨 있었다.　　悲しみに暮れた。

○ 상처받았다.　　傷付いた。

○ 가슴 아픈 일이었다.　　胸が痛かった。／心が痛かった。

○ 가슴을 치며 슬퍼했다.　　胸をたたきながら悲しんだ。

○ 슬퍼하고 있을 때가 아니었다.　　悲しんでいるときではなかった。

○ 슬픈 광경을 보았다.　　悲しい光景を見た。

○ 슬픈 장면을 보니 울고 싶어졌다.　　悲しい場面を見て、泣きたくなった。

○ 그의 실패가 나를 슬프게 만들었다.　　彼の失敗が、私を悲しくさせた。

○ 그가 시험에서 떨어진 일은 참 안 된 일이다.　　彼が試験に落ちたことは残念なことだ。

○ 그의 불행에 슬펐다.　　彼の不幸に悲しんだ。

○ 오늘 슬픈 일이 있었다.　　今日、悲しいことがあった。

○ 나는 그의 이야기를 듣고 슬펐다.　　私は彼の話を聞いて、悲しかった。

○ 내가 그의 입장이라면 나도 똑같이 했을 것이다.　　私が彼の立場だったら、私も同じようにしただろう。

○ 그것이 내 인생의 전환점이 되었다.　　それが私の人生の転換点となった。

○ 그는 오늘 참 슬퍼 보였다.　　彼は今日、本当に悲しく見えた。

○ 그는 남모르는 슬픔을 가지고 있는 것 같았다.　　彼はだれも知らない悲しみを背負っているように見えた。

○ 너무 슬퍼 울고 말았다.　　とても悲しくて泣いてしまった。

○ 눈이 퉁퉁 붓도록 울었다.　　目が腫れるくらい泣いた。

○ 가슴이 터지도록 울었다.　　胸が張り裂けるくらい泣いた。

○ 눈물을 참으려고 노력했다.　　涙をこらえようと努力した。

❖涙をこらえる : 눈물을 참다.

112

○ 희비가 교차했다.	喜びと悲しみが交差した。
○ 시간이 지나면 슬픔은 치유될 것이다.	時間が経てば、悲しみは癒えるだろう。
○ 삼촌의 죽음에 슬퍼했다.	おじさんの死を悲しんだ。
○ 그 슬픈 소식을 듣고 울음을 터뜨렸다.	その悲しい知らせを聞いて、泣き出してしまった。
○ 그분이 돌아가신 지 3년이 지났는데도 아직 깊은 상실감을 느끼고 있다.	その方が亡くなって3年が経ったのに、まだ深い喪失感を感じている。
○ 내가 제일 좋아하는 애완견이 죽어서 몹시 슬펐다.	私の一番好きな犬が死んで、とても悲しかった。
○ 세월이 약이다.	時間が薬だ。

괴로움

○ 괴로웠다.	苦しかった。
○ 마음이 불안했다.	心苦しかった。
○ 고민 때문에 괴로워서 소리를 질러댔다.	悩みで苦しみ、声を張り上げた。
○ 나는 지금 힘든 시기를 경험하고 있다.	私は今大変な時期を経験している。
○ 제대로 해결되는 일이 하나도 없다.	うまく解決できるものがひとつもない。
○ 복잡한 일은 모두 잊고 싶었다.	複雑な〔難しい〕ことは全部忘れてしまいたかった。
○ 그 괴로움을 견뎌내야 했다.	この苦しみに耐えなければならなかった。
○ 그 괴로움을 견디느리 매우 힘들었다.	この苦しみに耐えようと、とても大変だった。
○ 나는 몹시 괴로워했다.	私はとても苦しかった。
○ 나는 두통으로 괴로웠다.	私は頭痛で苦しんだ。
○ 그는 생활 문제로 괴로워하고 있다.	彼は生活問題で苦しんでいた。
○ 그것은 참으로 힘든 일이었다.	それは本当に大変なことだった。
○ 그 일로 마음이 아팠다.	そのことで、心が痛かった。
○ 나는 창피스러운 입장에 놓였다.	私は恥ずかしい立場に立たされた。

○ 그 일을 생각하면 지금도 양심이 괴롭다.　そのことを考えると、今も良心が痛む。

○ 그 일을 잊으려고 노력했다.　そのことを忘れようと努力した。

○ 그 일을 머릿속에서 떨쳐 버리려고　そのことを頭から消してしまおうと努力した。/
노력했다.　そのことを忘れてしまおうと努力した。

○ 이렇게 추운 날 일찍 일어나기가　こんなに寒い日に早く起きるのは大変だ。
괴롭다.

○ 하루 종일 일만 해야 해서 힘들었다.　一日中仕事ばかりしないといけなくて、大変だった。

○ 그에게 부담을 주고 싶지는 않았다.　彼に負担をかけたくなかった。

○ 세상에 완전한 행복은 없다.　世の中に完全な幸せはない。

○ 괴로움이 있으면 즐거움도 있다.　苦しみがあれば、楽しみもある。

○ 비 온 뒤에 땅이 굳어진다.　雨降れば地固まる。

○ 불행은 두 번 다시 오지 않는다.　不幸は二度と来ない。

○ 고통 없이는 얻는 것도 없다.　苦痛なくしては得ることもない。

화

○화가 났다.　腹が立つ。
　❖腹が立つ/頭にくる/カッとなる/怒る : 화가 나다.

○ 기분이 상했다.　不愉快だ。

○ 열 받았다.　頭にきた。

○ 울화통이 터졌다.　堪忍袋の緒が切れた。
　❖堪忍袋 : 참을 수 있는 마음, 緒 : 주머니의 끈.

○ 분개했다.　憤慨した。

○ 화를 내었다.　腹を立てた。

○ 화가 치밀어 올랐다.　頭の上まで血がのぼった。

○ 벌컥 화가 났다.　カッとなった。

○ 나는 거의 화를 내지 않는다.　私はそんなに腹を立てない方だ。

○ 나는 그가 화내는 것을 본 적이 없다.	私は彼が腹を立てるのを見たことがない。
○ 문이 잠겨 있어서 화가 났다.	ドアの鍵がかかっていて、頭にきた。
○ 그가 날 화나게 만들었다.	彼が私を怒らせた。
○ 그에게 화가 났다.	彼に腹を立てた。
○ 그 사람 때문에 화가 치밀었다.	彼のせいで、頭に血がのぼった。
○ 해도 너무 했다.	するにもほどがある。
○ 화가 진정이 안 됐다.	怒りがおさまらない。
○ 화를 참을 수가 없었다.	怒りを我慢することができなかった。
○ 거의 이성을 잃을 뻔했다.	ほとんど理性を失うところだった。
○ 그는 화를 잘 낸다.	彼はよく腹を立てる。
○ 그는 부르르 화를 잘 낸다.	彼はすぐカッとなる。 /
	彼は腹を立てやすい。
	❖ 〜やすい : 〜하기 쉽다.
○ 그는 아무 일도 아닌데 화를 냈다.	彼は何でもないことに腹を立てた。
○ 그는 아주 작은 일에도 화를 낸다.	彼はとても小さいことにも腹を立てる。
○ 그가 나에게 이상한 이야기를 해서 화가 났다.	彼が私に変な話をして、腹が立った。
○ 그의 무례함에 항상 화가 난다.	彼の礼儀のなさにいつも腹が立つ。
○ 갑자기 화가 나서 얼굴이 빨개졌다.	突然腹が立って、顔が赤くなった。
○ 화가 나서 얼굴이 붉어졌다.	腹が立って、顔が紅くなった。
○ 나는 화난 목소리로 소리를 질렀다.	私は怒った声で怒鳴った。
○ 그는 화난 것 같았다.	彼は怒っているみたいだった。
○ 그가 그렇게 말하는 것을 보니 화가 난 것이 틀림없었다.	彼がそんな風に話をするのを見ると、怒っているに違いなかった。
	❖ 〜に違いない : 〜틀림없다.
○ 그는 아직도 화가 나 있다.	彼はまだ怒っていた。

115

○ 왜 그가 그렇게 화가 났는지 모르겠다.　なぜ、彼はそんなに腹を立てたのか分からない。

○ 나의 말에 그가 무척 성을 내고 있음이　私の言葉に、とても怒っているのが、
　얼굴 표정에 나타나 있었다.　彼の顔の表情に出ていた。

○ 그가 화가 난 것은 내가 말대꾸를 했기　彼が怒っているのは、私が彼に口答えしたからだ。
　때문이다.

○ 그가 나에게 화를 내는 것도 당연한　彼が私に腹を立てるのも当然のことだった。
　일이었다.

○ 나는 그의 입장이 되어 생각해 보았다.　私は彼の立場に立って考えてみた。

○ 사소한 일에 화를 내지 않을 것이다.　ささいなことに、腹を立てないだろう。

○ 그것은 화낼 가치조차 없는 일이었다.　それは怒る価値もないことだった。

○ 만약에 그가 이 일을 안다면 화를 낼　もし、彼がこのことを知ったら、怒るだろう。
　것이다.

○ 그가 약속을 지키지 않아서 화가 났다.　彼が約束を守らないので、頭にきた。

○ 폭발하려 했다.　爆発しそうだった。

○ 너무 화가 나서 폭발할 것 같았다.　とても頭にきて、爆発しそうだった。

○ 가슴에 분노가 치밀어 올랐다.　胸に怒りが沸き上がった。

○ 너무 화가 나서 말을 할 수가 없었다.　とても腹が立って、口をきくことができなかった。／
　とても腹が立って、言葉にできなかった。

○ 너무 화가 나서 잠을 잘 수가 없었다.　とても腹が立って、眠ることができなかった。

○ 누군가에게 분풀이를 하고 싶었다.　だれかに八つ当たりをしたかった。

○ 화가 난 그에게 불난 데 부채질하는　怒っている彼に、火に油を注ぐようなことを言って
　말을 해 버렸다.　しまった。
　　❖火に油を注ぐ : 불난 데 부채질하다.

○ 화가 나서 진정하려고 노력했다.　とても頭にきたが、冷静になろうと努力した。

○ 화를 꾹 참았다.　怒りをじっとこらえた。

○ 화나는 것을 억눌렀다.　怒りたいのを必死に我慢した。

○ 마음을 가라앉혔다.　心を落ち着かせた。

116

짜증

○ 짜증이 났다.	いらいらした。
○ 그가 나를 짜증나게 했다.	彼が私をいらいらさせた。
○ 정말 짜증이 났다.	本当にいらいらした。
○ 그가 그렇게 행동하는 걸 보면 정말 짜증이 난다.	彼があんなふうに行動するのを見ると、 本当にいらいらする。
○ 그의 비열한 행동에 정말 짜증이 났다.	彼の卑劣な行動に本当にいらいらした。
○ 아무 이유도 없이 짜증이 났다.	なんの理由もなしにいらいらした。
○ 정말 열 받게 했다.	本当にいらいらさせられた。
○ 그에게 신경질이 났다.	彼に神経質になる。
○ 그는 참 나를 짜증나게 했다.	彼は本当に私をいらいらさせた。
○ 불끈 화가 났다.	カッとなった。
○ 짜증을 내지 않으려고 노력했으나 허사였다.	いらいらしないようにしようと努力したがだめだった。
○ 그 일은 짜증스러웠다.	その仕事はいらいらする仕事だった。

실망 · 낙담

○ 그 소식은 나를 실망시켰다.	その知らせは私を失望させた。
○ 그 소식을 듣고 나는 실망했다.	その知らせを聞いて、私は失望した。
○ 내가 그를 실망시킨 것 같았다.	私が彼を失望させたみたいだった。
○ 내 성적을 보고 부모님은 실망하신 것 같았다.	私の成績を見て、両親は失望したようだった。
○ 부모님을 실망시키지 않도록 더 열심히 해야겠다.	両親を失望させないように、もっと一生懸命しなければ ならない。
○ 친구가 약속을 지키지 않아서 실망했다.	友達が約束を守ってくれなかったので、失望した。
○ 그가 아무 말 없이 가 버려서 실망했다.	彼が何も言わずに行ってしまったので、失望した。

○ 시원섭섭했다.	気分がさっぱりもしたが、残念でもあった。
○ 비참한 생각이 들었다.	悲惨な感じがした。
○ 나는 낙담했다.	私は落胆した。／私は落ち込んだ。
○ 나는 시험에서 떨어져서 매우 낙담했다.	私は試験に落ちて、とても落ち込んだ。
○ 그는 학교를 졸업하지 못해서 좌절했다.	彼は学校を卒業できなくて、挫折した。
○ 그가 그렇게 했다니 정말 유감이다.	彼がそんな風にしたなんて、本当に残念だ。
○ 다른 사람 같았으면 벌써 포기했을 것이다.	ほかの人だったら、すでにやめてしまっているだろう。
○ 열에 하나 있는 기회였다.	十にひとつの機会だった。
○ 십중팔구 실패했다.	80～90パーセント失敗だった。
○ 벼랑 끝에 서 있는 것 같았다.	絶壁に立っているような気分だった。
○ 좋은 기회를 놓쳐서 유감이다.	いい機会を逃して残念だ。
○ 그는 부모님이 돌아가신 이후로 항상 낙심해 있다.	彼は両親が亡くなった後、ずっと落ち込んでいる。
○ 그때는 세상이 끝나는 것 같았다.	あのときは世の中の終りのような気分だった。
○ 그를 더 이상 볼 수 없다는 것은 고통스러운 일이다.	彼にこれ以上会うことができないなんて、つらいことだ。
○ 여자 친구가 나타나지 않아 낙담하고 있었다.	ガールフレンドが現れずに落ち込んでいた。
○ 유감스럽게도 그는 전화 연락도 없었다.	残念なことに、彼は電話もかけてこなかった。
○ 설상가상이었다.	泣きっ面に蜂だった。 ❖泣きっ面に蜂 : 우는 얼굴에 벌까지 쏘이다／설상가상.
○ 너무 분해서 참을 수가 없었다.	とても悔しくて、我慢することができなかった。
○ 칠전팔기.	七転び八起き。

체념

○ 나는 슬럼프에 빠졌다.	私はスランプに落ちた。

118

○ 어쩔 수 없었다.	どうしようもない。
○ 그러지 말았어야 했다.	そんなことしなかったらよかった。
○ 나이는 어쩔 수 없다.	年はどうすることもできない。
○ 그런 일은 어쩔 수 없었다.	あのことはどうすることもできなかった。
○ 나는 아무 일도 할 수 없었다.	私は何もすることができなかった。
○ 이미 끝난 일이다.	もう終わったことだ。
○ 이미 화살은 날아갔다.	もう矢は解き放された。
○ 이미 주사위는 던져졌다.	もうサイコロはふられた。
○ 될 대로 되라!	成るようになれ。
○ 아! 이제 그만!	あ、もうやめて。
○ 내가 어떻게 되었었나 보다.	私がどうかしていたみたいだ。
○ 어쩔 수 없이 가야 했다.	どうしようもなく、行かなければならなかった。
○ 나는 더 이상 참을 수가 없었다.	私はこれ以上我慢することができなかった。
○ 나는 정말 지쳤다.	私は本当に疲れきった。
○ 그 일은 정말 나를 지치게 했다.	その出来事は本当に私を疲れさせた。
○ 계란으로 바위치기였다.	┐牛の角を蜂が刺す└だった。 ❖일본 속담에서는┐牛の角を蜂が刺す(벌이 쇠뿔을 쏘다)└라고 한다.
○ 막다른 길이었다.	行き止まりだった。
○ 기회가 없었다.	機会がなかった。
○ 나는 포기하고 싶었다.	私はあきらめたかった。
○ 나는 항복하고 싶었다.	私は降参したかった。
○ 무슨 일이 일어나든 관심 없다.	どんなことが起ころうと関心がない。
○ 내 인생에 희망이 안 보인다.	私の人生に希望が見えない。
○ 나는 내가 할 수 있는 일은 다 해보려 애썼다.	私は、私ができることはすべてやってみようと骨をおった。 ❖骨をおる : 애쓰다, 뼈를 부러뜨릴 정도로 힘들다는 뜻이다.

○ 어떤 노력을 해도 소용없었다.	どんなに努力をしても無駄だった。
○ 불행한 일은 잊고 행복한 일만 기억하기로 했다.	不幸な出来事は忘れて、幸せな出来事だけ記憶しておくことにした。
○ 그림의 떡이다.	絵に描かれた餅だ。
○ 모래 위의 성이다.	砂の上の城だ。
○ 남의 떡이 더 커 보인다.	他人のものがよく見える。

놀람

○ 나는 그 소식에 깜짝 놀랐다.	私はその知らせに目を丸くした。／私はその知らせにとても驚いた。
○ 나는 그 소식을 듣고 놀랐다.	私はその知らせを聞いて驚いた。
○ 그 소식은 우리를 깜짝 놀라게 했다.	その知らせは私達を驚かせた。
○ 그 소식은 정말 놀라운 뉴스였다.	その知らせは本当に驚くべきニュースだった。
○ 그것은 놀라운 일이었다.	それは驚くべきことだった。
○ 그것은 참으로 충격적이었다.	それは本当に衝撃的だった。
○ 나는 내 귀를 의심했다.	私は耳を疑った。
○ 눈이 휘둥그레질 정도로 놀라운 소식이었다.	目が飛び出すほど驚くべき知らせだった。
○ 그가 농담하는 것이길 바랬다.	彼の冗談であることを願った。
○ 그것은 신문에 크게 났다.	それは新聞に大きく出ていた。
○ 믿을 수 없었다.	信じられなかった。
○ 믿기 어려운 일이었다.	信じがたい出来事だった。
○ 그 소식에 가슴이 두근거렸다.	その知らせに胸がどきどきした。
○ 이렇게 놀라울 수가!	そんなはずが。／まさかそんなことが。
○ 너무 놀라서 말을 할 수가 없었다.	驚きのあまり、言葉にもならなかった。
○ 그 소식에 놀라 할 말을 잊었다.	その知らせに驚いて、言葉を失った。

○ 무슨 말을 해야 할지 몰랐다.　　何と言ったらいいのか分からなかった。

○ 그 소식에 너무 충격을 받아서 움직이지　その知らせに衝撃を受けて、動けずに突っ立っていた。
　않고 서 있었다.

○ 그 소식을 듣고 웃어야 할지 울어야　その知らせを聞いて、笑ったらいいのか、
　할지 몰랐다.　　泣いたらいいのか分からなかった。

○ 그 소식에 굉장한 충격을 받았다.　その知らせにとてつもない衝撃を受けた。
　　　　　　　　　　❖とてつもない : 터무니없다.

○ 그 소식을 듣고 그는 얼굴이 창백해졌다.　その知らせを聞いて、彼は顔が真っ青になった。

○ 그런 일이 일어나리라고는 생각도　そんなことが起きるなんて、考えもしなかった。
　못했다.

○ 그 광경에 너무 놀랐다.　その光景にとても驚いた。

○ 나는 친구의 모습에 깜짝 놀랐다.　私は友達の姿にびっくりした。

○ 내 눈을 믿을 수가 없었다.　私は目を疑った。

○ 그가 나를 갑자기 놀라게 했다.　彼が私を突然驚かせた。

○ 그 소리에 깜짝 놀랐다.　その声にびっくりした。

○ 그것을 보고 너무 놀라 펄쩍 뛰었다.　それを見た瞬間、飛び上がるほど驚いた。

○ 나는 전혀 놀라지 않았다.　私はぜんぜん驚かなかった。

○ 나는 놀라서 소리를 질렀다.　私は驚いて声を張り上げた。

○ 너무 놀라 머리가 쭈뼛 설 정도였다.　とても驚いて、髪の毛が立つくらいだった。

○ 놀랍게도 그는 내 친구의 친구였다.　驚いたことに、彼は私の友達の友達だった。

○ 안도의 한숨을 쉬었다.　安堵のため息をついた。

○ 그것이 없어진 것을 알고 몹시 화가 났다.　それがなくなったことを知って、とても腹が立った。

○ 그런 일에는 놀라지 않으려고 한다.　そんなことには驚かないようにしようと思う。

○ 놀라서 자리에서 벌떡 일어났다.　驚いて、席からさっと立ち上がった。

○ 놀라서 정지된 채 서 있었다.　驚いて、止ったまま突っ立っていた。

○ 매우 멋진 경치에 놀랐다.　とてもすばらしい景色に驚いた。

○ 뱀에 너무 놀랐다.　　　　　　　蛇にとても驚いた。
　　　　　　　　　　　　　　　　　へび

○ 진정하기 위해 숨을 깊게 쉬었다.　落ち着くために、息を深く吸った。/
　　　　　　　　　　　　　　　　　お　つ　　　　　いき　ふか　す
　　　　　　　　　　　　　　　　　落ち着くために深呼吸した。
　　　　　　　　　　　　　　　　　お　つ　　　　　しんこきゅう

○ 자라보고 놀란 가슴 솥뚜껑 보고 놀란다. すっぽんを見て一度驚いたら、釜のふたを見ても驚く。
　　　　　　　　　　　　　　　　　　　　　　　　　み　いちど　　　　　　　かま　　　　　み

창피함·당혹감

○ 나는 그 소식에 창피했다.　　　　私はその知らせに恥ずかしくなった。
　　　　　　　　　　　　　　　　　　　　　　し　　　　は

○ 나는 그 소식에 어리둥절했다.　　私はその知らせにおどおどした。

○ 나는 그 소식에 혼란스러웠다.　　私はその知らせに混乱状態になった。
　　　　　　　　　　　　　　　　　　　　　　　　こんらんじょうたい

○ 나는 그 소식에 어찌할 바를 몰랐다. 私はその知らせにどうすればいいのか分からなかった。
　　　　　　　　　　　　　　　　　　　　　　　　　　　　　　　　　　わ

○ 그가 갑자기 화를 내서 당황했다.　彼が突然怒り出して、どうしたらいいのか分から
　　　　　　　　　　　　　　　　　かれ　とつぜんおこ　だ
　　　　　　　　　　　　　　　　　なかった。

○ 매우 어려운 상황이었다.　　　　とても難しい状況だった。
　　　　　　　　　　　　　　　　　　　むずか　じょうきょう

○ 그런 상황에서 어찌해야 할지를 몰랐다. そんな状況の中で、どうしたらいいのか分からなかった。
　　　　　　　　　　　　　　　　　　　　　　　なか

○ 그 상황에 어떻게 대처해야 할지 몰랐다. その状況にどう対応すればいいのか分からなかった。
　　　　　　　　　　　　　　　　　　　　　たいおう

○ 갑자기 정말 창피스런 일이 나에게　突然、本当に恥ずかしい出来事が私に起った。
　　일어났다.　　　　　　　　　　とつぜん　ほんとう　は　　　　　　でき　ごと　わたし　おこ

○ 당황하여 뛰쳐나갔다.　　　　　どうしたらいいか分からずに飛び出した。
　　　　　　　　　　　　　　　　　　　　　　　　　　　　と　だ

○ 진정하려고 노래를 불렀다.　　　落ち着こうと、歌を歌った。
　　　　　　　　　　　　　　　　　お　つ　　　　　うた　うた

○ 나는 하나도 당황하지 않았다.　　私はひとつも動揺しなかった。
　　　　　　　　　　　　　　　　　　　　　　　どうよう

○ 매우 초조하고 긴장되었다.　　　とても焦って、緊張した。
　　　　　　　　　　　　　　　　　　　あせ　　　きんちょう

○ 나의 실수에 매우 겸연쩍었다.　　私の失敗に、申し訳なくて顔が赤くなった。
　　　　　　　　　　　　　　　　　　　しっぱい　もう　わけ　　　　かお　あか

○ 너무 창피해서 제 정신이 아니었다.　とても恥ずかしくて、何が何だか分からなかった。
　　　　　　　　　　　　　　　　　　　　は　　　　　　なに　なん

○ 그가 나를 곤란하게 만들었다.　　彼が私を困らせた。
　　　　　　　　　　　　　　　　　かれ　わたし　こま

○ 열쇠를 잃어버려서 매우 당황했다.　鍵をなくして、とても困った。
　　　　　　　　　　　　　　　　　かぎ　　　　　　　　こま

○ 그 광경을 보고 매우 당황했다.　　その光景を見て、どうしたらいいか分からなかった。
　　　　　　　　　　　　　　　　　　　こうけい　み

○ 우리 집에 강도가 들어 당황했다.	私の家にどろぼうが入って、困惑した。
○ 무엇을 해야 할지 당황했다.	何をすべきか困惑した。
○ 지갑을 잃어버린 것을 알고 매우 당황했다.	財布をなくしたことを知って、どうしたらいいか分からなかった。
○ 당황해서 무슨 말을 해야 할지 몰랐다.	困惑して、なんと言ったらいいのか分からなかった。
○ 그 이야기를 어떻게 시작해야 할지 몰랐다.	その話をどこから説明したらいいのか分からなかった。
○ 당황해서 어찌할 바를 몰랐다.	困惑して、どうしたらいいか分からなかった。
○ 그 일로 많이 곤란해졌다.	そのことでとても困ってしまった。
○ 나는 곤경에 처해 있었다.	私は難しい立場に立たされていた。
○ 어려운 상황에 처해 있었다.	難しい状況に立たされていた。
○ 내가 판단을 잘못했다.	私が判断を誤った。
○ 나의 판단 착오였다.	私の判断ミスだった。
○ 진퇴양난의 상황이었다.	進むことも退くこともできない状況だった。／身動きできない状況だった。
○ 당황하지 않으려고 침묵을 지켰다.	動揺しないよう、沈黙を守った。
○ 창피하여 얼굴이 달아올랐다.	恥ずかしくて、顔がほてった。
○ 창피하여 얼굴이 빨개졌다.	恥ずかしくて、顔が赤くなった。
○ 나는 창피하면 얼굴이 빨개진다.	私は恥ずかしくなると、顔が赤くなる。
○ 나는 안절부절못하고 있었다.	私はいてもたってもいられなかった。
○ 나는 당황하여 정신을 못 차렸다.	私は動揺して、気が気ではなかった。
○ 너무 창피스러워 죽을 뻔했다.	とても恥ずかしくて、死にたいくらいだった。
○ 불안감을 감추기 위해 눈을 감았다.	不安な心を隠そうと目をつぶった。
○ 나는 겁을 먹었다.	私はおじけづいた。
○ 구사일생이었다.	九死に一生だった。
○ 그가 나를 안정시켜 주었다.	彼が私を落ち着かせてくれた。

○ 그럴 리가!　　　　　　　　　　そんなはずが。

○ 말도 안 돼!　　　　　　　　　　話にならない。
　　　　　　　　　　　　　　　　はなし

후회

○ 나는 아무런 후회가 없다.　　　　私はなんの後悔もなかった。
　　　　　　　　　　　　　　　　　　　　こうかい

○ 후회가 많이 된다.　　　　　　　とても後悔している。

○ 내가 한 일이 몹시 후회된다.　　私がしたことに、とても後悔している。

○ 내가 그런 일을 한 것이 후회된다.　私がそんなふうにしたことに後悔している。

○ 공부를 열심히 하지 않은 것이 후회된다.　勉強を一生懸命しなかったことに後悔する。
　　　　　　　　　　　　　　　　べんきょう　いっしょうけんめい

○ 열심히 일하지 않은 것이 유감이다.　一生懸命仕事をしなかったことは、残念なことだ。
　　　　　　　　　　　　　　　　　　　しごと　　　　　　　　　ざんねん

○ 그건 모두 내 잘못이었다.　　　それは全部私の責任だ。
　　　　　　　　　　　　　　　　ぜんぶわたし　せきにん

○ 전혀 그럴 의도가 아니었다.　　全然そんな意図ではなかった。/
　　　　　　　　　　　　　　　　ぜんぜん　　　いと
　　　　　　　　　　　　　　　　そんなことになるなんて、思ってもいなかった。
　　　　　　　　　　　　　　　　　　　　　　　　　　　おも

○ 성실하지 않았던 것이 후회된다.　誠実でなかったことに後悔する。
　　　　　　　　　　　　　　　　せいじつ

○ 더 주의했어야만 했다.　　　　もっと注意しておかなければならなかった。
　　　　　　　　　　　　　　　　ちゅうい

○ 좀 더 신중하게 행동했어야 했다.　もっと慎重に行動しなければならなかった。
　　　　　　　　　　　　　　　　しんちょう　こうどう

○ 그의 조언을 따랐어야 했다.　　彼の助言に従うべきだった。
　　　　　　　　　　　　　　　　かれ　じょげん　したが

○ 그의 조언대로 하지 않은 것이 정말　彼の助言のとおりに従わなかったことに、
　　후회된다.　　　　　　　　　　　　したが
　　　　　　　　　　　　　　　　とても後悔している。

○ 후회가 문제를 해결하지는 못한다.　後悔が問題の解決にはならない。
　　　　　　　　　　　　　　　　もんだい　かいけつ

○ 이젠 너무 늦었다.　　　　　　もうすでに遅かった。
　　　　　　　　　　　　　　　　　　　　おそ

○ 내가 왜 그의 말을 잘 듣지 않는지　私がどうして彼の言葉を聞き入れなかったのか
　　모르겠다.　　　　　　　　　　かれ　ことば　き　い
　　　　　　　　　　　　　　　　分からない。
　　　　　　　　　　　　　　　　わ

○ 내가 한 일이 몹시 후회된다.　　私がしたことに、とても後悔している。

○ 나의 게으름이 후회된다.　　　私の怠慢に後悔している。
　　　　　　　　　　　　　　　　たいまん　こうかい

○ 그렇게 빈둥거린 것이 후회된다.　あんな風にぶらぶらしていたことに後悔する。
　　　　　　　　　　　　　　　　ふう

○ 나중에 후회해 봤자 소용없는 일이다.　　後で後悔しても何にもならない。

○ 실수에 대해서 후회해 봤자 소용없다.　　失敗したことに後悔しても何もならない。

○ 나는 나중에 후회할 것이다.　　私は後で後悔するだろう。

○ 사소한 일에 대해서는 후회하지　　小さなことには後悔しないことにした。
　 않기로 했다.

○ 후회할 필요는 없다고 생각한다.　　後悔する必要はないと思う。

○ 나중에 후회하지 않도록 최선을　　後で後悔しないよう、最善を尽くさなければならない。
　 다해야겠다.

○ 후회 없는 삶을 살고 싶다.　　後悔のない人生を送りたい。

○ 이미 시작한 일은 되돌릴 수 없다.　　すでに始めたことは、後戻りすることができない。

○ 이미 엎질러진 물이다.　　すでにこぼれた水だ。

걱정

○ 나는 그것이 걱정된다.　　私はそれが心配だ。／私はそれが不安だ。

○ 내 성적이 걱정된다.　　私の成績が心配だ。

○ 큰 문제가 생겼다.　　大きな問題が起った。

○ 나는 그것이 너무 걱정이 되어 잠도 잘　　私はそれがとても心配で、夜も眠れなかった。
　 잘 수 없었다.

○ 나는 사소한 일에 쉽게 걱정하는　　私は小さなことにすぐ心配をする傾向がある。
　 경향이 있다.

○ 걱정되어 죽을 뻔했다.　　心配で死にそうだった。

○ 너무 걱정이 되어 다리가 떨릴　　とても心配で、足ががくがく震えるくらいだった。
　 지경이었다.

○ 내가 한 일에 대해서 절대 걱정 안 한다.　　私がしたことについて、絶対心配しない。

○ 그건 걱정할 일은 아니다.　　それは心配するようなことではない。

○ 걱정한다고 될 일이 아니다.　　心配したからと言って、よくなる訳ではない。

○ 그건 내가 걱정할 일이 아니었다.	それは私が心配することではなかった。
○ 나는 건강 걱정은 없다.	私は健康に心配はない。
○ 나는 그런 일은 걱정하지 않으려고 한다.	私はそんなことは心配しないようにしている。
○ 그런 걱정거리는 잊기로 했다.	そんな心配事は忘れることにした。
○ 그런 걱정거리는 깨끗이 잊었다.	そんな心配事はきれいに忘れた。
○ 부모님께 걱정을 끼치지 않으려고 노력하고 있다.	両親に心配をかけないように努力している。
○ 나는 걱정거리가 없다.	私は心配事がない。
○ 미리 걱정하지 마라.	前もって、心配するな。

고민

○ 나는 여러 가지 걱정거리로 고민하고 있다.	私はいろいろな心配事で悩んでいる。
○ 나는 신경 쓸 일이 많다.	私は気を使うことがたくさんある。
○ 많은 일들이 신경 쓰인다.	たくさんのことに気を使う。
○ 모든 일이 걱정된다.	すべてのことが心配だ。
○ 너무 걱정이 되어 제 정신이 아니었다.	とても心配になって、気が気ではなかった。
○ 상황이 더 이상 나빠질 수는 없었다.	状況がこれ以上悪くなることはなかった。
○ 그곳에 어떻게 갈지 걱정이다.	そこにどうやって行くかが心配だ。
○ 그 문제에 애로점이 있었다.	その問題に困難な点があった。
○ 그 문제의 한 면만을 고려한 것 같았다.	その問題の一面だけを考慮したようだった。
○ 아주 작은 문제점이 하나 있었다.	とても小さい問題点がひとつあった。
○ 생각해 봐야 할 고민이 있었다.	考えてみなければならない悩みがあった。
○ 그것은 나에게는 매우 중요한 문제였다.	それは私にはとても重要な問題だった。
○ 실제로는 중요하지 않은 일이었다.	実際には重要ではないことだった。

126

○ 여러 가지로 머리가 복잡했다.

いろいろと頭が痛かった。/
いろいろと頭の中が複雑だった。

○ 하루 종일 마음 졸이고 있었다.

一日中、心が不安だった。

○ 보는 것처럼 쉬운 일이 아니었다.

見ての通り、簡単なことではなかった。

○ 어떻게 해결해야 할지 생각 중이었다.

どうやって解決すべきか、考えているところだ。

○ 그 문제점을 분석해서 무엇이 잘못된
것인지 알아봐야 한다.

その問題点を分析して、何が問題なのか調べて
みなければならない。

○ 고민을 잊어보려고 일찍 잠자리에
들었다.

悩みを忘れようと、早めに布団に入った。

○ 고민으로 잠이 오지 않았다.

悩みで眠れなかった。

○ 그렇게 고민할 필요는 없다고 생각했다.

そんなに悩む必要はないと思った。

○ 그 문제로 정신적인 고민에 빠졌다.

その問題で、精神的悩みに陥った。

○ 고민하느라 아무 일도 못했다.

悩みで、何もできなかった。

DIARY 02

毎日毎日が同じことの繰り返しだ

4月16日　火曜日　晴天

ただ、なんとなく休みたかった。毎日の生活にうんざりだ。毎朝、同じ時間に起きて、朝食を食べて家を出る。一日中、学校で授業を受けて、友達にでも偶然に道ばたで会ったら、おやつとかを飲み食いしながら、ダイエットとか人気スターのうわさみたいな、ささいなことで雑談をする。家に帰ってからは夕食を食べて、ほかの家族の顔色をうかがいながらソファーに横になって、テレビを見る。ときに夕方には宿題をしたり試験の準備をしたりするときもあるが、毎日同じことだ。まるで私が回し車をくるくる回しながら走っている、りすみたいだと思ったりもする。何か変化がほしい。何かわくわくできることがあったらいいなあと思う。私は今すぐにでも自由に全国一周をしたいが、そうすることのできない現実も理解している。これから、お金を十分に稼ぐようになったら、私は世界一周をするつもりだ。他の国のいろいろな人たちと会ってみたい。それから、いろいろな国の文化も経験してみたい。

매일매일 똑같아!

4월 16일 화요일 화창함

그저 쉬고 싶었다. 매일의 일상이 지겹다. 매일 아침 똑같은 시간에 일어나 아침 먹고 집을 나선다. 하루 종일 학교에서 수업을 받고, 친구라도 몇 명 만나게 되면 간식과 음료를 먹으면서 다이어트나 몇몇 인기 연예인들에 대한 소문들과 같은 사소한 것들에 대해 잡담을 나눈다. 집에 돌아와서는 저녁을 먹고 다른 가족들의 눈치를 보며 소파에 누워 텔레비전을 본다. 간혹 저녁에는 숙제를 하기도 하고 시험 준비 등을 할 때도 있지만, 매일 똑같은 일들이다. 마치 내가 쳇바퀴 도는 다람쥐 같다는 생각이 든다. 뭔가 변화가 필요하다. 뭔가 신나는 일이 있었으면 좋겠다. 나는 지금 당장 자유롭게 전국 일주를 하고 싶지만 그럴 수 없다는 것을 알고 있다. 앞으로 돈을 충분히 벌게 되면 나는 세계 일주를 할 것이다. 다른 나라의 다양한 사람들을 만나고 싶다. 그리고 다른 문화들도 경험하고 싶다.

NOTES

なんとなく 그냥, 무심코┊うんざりだ 지겹다, 싫증나다┊うわさ 소문┊ささいな 사소한┊雑談ざつだん 잡담┊十分じゅうぶんに 충분히┊稼かせぐ 벌다┊してみたい 해보고 싶다

128

CHAPTER

03

가족

1. 우리 가족
2. 조부모
3. 부모
4. 형제자매
5. 친척
6. 장래 희망
7. 종교
DIARY 3

01 우리 가족

우 리 가 족

	〈직접 부를 때〉	〈남에게 나의 가족을 말할 때〉	〈남의 가족〉
할머니	お祖母ばぁさん	祖母そぼ	お祖母ばぁさん
할아버지	お祖父じぃさん	祖父そふ	お祖父じぃさん
어머니	お母かぁさん	母はは	お母かぁさん
아버지	お父とぅさん	父ちち	お父とぅさん
아내	(名前なまえ)	家内かない	おくさん
남편	(名前なまえ)	主人しゅじん	ご主人しゅじん
딸	(名前なまえ)	娘むすめ	お嬢じょうさん・娘むすめさん
아들	(名前なまえ)	息子むすこ	息子むすこさん
언니, 누나	お姉ねぇさん	姉あね	お姉ねぇさん
오빠, 형	お兄にぃさん	兄あに	お兄にぃさん
여동생	(名前なまえ)	妹いもうと	妹いもうと さん
남동생	(名前なまえ)	弟おとうと	弟おとうと さん

가족 구성원

○ 우리 가족은 대가족이다.　私の家族は大家族だ。
わたし　かぞく　だいかぞく

○ 우리 가족은 식구가 많다.　私の家族は人数が多い。
にんずう　おお

○ 우리는 가족이 적다.　私の家族は少ない。
すく

○ 우리 가족은 소가족이다.　私の家族は小家族だ。
しょうかぞく

○ 우리 가족은 네 명 가족이다.　私の家族は4人家族だ。
よにんかぞく

○ 우리 가족은 네 명이다.　私の家族は4人だ。

○ 우리 가족은 아빠, 엄마, 언니 그리고　私の家族は父、母、姉、そして私だ。
　나이다.　ちち　はは　あね　わたし

○ 우리 가족은 아버지, 어머니, 여동생　私の家族は父、母、妹、そして私の4人だ。
　그리고 나 이렇게 넷이다.　ちち　はは　いもうと　わたし　にん

○ 우리 가족에는 아빠 엄마, 그리고　私の家族は父、母、そして弟がいる。
　동생이 있다.　ちち　はは　おとうと

130

출생

○ 나는 1993년 서울에서 태어났다.　　私は1993年ソウルで生まれた。

◇「1993」은「せんきゅうひゃくきゅうじゅうさん」이라고 읽는다.

○ 나는 서울 토박이이다.　　私はソウルっ子だ。

○ 나는 불우하게 태어났다.　　私はよくない環境に生まれた。

○ 나는 가난한 집안에서 태어났다.　　私は貧しい家庭で生まれた。

○ 나는 부자 부모님에게서 태어났다.　　私はお金持ちの両親のもとに生まれた。

○ 나는 부산에서 태어나고 자랐다.　　私はプサンで生まれ育った。

○ 나는 대전에서 태어났지만 서울에서　　私はテジョンで生まれたが、ソウルで育った。
　　자랐다.

○ 나는 서울에서 태어나서 어린 시절을　　私はソウルで生まれて、少年時代を送った。
　　보냈다.

○ 나는 대가족 속에서 자랐다.　　私は大家族の中で育った。

행복한 가족

○ 우리 가족은 함께 행복하게 산다.　　私の家族はみんなそろって幸せに暮している。

○ 우리는 부유하지는 않지만 행복하다.　　私達は裕福ではないが、幸せだ。

○ 우리는 비록 가난하지만 언제나 함께　　私達はたとえ貧しかったとしても、
　　행복한 시간을 보낸다.　　いつもいっしょに幸せな時間を送っている。

○ 평화롭고 화목한 가정에서 살고 싶다.　　平和で、和気あいあいとした家庭で暮したい。

○ 우리 가족은 서로를 사랑하고 위한다.　　私達の家族はお互いを愛しながら敬う。

○ 부자라고 해서 반드시 행복한 것은　　裕福だといって、必ず幸せであるわけではない。
　　아니다.

○ 우리 가족은 모두 행복으로 가득 찬　　私の家族はみんな幸せで満ちあふれた家庭を作ろうと
　　가족을 만들고자 노력한다.　　努力している。

○ 집만큼 좋은 곳이 없다.　　家ぐらい心地好いところはない。

❖心地好い : 기분이 좋다.

131

02 조부모

할아버지

○ 그분은 나의 친할아버지이시다.　　その人は私の父方の祖父だ。

○ 그분은 외할아버지이시다.　　その人は私の母方の祖父だ。

　　◆일본에서는 친가와 외가를 구분하여 쓰는 말은 없다. 구분하여야 할 때는
　　앞에 친가는 「父方」, 외가는 「母方」를 붙여서 말하거나, 사는 지역명을
　　붙여서 「大阪の祖父」 등으로 말한다.

○ 우리 가족은 조부모님과 함께 산다.　　私の家族は祖父母といっしょに住んでいる。

○ 할아버지는 70세이지만 아직 건강이
　좋으시다.　　祖父は70才だがまだ健康そのものだ。

○ 할아버지는 언제나 나를 후원하신다.　　祖父はいつでも私を応援してくれる。

○ 할아버지는 도시 생활보다 전원 생활을
　더 좋아하시는 것 같다.　　祖父は都市の生活より田舎の生活の方が好きなようだ。

○ 할아버지는 65세에 퇴직하셨다.　　祖父は65才で退職した。

○ 할아버지는 정원 가꾸는 것을
　좋아하신다.　　祖父は庭の手入れをするのが好きだ。

　　◆요즘은 흔히 「ガーデニング(정원 가꾸기)」이라고 한다.

○ 할아버지는 치매를 앓고 계신다.　　祖父は痴呆症を患っている。

○ 할아버지 얼굴에 있는 주름을 보니
　서글펐다.　　祖父の顔に刻まれているしわを見て悲しくなった。

할머니

○ 할머니는 우리 집에 계시면서 나를
　돌보아 주신다.　　祖母は私の家にいながら、私の面倒を見てくれている。

○ 우리 엄마는 내가 어릴 때 돌아가셔서
　할머니 밑에서 자랐다.　　私の母は私が小さいときに亡くなって、
　　祖母に育てられた。

○ 할머니는 우리를 편하게 해 주신다.　祖母は私達を気楽に過ごせるようにしてくれる。

○ 할머니는 항상 우리에게 다정한 미소를　祖母はいつも私達に温かい微笑みを浮かべてくれる。
　지어 주신다.

○ 할머니는 마음이 아주 넓으시다.　祖母は心がとても広い。

○ 할머니는 가난한 사람들을 위해 봉사를　祖母は貧しい人々のためにボランティアをよく
　많이 하셨다.　していた。

○ 할머니는 당신의 도움이 필요하면 항상　祖母は自分の助けが必要だと思うと、いつもその
　그 사람들을 도우신다.　人達を助けた。

○ 할머니는 낡은 옷을 모아서 필요한　祖母は古い服を集めて、必要な人達に送ってあげた。
　사람들에게 보내셨다.

○ 편찮으신 이후로 다른 사람들을 돕는　体の具合が悪くなってから、ほかの人達を助ける仕事を
　일을 그만둬야 했다.　やめなければならなかった。

○ 할머니는 건강이 좋지 못하셨다.　祖母は健康がよくなかった。

○ 할머니가 편찮으실 때 내가 시중을　祖母の体の具合が悪いとき、私が看病してあげた。
　들었다.

○ 할머니가 작년에 돌아가셨다.　祖母が去年亡くなった。

03 부모

부모님

○ 우리 부모님은 맞벌이이다.　私の両親は共働きだ。

○ 우리 엄마, 아빠는 사이가 좋으시다.　私の父と母は仲がいい。

○ 우리 부모님은 잉꼬부부이다.　私の両親はおしどり夫婦だ。

○ 우리 부모님은 항상 신혼 같다.　私の両親はいつも新婚みたいだ。

○ 우리 부모님은 결혼하신 지 15년이 되었다.　私の両親は結婚してから15年になった。

○ 나는 부모님을 존경하고 있다.　　私は両親を尊敬している。

○ 나는 항상 부모님 말씀을 잘 듣는다.　　私はいつも両親の言うことを良く聞く。

○ 우리 부모님은 내가 더 좋은 아들이　　私の両親は私がもっと立派な息子になることを
　되어야 한다고 생각하신다.　　願っている。

○ 우리 부모님은 우리가 아쉬운 것이　　私の両親は私達が困ることがないように
　없도록 다 해 주시려고 하신다.　　全部準備してくれようとする。

○ 좋은 아들이 되려고 노력한다.　　立派な息子になろうと努力している。

○ 나는 내 앞가림을 할 만한 나이가 되었다.　　私は自分のことは自分でできるくらいの年になった。

○ 내가 아무리 열심히 노력해도 우리　　私がどんなに一生懸命努力しても、私の両親は、
　부모님은 절대 만족을 못하신다.　　絶対満足してくれない。

○ 우리 부모님은 내게 너무 많은 것을　　私の両親は私にとても多くのことを期待している。
　기대하신다.

○ 우리 부모님은 가끔 내 마음을　　私の両親はときどき私の心をわかってくれない。
　몰라주신다.

○ 우리 부모님은 내가 하는 일마다　　私の両親は私がすることにいちいち小言をいう。
　꾸중을 하신다.

○ 우리 부모님은 내가 비행 소년이 되지　　私の両親は私が非行少年にならないことを願っている。
　않기를 바라신다.

○ 우리 부모님은 별거 중이다.　　私の両親は別居中だ。

○ 우리 부모님은 이혼하셨다.　　私の両親は離婚した。

○ 부모님이 이혼하신 이후로 엄마와　　両親が離婚した後、母といっしょに住んでいる。
　살고 있다.

○ 이제는 더 이상 부모님에게 짐이 되기　　これ以上両親の荷物になりたくない。
　싫다.

아빠

○ 우리 아빠는 매우 엄격하시다.　　私の父はとても厳しい。

○ 우리 아빠는 일을 열심히 하시는 분이다.　　私の父は仕事を一生懸命する人だ。

134

○ 아빠는 가게를 하시느라 하루 종일 바쁘시다.

父はお店をしているので一日中忙しい。
みせ　いちにちじゅういそが

○ 아빠는 너무 바쁘셔서 나와 보낼 시간을 내지 못하신다.

父はとても忙しくて私といっしょにいる時間を作る
いそが　　　　　　　　　　　　　　　　じかん　つく
ことができない。

○ 아빠와 나는 세대 차를 별로 느끼지 못한다.

父と私は年齢差をあまり感じることができない。
ねんれいさ　　　　　かん

○ 나는 어릴 때 아빠 등에 업히는 것을 좋아했다.

私は小さいとき父におんぶしてもらうのが好きだった。
ちい　　　　　　　　　　　　　　　　す

○ 아빠는 가끔 목말을 태워 주셨다.

父はときどき肩車をしてくれた。
かたぐるま

❖肩車をする : 목말을 태우다.

○ 아빠는 집안일을 가끔 도와주신다.

父は家事を時々手伝う。
かじ　ときどきてつだ

○ 아빠는 일이 끝나면 곧장 집으로 오신다.

父は仕事が終わるとすぐ家に帰ってくる。
しごと　お　　　　　　いえ　かえ

○ 우리 아빠는 엄마에게는 이상적인 남편이시다.

私の父は母の理想的な夫だ。
はは　りそうてき　おっと

○ 아빠는 직장에서 집에 오실 때 먹을 것을 사 오신다.

父は職場から家に帰ってくるとき、食べ物を
しょくば　いえ　かえ　　　　　　た　もの
買ってくる。
か

○ 아빠는 엄마가 요리하실 때 도와주지도 않고 설거지도 하지 않으신다.

父は母が料理をするとき、手伝いもしないで、
はは　りょうり　　　　　　てつだ
皿洗いもしない。
さらあら

엄마

○ 우리 엄마는 가정주부이시다.

私の母は主婦だ。
わたし　はは　しゅふ

○ 우리 엄마는 보통 집에 계시면서 살림을 하신다.

私の母は普通家にいながら家事をしている。
ふつういえ　　　　　　かじ

○ 우리 엄마는 세 아이를 돌보느라 여념이 없으시다.

私の母は3人の子供を育てるのに余念がない。
にん　こども　そだ　　　　　よねん

○ 우리 엄마는 가게에 일하러 다니신다.

私の母はお店の仕事をしに毎日出かける。
みせ　しごと　　　　まいにちで

○ 우리 엄마는 학교에서 일하신다.

私の母は学校で仕事をしている。
がっこう

○ 우리 엄마는 나를 매우 귀하게 여기신다.

私の母は私をとても大切に思っている。
わたし　　　　　たいせつ　おも

○ 엄마는 가정을 행복으로 채우려고 노력하신다.	母は幸せな家庭を作ろうと努力している。		

○ 엄마는 가정을 행복으로 채우려고
노력하신다.

母は幸せな家庭を作ろうと努力している。
しあわ　　かてい　つく　　　どりょく

○ 엄마와 함께 있으면 마음이 편하다.

母といっしょにいると、安心できる。
あんしん

○ 우리 엄마는 우리를 돌보느라 아침부터
밤까지 바쁘다.

私の母は私達のめんどうをみるのに、
朝から夜まで忙しい。
あさ　　よる　　いそが

○ 엄마가 모든 집안일을 하신다.

母が家の仕事をすべてしている。
いえ

○ 우리 엄마는 부엌일에 매여 있는 것 같다.

私の母は台所仕事に縛り付けられているみたいだ。
だいどころしごと　　しば　つ

○ 우리 엄마는 바느질을 매우 잘하신다.

私の母は針仕事がとても上手だ。
はりしごと　　　　じょうず

○ 우리 엄마는 바느질에 손재주가
있으시다.

私の母は針仕事の才能がある。
さいのう

○ 엄마는 가끔 사랑이 담긴 편지를
나에게 주신다.

母はときどき愛情のこもった手紙を私にくれる。
あいじょう　　　てがみ　わたし

○ 나는 뭔가 필요한 게 있으면 엄마를
찾는다.

私は何か必要なものがあると母を探す。
なに　ひつよう　　　　はは　さが

○ 우리 엄마의 잔소리는 끝이 없으시다.

私の母の小言には終りがない。
こごと　　　おわ

○ 우리 엄마는 간섭을 잘 하신다.

私の母はよく干渉をする。
かんしょう

04 형제자매

외동딸	一人娘 ひとりむすめ	장남	長男 ちょうなん
외동	一人っ子 ひとりっこ	차남	次男 じなん
일란성 쌍생아	一卵性双生児 いちらんせいそうせいじ	삼남	三男 さんなん
이란성 쌍생아	二卵性双生児 にらんせいそうせいじ /	장녀	長女 ちょうじょ
	二卵性双子 にらんせいふたご	차녀	次女 じじょ
남매	兄妹 あにいもうと	삼녀	三女 さんじょ
자매	姉妹 しまい	둘째	二番目 にばんめ
형제	兄弟 きょうだい	막내	末っ子 すえっこ

형제 관계

○ 나는 외동딸이고 형제가 없다.   私は一人娘で兄弟がいない。

○ 나는 외동이다.   私は一人っ子だ。

○ 나는 2남 1녀 중 장남이다.   僕は男二人、女一人の長男だ。

○ 나는 둘째 아들이다.   僕は二番目の息子だ。

○ 나는 삼대독자이다.   私は三代続けて一人っ子だ。

○ 우리는 삼형제이다.   僕達は三兄弟だ。

○ 나는 남동생이 한 명 있다.   私は弟がひとりいる。

○ 나는 형이 두 명 있다.   僕は兄が二人いる。

○ 내가 막내이다.   私は末っ子だ。

○ 내가 우리 집의 유일한 희망이다.   私が私の家の唯一の希望だ。

○ 내 동생과 나는 이란성 쌍생아이다.   私の弟と私は二卵性双生児だ。

○ 우리는 쌍둥이이지만 매우 다르게 생겼다.   私達は双子だが、とても似ていない。

○ 우리는 일란성 쌍생아여서 구별하기가   私達は一卵性双生児なので、区別するのが
매우 어렵다.   とても難しい。

동생

○ 나는 여동생과 매우 닮았다.   私は妹ととても似ている。

○ 우리는 매우 닮았다.   私達はとても似ている。

○ 사람들은 내가 남동생과 똑같이   周りの人達は私が弟と本当に似ていると言う。
생겼다고 한다.

○ 사람들은 나와 남동생을 많이 혼동한다.   周りの人達は私と弟を間違える。

○ 나는 남동생과 공통점이 많다.   私は弟と共通点が多い。

○ 나는 남동생과 만나기만 하면 싸운다.   私は弟と会うとすぐけんかをする。

○ 내 여동생은 나보다 세 살 어리다.   私の妹は私より三歳年下だ。

○ 나는 여동생보다 세 살 많다.   私は妹より三歳年上だ。

○ 나는 여동생보다 키가 작다.　　　私は妹より背が低い。

○ 나는 남동생과 성격이 매우 다르다.　私は弟と性格がとても違う。/
　　　　　　　　　　　　　　　　私と弟は性格が正反対だ。

○ 나는 남동생에 비해서 수줍음을 잘 탄다.　私は弟と比べて、恥ずかしがり屋だ。

○ 나는 남동생과 공통점이 하나도 없다.　私と弟は共通点がひとつもない。

○ 나는 책 읽기를 싫어하는 반면 남동생은　私は読書が嫌いな反面、弟は読書が好きだ。
　책 읽기를 좋아한다.

○ 나는 달리기에 있어서는 남동생을　私はかけっこでは、弟に勝てない。
　따라가지 못한다.

○ 나는 여동생에 대한 애정이 깊다.　私は妹に対する愛情が深い。

○ 그를 보면 내 남동생이 생각난다.　彼をみると、私の弟が思い出される。

○ 내 여동생은 악몽을 꾸고 침대에　私の妹は怖い夢をみて、ベットにおしっこをもらした。/
　오줌을 쌌다.　　　　　　　　　私の妹は怖い夢をみておねしょをした。

○ 내 남동생은 가족에게 큰 골칫거리이다.　私の弟は私の家族の悩みの種だ。

○ 내 남동생은 자주 난리를 친다.　私の弟はよく騒動を起こす。

○ 내 남동생은 청개구리이다.　私の弟はあまのじゃくだ。

　　　　　　　　　　　　　　　❖あまのじゃく : 심술꾸러기.

○ 내 남동생은 내가 하는 대로 한다.　私の弟は私がする通りにまねをする。

○ 내 남동생은 날 따라 하려고 한다.　私の弟は私と同じようにしようとする。

○ 내 남동생은 엄마에게 자주 뭘 사달라고　私の弟は母によく何か買ってほしいとねだる。
　조른다.

○ 내 남동생은 항상 찡찡거린다.　私の弟はいつもだだをこねる。

　　　　　　　　　　　　　　　❖だだをこねる : 응석을 부리다/떼쓰다.

○ 내 여동생은 항상 엄마를 졸졸 따라　私の妹はいつも母の後をついて回る。
　다닌다.

○ 내 여동생은 사춘기이다.　私の妹は思春期だ。

○ 내 여동생은 지금 어른이 다 된 것 같다.　私の妹はもう大人になったみたいだ。

138

- 오빠는 나를 잘 이해해 주고 잘 상대해 준다. 　兄は私をよく理解してくれて、よく相手にしてくれる。

- 나는 형의 것이 다 좋아 보인다. 　僕は兄の持ってるものが全部よく見える。

- 나는 형이 하는 것을 다 따라 한다. 　僕は兄がすることを全部まねをする。

- 오빠는 나를 손금 보듯이 잘 안다. 　兄は私のことを手相を見るみたいによく知っている。

- 우리 언니는 못하는 게 없다. 　私の姉はできないことがない。

- 우리 형은 유머 감각이 꽤 풍부하다. 　僕の兄はユーモア感覚がとても豊富だ。

- 우리 형은 정말 재밌다. 　僕の兄は本当におもしろい。

- 우리 형은 나를 많이 웃게 만든다. 　僕の兄は僕をとてもよく笑わせる。

- 우리 언니는 항상 웃는 얼굴이다. 　私の姉はいつも笑っている顔をしている。

- 우리 누나는 가끔 내 물건을 마음대로 쓴다. 　僕の姉はときどき僕のものを勝手に使う。

- 가끔 나를 때릴 때는 기분이 나쁘다. 　ときどき僕を叩くときは頭にくる。

- 우리 형은 약간 괴짜이다. 　僕の兄はちょっと変わった人だ。

- 우리 누나는 대입 시험 때문에 매일 늦게까지 공부한다. 　僕の姉は大学入試のために毎日遅くまで勉強する。

- 나는 다른 누구보다도 우리 큰누나가 제일 좋다. 　僕はほかのだれよりも、一番上の姉が一番好きだ。

05 친척

친척 관계

- 서울에 몇 분의 친척이 계신다. 　ソウルに何人か親戚が住んでいる。

- 나는 그와 친척이다. 　私は彼と親戚だ。

○ 나는 그와 가까운 친척이다.	私は彼と近い親戚だ。 かれ ちか
○ 나는 그와 먼 친척이다.	私は彼と遠い親戚だ。 かれ とお
○ 그는 우리 아빠 쪽 친척이다.	彼は父方の親戚だ。 かれ ちちがた
○ 그는 우리 엄마 쪽 친척이다.	彼は母方の親戚だ。 ははがた
○ 우리는 친척들과 사이가 좋다.	私達は親戚と仲がいい。 なか
○ 삼촌은 다음 달에 군대에 가야 한다.	父の弟は来月軍隊に行かなければならない。 ちち おとうと らいげつぐんたい い
○ 우리 삼촌은 작년에 결혼했다.	父の弟は去年結婚した。 きょねんけっこん
○ 우리 이모는 결혼해서 두 명의 아이가 있다.	母の姉は結婚して二人の子供がいる。 はは あね けっこん ふたり こども

친척 간의 왕래

○ 친척들이 멀리 있어 자주 만나지 못한다.	親戚が遠くにいて、よく会うことができない。 しんせき とお あ
○ 최근에 사촌의 소식을 듣지 못했다.	最近いとこがどう過ごしているのか話を聞けなかった。 さいきん す はなし き
○ 오랫동안 사촌을 못 봤다.	長い間、いとこに会っていない。 なが あいだ あ
○ 그가 너무 많이 변해서 거의 알아보지 못할 뻔했다.	彼がとても変わっていて、だれか分からないくらい かれ か わ だった。
○ 그는 내 나이 또래이다.	彼は私の年と同じくらいだ。 かれ わたし とし おな
○ 큰 명절에는 친척들을 만난다.	お盆やお正月には親戚と会う。 ぼん しょうがつ あ
○ 친척집에 자주 가야겠다.	親戚の家によく遊びに行かなければと思う。 いえ あそ い おも
○ 가까운 이웃이 먼 친척보다 낫다.	遠くの親類より近くの他人。 とお しんるい ちか たにん ❖일본에서도 같은 뜻으로 쓰는 속담이다.

06 장래 희망

140

○ 내 장래에 대해서 깊이 생각해 보았다.   私の将来について深く考えてみた。
　　　　　　　　　　　　　　　　　　わたし しょうらい　　　　ふか　かんが

○ 나는 오랫동안 간직해 온 꿈이 있다.   私は長い間、抱いてきた夢がある。
　　　　　　　　　　　　　　　　　　わたし なが あいだ いだ　　　　ゆめ

○ 우리는 모두 미래에 대한 희망을 가지고   私達はみんな将来について希望を抱いている。
　있다.   わたしたち　　　　しょうらい　　　　きぼう いだ

○ 나는 연예인이 될 수 있는 재능을   私は芸能人になれる才能があると思う。
　가지고 있다고 생각한다.   わたし げいのうじん　　　　さいのう　　　　おも

○ 내 숨은 끼를 발휘하고 싶다.   私は隠れた才能を発揮したい。
　　　　　　　　　　　　　　　　　　わたし かく　さいのう はっき

○ 변호사가 되는 것이 장래성이 있다고   将来性を考えると弁護士になるのがいいと思う。
　생각한다.   しょうらいせい　かんが　　べんごし　　　　　　おも

○ 나는 장래가 유망하다고 생각한다.   私は将来が有望だと思う。
　　　　　　　　　　　　　　　　　　わたし しょうらい ゆうぼう おも

○ 내 앞에는 훌륭한 미래가 있다.   私の前には立派な未来がある。
　　　　　　　　　　　　　　　　　　わたし まえ　　りっぱ みらい

○ 나의 장래는 창창하다.   私の将来は明るい。
　　　　　　　　　　　　わたし しょうらい あか

○ 나는 앞으로 할 일이 많은 젊은이다.   私はこれからするべきことが多い若者だ。
　　　　　　　　　　　　　　　　　　わたし　　　　　　　　　　おお わかもの

○ 내가 커서 무엇이 될지 걱정이다.   私が大きくなって何になるか心配だ。
　　　　　　　　　　　　　　　　　　わたし おお　　　　なに　　　しんぱい

○ 장래가 막막하다.   将来がもの寂しい。
　　　　　　　　　しょうらい　　　さみ

○ 난 별 재능이 없는 것 같다.   私はあまり才能がないみたいだ。
　　　　　　　　　　　　　　　わたし　　　　さいのう

○ 나의 꿈을 바꿔야 할 것 같다.   私の夢を変えないといけないみたいだ。／
　　　　　　　　　　　　　　　わたし ゆめ か
　　　　　　　　　　　　　　　私の夢を変えようかと思う。
　　　　　　　　　　　　　　　　　　　　　　　　おも

○ 장래 계획에 대해 생각할 시간이 좀   将来の計画について考える時間が必要だ。
　필요하다.   しょうらい けいかく　　　　かんが　じかん ひつよう

○ 성공하기 위해서는 미래를 신중하게   成功するためには未来を慎重に設計すべきだ。
　설계해야 한다.   せいこう　　　　　　みらい しんちょう せっけい

○ 먼 장래를 생각하며 공부해야 한다.   遠い未来を考えて、勉強をしなければならない。
　　　　　　　　　　　　　　　　　　とお みらい かんが　　　べんきょう

○ 인생관을 바꾸어야겠다.   人生観を変えなければならない。
　　　　　　　　　　　　じんせいかん か

○ 우선 내 꿈을 실현시키기 위해 열심히   まず私の夢を実現させるために一生懸命努力する
　노력할 것이다.   わたし ゆめ じつげん　　　　　　いっしょうけんめい どりょく
　　　　　　　　　　　　　　　　　　つもりだ。

○ 보다 밝은 장래를 위해 항상 최선을
　다할 것이다.

何よりも明るい未来のために、
いつも最前を尽くすつもりだ。

부모님의 기대

○ 엄마는 내가 장래에 교사가 되기를
　바라신다.

母は私が将来、教師になることを願っている。

○ 나의 적성은 교사가 되기에 딱 알맞은
　것 같다.

私の適性では教師になるのが一番いいようだ。

○ 우리 엄마는 나에게 희망을 걸고 계신다.

私の母は私に希望を託している。

○ 우리 부모님은 내가 무엇이 되길
　바라시는지 말씀을 하지 않으신다.

私の両親は私が何になることを願っているのか、
何も言わない。

○ 부모님은 내가 되고 싶은 것을 위해
　열심히 노력하라고 하셨다.

両親は自分の将来の夢のために、一生懸命努力
しなさいといった。

○ 부모님을 실망시켜 드리지 않기
　위해 최선을 다할 것이다.

両親を失望させないように最善を尽くすつもりだ。

○ 우리 가족은 내 장래에 대해 큰 기대를
　걸고 있다.

私の家族は私の将来について、大きな期待を
かけている。

○ 부모님은 내가 꿈을 실현할 수 있도록
　항상 격려하신다.

両親は私が夢を実現できるようにいつも激励して
くれる。

장래 희망

○ 나는 커서 변호사가 되고 싶다.

私は大きくなったら弁護士になりたい。

○ 나는 장래에 훌륭한 과학자가 되기로
　결심했다.

私は将来、立派な科学者になることを決心した。

○ 돈을 많이 벌어서 백만장자가 되고 싶다.

お金をたくさん稼いで、百万長者になりたい。

○ 나는 우리 엄마처럼 현모양처가 되고 싶다.

私は母のように良妻賢母になりたい。

○ 나는 정치가가 되어 우리나라를 더
　번창하게 만들 것이다.

私は政治家になって、もっと豊かな国をつくる
つもりだ。

○ 내 꿈은 노벨 평화상을 타는 것이다.	私の夢はノーベル平和賞をとることだ。		
○ 내 장래 희망은 에베레스트 산을 정복하는 것이다.	私の将来の夢はエベレスト山を征服することだ。		
○ 내 꿈은 전 세계를 여행하는 것이다.	私の夢は全世界を旅行することだ。		
○ 교사 되는 것이 내가 제일 바라는 바이다.	先生になることが、私が一番願っていることだ。		
○ 나는 촉망받는 전문의가 되고 싶다.	私は将来を期待される専門医になりたい。		
○ 내가 자라면 이상형인 남자를 만나 가족과 함께 행복하게 살고 싶다.	私が大きくなったら、理想的な男性に出会って、家族といっしょに幸せに暮したい。		

07 종교

종교의 종류

─기독교+천주교		세례	洗礼せんれい
교회	教会きょうかい	세례명	洗礼名せんれいめい・クリスチャンネーム
기도	祈祷きとう		
부활절	復活祭ふっかつさい	수녀	修道女しゅうどうじょ・シスター
사순절	四旬節しじゅんせつ	신부	神父しんぷ
선교사	宣教師せんきょうし	하느님	神様かみさま
설교하다	説教せっきょうする	─불교	仏教ぶっきょう
성경	聖書せいしょ	승려·스님	お坊ぼうさん
예수	イエス	명상을 하다	瞑想めいそうをする
헌금을 하다	献金けんきんをする	보살	菩薩ぼさつ
─기독교	キリスト教きょう	부처님	お釈迦様しゃかさま・仏様ほとけさま
목사	牧師ぼくし		
예배	礼拝れいはい	석가	釈迦無二しゃかむに
전도사	伝道師でんどうし	염주를 세다	数珠じゅずを数かぞえる
찬송을 부르다	賛美歌さんびかを歌うたう	절	お寺てら
하나님	神様かみさま	─그리스정교	ギリシア正教せいきょう
─천주교	カトリック	─도교	道教どうきょう
교황	教皇きょうこう	─러시아정교	ロシア正教せいきょう
고해성사	告解聖事こっかいせいじ	─유교	儒教じゅきょう
미사	ミサ	─유대교	ユダヤ教きょう
성모	聖母せいぼ	─이슬람교	イスラム教きょう
성수	聖水せいすい	─힌두교	ヒンズー教きょう

종교

○ 나는 종교가 없다. 　　　　　　　私は宗教を持っていない。
　　　　　　　　　　　　　　　　　　しゅうきょう　も

○ 나는 무신론자이다. 　　　　　　　私は無神論者だ。
　　　　　　　　　　　　　　　　　　むしんろんしゃ

○ 나는 특정한 종교를 가지고 있지 않다. 私は特別な宗教を持っていない。
　　　　　　　　　　　　　　　　　　とくべつ　　しゅうきょう　も

○ 나는 신의 존재를 믿지 않는다. 　　私は神の存在を信じない。
　　　　　　　　　　　　　　　　　　かみ　そんざい　しん

○ 종교에 치우치는 것은 좋지 않다. 　宗教にのめり込むのは良くない。
　　　　　　　　　　　　　　　　　　　　　　　　こ　　　　　　よ

　　　　　　　　　　　　　　　　　　❖のめり込む : 빠져들다.

○ 광신자가 되는 것은 옳지 않다고 　　狂信者になるのはよくないと思う。
　생각한다. 　　　　　　　　　　　　きょうしんじゃ　　　　　　　　　　おも

○ 종교는 신앙이 기본이 된다. 　　　　宗教の基本は信仰である。
　　　　　　　　　　　　　　　　　　きほん　しんこう

○ 사람들은 종교에서 안식처를 구하려 　人々は宗教に安息所を求めようとする。
　한다. 　　　　　　　　　　　　　　ひとびと　しゅうきょう　あんそくしょ　もと

○ 많은 사람들이 종교에서 위안을 찾는다. 多くの人達は宗教に慰安を探し求める。
　　　　　　　　　　　　　　　　　　おお　　ひとたち　しゅうきょう　いあん　さが　もと

기독교

○ 나는 기독교 신자이다. 　　　　　　私はキリスト教信者だ。
　　　　　　　　　　　　　　　　　　　　　　　　きょうしんじゃ

○ 나는 어렸을 때 기독교 신자가 되었다. 私は子供の頃キリスト教の信者になった。
　　　　　　　　　　　　　　　　　　こども　ころ　　　　　　　　　しんじゃ

○ 우리 가족은 신앙생활을 한다. 　　　私の家族は信仰生活をしている。
　　　　　　　　　　　　　　　　　　かぞく　しんこうせいかつ

○ 나는 불교에서 기독교로 개종했다. 　私は仏教からキリスト教に改宗した。
　　　　　　　　　　　　　　　　　　ぶっきょう　　　　　　　　　　かいしゅう

○ 나는 독실한 기독교 신자이다. 　　　私は誠実なキリスト教信者だ。
　　　　　　　　　　　　　　　　　　せいじつ　　　　　　　　　しんじゃ

○ 나는 믿음이 강하다. 　　　　　　　私は信仰ぶかい。
　　　　　　　　　　　　　　　　　　しんこう

○ 나는 믿음이 약하다. 　　　　　　　私は信仰が浅い。
　　　　　　　　　　　　　　　　　　あさ

○ 나는 진정한 믿음을 가지고 있지 않은 私は信仰が浅い偽キリスト信者だ。
　사이비 기독교인이다. 　　　　　　しんこう　あさ　にせ　　　　　しんじゃ

○ 나는 매일 아침 한 시간씩 성경을 읽는다. 私は毎朝一時間ずつ聖書を読む。
　　　　　　　　　　　　　　　　　　まいあさいちじかん　せいしょ　よ

○ 교회에 가면 편안함을 느낀다. 　　　教会に行くと、心が安らかになるのを感じる。
　　　　　　　　　　　　　　　　　　きょうかい　い　　こころ　やす　　　　　　　かん

○ 나는 일요일마다 교회에 간다.　　私は日曜日ごとに教会に行く。/
　　　　　　　　　　　　　　　　　　私は毎週日曜日、教会に行く。

○ 가끔은 예배에 참석하지 않을 때도 있다.　時々礼拝に参席しないときもある。

○ 일요일마다 교회에서 예배를 드린다.　日曜日ごとに教会の礼拝に行く。

○ 목사님께서 예배 기도를 하셨다.　牧師が礼拝で祈祷をされた。

○ 목사님께서 오늘은 성경에 나오는　牧師が今日は、聖書に出てくる山上垂訓について説教を
　산상수훈에 대해 설교하셨다.　された。

○ 나는 교회 성가대원이다.　私は教会の聖歌隊員だ。

○ 우리는 예배 때마다 찬송을 부른다.　私達は礼拝をするたびに賛美歌を歌う。

○ 예배 시간에 헌금을 했다.　礼拝の時間に献金をした。

○ 목사님의 설교가 있은 후 헌금을 거뒀다.　牧師の説教が終わったあと、献金を集めた。

○ 목사님께서 모든 교인들에게 축복　牧師がすべての教会員に祝福祈祷をしてくださった。
　기도를 해 주셨다.

○ 세례를 받았다.　洗礼を受けた。

○ 나는 물 속에 무릎을 꿇고 앉았고,　私は水中にひざまずいて、牧師が私を浸礼することで
　목사님이 나를 침례함으로 축복해 주셨다.　祝福してくれた。

○ 기도회에 참석했다.　祈祷会に参席した。

○ 정성껏 하나님께 기도를 드렸다.　心を込めて神様にお祈りをした。

○ 무릎을 꿇고 기도를 드렸다.　ひざまずいて、お祈りをした。

○ 기도할 때 할머니를 위한 기도도 했다.　祈祷をするとき、祖母のためのお祈りをした。

○ 나는 항상 그를 위해 기도한다.　私はいつも彼のためにお祈りをする。

○ 하나님께 우리 가족에게 은총을 내려　神様に私の家族に恩恵をもたらしたまえとお祈りをした。
　달라고 기도했다.

○ 하나님께 나의 죄를 용서해 달라고　神様に私の罪を許してほしいとお祈りをした。
　기도했다.

○ 예수 그리스도의 이름으로 기도를 마쳤다.　イエスキリストの名前でお祈りをした。

○ 1주일 동안 물만 마시면서 단식을 했다.　一週間、水だけを飲みながら、断食をした。

○ 크리스마스와 부활절은 교회에서 가장 　クリスマスと復活祭は教会の最も大きい祝祭だ。
　큰 축제이다.

○ 부활절에 몇 가지 행사가 있었다. 　復活祭のときに、いくつかの行事があった。

○ 부활절에는 기독교인들이 예수 　復活祭にはキリスト教の人たちが、
　그리스도의 부활을 기념한다. 　イエスキリストの復活を祝う。

○ 우리는 성찬을 가짐으로써 예수 　私達は聖餐をもつことによって、
　그리스도를 기념했다. 　イエスキリストを祝った。

○ 부활절에 우리는 달걀에 색칠을 하고 　復活祭に私達は卵に絵を描いたり、
　그림을 그려 서로 주고받았다. 　色をぬったりしてお互いにやったりもらったりした。
　　　　　　　　　　　　　　　　　　❖色をぬる：색을 칠하다.

○ 매주 토요일마다 친구들과 전도를 한다. 　毎週土曜日に、友達と伝道をする。

○ 나는 선교사가 되어 복음을 전하고 싶다. 　私は宣教師になって、福音を伝えたい。

가톨릭교

○ 우리 가족은 일요일마다 미사에 간다. 　日曜日、私の家族はミサに行く。

○ 미사에 참석했다. 　ミサに参席した。

○ 머리 위에 미사 베일을 썼다. 　頭の上にミサのベールをかけた。

○ 나의 병을 치료받기 위해 성수를 　私の病気の治療を受けるために聖水をつけた。
　묻혔다.

○ 신부님께 어제 영세를 받았다. 　神父に昨日洗礼を受けた。

○ 신부님은 성수를 내 이마에 묻히고 　神父は聖水を私のおでこにつけて、
　나를 축복해 주셨다. 　私を祝福してくれた。

○ 세례명을 마리아라고 받았다. 　マリアという洗礼名をもらった。

○ 나의 세례명은 베드로이다. 　私の洗礼名はペテロだ。

○ 가슴에 십자를 그리며 기도했다. 　胸に十字をきって、祈った。

○ 성모 마리아와 예수의 이름으로 　聖母マリアとイエスの名前でお祈りをした。
　기도를 드렸다.

146

○ 고해성사를 했다.	告解聖事をした。 こっかいせいじ
○ 우리 부모님은 내가 가톨릭 신자로 크기를 바라신다.	私の両親は私がカトリック信者として成長するのを りょうしん わたし しんじゃ せいちょう 願っている。 ねが
○ 나는 신부가 되고 싶다.	私は神父になりたい。 しんぷ
○ 나는 수녀가 되고 싶다.	私は修道女になりたい。 しゅうどうじょ
○ 신부와 수녀는 자신들의 모든 행동에 대해 매우 엄격하고 책임감이 강하다.	神父と修道女は自分自身のすべての行動について、 しんぷ しゅうどうじょ じぶんじしん こうどう とても厳しくて、責任感が強い。 きび せきにんかん つよ

불교

○ 나는 불교를 믿는다.	私は仏教を信じている。 ぶっきょう しん
○ 불교는 부처의 가르침을 전한다.	仏教はお釈迦様の教えを伝える。 ぶっきょう しゃかさま おし つた
○ 우리 가족들은 불교 신자이다.	私の家族は仏教の信者だ。 かぞく しんじゃ
○ 나는 불교의 소승불교에 속해 있다.	私は仏教の小乗仏教に所属している。 しょうじょうぶっきょう しょぞく
○ 그는 불교의 교리를 체득한 것 같다.	彼は仏教の教理を体得しているみたいだ。 かれ きょうり たいとく
○ 나는 절에 불공하러 갔다.	私はお寺にお参りに行った。 てら まい い
○ 염불을 하였다.	念仏を唱えた。 ねんぶつ とな
○ 나는 염주를 세며 명상을 했다.	私は数珠を数えながら、瞑想をした。 じゅず かぞ めいそう
○ 시간이 나면 명상을 하러 절에 간다.	時間ができると瞑想をしに、お寺に行く。 じかん めいそう てら い
○ 나는 절의 고요한 분위기를 좋아한다.	私はお寺の静かな雰囲気が好きだ。 てら しず ふんいき す
○ 부처에게 공양을 올렸다.	お釈迦様にお供えをした。 しゃかさま そな
○ 내 친구 중 한 명이 여승이 되었다.	私の友達の中の一人が女のお坊さんになった。 ともだち なか ひとり おんな ぼう
○ 그는 성자 같은 사람이다.	彼は聖者みたいな人だ。 せいじゃ ひと
○ 부처도 원래는 우리와 같은 사람이었다.	お釈迦様も本来私達と同じ人間だった。 しゃかさま ほんらい わたし おな にんげん

理解できない、うちのママ

5月24日　水曜日　くもり

本当に私は母を理解することができない。ときどき母を理解しようと努力するが、私はまだ母が一体どんな人なのかわからない。他の子供たちの目に写る私の母は、ほとんど教育にだけ関心を示す母だ。それから、あるときは朝食も食べずに、学校に行った娘に、間食を持ってきてくれるくらいやさしい母でもある。しかし、私が絶対に理解できない部分もある。普段は教育だけに関心を示しながら、友達関係にも神経を使いなさいと言う。もちろん、悪いことではない。だが、母にとって友達とは、勉強を一生懸命したり、勉強が良くできる、そして、私の模範となる友達に該当する。私の母は絶対に、ただ勉強だけで友達を判断することはないと思っていた。ところが、母は成績のいい子供たちを友達として決めつけているようだ。もちろん、勉強のよくできる友達は私の助けになるだろう。しかし、そうだからといって、勉強ができる友達だけつきあわなければならないことはないと思う。私はそうしたくない。母は本当に理解しがたい存在だ。

이해할 수 없는 우리 엄마

5월 24일, 수요일, 흐림

정말로 나는 우리 엄마를 이해할 수 없다. 가끔은 엄마를 이해하려고 노력하지만 나는 아직도 엄마가 도대체 어떤 사람인지 잘 모르겠다. 다른 아이들 눈에 비치는 우리 엄마는 거의 내 교육에만 관심을 보이시는 엄마다. 그리고 때로는 아침을 못 먹고 학교에 간 딸에게 간식을 가져다 주실 만큼 자상한 엄마이시기도 하다. 그렇지만 내가 절대로 이해할 수 없는 부분들이 있다. 평소에는 교육에만 관심을 보이시면서, 교우 관계에도 신경을 쓰라고 하신다. 물론 틀린 말은 아니다. 하지만 엄마에게 있어서 친구란 공부를 열심히 하거나 잘하는, 그리고 내가 본받을 수 있을 만한 친구에 해당한다. 우리 엄마는 절대로 단지 공부로 친구를 판단하진 않으실 줄 알았다. 그런데 엄마는 성적이 좋은 아이들을 친구로 정해 주는 것 같다. 물론 공부를 잘하는 친구는 나에게 도움을 줄 수 있다. 하지만 그렇다고 공부 잘하는 친구만 사귀라는 법은 없지 않은가? 난 그러고 싶지 않다. 엄마는 정말로 이해할 수 없는 존재이다.

NOTES

理解りかいする 이해하다 ｜ 一体いったい 도대체 ｜ 目めに写うつる 눈에 비치다 ｜ 関心かんしんを示しめす 관심을 나타내다 ｜ 持もってきてくれる 가져와 주다 ｜ 母ははにとって 엄마에게 있어서 ｜ 模範もはんとなる 모범이 되다 ｜ 該当がいとうする 해당되다 ｜ 決きめつけている 정하고 있다, 정해 주다 ｜ 理解りかいしがたい 이해하기 어렵다

CHAPTER

04

집안일

1. 청소
2. 세탁
3. 부엌일
4. 정원 관리
5. 집 꾸미기
6. 집 수리
7. 기타 집안일
DIARY 4

01 청소

지저분한 방

○ 방이 지저분했다. 　　　　　　　　　部屋が汚かった。

○ 방이 엉망이었다. 　　　　　　　　　部屋がめちゃくちゃだった。

○ 방이 온통 어질러져 있었다. 　　　　部屋全体が散らかっていた。

○ 며칠 동안 청소를 못 했더니 먼지가 　何日か掃除ができなかったので、
　쌓여 있었다. 　　　　　　　　　　　ほこりだらけになっていた。

○ 집에 온통 종이와 옷들이 널브러져 있었다. 　家中、紙くずと服が散らかっていた。

○ 집안일을 더 이상 미룰 수가 없었다. 　家事をこれ以上しないわけにはいかなかった。

○ 내 방은 내가 청소해야 했다. 　　　　私の部屋は私が掃除しなければならなかった。

○ 어지른 것을 좀 치워야 했다. 　　　　散らかしたものを片づけなければならなかった。

○ 방을 좀 구석구석 청소해야 했다. 　　部屋をすみずみまで掃除しなければならなかった。

정리정돈

○ 지저분한 것을 깨끗이 치웠다. 　　　汚いものをきれいに片づけた。

○ 필요 없는 것들을 치웠다. 　　　　　必要ないものを片づけた。

○ 방을 정돈했다. 　　　　　　　　　　部屋を整頓した。

○ 방을 정리정돈했다. 　　　　　　　　部屋を整理整頓した。

○ 흩어져 있는 책들을 정리했다. 　　　散らばっている本を整理した。

○ 책들을 제자리에 놓았다. 　　　　　本を元の場所にもどした。

○ 책상의 책들을 평소에 잘 정리해 두는 　机の上の本を日頃から整理しておくのがいいと思う。
　것이 낫겠다.

○ 장난감을 정리했다. 　　　　　　　　おもちゃを整理した。

○ 옷들을 옷장에 걸었다.　　　　　　服を洋服ダンスにかけた。
　　　　　　　　　　　　　　　　　ふく　ようふく

○ 더러운 옷들은 빨래 바구니에 넣었다.　汚れた服を洗濯かごに入れた。
　　　　　　　　　　　　　　　　　よご　ふく　せんたく　　い

○ 집을 정돈했다.　　　　　　　　　家の中を整頓した。
　　　　　　　　　　　　　　　　　いえ　なか　せいとん

04 집안일

방 청소

○ 방을 깨끗이 청소하기로 마음먹었다.　部屋をきれいに掃除しようと決心した。
　　　　　　　　　　　　　　　　　へや　　　　そうじ　　　　けっしん

○ 우선 환기를 위해 창문을 열었다.　まず、換気をしようと窓を開けた。
　　　　　　　　　　　　　　　　　かんき　　　　まど　あ

○ 집 안의 먼지를 털었다.　　　　　家の中のほこりをはらった。
　　　　　　　　　　　　　　　　　いえ　なか

○ 가구의 먼지를 닦았다.　　　　　家具のほこりを拭き取った。
　　　　　　　　　　　　　　　　　かぐ　　　　ふ　と

○ 여기저기 널려 있는 것들을 제자리에　あちこちに散らばっているものを元の場所に片づけた。
　놓았다.　　　　　　　　　　　　ち　　　　　　　　　　もと　ばしょ　かた

○ 비로 방을 쓸었다.　　　　　　　ほうきで部屋を掃いた。
　　　　　　　　　　　　　　　　　へや　は

○ 진공청소기를 이용했다.　　　　　掃除機を使った。
　　　　　　　　　　　　　　　　　そうじき　つか

○ 진공청소기로 방들을 청소했다.　　掃除機で各部屋を掃除した。
　　　　　　　　　　　　　　　　　そうじき　かくへや　そうじ

○ 걸레로 바닥을 닦았다.　　　　　ぞうきんで床を拭いた。
　　　　　　　　　　　　　　　　　ゆか　ふ

○ 젖은 걸레로 바닥을 훔쳐냈다.　　ぬれたぞうきんで、床を拭い取った。
　　　　　　　　　　　　　　　　　ゆか　ぬぐ　と

○ 현관은 대걸레로 청소했다.　　　玄関はモップで掃除をした。
　　　　　　　　　　　　　　　　　げんかん　　　　そうじ

○ 청소는 내가 한다고 약속했다.　　掃除は私がすると約束した。
　　　　　　　　　　　　　　　　　そうじ　わたし　　　やくそく

○ 혼자서 집 안을 다 청소했다.　　一人で家の中を全部掃除した。
　　　　　　　　　　　　　　　　　ひとり　いえ　なか　ぜんぶそうじ

○ 창문을 닦았다.　　　　　　　　窓を拭いた。
　　　　　　　　　　　　　　　　　まど　ふ

○ 쓰레기는 휴지통에 넣었다.　　　ごみはゴミ箱に入れた。
　　　　　　　　　　　　　　　　　ばこ　い

○ 쓰레기통을 비웠다.　　　　　　ゴミ箱のごみを捨てた。
　　　　　　　　　　　　　　　　　ばこ　　　す

○ 쓰레기를 내다 놓았다.　　　　　ごみを出した。
　　　　　　　　　　　　　　　　　だ

욕실 청소

○ 욕조를 씻었다.　　　　　　　　浴槽を洗った。
　　　　　　　　　　　　　　　　　よくそう　あら

○ 변기의 물을 내렸다.	トイレの水を流した。
○ 변기 솔로 변기를 닦았다.	たわしでトイレを掃除した。
○ 타월로 욕실의 물기를 닦아냈다.	タオルで浴槽の水気を拭き取った。

02 세탁

빨래 준비하기

○ 세탁물이 쌓여 있었다.	洗濯物がたまっていた。
○ 해야 할 빨래가 많았다.	洗濯しないといけないものが多かった。
○ 식구들에게 빨래감을 세탁 바구니에 넣어 달라고 말했다.	家族に洗濯物を洗濯かごに入れるようにと言った。
○ 빨래를 해야 했다.	洗濯をしなければならなかった。
○ 빨래를 하려고 빨래 바구니를 가지고 갔다.	洗濯しようと、洗濯かごを持っていった。
○ 세탁기로 빨 수 있는 옷들을 골라냈다.	洗濯機で洗える服と洗えない服を分けた。
○ 빨래를 색깔별로 구분했다.	洗濯物を色別に区別した。
○ 옷들의 주머니를 확인했다.	服のポケットを確認した。

빨래하기

○ 세탁기에 빨래를 넣었다.	洗濯機に洗濯物を入れた。
○ 세탁기에 많은 양의 빨래를 넣었다.	洗濯機にたくさんの洗濯物を入れた。
○ 세탁기에 세제를 적당히 넣었다.	洗濯機に適量の洗剤を入れた。
○ 세탁기의 전원을 켰다.	洗濯機の電源を入れた。
○ 세탁기를 작동시켰다.	洗濯機をまわした。

○ 마지막 헹구기 전에 섬유 유연제를 넣었다.　最後のすすぎの前に、柔軟剤を入れた。
さいご　まえ　じゅうなんざい　い

○ 빨래를 탈수시키는 소리를 들었다.　洗濯物を脱水する音がした。
だっすい　おと

○ 세탁이 끝났다는 것을 알리는 소리가 났다.　洗濯が終わったのを知らせる音がした。
せんたく　お　し　おと

○ 빨래를 세탁기에서 꺼냈다.　洗濯物を洗濯機から取り出した。
と　だ

세탁물 문제

○ 빨았더니 옷이 줄었다.　洗った服が縮んだ。
あら　ふく　ちぢ

○ 옷 솔기가 터졌다.　服の縫い目がほどけた〔ほころびた〕。
ぬ　め

○ 옷 색깔이 바랬다.　服の色が変わった。
いろ　か

○ 물이 빠졌다.　服の色が落ちた。
いろ　お

○ 다른 빨래에까지 물이 들었다.　他の洗濯物に色がうつった。
ほか　せんたくもの　いろ

○ 세탁기에 같이 넣지 말았어야 했다.　洗濯機にいっしょに入れるべきではなかった。
せんたくき　い

손빨래

○ 그 옷은 손빨래로 빨아야 했다.　その服は手洗いしなければならなかった。
ふく　てあら

○ 빨래를 빨래판에 놓고 비벼 빨았다.　洗濯物を洗濯板にのせて、もみ洗いした。
せんたくもの　せんたくいた　あら

○ 빨래를 한 후에 빨래를 헹구었다.　洗濯をした後に、洗濯物をすすいだ。
せんたく　あと

○ 빨래를 헹구는 데 시간이 너무 많이 걸렸다.　洗濯物をすすぐのに、とても時間がかかった。
じかん

○ 빨래를 짜기가 힘들었다.　洗濯物を絞るのが大変だった。
しぼ　たいへん

○ 옷을 비틀어 짰다.　服をねじり絞った。
ふく　しぼ

○ 그 옷은 주름이 잘 생기기 때문에 비틀어 짜면 안 좋다.　その服はすぐしわができるので、ねじり絞るのはよくない。
しぼ

- 셔츠에 얼룩이 졌다.　シャツにしみがついた。

- 심하게 얼룩이 져 있었다.　ひどいしみになっていた。

- 카펫에 커피를 엎질러서 얼룩이 졌다.　カーペットにコーヒーをこぼして、しみになった。

- 얼룩을 마른 수건으로 닦았다.　しみを乾いたタオルで拭いた。

- 소금을 이용하여 그 얼룩을 제거 해 보려고 했다.　塩を使って、そのしみをとろうとした。

- 빨기 전에 물에 담가 놓았다.　洗う前に、水に浸しておいた。

- 잉크 얼룩을 빼 내기 위하여 여러 방법을 사용했다.　インクのしみをとるために、いろいろな方法を使った。

- 얼룩이 다 빠지지 않았다.　しみがきれいにとれなかった。

- 얼룩을 뺄 수가 없었다.　しみをとることができなかった。

- 얼룩 제거하기가 불가능했다.　しみとりすることは、不可能だった。

- 얼룩을 빼기 위해 표백을 해봤다.　しみをとるために、漂白剤を使ってみた。

- 얼룩이 제거되었다.　しみがとれた。

- 빨래를 줄에 널었다.　洗濯物を洗濯紐にかけて干した。

- 몇 가지 옷은 그늘에 널었다.　いくつかの服は日陰に干した。

- 날씨가 흐려서 빨래 마르는 데 시간이 좀 걸릴 것 같았다.　曇っているので、洗濯物が乾くのに、ちょっと時間がかかるようだった。

- 햇빛이 잘 들어 빨랫줄에 널은 빨래가 금방 말랐다.　天気がよかったので、洗濯紐にかけて干した洗濯物がすぐに乾いた。

- 세탁물 건조기가 있어서 빨래를 널 필요가 없다.　乾燥機があるので、洗濯物を干す必要がない。

- 세탁물 건조기는 빨래에 열을 가하고 회전을 시켜 말린다.　乾燥機は洗濯物を回転させながら、温風で乾かす。

빨래 정리하기

○ 빨래 건조대에서 빨래를 걷어냈다.	物干しから、洗濯物を取り込んだ。
○ 빨래 건조대에서 빨래를 걷어 모았다.	物干しから、洗濯物を取り込み集めた。
○ 옷이 아직 눅눅했다.	服がまだ湿っぽかった。
○ 옷이 아직 마르지 않았다.	服がまだ乾いていなかった。
○ 옷이 다 말랐다.	服がすっかり乾いた。
○ 빨래를 갰다.	洗濯物をたたんだ。
○ 옷을 다림질했다.	服にアイロンをかけた。
○ 옷에 풀을 먹였다.	服にアイロンのりをかけた。
○ 옷장에 넣었다.	洋服ダンスにかけた。

세탁소

○ 옷에 좀이 슬었다.	服に虫が食った。 ❖虫が食う: 좀이 슬다.
○ 그 옷은 드라이클리닝 해야 하는 옷이었다.	その服はドライクリーニングしないといけない 服だった。
○ 그 옷을 드라이클리닝 해야 했다.	その服をドライクリーニングしなければならなかった。
○ 그 옷을 세탁소에 가져갔다.	その服をクリーニング屋さんに持って行った。
○ 세탁소에 양복 몇 벌을 드라이클리닝 하도록 맡겼다.	ドライクリーニングをしようと、何着かの背広を クリーニング屋さんにお願いした。 ❖背広: 신사복.
○ 그 옷을 드라이클리닝 했다.	その服をドライクリーニングした。
○ 그 천은 드라이클리닝 하면 줄지 않을까 걱정이 되었다.	その生地はドライクリーニングしたら、 縮まないか心配になった。
○ 얼룩을 빼 달라고 했다.	しみ抜きしてほしいと頼んだ。 ❖しみ抜き: 얼룩을 뺌.
○ 세탁소에 양복 한 벌을 드라이클리닝과	クリーニング屋さんに、背広一着をドライクリーニング

다림질을 해 달라고 했다.　とアイロンがけをしてほしいとお願(ねが)いした。

❖アイロンがけ : 다림질.

○ 세탁소에 맡긴 옷을 찾으러 갔다.　クリーニング屋(や)に服をとりに行(い)った。

03 부엌일

주 방 도 구

가스레인지	ガスレンジ	식탁	食卓(しょくたく)
계량컵	計量(けいりょう)カップ	싱크대	流(なが)し台(だい)
고무장갑	ゴム手袋(てぶくろ)	오븐	オーブン
국자	おたまじゃくし	유리 그릇	ガラスの器(うつわ)
그릇	器(うつわ)	쟁반	お盆(ぼん)
냄비	鍋(なべ)	접시걸이	水切(みずき)りラック
도마	まな板(いた)	접시	皿(さら)
반찬통	おかず入(い)れ	젓가락	はし
밥그릇	ごはん茶碗(ちゃわん)	주방용품	台所用品(だいどころようひん)
밥주걱	しゃもじ	찬장	食器棚(しょっきだな)
수세미	スポンジ	칼	包丁(ほうちょう)
숟가락	さじ	컵	コップ
식탁보	テーブルクロス	행주	ふきん

가 전 제 품

가습기	加湿器(かしつき)	에어컨	クーラー
냉장고	冷蔵庫(れいぞうこ)	오디오	オーディオ
다리미	アイロン	전기밥솥	電気炊飯器(でんきすいはんき)
드라이어	ドライヤー	전자레인지	電子(でんし)レンジ
믹서	ミキサー	진공청소기	掃除機(そうじき)
비디오	ビデオ	컴퓨터	コンピューター
선풍기	扇風機(せんぷうき)	텔레비전	テレビ
세탁기	洗濯機(せんたくき)	토스터	トースター
식기 세척기	食器洗浄機(しょっきせいじょうき)	프린터	プリンター

○ 나는 주방에서 엄마 일 거드는 것을 좋아한다.	私は台所で母の仕事を手伝うのが好きだ。
○ 엄마가 저녁 준비하는 것을 도와드렸다.	母が夕食の支度〔準備〕をするのを手伝った。
○ 식탁 위에 식탁보를 폈다.	食卓の上にテーブルクロスをかけた。
○ 엄마가 상 차리는 것을 도와드렸다.	母が食事を並べるのを手伝った。
○ 식탁을 닦았다.	食卓を拭いた。
○ 식탁에 숟가락과 젓가락을 놓았다.	食卓に、箸とスプーンを並べた。
○ 나는 부엌일을 잘 못한다.	私は台所の仕事が下手だ。
○ 엄마는 음식을 준비하셨다.	母は食べ物を準備した。
○ 식탁 위에 반찬을 놓았다.	食卓の上におかずを並べた。
○ 밥그릇에 밥을 담았다.	ごはん茶碗にごはんをもった。
○ 냄비에서 국을 폈다.	鍋から汁ものをついだ。
○ 컵에 물을 따랐다.	コップに水をついだ。
○ 물을 엎질렀다.	水をこぼした。
○ 요리한 후에 가스레인지 끄는 것을 잊어버려서 냄비가 타고 말았다.	料理の後でガスを止めるのを忘れて、鍋がこげてしまった。
○ 식사 감사 기도를 했다.	食事の前にお祈りをした。

설거지

○ 식사 후에 식탁 위를 치웠다.	食事の後に、食卓の上を片づけた。
○ 식탁 위를 깨끗이 닦았다.	食卓の上をきれいに拭いた。
○ 식탁 위를 훔쳐냈다.	食卓の上を拭き取った。
○ 설거지 할 것이 많았다.	皿洗いするものがたくさんあった。
○ 식사 후 설거지를 했다.	食事の後、皿洗いをした。

○ 더러워진 접시들을 수세미로 닦았다.	汚れた皿をスポンジで洗った。 <small>よご　　さら　　　　　　　　　　あら</small>
○ 탄 냄비를 닦는 게 매우 어려웠다.	焦げ付いた鍋を洗うのがとても難しかった。 <small>こ　つ　　なべ　あら　　　　　　　　　　むずか</small>
○ 설거지를 하다가 컵을 떨어뜨렸다.	皿洗いをしていたら、コップを割ってしまった。 <small>さら あら　　　　　　　　　　　　　　　　　　わ</small>
○ 컵이 산산조각 나서 조심스럽게 바닥을 치웠다.	コップの破片が散らばったので、注意して床を掃除した。 <small>は へん　ち　　　　　　　　　　ちゅうい　　　ゆか　そうじ</small>
○ 설거지를 할 때마다 꼭 접시를 하나씩 깬다.	皿洗いをするたびに、必ず皿を一枚ずつ割る。 <small>さら あら　　　　　　　　　かなら　さら　いちまい　　　わ</small>
○ 컵의 이가 빠졌다.	コップがかけてしまった。

부엌 정리

○ 접시걸이에 물 묻은 접시를 올려놓았다.	水切りラックに、水気のある皿をのせた。 <small>みず き　　　　　　　　　みずけ　　　　さら</small>
○ 접시의 물기를 접시 타월로 닦았다.	皿の水気をふきんで拭いた。 <small>さら　みずけ　　　　　　ふ</small>
○ 찬장에 그릇을 넣었다.	食器棚に器をしまった。 <small>しょっき だな　うつわ</small>
○ 주방용품들을 정리했다.	台所用品を整理した。 <small>だいどころようひん　せい り</small>
○ 유리 그릇이 깨지지 않도록 조심했다.	ガラスの器が割れないように注意した。 <small>うつわ わ　　　　　　　　　ちゅうい</small>
○ 싱크대를 깨끗이 닦았다.	流し台をきれいに拭いた。 <small>なが　だい　　　　　　　ふ</small>
○ 남은 음식들을 반찬통에 넣었다.	残った食べ物をおかず入れに入れた。 <small>のこ　　た　もの　　　　　　い　　　い</small>
○ 상한 음식은 버렸다.	悪くなった食べ物を捨てた。 <small>わる　　　　　た　もの　す</small>
○ 행주를 빨았다.	ふきんを洗った。 <small>あら</small>
○ 행주의 세균을 없애기 위해 냄비에 넣고 삶았다.	ふきんを殺菌しようと、鍋にいれて煮沸した。 <small>さっきん　　　　　なべ　　　　　しゃふつ</small>

04 정원 관리

꽃 가꾸기

158

○ 나는 꽃을 기르는 것을 좋아한다.　　私は花を育てるのが好きだ。

○ 나는 난초 보살피는 것을 좋아한다.　　私は蘭の世話をするのが好きだ。

○ 나는 난초 키우는 것을 좋아한다.　　私は蘭を育てるのが好きだ。

○ 봄비가 내린 후 정원에 몇 가지 꽃씨를 뿌렸다.　　春雨が降った後、庭にいくつかの花の種を蒔いた。

○ 씨를 뿌리기 전에 삽으로 흙을 뒤섞었다.　　種を蒔く前に、スコップで土を混ぜ合わせた。

○ 나는 정원에 몇 종류의 꽃을 옮겨 심었다.　　私は庭に何種類かの花を移し植えた。

○ 허브 몇 개를 화분에 심었다.　　ハーブをいくつか鉢に植えた。

○ 봉선화 꽃을 조금 땄다.　　鳳仙花の花を少し摘んだ。

○ 봉선화 꽃 즙으로 손톱에 빨갛게 물을 들였다.　　鳳仙花の花のしるで、指の爪を赤く染めた。

○ 꽃에 씨들이 여물었다.　　花の種が熟した。

정원 가꾸기

○ 나는 정원 일을 잘한다.　　私はガーデニングをよくする。

○ 나는 원예에 재능이 있다.　　私は園芸の才能がある。

○ 마당을 비로 쓸었다.　　庭をほうきではいた。

○ 정원에 잡초가 많았다.　　庭に雑草がいっぱいだった。

○ 정원이 잡초로 뒤덮여 있었다.　　庭が雑草で覆い被さっていた。

○ 정원의 풀을 뽑았다.　　庭の草を抜いた。／庭の草むしりをした。

○ 잔디를 깎아야 했다.　　芝をからなければならなかった。

○ 잔디에 물을 주어야 했다.　　芝生に水をあげなければならなかった。

○ 잔디를 깎은 후 물을 주었다.　　芝刈りをした後、水をあげた。

○ 잔디에 물을 주기 위해 스프링클러를 켰다.　　芝生に水をやるためにスプリンクーラーをつけた。

○ 갑자기 스프링클러에서 물이 뿜어져 나와서 깜짝 놀랐다.　　突然スプリンクーラーから水が吹き出して、とっても驚いた。

○ 비가 온 뒤 정원이 무성해졌다. 雨が降った後、庭が生き生きとしてきた。
あめ ふ あと い い

○ 정원의 나무들을 손질해야 했다. 庭の木々の手入れをしなければならなかった。
にわ きぎ てい

○ 나무의 웃자란 가지를 쳐주었다. 無駄な木の枝を切った。
む だ き えだ き

○ 나무를 예쁘게 다듬어 쳐주었다. 木の枝をきれいに切った。
き えだ き

○ 시든 나뭇잎과 꽃들을 제거했다. しおれた木の葉と花を切り落とした。
こ は はな き お

○ 불필요한 잎들을 쳐 주었다. 不必要な葉を切った。
ふ ひつよう は き

○ 낙엽들은 갈퀴로 긁어모았다. 落ち葉は熊手でかき集めた。
お ば くまで あつ

○ 그늘을 만들기 위해 나뭇가지 몇 개를 日陰を作るために、木の枝をいくつか柱にくくり付けた。
기둥에 묶었다. ひかげ つく き えだ はしら つ

○ 식물들이 싱싱하도록 비료를 주었다. 植物を生き生きとさせるために、肥料をやった。
しょくぶつ い い ひりょう

○ 해충이 있는지 살펴보았다. 害虫がいるかどうかよく見てみた。
がいちゅう み

○ 나무에 살충제를 뿌렸다. 木に殺虫剤をかけた。
き さっちゅうざい

○ 곤충으로부터 나무를 보호하기 위해 昆虫から木を守るために、木の周りになわを巻いた。
나무 주위에 새끼줄을 감았다. こんちゅう き まも き まわ ま

○ 흙에 비료를 주었다. 土に肥料をやった。
つち ひりょう

05 집 꾸미기

가 재 도 구

가구	家具かぐ	옷장	だんす
거울	鏡かがみ	요	敷布団しきぶとん
담요	毛布もうふ	의자	椅子いす
방석	座布団ざぶとん	이불	布団ふとん
베개	枕まくら	책상	机つくえ
벽시계	壁時計かべどけい	책장	本棚ほんだな
소파	ソファ	침대	ベット
시트	シート	커튼	カーテン
액자	額縁がくぶち	쿠션	クッション
옷걸이	ハンガー	화병	花瓶かびん

○ 방 안을 좀 바꾸었다.	部屋のなかを少し模様替えした。 へや　　　　すこ　もようが
○ 집의 가구를 재배치했다.	家の家具の配置がえをした。 いえ　かぐ　はいち
○ 집 안을 꽃으로 장식했다.	家のなかを花で飾った。 いえ　　　　はな　かざ
○ 꽃을 화병에 꽂았다.	花を花瓶にさした。 はな　かびん
○ 새 식탁보를 하나 샀다.	新しいテーブルクロスをひとつ買った。 あたら　　　　　　　　　　　　　　　か
○ 액자를 걸기 위해 벽에 못을 박았다.	額縁をかけるために壁に釘を打った。 がくぶち　　　　　　　かべ　くぎ　う
○ 멋진 그림을 거실 벽에 걸었다.	素敵な絵を居間の壁にかけた。 すてき　え　いま　かべ
○ 날씨가 더워져서 겨울 커튼을 얇은 커튼으로 바꾸었다.	暑くなってきたので、冬のカーテンを薄いカーテンに あつ　　　　　　　　　　ふゆ　　　　　　　　　うす 替えた。 か
○ 벽지와 장판을 좀 더 밝은 색으로 바꾸었다.	壁紙と床のシートをもっと明るい色にかえた。 かべがみ　ゆか　　　　　　　　　　あか　　いろ
○ 안락한 소파를 사서 거실에 놓았다.	座りごごちのいいソファを買って、居間に置いた。 すわ　　　　　　　　　　　　か　　　　いま　お
○ 아주 매력적인 고가구 한 점을 거실 한구석에 놓았다.	とてもおしゃれな古い家具一品を居間の一隅に置いた。 ふる　かぐいっぴん　いま　ひとすみ　お
○ 우리는 집을 개조했다.	私達は家を改装した。 　　　いえ　かいそう
○ 우리는 집 울타리를 하얀색으로 색칠했다.	私達は家のフェンスを白く塗った。 　　　いえ　　　　　　しろ　ぬ

04 집안일

06 집 수리

누수

○ 수도꼭지에서 물이 새고 있다.	蛇口から水がもれていた。 じゃぐち　みず ❖水がもれる : 물이 새다.
○ 수도꼭지가 새서 물이 뚝뚝 떨어지고 있었다.	蛇口から水がぽとぽとと落ちていた。 お
○ 아빠가 물이 새는 수도꼭지를 고치셨다.	父が水漏れする蛇口をなおした。 ちち　みずも

161

○ 변기가 새는 것 같았다.　　　　　　トイレの水が漏れているみたいだった。

○ 나사를 죄어 보았다.　　　　　　　　ネジを絞めてみた。

○ 새는 곳을 막았다.　　　　　　　　　水漏れするところをふさいだ。

막힘

○ 싱크대가 막혔다.　　　　　　　　　流し台が詰まった。

○ 싱크대가 막혀 물이 올라온다.　　　流し台が詰まって、水が逆流する。

○ 부엌 하수구가 막혔다.　　　　　　台所の排水口が詰まった。

○ 하수구 물이 잘 빠지지 않았다.　　排水口の水がよく流れ抜けなかった。

○ 따뜻한 물이 안 나온다.　　　　　　温かいお湯が出ない。
　　　　　　　　　　　　　　　　　　❖お湯 : 따뜻한 물. 「温かい水」라고는 하지 않는다.

○ 변기가 무언가로 막혀서 물이 안　　トイレに何か詰まって、水が流れなかった。
　　내려갔다.

○ 변기 뚫는 기구를 사용해 보았지만　通水カップを使ってみたが、無駄だった。
　　소용이 없었다.

○ 배관공을 불렀다.　　　　　　　　　配管工を呼んだ。

고장

○ 비디오가 고장 났다.　　　　　　　ビデオデッキが故障した。

○ 전화가 고장 났다.　　　　　　　　電話が故障した。

○ 내가 좋아하는 TV 프로그램을 보고　私が好きな番組を見ているときにテレビが故障した。
　　있을 때 TV가 고장 났다.

○ TV가 잘 안 나왔다.　　　　　　　テレビがよく映らなかった。

○ TV가 이상하게 나왔다.　　　　　　テレビの画像が変だった。

○ TV가 흑백으로 나왔다.　　　　　　テレビの画像が白黒だった。

○ TV 안테나가 휘었다.　　　　　　　テレビのアンテナが曲がった。

○ TV가 지지직거리며 나온다.	テレビから雑音が出る。 　　　　　ざつおん　で
○ 세탁기에서 계속 이상한 소리가 났다.	洗濯機からずっと変な音がした。 せんたくき　　　　　へん　おと
○ 냉장고가 고장 나서 냉장이 잘 안 됐다.	冷蔵庫が故障して、冷たく冷やすことができなかった。 れいぞうこ　こしょう　　つめ　ひ
○ 냉동실에 문제가 있는 것 같았다.	冷凍室に問題があるようだった。 れいとうしつ　もんだい
○ 다리미의 자동 온도 조절기가 고장 났다.	アイロンの温度調節が故障した。 　　　　　おんどちょうせつ　こしょう
○ 전구의 불빛이 밝지가 않았다.	電球の光が明るくなかった。 でんきゅう　ひかり　あか
○ 시계가 멈추었는데, 아마 전지가 다 닳아서 그럴 것이다.	時計が止っているのを見ると、たぶん電池がなくなった とけい　とま　　　　　み　　　　　　　でんち のだろう。
○ 나는 그것을 애프터서비스 받으려고 맡겼다.	私はアフターサービスを受けるために、 わたし　　　　　　　　　　う それをお店に預けた。 　　　みせ　あず

수리 의뢰하기

○ 서비스 센터에 전화를 했다.	サービスセンターに電話をした。 　　　　　　　　　　でんわ
○ 회사의 수신자 부담 번호로 전화했다.	会社のフリーダイヤルに電話をかけた。 かいしゃ　　　　　　　　でんわ
○ 수리해 주는 사람이 고장을 신속하게 처리해 주었다.	修理してくれる人が迅速に故障を修理してくれた。 しゅうり　　　　　ひと　じんそく　こしょう　しゅうり
○ 그 제품은 보증 기간 중이어서 수리 요금이 무료였다.	その製品は、保証期間内だったので、 　　　せいひん　ほしょうきかんない 修理費が無料だった。 しゅうりひ　むりょう

전기 문제

○ TV를 220볼트에 사용해야 하는데, 110 볼트에 꽂았기 때문에 작동이 안 되었다.	テレビの電源が220ボルトなのに、110ボルトの電源に 　　　でんげん つないだので、テレビがつかなかった。
○ 스위치가 작동되지 않았다.	スイッチが作動しなかった。 　　　　　さどう
○ 등이 깜박거렸다.	ランプがついたり、消えたりした。 　　　　　　　　き
○ 전구가 나갔다.	電球が切れた。 でんきゅう　き
○ 전구가 불이 안 들어온다.	電球がつかなかった。

163

○ 여분의 전구가 있어서 불이 나간 전구를   余分の電球があったので、切れた電球とつけかえた。
갈아 끼웠다.

○ 퓨즈가 나갔다.   ヒューズがとんだ。

○ 정전이 되었다.   停電した。

○ 전기가 나갔다.   電気が切れた。

○ 플래시를 찾았다.   懐中電灯を探した。

○ 희미한 불빛으로는 아무것도 볼 수가 없었다.   かすかな光では何も見ることができなかった。

해충

○ 우리 집에는 바퀴벌레가 많다.   私の家にはごきぶりが多い。

○ 바퀴벌레들은 귀찮은 존재라고 생각한다.   ごきぶりは、煩わしい存在だと思う。

○ 바퀴벌레들을 박멸하기가 참 어렵다.   ごきぶりを一匹も残らず退治することは、難しい。

○ 바퀴벌레 약을 샀다.   ごきぶりの薬を買った。

○ 뿌리는 바퀴벌레 약을 사용했다.   ごきぶり殺虫スプレーを使った。

○ 바퀴벌레를 없애기 위해 집을 항상   ごきぶりを退治するために、家をいつも清潔にしようと
청결하게 하려고 노력한다.   努力している。

○ 우리 집은 개미가 많다.   私の家にはありが多い。

○ 방에 파리가 많았다.   部屋にハエが多かった。

○ 파리를 파리채로 잡았다.   ハエをハエたたきで、捕まえた。

○ 파리 쫓는 약을 사용했다.   ハエ殺虫剤を使った。

○ 살충제를 뿌렸다.   殺虫剤をふった。

기타 문제

○ 자물쇠가 고장 났다.   鍵がこわれた。

○ 문이 움직이지 않는다.   ドアが開かない。

○ 문의 손잡이가 빠졌다.   ドアの取っ手がはずれた。

○ 강력 접착제를 사용하여 그것을 붙였다.   強力接着剤を使って、それをくっつけた。

○ 벽의 페인트가 벗겨져 있었다.   壁のペイントがはがれていた。

07 기타 집안일

○ 음식 재료를 사러 슈퍼에 갔다.   食事の材料を買いにスーパーに行った。

○ 엄마한테 부탁을 받아 심부름을 했다.   母に頼まれて、お使いをした。

○ 날씨가 좋아서 이불을 내다 널었다.   天気がよかったので、布団を干した。

○ 이불의 먼지를 털었다.   布団のほこりをはたいた。

○ 세차를 했다.   洗車をした。

○ 전기 소비를 줄이기 위해 가전제품의   電気料節約のために家電製品のコードを抜いておいた。

    플러그를 빼 놓았다.

○ 집에서 할 일이 매우 많았다.   家ですることがとても多かった。

○ 하루 종일 집안일에 얽매여 있었다.   一日中、家事に追われていた。

○ 청소하고 식사 준비 하다가 하루를   掃除して、食事の準備をしたら、一日が終わって

    다 보냈다.   しまった。

○ 집안일은 끝이 없다.   家事はしてもしてもきりがない。

○ 끝이 없는 집안일은 나를 지치게 한다.   きりがない家事が私を疲れさせる。

○ 가정부를 고용해야 할 것 같다.   家政婦を頼まなければならないようだ。

○ 집안일은 가족 모두가 같이 해야 한다고   家事は家族みんなですべきだと思う。

    생각한다.

家事はたいへんだ

9月5日 月曜日 晴れ

今日は、一日中、家で家事をしながら、家事というものはとてもしんどいということを改めて感じさせられた。朝、朝食を準備して皿洗いをした。台所の仕事を終えて、家のなかの掃除をした。たまった洗濯物もたくさんあった。家で洗濯できる服を集めて、色別に分けたあと、洗濯機で洗濯した。洗濯物を干すとき、腰が少し痛かった。すわってちょっと休みたくなって時間を見たら、もう昼ごはんの時間だった。昼ごはんはパンを食べた。少し専攻科目の勉強をしたかと思ったら、また夕食の準備をする時間だった。お米を洗って、キムチチゲを作った。家族がひとりふたりと帰ってきはじめて、みんな一緒に夕食を食べた。本当にしんどい一日だった。世の中で家事が一番たいへんじゃないかと思った。特に女性の中でも主婦が一番たいへんだと思った。

집안일은 힘겨워

9월 5일, 월요일, 맑음

오늘 하루 종일 집에서 집안일을 하면서 집안일이 너무 힘겹다는 것을 또 한 번 깨달았다. 아침에 아침식사를 차리고 설거지를 했다. 부엌에서의 일을 끝마치고 집 안을 청소했다. 해야 할 빨래가 많았다. 세탁할 수 있는 옷을 모아서 색깔별로 분류했다. 그런 후 세탁기로 빨래를 했다. 빨랫줄에 빨래를 널 때 허리가 좀 아팠다. 앉아서 좀 쉬고 싶어져서 시간을 보니 점심시간이었다. 점심으로는 빵을 먹었다. 잠깐 동안 전공 공부를 하고 나니 다시 저녁 식사를 준비할 시간이었다. 쌀을 씻고 김치 찌개를 끓였다. 식구들이 하나둘 들어오기 시작했고, 다 같이 저녁을 먹었다. 정말 힘겨운 하루였다. 세상에서 집안일이 가장 힘든 것 같다. 특히 주부들이 다른 여성들보다 더 힘든 것 같다.

NOTES

家事かじ 가사 ¦ しんどい 힘들다, 힘겹다 ¦ 改あらためて感かんじさせられた 또 한 번 깨달았다 ¦ 皿洗さらあらい 설거지 ¦ 終ぉえて 끝내고, 마치고 ¦ ～したかと思ぉもったら ～했다고 생각하면 ¦ 帰かぇってきはじめて 들어오기 시작했고

CHAPTER

05

일상생활

1. 일상생활
2. 생리 현상
3. 놀이
4. 교통
5. 통신
6. 은행
7. 절약
8. 봉사 활동
9. 실수 · 잘못
10. 사건 · 사고
DIARY 5

01 일상생활

오전

○ 우리 가족의 일상은 아침 6시에
시작된다.

私の家族の一日は朝6時に始まる。

○ 나는 6시에 일어나서 이불을 갠다.

私は6時に起きて、布団をあげる。

○ 엄마는 식구들 중 제일 먼저 일어나셔서
아침을 짓는다.

母は家族の中で一番早く起きて、朝食の準備をする。

○ 나는 아침에 샤워를 한다.

私は朝、シャワーをする。

○ 대개 7시쯤에 아침을 먹는다.

だいたい7時ぐらいに朝ごはんを食べる。

○ 아침 식사를 하고 옷을 입는다.

朝ごはんを食べて、服をきる。

○ 우리 부모님은 내게 어딜 다니든
조심하라고 늘 말씀하신다.

私の両親はどこに行くにも注意しなさいと、
私にいつも言う。

○ 아침 식사 후에 아빠가 출근하시고,
그리고 나서 나와 동생이 학교에 간다.

朝食の後、父が出勤して、それから私と弟が学校に行く。

○ 엄마가 현관에서 배웅을 해 주신다.

母が玄関で見送ってくれる。

○ 동생은 걸어서 학교에 다닌다.

弟は歩いて学校に通う。

○ 나는 버스로 학교에 간다.

私はバスで学校に行く。

오후

○ 학교가 끝나면 집으로 돌아온다.

学校が終わると、家に帰る。

○ 가끔은 방과 후에 게임센터로 직행할
때도 있다.

ときどき学校が終わったあと、ゲームセンターに寄る
こともある。

○ 엄마가 나를 데리러 오신다.

母が私を迎えにくる。

○ 방과 후에 나는 영어 학원에 간다.

学校が終わって、家に帰ってすぐ、私は英語塾へ行く。

○ 컴퓨터를 이용하여 숙제를 한다.　　コンピューターを使って、宿題をする。

○ 우리는 보통 7시에 저녁을 먹는다.　　私達は普通7時に夕食を食べる。

○ 저녁 식사 후 보통 TV를 본다.　　夕食の後、普通テレビを見る。

○ 잠자리에 들기 전에 일기를 쓴다.　　寝る前に日記を書く。

○ 10쯤에 잠자리에 든다.　　10時くらいに布団に入る。

휴일

○ 오늘은 쉬는 날이다.　　今日は休みの日だ。

○ 여가를 잘 이용하는 것이 중요하다.　　余暇をよく利用することが重要だ。

○ 요즘엔 여가 시간이 거의 없다.　　最近は余暇の時間がほとんどない。

○ 여가 활동을 즐길 시간이 없다.　　余暇活動を楽しむ時間がない。

○ 여가 시간에 독서하는 일을 좋아한다.　　余暇の時間に読書するのが好きだ。

○ 음악을 들으며 흔들의자에 앉아 있는　　ロッキングチェアに座って、音楽を聞くのが好きだ。
　 것을 좋아한다.

○ 이번 휴일에는 하루 종일 집에서 책을 읽었다.　　今度の休みは一日中家で本を読んだ。

○ 이번 연휴에는 특별한 계획이 없었다.　　今度の連休は特別な計画がなかった。

○ 하루 종일 집에서 빈둥거렸다.　　一日中家でごろごろしていた。

○ 휴일에는 하루 종일 그냥 집 안에서　　休みの日は一日中家のなかでごろごろしながら
　 뒹굴며 있는 것이 좋다.　　過ごすのが好きだ。

○ 이번 휴가엔 그냥 집에 있을 계획이다.　　今度の休みは家にいるつもりだ。

○ 휴일에는 종종 목욕하러 목욕탕에 간다.　　休みの日にはときどき銭湯に行く。

○ TV를 보면서 시간을 보냈다.　　テレビを見ながら時間を送った。

○ 보통 여가 시간에 TV를 보며 보낸다.　　普通余暇の時間にテレビを見ながら過ごす。

○ 여가 시간을 만화책을 읽으며 보냈다.　　マンガを読みながら、余暇の時間を過ごした。

○ 멋진 드라이브를 마음껏 즐겼다.　　粋なドライブを満喫した。

- 나는 바빠서 여가가 별로 없다.　　私は余暇があまりない。
- 한가할 때 나는 영화를 보러 간다.　　暇なとき、私は映画を見に行く。
- 시간이 있으면 친구들과 시내를　　時間があるときは友達と市内を歩きまわるのが好きだ。
  돌아다니는 것을 좋아한다.
- 공원에서 자전거를 탔다.　　公園で自転車に乗った。
- 오늘은 시간이 많아 백화점에서 쇼핑을　　今日は時間がたくさんあったので、デパートで
  했다.　　ショッピングをした。
- 나는 종종 비디오게임을 하러 오락실에　　私はときどきゲームセンターに行く。
  간다.
- 시간이 나면 친구들과 보드게임을 한다.　　時間があると、友達とゲームをする。
- 쉬는 날엔 하루 종일 인터넷 서핑을 한다.　　休みの日は一日中インターネットサーフィンをする。
- 쉬는 날에는 음악도 듣고 악기도　　休みの日には音楽を聞いたり、楽器を演奏したりする。
  연주한다.
- 시간이 많아서, 요리를 해 보았다.　　時間がたくさんあったので、料理をしてみた。
- 특별히 할 일이 없어서, 친구들에게　　特別することがなくて、友達に電子メールを送った。
  이메일을 보냈다.

02 생리 현상

신체증상

가래가 끓다	たんが出でる	숨이 차다	息いきが切きれる
간지럽다	くすぐったい	식은땀을 흘리다	冷ひや汗あせをかく
근질거리다	むずむずする・かゆい	재채기를 하다	くしゃみが出でる・
눈곱이 끼다	めやにがつく		くしゃみをする
따끔따끔하다	ひりひりする	저리다	しびれる
딸꾹질하다	しゃっくりする	저릿하다	びりびりする
땀이 나다	汗あせが出でる	쥐가 나다	肉離にくばなれする
마렵다	〜がしたくなる	코를 골다	いびきをかく
목소리가 쉬다	声こえがかれる	코를 풀다	かむ
방귀를 뀌다	おならをする	콧물이 나다	鼻水はなみずが出でる
배고프다	お腹なかが空すく	트림이 나다	げっぷが出でる
사레가 걸리다	喉のどがつまる	하품을 하다	あくびをする
소름이 돋다	鳥肌とりはだがたつ		

입·목

○ 식사를 하다가 재채기를 했다.　食事をしている途中、くしゃみが出た。
しょくじ　とちゅう　で

○ 콜라 한 잔을 마시자 트림이 났다.　コーラを一杯飲んだら、げっぷが出た。
いっぱいの　で

○ 아기에게 우유를 먹인 후에 트림을　赤ちゃんにミルクを飲ませた後、げっぷが出るように
하도록 등을 두드려 주었다.　あか　の　あと　で
背中をたたいてあげた。
せなか

○ 사레가 걸렸다.　喉がつまった。
のど

○ 사레에 걸렸을 때 누군가 등을 쳐 주었다.　喉がつまったとき、だれかが背中をたたいてくれた。
のど　せなか

○ 갑자기 딸꾹질이 났다.　突然、しゃっくりが出た。
とつぜん　で

○ 딸꾹질을 참아 보려고 했으나 더 큰　しゃっくりを我慢しようとしたら、
소리가 났다.　がまん
もっと大きい音が出た。
おお　おと　で

○ 딸꾹질을 멎게 하려고 물을 마셨다.　しゃっくりを止めようと水を飲んだ。
と　みず　の

○ 책을 보며 하품을 했다.　本を読みながら、あくびをした。
ほん　よ

○ 한 사람이 하품을 하면 다른 사람들도 따라 하는 것 같다. 　一人があくびをすると、他の人もあくびをするみたいだ。
ひとり　　　　　　　　　　　　ほか　ひと

○ 하품은 전염된다. 　あくびはうつる。

○ 방안에 담배 연기가 자욱해서 기침이 멈추질 않았다. 　部屋のなかにたばこの煙が充満して、咳が止らなかった。
へや　　　　　　　　　　けむり　じゅうまん　　せき　とま

○ 가래가 끓는다. 　たんが出る。
で

○ 목소리가 안 나온다. 　声が出ない。
こえ　で

○ 목이 아파서 목소리가 쉬었다. 　喉が痛くて、声がかすれた。
のど　いた　　　こえ

○ 숨이 찼다. 　息が切れる。/ 息苦しい。
いき　き　　　　いきぐる

○ 심호흡을 했다. 　深呼吸をした。
しん こ きゅう

○ 그는 자주 한숨을 쉰다. 　彼はよくため息をつく。
かれ　　　　　いき

○ 그는 깊은 한숨을 쉬었다. 　彼は深いため息をついた。
ふか

코

○ 콧물이 난다. / 콧물이 흐른다. 　鼻水が出る。
はなみず　で

○ 코가 막혔다. 　鼻がつまる。

○ 코가 근질거렸다. 　鼻がかゆい。

○ 나는 잠 잘 때 코를 곤다. 　私は寝るときいびきをかく。
ね

○ 그는 코를 자주 후빈다. 　彼はよく鼻をほじくる。

○ 코피가 난다. 　鼻血が出る。
はな ち　で

○ 코를 풀다. 　鼻をかむ。

눈

○ 눈에 무언가가 들어가서 눈을 깜박였다. 　目に何か入って、まばたきをした。
め　なに　はい
❖まばたき : 눈을 깜박이는 것.

○ 눈곱이 있다. 　めやにが出る。
で

○ 눈곱이 진득하게 끼어 있었다.　　　めやにがひどくついていた。

○ 눈에 지저분하게 눈곱이 붙어 있었다.　目に汚くめやにがついていた。

○ 눈물이 나왔다.　　　　　　　　　涙が出た。

○ 눈물이 흘렀다.　　　　　　　　　涙をこぼした。

○ 갑자기 눈물이 나왔다.　　　　　　突然涙が出た。

○ 눈물을 참았다.　　　　　　　　　涙をこらえた。

○ 눈물을 흘렸다.　　　　　　　　　涙を流した。

○ 눈물을 닦았다.　　　　　　　　　涙を拭いた。

○ 무의식적으로 눈을 비볐다.　　　　無意識に目をこすった。

○ 너무 감동을 받아 눈물이 났다.　　とても感動して、涙が出た。

귀

○ 귀가 간지럽다.　　　　　　　　　耳がくすぐったい。
　(누가 내 이야기를 하나 보다.)　　(だれかが私のうわさをしているようだ。)

○ 귀가 멍 하고 울렸다.　　　　　　耳がキーンと鳴った。

○ 귀가 울렸다.　　　　　　　　　　耳鳴りがした。

○ 귀를 팠다.　　　　　　　　　　　耳かきをした。

○ 그 소리는 귀에 익은 소리였다.　　その音は、聞いたことのある音だった。

○ 그는 귀가 밝다.　　　　　　　　　彼は耳が早い。

얼굴 · 머리

○ 나는 창피하면 얼굴이 붉어진다.　　私ははずかしくなると顔が赤くなる。

○ 나는 놀라면 창백해진다.　　　　　私は驚くと、顔色が悪くなる。

○ 요즈음 머리가 빠진다.　　　　　　最近、髪が抜ける。

○ 머리가 쭈뼛 섰다.　　　　　　　　髪が逆だった。

○ 머리가 조금 세었다.	頭にすこし白髪が出てきた。
○ 나는 새치가 있다.	私は白髪がある。
○ 나는 머리가 빨리 자란다.	私は髪が早くのびる。
○ 나는 머리가 잘 자라지 않는다.	私は髪があまりのびない。
○ 머리에 비듬이 있다.	頭にふけがある。

팔 · 다리

○ 커피를 마시면 손이 떨린다.	コーヒーを飲むと手が震える。
○ 다리에 쥐가 났다.	足が肉離れした。
○ 다리에 쥐가 나서 전혀 걸을 수가 없었다.	足が肉離れして、全然歩くことができなかった。
○ 다리 근육이 뻣뻣해졌다.	足の筋肉がこちこちになった。 ❖こちこちなる : 굳어지다.
○ 다리가 뻐근했다.	足が重かった。/ 足がけだるかった。 ❖けだるい : 노곤하다.
○ 다리가 저렸다.	足がしびれた。
○ 다리가 저려 따끔따끔하다.	足がしびれて、びりびりした。
○ 한쪽 발이 저렸다.	片方の足がしびれた。
○ 발이 저려 감각이 없어졌다.	足がしびれて、感覚がなくなった。

소변 · 대변

○ 소변이 마렵다.	小便〔おしっこ〕がしたくなった。/ トイレに行きたくなった。
○ 소변을 보러 가고 싶었다.	おしっこをしに行きたかった。
○ 소변을 보러 갔다.	おしっこをしに行った。
○ 똥이 마려웠다.	うんこがしたくなった。
○ 대변을 보고 싶었다.	大便をしたかった。

○ 대변을 보았다.	大便をした。 / うんこをした。
○ 설사가 난다.	下痢をした。
○ 묽은 설사가 난다.	水っぽい下痢をした。
○ 설사가 심해 고생했다.	下痢がひどくて苦労した。

기타

○ 배가 고파 꼬르륵 소리가 난다.	お腹が空いて、グーとお腹が鳴る。
○ 속이 안 좋아 배에서 꾸르륵 소리가 났다.	お腹の具合が悪くて、お腹がグルグルと鳴った。
○ 운동을 하면 땀이 난다.	運動をすると汗が出る。
○ 온몸에 소름이 돋았다.	体中に鳥肌がたった。
○ 너무 놀라서 식은땀이 났다.	とても驚いて、冷汗が出た。
○ 자다가 식은땀이 났다.	寝ながら、冷汗が出た。
○ 차 안에서 방귀를 뀌었다.	車の中で、おならをした。
○ 나는 원래 방귀를 잘 뀐다.	私はもともとおならをよくする。
○ 방귀 냄새가 지독했다.	おならの臭いがひどかった。 / ひどいおならの臭いだった。

03 놀이

一실내		널뛰기	(昔むかしの)シーソー遊あそび
가위바위보	じゃんけんぽん	놀이터	遊あそび場ば・広場ひろば
그림 맞추기 퍼즐	ジグソーパズル	닭싸움	片足相撲かたあしずもう
바둑	囲碁いご	딱지치기	めんこ
소꿉놀이	ままごと	모래장난	砂遊すなあそび
수수께끼를 내다	なぞなぞを出だす	미끄럼틀	滑すべり台だい
인형	人形にんぎょう	바람개비	かざぐるま
장기	将棋しょうぎ	숨바꼭질	かくれんぼ
주사위 놀이	サイコロ遊あそび	시소를 타다	シーソーをする
카드놀이	カード遊あそび	연을 날리다	凧たこをあげる
퍼즐	パズル	윷놀이	ユンノリ
화투	花札はなふだ	전쟁놀이	戦争せんそうごっこ
一실외		정글짐	ジャングルジム
공 잡기 놀이	キャッチボール	철봉	鉄棒てつぼう
구슬치기	ビー玉遊だまあそび	팽이치기	駒回こままわし
그네를 타다	ブランコに乗のる	해적놀이	海賊かいぞくごっこ

집 안에서

○ 내 여동생은 인형을 가지고 노는 것을 좋아한다.

私の妹は人形で遊ぶのが好きだ。
わたし いもうと にんぎょう あそ す

○ 여동생과 소꿉놀이를 했다.

妹とままごとをした。
いもうと

○ 공기놀이를 했다.

コンギノリをした。

○ 집에서 고양이와 놀았다.

家で、猫と遊んだ。
いえ ねこ あそ

○ 주사위 놀이를 했다.

サイコロ遊びをした。
あそ

○ 수수께끼를 냈다.

なぞなぞを出した。
だ

○ 내가 수수께끼 몇 개를 맞췄다.

私がなぞなぞをいくつか当てた。
あ

○ 스무고개 놀이를 했다.

ヒントを出して20回以内に当てるゲームをした。
だ かいいない あ

176

○ 퍼즐을 맞췄다.　　　　　　　　　　パズルをした。

○ 나는 조각 그림 맞추기 퍼즐을 완성했다.　私はジグソーパズルを完成させた。
　　　　　　　　　　　　　　　　　　　　　　　　　　　　かんせい

○ 홀짝 놀이를 했다.　　　　　　　　奇数偶数遊びをした。
　　　　　　　　　　　　　　　　き すうぐうすうあそ

○ 장기를 두었다.　　　　　　　　　将棋をした。/ 将棋をさした。
　　　　　　　　　　　　　　　　しょう ぎ

○ 바둑을 두었다.　　　　　　　　　囲碁をした。
　　　　　　　　　　　　　　　　い ご

○ 카드놀이를 하였다.　　　　　　　カード遊びをした。
　　　　　　　　　　　　　　　　　　　あそ

○ 카드놀이는 내가 좋아하는 오락거리　カード遊びは私が好きな遊びのひとつだ。
　중 하나이다.　　　　　　　　　　　　あそ　　　　す

○ 그는 카드놀이를 잘한다　　　　　彼はカード遊びが上手だ。
　　　　　　　　　　　　　　　　　　　　　　　じょうず

○ 그 게임은 운이 좋아야 잘 되는 게임이다.　そのゲームは運がいいとうまくいくゲームだ。
　　　　　　　　　　　　　　　　　　　　　　うん

○ 내 동생은 카드놀이 할 때 가끔 속인다.　私の弟はカード遊びをするとき、たまに私をだます。
　　　　　　　　　　　　　　　　　　おとうと

○ 가족들과 화투를 했다.　　　　　　家族と花札をした。
　　　　　　　　　　　　　　　　か ぞく　はなふだ

운동장에서

○ 공 잡기 놀이를 했다.　　　　　　キャッチボールをした。

○ 구슬치기를 했다.　　　　　　　　ビー玉遊びをした。
　　　　　　　　　　　　　　　　　　だまあそ

○ 구슬을 많이 땄다.　　　　　　　(ビー玉遊びで勝って)、ビー玉をたくさん取った。
　　　　　　　　　　　　　　　　　だまあそ　か　　　　　だま　　　　　と

○ 딱지치기를 했다.　　　　　　　　めんこをした。

○ 친구의 딱지를 세게 쳤다.　　　　友達のめんこを強く打った。
　　　　　　　　　　　　　　　　ともだち　　　　つよ　う

○ 딱지를 쳐서 넘겼기 때문에 내 것이　めんこを打って、引っくり返したので私のものになった。
　되었다.　　　　　　　　　　　　　　う　　　ひ　　　かえ　　　わたし

　　　　　　　　　　　　　　　　❖引っくり返す : 뒤집다.

○ 동생과 하루 종일 운동장에서 뛰어　弟と一日中運動場で、走り回って遊んだ。
　놀았다.　　　　　　　　　　　おとうと　いちにちじゅううんどうじょう　はし まわ　あそ

○ 숨바꼭질을 하였다.　　　　　　　かくれんぼをした。

○ 동전을 던져 누가 술래를 할지 정했다.　小銭を投げて、だれが鬼になるか決めた。
　　　　　　　　　　　　　　　　　こぜに　な　　　　　　　おに　　　　　き

○ 내가 술래였다.   私が鬼になった。

○ 바람개비를 가지고 놀았다.   かさ車で遊んだ。

○ 우리들은 해적 놀이를 했다.   私達は海賊ごっこをした。

○ 전쟁놀이를 했다.   戦争ごっこをした。

○ 우선 두 편으로 편을 짜기로 했다.   まず、二つにわかれることにした。

○ 두 편으로 가르기 위해 가위바위보를   二つにわかれるためにじゃんけんをした。
했다.

○ 그를 놀이에 끼워 주었다.   彼を遊びに加えてやった。

○ 그를 놀이에서 뺐다.   彼を遊びからはずした。

놀이터에서

○ 친구들과 놀이터에 갔다.   友達と遊び場に行った。

○ 시소를 타고 놀았다.   シーソーをした。

○ 그네를 탔다.   ブランコをした。/ ブランコに乗った。

○ 그네를 세게 굴렸다.   ブランコを強く押した。

○ 미끄럼틀을 탔다.   滑り台をした。/ 滑り台を滑った。

○ 정글짐에서 신나게 놀았다.   ジャングルジムで楽しく遊んだ。

○ 철봉에서 운동을 했다.   鉄棒で運動をした。

○ 모래 장난을 했다.   砂遊びをした。

명절 놀이

○ 우리는 닭싸움을 했다.   私達は片足相撲をした。

○ 제기를 찼다.   チェギという韓国の遊びをした。

○ 내가 친구들보다 더 많이 차서 내가   私が友達よりもっと多く蹴ったので、私が勝った。
이겼다.

○ 가족들과 친척들이 모두 모여 윷놀이를
　했다.

家族と親戚がみんな集まって、ユンノリをした。
かぞく　しんせき　　　　　　あつ

○ 친척들과 네 개의 윷을 던지면서
　윷놀이를 했다.

親戚と四つのユンを投げて、ユンノリをした。
しんせき　よっ　　　　　な

○ 팽이치기를 했다.

駒回しをした。
こままわ

○ 팽이가 잘 돌아갔다.

駒がよく回った。
こま　　　まわ

○ 자치기를 했다.

木の切れ端で打ち付けて遊ぶ遊びをした。／
き　き　はし　う　つ　　あそ　あそ
チャチギをした。

○ 우리는 하늘 높이 연을 날렸다.

私達は空高く凧をあげた。
わたしたち　そらたか　たこ

○ 내 연이 나무에 걸렸다.

私の凧は木に引っ掛かった。
わたし　たこ　き　ひ　か

○ 널뛰기를 했다.

昔のシーソー遊びをした。
むかし　　　　　あそ

04 교통

교통수단

고속열차	高速列車こうそくれっしゃ	유람선	遊覧船ゆうらんせん
기차	汽車きしゃ	자가용	自家用じかよう
배	船ふね	자전거	自転車じてんしゃ
밴	ベン	전세 버스	貸かし切きりバス
버스	バス	전철	電車でんしゃ
셔틀 버스	シャトルバス	중형차	中型車ちゅうがたしゃ
소형차	小型車こがたしゃ	지하철	地下鉄ちかてつ
시외버스	市外しがいバス	직행 버스	直行ちょっこうバス
열차	列車れっしゃ	총알택시	神風かみかぜタクシー
오토바이	オートバイ	택시	タクシー
오픈 카	オープンカー	트럭	トラック

교통용어

갈아타다	乗のり換かえる	왕복	往復おうふく
개찰구	改札口かいさつぐち	요금을 내다	料金りょうきんを払はらう
내려주다	降おろす	입구	入いり口ぐち
노약자석·장애인석	シルバーシート	자동판매기	自動販売機じどうはんばいき
뒷좌석	後うしろの座席ざせき	정액권	定期券ていきけん
막차	最終さいしゅう	종점	終点しゅうてん
만원	満員まんいん	좌석번호	座席番号ざせきばんごう
매표구	切符売きっぷうり場ば	줄을 서다	並ならぶ
목적지	目的地もくてきち	지름길	近道ちかみち
새치기	横入よこはいり·割わり込こみ	창가	窓際まどぎわ
순환선	循環線じゅんかんせん	첫차	始発しはつ
승강장	乗のり場ば	출구	出口でぐち
식당차	食堂車しょくどうしゃ	통로쪽	通路側つうろがわ
연착되다	遅おくれて着つく·	티켓	切符きっぷ·チケット
	延着えんちゃくする	편도	片道かたみち
예매하다	予約よやくする	합승	相乗あいのり

경적	警笛けいてき・クラクション	시속	時速じそく
고속도로	高速道路こうそくどうろ	신호를 하다	合図あいずをする
교차로	交差点こうさてん	신호	信号しんごう
교통 법규	交通規則こうつうきそく	우회전	右折うせつ
교통 체증	交通渋滞こうつうじゅうたい	우회하다	迂回うかいする
더디다	のろい	위반	違反いはん
러시아워	ラッシュアワー	육교	歩道橋ほどうきょう
막다른 길	行いき止どまり	이정표	道路標識どうろひょうしき
막히다	詰つまる	제한속도	制限速度せいげんそくど
보행자	歩行者ほこうしゃ	좌회전	左折させつ
불법유턴	不法ふほうUターン	차선	車線しゃせん
서행하다	徐行じょこうする	커브	カーブ
소통	流ながれ	혼잡하다	混こむ
속도위반	スピード違反いはん	횡단보도	横断歩道おうだんほどう

-차량		주유소	ガソリンスタンド
급정거	急きゅうブレーキ	주차	駐車ちゅうしゃ
기름	ガソリン	클러치	クラッチ
기어	ギア	트렁크	トランク
깜빡이 등	方向指示機ほうこうしじき	펑크가 나다	パンクする
냉각수	冷却水れいきゃくすい	핸들	ハンドル
브레이크	ブレーキ	-운전	
사륜구동	四輪駆動よんりんくどう	난폭운전	乱暴らんぼうな運転うんてん
세차	洗車せんしゃ	느린 운전	のろのろ運転うんてん
시동	始動しどう	대리운전	代理運転だいりうんてん
안전벨트	安全あんぜんベルト	딱지를 떼다	違反いはんをする
액셀러레이터	アクセル	면허정지	免許停止めんきょていし
여분의 열쇠	合あい鍵かぎ	면허증	免許証めんきょしょう
연료	燃料ねんりょう	무사고	無事故むじこ
연비	燃費ねんぴ	운전 경력	運転歴うんてんれき
와이퍼	ワイパー	음주운전	飲酒運転いんしゅうんてん
운전석	運転席うんてんせき	일렬 주차	一列駐車いちれつちゅうしゃ
유지비	維持費いじひ	주차금지	駐車禁止ちゅうしゃきんし
자동변속기	オートマチック・オートマ	초보 운전자	初歩運転手しょほうんてんしゅ
조수석	助手席じょしゅせき		

○ 기차 시간에 맞추어야 했다.   汽車の時間に間に合わせなければならなかった。

○ 서둘러 가야 했다.   急いで行かなければならなかった。

○ 어떤 교통수단을 타야 할지 몰랐다.   どの交通手段を使うべきか分からなかった。

○ 시간이 없어 택시를 타야 했다.   時間がなくて、タクシーに乗らなければならなかった。

○ 택시로 거기까지 가려면 30분이 걸린다.   タクシーでそこまで行くなら、30分かかる。

○ 그곳은 택시를 잡을 수 없는 곳이었다.   そこはタクシーをつかまえられない所だった。／
そこはタクシーを止められない所だった。

○ 택시 정류장이 어디인지 몰랐다.   タクシー乗り場がどこなのか分からなかった。

○ 택시 승강장에서 택시가 오기를
한참동안 기다렸다.   タクシー乗り場で、タクシーが来るのを長い時間待った。

○ 택시를 불러야 했다.   タクシーを呼ばなければならなかった。

○ 택시를 불러 세웠다.   タクシーを呼び止めた。

○ 택시를 합승하고 탔다.   タクシーに相乗りした。

○ 나는 다른 사람과 합승할 것을 거절했다.   私は他の人と相乗りするのを断った。

○ 나는 택시 뒷좌석에 탔다.   私はタクシーの後ろの座席に乗った。

○ 택시 운전기사에게 그 주소로 데려다
달라고 부탁했다.   タクシーの運転手にこの住所で降ろしてほしいと
お願いした。

○ 택시 운전기사가 그 목적지를 몰라서
내가 길을 안내했다.   タクシーの運転手がその目的地を知らなかったので、
私が道案内をした。

○ 택시를 타고 가면서 운전기사에게
목적지로 가는 방향을 안내했다.   タクシーに乗って、運転手に目的地に行く方向を教えた。

○ 운전기사에게 역으로 가는 가장 가까운
길로 가자고 했다.   駅まで一番近い道を行ってほしいと運転手に言った。

○ 택시를 타고 역으로 가는 지름길로 갔다.   駅に行く近道をタクシーに乗って行った。

○ 운전기사에게 그 건물 입구에서 세워
달라고 했다.   運転手にその建物の入り口で止めてほしいと言った。

○ 운전기사가 매우 친절했다.　　　運転手がとても親切だった。
　　　　　　　　　　　　　　　　うんてんしゅ　　　　　　しんせつ

○ 택시 요금이 너무 많이 나온 것 같았다.　　タクシー料金がとてもたくさんかかったみたいだ。
　　　　　　　　　　　　　　　　　　りょうきん

○ 운전기사에게 요금을 냈다.　　運転手に料金を払った。
　　　　　　　　　　　　　うんてんしゅ　りょうきん　はら

○ 운전기사가 잔돈을 가지고 있지 않았다.　運転手がおつりを持っていなかった。
　　　　　　　　　　　　　　　　　うんてんしゅ　　　　　　も

○ 운전기사에게 잔돈은 그냥 가지라고 했다.　運転手におつりは要らないと言った。
　　　　　　　　　　　　　　　　　うんてんしゅ　　　　　い　　　　　い

○ 택시에서 서둘러 내렸다.　　タクシーから急いで降りた。
　　　　　　　　　　　　　　　　　　いそ　　お

○ 총알택시는 위험하다.　　神風タクシーは危険だ。
　　　　　　　　　　　かみかぜ　　　　　　　きけん

○ 나는 운전기사에게 천천히 가 달라고
　부탁했다.　　私は運転手にゆっくり行ってほしいとお願いした。
　　　　　わたし　うんてんしゅ　　　　　い　　　　　　　　　ねが

○ 택시 파업으로 거리에 택시가 없었다.　　タクシーのストで道にタクシーが見当たらなかった。
　　　　　　　　　　　　　　　　　　　　みち　　　　　　　み　あ

○ 빨리 파업이 끝났으면 좋겠다.　　早くストが終わってほしい。
　　　　　　　　　　　　　　　はや　　　　お

지하철

○ 러시아워일 때 나는 지하철을 탄다.　　ラッシュアワーのとき、私は地下鉄に乗る。
　　　　　　　　　　　　　　　　　　　　　わたし　ちかてつ　の

○ 지하철이 버스보다 더 편하다.　　地下鉄がバスよりもっと楽だ。
　　　　　　　　　　　　　　　　　　　　　らく

○ 나는 자가용이 있지만, 출근할 때　　私は自家用車があるが、出勤するときは、
　지하철을 탄다.　　　　　　　　　わたし　じかようしゃ　　　　　しゅっきん
　　　　　　　　　　　　　　　　　地下鉄に乗る。
　　　　　　　　　　　　　　　　　　　　の

○ 가장 가까운 지하철역을 찾아야 했다.　　一番近い地下鉄の駅を探さなければならなかった。
　　　　　　　　　　　　　　　　　　いちばんちか　　　　　えき　さが

○ 표를 사기 위해 매표구 앞에서 줄을 섰다.　切符を買うために、切符売り場の前に並んだ。
　　　　　　　　　　　　　　　　きっぷ　か　　　　　　　　う　ば　まえ　なら

○ 나는 티켓 자동 판매기에서 표를 구입했다.　私は券売機で切符を買った。
　　　　　　　　　　　　　　　　けんばいき　　きっぷ　か

○ 나는 전철 정기권을 이용한다.　　私は電車の定期券を使う。
　　　　　　　　　　　　　　　でんしゃ　ていきけん　つか
　　　　　　　　　　　　　　　❖일본에는 정액권은 없고, 정기권을 쓴다.

○ 나는 교통카드를 이용한다.　　私は交通カードを使う。
　　　　　　　　　　　　　こうつう　　　　　つか

○ 지하철이 올 때는 안전선 뒤로 물러서　　地下鉄の電車が入って来るときは、
　있어야 한다.　　　　　　　　　でんしゃ　はい　く
　　　　　　　　　　　　　　　　黄色い〔白い〕線の内側に立つべきだ。
　　　　　　　　　　　　　　　　きいろ　しろ　せん　うちがわ　た
　　　　　　　　　　　　　　　❖지하철역의 안전선은 한국은 노란색이고, 일본은 흰색이다.

- 지하철에서는 책이나 신문 읽기가 좋다.　地下鉄では本や新聞を読みやすい。
- 지하철에 서 있을 때는 어디에 시선을 두어야 할지 모르겠다.　地下鉄で立っているときは、どこに視線をおけばいいのか分からない。
- 러시아워에는 지하철에 사람이 매우 많다.　ラッシュアワーのときは、地下鉄に人がとても多い。
- 반대편으로 가는 지하철을 탔다.　反対方向に行く地下鉄に乗った。
- 많은 사람들과 부딪쳤다.　多くの人達とぶつかった。
- 지하철에 사람이 많을 때 다른 사람과 부딪치는 것이 싫다.　地下鉄の人ごみで他の人とぶつかるのが嫌だ。
- 계단을 어렵게 오르시는 할머니를 도와드렸다.　階段を大変そうに上るおばあさんを助けてあげた。
- 갈아타는 역에는 항상 사람이 많다.　乗り換える駅ではいつも人が多い。
　❖乗り換える : 갈아타다.
- 누군가가 내 발을 밟았다.　だれかが私の足を踏んだ。
- 노약자석이나 장애인석에 앉으면 마음이 불편하다.　シルバーシートに座ると心苦しい。
- 젊은이들이 노인 분에게 자리를 양보하지 않는 경향이 있다.　若者たちがお年よりに席を譲らない傾向がある。
- 나는 장애인에게 자리를 양보했다.　私は障害者の人に席を譲った。
- 가끔은 어느 출구로 나가야 하는지 모르겠다.　ときどきどの出口から出るべきか迷う。
- 때때로 안내 방송이 안 들릴 때도 있다.　たまに案内の放送が聞こえないときがある。
- 나는 매일 순환선인 2호선을 이용한다.　私は毎日循環線の2号線を利用する。
- 거기에 가려면 한 번 갈아타야 한다.　そこに行くためには、一回他の路線に乗り換えなければならない。
- 자리에 앉아 졸다가 한 정거장을 지나쳤다.　電車の中で、いねむりして、ひと駅過ぎてしまった。
- 지하철에서 내려서 3번 출구로 나왔다.　地下鉄から降りて、3番出口から出た。

○ 버스 정류장에 많은 사람들이 줄 서 있었다.

バスの停留所〔バス停〕に多くの人が並んでいた。

○ 백화점으로 가는 버스를 타기 위해 줄을 서서 기다리고 있었다.

デパートに行くバスに乗るために並んで待っていた。

○ 어떤 사람이 내 앞에서 새치기를 했다.

だれかが私の前で横入りをした。

○ 버스를 놓쳐서 20분을 더 기다려야 했다.

バスに乗り遅れて、20分また待たなければならなかった。

○ 그곳에 가기 위해 시외버스를 탔다.

そこに行くために市外バスに乗った。

○ 개찰구를 통과해 시외버스를 탔다.

改札口を通って、市外バスに乗った。

○ 그곳에 가는 직행 버스가 없었다.

そこに行く直行バスがなかった。

○ 전세 버스로 거기에 갔다.

貸し切りバスでそこに行った。

○ 셔틀 버스를 이용했다.

シャトルバスを利用した。

○ 그 버스는 20분 간격으로 운행된다.

そのバスは20分間隔で運行している。

○ 버스 배차 간격이 너무 길다고 생각했다.

バスの配車間隔がとても長いと思った。

○ 버스를 30분 기다렸으나 오지 않았다.

バスを30分待ったが、来なかった。

○ 교통 체증 때문이라고 생각했다.

交通渋滞のせいだと考えた。

○ 버스가 30분 늦게 도착했다.

バスが30分遅れて到着した。

○ 가끔은 버스가 제 시간에 오지 않기도 한다.

ときどきバスが決まった時間に来ないこともある。

○ 버스 노선 안내도를 찾았다.

バス路線の案内図を探した。

○ 나는 버스 카드를 이용한다.

私はバスカードを使っている。

○ 그 공원까지 버스 요금은 900원이다.

その公園までのバスの料金は900ウォンだ。

○ 내가 버스 정류장에 도착하자마자 버스가 왔다.

私がバス乗り場〔バス停〕に到着するやいなやバスが来た。

○ 버스 카드를 기계에 대면서 버스에 탔다.

バスカードを機械にあてて、バスに乗った。

○ 버스가 거의 비어 있어서 자리에 앉을 수 있었다.

バスに空席が多くて、座ることができた。

○ 버스에서 연세가 많으신 분에게 자리를 양보했다.	バスのなかで、お年寄りに席を譲った。
○ 버스에서 잠이 들어 종점까지 갔다.	バスのなかで、眠ってしまって終点まで行った。
○ 버스가 승객들로 가득 차 있었다.	バスが乗客でいっぱいになった。
○ 버스에 사람이 너무 많아서 버스 타기가 무척 힘들었다.	バスの中に人がとても多くて、乗るのがとてもたいへんだった。
○ 만원 버스를 밀치고 억지로 탔다.	人を押しのけながら、やっとの思いで満員バスに乗った。 ❖やっとの思い：겨우.
○ 버스 운전기사가 버스 뒤쪽으로 들어가 달라고 소리쳤다.	バスの運転手が、後ろの方につめて入ってほしいと声をあげた。
○ 버스 안이 너무 더웠다.	バスの中がとても暑かった。
○ 버스 안이 콩나물 시루 같았다.	バスの中がぎゅうぎゅう詰めだった。 ❖ぎゅうぎゅう詰め：꽉 들어차 있는 모양.
○ 버스에 사람이 많아서 앉을 자리가 없었기 때문에 내내 서 있었다.	人が多くて座れずにずっと立っていた。
○ 내가 내릴 곳까지 여기에서 여덟 정거장을 간다.	私が降りる所まで、ここから8つの停留所を通過する。
○ 그 공원에 가기까지는 세 정거장이 남아 있었다.	その公園に行くまでには、3つの停留所が残っていた。
○ 버스에서 내리기 위해 벨을 눌러야 했다.	バスから降りるためにボタンを押さなければならなかった。
○ 버스에서 벨을 누르지 않아 내릴 정거장을 지나쳤다.	バスでボタンを押さなかったので、降りる停留所を過ぎてしまった。
○ 사람이 너무 많아 내릴 수가 없었다.	人がとても多くて、降りることができなかった。
○ 사람들이 한 사람씩 버스에서 내렸다.	人々がひとりずつバスから降りた。
○ 만원 버스 타는 것에 지쳤다.	満員バスに乗ることに疲れきった。
○ 기차역에 가려면 어디에서 내려야 하는지 운전기사에게 물었다.	汽車の駅に行くにはどこで降りればいいのか、運転手に聞いた。

○ 버스가 다른 방향으로 가고 있었다. | バスが違う方向に進んでいた。

○ 이 버스가 어느 방향으로 가는지 물었다. | このバスがどの方向に行くのか聞いた。

○ 이 버스가 백화점 앞에 서는지 물어 보았다. | このバスがデパートの前で止まるのか聞いてみた。

○ 버스를 잘못 탔다. | バスを乗りまちがった。／違うバスに乗った。

○ 길 반대편에서 탔어야 했다. | この道の反対側から乗らなければならなかった。

○ 나는 20번 버스를 탔어야 했다. | 私は20番のバスに乗らなければならなかった。

○ 버스 운전사가 내가 모르는 곳에 내려 주었다. | バスの運転手が私の知らない所で私を降ろした。

○ 버스 기사에게 다음 정거장에서 내려 달라고 부탁했다. | バスの運転手に次の停留所で降ろしてほしいと頼んだ。

○ 버스가 갑자기 급정거를 했다. | バスが突然急ブレーキをかけた。／バスが突然急停車した。

○ 버스가 펑크가 났다. | バスのタイヤがパンクした。

○ 버스가 고장이 나서 지각을 했다. | バスが故障して、遅刻した。

○ 막차는 11시에 있다. | 最終〔終発〕のバスは11時だ。

○ 막차를 놓쳐서 어떻게 해야 할지 몰랐다. | 終発のバスを逃して、どうしたらいいか分からなかった。

○ 결국에는 집까지 걸어와야 했다. | 結局、家まで歩いて帰るしかなかった。

기차

○ 기차를 타면 멀미가 나지 않는다. | 汽車に乗ったら、酔わない。

○ 대전으로 가는 좌석을 예매했다. | テジョンに行く座席を予約した。

○ 고속 열차인 KTX로 가고 싶었다. | 高速列車のKTXに乗って行きたかった。

○ 편도 한 장을 샀다. | 片道一枚を買った。

○ 왕복표 한 장을 샀다. | 往復一枚を買った。

○ 아빠가 기차역까지 태워다 주셨다. | 父が駅まで送ってくれた。

○ 기차 출발 10분 전에 개찰구를 통과했다.	汽車の出発10分前に改札口を通過した。 しゅっぱつ ぶんまえ かいさつぐち つうか
○ 내가 탈 기차가 30분 연착되었다.	私が乗る汽車が30分遅れて着いた。 わたし の きしゃ ぶんおく つ
○ 기차가 고장 나서 한 시간 연착된다고 했다.	汽車が故障して、1時間遅れて着くと言った。 こしょう じ かんおく つ い
○ 기차가 또 연착이 되어서 짜증이 났다.	汽車がまた遅れたのでいらいらした。 おく
○ 기차를 타기 전에 대전행 기차인지 확인했다.	汽車に乗る前にテジョン行きの汽車かどうか確かめた。 の まえ ゆ きしゃ たし
○ 이 기차에는 식당차가 있었다.	この汽車には食堂車があった。 しょくどうしゃ
○ 기차표에 있는 좌석번호의 자리를 찾았다.	汽車の切符の座席番号を探した。 きっぷ ざせきばんごう さが
○ 누군가가 내 자리에 앉아 있었다.	だれかが私の席に座っていた。 わたし せき すわ
○ 내 좌석 번호를 다시 확인해 보았다.	私の座席番号をもう一度確かめてみた。 わたし ざせきばんごう いち ど たし
○ 창가 쪽 자리에 앉았다.	窓際の席に座った。 まどぎわ せき すわ
○ 거기에 가려면 기차를 갈아타야 했다.	そこに行くためには、汽車を乗り換えなければ い の か ならなかった。
○ 춘천에서 기차를 갈아탔다.	チュンチョンで汽車を乗り換えた。 きしゃ の か
○ 마지막 기차는 10시에 있다.	終発〔最終〕の汽車は10時だ。 しゅうはつ さいしゅう きしゃ じ

자가용

○ 나는 새 차를 가지고 있다.	私は新車を持っている。/ 私の車は新車だ。 わたし しんしゃ も くるま
○ 내 차의 기어는 오토매틱이다.	私の車のギアはオートマチックだ。
○ 내 차는 여행할 때 사용하기에 편리한 밴이다.	私の車は旅行するのに便利なベンだ。 りょこう べんり
○ 내 차는 아홉 명이 탈 수 있다.	私の車は9人乗りだ。 にんの
○ 내 차는 모든 옵션이 다 붙어 있다.	私の車はすべてのオプションを取りつけている。 と

○ 내 차는 소형차이다. 私の車は小型車だ。
こがたしゃ

○ 소형차는 주차하기가 쉽다. 小型車は駐車しやすい。
こがたしゃ ちゅうしゃ

❖～しやすい：～하기 쉽다.

○ 내 차는 중형차이다. 私の車は中型車だ。
ちゅうがたしゃ

○ 내 차는 사륜 구동이다. 私の車は4輪駆動だ。
りん く どう

○ 지붕이 열리는 차를 갖고 싶다. オープンカーを買いたい。
か

○ 차를 잘 길들이고 있다. ならし運転をしている。
うんてん

○ 내 차는 연비가 좋다. 私の車は燃費がいい。
ねん ぴ

○ 내 차는 연료가 많이 들어간다. 私の車はガソリンをたくさん消費する。
しょう ひ

○ 차 유지비가 많이 들어간다. 車の維持費がたくさんかかる。
い じ ひ

○ 내 차는 중고차이지만 잘 달린다. 私の車は中古車だがよく走る。
ちゅうこ しゃ はし

○ 내 차는 여기저기가 찌그러졌다. 私の車はあちこちへこんでいる〔傷だらけだ〕。
きず

○ 나는 보통 차를 지하 주차장에 私は普通車を地下駐車場に止めておく。
ふ つうくるま ち か ちゅうしゃじょう と
주차해 놓는다.

○ 나는 한 달에 두 번 세차를 한다. 私は一ヶ月に2回洗車をする。
いっ か げつ にかいせんしゃ

○ 일주일에 한 번은 자동 세차를 하러 간다. 一週間に1回は自動洗車をしに行く。
いっしゅうかん いっかい じ どうせんしゃ い

○ 세차하기 전에 차의 창문을 완전히 洗車をする前に車の窓を完全に閉めた。
せんしゃ まえ くるま まど かんぜん し
닫았다.

○ 나는 차를 항상 깨끗하게 유지한다. 私は車をいつもきれいにしている。
くるま

자동차 정비

○ 나는 항상 차 관리를 잘한다. 私はいつも車の管理をしっかりする。
わたし くるま かん り

○ 일년에 두 번 자동차 점검을 받는다. 1年に2回車の点検をする。
ねん かいくるま てんけん

○ 매년 겨울이 되기 전에 차의 타이어를 毎年、冬になる前に車のタイヤを替える。
まいとし ふゆ まえ くるま か
바꾼다.

○ 겨울에는 스노타이어를 사용한다.	冬にはスノータイヤを使用する。
○ 나는 6개월마다 차의 엔진을 정비한다.	私は6ヶ月ごとに車のエンジンを整備する。
○ 차의 에어콘이 시원하지가 않다.	車のクーラーがきかなくなった。／
	車のクーラーの風が冷たくない。
○ 에어콘에 가스를 보충했다.	クーラーのガスを入れた。
○ 브레이크 오일이 떨어졌다.	ブレーキオイルがなくなった。
○ 브레이크 오일을 넣기 위해 수리공을 불렀다.	ブレーキオイルを入れるために整備士を呼んだ。
○ 안전벨트가 빠지지 않았다.	安全ベルト〔シートベルト〕がはずれなかった。
○ 시동이 걸리지 않았다.	エンジンがかからなかった。
○ 시동이 갑자기 꺼졌다.	エンジンが突然止まった。
○ 차가 뭔가 문제가 있는 것 같았다.	車に何か問題があるようだった。
○ 차의 상태가 아주 안 좋다.	車の状態がとても良くない。
○ 브레이크가 잘 잡히지 않았다.	ブレーキがよくきかなかった。
○ 브레이크에 뭔가 문제가 있는 것임이 틀림없었다.	ブレーキに何か問題があるに違いなかった。
	❖〜に違いなかった：〜것이 틀림없었다.
○ 도로 한가운데서 차가 고장 났다.	道の真ん中で、車が故障した。
○ 엔진이 과열되었다.	エンジンがヒートした。
○ 엔진에서 이상한 소리가 났다.	エンジンから変な音がした。
○ 아무런 이유 없이 엔진이 자주 꺼진다.	何の理由もなくエンジンがよく止まる。
○ 차에 문제가 있음이 틀림없다.	車に問題があるに違いなかった。
○ 엔진에는 아무 문제가 없었다.	エンジンには何も問題がなかった。
○ 오일이 새는 것 같다.	オイルが漏れているようだ。
○ 오일을 점검했다.	オイル点検をした。

190

○ 마침내 시동이 걸렸다.	やっとエンジンがかかった。
○ 배터리가 다 되었다.	バッテリーがなくなった。
○ 연료가 불충분했다.	燃料が不十分だった。
○ 배터리를 충전시켰다.	バッテリーを充電した。
○ 타이어가 다 닳았다.	タイヤが磨耗していた。/ タイヤがすり減った。
○ 타이어를 점검했다.	タイヤを点検した。
○ 타이어를 교체해 달라고 했다.	タイヤを交換してほしいと頼んだ。
○ 나는 재생 타이어를 사용하지 않는다.	私は再生タイヤを使わない。
○ 타이어 공기압을 점검해 달라고 했다.	タイヤの空気を点検してほしいと頼んだ。
○ 타이어에 공기를 가득 채워 달라고 했다.	タイヤに空気をいっぱい入れてほしいと頼んだ。
○ 타이어가 펑크 났다.	タイヤがパンクした。
○ 타이어의 펑크 난 곳을 땜질해서 다시 사용하기로 했다.	タイヤのパンクを修理してそのまま使うことにした。
○ 타이어의 구멍을 때웠다.	タイヤの穴をふさいだ。
○ 차를 세차하고 왁스를 칠했다.	車を洗って、ワックスを塗った。
○ 차의 창문이 내려지지 않아서 고장 났다고 생각했다.	車の窓が開かなくて、故障したと思った。
○ 차에서 내리기 전에 창문을 닫는 것을 잊었다.	車から降りる前に窓を閉めるのを忘れた。
○ 그때 비가 와서 빗물이 차 안으로 들어왔다.	そのとき雨が降って、雨が車のなかに降り込んだ。
○ 하루 종일 차 문을 열어 둔 채 차를 말렸다.	一日中車の窓を開けたまま、車の内部を乾かした。
○ 냉각수가 부족해서 더 넣었다.	冷却水が不足していたので、補充した。
○ 깜빡이 등 하나가 나갔다.	方向指示機のランプがひとつ切れた。
○ 수리공에게 차를 점검하도록 했다.	整備士に車の点検を頼んだ。

○ 수리공이 차를 수리했다.	整備士が車を修理した。 しゅうり
○ 수리비 견적 내역을 보고 비용이 들어도 할 수 없다고 생각했다.	修理費の見積もりを見て、費用はかかっても仕方が しゅうりひ　みつ　み　　ひよう　　　　しかた ないと思った。 おも
○ 차에 열쇠를 둔 채 문을 닫았다.	車の鍵をかけたまま、ドアを閉めた。 かぎ　　　　　　　　し
○ 여분의 열쇠를 가지고 있지 않았다.	合い鍵を持っていなかった。 あ　かぎ　も ❖合い鍵 : 여분의 열쇠, 다른 하나의 같은 열쇠.
○ 긴급 자동차 서비스를 전화로 불렀다.	レッカーサービスを電話で呼んだ。 でんわ　よ

운전 실력

○ 나는 초보 운전이다.	私は初歩運転だ。 わたし　しょほうんてん
○ 나는 운전에 서투르다.	私は運転が下手だ。 へた
○ 나는 항상 안전 운전을 하려고 노력한다.	私はいつも安全運転をしようと努力している。 あんぜんうんてん　　　　　　どりょく
○ 나는 기어를 넣는 운전은 못 한다.	私はギア車を運転できない。 しゃ　うんてん
○ 나는 차를 뒤로 빼는 것을 잘 못 한다.	私はバックがうまくできない。
○ 나는 일렬 주차를 못 한다.	私は一列駐車がうまくできない。 いちれつちゅうしゃ
○ 나는 절대 난폭 운전을 하지 않는다.	私は絶対乱暴な運転をしない。 ぜったいらんぼう　うんてん
○ 나는 아직은 빨리 운전하지 못 한다.	私はまだ速く運転できない。 はや
○ 젖은 도로에서는 운전하고 싶지 않다.	道路が雨に濡れているときは運転したくない。 どうろ　あめ　ぬ
○ 밤에는 운전을 잘 못 한다.	夜は運転しにくい。 よる　うんてん
○ 러시아워에는 차를 운전하지 않는다.	ラッシュのときは、車の運転をしない。
○ 나는 무사고 운전자이다.	私は無事故運転だ。 むじこうんてん
○ 나는 한 번도 딱지를 떼이거나 사고를 낸 적이 없다.	私は違反をしたり、事故を起こしたことが一回もない。 いはん　　　　じこ　お　　　　　いっかい
○ 나는 운전을 잘한다.	私は運転がうまい。
○ 운전 경력이 10년이다.	運転歴が10年だ。 うんてんれき　ねん

○ 차의 시동을 걸었다. 　　　　　車のエンジンをかけた。

○ 속도를 높였다. 　　　　　　　スピードを上げた。

○ 속도를 늦추었다. 　　　　　　スピードを落とした。

○ 앞차를 추월했다. 　　　　　　前の車を追い越した。

○ 느린 운전을 하다. 　　　　　　のろのろ運転をする。
　　　　　　　　　　　　　　　❖ のろのろ : 동작이 느린 모양.

○ 차선을 잘못 들어 매우 당황했다. 　車線を間違えて、とても慌てた。

○ 길을 잘못 들었다. 　　　　　　道を間違えた。

○ 좌회전했어야 했다. 　　　　　左折すべきだった。

○ 막다른 길이었다. 　　　　　　行き止まりだった。

○ 일방통행이었다. 　　　　　　一方通行だった。

○ 잘못된 방향으로 갔다. 　　　　間違った方向に行った。

○ 이정표를 잘못 이해했다. 　　　道路標識を見間違った。

○ 연료가 부족해서 주유소를 찾았다. 　ガソリンがなくなったので、ガソリンスタンドを探した。

○ 고속도로를 이용하여 갔다. 　　高速道路を利用して行った。

○ 우리는 교대로 운전했다. 　　　私達は交代で運転した。

○ 차 안이 너무 더워서 유리창을 내렸다. 　車の中がとても暑くて、窓を開けた。

○ 연료가 다 떨어져서 주유소에서 가득 　ガソリンがなくなったので、ガソリンスタンドで
　채웠다. 　　　　　　　　　満タンにした。

○ 기름이 다 떨어졌다. 　　　　　ガソリンがなくなった。

○ 무연 휘발유로 가득 채웠다. 　　無鉛ガソリンを満タンにした。

○ 빨간 신호마다 다 걸렸다. 　　　信号機ごとに、信号に引っ掛かった。

○ 길이 울퉁불퉁해서 운전하기가 힘들었다. 　道がでこぼこで、運転するのが大変だった。

○ 무단 횡단하는 사람 때문에 깜짝 놀랐다. 　無断横断する人のせいで、とてもびっくりした。

○ 차를 타면 안전벨트를 매야만 한다. 　車に乗ったらシートベルトをするべきだ。
　　　　　　　　　　　　　　　　　　　　　の

○ 안전벨트는 사망 사고와 부상에서 　シートベルトは、死亡事故や負傷から身を守ってくれる。
　몸을 지켜 준다. 　　　　　　　　　　しぼうじこ　　ふしょう　　み　まも

○ 나는 안전벨트를 매면 불편해서 매고 　私はシートベルトをすると、きついのでしたくない。
　싶지 않다.

○ 운전자가 안전벨트 매는 것이 의무로 　運転手がシートベルトをするのは、義務づけされている。
　되어 있다. 　　　　　　　　うんてんしゅ　　　　　　　　　　ぎ む

○ 안전벨트가 나를 보호해 줄 수 있다고 　シートベルトが私を保護することができると思う。
　생각한다. 　　　　　　　　　　　　わたし　ほ ご　　　　　　　　　　おも

○ 이제부터는 안전벨트를 꼭 매기로 했다. 　これからはシートベルトを必ずすることにした。
　　　　　　　　　　　　　　　　　　　　　　　　　　　　かなら

○ 운전을 할 때 집중하지 않으면 위험하다. 運転をするときは集中しないと危険だ。
　　　　　　　　　　　　　うんてん　　　　　　しゅうちゅう　　　　き けん

○ 운전 중에 조는 것은 매우 위험하다. 　運転中に眠くなるのはとても危険だ。
　　　　　　　　　　　　　うんてんちゅう　ねむ

○ 밤에 빨리 운전하는 것은 더 위험하다. 　夜、急いで運転するのはもっと危険だ。
　　　　　　　　　　　　　よる　いそ　　うんてん

○ 어두운 길에서는 속도를 높이지 　暗い道では速度をあげてはならない。
　말아야 한다. 　　　　　　くら　みち　　そく ど

○ 운전하면서 휴대전화로 전화를 하는 　運転しながら、携帯電話をすることは、
　것은 위험하며 사고를 일으킬 수 　　うんてん　　　　けいたいでん わ
　있는 원인도 된다. 　　　　　　危険だし、事故を招く原因にもなる。
　　　　　　　　　　　　き けん　　じ こ　まね　げんいん

○ 교차로에서는 항상 조심해야 한다. 　交差点ではいつも気をつけなければならない。
　　　　　　　　　　　　　こう さ てん　　　　き

○ 차선을 변경하거나 방향을 바꿀 때는 　車線を変えるときや方向を変えるときは、
　신호를 해 줘야 한다. 　　　　しゃせん　か　　　　ほうこう
　　　　　　　　　　　　合図をしなければならない。
　　　　　　　　　　あい ず

○ 커브 길에서는 주위를 잘 살펴야 한다. 　カーブでは周りをよく見なければならない。
　　　　　　　　　　　　　　　　まわ　　　　み

○ 나는 술을 마시면 대리 운전을 시킨다. 　私はお酒を飲むと、代理運転を頼む。
　　　　　　　　　　　　　わたし　さけ　の　　だい り うんてん　たの

○ 시간이 없어서 교통 법규를 위반하고 말았다. 時間がなくて、交通規則を違反してしまった。
　　　　　　　　　　　　　　　　　　　　じ かん　　　　　こうつう き そく　い はん

194

○ 내가 속도위반을 해서 경찰관한테 잡혔다.	私が速度違反をして、警察官に捕まった。 わたし そくど いはん けいさつかん つか
○ 경찰관이 차를 세우라고 신호를 했다.	警察官が車を止めるよう合図をした。 けいさつかん くるま と あいず
○ 속도위반을 했다.	速度違反をした。 そくど いはん
○ 제한 속도를 넘었다.	制限速度をオーバーした。 せいげんそくど
○ 제한 속도가 시속 80킬로미터였다.	制限速度が時速80キロだった。 じそく
○ 내 차의 속도가 속도 측정기에 체크되었다.	私の車の速度が速度測定器にひっかかった。 わたし くるま そくど そくどそくていき
○ 그가 운전면허증을 제시하라고 했다.	彼が運転免許証を提示するようにと言った。 かれ うんてんめんきょしょう ていじ い
○ 과속으로 3만원의 벌금을 냈다.	スピード違反で3万ウォンの反則金を払った。 いはん まん はんそくきん はら
○ 출근하다가 불법 유턴을 했다.	出勤の途中で不法Uターンをした。 しゅっきん とちゅう ふほう
○ 길에 주차를 해서 차가 견인되었다.	道に駐車をして牽引された。 みち ちゅうしゃ けんいん
○ 그곳은 주차 금지 구역이었다.	そこは駐車禁止区域だった。 ちゅうしゃきんし くいき
○ 견인된 차를 찾으러 가야 한다.	牽引された車を取りに行かなければならない。 けんいん くるま と い
○ 주차위반 딱지를 떼었다.	駐車違反のチケットを切られた。 ちゅうしゃ いはん き
○ 주차위반 요금을 내었다.	駐車違反の反則金を支払った。 はんそくきん しはら
○ 빨간색 신호를 무시하고 달렸다.	赤信号を無視して走った。 あかしんごう むし はし
○ 빨간색 신호에도 멈추지 않았다.	赤信号なのに止まらなかった。 と
○ 빨간색 신호에 멈추지 않아서 딱지를 떼였다.	赤信号で止まらなかったのでチケットを切られた。 き
○ 경찰관들이 음주 운전 단속을 하고 있었다.	警察官が飲酒運転の取り締まりをしていた。 けいさつかん いんしゅうんてん と し
○ 음주 측정기에 대고 입김을 불었다.	アルコール測定器に息を吹き込んだ。 そくていき いき ふ こ
○ 음주 운전으로 경찰이 딱지를 발급했다.	警察官が飲酒運転のチケットを発行した。 けいさつかん いんしゅうんてん はっこう
○ 30일간 면허 정지를 당했다.	30日免許停止になった。 にちめんきょていし

○ 운전면허가 취소되었다.　　　　　運転免許取り消しになった。
　　　　　　　　　　　　　　　　　うんてんめんきょと　　け

○ 교통 규칙을 위반하지 않아야 한다.　交通ルールを守らなければならない。/
　　　　　　　　　　　　　　　　　こうつう　　まも
　　　　　　　　　　　　　　　　　交通違反をしてはいけない。
　　　　　　　　　　　　　　　　　こうつういはん

○ 횡단보도를 건널 때는 꼭 신호를　　横断歩道を渡るときは、必ず信号を守らなければ
　지켜야 한다.　　　　　　　　　　おうだんほどう　わた　　　　　かなら　しんごう　まも
　　　　　　　　　　　　　　　　　ならない。

○ 신호를 무시하면 안 된다.　　　　　信号無視をしてはいけない。
　　　　　　　　　　　　　　　　　しんごうむし

○ 파란색 불이 켜져 있을 때만 길을　青信号のときだけ、道を渡らなければならない。
　건너야 한다.　　　　　　　　　　あおしんごう　　　　　みち　わた

　　　　　　　　　　　　　　　　　❖道を渡る/道を横切る : 길을 건너다.
　　　　　　　　　　　　　　　　　　　　　　　　　　よこぎ

○ 빨간색 불이 켜져 있을 때는 기다려야　赤信号のときは待たなければならない。
　한다.　　　　　　　　　　　　　あかしんごう　　　　ま

○ 노란색 불이 켜져 있을 때 길을　　黄色の信号のときは道を渡りはじめてはいけない。
　건너서는 안 된다.　　　　　　　きいろ　しんごう

○ 아무 곳에서나 길을 건너면 안 된다.　どんなところでもむやみに道を渡ったらいけない。
　　　　　　　　　　　　　　　　　❖むやみに : 무턱대고.

○ 육교 아래로 길을 건너면 안 된다.　歩道橋の下を渡ってはいけない。
　　　　　　　　　　　　　　　　　ほどうきょう　した　わた

○ 육교가 있는 곳에서는 육교로 길을　歩道橋があるところでは、歩道橋で道を渡らなければ
　건너야 한다.　　　　　　　　　　ならない。

○ 무단 횡단하지 않아야 한다.　　　　無断横断をしてはいけない。
　　　　　　　　　　　　　　　　　むだんおうだん

○ 보행자들은 보통 왼쪽으로 걷는다.　歩行者は普通左側を歩く。
　　　　　　　　　　　　　　　　　ほこうしゃ　ふつうひだりがわ　ある
　　　　　　　　　　　　　　　　　❖일본에서는 보행자가 오른쪽이다.

○ 길을 건널 때 조심해야 한다.　　　道を渡るときは注意しなければならない。
　　　　　　　　　　　　　　　　　みち　わた　　　　　ちゅうい

○ 도로 상황이 양호했다.　　　　　道路状況が良好だった。
　　　　　　　　　　　　　　　　　どうろじょうきょう　りょうこう

○ 어떻게 해서든지 시간에 맞춰 가야 했다.　どんなことがあっても、時間通りに到着しなければ

ならなかった。

○ 오늘 교통 상황이 매우 안 좋았다.　今日は交通状況がとても良くなかった〔悪かった〕。

○ 출퇴근 시간에는 항상 그렇다.　通勤時間はいつもそうだ。

○ 교통이 매우 혼잡했다.　道がとても混んでいた。

○ 차가 많아 소통이 더뎠다.　車が多くて、流れが悪かった。

○ 도로가 주차장 같았다.　道路が駐車場のようだった。

○ 도로 사정이 점점 나빠지고 있었다.　道路状況がどんどん悪くなっていた。

○ 도로가 폐쇄되었다.　道路が閉鎖された。

○ 교통이 정체되어 있었다.　交通渋滞になっていた。

○ 도로들이 차량들로 막혀 있었다.　道路が車でいっぱいだった。

○ 학교 가는 길에 교통 체증이 심하다.　通学路の交通渋滞がひどい。

○ 교통 체증으로 꼼짝 못하게 되었다.　交通渋滞で身動きできなかった。

○ 최악의 교통 정체인 것 같았다.　最悪の交通渋滞のようだった。

○ 도로가 봉쇄되었다.　道路が封鎖された。

○ 도로 공사 중이어서 교통 통행이 되지　道路工事中のために通行できなかった。
않았다.

○ 도로 작업 때문에 차들이 서행하고　道路工事のために車が徐行していた。
있었다.

○ 차 한 대가 도로를 막고 있었다.　一台の車が道路をさえぎっていた。

○ 앞에서 교통사고가 있었다.　前方で交通事故を起こしていた。

○ 그 사고로 집에 돌아가는 길이 늦어졌다.　その事故で、家に帰るのが遅くなった。

○ 차들이 정체되어 있어서 시끄럽게　車が停滞していたので、うるさいくらいにクラクションを
경적을 울렸다.　鳴らした。

○ 나는 돌아갔다.　私は回り道した。

○ 다른 길로 우회해 갔다.　　　　　　他の道に迂回した。
　　　　　　　　　　　　　　　　　　　ほか　みち　うかい

○ 다른 길을 택했다.　　　　　　　　他の道を選んだ。
　　　　　　　　　　　　　　　　　　　　　　　　えら

○ 시내로 들어가는 길의 교통량이　　市内に入る道の交通量が増えていた。
　늘어나고 있었다.　　　　　　　　　しない　はい　みち　こうつうりょう　ふ

○ 교통경찰들이 교통을 통제했지만 별　警察官が交通整理をしてはいたが、無駄だった。
　도움이 되지 않았다.　　　　　　　けいさつかん　　こうつうせいり　　　　　　むだ

○ 러시아워 때의 교통 정체를 보면　　ラッシュアワーの交通渋滞を見るといやになる。
　짜증난다.　　　　　　　　　　　　　　　　　　　　　　　　　　み

○ 교통 상태가 좋아지고 있다.　　　　道路状況がよくなりつつある。
　　　　　　　　　　　　　　　　　　　　　じょうきょう

○ 더 많은 사람들이 대중교통을 이용해야　より多くの人が公共交通機関を利用すべきだと思った。
　한다고 생각했다.　　　　　　　　　おお　　ひと　こうきょうこうつうきかん　りよう　　　　　おも

05 통신

통신용어

–우체국	
기념우표	記念切手きねんきって
내용물	中身なかみ
답장	返事へんじ
등기	登記とうき
반송	返送へんそう
배편	船便ふなびん
부치다	出だす
소포	小包こづつみ
속달로 보내다	速達そくたつで送おくる
우체국	郵便局ゆうびんきょく
우체통에 넣다	ポストに入いれる
우편환	郵便為替ゆうびんかわせ
우표	切手きって
전보를 보내다	電報でんぽうを打うつ
펜팔 친구	ペンパルフレンド

편지 왕래	手紙てがみのやり取とり
편지를 부치다	手紙てがみを出だす
항공편	航空便こうくうびん
–인터넷통신	
이메일	電子でんしメール
이메일 친구	メル友とも
채팅	チャット
인터넷	インターネット
홈페이지	ホームページ
로그인	ログイン
로그아웃	ログアウト
블로그	ブログ
비밀번호	パスワード
스팸	スパム
아이디	アイディ
프로그램	プログラム

편지 · 펜팔

○ 나는 또래의 소녀와 편지 왕래를 하고 있다.

私は同じ年ごろの女の子と手紙のやりとりをしている。
わたし　おな　とし　　　　　おんな　こ　　　てがみ

○ 나 같은 초보자들은 일어로 편지 쓰는 것이 쉽지 않다.

私のような初歩者は日本語で手紙を書くのが簡単な
しょほしゃ　にほんご　　　か　　　かんたん
ことではない。

○ 나는 편지를 잘 쓴다.

私は手紙を書くのがうまい。
か

○ 나는 편지를 잘 못 쓴다.

私は手紙を書くのが下手だ。
か　　　　　へた

○ 나는 펜팔 친구가 있다.

私はペンパルフレンドがいる。

○ 우리는 서로에게 자주 편지를 쓴다.

私達はお互いによく手紙を書く。
たが　　　　　か

○ 처음에는 일어로 내 자신의 의견과 느낌을 표현하기가 아주 어려웠다.

最初は日本語で自分自身の意見や感じたことを
さいしょ　にほんご　じぶんじしん　いけん　かん
表現するのがとても難しかった。
ひょうげん　　　　　　むずか

○ 나는 편지에 주로 학교 생활에 대해 쓴다.　私は主に学校生活について手紙を書く。

○ 학교에서 돌아와 보니 우편함에 그의　学校から帰ってみたら、郵便受けに彼からの手紙が
　편지가 있었다.　入っていた。

○ 집에 돌아오니 날 기다리는 편지 한　家に帰ったら、私を待つ一通の手紙が来ていた。
　통이 있었다.

○ 나는 오늘 친구의 답장을 받았다.　今日、私は友達から返事をもらった。

○ 답장을 빨리 받았다.　返事が早く来た。/ 返事を早く受け取った。

○ 2005년 10월 1일자의 편지를 받았다.　2005年10月1日付けの手紙を受け取った。

○ 그의 편지를 받고 기뻤다.　彼から手紙が来たのでうれしかった。/
　彼の手紙を受け取ったのでうれしかった。

○ 그에게서 이렇게 빨리 답장을 받게　彼からこんなに早く返事を受け取ることができてとても
　되어 기뻤다.　うれしかった。

○ 그가 학교에서 찍은 사진을 보내 주었다.　彼が学校で撮った写真を送ってくれた。

○ 내가 예상했던 것보다 훨씬 일찍 그의　私が予想したよりとても早く彼の近況を聞けて、
　소식을 들어 기뻤다.　うれしかった。

○ 나는 그의 편지를 급하게 읽어내렸다.　私は彼の手紙を急いで読みほした。

○ 편지에 좋은 소식이 있었다.　手紙にいい知らせが書いてあった。

○ 나는 즉시 답장을 했다.　私はすぐに返事を書いた。

○ 한동안 답장을 못했다.　しばらくの間、返事を書けなかった。

○ 일찍 답장을 하지 못한 데에는 몇 가지　すぐに返事を書けない、いくつかの理由があった。
　이유가 있었다.

○ 너무나 오랫동안 그에게 편지를 쓰지 못했다.　とても長い間、彼に手紙を書けなかった。

○ 오랫동안 편지를 못 써서 미안했다.　長い間手紙を書けなくて、すまなかった。

○ 좀 더 일찍 그에게 편지를 썼어야 했다.　もっと早く彼に手紙を書くべきだった。

○ 요즘 너무 바빠 그에게 편지 쓸 시간을　最近とても忙しくて、彼に手紙を書く時間をつくることが
　낼 수가 없었다.　できなかった。

○ 오랜만에 편지를 썼다.　久しぶりに手紙を書いた。

○ 편지지를 귀엽게 접었다.　　　　　便せんをかわいく折りたたんだ。
　　　　　　　　　　　　　　　　　　びん　　　　　　お

○ 편지와 함께 사진 몇 장을 동봉했다.　手紙といっしょに写真何枚かを同封した。
　　　　　　　　　　　　　　　　　　しゃしんなんまい　　　　　どうふう

○ 편지를 봉했다.　　　　　　　　　　手紙に封をした。
　　　　　　　　　　　　　　　　　　　　　　ふう
　　　　　　　　　　　　　　　　　❖조사는 ┌に┐를 사용한다.

○ 우표에 침을 발라 봉투에 붙였다.　切手に唾をつけて、封筒に貼った。
　　　　　　　　　　　　　　　　　きって　つば　　　　　　ふうとう　は

○ 봉투 가운데에 그의 주소를 적었다.　封筒の真ん中に彼の住所を書いた。
　　　　　　　　　　　　　　　　　ふうとう　ま　なか　かれ　じゅうしょ　か

○ 보내는 사람의 주소는 왼쪽 윗부분에　送る人の住所を左側の上の部分に書いた。
　적었다.　　　　　　　　　　　　おく　ひと　じゅうしょ　ひだりがわ　うえ　ぶぶん　か

○ 최근에는 그가 편지를 보내지 않았다.　最近は彼が手紙をくれない。
　　　　　　　　　　　　　　　　　さいきん　かれ

○ 나는 그의 다음 편지를 기다리고 있다.　私は彼の次の手紙を待っている。
　　　　　　　　　　　　　　　　　　　　　つぎ　　　　　ま

○ 한참 동안 편지를 못 받으면 쓸쓸한　しばらくの間手紙をもらえなくて、もの寂しく思う。
　생각이 든다.　　　　　　　　　　　　　　あいだ　　　　　　　　　　さみ　　　おも

○ 우리는 오래 전에 연락이 끊겼다.　私達はずっと前に連絡がとぎれた。
　　　　　　　　　　　　　　　　　　　　　　まえ　れんらく

○ 무소식이 희소식이다.　　　　　　知らせがないのがいい知らせだ。
　　　　　　　　　　　　　　　　　し　　　　　　　　　　し

○ 요즘 편지 왕래가 점차 뜸해지고 있다.　最近、手紙のやりとりが次第に少なくなってきている。
　　　　　　　　　　　　　　　　　さいきん　　　　　　　　しだい　すく

○ 편지가 반송되었다.　　　　　　　手紙が返送された。
　　　　　　　　　　　　　　　　　　　　へんそう

○ 그와 계속 편지 왕래를 하고 싶다.　ずっと彼と手紙のやりとりをしたい。
　　　　　　　　　　　　　　　　　　かれ

○ 나의 작품을 다 쓸 때까지 그에게 편지　私の作品を書き終えるまで彼に手紙を送るのをしばらく
　보내는 것을 잠시 중단해야겠다.　　さくひん　か　お　　　かれ　　　おく
　　　　　　　　　　　　　　　　　見合わそうと思う。
　　　　　　　　　　　　　　　　　み　あ　　　おも
　　　　　　　　　　　　　　　　　❖見合わす : 보류하다.

우체국

○ 소포를 부치러 우체국에 갔다.　　小包を出しに郵便局に行った。
　　　　　　　　　　　　　　　　　こづみ　だ　　ゆうびんきょく　い

○ 우표 몇 장을 샀다.　　　　　　　切手を何枚か買った。
　　　　　　　　　　　　　　　　　　　　なんまい　か

○ 기념우표 몇 장을 샀다.　　　　　記念切手を何枚か買った。
　　　　　　　　　　　　　　　　　きねんきって　なんまい　か

○ 우표 두 줄을 샀다.　　　　　　　切手2列を買った。
　　　　　　　　　　　　　　　　　　　れつ　か

○ 친구에게 편지를 부쳤다.　　　　　　友達に手紙を出した。

○ 편지를 우체통에 넣었다.　　　　　　手紙をポストに入れた。

○ 편지를 속달로 보냈다.　　　　　　　手紙を速達で送った。

○ 전보를 보냈다.　　　　　　　　　　電報を打った。

○ 항공 우편으로 보냈다.　　　　　　　航空便で送った。

○ 배편으로 보냈다.　　　　　　　　　船便で送った。

○ 항공 우편 요금이 꽤 비쌌다.　　　　航空便の料金がとても高かった。

○ 편지를 등기로 보냈다.　　　　　　　手紙を登記で送った。

○ 책 몇 권을 소포로 보내 주었다.　　　何冊かの本を小包で送ってあげた。

○ 소포의 내용물이 깨지지 쉬운 것이어서　小包の中身が割れやすいものだったので「われもの注意」
　'파손 주의'라고 표시했다.　　　　　と表示した。

○ 소포를 보내는 데 가장 빠른 방법을　　小包を送るのに一番速い方法を聞いてみた。
　물어 보았다.

○ 항공편으로 미국까지 1주일 후면　　　航空便でアメリカまで一週間後だったら到着する
　도착할 거라고 했다.　　　　　　　だろうといった。

○ 무게를 재기 위해 소포를 저울　　　　重さを量るために小包を量りの上に乗せた。
　위에 올려놓았다.

○ 무게가 1kg이었다.　　　　　　　　重さが1kgだった。

○ 1kg까지는 3000원이다.　　　　　　１キロまでは3千ウォンだ。

○ 현금을 우편환으로 바꾸었다.　　　　現金を郵便為替にかえた。

○ 우편환을 그에게 보내 주었다.　　　　郵便為替を彼に送ってあげた。

이메일 친구

○ 이메일 친구와 편지를 통해 우리는　　メル友との手紙を通じて私達はお互いについて、
　서로에 대해, 그리고 서로의 나라에　　そしてお互いの国について学ぶことができる。
　대해 배울 수 있다.

○ 이메일 편지를 씀으로써 새 친구도
　사귀고 영어 실력도 향상시킬 수 있다.

電子メールを書くことによって、新しい友達とも
知り合い、英語の実力も向上させることができる。

○ 나는 미국인 이메일 친구가 있다.

私はアメリカ人のメル友がいる。

❖メル友 : 이메일을 통해 만나는 친구.

○ 나는 외국인 이메일 친구와 약 2년
　동안 메일을 주고받았다.

私は外国人のメル友と約二年間電子メールの
やりとりをした。

○ 우리는 거의 매일 인터넷으로 서로
　연락을 주고받는다.

私達はほとんど毎日インターネットでお互いに
連絡を取り合う。

○ 나는 때때로 인터넷에서 그와
　채팅하기도 한다.

私は時々インターネットで、彼とチャットをしたり
する。

○ 외국 친구가 있다는 것은 매우 흥미로운
　일인 것 같다.

外国の友達がいるということはとても興味深いことと
思う。

○ 매일 아침마다 꼭 이메일을 확인한다.

毎朝、必ず電子メールを確認する。

○ 집에 오자마자 이메일을 확인했다.

家に帰ってきてすぐ電子メールを確認した。

○ 요즘은 너무 바빠서 이메일을 확인할
　시간도 없다.

最近はとても忙しくて、電子メールを確認する
時間もない。

○ 나는 오늘 처음으로 이메일 친구에게
　메일을 받았다.

私は今日はじめて、メル友からメールを受け取った。

○ 1주일에 두 번 정도 이메일을 쓴다.

一週間に2回くらい電子メールを書く。

○ 이메일 친구로부터 메일을 받으면
　기분이 좋다.

メル友から電子メールを受け取ると気分がいい。

○ 오늘은 이메일 친구로부터 좋은 소식을
　들어서 기분이 좋았다.

今日はメル友からいい知らせを聞いて、気分がいい。

○ 내 이메일 친구는 그 나라의 음식 문화에
　대한 이야기를 많이 쓴다.

私のメル友は自分の国の食文化についての話を
たくさん書く。

○ 나는 이메일 친구에게 선물을 하나 보내
　주었다.

私はメル友にプレゼントをひとつ送ってあげた。

○ 앞으로 언젠가 일본에 가서 내 이메일
　친구를 만나고 싶다.

将来いつの日か日本に行って、私のメル友に会いたい。

○ 그의 이메일을 받자마자 답장을 썼다.	彼の電子メールを受け取ってすぐ返事を書いた。
○ 그에게 답장을 보냈다.	彼に返事を送った。
○ 그에게 보낸 이메일이 반송되었다.	彼に送った電子メールが返送された。
○ 숙제로 너무 바빠서 답장을 못 썼다.	宿題のためにとても忙しくて返事を書けなかった。
○ 가능한 한 빨리 그의 소식을 듣고 싶다.	できるだけ早く彼の消息を聞きたい。
○ 며칠 동안 메일 확인을 못했다.	何日間か電子メールを確認できなかった。
○ 그에게 간단하게나마 몇 줄 써 보내야겠다.	彼に簡単に何行か書いて送ろうと思う。
○ 그에게 최근의 내 생활에 대해 적어 보냈다.	彼に最近の私の生活について書いて送った。

휴대전화

○ 현대 사회에서 휴대전화는 필수품이 된 것 같다.	現代社会において、携帯電話は必需品となったようだ。
○ 내가 장학금을 타면, 우리 부모님께서 선물로 휴대전화를 사 준다고 하신다.	私が奨学金を受け取ることができたら、両親が プレゼントに携帯を買ってくれるそうだ。
○ 나는 휴대전화가 없다.	私は携帯がない。／ 私は携帯を持っていない。
○ 내 휴대전화는 구형이어서 새 휴대전화로 바꾸고 싶다.	私の携帯は旧式なので新しいのに買い換えたい。
○ 새 휴대전화를 갖게 되었다.	新しい携帯をもつことになった。
○ 나는 폴더 휴대전화를 가지고 있다.	私はホルダー携帯を持っている。
○ 내 휴대전화는 64화음이다.	私の携帯は64和音だ。
○ 다기능 휴대전화를 갖고 싶다.	多機能携帯がほしい。
○ 나는 중요한 전화를 꼭 받기 위해 항상 휴대전화를 가지고 다닌다.	私は重要な電話をすぐ取れるようにいつも携帯を 持っている。
○ 휴대전화를 이용해서 게임이나 스케줄 관리 등과 같은 많은 일들을 한다.	携帯を利用して、ゲームやスケジュール管理など のいろいろなことをする。

○ 그냥 시간을 보내야 할 때에도 휴대전화로 내내 무언가를 한다.	何もすることがないときも、携帯でいつも何かをしている。
○ 내 휴대전화는 어디에서나 잘 걸린다.	私の携帯はどこでも通話することができる。
○ 내 휴대전화는 무선 인터넷을 사용할 수 있다.	私の携帯は無線インターネットを使うことができる。
○ 벨소리와 게임을 다운받았다.	着メロとゲームをダウンロードした。
○ 나는 발신자 확인 서비스를 받는다.	私は発信者確認サービスを受けている。
○ 가끔은 발신자 번호가 뜨지 않는다.	ときどき発信者番号が表示されない。
○ 내 휴대전화로 사진을 찍을 수 있다.	私は携帯で写真を撮ることができる。
○ 내 휴대전화는 받을 수만 있다.	私の携帯は着信だけできる。
○ 내 휴대전화는 발신만 된다.	私の携帯は発信だけできる。
○ 그가 수신자 부담 전화를 했다.	彼は受信者負担の電話をした。
○ 전화 요금이 많이 나왔다.	電話料金がたくさんかかった。
○ 나의 월 기본요금은 2만원이다.	私の基本料金は、月2万ウォンだ。
○ 친구들에게 휴대전화로 문자를 보냈다.	友達に携帯でメッセージを送った。
○ 휴대전화 메시지가 왔다.	携帯にメッセージが来た。
○ 수업 시간에 벨이 울려 꾸지람을 들었다.	授業中にベルが鳴って、叱られた。
○ 수업 중에는 진동 모드로 바꾸어 놓았다.	授業中はマナーモードに切り替えておいた。
○ 수업 시간 중이어서 휴대전화를 받을 수가 없었다.	授業中だったので、携帯をとることができなかった。
○ 휴대전화로 통화를 하고 있었다.	携帯で通話をしていた。
○ 신호음이 들렸다.	ベルが聞こえた。
○ 전화를 걸었다.	電話をかけた。 ❖「電話をする」라고도 한다.
○ 누군가가 전화를 받았다.	だれかが電話をとった。 ❖「電話に出る」라고도 한다.

- "여보세요"하면서 전화를 받았다. 「もしもし」と言って、電話をとった。

- 인사를 하고 내가 누구인지 밝혔다. 挨拶をして、私の名前を名乗った。

- 전화가 통화 중이었다. 通話中だった。

- 아마 그는 전화를 계속 하고 있는 たぶん、彼は電話をずっとかけているのだと思った。
  모양이었다.

- 그와 전화 통화가 되지 않았다. 彼と通話をすることができなかった。

- 그의 휴대전화에 음성 메시지를 남겼다. 彼の携帯に音声メッセージを残した。

- 그의 전화를 기다리고 있었다. 彼の電話を待っていた。

- 그의 전화번호를 잊어버려서 그에게 彼の電話番号を忘れてしまって、彼に連絡することが
  연락을 할 수가 없었다. できなかった。

- 그의 전화번호를 전화번호부에서 彼の電話番号を電話帳で探してみた。
  찾아보았다.

- 그녀가 나에게 그의 전화번호를 彼女が私に彼の電話番号を教えてくれた。
  알려 주었다.

- 친구의 휴대전화를 빌려 썼다. 友達の携帯を借りて、電話をした。

- 공중전화를 사용했다. 公衆電話を使った。

- 전화를 잘못 건 것 같았다. 電話をかけ間違えたみたいだった。

- 내가 모르는 사람이 전화를 받았다. 私が知らない人が電話に出た。

- 그는 내가 전화를 잘못 걸었다고 했다. 彼は私が電話をかけ間違ったと言った。

- 죄송하다고 말하고 전화를 끊었다. すみませんと謝って、電話を切った。

- 다시 한 번 걸었다. もう一度かけた。

- 그가 받을 때까지 계속 전화를 했다. 彼がとるまで、ずっと電話をかけ続けた。

- 그는 전화를 오래 하는 경향이 있다. 彼は長電話をする傾向がある。

휴대전화 문제

- 잡음이 많이 났다. 雑音がひどい。

○ 배터리가 다 돼 가고 있다.	バッテリーがなくなりそうだ。
○ 배터리가 다 되었다.	バッテリーがなくなった。
○ 배터리 교환이 필요했다.	バッテリーを交換しなければならなかった。
○ 배터리 충전이 필요했다.	バッテリーを充電しなければならなかった。
○ 배터리를 미리 체크했어야 했다.	バッテリーを前もってチェックしておくべきだった。 ❖前もって : 미리/사전에.
○ 배터리 충전하는 것을 잊었다.	バッテリーを充電するのを忘れた。
○ 전화가 갑자기 끊어졌다.	電話が突然途切れた。
○ 전화가 갑자기 연결이 안 되었다.	電話が突然つながらなくなった。
○ 전화가 갑자기 말을 안 들었다.	電話が突然言うことをきかなくなった。 / 電話が突然故障した。
○ 전화가 혼선되었다.	電話が混線した。
○ 전화 연결이 잘 되지 않았다.	電話がよくつながらなかった。
○ 전화를 떨어뜨려서 액정이 망가졌다.	電話を落としてしまって、液晶画面が壊れてしまった。
○ 장난 전화가 계속 온다.	いたずら電話がよくかかってくる。 ❖いたずら電話 : 장난 전화.
○ 장난 전화가 많아서 나는 전화번호를 확인한 후 받는다.	いたずら電話が多いので、私は電話番号を確認してから 取る。

컴퓨터

○ 요즘은 컴퓨터를 쓸 줄 아는 것이 필수 조건이다.	最近はパソコンを使えることが必須条件だ。
○ 요즘은 컴퓨터가 필수품인 것 같다.	最近はパソコンが必需品になったようだ。
○ 시대의 흐름에 뒤처지지 않기 위해 컴퓨터 사용법을 배웠다.	時代の流れに乗り遅れないよう、パソコンの使い方を 習った。
○ 컴퓨터가 공부하기에 편리해서 자주 사용한다.	パソコンが勉強するのに便利なので、よく使う。

○ 나는 장래에 웹 사이트 디자이너가
　되고 싶다.

将来私はウェブサイトデザイナーになりたい。
しょうらい

○ 대학에서 컴퓨터를 전공하고 싶다.

大学でコンピューターを専攻したい。
だいがく　　　　　　　　　　せんこう

○ 컴퓨터는 우리의 많은 일들을 도와준다.

パソコンは私達の多くの仕事を手伝ってくれる。
おお　　しごと　てつだ

○ 컴퓨터를 사용함으로써 많은 일들을
　집에서 할 수 있다.

パソコンを使うことによって、私達はいろいろな
つか
仕事を家にいながら処理することができる。
しごと　いえ　　　　　　しょり
❖ ～ことによって : ～함으로써.

○ 인터넷으로 정보를 검색하고 쇼핑을 하고
　메시지도 보낼 수 있다.

インターネットで情報を検索して、ショッピングを
じょうほう　けんさく
したり、メッセージを送ったりすることができる。
おく

○ 부모님께서 새 컴퓨터를 사 주셨다.

両親が新しいパソコンを買ってくれた。
りょうしん　あたら　　　　　　　か

○ 그는 주변기기까지 모두 사느라 많은
　돈을 지불했다.

彼は周辺機器まで全部買おうとたくさんのお金を
かれ　しゅうへんきき　ぜんぶか　　　　　　　　かね
支払った。
しはら

○ 컴퓨터를 사용할 때 명심해야 할 몇
　가지가 있다.

パソコンを使うとき、注意しなければならないことが
つか　　　　ちゅうい
いくつかある。

○ 물기는 컴퓨터의 적이다.

水気はパソコンの敵だ。
みずけ　　　　　てき

○ 항상 일정한 간격으로 작업한 것을
　저장해야 한다.

いつも一定の間隔で作業したものを保存しなければ
いってい　かんかく　さぎょう　　　　　ほぞん
ならない。

○ 작성한 것을 플로피 디스크나 다른 저장
　매체에 백업해 두는 것이 좋다.

作成したものをフロッピーディスクや他の記憶装置に
さくせい　　　　　　　　　　　　ほか　きおくそうち
バックアップして置く方がいい。
お　ほう

○ 어떤 케이블을 연결 또는 분리하기 전에
　전원을 꺼야 한다.

何かのケーブルをつなげたり、または分離したりする
なに　　　　　　　　　　　　　　ぶんり
前に電源を切らなければならない。
まえ　でんげん　き
❖ 電源を切る : 전원을 끄다.

○ 전원을 끄기 전에 시스템 종료 명령을
　내리는 것이 좋다.

電源を切る前にシステムを終了させる方がいい。
でんげん　き　まえ　　　　　　しゅうりょう　ほう

○ 프린터를 컴퓨터에 연결시켰다.

プリンターをパソコンにつなげた。

○ 컴퓨터에 새로운 프로그램을 설치했다.

パソコンに新しいソフトウェアを設置した。
あたら　　　　　　　　　　せっち

○ 약 10메가바이트의 공간이 남아 있다.

約10メガバイトの空間が残っている。
やく　　　　　　　　くうかん　のこ

○ 내가 필요한 정보를 프린트해 두었다.

私が必要な情報をプリントしておいた。
ひつよう　じょうほう

208

○ 나는 컴퓨터 하는 것을 무척이나　私はパソコンをするのがとても好きだ。
　좋아한다.

○ 나는 컴퓨터광이다.　私はパソコン狂だ。

○ 나는 컴퓨터에 중독된 것 같다.　私はパソコン中毒になったみたいだ。

○ 나는 다른 어떤 것보다 컴퓨터에　私は他のどんなことより、パソコンに関心が強い。
　관심이 많다.

○ 웹 사이트 디자인에 특별한 관심이　ウェブサイトデザインに特別な関心がある。
　있다.

○ 집에 있을 땐 항상 컴퓨터 앞에 앉아　家にいるときはいつもパソコンの前に座っている。
　있는다.

○ 나는 컴퓨터에 대해 많은 것을 알고 있다.　私はパソコンについて、たくさんのことを知っている。

○ 나는 컴퓨터에 관한 한 누구에게도　私はパソコンに関することならだれにも負ける
　뒤지지 않는다.　ことはない。

○ 나는 컴퓨터에 관련된 것을 개발하고　私はパソコンに関連するものを開発したい。
　싶다.

○ 우리 부모님은 내가 매일 컴퓨터를　私の両親は私が毎日何時間もパソコンをすることを
　하느라 몇 시간씩 보내는 걸 원치　願わない。
　않는다.

○ 컴퓨터 게임은 재미있고 흥미롭다.　パソコンゲームはおもしろくて、興味深い。

○ 나는 컴퓨터에 능숙하다.　私はパソコンに熟練している。

○ 나는 컴퓨터를 잘한다.　私はパソコンがうまい。

○ 나는 컴퓨터를 능숙하게 다룬다.　私はパソコンを扱うのがうまい。

○ 나는 진짜 컴퓨터 도사이다.　私は本当にパソコンの技術者だ。

○ 나는 컴퓨터의 암호도 풀 수 있다.　私はパソコンの暗号も解読できる。

○ 나는 활동적인 취미나 놀이보다 컴퓨터　私は活動的な趣味とか遊びよりパソコンゲームを
　게임하는 것을 더 좋아한다.　するのがずっと好きだ。

○ 내가 제일 좋아하는 컴퓨터 게임은 스타 크래프트이다.	私が一番好きなパソコンゲームはスタークラフトだ。
○ 컴퓨터를 하면 시간이 너무 빨리 지나가는 것 같다.	パソコンをすると時間がとても早く過ぎるように感じる。
○ 컴퓨터 게임을 하느라 너무 많은 시간을 낭비했다.	パソコンゲームをして、とても多くの時間を浪費した。
○ 컴퓨터에 보내는 시간이 많아졌다.	パソコンに費やす時間が増えた。
○ 나는 하루 종일 컴퓨터에 열중하고 있었다.	私は一日中パソコンに熱中していた。
○ 컴퓨터 앞에 너무 오래 앉아 있어서 허리가 아팠다.	パソコンの前にとても長く座っていたので、腰が痛くなった。
○ 컴퓨터에 붙어 있는 학생들은 자세가 나빠지기 때문에 나중에 요통이 생기게 되는 경우가 많다.	パソコンに熱中している学生たちは姿勢が悪くなるためにあとで腰痛が出ることが多い。
○ 게임을 하느라 밤 늦게까지 잠을 못 자기도 한다.	ゲームをしようと夜遅くまで寝ないこともある。
○ 나는 컴맹이다.	私はパソコンができない。
○ 컴퓨터에 관한 것은 아무것도 모른다.	パソコンに関することは何も知らない。
○ 컴퓨터를 어떻게 작동시키는지 모른다.	パソコンをどうやって起動させるのか知らない。

인터넷

○ 나는 인터넷 탐색하는 것을 즐겨 한다.	私はインターネット探索を楽しむ。
○ 적어도 하루에 한 번은 인터넷을 한다.	少なくとも一日に一回はインターネットをする。
○ 가끔은 하루 종일 인터넷 서핑을 한다.	たまに一日中インターネットサーフィンをする。
○ 인터넷에서 무료로 영화를 다운받았다.	インターネットで無料の映画をダウンロードした。
○ 스팸을 차단하는 프로그램을 설치했다.	スパムメールを遮断するソフトウェアを設置した。
○ 설치가 끝난 후, 컴퓨터를 다시 부팅했다.	設置が終わったあと、パソコンを再起動させた。

○ 인터넷 정보 중반 이상이 영어로
표기 되어 있다.

インターネット情報の半分以上が英語で表記されている。

○ 나는 인터넷 전용선을 사용하는데
속도가 매우 빠르다.

私はインターネット専用ケーブルを使っているが、
速度がとても速い。

○ 내 컴퓨터는 인터넷 서핑을 하기에 너무
느리다.

インターネットサーフィンをするには、私のパソコンは
とても速度が遅い。

○ 인터넷 전용선에 문제가 있는 것이
틀림없다.

インターネット専用ケーブルに問題があるに
違いない。

○ 로그인을 했다.

ログインをした。

○ 로그아웃을 했다.

ログアウトをした。

○ 아이디와 비밀번호를 잊어버렸다.

IDとパスワードを忘れてしまった。

○ 때때로 친구들과 인터넷에서 채팅을
한다.

時々友達とインターネットでチャットをする。

○ 게시판에 글을 올렸다.

掲示板に投稿した。

○ 내 홈페이지가 있다.

私は自分のホームページをもっている。

○ 새 홈페이지를 만들었다.

新しいホームページを作った。

○ 내 홈페이지에 멋진 사진과 좋은
글들을 올렸다.

私のホームページにかっこいい写真といい話を掲載した。

○ 지난 주에 내 홈페이지를 업데이트했다.

先週、私のホームページをアップロードした。

○ 인터넷 동호회에 가입했다.

インターネット同好会に加入した。

○ 그에게 컴퓨터로 이메일 보내는
방법을 알려 줬다.

彼にパソコンでメールを送る方法を教えてあげた。

○ 집에서는 컴퓨터를 못하게 해서
PC방으로 갔다.

家ではパソコンをさせてくれないので、
インターネットカフェに行った。

컴퓨터 고장

○ 컴퓨터가 갑자기 느려졌다.

パソコンの動きが突然鈍くなった。

○ 틀림없이 뭔가 문제가 있었다.	間違いなく何か問題があった。
○ 마우스가 제대로 작동이 안 됐다.	マウスが正しく作動しなかった。
○ 컴퓨터 화면이 정지되었다.	パソコンの画面が停止した。
○ 내 컴퓨터가 다운되었다.	私のパソコンがダウンした。
○ 내 컴퓨터가 고장 났다.	私のパソコンが故障した。
○ 시스템에 문제가 있는 것 같았다.	システムに問題があるようだった。
○ 컴퓨터 부팅이 되지 않았다.	パソコンが起動しなかった。
○ 시스템을 다시 부팅해 보았다.	システムをもう一度起動させてみた。
○ 바이러스를 체크해 보았다.	ウイルスをチェックしてみた。
○ 내 컴퓨터가 바이러스에 걸렸다.	私のパソコンがウイルスに感染した。
○ 백신 프로그램을 이용해서 바이러스를 없앴다.	ウイルス対策ソフトを利用してウイルスを退治した。
○ 내 컴퓨터에 뭔가 이상이 있는 것 같았다.	私のパソコンに何か異常があるようだった。
○ 바이러스가 내 파일을 모두 지워버렸다.	ウイルスが私のファイルを全部消してしまった。
○ 컴퓨터가 고장 나서 파일을 모두 잃어버렸다.	パソコンが故障して、ファイルを全部失ってしまった。
○ 컴퓨터는 유용하지만 때때로 문제를 일으키기도 한다.	パソコンは有益なものだが、時々問題を起こすこともある。
○ 무엇이 문제인지 수리 센터에 전화로 문의했다.	何が問題なのか修理センターに電話で聞いた。
○ 내 컴퓨터는 하드웨어가 문제였다.	私のパソコンはハードウェアが問題だった。
○ 하드 드라이브를 포맷해야 했다.	ハードドライブをフォーマットしなければならなかった。
○ 컴퓨터를 수리해야 했다.	パソコンを修理しなければならなかった。
○ 컴퓨터를 수리했다.	パソコンを修理した。
○ 프로그램을 모두 다시 깔았다.	ソフトウェアを全部もう一度設置した。

○	컴퓨터를 수리하는 데 많은 비용이 들었다.	パソコンを修理するのにとても多くの費用が かかった。	

○ 컴퓨터를 수리하는 데 많은 비용이
　 들었다.

パソコンを修理するのにとても多くの費用が
かかった。

○ 컴퓨터를 가끔 점검해야겠다.

パソコンを時々点検すべきだ。

○ 프린터에 종이가 걸렸다.

プリンターに紙がはさまった。

○ 프린터의 토너가 떨어졌다.

プリンターのトナーがなくなった。

○ 글씨가 흐릿하게 나왔다.

文字が薄くプリントされた。

○ 토너를 갈아야 했다.

トナーを取り替えなければならなかった。

06 은행

은 행 거 래

개설하다	開設かいせつする	인출하다	引ひき出だす
계좌번호	口座番号こうざばんごう	인터넷뱅킹	インターネットバンキング
금액	金額きんがく	잔액	残高ざんだか
담보	担保たんぽ	저축	貯蓄ちょちく
대출	借かり入いれ・貸付かしつけ	저축계좌	貯蓄口座ちょちくこうざ
	*은행 입장에서	적자	赤字あかじ
번호표	番号札ばんごうふだ	정기적금계좌	定期積立口座ていきつみたてこうざ
부치다	送おくる	지출	支出ししゅつ
비밀번호	暗証番号あんしょうばんごう	청구서	請求書せいきゅうしょ
송금수수료	送金手数料そうきんてすうりょう	출금	出金しゅっきん
수입	収入しゅうにゅう	통장	通帳つうちょう
수표	小切手こぎって	통장정리를 하다	通帳つうちょうを記帳きちょうする
신용카드	信用しんようカード	폰뱅킹	テレフォンバンキング
연체하다	延滞えんたいする	해지하다	解約かいやくする
예금용지	預あずかり伝票でんぴょう・ 預金用紙よきんようし	현금	現金げんきん
		현금 자동 입출금기	現金自動げんきんじどう
예금하다	預金よきんする		預あずけ払ばらい機き・ATM
예산	予算よさん	환전하다	両替りょうがえする
온라인	オンライン	흑자	黒字くろじ
이자	利子りし		
인출용지	引ひき出だし伝票でんぴょう・		
인출용지	引ひき出だし用紙ようし		

○ 돈이면 다 해결된다.	お金さえあれば、何でも解決できる。
○ 나는 돈을 많이 벌고 싶다.	私はお金をたくさん稼ぎたい。
○ 돈은 저절로 생기는 것이 아니다.	お金は自然に生ずるものではない。
○ 돈 없이는 살아갈 수 없다.	お金がなくては生きていくことができない。
○ 나는 낭비를 심하게 하는 사람이 되지 않도록 노력하고 있다.	私はひどく浪費する人にならないよう努力している。 / 私は無駄遣いする人にならないよう努力している。
○ 돈을 지혜롭게 쓰는 것이 중요하다.	お金を知恵深く使うことが重要だ。 / お金を賢く使うことが重要だ。
○ 나는 가계 수입과 지출을 맞추려고 노력한다.	私は家計の収入と支出を合わせようと努力している。
○ 행복은 꼭 돈과 함께 오는 것은 아니다.	幸せは必ずお金といっしょに来るものではない。
○ 쉽게 번 돈은 쉽게 나간다.	たやすく稼いだお金は、たやすく出ていく。

용돈

○ 나는 한 달에 한 번 용돈을 받는다.	私は1ヶ月に1回お小遣いをもらう。
○ 우리 부모님은 용돈으로 1주일에 만원을 주신다.	私の両親はお小遣いを1週間に1万ウォンくれる。
○ 나의 한 달 용돈은 평균 10만원이다.	私の1ヶ月のお小遣いは平均10万ウォンだ。
○ 내 용돈은 내가 번다.	自分のお小遣いは自分で稼ぐ。
○ 용돈을 받기 위해서 부모님의 구두를 닦아 드렸다.	お小遣いをもらうために両親の靴を磨いてあげた。

❖일본에서는 자신의 부모에게는 ―磨いて差し上げる―와 같은 존칭을 잘 쓰지 않는다.

○ 나는 부모님을 도우면서 용돈을 번다.	私は両親を手伝いながら、お小遣いを稼ぐ。
○ 용돈을 벌기 위해 아르바이트를 한다.	お小遣いを稼ぐためにアルバイトをする。
○ 용돈을 위해 매일 아침 신문을 배달한다.	お小遣いのために毎朝新聞配達をする。

○ 용돈을 다 써버렸다.	お小遣いを全部使い果たした。
○ 용돈이 다 떨어졌다.	お小遣いがなくなった。
○ 용돈이 바닥났다.	お小遣いが底をついた。
○ 2,000원으로 며칠을 지내야 한다.	2千ウォンで何日か過ごさなければならない。
○ 나는 부모님께 용돈이 너무 적다고 불평을 했다.	私は両親にお小遣いがとても少ないと不平を言った。
○ 부모님께 용돈을 더 달라고 졸라댔다.	両親にお小遣いがもっとほしいとねだった。
○ 부모님께 용돈을 미리 달라고 부탁드렸다.	お小遣いを前もってくれるよう、両親にお願いした。
○ 기꺼이 내게 돈을 주셨다.	簡単に私にお金をくれた。

돈이 부족하다

○ 나는 돈 씀씀이가 너무 헤프다.	私はお金の使い方が激しい。
○ 나는 돈에 쪼들리고 있다.	私はお金に悩まされている。
○ 나는 돈이 궁하다.	私はお金が足りない。
○ 주머니 사정이 좋지 않았다.	財布が軽い。
○ 나는 돈이 부족했다.	私はお金が足りなかった。
○ 현금이 모자랐다.	現金が足りなかった。
○ 3,000원이 부족했다.	3千ウォン足りなかった。
○ 돈이 충분하지 않았다.	お金が十分ではなかった。
○ 우리 집은 형편이 넉넉하지 않다.	私の家は生活に余裕がなかった。
○ 우리 집은 그리 부유하지 않다.	私の家はそんなに裕福ではなかった。
○ 생활비가 오르고 있다.	生活費が高くなっている。
○ 우리 집은 예전보다 살림이 더 어려운 것 같다.	私の家は前より生活が苦しくなったみたいだ。
○ 이런저런 일로 돈이 필요했다.	いろんなことでお金が必要だった。

○ 돈이 없어 그것을 살 수 없어서 너무나 　 お金がなくてそれを買うことができなくて、
슬퍼졌다. 　 とても悲しくなった。

○ 현금이 모자란 걸 알고서 멋쩍은 생각이 　 現金が足りないのを知って、情けなくなった。
들었다.

○ 친구를 속여 돈을 빼앗고 싶지는 않았다. 　 友達をだまして、お金を横取りしたくなかった。

○ 그는 나를 속여 돈을 가져갔다. 　 彼は私をだまして、お金を持っていった。

○ 부정한 방법으로 돈을 얻고 싶지는 않다. 　 不正な方法で、お金を得たくなかった。

○ 분수에 맞는 생활을 할 것이다. 　 自分に合った生活をしようと思う。

파산하다

○ 나는 돈을 척척 잘 쓴다. 　 私はどんどんお金を使う。

○ 돈이 한 푼도 없다. 　 お金が一銭もない。

○ 호주머니에 돈이라고는 한 푼도 없었다. 　 ポケットにお金なんて一銭もなかった。

○ 나는 파산했다. 　 私は破産した。

○ 완전히 파산했다. 　 完全に破産した。

○ 빚을 갚으니 한 푼도 남지 않았다. 　 借金を返したら、一銭も残らなかった。

돈 빌리기

○ 친구에게 돈을 빌렸다. 　 友達にお金を貸してもらった〔借りた〕。

○ 그가 나에게 약간의 돈을 꾸어 주었다. 　 彼が私にお金を少し都合してくれた。

○ 돈을 곧 돌려주겠다고 그에게 약속했다. 　 お金をすぐ返すと彼に約束した。

○ 갚겠다는 다짐을 받고 그에게 돈을 빌려 　 ちゃんと返すと確約をしたうえで、彼にお金を貸して
주었다. 　 あげた。

○ 일주일 이내로 되돌려 주겠다는 　 一週間内に返すという条件で、彼にお金を貸してあげた。
조건으로 그에게 돈을 빌려 주었다.

○ 나는 그에게 10만원의 빚이 있다. 　 私は彼に10万ウォンの借りがある。

○ 가능한 한 빨리 빚진 것을 갚으려고 한다.   できるだけ早く、借りたお金を返そうと思う。
　　　　　　　　　　　　　　　　　　　　　　　はや　か　　　　　　　　　かえ　　おも

○ 돈이 없어서 빚 갚는 것을 미루어야 했다.   お金がなくて借金を返すのを延ばすしかなかった。
　　　　　　　　　　　　　　　　　　　　　しゃっきん　かえ　　　　の

○ 다시는 빚지지 않을 것이다.   二度と借金しないつもりだ。
　　　　　　　　　　　　　　　に　ど

돈이 많다

○ 돈이 많다.   お金がたくさんある。
　　　　　　　かね

○ 우리 집은 형편이 넉넉하다.   私の家は裕福だ。
　　　　　　　　　　　　　　　いえ　ゆうふく

○ 나는 경마에 돈을 걸었다.   私は競馬にお金を賭けた。
　　　　　　　　　　　　　　けい ば　　　　か

○ 나는 자선 단체에 돈을 아낌없이 냈다.   私は慈善団体に惜しみなくお金を寄付した。
　　　　　　　　　　　　　　　　　じ ぜんだんたい　お　　　　　　　　き ふ

○ 나는 비싼 물건을 사는 데 돈을 썼다.   私は高いものを買うことにお金を使った。
　　　　　　　　　　　　　　　　たか　　　　か　　　　　　　　つか

○ 나는 돈이 남아돌 만큼 많다.   私はお金が残りあふれるほど多い。
　　　　　　　　　　　　　　　の こ　　　　　　　　おお

○ 그는 막대한 재산을 가지고 있다.   彼は莫大な財産を持っている。
　　　　　　　　　　　　　　　かれ　ばくだい　ざいさん　も

○ 종종 그는 자신의 재산을 과시하려는   時折彼は自分の財産を誇示しようとする傾向がある。
  경향이 있다.   　ときおりかれ　じ ぶん　ざいさん　こ じ　　　　　　　　けいこう

저축

○ 매달 돈을 모은다.   毎月、お金を貯めている。
　　　　　　　　　　まいつき　かね　た

○ 매달 저축을 한다.   毎月、貯蓄をしている。
　　　　　　　　　　　ちょちく

○ 수입 중 많은 부분을 저축한다.   収入のほとんどを貯蓄している。
　　　　　　　　　　　　　しゅうにゅう

○ 지출을 줄이려고 노력한다.   支出を減らそうと努力している。
　　　　　　　　　　　　　ししゅつ　へ　　　　どりょく

○ 나는 일하여 조금씩 저축한다.   私は仕事をして少しずつ貯蓄している。
　　　　　　　　　　　　　　　わたし　し ごと　すこ

○ 매달 조금씩 돈을 저축했다.   毎月少しずつお金を貯蓄した。
　　　　　　　　　　　　　　　すこ

○ 선물을 사려고 돈을 모았다.   プレゼントをしようとお金を貯めた。
　　　　　　　　　　　　　　　　　　　　　　　　　　　た

○ 나는 돈을 많이 소비하고 저축을 하지   私はお金をたくさん使って、貯蓄をしなかった。
  않았다.   　　　　　　　　　つか

○ 생활도 거의 꾸려 나갈 수 없어서 저축은   生活も苦しくて、貯蓄をすることができない。
　 할 수가 없다.　　　　　　　　　　　　　　せいかつ　くる

저축의 필요성

○ 앞날을 위해 저축해야 한다.   将来のために貯蓄をするべきだ。
　　　　　　　　　　　　　　しょうらい　　　　　ちょちく

○ 만일에 대비하여 저축을 해야 한다.   万一に備えて貯蓄をしなければならない。
　　　　　　　　　　　　　　まんいち　そな

○ 노후에 대비해서 저축을 해야 한다.   老後に備えて、貯蓄をしなければならない。
　　　　　　　　　　　　　　ろうご　そな

○ 돈을 저축하는 것이 앞으로 있을   お金を貯蓄することは、これから起こるかも知れない
　 재정적인 어려움에 대비하는 것이라고   かね　　　　　　　　　　　　　お　　　　し
　 생각한다.   財政的な危機に備えることだと思う。
　　　　　　　　　　　ざいせいてき　きき　そな　　　　　　　　おも

○ 나는 유럽을 여행하기 위해 돈을   私はヨーロッパ旅行をするためにお金を貯蓄した。
　 저축했다.　　　　　　　　　　　　　　　　　りょこう

저축 계획

○ 한 달에 10만원이라도 저축하고 싶다.   1ヶ月10万ウォンでも貯蓄したい。
　　　　　　　　　　　　　　かげつ　まん　　　　　　ちょちく

○ 절약하고 저축하며 생활해야 한다.   節約をして、貯蓄しながら生活すべきだ。
　　　　　　　　　　　　　　せつやく　　　　　ちょちく　　　　せいかつ

○ 만일을 대비해서 용돈의 일부분이라도   万一に備えて、小遣いを少しでも別に差し引いて、
　 따로 떼어 저축할 것이다.   まんいち　そな　　　こづか　　すこ　　　べつ　さ　ひ
　　　　　　　　　　　　　　　貯蓄するつもりだ。

○ 예산 내에서 쓰도록 할 것이다.   予算内で使うようにするつもりだ。
　　　　　　　　　　　　　　よさんない　つか

○ 월급의 10%는 꼭 저축 계좌에   月給の10%は必ず貯蓄口座に預金する
　 예금해 둘 것이다.   げっきゅう　　　かなら　ちょちくこうざ　よきん
　　　　　　　　　　　　　　つもりだ。

○ 저축할 수 있을 때 저축하기로 결심했다.   貯蓄できるときに貯蓄しようと決心した。
　　　　　　　　　　　　　　　　　　　けっしん

○ 쓸데없는 것에 돈을 낭비하지 않을   無駄なことにお金を浪費しないつもりだ。
　 것이다.   むだ　　　　　かね　ろうひ

계좌 만들기

○ 은행은 오전 9시 30분에 개점한다.   銀行は午前9時30分に開店する。
　　　　　　　　　　　　　　ぎんこう　ごぜん　じ　ぷん　かいてん

218

○ 은행에 사람이 많아서 줄을 서야만 했다.　銀行に人が多くて、並んで待たなければならなかった。

○ 우선 번호표를 뽑았다.　まず番号札をとった。

○ 은행원이 새 통장을 만들기 위한 몇 가지 양식을 작성하라고 했다.　銀行員が新しい通帳を作るためのいくつかの書類を書いてほしいと言った。

○ 은행원이 내 신분증을 보여 달라고 했다.　銀行員が私の身分証明証を見せてほしいといった。

○ 나는 오늘 은행에 계좌를 개설했다.　私は今日銀行の口座を開設した。

○ 정기 적금 계좌를 개설했다.　定期積立口座を開設した。

○ 은행원에게 어느 것이 이자가 가장 높은지 문의했다.　銀行員にどの口座の利子が一番高いのか聞いた。

○ 내가 개설한 계좌의 이자율이 가장 높았다.　私が開設した口座の利子率が一番高かった。

예금

○ 은행에 돈을 예금했다.　銀行にお金を預金した。

○ 수입이 있을 때마다 예금을 한다.　収入があるたびに預金をする。

○ 예금 용지를 작성했다.　預かり伝票を作成した。／
預金用紙に書き込んだ。

○ 계좌 번호와 예금할 금액을 적어 넣었다.　口座番号と預金する金額を書き込んだ。

○ 통장, 예금 용지와 함께 예금할 돈을 은행원에게 주었다.　通帳、預かり伝票といっしょに預金するお金を銀行員に渡した。

출금

○ 인출 용지를 작성했다.　引き出し伝票を作成した。

○ 돈을 조금 인출했다.　お金を少し引き出した。

○ 은행에서 예금을 인출했다.　銀行から預金を引き出した。

○ 은행에서 수표로 20만원을 인출했다. 　銀行から小切手で20万ウォンを引き出した。

❖우리나라에서는 10만원권 수표를 인출할 수도 있지만, 일본에서는
수표를 인출할 수는 없고, 모두 발행된다. 그래서 일본식 표현으로는
「小切手を切る」,「小切手を張り出す」를 써야 한다.

○ 텔레비전을 사기 위해 은행 계좌에서 　テレビを買うために銀行口座からたくさんのお金を
많은 돈을 인출했다. 　引き出した。

○ 통장에 돈이 그다지 남아 있지 않았다. 　通帳にお金があまりに残っていなかった。

○ 부모님 생신 선물을 위해 저축해 둔 　両親の誕生日のプレゼントを買うために貯蓄して
돈이 약간 있었다. 　おいたお金が少しあった。

○ 돈이 얼마 남아 있지 않았다. 　お金があまり残っていなかった。

○ 이제는 통장에 남아 있는 돈이 　もう通帳に残っているお金は、ひとつもなかった。
하나도 없었다.

○ 이번 달은 예산 초과다. 　今月は予算超過だ。

○ 이번 달은 적자이다. 　今月は赤字だ。

○ 이번 달은 흑자이다. 　今月は黒字だ。

현금 자동 입출금기

○ 돈을 좀 출금하려고 현금 자동 　お金をちょっと引き出そうと現金自動預け払い機を
입출금기를 이용했다. 　利用した。

○ 현금 자동 입출금기 이용 시간을 지났다. 　現金自動預け払い機の利用時間を過ぎた。

○ 현금 자동 입출금기를 이용할 수 있었다. 　現金自動預け払い機を使うことができた。

○ 카드를 현금 자동 입출금기에 넣었다. 　カードを現金自動預け払い機に読み込ませた。

○ 비밀번호를 입력했다. 　暗証番号を入力した。

○ 필요한 금액을 입력했다. 　必要な金額を入力した。

○ 현금 자동 입출금기에서 카드를 　現金自動預け払い機からカードが返却された後、
돌려받은 후 돈을 받았다. 　お金を受け取った。

○ 현금 자동 입출금기에서 통장을 정리했다. 　現金自動預け払い機で通帳を記帳した。

송금

○ 부모님께 온라인으로 돈을 조금
 부쳐드렸다.

両親にオンラインでお金を少し送った。
りょうしん　　　　　　　　かね　すこ　おく

○ 그가 내 계좌로 5만원을 송금했다.

彼が私の口座に5万ウォンを送金した。
かれ　わたし　こうざ　まん　　　　　そうきん

○ 입금이 되었는지 계좌를 확인했다.

入金されたかどうか口座を確認した。
にゅうきん　　　　　　　　こうざ　かくにん

○ 송금 수수료를 지급했다.

送金手数料を支払った。
そうきんて　すうりょう　しはら

은행 업무

○ 은행에서 청구서의 금액을 냈다.

銀行で請求書の金額を支払った。
ぎんこう　せいきゅうしょ　きんがく　しはら

○ 은행원에게 수표를 현금으로 바꾸어
 달라고 했다.

銀行員に小切手を現金に替えてほしいといった。
ぎんこういん　こぎって　げんきん　か

○ 내 은행 계좌의 잔고를 확인했다.

私の銀行口座の残高を確認した。
わたし　ぎんこうこうざ　ざんだか　かくにん

○ 잔고가 하나도 없었다.

残高がゼロだった。
ざんだか

○ 돈을 미화로 환전했다.

お金をドルに替えた〔両替した〕。
かね　　　　　か　　　　りょうがえ

○ 오늘은 1달러가 890원이다.

今日は1ドルが890ウォンだ。
きょう

○ 은행 계좌를 해지했다.

銀行口座を解約した。
ぎんこうこうざ　かいやく

○ 집에서 폰뱅킹이나 인터넷 뱅킹을
 이용하는 것이 더 편리하다.

家でテレフォンバンキングやインターネットバンキング
いえ
を利用するのがずっと便利だ。
りよう　　　　　　　　　べんり

신용카드

○ 신용 카드를 신청했다.

信用カード〔クレジットカード〕を申し込んだ。
しんよう　　　　　　　　　　　　もう　こ

○ 그 카드의 연회비는 만원이다.

そのカードの年会費は1万ウォンだ。
ねんかいひ　まん

○ 나의 신용 등급은 아주 높은 편이다.

私の信用等級はとても高い方だ。
わたし　しんようとうきゅう　たか　ほう

○ 나는 물건을 살 때 언제나 카드로 지불한다.

私はものを買うとき、いつもカードで支払う。
わたし　　　　か　　　　　　　　　　　しはら

○ 그 카드는 유효하지 않았다.

そのカードは有効ではなかった。/
ゆうこう
そのカードは無効だった。
むこう

○ 이용 한도까지 이미 다 써 버렸다.　利用限度までもう全部使ってしまった。
　　　　　　　　　　　　　　　りようげんど　　　　　　ぜんぶつか

○ 카드 사용 한도를 넘겼다.　カード利用限度を越えた。
　　　　　　　　　　　　　　りようげんど　こ

○ 어떤 상점은 신용 카드를 받지 않는다.　あるお店は信用カードを利用できない。／
　　　　　　　　　　　　　　　　　　みせ　しんよう　　　　　りよう
　　　　　　　　　　　　　　　あるお店は信用カードを使うことができない。
　　　　　　　　　　　　　　　　　　　　　　　　　つか

○ 카드로 현금 서비스를 받아야 했다.　カードで現金サービスを受けなければならなかった。
　　　　　　　　　　　　　　　　げんきん　　　　う

○ 신용 카드 지불도 연체되어 있었다.　信用カードの支払いも延滞していた。
　　　　　　　　　　　　　しんよう　　しはら　えんたい

○ 카드 대금을 연체하였다.　カード代金を延滞した。
　　　　　　　　　　だいきん　えんたい

○ 카드 대금을 지불할 여유가 없었다.　カード代金を支払う余裕がなかった。
　　　　　　　　　　　　　だいきん　しはら　よゆう

○ 신용 카드를 무분별하게 쓰지　信用カードを乱用すべきではない。
　말아야 한다.　　　　　しんよう　　　らんよう

○ 과도한 신용 카드의 사용은 결국에는　過度な信用カード使用は、結局借金になるという
　빚이 된다는 것을 명심해야 한다.　かど　しんよう　　しよう　けっきょくしゃっきん
　　　　　　　　　　　　　　　　ことを忘れるべきではない。
　　　　　　　　　　　　　　　　　　わす

○ 신용 카드를 더 이상 사용하지 않으려고　信用カード〔クレジットカード〕をこれ以上使わないように
　카드를 가위로 잘라 버렸다.　しんよう　　　　　　　　　　　いじょうつか
　　　　　　　　　　　　　　カードをはさみで切ってしまった。
　　　　　　　　　　　　　　　　　　　　　き

대출

○ 대출을 받기 위해 대출 담당 직원과　借り入れをするために担当職員に相談した。
　상담했다.　　　　　　　か　い　　　　たんとうしょくいん　そうだん

○ 대출을 신청했다.　借り入れを申し込んだ。
　　　　　　　もう　こ

○ 대출 신청서를 작성했다.　借り入れ申込書を作成した。
　　　　　　　　もうしこみしょ　さくせい

○ 대출을 받기 위해 보증인이 필요했다.　借り入れをするために保証人が必要だった。
　　　　　　　　　　　　ほしょうにん　ひつよう

○ 아버지가 보증을 서 주었다.　父が保証人になってくれた。
　　　　　　　ちち　ほしょうにん

○ 대출 신청 승인이 났다.　借り入れ申し込み〔申請〕に承認がおりた。
　　　　　　　　もう　こ　せんせい　しょうにん

○ 은행에서 대출을 받았다.　銀行で借り入れをした。
　　　　　　　ぎんこう

○ 은행에서 대출을 해 주었다.　銀行が貸付をしてくれた。
　　　　　　　ぎんこう　かしつけ

○ 집을 담보로 하여 돈을 대출받았다.　家を担保にしてお金を借り入れした。
　　　　　　　　　いえ　たんぽ　　　かね　か　い

222

○ 이자율이 연간 8.5%였다.　　　　利子率が年間8.5パーセントだった。
　　　　　　　　　　　　　　　　　り し りつ　　ねんかん

07 절약

근검한 생활

○ 우리 부모님은 근검하신 분이다.　　私の両親は倹約家だ。
　　　　　　　　　　　　　　　　　わたし りょうしん けんやくか

○ 엄마의 절약 때문에 우리 가족이　　母が節約するので、私の家族が裕福に過ごせるのだと
　넉넉하게 살 수 있다고 생각한다.　　はは せつやく　　　　わたし かぞく ゆうふく す
　　　　　　　　　　　　　　　　　思う。
　　　　　　　　　　　　　　　　　おも

○ 나도 절약하려고 노력한다.　　　　私も節約するように努力している。
　　　　　　　　　　　　　　　　　わたし せつやく　　　　　　どりょく

○ 우리 가족은 매우 검소하다.　　　　私の家族はとても倹素だ。
　　　　　　　　　　　　　　　　　かぞく　　　　　けんそ

○ 우리 가족은 검소한 생활을 한다.　　私の家族は倹素な生活をしている。
　　　　　　　　　　　　　　　　　かぞく けんそ せいかつ

○ 우리는 시간과 돈을 포함한 모든 것을　私達は時間とお金を含めて、すべてのものを大切に
　신중하게 사용하려고 노력한다.　　じかん かね ふく　　　　　　　　たいせつ
　　　　　　　　　　　　　　　　　使おうと努力している。
　　　　　　　　　　　　　　　　　つか　　　どりょく

절약 방법

○ 우리 가족은 가정에서 에너지를　　私の家族は家庭でエネルギーの節約のためにいろいろな
　절약하기 위해 여러 방법을 사용한다.　かぞく かてい　　　　　　　せつやく
　　　　　　　　　　　　　　　　　方法を使っている。
　　　　　　　　　　　　　　　　　ほうほう つか

○ 백열등을 형광등으로 바꾸었다.　　白熱灯を蛍光灯に替えた。
　　　　　　　　　　　　　　　　　はくねつとう けいこうとう か

○ 일반 전구를 절전 전구로 바꾸었다.　一般の電球を節電電球に替えた。
　　　　　　　　　　　　　　　　　いっぱん でんきゅう せつでんでんきゅう か

○ 사용하지 않는 곳의 전등은 항상 끈다.　使わないところの電灯をいつも消す。
　　　　　　　　　　　　　　　　　つか　　　　　　でんとう　　　け

○ 우리는 에너지 절약을 위해 고안된　私達はエネルギーの節約を考案して作った家電製品
　가전제품을 사용한다.　　　　　　せつやく こうあん つく かでんせいひん
　　　　　　　　　　　　　　　　　を使う。
　　　　　　　　　　　　　　　　　つか

○ 꼭 보아야 할 프로그램이 있을 때만　必ず見なければならない番組があるときだけ、
　TV를 켠다.　　　　　　　　　　なら み　　　　　　　ばんぐみ
　　　　　　　　　　　　　　　　　テレビをつける。

　　　　　　　　　　　　　　　　　❖テレビをつける : TV를 켜다.

○ 집 안을 따뜻하게 하거나 시원하게 할 때 | 家のなかを暖かくしたり、涼しくしたりするとき、
에너지를 낭비하지 않도록 한다. | エネルギーを浪費しないようにするべきだ。

○ 방에서 나올 때는 반드시 에어컨이나 | 部屋から出るとき、必ずクーラーや暖房機を消す。
난방기를 끈다.

○ 냉장고 문을 오래 열어 두지 않는다. | 冷蔵庫のドアを長く開けておかない。

○ 냉장고에 너무 많은 음식을 채우지 | 冷蔵庫にたくさんの食べ物を入れない。
않는다.

○ 세탁물이 많이 모아진 후에 세탁기에 | 洗濯物がたくさんたまった後で、洗濯機を回す。
돌린다.

○ 물을 절약하기 위해서 물이 적게 나오는 | 水を節約するためにお湯が少なく出るシャワー器を
샤워기를 이용한다. | 使う。

○ 양치할 때는 물을 틀어 놓고 하지 않는다. | 歯磨きするときは水を出しっ放しにしない。

○ 자동차를 운전할 때 일정한 속도로 | 自動車を運転する時、一定の速度を維持するのが
유지하는 게 휘발유를 아낄 수 있는 | ガソリンを節約する方法の一つだ。
방법 중 하나이다.

○ 가까운 곳에 갈 때는 자동차로 가지 않고 | 近くへ行くときは自動車で行かずに歩いたり、
걷거나 자전거를 이용한다. | 自転車に乗って行く。

○ 필요하지 않은 물건은 절대 사지 않는다. | 必要ないものを絶対買わない。

재활용

○ 이면지도 메모지로 활용한다. | 裏紙もメモ用紙とかにして活用する。

○ 쓰레기를 분리수거한다. | ゴミ分別をする。

○ 지난 신문들을 재활용하기 위해 모은다. | 古新聞をリサイクルするために集める。

○ 지난 신문들은 묶어 놓았다. | 古新聞を紐で縛っておいた。

○ 우유 팩도 다른 쓰레기와 분리한다. | 牛乳パックも他のゴミと分離する。

○ 아파트 입구에 유리병 수거 통, 캔 | アパートの入り口に、ガラス瓶入れ、缶入れ、
수거 통, 플라스틱 수거 통 그리고 음식 | プラスチック入れ、そして、生ごみ入れが
쓰레기 통이 배치되어 있다. | 配置されている。

224

○ 쓰레기를 버릴 때 여러 재활용품
　 수거통에 분리하여 넣었다.

ゴミを捨てるとき、いろんな再利用品入れに
分別して入れた。

○ 쓰레기 분리하는 일이 귀찮긴 하지만
　 나는 재활용 운동에 동의한다.

ゴミを分別することはめんどくさいとも思うが、
私は再利用運動に同意している。

○ 재활용은 환경을 생각하면 꼭 필요한
　 부분이라고 생각한다.

再利用は環境を考えるならば、必ず必要な部分だと
思う。

○ 알루미늄 캔 하나를 재활용하면 세 시간
　 동안 TV를 볼 수 있는 만큼의 에너지를
　 절약할 수 있다고 한다.

ひとつのアルミニウム缶を再利用すると、3時間テレビを
見ることのできるくらいのエネルギーを節約することが
できるという。

❖くらい：만큼.

○ 재활용은 지구를 푸르게 하기 위해
　 우리가 해야 할 것 중 하나이다.

再利用は青い地球を守るため、私達がすべきことの
一つだ。

❖すべきこと：해야 할 것.

○ 가능한 한 일회용품을 사용하지 않으려
　 한다.

できるだけ使い捨て用品を使わないようにする。

○ 일회용품을 사용해야 하는 경우,
　 재활용된 것으로 사용하는 것이 더 좋다.

使い捨て用品を使わなければならない場合は、
リサイクル用品を使う方がいい。

○ 일회용보다는 반복해서 쓸 수 있는
　 제품을 사용해야 한다.

使い捨て用品より、何回も使える物を使うべきだ。

○ 줄여 쓰고 다시 쓰고 재활용하자.

少なく使って、もう一度使って、再利用しよう。

○ 티끌 모아 태산이다.

塵も積もれば山となる。

○ 한 푼의 절약은 한 푼의 이득이다.

一文の節約は、一文の利益だ。

○ 안에서 새는 바가지 밖에서도 샌다.

内で漏れるバケツは、外でも漏れる。

08 봉사 활동

자원 봉사

○ 자원 봉사에 참여하고 싶다.　　　　　ボランティア活動に参加したい。

○ 올해는 자원 봉사를 많이 했다.　　　今年はボランティアをたくさんした。

○ 나는 정기적으로 교회 단체에서　　　私は定期的に教会の団体でボランティア活動をする。
　봉사 활동을 한다.

○ 아픈 사람들이나 사고로 고통 받는　　からだの悪い人達や、事故で苦痛を受けている人達の
　사람들처럼 다른 사람의 도움을　　　ように、他の人の助けを必要とする人達がたくさんいる。
　필요로 하는 사람들이 많다.

　　　　　　　　　　　　　　　❖몸이 아픈 사람은 ―痛い人―가 아닌 ―からだの悪い人―라고 한다.

○ 사회 봉사 프로그램에 참여하기로 했다.　社会奉仕プログラムに参加することにした。

○ 봉사 활동을 하고 나면 보람을 느낀다.　ボランティア活動をするとやりがいを感じる。

○ 도움이 필요한 사람들을 돕는 것은　　助けが必要な人達を助けることは、私に深い満足感を
　나에게 깊은 만족감을 준다.　　　　　与える。

○ 다른 사람을 돕는다는 것은 나에게　　他の人を助けるということは、私に重要な意味を
　중요한 의미를 갖는다.　　　　　　　持たせる。

○ 많은 사람들이 봉사 활동에 더욱　　　多くの人達がもっと積極的にボランティアに
　적극적으로 참여하기를 바란다.　　　参加することを願う。

○ 난 봉사 활동을 통해 많은 것을 배운다.　私はボランティアを通じて多くのことを学ぶ。

양로원에서

○ 양로원에는 외로운 노인 분들이 많다.　養老院には孤独なお年寄りが多い。

○ 노인 분들을 도우러 양로원에　　　　お年寄りに奉仕するため、養老院に定期的に行く。
　정기적으로 간다.

○ 거기에서 청소나 빨래를 돕는다.　　そこで掃除とか洗濯を手伝う。

○ 때로는 노인 분들을 즐겁게 해 드리기 위해 노래도 하고 재미있는 이야기도 해 드린다.

ときにはお年寄りを楽しませるために歌を歌ったり、おもしろい話をしてあげたりする。

○ 그분들의 다리도 주물러 드렸다.

その人達の足をもんであげた。/
その人達の足をあんましてあげた。

○ 그들은 우리가 가면 언제나 반갑게 맞이해 주신다.

彼らは私達が行くと、いつもうれしそうに迎えてくれる。

고아원에서

○ 고아원 아이들의 공부를 도와주었다.

孤児院の子供達の勉強を手伝った。

○ 그 아이들은 정을 몹시 그리워했다.

その子供達はとても情を恋しがった。

○ 그 아이들은 부모와 살진 않지만 잘 지내고 있었다.

その子供達は両親といっしょに暮していないが元気に過ごしていた。

○ 주말마다 아이들은 나를 만나기를 고대한다.

週末ごとに子供達は私に会うことを楽しみにしている。

장애인 시설에서

○ 매주 일요일이면 장애인 요양 시설에 간다.

毎週日曜日には、障害者療養施設に行く。

○ 거기에는 혼자서 식사를 못하는 장애인도 있다.

そこでは一人で食事をすることができない障害者もいる。

○ 나는 그들이 식사하는 것을 돕고 씻겨 주었다.

私は彼らが食事をするのを手伝って、体を洗ってあげた。

○ 그들이 안쓰럽다는 생각이 들었다.

彼らがかわいそうだと思った。

○ 그들에게 가능한 한 많은 도움을 주고 싶다.

彼らにできるだけ多くの助けを施したい。

❖施す : (은혜나 자선을) 베풀다.

○ 어떻게든 그들을 돕겠다고 약속했다.

どうにかして彼らを助けると約束した。

227

공원에서

○ 우리는 노숙자들에게 무료로 음식을
제공할 계획을 세웠다.

私達は野宿する人達に無料で食べ物を提供する
計画を立てた。

○ 노숙자들에게 먹을 것을 나누어 주었다.

野宿する人達に食べ物を分けてあげた。

○ 공원에서 쓰레기를 주웠다.

公園でゴミを拾った。

○ 공원에 쓰레기가 너무 많았다.

公園にゴミがとても多かった。

○ 공원이 깨끗해져서 기분이 매우 좋았다.

公園がきれいになって、気分がとても良かった。

○ 쓰레기를 아무 데나 버리지 않아야
한다고 생각한다.

ゴミをどこでも捨ててはいけないと思う。

○ 나는 절대 쓰레기를 아무 데나 버리는
사람이 되지 않겠다고 다짐했다.

私は絶対ゴミをどこにでも捨てる人にはならないと
決心した。

자선 바자회

○ 어려운 사람들은 물질적인 도움도
필요로 한다.

困っている人達には物質的補助も必要だ。

○ 우리는 자선 활동을 지원하기 위한
기금 모금 행사를 할 것이다.

私達は慈善活動を支援するための募金運動をする
つもりだ。

○ 나는 어려운 가정을 돕기 위한
기금 모금을 위해 자선 바자회를
하자고 제의했다.

私は困っている人の家庭を助けるための募金のために、
慈善バザー会をしようと提議した。

○ 입지 않는 옷들을 모아서 팔자고
제안했다.

着ない服を集めて売ろうと提案した。

○ 많은 사람들이 자선 바자회에 와서
여러 물건을 사 주었다.

たくさんの人達が慈善バザー会に来て、いろいろなものを
買ってくれた。

○ 우리는 장애인을 위한 기부금을 많이
모았다.

私達は障害者のための寄付金をたくさん集めた。

○ 우리는 모금한 돈을 자선 시설에
기부했다.

私達は集めたお金を慈善施設に寄付した。

09 실수 · 잘못

실수

○ 나는 실수를 매우 자주 한다. | 私は失敗をよくする。
わたし　しっぱい

○ 내가 조심성이 없어서 실수를 하는 것이라고 생각한다. | 私が注意力が欠けているので失敗するのだと思う。
わたし　ちゅういりょく　か　　　　　　　　　　　　　　　おも

○ 그것은 내 경솔함 때문이었다. | それは私が軽率だからだった。
わたし　けいそつ

○ 실수로 화분을 깨고 말았다. | 過って鉢を割ってしまった。
あやま　はち　わ

○ 실수로 누군가의 발을 밟았다. | 過ってだれかの足を踏んでしまった。
あやま　　　　　　あし　ふ

○ 좀 더 조심했어야 했다. | もう少し注意すべきだった。
すこ　ちゅうい

○ 나는 제정신이 아닌 상태에서 자주 실수를 한다. | 私は気が気でないときによく失敗をする。
わたし　き

○ 처음엔 무엇이 잘못된 것인지 알아채지 못했다. | 最初は何が悪かったのかも分からなかった。
さいしょ　なに　わる　　　　　　　　わ

○ 다른 사람들의 말을 잘못 알아들어서 실수할 때도 있다. | 他の人達の話を聞き誤って〔聞きまちがって〕、失敗するときもある。
ほか　ひとたち　はなし　き　あやま　　　　　き

○ 어처구니없는 실수로 무척 창피했다. | とんでもない失敗のために、とても恥ずかしかった。
は

○ 가끔 실수 때문에 창피하다. | ときどき失敗のために恥ずかしくなる。
は

○ 내 실수로 그가 화가 났다. | 私の過ちのために彼が怒った。
あやま　　　　　　かれ　おこ

○ 내 실수를 알아채지 못했다. | 私の失敗に気付くことができなかった。
きづ

○ 나는 그에게 미안하다고 했어야 했다. | 私は彼にすまないと謝るべきだった。
かれ　　　　　　あやま

○ 내가 저지른 실수에 대해서 그에게 사과했다. | 私がしでかした過ちに対して、彼に謝った。
あやま　たい　　　　かれ　あやま

❖しでかす : (잘못이나 실수를) 저지르다.

○ 그는 내 사과를 받아들였다. | 彼は私を許してくれた。
わたし　ゆる

229

- 그는 그것이 누구의 실수였는지 확인하지 않았다.

  彼はそれがだれの失敗なのか確認しなかった。

- 몇몇 실수가 큰 재앙을 불러일으킬 수도 있다.

  いくつかの失敗が大きい災いを引き起こすこともある。

- 내가 재난을 일으키는 원인 같다는 생각이 든다.

  私が災難を起こす原因のような気がする。

- 그는 항상 내 실수를 지적한다.

  彼はいつも私の失敗を指摘する。

- 다음에는 실수 없이 잘할 것이다.

  この次は失敗しないようにするつもりだ。

- 다시는 똑같은 실수를 하지 않을 것이다.

  再び同じ失敗をしないつもりだ。

- 이미 엎질러진 물이다.

  すでにこぼれた水だ。

- 저질러진 일은 돌이킬 수 없다.

  しでかしたことはどうすることもできない。

- 원숭이도 나무에서 떨어질 때가 있다.

  さるも木から落ちる。

- 아무리 현명한 사람도 실수는 있는 법이다.

  どんなに賢い人も失敗はあるものだ。

- 현명한 사람은 실수를 통해 배운다.

  賢い人は失敗を通じて学ぶ。

  ❖ ～を通じて : ～를 통해.

부주의

- 사고의 원인은 거의 부주의에서 온다.

  ほとんどの事故の原因は不注意から来る。

- 때때로 어처구니없는 실수 때문에 창피해진다.

  たまにどうしようもない失敗のために恥ずかしくなる。

- 똑같은 실수를 다섯 번이나 했다.

  同じ失敗を5回もしてしまった。

- 내가 이렇게 바보 같은 실수를 할 때마다 주변 사람들을 화나게 만든다.

  私がこんな馬鹿みたいな失敗をするたびに、周りの人達を怒らせる。

- 그 문제는 우리의 실수로 인한 것이었다.

  その問題は私達の失敗から起ったことだ。

- 부주의한 실수가 심각한 결과로 나타나기도 한다.

  不注意からくる失敗が深刻な結果として現われることもある。

○ 내 잘못은 단지 약간 부주의했다는
　　것뿐이었다.

私の過ちは単に少し不注意だったということだけ
だった。
❖〜だけだ : 〜뿐이다.

○ 바지의 지퍼가 열린 것을 모르고 있었다.

ズボンのチャックが開いているのを知らずにいた。/
社会の窓が開いているのを知らなかった。
❖뒤의 예문은 같은 뜻으로, 돌려 말하는 표현이다.

건망증

○ 나는 건망증이 있다.

私は健忘症だ。

○ 나는 건망증이 심하다.

私は健忘症がひどい。

○ 나는 잘 잊어버린다.

私は物事をよく忘れてしまう。

○ 깜빡 잊었다.

すっかり忘れていた。
❖すっかり : 완전히.

○ 중요한 물건들을 어디다 두었는지
　　생각이 안 난다.

重要なものをどこに置いたのか思い出せない。

○ 가끔은 중요한 물건을 어디에 놓았는지
　　기억 못하기도 한다.

ときどき重要なものをどこに置いたのか記憶できない
ことがある。

○ 어떤 중요한 것들을 비밀 장소에 두고는,
　　그것이 필요할 때 어디에 두었는지
　　기억을 하지 못해 결국 찾지 못했다.

ある重要なものを秘密の場所にしまって、それが必要な
ときになってどこにしまったのか思い出せずに、結局
探し出せなかった。

○ 온 집안을 뒤져 보았지만 그것을 찾을
　　수 없었다.

家中を探しまわったが、それを探し出すことが
できなかった。

○ 모두 혼동이 되었다.

すべてが混乱状態になった。

○ 사람들의 이름과 얼굴을 잘 기억하지
　　못할 때도 있다.

いろんな人達の名前と顔を覚えられないときもある。

○ 기억력이 정말 형편없다.

記憶力が本当に乏しい。
❖乏しい : 부족하다/모자라다.

○ 나는 요즘 기억력이 없어졌다.

私はこの頃記憶力がなくなった。

○ 나는 건망증 때문에 사람들을 자주 곤란에 빠뜨린다.

私は健忘症のために周りの人を混乱に陥らせる。
けんぼうしょう　　　まわ　　ひと　こんらん　おちい

❖陥らせる：빠지게 하다.

○ 시간이 충분치 않아 서두를 때는 무언가를 꼭 빠트린다.

時間が十分になくて、急ぐときには何かを必ず忘れる。
じかん　じゅうぶん　　　　いそ　　　　なに　　かなら　わす

○ 아파트 열쇠를 두고 나왔다.

アパートの鍵を置いて来た。
かぎ　お　き

○ 아파트 현관 열쇠를 잃어버려서 안으로 들어갈 수가 없었다.

アパートの玄関の鍵をなくして〔落として〕、
げんかん　かぎ　　　　　　お
中に入ることができなかった。
なか　はい

○ 열쇠 수리공을 불러야 했다.

鍵屋さんを呼ばなければならなかった。
かぎや　　　よ

○ 버스에 지갑을 놓고 내렸다.

バスに財布を置いたまま降りた。
さいふ　お　　　　　お

잘못

○ 그가 내 잘못을 너그러이 봐 주었다.

彼が私の失敗を大目に見てくれた。
かれ　わたし　しっぱい　おおめ　み

○ 그가 내 잘못을 봐 주었다.

彼が私の失敗を見逃してくれた。
み　のが

○ 그는 내 잘못을 절대 그냥 지나치지 않는다.

彼は私の失敗を絶対見逃してくれない。
しっぱい　ぜったい

○ 그것은 정말 내 잘못이 아니었는데 그가 오해한 것 같았다.

それは本当に私の過ち〔失敗〕ではないのに、
ほんとう　わたし　あやま　　しっぱい
彼は誤解しているようだ。
ごかい

○ 내 잘못이라고 인정했다.

私の過ちだと認めた。/ 私が悪かったと認めた。
あやま　　みと　　　　　　　　わる

○ 일부러 그런 것은 아니었다.

わざとそんなことをしたのではなかった。

○ 고의로 그렇게 할 의도는 없었다.

故意にそうする意図はなかった。
こい　　　　　いと

○ 고의로 그런 것은 아니었다.

故意にしたことではなかった。
こい

○ 솔직히 말해 고의로 거기에 간 것은 아니었다.

本当に、故意にそこに行ったのではなかった。/
ほんとう　こい　　　　い
正直なところ、故意にそこに行ったのではなかった。
しょうじき

○ 그것은 단지 우연히 일어난 일이었다.

それはただ偶然に起ったことだった。
ぐうぜん　おこ

○ 고의로 그런 것이 아니니 한 번 봐 달라고 그에게 부탁했다.

故意にしたことではないので、見逃してほしいと彼に
こい　　　　　　　　　　　　　み　のが　　　　　　　かれ
頼んだ。
たの

232

○ 그에게는 아무런 악의가 없었다.　　彼にはなんの悪意もなかった。
　　　　　　　　　　　　　　　　　　　　　　あく い

○ 내 잘못이 아니라고 주장했다.　　　私が悪いのではないと主張した。
　　　　　　　　　　　　　　　　　　わる　　　　　　　しゅちょう

실언

○ 하지 말아야 할 말을 그에게 하고 말았다.　言ってはいけないことを彼に言ってしまった。
　　　　　　　　　　　　　　　　　　　　い　　　　　　　　　　かれ　い

○ 나는 실언을 했다.　　　　　　　　私は失言をした。
　　　　　　　　　　　　　　　　　わたし　しつげん

○ 말은 적을수록 좋다.　　　　　　　言葉は少ないほどいい。
　　　　　　　　　　　　　　　　　ことば　すく

○ 말해도 되는것과 안 되는 것이 있다.　言っていいことと悪いことがある。
　　　　　　　　　　　　　　　　　い　　　　　　　　　　わる

○ 상대에 따라 말을 가려서 해야 한다.　相手の立場に立って、言葉を選ぶべきだ。
　　　　　　　　　　　　　　　　　あいて　たちば　た　　　　ことば　えら

10 사건 · 사고

사 건 · 사 고 · 재 해

가뭄	干害かんがい	정면충돌	正面衝突しょうめんしょうとつ
강도	強盗ごうとう	지진	地震じしん
교통사고	交通事故こうつうじこ	태풍	台風たいふう
도둑	どろぼう	폭설	大雪おおゆき・豪雪ごうせつ
분실	紛失ふんしつ	해일	津波つなみ
뺑소니	ひき逃にげ	허리케인	ハリケーン
소매치기	すり	홍수	洪水こうずい
수해	水害すいがい	화산폭발	火山爆発かざんばくはつ
인사사고	人身事故じんしんじこ	화재	火災かさい・火事かじ
접촉사고	接触事故せっしょくじこ	회오리바람	竜巻たつまき

화재

○ 아파트 근처에 화재가 있었다.　　　アパートの近くで火災が発生した。
　　　　　　　　　　　　　　　　　　　　ちか　　かさい　はっせい

○ 소방차 사이렌 소리가 가까이 들려서　消防車のサイレンの音が近くで聞こえてとても
　깜짝 놀랐다.　　　　　　　　　　しょうぼうしゃ　　　　　　おと　ちか　　き
　　　　　　　　　　　　　　　　　びっくりした。

○ 다행히도 소방수들이 불을 재빨리 진압했다.

運良く消防士たちが火を早く消し止めた。

○ 다친 사람이 없어서 다행이었다.

けがをした人がいなくて本当によかった。

○ 불행히도 그 집은 다 타버렸다.

不幸なことにその家は全部燃えてしまった。

○ 그 화재는 누전으로 일어난 것이라고 한다.

その火災は漏電で起きたものだという。

○ 한 콘센트에 많이 연결하면 위험하다.

一つのコンセントにたくさん差し込んでは危険だ。

○ 화재시에는 빨리 집 밖으로 피난해야 한다.

火災のときは早く家の外に避難しなければならない。

○ 불이 났을 때는 119에 전화해야 한다.

火事のときは119に電話しなければならない。

○ 항상 불조심 해야겠다.

いつも火の用心すべきだ。

○ 소화기를 집에 준비해 두었다.

消火器を家に準備しておいた。

○ 그것을 손에 닿기 쉬운 곳에 놓았다.

それを手に届きやすいところに置いた。

○ 소화기의 사용법을 배웠다.

消火器の使い方を習った。

○ 집에 화재경보기를 달았다.

家に火災報知器を取りつけた。

○ 어린이가 인화성 물질을 가까이 하지 못하게 해야 한다.

子供に引火性のものを触らせないようにしなければならない。

○ 아이들이 성냥을 가지고 노는 것은 매우 위험한 일이다.

子供たちがマッチで遊ぶのはとても危険なことだ。

○ 아이들 손이 닿지 않는 곳에 라이터나 성냥을 두어야 한다.

子供たちの手に届かないところにライターやマッチを置くべきだ。

○ 젖은 손으로 전기 기구를 만지는 것은 위험하다.

濡れた手で電気器具を触るのは危険だ。

○ 비상시에 서두르면 안 된다.

非常事態のとき慌ててはいけない。

○ 화재는 어디에서나 일어날 수 있으므로, 우리는 미리 어떻게 대처해야 하는지 알고 있을 필요가 있다.

火災はどこでも起きるものなので、私達は前もってどう対処するか知っておく必要がある。

○ 우리는 언제 어디서든 항상 안전을　　私達はいつでも、どこでも、安全を第一に考える。
제일로 생각한다.　　　　　　　　　　あんぜん　だいいち　かんが

도난

○ 문을 잠그지 않고 잠깐 외출을 했다.　ドアの鍵をかけずにちょっと外出をした。
　　　　　　　　　　　　　　　　　　かぎ　　　　　　　　　　がいしゅつ

○ 우리 집에 강도가 들었다.　　　　　　私の家に強盗が入った。
　　　　　　　　　　　　　　　　　　いえ　ごうとう　はい

○ 도둑이 물건을 많이 훔쳐 갔다.　　　泥棒が家にあるものをたくさん盗んでいった。
　　　　　　　　　　　　　　　　　どろぼう　いえ　　　　　　　　　　ぬす

○ 어젯밤에는 이웃집에 강도가 들었다.　昨夜はとなりの家に強盗が入った。
　　　　　　　　　　　　　　　　　さくや　　　　　いえ　ごうとう　はい

○ 경찰이 그 강도를 찾아 체포했다.　　警察がその強盗を見つけ出して、逮捕した。
　　　　　　　　　　　　　　　　　けいさつ　　　ごうとう　み　だ　　　　たいほ

○ 흔한 일은 아니지만 그런 일이 실제로　よくあることではないが、こんなことが実際に起こる。
일어난다.　　　　　　　　　　　　　　　　　　　　　　　　　じっさい　お

○ 그 사고의 내용을 TV 뉴스에서 들었다.　その事件の内容をテレビのニュースで聞いた。
　　　　　　　　　　　　　　　　　　じけん　ないよう　　　　　　　　　き

소매치기

○ 가방이 찢어진 것을 알고 매우 당황했다.　鞄が引き裂かれているのを知って、とても慌てた。
　　　　　　　　　　　　　　　　　　かばん　ひ　さ　　　　　　　　し　　　　　あわ

○ 소매치기를 당했다.　　　　　　　　　スリにあった。

○ 주머니에 든 것을 소매치기 당했다.　ポケットに入れておいたものをすられた。
　　　　　　　　　　　　　　　　　　　　い

○ 내 뒤에 수상한 사람이 있었다.　　　私の後ろに怪しい人がいた。
　　　　　　　　　　　　　　　　　うし　あや　ひと

○ 내 옆에 서 있던 사람이 의심스러웠으나,　私の横にいた人が怪しかったが、証拠がなかった。
증거가 없었다.　　　　　　　　　　よこ　　　ひと　あや　　　しょうこ

○ 지하철 안에서 지갑을 도난당했다.　地下鉄のなかで財布を盗まれた。
　　　　　　　　　　　　　　　　　ちかてつ　　　　さいふ　ぬす

○ 지갑이 분실되었다.　　　　　　　　財布を紛失した。
　　　　　　　　　　　　　　　　　　ふんしつ

○ 지갑이 없어졌다.　　　　　　　　　財布がなくなった。

○ 순식간에 일어난 일이었다.　　　　瞬く間に起ったことだった。
　　　　　　　　　　　　　　　　　またた　ま　おこ
　　　　　　　　　　　　　　　　　❖瞬く間 : 순식간.

○ 소매치기가 있었음에 틀림없었다.　スリがいたに違いなかった。
　　　　　　　　　　　　　　　　　　　　　ちが

○ 소매치기가 내 가방을 빼앗아 도망갔다. スリが私の鞄を奪い取って逃げた。/

スリが私の鞄をひったくって逃げた。

❖ひったくる : 낚아채다.

○ 그 소매치기는 경찰에게 잡혔다. そのスリが警察に捕まった。

○ 집에 돌아와서야 지갑이 없어진 것을 家に帰ってきて、財布がなくなっているのに気付いた。
알았다.

○ 지갑을 어디에서 잃어버렸는지 모르겠다. 財布をどこでなくしたのか分からない。

○ 지갑을 잃어버린 것을 알고서 바로 財布をなくしたことを知って、すぐ信用カード
신용 카드 분실 신고를 했다. 紛失届けを出した。

○ 지하철에서는 소매치기를 조심해야 地下鉄ではスリに気をつけるべきだ。
한다.

분실 · 습득

○ 기차에 중요한 서류를 놓고 내렸다. 重要な書類を置いて汽車を降りてしまった。

○ 분실물 센터에 신고했다. 遺失物センターに届けを出した。

○ 우연히 식당 바닥에서 떨어진 돈을 偶然、食堂の床に落ちているお金を拾った。
주웠다.

○ 공중전화 박스에서 지갑을 발견했다. 公衆電話のボックスで、財布を見つけた。

○ 지갑 안에 있는 연락처를 찾아 지갑 財布のなかに連絡先がないか探して、財布の持ち主に
주인에게 전화를 했다. 電話をした。

○ 주인에게 지갑을 돌려줄 수 있어서 持ち主に財布を渡すことができて、とても気分が
너무 기분이 좋았다. よかった。

지하철 사고

○ 나는 그 사고의 자세한 내용을 다 私はその事故の詳しい内容を全部知っている。
알고 있다.

○ 얼마 전에 끔찍한 지하철 사고가 있었다. 何日か前に、ひどい地下鉄事故があった。

236

○ 누군가가 지하철 의자에 휘발유를 뿌리고 불을 질렀다.

だれかが地下鉄の座席にガソリンをまいて火を付けた。

○ 불이 빨리 번져서 안에 있던 사람들이 탈출할 수가 없었다.

火が回り早くて、中にいた人達は脱出することができなかった。

○ 사람들은 의자가 탈 때 내뿜는 유독 가스 때문에 숨을 쉴 수가 없었다.

人々は椅子が焼けるときに出る有毒ガスのために、息をすることができなかった。

○ 많은 사람들이 부상을 당했고 사망자도 많았다.

たくさんの人達がけがをしたし、死亡者も多かった。

○ 믿을 수 없을 정도로 충격적인 사고였다.

信じられないくらい衝撃的な事故だった。

○ 그런 일이 다시는 일어나지 않기를 바란다.

こんなことは、二度と起こってほしくないと思う。/
こんなことが、二度と起こらないことを願う。

교통사고

○ 불행히도 비극적인 자동차 사고가 있었다.

不幸なことに、悲劇的な自動車事故が起った。

○ 내가 접촉 사고를 냈다.

私が接触事故を起こした。

○ 정면충돌이었다.

正面衝突だった。

○ 뺑소니 사고였다.

ひき逃げ事故だった。

○ 내 차가 트럭에 부딪혔다.

私の車がトラックにぶつかった。

○ 그 차가 내 차 옆을 들이박았다.

その車が私の車の横にぶつかって来た。

○ 내 차가 자전거와 충돌했다.

私の車が自転車とぶつかった。

○ 차를 전봇대에 박았다.

車を電信柱にぶつけてしまった。

○ 하마터면 내 차가 버스에 부딪힐 뻔했다.

危うく私の車がバスにぶつかりそうになった。

○ 위기일발의 순간이었다.

危機一髪の瞬間だった。

○ 정말 아슬아슬한 순간이었다.

本当に危ない瞬間だった。

○ 눈 깜짝할 사이에 일어난 일이었다.

まばたきする間に起った出来事だった。

237

○ 내 차의 앞 범퍼가 들어갔다. 　私の車のバンパーがへこんでしまった。

○ 문이 들어갔다. 　ドアがへこんでしまった。

○ 내 차는 사고로 심하게 부서졌다. 　私の車は事故でひどく壊れてしまった。

○ 연석에 차가 긁혔다. 　歩道にぶつかって、車に傷がついた。

○ 갑자기 한 꼬마가 차 앞으로 달려 나왔다. 　突然一人の子供が車の前に飛び出した。

○ 길에 갑자기 달려든 꼬마를 피하려 　道に突然飛び出して来た子供をよけようと、ハンドルを
　핸들을 휙 돌렸다. 　素早く切った。

○ 자동차가 횡단보도에서 길을 건너는 　自動車が横断歩道を渡る一人の子供をはねた。
　한 꼬마를 쳤다.

○ 어떤 차가 갑자기 내 앞에서 멈추어서 　ある車が突然私の前で止まってとてもびっくりした。
　깜짝 놀랐다.

○ 자동차에 치일 뻔했다. 　自動車にぶつかるところだった。

○ 아슬아슬하게 차에 치이지 않았다. 　もう少しで、車にぶつかるところだった。

○ 누군가가 나를 구하러 용감하게 　だれかが私を助けようと走ってきて、私を外側に
　뛰어들어서 나를 바깥쪽으로 밀었다. 　押し出した。

○ 그가 나를 구해 주었다. 　彼が私を助けてくれた。/ 彼が私の命の恩人だ。

○ 그 사고로 하마터면 죽을 뻔했다. 　その事故であやうく死んでしまうところだった。
　　　　　　　　　　　　　　　　　　　　　❖あやうく：하마터면.

○ 오늘 나는 교통사고로 죽을 뻔했다. 　今日、私は交通事故で死目にあった。

○ 그 운전자가 운전을 하다가 졸은 것 　その運転手が居眠り運転をしたのだった。
　이었다.

○ 눈 온 뒤 빙판이 된 도로 때문이었다. 　雪が降った後、こちこちに凍ったせいだった。
　　　　　　　　　　　　　　　　　　　　　❖こちこちに凍る：꽁꽁 얼다.

○ 그 충돌 사고는 음주 운전이 원인이었다. 　その衝突事故は、飲酒運転が原因だった。

○ 그 자동차 사고를 경찰에 신고했다. 　その自動車事故を警察に届けた。

○ 그 사고 장면을 내 눈으로 목격했다. 　その事故の場面を私の目で目撃した。

238

○ 그 사고의 목격자가 여럿 있었다. その事故の目撃者が何人かいた。
もくげきしゃ　なんにん

○ 그들이 경찰에게 상황을 설명했다. 彼らが警察に状況を説明した。
かれ　けいさつ　じょうきょう　せつめい

○ 틀림없이 몇몇 사람은 심하게 다쳤을 間違いなく何人かはひどいけがをしているはずだ。
것이다. まちが　なんにん

○ 몇몇은 중상을 입고 병원에 실려 갔다. 何人かは重症を負って、病院に担ぎ込まれた。
なんにん　じゅうしょう　お　びょういん　かつ　こ
❖担ぎ込む : (다친 사람을) 병원으로 옮기다.

○ 그는 심하게 다쳤지만 의식은 있었다. 彼はひどく負傷したが、意識はあった。
ふ しょう　い しき

○ 다시는 그렇게 큰 사고가 일어나지 二度とこんな大きい事故が起きなければいいと思う。
않았으면 좋겠다. に ど　おお　お　おも

○ 주로 부주의와 과속이 대부분의 主に不注意とスピードの出しすぎが交通事故を起こす。
교통사고를 일으킨다. おも　ふちゅうい　だ　こうつうじ こ　お

楽しい外食

9月18日　土曜日　天気がとてもいい

私の家族は外食するのが好きだ。今日も私の家族はとてもすてきなレストランでおいしい夕食を食べた。そのレストランは、ステーキで有名なお店だ。私はそのレストランの奥まった静かな雰囲気がとっても好きだ。値段もそんなに高くなくほどほどだ。私たちは、みんなステーキを注文して食べたが、本当においしかった。私の家族は、ひとつも残さずにきれいに食べほした。デザートに甘い果物とアイスクリームが出た。もっと食べたかったが太ってしまうと思って我慢した。そのレストランは私が行ったことのあるレストランの中で最高だった。外食する間、家族で多くの対話をすることができてよかった。食事を終えて、近くの公園で散歩をした。さわやかな風が吹いてきて、とてもよかった。週末ごとに外食するのが、私たちの楽しみとなっている。

즐거운 외식

9월 18일, 토요일, 날씨 매우 좋음

우리 가족은 종종 외식하는 것을 좋아한다. 오늘도 우리 가족은 아주 멋진 식당에서 맛있는 저녁 식사를 했다. 그 식당은 스테이크로 유명한 식당이다. 나는 그 식당의 아늑한 분위기를 참 좋아한다. 음식 가격도 비싸지 않고 적당했다. 우리는 모두 스테이크를 주문해서 먹었는데 정말 맛이 좋았다. 우리 가족은 하나도 남기지 않고 그릇을 깨끗이 비웠다. 후식으로 달콤한 과일과 아이스크림이 나왔다. 더 먹고 싶었지만 살이 찔까봐 그만 먹었다. 그 식당은 내가 가 본 식당 중 최고였다. 외식을 할 때 가족 간에 더 많은 대화를 할 수 있어서 좋았다. 식사를 마치고 근처의 공원에서 산책을 했다. 산들바람이 불고 있어 정말 좋았다. 주말마다 외식하는 것이 우리에겐 즐거움이다.

NOTES

外食がいしょく 외식 ¦ ～が好すきだ ～을 좋아하다 ¦ レストラン 식당, 레스토랑 ¦ 奥おくまる 그윽하다. ¦ ほどほどだ 적당하다 ¦ ひとつも残のこさず 하나도 남기지 않고 ¦ 食たべほした 다 먹었다 (*깨끗이 남김없이 먹는 모양) ¦ 行いったことのある 간적이 있는, 가본 ¦ 散歩さんぽ 산보, 산책 ¦ さわやかな風かぜ 상쾌한 바람

CHAPTER

06

집안 행사

1. 설
2. 추석
3. 생일
4. 기념일
5. 파티
6. 크리스마스
7. 연말 행사
DIARY 6

01 설

명절

설날	ソルラル・旧正月きゅうしょうがつ(음력 1월 1일)
	*일본은 양력 1월 1일을 元旦がんたん・正月しょうがつ라고 한다.
한식	寒食かんしょく
단오	端午たんご
칠석	七夕たなばた
추석	チュソク(음력 8월 15일)
	*일본은 양력 8월 15일을 お盆ぼん이라고 한다.
동지	冬至とうじ

설날

○ 곧 설날이다.

もうすぐソルラルだ。

❖일본의 「正月しょうがつ」은 양력 1월 1일이고, 우리나라의 음력 설은 소리 나는대로 「ソルラル」「旧正月」로 쓴다.

○ 다른 나라와 마찬가지로 새해 첫날은 한국에서도 중요한 의미를 갖는다.

他の国と同じように新しい年のはじめの日は韓国でも重要な意味を持つ。

○ 우리는 보신각 종 치는 것을 보러 종로에 갔다.

私たちはポシンカクの鐘を打つのを見にチョンノに行った。

○ 종로 주변이 사람들로 가득했다.

チョンノの周りが人々でいっぱいだった。

○ 12월 31일 자정, 새해로 넘어가는 순간 보신각에서 33번의 종을 쳤다.

12月31日夜の12時、新しい年になる瞬間ポシンカクで33回鐘を打った。

○ 새해를 맞는 화려한 축제가 열렸다.

新しい年を迎える華やかなお祭りが開かれた。

○ 1월 1일은 한 해의 첫날일 뿐 아니라 또한 한국의 전통적인 명절이다.

1月1日は一年の始まりの日であることだけではなく韓国の伝統的な名節だ。

○ 며칠 전 멀리 있는 친구들에게 연하장을 보냈다.

何日か前に遠くにいる友達に年賀状を送った。

○ 올해는 원숭이의 해이다.

今年は、さる年だ。

○ 행복한 새해가 되길!	良い年になりますように。
○ 우리는 양력으로 설을 지내지 않는다.	私達は陽暦でソルラルを過ごさない。
○ 우리는 음력으로 설을 지낸다.	私達は陰暦でソルラルを過ごす。
○ 음력설은 신정 때보다 훨씬 더 의미가 있다.	旧正月〔ソルラル〕は陽暦のソルラルよりもっと 意味がある。
○ 음력설은 일년 중 가장 큰 명절로 생각한다.	旧正月〔ソルラル〕は一年の中で一番大きな名節だと 考えている。
○ 이번 설 연휴는 4일이었다.	今度のソルラル連休は4日間だった。
○ 조부모님 댁에 가는 데 시간이 꽤 오래 걸렸다.	祖父母の家に行くのにとても長い時間がかかった。
○ 고향으로 가는 사람들로 인해 거의 모든 도로가 꽉 막혔다.	故郷に帰る人達でほとんどの道路が渋滞していた。
○ 지방으로 연결된 모든 도로는 수많은 자가용 때문에 주차장이 된 것 같았다.	地方につながっているすべての道路がたくさんの 自家用車で、駐車場になってしまったようだった。

설날 아침

○ 설날에 아침 일찍 일어나 새 옷을 입었다.	ソルラルの朝はやく起きて新しい服を着た。
○ 나는 한국의 전통 의상인 한복을 입는 것을 좋아한다.	私は韓国の伝統衣装であるハンボクを着るのが好きだ。
○ 색상이 화려하고 우아해서 나는 한복을 좋아한다.	色が華やかで優雅なので私はハンボクが好きだ。
○ 개량 한복은 입기 쉽고 편하다.	簡素化したハンボクは着やすくて楽だ。
○ 아침 식사로 떡국 한 그릇을 먹고 나이도 한 살 더 먹었다.	朝ごはんにお雑煮を一杯食べて、 一歳年をとってしまった。 ❖年をとる : 나이를 먹다.
○ 빨리 나이를 먹고 싶어서 떡국을 몇 그릇이나 더 먹었다.	早く年をとりたくてお雑煮を何杯も食べた。

243

○ 새해 인사를 하러 친척집을 다녔다. 　新年の挨拶をしに親戚の家々を訪問した。
　　　　　　　　　　　　　　　　　　　しんねん　あいさつ　　　　しんせき　いえいえ　ほうもん

차례 지내기

○ 우리는 차례상을 차렸다. 　　私たちはソルラル〔チュソク〕の茶礼の料理を準備した。
　　　　　　　　　　　　　　　　わたし　　　　　　　　　　　　　　チャレ　りょうり　じゅんび
　　　　　　　　　　　　　　❖차례는 우리나라 풍습이므로 한자로 표기하고 발음은 片仮名로 표기한다.
　　　かたかな

○ 음식들을 상 위의 정해진 위치에 　食べ物をテーブルの上に決まった位置に整理して
　　　　　　　　　　　　　　　　　た　もの　　　　　　　うえ　き　　　　いち　せいり
　잘 정리해 놓았다. 　　　　　　　並べおいた。
　　　　　　　　　　　　　　　　なら

○ 나는 음식 놓는 방법을 잘 몰라서 　私は食べ物を置く位置をよく知らないので、
　　　　　　　　　　　　　　　　わたし　た　もの　お　　いち　　　　し
　좀 당황했다. 　　　　　　　　　困ってしまった。
　　　　　　　　　　　　　　　　こま

○ 친척들과 함께 차례를 지냈다. 　　親戚の人達といっしょにソルラル〔チュソク〕の茶礼を
　　　　　　　　　　　　　　　　しんせき　ひとたち　　　　　　　　　　　　　　　　　チャレ
　　　　　　　　　　　　　　　　行った。
　　　　　　　　　　　　　　　　おこな

○ 조상님께 두 번 절을 했다. 　　　先祖に2回お辞儀をした。
　　　　　　　　　　　　　　　　せんぞ　かい　じ　ぎ

○ 차례를 지낸 후 성묘를 갔다. 　　　ソルラル〔チュソク〕の茶礼が終わったあとに
　　　　　　　　　　　　　　　　　　　　　　　　　チャレ　お
　　　　　　　　　　　　　　　　お墓参りに行った。
　　　　　　　　　　　　　　　　はかまい　い

○ 며칠 전에 아버지께서 벌초를 　　何日か前に父がお墓の手入れをしておいた。
　　　　　　　　　　　　　　　　なんにち　まえ　ちち　　　　　てい
　해 놓으셨다.

○ 아이들은 산소 근처에서 　　　　子供達はお墓の近くで走り回って遊んだ。
　　　　　　　　　　　　　　　　こどもたち　　　　ちか　　はし　まわ　　あそ
　뛰어다니며 놀았다.

세배

○ 설날 아침 어른들께 세배를 했다. 　ソルラルの朝大人の人達に新年の挨拶をした。
　　　　　　　　　　　　　　　　　　　　あさおとな　　ひとたち　しんねん　あいさつ

○ 나는 할아버지의 건강과 장수를 빌었다. 　私はおじいさんの健康と長生きを願った。
　　　　　　　　　　　　　　　　　　　わたし　　　　　　　けんこう　ながい　ねが

○ 그들은 우리에게 덕담을 한마디씩 　彼らは私達に激励の言葉を一言ずつ言ってくれた。
　　　　　　　　　　　　　　　　かれ　　わたしたち　げきれい　ことば　ひとこと　い
　해 주셨다.

○ 절을 한 후에 어른들께서 　　　　挨拶をした後大人の人達がお年玉をくれた。
　　　　　　　　　　　　　　　　あいさつ　　　あと　おとな　ひとたち　　としだま
　세뱃돈을 주었다.

○ 올해는 총 5만원의 세뱃돈을 받았다. 　今年は全部で5万ウォンお年玉をもらった。
　　　　　　　　　　　　　　　　ことし　ぜんぶ　　　　　　としだま

○ 처음으로 그렇게 많이 받아서 매우 좋았다. 　初めてこんなにたくさんもらったのでとても嬉しかった。
　　　　　　　　　　　　　　　　はじ　　　　　　　　　　　　　　　　　　うれ

○ 내가 기대했던 것보다 덜 받았다. 私が期待した額より少なかった。

○ 그 돈은 내 마음대로 쓰고 싶었다. そのお金は自由に使いたかった。

새해 다짐

○ 나는 새해 목표를 세웠다. 私は新年の目標を立てた。

○ 나는 올해 몇 가지 새로운 私は今年いくつかの新しい計画を立てた。
계획을 세웠다.

○ 내 새해 결심 중 하나는 늦지 않고 私の新年の決意の一つは遅れないよう
시간을 잘 지키는 것이다. 時間をよく守ることだ。

○ 새해에는 영어 공부를 열심히 今年は英語の勉強を一生懸命しようと決心した。
하겠다는 결심을 했다.

○ 규칙적으로 운동하는 것이 規則的に運動することが私の新年の目標だ。
내 새해 결심이다.

○ 올해는 몸무게를 줄이도록 今年は体重を減らすよう努力するつもりだ。
노력할 것이다.

○ 올해는 몸무게가 늘지 않도록 今年は体重が増えないよう努力するつもりだ。
노력할 것이다.

○ 작년에 충분하게 공부하지 못했던 去年十分に勉強できなかった科目をもっと一生懸命
과목을 더 열심히 공부할 계획이다. 勉強するつもりだ。

○ 내 계획들이 올해에 모두 私の計画が今年みんな実現できたらいいと思う。
실현되었으면 좋겠다.

새해 인사

○ 새해 복 많이 받으세요! あけましておめでとうございます。

○ 올해도 잘 부탁드립니다. 今年もどうぞよろしくお願いします。

○ 작년처럼, 올해도 잘 부탁드립니다. 昨年同様今年もよろしくお願いします。

○ 올해도 좋은 한해가 되길 ……. 今年もいい年になりますように。

02 추석

추석

○ 내일은 추석이다.
明日はチュソクだ。
あした
❖일본의 「お盆」은 양력 8월 15일이고, 우리나라의 추석은
ぼん
음력 8월 15일이므로 소리 나는 대로 「チュソク」로 쓴다.

○ 추석이 기다려진다.
チュソクが待ちどおしい。
ま

○ 추석은 우리나라 큰 명절 중의
하나이다.
チュソクは私の国の大きな名節の中の一つだ。
わたし くに おお めいせつ なか ひと

○ 추석은 음력으로 8월 15일이다.
チュソクは陰暦8月15日だ。
いんれき がつ にち

○ 올해는 9월 말에 추석이 있다.
今年は9月末にチュソクがくる。
ことし くがつまつ

○ 추석은 설날처럼 한국인에게
특별한 명절이다.
チュソクは、ソルラルのように韓国人にとって
かんこくじん
特別な名節だ。
とくべつ めいせつ

○ 추석에는 가족과 먼 친척들이
모여서 여러 음식을 같이 먹는다.
チュソクは家族とか遠い親戚とか集まっていろいろな
かぞく とお しんせき あつ
食べ物をいっしょに食べる。
た もの た

○ 많은 사람들이 양손에 선물을
가득 들고 고향을 방문한다.
多くの人達が両手にプレゼントを抱えて、
おお ひとたち りょうて かか
故郷を訪問する。
ふるさと ほうもん

○ 추석에 하는 전통적인 놀이 중 하나는
여자들이 손을 잡고 원을 만들며 추는
강강수월래가 있다.
チュソクの伝統的な遊びのひとつに女の人達が手を
でんとうてき あそ おんな ひとたち て
つないで円をつくって踊る、カンガンスルレがある。
えん おど

○ 친척 몇 분이 오셔서 며칠 묵으실
것 같다.
親戚の何人かがこられて何日か泊まっていかれるようだ。
しんせき なんにん なんにち と

○ 친척들이 오시기 전에 대청소를 했다.
親戚の方々がこられる前に大掃除をした。
かたがた まえ おおそうじ

○ 추석에 친척들이 몇 명 오셨다.
チュソクに親戚が何人か来られた。
しんせき なんにん こ

○ 우리는 그들을 반갑게 맞이했다.
私たちは彼らをうれしそうに出迎えた。
わたし かれ でむか

○ 올해는 추석에 보름달을
볼 수 있으면 좋겠다.
今年はチュソクに満月を見ることができたらいいと
ことし まんげつ み
思う。
おも

○ 달을 보면서 내 소원들이
　성취되기를 빌 것이다.

月を見ながら私の願い事がかなうように祈った。
_{つき み}　　　　　_{ねが ごと}　　　　　　_{いの}

추석 음식

○ 우리는 추석의 전통 음식을
　만드느라 바빴다.

私たちはチュソクの伝統料理を作るのに忙しかった。
_{わた}　　　　　　　_{でんとうりょう り}　_{つく}　　　　_{いそが}

○ 추석이라 특별한 음식을 만들었다.

チュソクなので特別な料理を作った。
　　　　　　_{とくべつ}　_{りょう り}　_{つく}

○ 추석의 대표적인 음식은 송편이다.

チュソクの代表的な食べ物はソンピョンだ。
　　　　　_{だいひょうてき}　_{た　もの}

○ 송편은 으깬 밤이나 참깨를 속에 넣어
　만든 반달 모양의 떡이다.

ソンピョンはつぶした栗やゴマを中に入れて作った
　　　　　　　　　　_{くり}　　　　_{なか}　_い　　_{つく}
半月の形をしたお餅だ。
_{はんげつ}　_{かたち}　　　_{もち}

○ 추석 음식을 햇곡식으로 만들었다.

チュソクの料理を今年とれた穀物で作った。
　　　　　_{りょう り}　_{ことし}　　　_{こくもつ}　_{つく}

○ 부침개도 여러 가지 만들었다.

いろんな種類のブチンゲも作った。
　　　　　_{しゅるい}

○ 올해는 엄마가 쌀을 발효시켜
　만드는 식혜를 만드셨다.

今年は母が米を発酵させて作るシッケを作った。
_{ことし}　_{はは}　_{こめ}　_{はっこう}　　　_{つく}

○ 곶감과 계피로 수정과를 만들었다.

干しがきと桂皮でスジョングヮを作った。
_ほ　　　　　_{けい ひ}

03 생일

생일

○ 오늘이 내 동생의 첫돌이다.

今日は私の弟の一歳のお誕生日だ。
_{きょう}　_{わたし}　_{おとうと}　_{いっさい}　　_{たんじょう び}
❖일본에서는 보통 만 나이로 세지 않는다. 여기에서 「一歳」는 우리나라의
만1세이다.

○ 며칠 후면 내 생일이다.

もうすぐ私の誕生日だ。

○ 내 생일은 지금으로부터 2주 후이다.

私の誕生日は今から数えて2週間後だ。
　　　　　　　　_{いま}　_{かぞ}　　_{しゅうかん ご}

○ 나는 4월에 태어났다.

私は4月に生まれた。
　　　_{し がつ}　_う

○ 내 생일은 5월 2일이다.　　私の誕生日は5月2日だ。
　　　　　　　　　　　　　たんじょうび　ごがつふつか

○ 올해 내 생일이 토요일이다.　今年の私の誕生日は土曜日だ。
　　　　　　　　　　　　　ことし　わたし　　　　　どようび

○ 나는 말띠이다.　　　　　　私は午年だ。
　　　　　　　　　　　　　　　うまどし

○ 다음 생일에는 만 열 살이 된다.　次の誕生日には十歳になる。
　　　　　　　　　　　　　つぎ　たんじょうび　じゅっさい
　　❖일본에서는 만 나이를 세지 않는다. 우리나라에서 만10세 즉 11살은
　　　┌十歳┐라고 하면 된다.

○ 나는 생일을 음력으로 지낸다.　私は誕生日を陰暦で祝う。
　　　　　　　　　　　　　　　　　　いんれき　いわ

○ 아무도 모른 채 내 생일이　　だれも気付いてくれないまま私の誕生日は過ぎて
　지나가 버렸다.　　　　　　きづ　　　　　　　　　　　　　　　　す
　　　　　　　　　　　　　しまった。

○ 아무도 내 생일을 기억하지 못했다.　だれも私の誕生日を記憶していてくれなかった。
　　　　　　　　　　　　　　　わたし　　　　　　きおく

○ 사람들이 나에게 관심이 없는 것　周りの人達が私に関心がないような気がして、
　같아서 슬펐다.　　　　　　まわ　ひとたち　　　かんしん　　　　　　　　き
　　　　　　　　　　　　　悲しかった。
　　　　　　　　　　　　　かな

○ 가족들이 내가 좋아하는 음식을　家族が私の好きな食べ物を作ってくれた。
　만들어 주었다.　　　　　　かぞく　わたし　す　　た　もの　つく

○ 아침에 미역국을 먹었다.　　朝ワカメのスープを飲んだ。
　　　　　　　　　　　　　あさ　　　　　　　　　　の
　　❖국・수프 종류는 ─飲む─를 사용한다.

생일 파티

○ 가족들이 내 열여덟 번째 생일　家族が私の18回目の誕生パーティーを計画した。
　파티를 계획했다.　　　　　かぞく　わたし　　かいめ　たんじょう　　　　　けいかく

○ 풍선과 꽃으로 집을 장식했다.　風船と花で家を飾った。
　　　　　　　　　　　　　ふうせん　はな　いえ　かざ

○ 생일 케이크에 10개의 초를 꽂았다.　誕生日のケーキに10本のろうそくを立てた。
　　　　　　　　　　　　　たんじょうび　　　　　　ぽん　　　　　　た

○ 형이 생일 케이크의 초에 불을 붙였다.　兄が誕生日のケーキのろうそくに火をつけた。
　　　　　　　　　　　　　あに　　　　　　　　　　　　　　ひ

○ 가족들이 노래를 부르면서　　家族が歌を歌いながら私の誕生日を祝ってくれた。
　내 생일을 축하해 주었다.　かぞく　うた　うた　　　　わたし　　　　いわ

○ 케이크의 초를 불어서 껐다.　ケーキのろうそくの火を吹き消した。
　　　　　　　　　　　　　　　　　　　ひ　ふ　け

○ 촛불을 끄면서 소원을 빌었다.　ろうそくの火を消しながら願い事をした。
　　　　　　　　　　　　　　　　　　　　　ねが　ごと

○ 할아버지의 회갑을 축하했다. おじいさんの60歳の誕生日を祝った。

○ 할아버지의 회갑을 축하하려고 おじいさんの60歳の誕生日を祝おうと
　파티를 열었다. パーティーを開いた。

○ 친구들을 생일 파티에 초대했다. 友達を誕生パーティーに招待した。

생일 선물

○ 생일 선물을 받았다. 誕生日のプレゼントをもらった。

○ 생일 선물을 열어 보았다. 誕生日のプレゼントを開けてみた。

○ 친구들이 생일 선물로 책을 사 주었다. 友達が誕生日のプレゼントに本を買ってくれた。

○ 이모가 생일 선물로 지갑을 보내 주셨다. 親戚の叔母が誕生日のプレゼントで財布を送って
　 くださった。

○ 삼촌이 내게 시계를 선물해 주었다. 親戚の叔父が私に時計をプレゼントしてくださった。

○ 그 선물은 내가 정말 갖고 싶었던 そのプレゼントは私が本当にほしかったものだった。
　것이었다.

○ 나를 위한 특별한 선물이었다. 私のための特別なプレゼントだった。

○ 친구들이 꽃다발을 선물해 주었다. 友達が花束をプレゼントしてくれた。

○ 선물을 받아서 기분이 좋았다. プレゼントをもらって気分が良かった。

○ 그 선물은 받기에 좀 부담스러웠다. そのプレゼントはもらうにはちょっと負担だった。

○ 그의 생일에 줄 선물을 마련했다. 彼の誕生日にあげるプレゼントを準備した。

○ 그에게 좋은 선물을 사 주고 싶었지만 彼にいいプレゼントを買ってあげたかったが、
　비싼 것을 살 여유가 없었다. 高いものを買う余裕がなかった。

생일 축하

○ 그의 생일을 축하해 주었다. 彼の誕生日を祝ってあげた。

○ 사촌의 생일을 축하해 주었다. いとこの誕生日を祝ってあげた。

○ 내가 사랑하는 사람의 생일을 축하하다. 私が愛する人の誕生日を祝う。

○ 그를 위해 작은 것 하나를 준비했는데
  그것이 마음에 들기를 바랐다.

彼のために準備した小さなプレゼントを
気に入ってくれたらなあと思う。

○ 친구에게 "생일 축하한다. 그리고 너의
  멋진 앞날에 좋은 일들이 많이 생기길
  바란다!" 라고 말했다.

友達に「誕生日おめでとう。それから君の素晴らしい
未来にいいことがたくさんあるように祈るよ。」と言った。

○ 그의 생일에 모든 소망이 이루어지길
  바랐다.

彼の誕生日にすべての願いがかなうことを祈った。

○ 그의 생일이 정말 특별한 것이었기를
  바랐다.

彼の誕生日が本当に特別なものになるよう願った。

○ 나이가 몇 살인지는 중요한 것이
  아니다.

年が何歳かということは重要なことではない。

○ 친구들이 "생일이구나! 생일 축하해!"
  라고 말하며 내 생일을 축하해 주었다.

友達が「誕生日だね。誕生日おめでとう。」と
言いながら祝ってくれた。

○ 오늘은 내게 정말 멋진 생일이었다.

今日は私にとって本当に素晴らしい誕生日だった。

○ 오늘은 나의 날이었다.

今日は私の日だった。

○ 가족들 때문에 정말 좋은 하루를 보냈다.

家族のおかげで本当にいい一日を送った。

○ 이번 생일을 영원히 잊지 못할 것이다.

今度の誕生日は永遠に忘れられないだろう。

04 기념일

결혼 기념일

○ 나는 우리 가족의 생일이나
  기념일을 절대 잊지 않는다.

私は家族の誕生日とか記念日を絶対に忘れない。

○ 어제는 우리 부모님의
  결혼기념일이었다.

昨日は私の両親の結婚記念日だった。

○ 아빠가 결혼기념일을 기억하지 못해서
　엄마는 화가 나셨다.

父が結婚記念日を忘れていたので、
母が怒ってしまった。

○ 아빠는 그것을 까마득히 잊고 계셨다.

父はそれをすっかり忘れていた。

○ 우리는 아빠에게 엄마의 기분을
　풀어 주려면 어떻게 해야 하는지
　조언을 해드렸다.

私達は母の気分をほぐすためにどうしたらいいのか
父に助言をしてあげた。

○ 오늘은 우리 부모님의 은혼식이다.

今日は私の両親の銀婚式だ。

○ 오늘은 우리 조부모님의 금혼식이다.

今日は私の祖父母の金婚式だ。

○ 오늘은 기념할 만한 날이라고 생각한다.

今日は記念すべき日だと思う。

○ 아빠는 엄마와 결혼기념일을 축하하기
　위해 저녁 식사하러 나가셨다.

父は母と結婚記念日を祝うために夕食をしに出かけた。

기념일 선물

○ 우리는 부모님 몰래 부모님을 위한
　깜짝 파티 계획을 세웠다.

私達は両親に内緒で両親のためのパーティーを
する計画を立てた。

○ 부모님 결혼기념일 선물로
　반지를 준비했다.

両親の結婚記念日のプレゼントに指輪を準備した。

○ 선물할 꽃을 몇 송이 준비했다.

プレゼントする花を何本か準備した。

○ 꽃으로 내 마음을 전했다.

花で私の気持ちを伝えた。

○ 우리는 그들에게 커다란
　꽃다발을 선물했다.

私たちは彼らに大きな花束をプレゼントした。

○ 용돈을 모아서 선물을 사 드렸다.

お小遣いを貯めてプレゼントを買った。

개교기념일

○ 우리 학교는 어제 개교 10주년을
　맞았다.

私の学校は昨日開校10周年を迎えた。

○ 오늘은 개교기념일이라 학교에
　가지 않았다.

今日は開校記念日なので学校に行かなかった。

○ 불행히도 올해는 개교기념일이
일요일이다.

不幸なことに今年は開校記念日が日曜日だ。
ふこう　　　ことし　　　　　　　　　　　　　にちよう び

○ 밸런타인데이에는 여성들이 사랑하는
사람에게 초콜릿과 사탕을 주면서
사랑을 표현한다.

バレンタインデーは女性が愛する人にチョコレートとか
　　　　　　　　　　　　じょせい　あい　ひと
キャンディーをあげながら愛の告白をする。
　　　　　　　　　　　　　　　　こくはく

○ 나는 초콜릿 줄 남자 친구도 없다.

私はチョコレートをあげるボーイフレンドもいない。
わたし

○ 왠지 모르게 서글프다.

なぜかわからないけどなんとなく悲しい。
　　　　　　　　　　　　　　　　　かな

○ 남자친구에게 줄 초콜릿을 샀다.

ボーイフレンドにあげるチョコレートを買った。
　　　　　　　　　　　　　　　　　　　　か

○ 그것을 바구니에 담아 정성껏 포장했다.

それをかごにいれて心をこめて包装した。
　　　　　　　　こころ　　　　ほうそう

○ 예쁜 카드를 동봉했다.

かわいいカードを同封した。
　　　　　　　　どうふう

○ 초콜릿을 주면서 사랑을 고백할 것이다.

チョコレートをあげながら愛の告白をするつもりだ。
　　　　　　　　　　　　　　あい　こくはく

○ 어떻게 사랑을 전할까 고민 중이다.

どうやって愛を伝えるか悩んでいるところだ。
　　　　　　　つた　　　なや

○ 그는 초콜릿 바구니를 받고
굉장히 좋아하는 것 같았다.

彼はチョコレートの入ったかごを受け取って
かれ　　　　　　　　はい　　　　う　と
とても喜んでいるようだった。
　　　よろこ

○ 그때 내가 얼마나 긴장했는지
이루 말할 수가 없다.

そのとき私がどんなに緊張したか言葉にできない。
　　　　わたし　　　　　　きんちょう　　　ことば

○ 잊을 수 없는 밸런타인데이였다.

忘れることのできないバレンタインデーだった。
わす

○ 오늘은 4월 1일 만우절이다.

今日は4月1日エイプリルフールだ。
きょう　しがつついたち

○ 만우절에는 악의 없는 거짓말을
해도 된다.

エイプリルフールには悪気のないうそをついてもいい。
　　　　　　　　　　わる ぎ

○ 난 거짓말에 서투르다.

私はうそをつくのが下手だ。
わたし　　　　　　　　へた
❖うそをつく : 거짓말하다.

○ 거짓말을 할 때는 말을 더듬는다.

うそをつくときはどもってしまう。

252

○ 거짓말을 했지만 들통이 났다. うそをついたがばれてしまった。

어린이날

○ 오늘은 어린이날이다. 今日は子供の日だ。

○ 5월 5일은 어린이들의 행복을 5月5日は子供達の幸せを祈願する日だ。
기원하는 날이다.

○ 부모님께 선물을 기대했다. 両親がくれるプレゼントを期待した。

○ 부모님께서 어린이날을 기념하여 両親がこどもの日を記念して外食をしようと言った。
외식을 하자고 하셨다.

○ 나는 놀이 공원에 가고 싶었다. 私は遊園地に行きたかった。

○ 백화점에서 어린이를 위한 デパートで子供のためのいろいろな催し物があった。
다양한 행사들이 있었다.

○ 모든 어린이들에게 사탕과 풍선을 子供たちみんなにキャンディや風船をわけてあげた。
나누어 주었다.

어버이날

○ 5월 8일은 어버이날이다. 5月8日は父母の日だ。

○ 어버이날에 부모님께 카네이션을 父母の日に両親にカーネーションをあげた。
드렸다.

○ 어버이날에 선물로 손수건을 드렸다. 父母の日にハンカチをプレゼントした。

○ 부모님에 대한 사랑을 표현하기가 両親に対する感謝の気持ちを表現するのが
쑥스러웠다. 恥ずかしかった。

○ 부모님의 사랑에 감사했다. 両親の愛に感謝した。

○ 우리에 대한 부모님의 사랑이 私達に対する両親の愛に終りがないということを
끝이 없다는 것을 알고 있다. 知っている。

○ 부모님이 우리를 잘 키워 주셔서 両親が私達をよく育ててくれて、私はいつも両親に
나는 항상 부모님께 감사한다. 感謝している。

253

○ 부모님 덕분에 지금의 내가 있다. 両親のおかげで今の私がいる。

○ 우리 부모님은 우리를 교육시키는 데 私の両親は教育のためのお金を惜しまない。
  돈을 아끼시지 않는다.

○ 이제야 내가 얼마나 부모님께 今になって私がどんなに両親に借りを作っているのかを
  빚을 지고 있는지 깨달았다. 知った。

○ 부모님의 고마움을 알았다. 両親のありがたさを知った。

○ 부모와 자식간의 사랑은 무한하고 父母と子供の間の愛は無限で無条件の愛だ。
  무조건적인 사랑이다.

○ 부모가 자식을 사랑하는 것은 父母が子供を愛することは当然のことだ。
  당연한 일이다.

○ 나는 부모님에 대한 애착이 강하다. 私は両親に対する愛着が強い。

○ 우리 부모님을 영원히 사랑할 것이다. 私の両親を永遠に愛するだろう。

스승의 날

○ 스승의 날에 선생님께 드릴 편지를 썼다. 先生の日に先生に差し上げる手紙を書いた。

○ 그 편지는 정말 마음에서 우러나서 その手紙は本当に心から思ったことを
  쓴 것이었다. 書いたものだった。

○ 선생님들께 인사드리러 학교를 先生方に挨拶をしに学校を訪問した。
  방문했다.

○ 선생님들은 나를 보고 반가워 하셨다. 先生方は私を見て温かく出迎えてくれた。

○ 감사의 표시로 선생님께 선물을 드렸다. 感謝の印に先生にプレゼントを差し上げた。

○ 선생님에 대한 감사의 마음을 先生に対する感謝の心を忘れないだろう。
  잊지 않을 것이다.

○ 선생님의 은혜를 잊지 않을 것이다. 先生から受けたの感謝の恩を忘れないだろう。

석가탄신일

○ 석가탄신일은 음력으로 4월 8일이다. お釈迦様の誕生日は陰暦で4月8日だ。

- 석가탄신일에 절에서 여러 의식이 거행된다.

お釈迦様の誕生日はお寺でいろいろな儀式が
挙行される。

- 석가탄신일에 불교 신자들이 절에 연등으로 장식을 해 놓았다.

お釈迦様の誕生日に仏教の信者たちが
提灯でお寺を飾り付けた。

- 불교도들은 연등에 자신들의 소원을 쓴 종이를 붙여 놓았다.

仏教徒たちは提灯に自分達の願いを書いた紙を貼った。

- 저녁에는 불교도들이 거리에서 퍼레이드를 벌였다.

夕方には仏教徒たちが道でパレードをした。

현충일

- 6월 6일은 현충일이다.

6月6日はヒョンチュンイル〔忠霊記念日〕だ。

- 현충일에는 나라를 위해 돌아가신 분들을 위해 기도한다.

忠霊記念日は国のために亡くなった方々のために
祈祷する。

- 우리 할아버지는 6.25 전쟁 중에 돌아가셔서 지금은 국립묘지에 묻혀 계신다.

私の祖父は6.25戦争中に亡くなって今は国立墓地に
埋葬されている。

- 우리는 매년 현충일마다 국립묘지에 간다.

私達は毎年忠霊記念日のたびに国立墓地に行く。

- 우리는 모두 일어나 국기에 대한 경례를 했다.

私達はみんな立ち上がって国旗に敬礼をした。

- 나는 많은 전사자들에게 경의를 표했다.

私は多くの戦死者達に敬意を表した。

- 우리는 묵념을 했다.

私達は黙祷をした。

기타 기념일

- 삼일절은 매년 3월 1일에 일본의 한국 통치에 대항한 1919년의 독립운동을 기념하는 날이다.

サミルジョル〔独立運動記念日〕は毎年3月1日に
日本の韓国統治に対抗した、1919年の独立運動を
記念する日だ。

- 식목일에 가족들과 함께 산에 가서 나무 한 그루를 심었다.

植林の日に家族といっしょに山に行って木を1本植えた。

○ 제헌절에는 1948년 대한민국의 헌법이 제정된 것을 기념한다.	憲法記念日には1948年大韓民国の憲法が 制定されたのを記念する。
○ 광복절은 우리나라가 일본 식민통치로부터 해방된 것을 기념하는 날이다.	独立記念日は私の国が日本の植民統治から 解放されたのを記念する日だ。
○ 개천절은 기원전 2333년에 단군이 최초로 나라를 세운 것을 기념하는 날이다.	建国記念日は紀元前2333年檀君が最初に国を建てた ことを記念する日だ。
○ 한글날에는 우리나라의 문자인 한글에 대해 자부심을 더 느낀다.	ハングルの日には私の国の文化である ハングルに対する自負心をとても強く感じる。

05 파티

여러 가지 파티

백일	生うまれて百日ひゃくにちに当あたる記念日きねんび *일본에서는 없는 행사이다.
돌	一歳いっさいの誕生日たんじょうび・生うまれて一年いちねんに当あたる記念日きねんび *일본에서는 따로 돌 잔치가 없고, 그냥 생일 파티로 지낸다.
집들이	引ひっ越こしパーティー
환영회	歓迎会かんげいかい・歓迎かんげいパーティー
송별회	送別会そうべつかい・送別そうべつパーティー
생일파티	誕生会たんじょうかい・バースデーパーティー
신년회	新年会しんねんかい
송년회	忘年会ぼうねんかい
크리스마스 파티	クリスマスパーティー

파티 계획

○ 각자 마실 것을 가지고 오는 파티를 계획하고 있다.	自分の飲み物を持ってくるパーティーを計画している。
○ 그를 위한 환영 파티를 할 것이다.	彼のための歓迎パーティーをするつもりだ。
○ 그를 위한 송별 파티를 비밀리에 준비했다.	彼のための送別パーティーを内緒で準備した。

256

○ 우리는 새해 전야제를 할 것이다. 私達は新年の前夜祭をするつもりだ。

○ 우리가 파티 준비를 했다. 私達がパーティーの準備をした。

○ 나는 파티 준비로 바빴다. 私はパーティー準備で忙しかった。

○ 파티에 내가 좋아하는 친구들을 초대했다. パーティーに私が好きな友達を招待した。

○ 내가 초대한 친구들이 모두 파티에 올 수 있을까 궁금했다. 私が招待した友達がみんなパーティーに来てくれるか気になった。

파티 참석

○ 나는 그들이 파티에 와 주어서 감사했다. 私は彼らがパーティーに来てくれたので感謝した。

○ 그가 파티에 나타나서 깜짝 놀랐다. 彼がパーティーに現われてとてもびっくりした。

○ 그는 초대하지도 않았는데 왔다. 彼は招待もしなかったのに来た。

○ 그는 불청객이었다. 彼は招かざる客だった。

○ 그를 파티에 들어오지 못하도록 했다. 彼をパーティー会場に入ってくることができないようにした。

○ 그가 파티를 망쳐 놓았다. 彼がパーティーをめちゃくちゃにしてしまった。

❖めちゃくちゃ : 엉망진창임.

○ 그는 그의 친구들을 데리고 왔다. 彼は彼の友達を連れてきた。

○ 그가 올 것이라고 나는 확신했다. 彼が来るはずだと私は確信した。

○ 그는 오지 않았다. 彼は来なかった。

○ 그가 왜 오지 않았는지 궁금했다. 彼がなぜ来なかったのか気になった。

○ 그가 오지 않아 뭔가 빠진 기분이었다. 彼が来なくて何か物足りない気分だった。

❖物足りない : 어딘지 부족하다.

○ 그는 시간이 많지 않아서 파티에 잠깐 들르기만 했다. 彼は少ししか時間がなくてちょっとパーティーに立ち寄っただけだった。

○ 그는 분위기를 잘 이끌어 가는 사람이다. 彼はムードメーカーだ。

○ 우리는 집들이 파티에 초대받았다.　私たちは引っ越しパーティーに招待された。
　　　　　　　　　　　　　　　　　　　　　　　ひ　こ　　　　　　　　　　　しょうたい
❖일본에서는 새롭게 집을 지었을 때 「新築パーティー」와
　　　　　　　　　　　　　　しんちく
이사를 할 때 하는 「引っ越しパーティー」를 한다.
　　　　　　　　　　　　　　ひ　こ

○ 그는 나를 그의 파티에 오라고 초대했다.　彼はパーティーに来てほしいと私を招待した。
　　　　　　　　　　　　　　　　　　　　　　　　　　　　　　き　　　　　　　わたし　しょうたい

○ 예기치 않은 일 때문에 파티에　　　突然用事ができてパーティーに参加できなかった。
　참석할 수 없었다.　　　　　　　　とつぜんよう じ　　　　　　　　　　　　さん か

○ 선약이 있어서 그 파티에　　　　　先約があってそのパーティーに参加できなかった。
　참석하지 못했다.　　　　　　　　せんやく

○ 가도 된다는 부모님의 허락을　　　行ってもいいという両親の許可を
　받아야만 했다.　　　　　　　　　い　　　　　　　　　　りょうしん　きょ か
　　　　　　　　　　　　　　　　　もらわなければならなかった。

○ 나는 꼭 갈 것이다.　　　　　　　私は必ず行くつもりだ。
　　　　　　　　　　　　　　　　　わたし　かなら　い

○ 물론 그의 초대에 응했다.　　　　もちろん彼の招待に応じた。
　　　　　　　　　　　　　　　　　　　　　かれ　しょうたい　おう

○ 나는 그에게 기꺼이 참석할 것이라고　私は彼に当然出席するつもりだと伝えた。
　알려 주었다.　　　　　　　　　　わたし　かれ　とうぜんしゅっせき　　　　　　　　つた

○ 그가 나를 반갑게 맞이해 주었다.　彼が私をうれしそうに出迎えてくれた。
　　　　　　　　　　　　　　　　　　　　わたし　　　　　　　　　で　むか

○ 그들은 나를 따뜻하게 반겨 주었다.　彼らは私を温かく迎えてくれた。
　　　　　　　　　　　　　　　　　　　　　わたし　あたた　　むか

○ 그들이 나에게 선물을 주었다.　　彼らが私にプレゼントをくれた。
　　　　　　　　　　　　　　　　　かれ　わたし

○ 선물 꾸러미를 풀었다.　　　　　プレゼントの包みを開けた。
　　　　　　　　　　　　　　　　　　　　　　つつ　　あ

○ 그들은 선물로 나를 놀라게 했다.　彼らはプレゼントで私を驚かせた。
　　　　　　　　　　　　　　　　　かれ　　　　　　　　わたし　おどろ

○ 친구에게 선물을 받아 기뻤다.　　友達にプレゼントをもらってうれしかった。
　　　　　　　　　　　　　　　　　ともだち

○ 정말로 마음에 들었다.　　　　　本当に気に入った。
　　　　　　　　　　　　　　　　　ほんとう　き　い

○ 내가 꼭 갖고 싶었던 것이었다.　私が本当にほしかったものだった。
　　　　　　　　　　　　　　　　　わたし

○ 이런 선물을 받게 되리라고는　　こんなプレゼントをもらえるとは思ってもいなかった。
　생각지도 못했다.　　　　　　　　　　　　　　　　　　　　　おも

○ 그를 위해 작은 것을 준비했다.　　　彼のために小さなプレゼントを準備した。

○ 그를 위해 작은 선물을 하나 샀다.　　彼のために小さなプレゼントをひとつ買った。

○ 큰 선물은 아니었지만 내 마음이　　　大きなプレゼントではないが私の心がこもった
　　담긴 것이었다.　　　　　　　　　　ものだった。

○ 그는 매우 감동하고 있었다.　　　　　彼はとても感動していた。

○ 내 선물이 그의 마음에 들기를 바랐다.　私のプレゼントが彼の気に入ればいいと思う。

파티 옷차림

○ 무슨 옷을 입을지 아직 결정하지 못했다.　どんな服を着るかまだ決めることができずにいた。

○ 입을 만한 적당한 옷이 없었다.　　　　着ていける適当な服がなかった。

○ 정장으로 차려 입었다.　　　　　　　　正装した。

○ 가장 멋진 옷을 입었다.　　　　　　　　一番かっこいい服を着た。

○ 오늘 파티를 위해 내가 가장　　　　　　今日パーティーのために私が一番大切にしている
　　아끼는 옷을 입었다.　　　　　　　　　服を着た。

○ 그는 가장 멋지게 보이려고　　　　　　彼は一番かっこよく見せようと着飾った。
　　잘 차려 입었다.

○ 그는 개성 있는 옷을 입고 나타났다.　　彼は個性的な服を着て現われた。

○ 그녀의 옷차림이 눈에 띄었다.　　　　　彼女の服装は目にとまった。

○ 그녀의 옷이 아주 화려했다.　　　　　　彼女の服はとても華やかだった。

○ 내 옷이 촌스러워 보일까봐　　　　　　私の服が田舎臭く見えるかも知れないと心配した。
　　걱정이 되었다.

파티 즐기기

○ 많은 사람들이 참석했다.　　　　　　　たくさんの人達が参席した。

○ 맛있는 음식과 마실 것이 많았다.　　　おいしい食べ物と飲み物がたくさんあった。

○ 맛있는 음식으로 대접을 받았다.　　　　おいしい食べ物でもてなされた。

○ 우리는 춤을 추거나 노래를 부르며 즐거웠다.	私たちは踊りを踊ったり歌を歌ったりして楽しんだ。
○ 그와 춤을 추었다.	彼と踊った。
○ 한 멋진 남자에게 춤을 추자고 했지만 거절당했다.	かっこいい男の人に踊りを踊ろうと誘ってみたが断られた。
○ 재미있는 게임을 했다.	おもしろいゲームをした。
○ 파티의 분위기가 정말 좋았다.	パーティーの雰囲気が本当に良かった。
○ 분위기를 깨지 않으려고 노력했다.	雰囲気を壊さないように努力した。
○ 분위기 깨는 사람은 싫다.	雰囲気を壊す人は嫌いだ。
○ 우리는 불꽃놀이를 준비했다.	私たちは花火を準備した。
○ 마당에서 불꽃놀이를 했다.	庭で花火をした。
○ 불꽃이 너무 멋졌다.	花火がとてもきれいだった。

파티 마무리하기

○ 집에 갈 시간이었다.	家に帰る時間になった。
○ 그는 나에게 좀 더 있다 가라고 했다.	彼は私にもう少ししてから帰ろうと言った。
○ 파티가 끝날 시간이었다.	パーティーが終わる時間になった。
○ 파티에서 잘 어울릴 수가 없었다.	パーティーになじむことができなかった。
○ 나에게는 지루한 파티였다.	私には退屈なパーティーだった。
○ 정말 재미있었다.	本当におもしろかった。
○ 멋진 파티였다.	素晴らしいパーティーだった。
○ 굉장한 파티였다.	すごいパーティーだった。
○ 파티에서 지치도록 놀았다.	パーティーで疲れるくらい遊んだ。
○ 파티에서 즐거운 시간을 보냈다.	パーティーで楽しい時間を過ごした。
○ 오랫동안 오늘 파티를 기억할 것이다.	長い間今日のパーティーが心に残るだろう。

06 크리스마스

06 집안 행사

크리스마스 용어

구세군 자선냄비	社会しゃかいなべ・慈善鍋じぜんなべ	크리스마스이브	クリスマスイブ
눈사람	雪ゆきだるま	크리스마스 케이크	クリスマスケーキ
루돌프	ルドルフ・赤鼻あかはなのトナカイ	크리스마스 트리	クリスマスツリー
메리 크리스마스	メリークリスマス	크리스마스 카드	クリスマスカード
산타클로스	サンタクロース	크리스마스 캐럴	クリスマスキャロル
썰매	そり	크리스마스 실	クリスマスシール
양초	ろうそく・キャンドル	포인세티아	ポインセチア
예수 그리스도	イエスキリスト	화이트 크리스마스	ホワイトクリスマス
크리스마스 선물	クリスマスギフト		

메리 크리스마스

○ 크리스마스가 얼마 남지 않았다.　　クリスマスまでもう少しだ。

○ 올해 크리스마스는 일요일이다.　　今年のクリスマスは日曜日だ。

○ 친구에게 줄 크리스마스카드를　　友達にあげるクリスマスカードを作った。
만들었다.

○ 친구들에게 크리스마스카드를 보냈다.　　友達にクリスマスカードを送った。

○ 이 카드를 받고 친구들이　　このカードを友達が受け取って喜んでくれたら
좋아하면 좋겠다.　　いいと思う。

○ 메리 크리스마스!　　メリークリスマス。

○ 올해는 크리스마스에 눈이　　今年はクリスマスに雪が降ったらいいのにと思う。
내리면 좋겠다.

○ 크리스마스이브에 교회에서　　クリスマスイブに教会で盛大な行事が行われた。
큰 행사가 있었다.

○ 크리스마스에 동생과 함께　　クリスマスに弟といっしょに教会に礼拝をしに行った。
예배를 보러 교회에 갔다.

○ 크리스마스 캐럴을 즐겁게 불렀다. クリスマスキャロルを楽しく歌った。

○ 우리는 모두 크리스마스 캐럴을 私達はみんなクリスマスキャロルを合唱した。
  합창했다.

○ 선물을 여러 개 받아서 기분이 좋았다. プレゼントをいくつももらって気分がよかった。

산타클로스

○ 올해의 산타클로스는 우리 선생님이었다. 今年のサンタクロースは私の先生だった。

○ 나는 산타클로스가 존재하지 않는다는 私はサンタクロースが存在しないということを知った。
  것을 알게 되었다.

○ 우리 아빠가 산타클로스로 변장하셨다. 私の父がサンタクロースに変身した。

○ 매년 크리스마스 때마다 어떤 선물을 毎年クリスマスごとにどんなプレゼントをもらえるか
  받게 될지 궁금하다. 気になる。

○ 잠자리에 들기 전에 머리맡에 寝る前に頭の横に靴下をかけておいた。
  양말을 걸어 두었다.

○ 오늘 밤 좋은 선물을 받았으면 좋겠다. 今晩、いいプレゼントをもらえたらいいと思う。

크리스마스 파티

○ 특별히 크리스마스 장식을 한 特別にクリスマスの飾りつけがされたケーキを買った。
  케이크를 샀다.

○ 크리스마스를 축하하기 위해 クリスマスを祝うためにパーティーをするつもりだ。
  파티를 할 것이다.

○ 크리스마스 파티를 고대하고 있다. クリスマスパーティーを期待している。

○ 부모님께 드릴 선물을 예쁘게 両親にあげるプレゼントをかわいく包装して
  포장해서 숨겨 놓았다. 隠しておいた。

○ 선물을 드리면서 부모님을 プレゼントをあげながら両親を驚かせたかった。
  놀라게 하고 싶었다.

❖일본에서는 부모 자식간에는 존칭을 많이 쓰지 않기 때문에

  ⌐上げる」 대신 ⌐差し上げる」를 쓰면 너무 격식을 차린 느낌이 든다.

○ 크리스마스 트리를 만들었다. 　　クリスマスツリーを作った。

○ 크리스마스 트리를 온 가족이 　　クリスマスツリーを家族全員でいっしょに飾った。
함께 장식했다.

○ 크리스마스 트리에 크리스마스 　　クリスマスツリーにクリスマスの鐘と玉の飾りをつけた。
종과 공 장식을 달았다.

○ 크리스마스 트리에 여러 장식을 　　クリスマスツリーにいろいろな飾りを吊した。
매달았다.

○ 크리스마스 트리에 색 전구로 　　クリスマスツリーにカラーツリーライトを飾り付けた。
장식을 했다.

○ 문에는 크리스마스 리스를 걸었다. 　　ドアにはクリスマスリースをかけた。

○ 크리스마스가 지난 후, 크리스마스 트리 　　クリスマスが過ぎた後クリスマスツリーや飾りを
장식들을 떼어내고 새해를 맞이하는 　　はずして新年を迎える準備をした。
준비를 했다.

07 연말 행사

○ 연말이 다가오고 있다. 　　年末が近づいてきた。

○ 이제 곧 연말이다. 　　もうすぐ年末だ。

○ 시간이 얼마나 빠른지 믿어지지 않는다. 　　時間が経つのがこんなに早いなんて信じられない。

○ 시간이 늦게 간다고 생각된다. 　　時間が過ぎるのが遅く感じる。

○ 송년회가 있었다. 　　忘年会があった。

○ 우리는 가는 해를 기념하는 　　私達は行く年を記念するちょっとした
작은 모임을 가졌다. 　　集まりを持った。

○ 나는 오늘 그 모임에 갈 기분이 　　私は今日その集まりに行く気分ではなかった。
아니었다.

○ 나는 그저 잠깐 들르기만 했다.　　　私はちょっとだけ立ち寄った。

○ 우리는 서로의 건강을 위해 건배했다.　　私達はお互いの健康のために乾杯をした。

○ 나는 송년 파티에 참석해서　　　　　私は年末パーティーに参加して友達と楽しく過ごした。
　친구들과 재미있게 보냈다.

○ 내 친구들은 내가 우리 모임에　　　私の友達は私が集まりに来てくれないと
　참석해야만 모임이 재미있다고 했다.　おもしろくないと言った。

○ 오늘 모임은 정말 활기차고 재미있었다.　今日の集まりは本当ににぎやかでおもしろかった。

○ 식당은 즐거운 수다와 웃음소리로　　食堂は楽しいおしゃべりと笑い声でいっぱいだった。
　가득 찼다.

○ 지난 해에 있었던 나쁘거나 우울한　　去年の悪いことや憂うつなことは全部忘れるつもりだ。
　일들은 모두 잊어버릴 것이다.

○ 세월이 빠르다.　　　　　　　　　月日が経つのは早い。

○ 세월은 기다리지 않는다.　　　　　月日は待ってくれない。

○ 시간은 한 번 가면 다시는　　　　時間は一回過ぎれば、再び戻ってこない。
　돌아오지 않는다.

DIARY 06

疲れ果てた里帰りの道

2月10日　木曜日　晴天

気分があまり良くない。一日中吐いていた。どうもおばあちゃんの家でとてもたくさん食べすぎたようだ。他の人たちは一体どんな風に新年を迎えて過しているのだろうか。本当に私は道路の上の自動車という自動車を全部吹き飛ばしてしまいたいくらいだった。テグからソウルまで行くのに10時間もかかるなんて。地獄にいるみたいだった。交通渋滞で身動きができなかった。ラジオでは故郷から帰ってくる人々の車でほとんどすべての道が渋滞しているといっていた。車の中でトイレに行きたくなったがトイレを見つけることができなかった。高速道路のドライブインに着くまで我慢するしかなかった。私は本当に政府がこんなことに対する対策を講じるべきだと思う。私たちが納める税金で何をしているのか。彼らは道路の周辺にトイレをもっと作るべきだ。そしたら、車のドアを開けたままで用をたす人々はいなくなるはずだ。来年お婆ちゃんの家に行くときはもっと楽に行けたらいいと思う。

고달픈 귀경길

2월 10일, 목요일, 화창함

기분이 그리 좋지 않다. 하루 종일 구토를 했다. 아무래도 할머니 댁에서 너무 많이 먹은 것 같다. 다른 사람들은 도대체 새해를 어떻게 보내는지 궁금했다. 정말이지 나는 도로 위의 차들을 모두 날려 버리고만 싶었다. 대구에서 서울까지 오는 데 10시간이 걸리다니! 지옥에 있는 것만 같았다. 교통 체증으로 꼼짝할 수가 없었다. 라디오에서는 고향에서 올라오는 사람들의 차들로 거의 모든 도로가 꽉 막혀 있다고 했다. 오는 길에 소변이 보고 싶었지만 화장실을 찾을 수가 없었다. 고속도로 휴게소에 도착할 때까지 참아야만 했다. 나는 정말 정부 차원에서 이런 일에 대한 대책이 있어야 한다고 생각한다. 우리가 낸 세금으로 무엇을 하고 있는 것인가? 그들은 도로 주변에 화장실을 더 많이 세워야 한다. 그러면 차 문을 열어둔 채로 길가에서 소변을 보는 사람들을 더 이상 보지 않아도 될 것이다. 내년에 할머니 댁으로 여행 갈 때는 좀 더 편안해졌으면 좋겠다.

NOTES

里帰さとがえり 귀향 ┆ 疲つかれ果はてた 고달픈 ┆ 気分きぶん 기분 ┆ 食たべすぎた 너무 많이 먹었다 (* ～すぎる 지나치게 ～하다) ┆ なんて ～이라니 (* 의외의 뜻을 나타냄) ┆ 身動みうごきができなかった 꼼짝할 수가 없었다, 움직이지 못했다 ┆ 我慢がまんするしかなかった 참아야만 했다 (* ～しかない ～할 수 밖에 없다) ┆ 講こうじるべきだ 강구해야 한다

CHAPTER

07

식생활

1. 식성
2. 요리
3. 맛
4. 식사 전
5. 식사 후
6. 외식
7. 배달 음식
DIARY 7

01 식성

대식가

○ 나는 대식가이다.
私は大食いだ。
わたし　おお ぐ

○ 나는 음식 투정을 하지 않는다.
私は食べ物に対して文句を言わない。
わたし　た　もの　たい　　もん く　い

○ 나는 식성이 까다롭지 않다.
私は食べ物にうるさくない。

○ 난 골고루 잘 먹는다.
私はいろいろなものをよく食べる。
　　　　　　　　　　　　　　　　た

○ 난 뭐든지 잘 먹는다.
私は何でもよく食べる。
　　なん　　　　　　た

○ 나는 상에 차려진 대로 잘 먹는다.
私はテーブルに並べられたものはそのまま良く食べる。
　　　　　　なら　　　　　　　　　　よ　　た

○ 나는 가끔 너무 많이 먹어서
나중에 후회할 때도 있다.
私はときどきとてもたくさん食べて、
　　　　　　　　　　　　　た
後で後悔することもある。
あと　こうかい

소식가

○ 나는 소식가이다.
私は少食だ。
わたし　しょうしょく

○ 소식하려고 노력한다.
食事の量を減らそうと努力する。
しょく じ　りょう　へ　　　　　　ど りょく

○ 조금씩 먹으려고 한다.
少しずつ食べようと思う。
すこ　　　た　　　　　おも

○ 건강하기 위해 적당히 먹는다.
健康のために適量を食べる。
けんこう　　　　てきりょう　た

○ 살이 찌지 않도록 하려고
식사를 가볍게 한다.
太らないように食事を軽く食べる。
ふと　　　　　　しょく じ　かる　た

○ 소식하면 몸이 가벼운 것 같다.
少食をすると体が軽い感じがする。
しょうしょく　　　　からだ　かる　かん

편식

○ 나는 편식을 하지 않는다.
私は偏食をしない。
わたし　へんしょく

○ 내 식성은 약간 까다롭다.
私は少し好き嫌いをする。
わたし　すこ　す　きら

268

○ 나는 음식에 까다로운 편이다.   私は食べ物に対してうるさい方だ。

○ 내가 좋아하는 음식만 먹는다.   私が好きな食べ物だけ食べる。

○ 불균형적인 식사를 한다.   偏った食事をする。

○ 불규칙적으로 식사를 한다.   不規則に食事をする。

○ 내가 좋아하는 음식이 없으면   私の好きな食べ物がないと、私は食事をしない。
　 식사를 하지 않는다.

○ 그는 가끔 나에게 밥알을 세며   彼はときどき私に米粒を数えながら食べてる
　 먹는 것 같다고 한다.   みたいだと言う。

식욕

○ 나는 식욕이 왕성하다.   私は食欲が旺盛だ。

○ 그 음식은 내 식욕을 돋아 준다.   その食べ物は私の食欲をそそる。

○ 내 식욕은 끝이 없다.   私の食欲は終りを知らない。

○ 식욕이 늘었다.   食欲が出てきた。

○ 그다지 식욕이 없었다.   あまり食欲がなかった。

○ 식욕이 없어진다.   食欲がなくなる。

○ 나는 식욕 부진으로 고생하고 있다.   私は食欲不振で苦労している。

○ 식욕을 잃었다.   食欲を失った。

○ 식욕이 거의 없다.   食欲がほとんどない。

○ 식욕이 생기질 않는다.   食欲が出ない。

○ 간식을 먹어서 저녁 밥 맛이 없었다.   間食を食べたので夕食をおいしく食べられなかった。

좋아하는 음식

○ 나는 그저 집에서 만든 음식을 좋아한다.   私は家で作った食べ物が好きだ。

○ 나는 중국 음식을 좋아한다.   私は中華料理が好きだ。

○ 나는 담백한 음식을 좋아한다.　私はさっぱりとした食べ物が好きだ。

○ 나는 맵지 않은 음식을 좋아한다.　私は辛くない食べ物が好きだ。

○ 나는 단것을 좋아한다.　私は甘物が好きだ。

○ 나는 고기를 좋아한다.　私は肉が好きだ。

○ 나는 잘 익은 스테이크를 좋아한다.　私はウエルダンステーキが好きだ。

○ 나는 중간 정도로 익은 스테이크를
　좋아한다.　私はミディアムステーキが好きだ。

○ 나는 설익은 스테이크를 좋아한다.　私はレアステーキが好きだ。

○ 나는 채소를 좋아한다.　私は野菜が好きだ。

○ 나는 채소보다는 고기를 더 좋아한다.　私は野菜より肉がもっと〔ずっと〕好きだ。

○ 나는 마시는 것보다 먹는 것을
　더 좋아한다.　私は飲むことより食べることがもっと〔ずっと〕好きだ。

○ 생야채를 자주 먹는다.　生野菜をよく食べる。

○ 나는 특별히 좋아하는 것은 없다.　私は特別に好きなものがない。

싫어하는 음식

○ 나는 생선을 먹지 않는다.　私は魚を食べない。

○ 나는 채식주의자이기 때문에
　고기는 입에 대지도 않는다.　私は菜食主義者なので肉を口にしない。

○ 나는 기름진 음식을 싫어한다.　私は脂っこい食べ物が嫌いだ。

○ 쓴맛이 나는 음식은 싫다.　苦い味のする食べ物は嫌いだ。

○ 짠 반찬은 좋아하지 않는다.　塩辛いおかずは好きじゃない。

○ 야채를 싫어한다.　野菜が嫌いだ。

○ 나는 시금치를 절대 먹지 않는다.　私はほうれん草を絶対食べない。

○ 과일은 신맛이 나서 싫다.　果物は酸っぱいので嫌いだ。

○ 신 과일에 익숙해지고 있다.　酸っぱい果物に慣れてきた。

270

입맛

○ 그 음식은 내 입맛에 맞는다.　　　　　その食べ物は私の口に合う。

○ 그 음식은 내 입맛에 맞지 않는다.　　　その食べ物は私の口に合わない。

○ 그 음식은 내 기호에 맞지 않는다.　　　その食べ物は私の好みではない。

○ 그 음식은 내 몸에 맞지 않는 것 같다.　その食べ物は私の体に合わないような気がする。

건강식

○ 야채가 건강에 좋다고 하지만　　　　　野菜が健康にいいと言うが私は食べたくない。
　나는 먹고 싶지 않다.

○ 나는 건강에 좋은 음식만 먹고 싶다.　　私は健康にいい食べ物だけ食べたい。

○ 체하지 않으려면 천천히 먹어야 한다.　消化不良を起こさないためには、
　　　　　　　　　　　　　　　　　　　　ゆっくり食べなければならない。

○ 기름진 음식은 위에 좋지 않다.　　　　脂っこい食べ物は胃によくない。

○ 잘 균형 잡힌 식사를 하는 것이　　　　偏りのない食事をすることが一番いい。
　가장 좋다.

○ 자극적이지 않은 음식을 먹는　　　　　刺激のない食べ物を食べるのが健康にいい。
　것이 건강에 좋다.

○ 가능한 한 과식하지 말아야 한다.　　　できるだけ食べ過ぎないようにしなければならない。

우유

○ 우유 알레르기가 있어서　　　　　　　牛乳アレルギーがあるので牛乳を飲まない。
　우유를 마시지 않는다.

○ 나는 우유의 비린 맛이 싫다.　　　　　私は牛乳の生臭が嫌いだ。

○ 나는 우유를 잘 소화시키지 못한다.　　私は牛乳を飲むと消化不良を起こす。

○ 우유를 먹으면 배가 아프다.　　　　　牛乳を飲むとお腹が痛くなる。

○ 우유만 마시면 설사가 난다.　　　　　牛乳を飲むと下痢をする。

○ 나는 우유를 매우 좋아해서 물 대신 우유를 마신다.	私は牛乳がとても好きで水代わりに牛乳を飲む。
○ 키가 더 크도록 우유를 많이 마신다.	背が伸びるように牛乳をたくさん飲む。

커피

○ 나는 커피를 블랙으로 마시는 것을 좋아한다.	私はコーヒーをブラックで飲むのが好きだ。
○ 나는 커피에 설탕 두 스푼과 크림을 약간 넣어 마신다.	私はコーヒーに砂糖二つとクリームを少し入れて飲む。
○ 나는 진한 커피를 좋아한다.	私は濃いコーヒーが好きだ。
○ 나는 연하게 커피를 마신다.	私はアメリカンコーヒーが好きだ。
○ 나는 커피를 달게 마신다.	私は甘いコーヒーを飲む。
○ 나는 진한 커피를 마시면 잠을 못 잔다.	私は濃いコーヒーを飲むと眠れなくなる。

02 요리

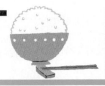

한 국 요 리

국밥	クッパ	불고기	プルコギ・焼肉やきにく
갈비	カルビ	비빔냉면	混まぜ冷麺れいめん
갈비탕	カルビタン	비빔밥	ビビンパ
김치	キムチ	빈대떡	ビンデトック
김치찌개	キムチチゲ	삼계탕	サムゲタン
깍두기	カクテギ・カットゥギ	설렁탕	ソルロンタン
닭갈비	タッカルビ	수제비	スジェビ
된장국	テンジャンチゲ・味噌汁みそしる	순대	スンデ
떡국	トック	추어탕	ドジョウのスープ
떡볶이	トッポッキ	콩비지찌개	おからのチゲ
물냉면	水みずネンミョン・水冷麺みずれいめん	해물탕	ヘムルタン
미역국	わかめのスープ	해장국	ヘージャンク

낫토(일본식 청국장)	納豆なっとう	야키소바	焼ゃきそば
냄비요리	鍋物なべもの	어묵	おでん
다코야키	たこ焼ゃき	오야코동	親子丼おゃこどん
돈까스	とんかつ	오코노미야키	お好このみ焼ゃき
라멘	ラーメン	우동	うどん
매실장아찌	梅干うめぼし	유부국수	きつねうどん
생선회	さしみ	자루소바	ざるそば
샤브샤브	しゃぶしゃぶ	장어덮밥	鰻丼うなどん
소바	そば	주먹밥	おにぎり
쇠고기덮밥	牛丼ぎゅうどん	초밥	寿司すし
스키야키	すき焼ゃき	튀김덮밥	天丼てんどん
야키도리	焼ゃき鳥とり	튀김	てんぷら

서 양 요 리

그라탱	グラタン	카레라이스	カレーライス
등심 스테이크	サーロインステーキ	크림 스튜	クリームシチュー
비프 스튜	ビーフシチュー	토스트	トースト
샌드위치	サンドイッチ	포크커틀릿	ポークカツレツ
샐러드	サラダ	프라이드 치킨	フライドチキン
수프	スープ	프렌치프라이	フレンチフライ
스파게티	スパゲティ・スパゲッティ	피자	ピザ
안심 스테이크	ヒレステーキ	핫도그	ホットドッグ
오믈렛	オムレツ	햄버그	ハンバーグ

요리 솜씨

○ 나는 요리하는 것을 좋아한다.　　私は料理をするのが好きだ。
　　　　　　　　　　　　　　　わたし りょうり　　　す

○ 나는 요리를 잘한다.　　私は料理が上手だ。
　　　　　　　　　　じょうず

○ 나는 요리 솜씨가 좋다.　　私は料理の腕前がいい。
　　　　　　　　　　　うでまえ

○ 나는 요리를 못 한다.　　私は料理が下手だ。
　　　　　　　　　りょうり　へた

○ 나는 여러 가지 종류의 음식을　　私はいろいろな種類の食べ物を料理することができる。
　요리할 수 있다.　　　　　　　しゅるい た もの

○ 나는 그것을 요리하는 방법을　　私はそれを料理する方法を知っている。
　알고 있다.　　　　　　　　りょうり　ほうほう し

273

○ 조리법을 많이 알고 있다.	調理法をたくさん知っている。 ちょうりほう
○ 요리 강습을 받았다.	料理の講習を受けた。 りょうり こうしゅう う
○ 스파게티, 케이크 등을 만들 수 있다.	スパゲッティ、ケーキなどを作ることができる。 つく
○ 특히 빵을 잘 만든다.	特にパンを作るのが上手だ。 とく じょうず
○ 나는 생선 요리를 잘한다.	私は魚料理が得意だ。 わたし さかな とくい

요리 준비

○ 오늘은 내가 저녁을 준비할 차례였다.	今日は私が夕食を準備する番だ。 きょう わたし ゆうしょく じゅんび ばん
○ 그 요리를 하려면 다양한 재료가 필요했다.	その料理をするためにはいろいろな材料が必要だった。 りょうり ざいりょう ひつよう
○ 냉장고에서 여러 재료를 꺼냈다.	冷蔵庫からいろいろな材料を取り出した。 れいぞうこ ざいりょう と だ
○ 맛있는 요리를 만들려면 신선한 재료를 사용해야 한다.	おいしい料理を作るためなら新鮮な材料を りょうり つく しんせん 使わなければならない。 つか
○ 양파가 필요했으나 없었다.	玉ねぎが必要だったがなかった。 たま ひつよう
○ 양배추 한 통을 잘게 썰었다.	キャベツ1玉を千切りにした。 たま せんぎ
○ 오렌지 껍질을 벗겼다.	オレンジの皮をむいた。 かわ
○ 오렌지를 짜서 즙을 내었다.	オレンジをしぼって汁を出した。 しる だ
○ 무를 강판에 갈다.	大根を卸し金でする。 だいこん おろ がね
○ 몇 가지 견과류를 빻아 가루로 만들었다.	何種類かのナッツ類を砕いて粉にした。 なんしゅるい くだ こな
○ 사과를 네모 모양으로 토막 내었다.	りんごを四角い形に切った。 しかく かたち き
○ 150도로 오븐을 예열하였다.	オーブンの予熱を150度に合わせた。 よねつ ど あ
○ 케이크를 만들기 위해 재료를 준비했다.	ケーキを作るために材料を準備した。 つく ざいりょう じゅんび
○ 생선을 깨끗이 손질하고 잘 씻었다.	魚をきれいにおろしてよく洗った。 さかな あら
○ 내장을 제거하고 굵은 소금으로 씻었다.	内臓を除いて粗塩で洗った。 ないぞう のぞ あらしお あら
○ 소금을 약간 문질러 생선의 비늘을 제거했다.	塩を少しつけて魚の鱗を取り除いた。 しお すこ さかな うろこ と

○ 가스레인지를 켜고 불꽃을 약하게 했다.   ガスレンジをつけて弱火にした。

よわび

○ 가스레인지 불꽃을 강하게 했다.   ガスレンジの火を強火にした。

ひ つよび

○ 팬을 레인지 위에 올려놓았다.   フライパンをガスレンジの上にのせた。

うえ

○ 물이 끓을 때까지 기다렸다.   お湯がわくまで待った。

ゆ ま

❖お湯がわく : 물이 끓다.

○ 설탕과 달걀 노른자를 부드러워질   砂糖と卵の黄身をなめらかになるまで混ぜた。

때까지 섞었다.   さとう たまご きみ ま

○ 밀가루 반죽에 버터를 넣었다.   小麦粉の生地にバターを入れた。

こむぎこ きじ い

○ 그릇에 밀가루를 넣고 조금씩 물을   器に小麦粉を入れて少しずつ水を入れながらこねた。

넣어가며 한 덩어리로 반죽했다.   うつわ い すこ みず

○ 밀가루 반죽을 작은 공 모양으로   小麦粉の生地を小さい玉の形に丸めた。

만들었다.   きじ ちい たま かたち まる

○ 밀가루 반죽을 평평하게 폈다.   小麦粉の生地をひらたくした。

○ 예열된 오븐에서 30분 동안 구웠다.   熱したオーブンで30分間焼いた。

ねっ ぶんかん や

○ 나무 막대기로 가운데를 찔러 봐서   真ん中を竹串で刺してみて竹串に何もつかなくなるまで

묻어나지 않을 때까지 구웠다.   ま なか たけぐし さ なに

焼いた。

や

○ 식을 때까지 오븐 속에 두었다.   冷めるまでオーブンの中に置いておいた。

さ なか お

○ 30분 동안 식혔다.   30分間冷ました。

ぶんかん さ

○ 두꺼운 냄비에 초콜릿을 넣고   厚いなべにチョコレートを入れて弱火で溶かした。

약한 불로 녹였다.   あつ い よわび と

○ 적당한 양의 거품 낸 크림을 케이크   泡立てた適当な量のクリームをケーキの上にのせて

위에 놓고 가능한 한 평평하게   あわだ てきとう りょう うえ

펴 발랐다.   できるだけ平たくぬった。

ひら

○ 그 위에 여러 가지 과일을 얹었다.   その上にいろいろな果物をのせた。

うえ くだもの

○ 내 취향에 따라 케이크를 장식했다.   私の好みに合わせてケーキを飾った。

わたし この あ かざ

○ 생선을 냄비에 담고 불 위에 올렸다.   魚を鍋に入れて火にかけた。

さかな なべ い ひ

○ 여러 가지 양념을 넣어 생선에 배어들 때까지 끓였다.	いろいろな調味料を入れて魚にしみ込むまで煮た。
○ 생선을 오븐에 구웠다.	魚をオーブンで焼いた。
○ 소고기 찌개를 끓였다.	牛肉の鍋を作った。
○ 밥에 참기름을 넣어 섞었다.	ご飯に胡麻油を入れて混ぜた。
○ 요리하다가 손가락을 베었다.	料理をしていたとき指を切ってしまった。
○ 오늘은 내가 맛있는 저녁과 특별 후식을 만들었다.	今日は私がおいしい夕食と特別なデザートを作った。
○ 후식으로 애플파이를 만들었다.	デザートにアップルパイを作った。
○ 나는 매시 포테이토를 만들기 위해 감자를 으깨었다.	私はマッシュポテトを作るためにじゃがいもをつぶした。
○ 마요네즈를 다른 재료와 섞었다.	マヨネーズを他の材料と混ぜた。
○ 샐러드를 버무렸다.	サラダを混ぜ合わせた。
○ 샐러드를 한 그릇 만들었다.	サラダを一皿作った。
○ 오븐에 빵을 구웠다.	オーブンでパンを焼いた。
○ 소금으로 간을 잘 맞추는 것이 중요하다.	塩で味加減をするのが重要だ。
○ 나는 정성 들여 음식을 만들었다.	私は真心を込めて、料理を作った。

03 맛

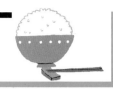

여러가지 맛

감칠맛	うま味み	새콤달콤하다	甘ぁまずっぱい
개운하다	さっぱりしている	순하다	まろやかだ
느끼하다	脂ぁぶらっこい	시다	すっぱい
달다	甘ぁまい	시원하다	あっさりしている
달콤하다	甘ぁまったるい	싱겁다	味ぁじが薄うすい・水みずっぽい
담백하다	淡白たんぱくだ	진하다	味ぁじが濃こい
떫다	渋しぶい	쓰다	苦にがい
맵다	辛からい	아삭아삭하다	サクサクする
부드럽다	柔ゃわらかい	짜다	塩辛しおからい

맛보기

○ 맛을 보았다.　　　　味を見てみた。
あじ　み

○ 오늘 반찬은 싱거웠다.　　　　今日のおかずは味が薄かった。
きょう　　　　　　あじ　うす

○ 김빠진 콜라를 마셨다.　　　　炭酸の抜けたコーラを飲んだ。
たんさん　ぬ　　　　　　　の

○ 김치가 너무 짰다.　　　　キムチがとても塩辛かった。
しおから

○ 오렌지가 덜 익어서 너무 시었다.　　　　オレンジが熟れてなくてとても酸っぱかった。
う　　　　　　　　　す

○ 그 포도는 달콤해 보였으나　　　　その葡萄は甘く見えたがとても酸っぱかった。
　매우 신맛이 났다.　　　　ぶどう　あま　み

○ 톡 쏘는 맛이 났다.　　　　ピリッと突き刺すような味がした。
つ　さ　　　　　あじ

○ 단맛이 났다.　　　　甘い味がした。
あま

○ 달았다.　　　　甘かった。

○ 그 복숭아는 단맛이 났다.　　　　その桃は甘かった。
もも

○ 커피가 단맛이 강했다.　　　　コーヒーがとても甘かった。/
あま
　　　　甘さの強いコーヒーだった。
つよ

○ 매웠다.　　　　辛かった。
から

277

○ 찌개가 아주 매웠다.	チゲがとても辛かった。
○ 매워서 혀가 얼얼했다.	辛くて舌_{した}がヒリヒリした。
○ 자극적인 맛이었다.	刺激_{しげき}の強_{つよ}い味_{あじ}だった。／刺激的_{しげきてき}な味_{あじ}だった。
○ 느끼했다.	油_{あぶら}っこかった。
○ 그 감은 떫은 맛이 났다.	その柿_{かき}は渋_{しぶ}い味_{あじ}がした。
○ 감칠맛이 났다.	うま味_みがあった。
○ 맛이 아주 부드러웠다.	柔_{やわ}らかい味がした。
○ 그 요구르트는 아무런 맛이 가미되지 않은 것이었다.	そのヨーグルトは何_{なに}も入_いっていない純粋_{じゅんすい}なプレーンヨーグルトだった。
○ 포도 맛이 났다.	ぶどう味_{あじ}だった。
○ 그것은 우리 엄마가 만든 것과 똑같은 맛이 났다.	それは私_{わたし}の母_{はは}が作_{つく}ったものと同_{おな}じ味がした。
○ 그 음식에는 설탕이 많이 들어갔다.	その料理_{りょうり}は砂糖_{さとう}がたくさん入_{はい}っている。
○ 그 국에는 소금이 너무 많이 들어간 것 같았다.	その汁物_{しるもの}には塩_{しお}がとてもたくさん入っているみたいだった。
○ 그 음식은 상한 것 같았다.	その食_たべ物_{もの}は腐_{くさ}っているみたいだった。

요리 정도

○ 밥이 잘 되었다.	ご飯_{はん}がおいしく炊_たけた。
○ 밥이 설익었다.	ご飯が半生状態_{はんなまじょうたい}だった。
○ 밥이 되게 되었다.	固_{かた}めのご飯になった。
○ 밥이 질게 되었다.	やわらかいご飯になった。／お粥_{かゆ}みたいなご飯になった。
○ 수프가 걸쭉했다.	スープがこってりしていた。
	❖こってりする：걸쭉하다.
○ 수프가 묽었다.	スープが水_{みず}っぽかった。
	❖みずっぽい：묽다.

○ 스테이크가 너무 익었다.　　　　ステーキに火が通りすぎていた。/
　　　　　　　　　　　　　　　　　　　ステーキを長い時間焼きすぎて固くなった。

○ 스테이크가 덜 익었다.　　　　　ステーキによく火が通っていなかった。/
　　　　　　　　　　　　　　　　　　　ステーキが半生状態だった。

○ 스테이크가 반 정도 익었다.　　ステーキに半分ぐらい火が通った。

○ 스테이크가 너무 질겨서 자르기도　ステーキにとても筋が多くて切るのが大変だった。
　 힘들었다.

○ 음식들이 덜 익거나 너무 익었다.　食べ物によく火が通ってなかったり、
　　　　　　　　　　　　　　　　　　　火が通りすぎたりしていた。

○ 소스가 샐러드와 아주 잘 어울렸다.　ソースがサラダととてもよく合っていた。

04 식사 전

군침이 돌다

○ 아침을 못 먹었다.　　　　　　　朝ごはんを食べることができなかった。

○ 오늘은 점심을 건너뛰었다.　　今日は昼ごはんを食べれなかった。/
　　　　　　　　　　　　　　　　　　　今日は昼抜きした。

○ 냉장고에 있는 남은 음식을　　冷蔵庫の中の残った食べ物を食べなければならなかった。
　 먹어야 했다.

○ 똑같은 음식을 매일 먹는 것은　同じ食べ物を毎日食べるのはもう飽きた。
　 이젠 질린다.

○ 맛있어 보였다.　　　　　　　　おいしそうに見えた。

○ 맛있는 냄새가 났다.　　　　　　おいしそうな匂いがした。

○ 식욕이 돋았다.　　　　　　　　食欲が出た。

○ 군침이 돌다.　　　　　　　　　よだれが出そうだ。

○ 맛있는 요리 냄새가 나서 입에
　군침이 돌았다.

おいしそうな料理の匂いがしてよだれが出そうになった。
りょうり　　にお

배가 고프다

○ 하루 종일 아무것도 못 먹어서
　무지하게 배가 고팠다.

一日中何も食べれなくてとてもお腹がすいていた。
いちにちじゅうなに　た　　　　　　　　　なか

○ 배가 꼬르륵 거렸다.

お腹がぐるぐると鳴った。
　　　　　　　　　な

○ 나는 몹시 배가 고팠다.

私はとてもお腹がすいていた。
わたし

○ 뱃가죽이 등에 붙었다.

お腹と背中がくっついた。
　　　せなか

○ 배가 고파 죽을 지경이었다.

お腹がすいて死ぬところだった。
　　　　　　　し

간단한 요기

○ 간단히 요기하려고 패스트푸드
　식당에 들어갔다.

簡単に腹ごしらえしようとファーストフードに入った。
かんたん　はら　　　　　　　　　　　　　　　　はい

○ 간단하게 뭘 좀 먹으려고 빵집에 들렀다.

簡単に何か食べようとパン屋に立ち寄った。
　　　なに　た　　　　　　や　た　よ

○ 간식으로 도넛 몇 개를 먹었다.

いくつかのドーナツを間食に食べた。
　　　　　　　　　　かんしょく

○ 음식을 다른 사람들과 나누어 먹었다.

食べ物を他の人たちと分けて食べた。
た　もの　ほか　ひと　　わ

○ 금강산도 식후경.

花より団子。
はな　　だんご
❖花より団子 : 꽃보다 경단.

❖비슷한 뜻으로 ─腹が減っては戦はできぬ(배고프면 싸움도 못한다.)─
　　　　　　　　　はら　へ　　　いくさ
　도 많이 쓴다.

280

05 식사 후

맛있다

○ 맛있었다.	おいしかった。
○ 아주 맛있었다.	とてもおいしかった。
○ 환상적이었다.	幻想的だった。
○ 훌륭한 맛이었다.	素晴らしい味だった。
○ 음식의 향이 좋았다.	食べ物の香りが良かった。
○ 맛이 좋았다.	味が良かった。
○ 입맛에 딱 맞았다.	口によくあった。
○ 그리 나쁘진 않았다.	そんなに悪くはなかった。
○ 매우 훌륭했다.	とても立派だった。
○ 맛있게 먹었다.	おいしく食べた。
○ 나는 스파게티를 맛있게 먹었다.	私はスパゲッティをおいしく食べた。
○ 그 음식은 입에서 녹는 듯이 맛있었다.	その料理は口の中でとろけるようにおいしかった。
○ 그 음식은 정말 맛있었다.	その料理は本当においしかった。
○ 더 먹고 싶었다.	もっと食べたかった。
○ 엄마가 만든 음식은 다 맛있었다.	母が作った料理は全部おいしかった。

맛없다

○ 맛이 없었다.	おいしくなかった。
○ 아무 맛이 없었다.	なんの味もしなかった。
○ 그 음식은 그리 맛있지 않았다.	その料理はそんなにおいしくなかった。
○ 정말 맛이 없었다.	本当においしくなかった。

○ 음식 맛이 뭔가 이상했다.	料理の味がなんか変だった。
○ 샐러드가 싱싱하지 않았다.	サラダが新鮮ではなかった。
○ 그 음식은 맛이 갔다.	その料理は本来の味を失っていた。
○ 그 음식은 상했다.	その料理は悪くなっていた。/
	その料理は腐っていた。
○ 그 음식은 어쩌 좀 상한 것 같았다.	その料理は何かちょっと痛んでいるようだった。
○ 이 우유는 상했다.	その牛乳は腐っていた。

배부르다

○ 적당히 먹었다.	ほどほどに食べた。
	❖ほどほど : 적당함.
○ 음식을 다 먹어 치웠다.	料理を全部食べほした。
○ 배가 부를 때까지 먹었다.	お腹がいっぱいになるまで食べた。
○ 내가 좋아하는 것을 마음껏 먹었다.	私が好きなものを好きなだけ食べた。
○ 배가 불렀다.	お腹がいっぱいになった。
○ 배가 터질 것 같다.	お腹がさけそうだった。
○ 정말 배부르게 먹었다.	本当にお腹いっぱい食べた。
○ 충분히 먹었다.	十分に食べた。
○ 많이 먹었다.	たくさん食べた。
○ 먹을 수 있는 만큼 많이 먹었다.	食べれるだけたくさん食べた。
○ 비빔밥을 배불리 먹었다.	ビビンパをお腹いっぱい食べた。
○ 너무 많이 먹었다.	食べすぎてしまった。
○ 과식을 했다.	過食をした。
○ 더 이상 먹을 수가 없었다.	これ以上食べることができなかった。
○ 더 이상 마실 수가 없었다.	これ以上飲むことができなかった。

06 외식

가족 외식

○ 우리 가족은 외식하는 것을 좋아한다.　私の家族は、外食するのが好きだ。

○ 외식을 하면 가족간에 더 많은
대화를 할 수 있어서 좋다.
外食をすると、家族みんなでいつもより
もっと多くの対話をすることができていい。

○ 주말마다 하는 외식이 우리에게
즐거움과 행복을 주는 것 같다.
週末ごとにする外食が私達に楽しみと幸せを
もたらすみたいだ。

○ 우리 가족이 가는 단골 식당이
여러 개 있다.
私の家族のよく行くお店が何件かある。

❖「─食堂」는 대중식당이나 분식점 같은 느낌을 주기 때문에

보통 「～のお店」라고 쓴다.

○ 오늘 우리 가족은 아주 멋진 식당에서
맛있는 저녁 식사를 했다.
今日私の家族はとても素晴らしいお店でおいしい
夕食をとった。

식당 예약

○ 오늘은 가족끼리 외식을 하기로 했다.　今日は家族で外食をすることにした。

○ 일요일이면 때때로 레스토랑에서
외식을 한다.
日曜日はときどきレストランで外食をする。

○ 멋진 레스토랑에 가기로 했다.　素敵なレストランに行くことにした。

○ 삼촌이 좋은 식당을 추천해 주셨다.　おじさんがいいお店を紹介してくれた。

○ 레스토랑에 좌석을 예약했다.　レストランの座席を予約した。

○ 오늘 저녁 6시에 네 명이 식사할
자리를 예약했다.
今日夕方6時に4人の座席を予約した。

○ 금연석 자리를 원했다.　禁煙席をお願いした。

○ 창가 쪽 자리를 부탁했다.　窓側の席をお願いした。

○ 창가 쪽은 모든 자리가 예약되어 있었다.　　窓側の席は全部予約でいっぱいだった。

○ 자리가 이미 다 예약되어 있었다.　　席がすでに全部予約されていた。

○ 예약을 하지 않으면 자리를 잡을 수 없다.　　予約をしないと席がない。

○ 나는 매우 바빠서 예약을 취소해야만 했다.　　私はとても忙しくて予約を取り消さなければならなかった。

○ 식사할 만한 좋은 곳을 발견했다.　　食事をするのにいいところを見つけた。

○ 그 식당은 음식이 맛있고 가격도 적당해서 매우 인기가 있다.　　そのお店は食べ物がおいしくて値段も手頃でとても人気がある。
　　❖手頃だ : 알맞다.

○ 그 식당은 새로 개업한 식당이다.　　そのお店は新しく開店したお店だ。

○ 그 식당은 이 도시에서 유명하다.　　そのお店はこの都市で有名だ。

○ 그 식당은 비빔밥으로 잘 알려져 있다.　　そのお店はビビンパで知られている。

○ 나는 그 식당 단골 손님이다.　　私はそのお店のお得意様だ。

○ 그곳에 가면 항상 극진한 대접을 받는다.　　そこに行くといつも特別なもてなしを受ける。

○ 그 식당의 분위기가 매우 좋다.　　そのお店の雰囲気がとてもいい。

○ 그 식당의 분위기는 참 편안하다.　　そのお店の雰囲気は静かで落ち着いている。

○ 그 식당은 연인들에게 인기 있는 만남의 장소이다.　　そのお店は恋人達に人気がある出会いの場所だ。

○ 그 식당은 음식을 잘한다.　　そのお店は料理が上手だ。

○ 우리가 가 본 식당 중 가장 좋은 식당이었다.　　私達が今まで行ったお店のなかで、一番いいお店だった。

○ 그 식당은 비프스테이크 전문점이다.　　そのお店はビーフステーキの専門店だ。

284

○ 나는 큰 테이블 위에 음식이 차려져
　　있고 우리가 가져다 먹는 뷔페가 좋다.

私は大きなテーブルの上に料理を並べてあって、
自分で取って食べるバイキングが好きだ。

○ 원하는 만큼 많이 먹으려면 뷔페가 좋다.

食べたいものをたくさん食べるならバイキングがいい。

❖バイキング : 일본식 뷔페 음식점.

○ 서비스가 별로 좋지 않았다.

サービスがあまりよくなかった。

○ 그 식당에는 다시는 가지 않을 것이다.

そのお店には二度と行かないだろう。

○ 내가 다녀 본 식당 중 최악의 식당이었다.

私が食べ歩いたお店のなかで最悪のお店だった。

식당에 도착하다

○ 식당 입구에서 직원들이 우리를
　　반가이 맞이했다.

お店の人が入り口で私たちを歓迎してくれた。

❖歓迎する : 환영하다.

○ 식당에 사람이 너무 많아 앉을
　　자리가 없었다.

お店にとても人が多くて座れる席がなかった。

○ 우리 일행은 4명이었다.

私達一行は4人だった。

○ 자리가 다 차 있었다.

席がいっぱいだった。

○ 그 식당에는 빈자리가 없었다.

そのお店は空いてる席がなかった。

○ 식당이 텅텅 비어 있었다.

お店ががらんとしていた。

❖がらんとする : 사람이 없어서 텅 비어 있다.

○ 우리는 구석에 있는 테이블에 앉았다.

私たちは隅にあるテーブルに座った。

○ 다른 자리로 옮기고 싶었다.

他の席に移りたかった。

○ 냅킨을 무릎 위에 펼쳐 놓았다.

ナプキンを膝の上に広げた。

주문

○ 웨이터를 불렀다.

ウエーターを呼んだ。

❖ウエートレス : 웨이트리스.

○ 메뉴가 무척 많았다.

メニューがとても多かった。

285

○ 그 식당은 30여 가지의 다양한 메뉴가 있었다.	そのお店は30余りのいろいろなメニューがあった。
○ 무엇을 주문해야 할지 빨리 결정할 수가 없었다.	何を注文するかすぐ決めることができなかった。
○ 그 식당의 특별 메뉴를 주문했다.	そのお店の特別メニューを注文した。
○ 그것은 한국식 양념을 한 퓨전 스테이크였다.	それは韓国風の味付けをした一つのフュージョンステーキだった。
○ 비프스테이크를 먹어 보고 싶었다.	ビーフステーキを食べてみたかった。
○ 나는 고기 소스가 곁들여진 스파게티가 먹고 싶었다.	私はお肉のソースが別に添えてあるスパゲッティが食べたかった。
○ 우리는 메뉴를 보고 저녁 식사를 주문했다.	私たちはメニューをみて夕食を注文した。
○ 햄버거와 프렌치프라이를 주문했다.	ハンバーガーとフレンチフライを注文した。
○ 나는 돈가스보다는 스파게티가 먹고 싶었다.	私はトンカツよりはスパゲッティが食べたかった。 ❖食べたい : 먹고 싶다.
○ 메인 요리로 잘 익힌 비프스테이크를 주문했다.	メイン料理によく火の通ったビーフステーキを注文した。

식사

○ 음식이 패스트푸드처럼 매우 빨리 나왔다.	料理がファーストフードのようにとてもはやく出てきた。 ❖식당에서 나오는 음식은 보통 →食べ物 가 아니라 →料理 라고 한다.
○ 음식이 나오는 데 시간이 오래 걸렸다.	料理が出るのに時間がとてもかかった。
○ 음식이 너무 늦게 나왔다.	料理がとても遅く出てきた。
○ 먼저 야채 수프가 나왔다.	最初に野菜スープが出てきた。
○ 수프에 소금과 후추를 뿌렸다.	スープに塩と胡椒をかけた。
○ 수프를 먹을 때는 수저로 안쪽에서 바깥쪽으로 떠내어 먹는다.	スープを飲むときはさじで内側から外側の方にすくって飲む。

286

○ 포크와 나이프는 바깥에 있는
  것부터 사용했다.
フォークとナイフは外側に置いてあるものから使った。

○ 고기가 매우 연했다.
お肉がとても柔らかかった。

○ 음식에 머리카락이 들어 있었다.
食べ物に髪の毛が入っていた。

○ 오늘의 스페셜 요리는 참 맛있었다.
今日のスペシャル料理は本当においしかった。

○ 그 식당은 음식을 많이 주었다.
そのお店は料理をたくさん出してくれた。

○ 그들이 차려 준 음식들을 맛있게 먹었다.
彼らが準備してくれた料理をおいしく食べた。

○ 우리는 그릇을 깨끗이 비웠다.
私たちはきれいに器を空にした。

○ 하나도 남기지 않고 다 먹었다.
一つも残さずに全部食べた。

○ 그 음식은 서비스로 주었다.
その料理はサービスとして出してくれた。

○ 그 음식은 무료로 제공되었다.
その料理は無料で提供された。

○ 음식을 좀 남겼다.
料理を少し残した。

○ 남은 음식을 싸 가지고 갈
  봉지를 달라고 했다.
残った料理を包んで帰る袋がほしいと言った。

○ 남은 음식은 싸 달라고 했다.
残した料理を包んでほしいと言った。

○ 물을 더 달라고 했다.
おかわりの水をほしいと言った。

○ 후식으로 아이스크림을 먹었다.
デザートにアイスクリームを食べた。

○ 후식으로 달콤한 과일이 나왔다.
デザートに甘い果物が出てきた。

○ 과일로 입가심을 했다.
果物でくちなおしをした。

밥값을 내다

○ 음식 가격이 비싸지도 않고 적당했다.
料理が高くもなくて適当な価格だった。
❖ ~もなくて : ~하지도 않고.

○ 나는 한 사람이 전체 밥값을 내는
  한국의 관습을 좋아하지 않는다.
私は、一人の人がみんなの食事代を出す韓国の慣習が
好きではない。

○ 매우 비싸서 식사비를 각자 부담했다.
とても高くて食事代を各自負担した。

287

○ 각자 나누어 냈다.　　　　　　割り勘をした。
　　　　　　　　　　　　　　　　わ　かん

○ 반씩 부담했다.　　　　　　　　半分ずつ負担した。
　　　　　　　　　　　　　　　　はんぶん　　ふたん

○ 계산을 서로 하겠다고 다투었다.　計算を自分がするとお互いに争った。
　　　　　　　　　　　　　　　　けいさん　じぶん　　　　たが　　あらそ

○ 지난번에는 친구가 한턱냈다.　　この前は友達がおごってくれた。
　　　　　　　　　　　　　　　　　　まえ　ともだち

○ 내가 내려고 했다.　　　　　　私が計算しようとした。
　　　　　　　　　　　　　　　　わたし　けいさん

○ 이번엔 내가 냈다.　　　　　　今回は私が払った。
　　　　　　　　　　　　　　　　こんかい　わたし　はら

○ 내가 밥값을 전부 지불했다.　　私が食事代を全部支払った。
　　　　　　　　　　　　　　　　わたし　しょくじだい　ぜんぶ　しはら

○ 나는 그에게 저녁 식사를 얻어먹었다.　私は彼に夕食をおごってもらった。
　　　　　　　　　　　　　　　　わたし　かれ　ゆうしょく

○ 저녁 값을 안 내려고 화장실에 갔다.　夕食代を払わなくていいようにトイレに行った。
　　　　　　　　　　　　　　　　ゆうしょくだい　はら　　　　　　　　　　い

○ 돈을 안 내려고 신발 끈을 천천히 맸다.　お金を払わなくていいように靴ひもをゆっくり結んだ。
　　　　　　　　　　　　　　　　かね　はら　　　　　　　　くつ　　　　　　むす
　　　　　　　　　　　　　　　　❖直역하면 이렇게 쓰지만, 한국식 표현이다. 일본인에게는 안 통할
　　　　　　　　　　　　　　　　　수도 있다.

○ 카드를 가지고 가지 않아서 돈을　カードを持ってくるのを忘れてお金を払えなかった。
　　내지 못했다.　　　　　　　　　　　も　　　　　　わす　　　かね　はら

07 배달 음식

배달 음식

○ 나는 배달시켜 먹는 것을 좋아한다.　私は出前をとって食べるのが好きだ。
　　　　　　　　　　　　　　　　わたし　でまえ　　　　た　　　す

○ 나는 너무 게을러서 요리를 하지　私はとてもめんどくさがりで料理をしないので、
　　않기 때문에 거의 배달 음식을　　わたし　　　　　　　　　　りょうり
　　시켜 먹는다.　　　　　　　　ほとんど出前をとって食べる。
　　　　　　　　　　　　　　　　　　　でまえ　　　た

○ 가끔은 외식하는 것보다 집에서　たまには外食するより家で出前をとって
　　배달시켜 먹는 것도 좋다.　　　　　がいしょく　　　いえ　でまえ
　　　　　　　　　　　　　　　　食べるのもいい。
　　　　　　　　　　　　　　　　た

○ 밖으로 나가 식사할 시간이 없어서　外に出て食事をする時間がなくて、出前をとって
　　음식을 배달시켜서 먹기로 했다.　　そと　で　しょくじ　　　じかん　　　　でまえ
　　　　　　　　　　　　　　　　食べることにした。
　　　　　　　　　　　　　　　　た

288

○ 음식을 배달시키면 참 편리하다.	出前はとても便利だ。
○ 갑자기 집에 손님이 오면 우리는 음식을 배달시킨다.	突然家にお客様が来たら私たちは出前をお願いする。
○ 음식을 먹은 후 설거지를 할 필요가 없어서 편하다.	食事をした後皿洗いをする必要がないので楽だ。

배달시키기

○ 중국 음식을 배달시켰다.	中華料理の出前をとった。
○ 전화로 중국 음식을 주문했다.	電話で中華料理を注文した。
○ 나는 닭 한 세트를 전화로 주문했다.	私はチキンのセットを電話で注文した。
○ 배달이 너무 늦어서 전화를 두 번이나 했다.	出前がなかなか来なくて電話を2回もした。
○ 배달원이 오토바이를 타고 빨리 왔다.	配達する人がオートバイに乗ってすぐ来た。
○ 배달이 그렇게 빨리 오리라고는 생각도 못했다.	出前がこんなに早く来るとは思わなかった。
○ 피자가 식지 않도록 보온기에 담아 배달되었다.	ピザが冷めないように保温器に入れて配達された。
○ 치킨을 배달시켰더니 콜라를 무료로 주었다.	チキンの出前をとったらコーラを無料でくれた。
○ 배달원에게 잔돈은 그냥 가지라고 했다.	配達の人におつりは要らないと言った。
○ 어떤 배달원이 우리 집 초인종을 눌렀다.	ある配達の人が私の家のベルを押した。
○ 나는 그 음식을 시키지 않았으니 아마 다른 사람들 것임이 틀림없었다.	私はその料理を頼んだ覚えがないので、 たぶん他の人の料理に違いないと思った。
○ 그 배달원이 주소를 잘못 안 것이었다.	その出前の人が住所を勘違いしていた。

289

食卓のマナー

11月23日　日曜日　雪

今日は両親が外出をしたので弟と私だけが二人で夕食をとることになった。夕食を食べながら弟がごはんを食べる姿を見て少し腹が立った。私の弟は食卓で食べ物を豚みたいにむしゃむしゃ音を立てながら食べていた。弟は食卓で音を立てて食べるのが習慣になっているようだった。私はその音を聞くに耐えられなかった。それで弟に食卓のマナーについて話をしてあげた。「食卓で気を付けなければならないことがいくつかある。何よりも食べ物を食べたり飲み物を飲んだりするとき、音を立てるべきではない。また韓国では食事中にげっぷをしたり鼻をかんだりするのがとても無礼にあたると考えるためすべきではない。」と話してあげた。私は弟にこれからは何かを食べるときはエチケットを守るようお願いした。弟は悪い習慣を直してみると言った。

밥상 예절

11월 23일, 일요일, 눈

오늘은 부모님께서 외출을 하셔서 동생과 나만 함께 저녁식사를 하게 되었다. 저녁을 먹으면서 동생이 밥 먹는 것을 보니 약간 화가 났다. 내 동생은 식탁에서 음식을 돼지처럼 쩝쩝 소리를 내며 먹었다. 걔는 식탁에서 소리를 내며 먹는 것이 습관이 된 것 같았다. 나는 그 소리가 정말 듣기 싫었다. 그래서 동생에게 식탁 예절에 대해 말해 주었다. "식탁에서 명심해야 할 것이 몇 가지가 있다. 무엇보다 음식을 먹거나 마실 때 소리를 내지 않아야 하고, 또 한국에서는 식사 중에 트림을 하거나 코를 푸는 것이 매우 무례하다고 생각되므로 하지 말아야 한다."라고 말해 주었다. 나는 동생에게 이제부터는 무언가를 먹을 때는 에티켓을 지키라고 부탁했다. 동생은 습관을 바꾸어 보겠다고 말했다.

NOTES

夕食ゆうしょくをとる 식사를 하다 ｜ 腹はらが立たった 열이 받았다, 화가 났다 ｜ 音おとを立たてながら 소리를 내면서 (* ～ながら ～면서) ｜ 習慣しゅうかんになっている 습관이 되어 있다 ｜ 聞きくに耐たえられなかった 듣기 싫었다 ｜ げっぷをする 트림을 하다 ｜ 鼻はなをかむ 코를 풀다 ｜ 無礼ぶれいにあたる 무례하다고 생각되다 ｜ 話はなしてあげた 이야기해 주었다

CHAPTER
08

의 생활

1. 옷차림
2. 액세서리
3. 유행
4. 옷 수선
DIARY 8

01 옷차림

옷의 종류

레인코트	レインコート	재킷	ジャケット
면티	綿めんのTシャツ	점퍼	ジャンバー
미니스커트	ミニスカート	정장	正装せいそう
민소매	袖無そでなし	조끼	チョッキ
바바리코드	バーバリー	주름치마	プリーツスカート
바지	ズボン	청바지	Gパン
반바지	半はんズボン	치마	スカート
블라우스	ブラウス	카디건	カーディガン
속옷	下着したぎ	코트	コート
스웨터	セーター	턱시도	タキシード
예복	礼服れいふく	투피스	ツーピース
와이셔츠	ワイシャツ	티셔츠	Tシャツ
원피스	ワンピース	플레어스커트	フレアースカート

옷감의 종류

가죽	革かわ	밍크	ミンク
견 · 실크	絹きぬ	벨벳	ベルベット
골덴	コールテン	스웨이드	スウェード
나일론	ナイロン	시폰	シフォン
데님	デニム	아크릴	アクリル
레이스	レース	울 · 모직	ウール
레이온	レーヨン	저지	ジャージ
린넨	リネン · リンネル	캐시미어	カシミア
마	麻あさ	폴리에스테르	ポリエステル
면	綿めん	플란넬	フランネル
모피	毛皮けがわ	화학섬유	化学繊維かがくせんい

옷 취향

○ 사람들의 옷 입는 방식은 그들의 성격을 나타낸다고 생각한다.

人々の服の着方はその人達の性格が表れると思う。
ひとびと ふく き かた ひとたち せいかく あらわ おも

○ 나는 최신 유행의 옷을 좋아한다.

私は流行の最先端の服が好きだ。
わたし りゅうこう さいせんたん ふく す

○ 나는 옷이 많다.   私は持っている服が多い。
　　　　　　　　　　　　　　　　　　も　　　　　　おお

○ 나는 치장하는 것을 좋아한다.   私はおしゃれするのが好きだ。

○ 나는 옷을 매일 바꿔 입는다.   私は服を毎日着替える。
　　　　　　　　　　　　　　　　　　　　　　まいにちき　が
　　　　　　　　　　　　　　　　❖着替える : 바꿔 입다.

○ 나는 옷에 관한 감각이 있는 것 같다.   私は服に関する感覚があるようだ。
　　　　　　　　　　　　　　　　　　　　　　ふく　かん　　かんかく

○ 팔에 흉터가 있어서 난 꼭 긴 팔   腕に傷跡があるので、私は必ず長袖のシャツだけを着る。
　셔츠만 입는다.   うで　きずあと　　　　　　　　　　かなら　ながそで　　　　　　　　　き

○ 굽이 높은 신발을 신는 것을 좋아한다.   かかとの高い靴をはくのが好きだ。
　　　　　　　　　　　　　　　　　　　　　　　たか　くつ　　　　　す
　　　　　　　　　　　　　　　　❖かかと : (신발의) 뒤축.

○ 나는 나이에 비해 젊어 보이는   私は年にくらべて若く見える服を着たい。
　옷을 입고 싶다.   とし　　　　　わか　み　　　　ふくき

　　　　　　　　　　　　　　　　❖若作り : 나이에 비해 젊어 보이게 옷을 입는 것.
　　　　　　　　　　　　　　　　　わかづく

○ 나는 순면으로 된 옷을 좋아한다.   私は綿100％の服が好きだ。
　　　　　　　　　　　　　　　　　　わたし　めん　　　　　　す

○ 그 코트는 순모에 손으로 짠 것이다.   そのコートはウール100％で手製のものだ。
　　　　　　　　　　　　　　　　　　　　　　　　　　　　てせい

○ 명품은 좋아하지 않는다.   名品は好きではない。／
　　　　　　　　　　　　　　　　めいひん　す
　　　　　　　　　　　　　　　　有名ブランドは好きではない。
　　　　　　　　　　　　　　　　ゆうめい

○ 그는 옷을 초라하게 입는다.   彼はみすぼらしい服を着る。
　　　　　　　　　　　　　　　　かれ

○ 그는 지저분하고 옷차림이   彼は不潔で身なりが整っていないように見える。
　단정치 못한 것처럼 보인다.   ふけつ　み　　　　　ととの　　　　　　　　　み

○ 나는 내가 어떻게 보이는지에   私は人からどんな風に見られるようが気にしない。
　대해 개의치 않는다.   わたし　ひと　　　　　ふう　み　　　　　　　　き

○ 나는 옷차림에 별로 신경 쓰지 않는다.   私は服装にあまり神経を使わない。
　　　　　　　　　　　　　　　　　　　　　　ふくそう　　　　しんけい　つか

○ 나는 옷이 많지 않다.   私は持っている服が多くない。
　　　　　　　　　　　　　　　　も　　　　　ふく　おお

○ 입고 나갈 옷이 없다.   着て行く服がない。
　　　　　　　　　　　　　　　　き　い

편한 옷

○ 캐주얼하게 옷 입는 것을 좋아한다.   カジュアルな服を着るのが好きだ。
　　　　　　　　　　　　　　　　　　　　　　　ふく　き　　　す

○ 내가 좋아하는 옷 스타일은 입기 쉽고 편한 것이다.	私が好きな服のスタイルは、着やすくて楽なスタイルだ。
○ 닳은 청바지 입는 것을 좋아한다.	擦りきれたGパンをはくのが好きだ。
○ 나는 날씨가 더우면 반바지를 입는다.	私は暑いと半ズボンをはく。
○ 난 절대 넥타이를 매지 않는다.	私は絶対ネクタイをしない。
○ 나는 입기 편해서 카디건을 좋아한다.	私は着やすいので、カーディガンが好きだ。
○ 자주 헐렁한 바지를 입는다.	よくぶかぶかのズボンをはく。
○ 나는 헐렁한 바지를 좋아한다.	私はぶかぶかのズボンが好きだ。
○ 나는 꽉 조이는 바지가 편하다.	私はぎゅっとしまったズボンが楽だ。
○ 나는 항상 다림질이 필요 없는 옷을 산다.	私はいつもアイロンがけの要らない服を買う。

정장

○ 정장 입는 것을 좋아한다.	正装をするのが好きだ。
○ 격식을 갖춰 차려 입는 것을 좋아한다.	格式を備えた服を着るのが好きだ。
○ 나는 내가 옷을 꽤 잘 입는다고 생각한다.	私は服をおしゃれに着る方だと思う。
○ 그는 종종 품위 있는 옷을 입는다.	彼はときどき品位のある服を着る。
○ 그는 유명 회사에서 만든 옷만 입는다.	彼は有名なメーカーの服だけ着る。
○ 그녀는 자기가 특별히 멋있는 줄 안다.	彼女は自分が特別おしゃれだと思っている。
○ 그녀는 멋쟁이다.	彼女はおしゃれだ。
○ 그녀는 굉장한 멋쟁이다.	彼女はとても素敵だ。

야한 옷

○ 나는 야한 옷을 싫어한다.	私はいやらしい服が嫌いだ。
○ 그녀는 가슴 노출이 심한 옷을 입었다.	彼女は胸の露出がひどい服を着ていた。

○ 나는 그녀에게 너무 파인 옷 좀 입지
　말라고 조언했다.

私は彼女に露出のひどい服は
着ない方がいいと助言した。
きほう　　　　　　　　じょげん

○ 나는 배꼽 티를 입는 사람들을
　이해하지 못하겠다.

私はおへそが見えるシャツを着る人達を
　　　　　　　　　み　　　　　　　　ひとたち
理解することができない。
りかい

○ 나는 배꼽 티를 입을 만큼 과감하지
　못하다.

私はおへそが見えるシャツを着るほどの勇気はない。
　　　　　　　　み　　　　　　　　　　　　　ゆうき

○ 나는 미니스커트를 즐겨 입는다.

私はミニスカートをよくはく。

○ 야한 옷을 입으면 사람들이
　나를 쳐다보는 것 같다.

露出のひどい服を着ると周りの人達が
ふく　　　　き　　　まわ　　ひとたち
私をいやらしく見つめるみたいに感じる。
　　　　　　　　み　　　　　　　　　かん

○ 그 블라우스는 이 바지와
　어울리지 않았다.

そのブラウスはこのズボンと合わなかった。
　　　　　　　　　　　　　あ

○ 그 옷은 나에게 어울리지 않는다.

その服は私には似合わなかった。
　　ふく　わたし　　にあ

○ 그 옷을 입으면 어색하다.

その服を着るとなにか不自然だ。
　　ふく　き　　　　　ふしぜん

○ 그 옷은 촌스러워 보였다.

その服は田舎臭く見えた。
　　ふく　いなかくさ　み

○ 그 옷은 나에게 잘 어울린다.

その服は私によく似合う。
　　ふく　わたし　　にあ

○ 그것이 나에게 잘 어울린다.

それは私によく似合う。/ それは私にぴったりだ。

○ 그 바지는 스웨터와 잘 어울렸다.

そのズボンはセーターとよく似合った。
　　　　　　　　　　　　　にあ

○ 그 목걸이는 드레스와 어울리지 않았다.

そのネックレスはドレスと合わなかった。
　　　　　　　　　　　　あ

○ 그 스웨터는 녹색 바지와 잘 어울렸다.

そのセーターは緑色のズボンとよく似合った。
　　　　　　みどりいろ　　　　　　にあ

○ 파란색이 나한테 제일 잘 어울린다.

青色が私に一番よく似合う色だ。
あおいろ　わたし　いちばん　　にあ　いろ

○ 나는 검은색 옷이 잘 어울린다.

私は黒い色の服がよく似合う。
　　くろ　　　ふく

○ 나는 어느 옷이나 잘 어울린다.

私はどの服でもよく似合う。

○ 사람들이 나는 어떤 옷을 입어도
　잘 어울린다고 한다.

周りの人達が私はどんな服を着てもよく似合うと言う。
まわ　ひとたち　わたし　　　　ふく　き　　　にあ　い

○ 그 옷을 입으면 예뻐 보인다.

その服を着るとかわいく見える。
　　ふく　き　　　　　　　　み

○ 그녀는 옷도 잘 입고 우아하기도 하다.　彼女は服も上手に着るし優雅でもある。
かのじょ ふく じょうず ゆうが

○ 그녀는 세련되게 옷을 입는다.　彼女は上品に服を着る。／彼女は服の着方が上品だ。
じょうひん ふく き きかた

○ 그녀는 패션 감각이 있다.　彼女はファッション感覚がある。
かんかく

○ 옷이 날개다.　孫にも衣装だ。
まご いしょう
　　❖ ─孫にも衣装だ(손자도 옷이 날개다)─는 아무리 내 손자라도 좋은 옷을
　　　입어야 돋보인다는 뜻이다.

○ 겉만 보고 속을 판단할 수는 없다.　表面だけを見て中身を判断することはできない。
ひょうめん み なかみ はんだん

○ 반짝인다고 해서 다 금은 아니다.　きらりと光ったといって全部金ではない。
ひか ぜんぶきん

02 액세서리

여러 가지 액세서리

귀걸이	イヤリング	손목시계	腕時計うでどけい
머리띠	ヘアバンド	숄	ショール
머리핀	ヘアピン	스카프	スカーフ
머플러	マフラー	스타킹	ストッキング
모자	帽子ぼうし	장갑	手袋てぶくろ
목걸이	ネックレス・首飾くびかざり	타이핀	ネクタイピン
반지	指輪ゆびわ	팔찌	ブレスレット
발찌	アンクレット	팬던트	ペンダント
베레모	ベレー帽ぼう	피어스	ピアス
브로치	ブローチ	허리띠	ベルト
선글라스	サングラス		

액세서리

○ 나는 여러 모양의 귀걸이를 가지고 있다.　私はいろんな種類のイヤリングを持っている。
わたし しゅるい も

○ 나는 옷에 다는 브로치를 다양하게
　가지고 있다.　私は服につけるブローチをいろいろ持っている。
ふく

○ 그 목걸이는 모조품이다.　そのネックレスは模造品だ。
もぞうひん

○ 순금 반지가 하나 있다. 　　純金の指輪がひとつある。
　　　　　　　　　　　　　　じゅんきん　ゆびわ

○ 그 진주가 진짜인지 보석상에게 　その真珠が本物かどうか宝石店に鑑定を依頼した。
　감정을 의뢰했다. 　　　　　　しんじゅ　ほんもの　　　　　ほうせきてん　かんてい　いらい

○ 멋진 디자인의 보석들 중 반지 　素敵なデザインの宝石の中からひとつの指輪を選んだ。
　하나를 선택했다. 　　　　　　すてき　　　　　　ほうせき　なか　　　　　　　ゆびわ　えら

○ 카탈로그에 있는 디자인으로 　カタログにあるデザインとおなじデザインで
　만들어 달라고 했다. 　　　　作ってほしいと頼んだ。
　　　　　　　　　　　　　　　　つく　　　　　　たの

○ 금반지에 진주를 세팅했다. 　金の指輪に真珠をセッティングした。
　　　　　　　　　　　　　　きん　ゆびわ　しんじゅ

○ 남자 친구와 커플링을 했다. 　ボーイフレンドと指輪をした。
　　　　　　　　　　　　　　　　　　　　　　　ゆびわ

○ 나는 이태리산 유리구슬로 만든 　私はイタリア製のガラス玉で作った本当にすてきな
　정말 멋진 팔찌를 하나 샀다. 　わたし　　　　せい　　　　だま　つく　ほんとう
　　　　　　　　　　　　　　ブレスレットをひとつ買った。
　　　　　　　　　　　　　　　　　　　　　　　か

○ 캐츠아이 구슬로 만들어진 목걸이 キャッツアイの宝石で作られた首飾りのペンダントが
　팬던트가 마음에 들었다. 　　　　　　　ほうせき　　　　　　くびかざ
　　　　　　　　　　　　　　気に入った。
　　　　　　　　　　　　　　き　い

액세서리를 착용하다

○ 귀걸이를 할 수 있도록 귀를 뚫었다. イヤリングをつけれるように耳に穴をあけた。/
　　　　　　　　　　　　　　　　　　　　　　　みみ　あな
　　　　　　　　　　　　　　イヤリングをつけるために耳に穴をあけた。

○ 팔찌를 하는 것은 여름에 특히 불편하다. 夏にブレスレットをするのはとくに不便だ。
　　　　　　　　　　　　　　なつ　　　　　　　　　　　　　　　ふべん

○ 날씨가 더울 때는 땀이 나서 　暑いときは汗が出るのでネックレスをしない方がいい。
　목걸이를 하는 게 좋지 않다. あつ　　　　あせ　で　　　　　　　　　　　　　ほう

○ 나는 어깨에 스카프 두르는 것을 私は肩にスカーフをするのが好きだ。
　좋아한다. 　　　　　　　　わたし　かた　　　　　　　　　す

○ 그녀는 금으로 된 액세서리를 하는 彼女は金でできたアクセサリーをするのが好きだ。/
　것을 좋아한다. 　　　　　　かのじょ　きん　　　　　　　　　　　　　　す
　　　　　　　　　　　　　　彼女は金のアクセサリーをするのが好きだ。
　　　　　　　　　　　　　　かのじょ　きん　　　　　　　　　　す

○ 검지에 반지를 끼고 있다. 　人指し指に指輪をはめていた。
　　　　　　　　　　　　　　ひとさ　ゆび　ゆびわ

○ 그 가짜 목걸이가 그녀의 멋진 その偽物のネックレスが彼女の素敵なドレスを
　드레스를 망쳐 놓았다. 　　にせもの　　　　　　　かのじょ　すてき
　　　　　　　　　　　　　　台無しにした。
　　　　　　　　　　　　　　だいな
　　　　　　　　　　　　　　❖台無しにする : 망쳐 놓다.

○ 스타킹의 올이 나갔다.　　　　ストッキングが伝線した。
　　　　　　　　　　　　　　　　❖伝線する：올이 나가다.

03 유행

첨단 유행

○ 그것이 유행이다.　　　　　　それが流行だ。

○ 그것이 대유행이다.　　　　　それが大流行だ。

○ 그것이 최신 유행이다.　　　　それが最新の流行だ。/ それが流行の最先端だ。

○ 그것은 최신의 것이다.　　　　それは最新のものだ。

○ 최신 유행하는 스타일이다.　　流行の最先端のスタイルだ。

○ 그것이 요즘 유행이다.　　　　それがこのごろ流行している。

○ 그 패션은 매우 멋졌다.　　　　そのファッションはとても素敵だった。

○ 그 스타일이 유행하기 시작했다.　そのスタイルが流行し始めた。

○ 그것이 지금 젊은이들 사이에서　それが今若者たちの間で大流行だという。
　대유행이라고 한다.

○ 나는 내 친구들보다 유행에 더　私は私の友達より流行にもっと敏感な方だ。
　민감한 편이다.

○ 유행에 대한 감각이 있다.　　　流行に対する感覚がある。

○ 나는 패션 감각이 있다.　　　　私はファッション感覚がある。

유행 따라하기

○ 항상 유행을 따른다.　　　　　いつも流行についていく。

○ 유행을 따르려고 한다.　　　　流行についていこうとする。

○ 유행에 뒤떨어지지 않으려고 한다.　流行に遅れないようにしようとする。

○ 최신 유행을 따라간다.   最新の流行についていく。

○ 유행의 첨단을 걷고 있다.   流行の先端を歩いている。

○ 올해는 짧은 머리가 유행할 것 같다.   今年は短い髪が流行するようだ。

○ 그것이 인기 있는 차림이긴 하지만   それが人気があるスタイルではあるがだれにでも
     누구에게나 어울리는 것은 아니다.   似合うものではない。

○ 유행하고 있는 스웨터를 하나 샀다.   流行しているセーターをひとつ買った。

○ 그는 멋있게 보이려고 유행하는   彼はかっこよく見せようと流行している
     옷만 입는다.   服だけを着る。

유행이 지나다

○ 그것은 유행이 지난 것이다.   それは流行が過ぎたものだ。

○ 구식이다.   旧式だ。

○ 시대에 뒤떨어진 것이다.   時代に遅れたものだ。

○ 나는 유행에 둔감하다.   私は流行に鈍感だ。

○ 그것은 나한테 잘 어울리지 않았다.   それは私にあまり似合わなかった。

○ 유행은 반복되는 것 같다.   流行は繰り返すようだ。

○ 너무 쉽게 유행에 휘둘리지   たやすく流行に振り回されないように
     않도록 해야 한다.   しなければならない。

04 옷 수선

옷 상태

○ 그것은 내게 좀 작았다.   それは私にはちょっと小さかった。

○ 그것은 내게 좀 컸다.   それは私にはちょっと大きかった。

○ 내가 커 버려서 이 바지는 더 이상 나에게 맞지 않는다.　私が大きくなったのでこのズボンはもう私には合わない。

○ 그 옷은 수선이 필요했다.　その服はサイズ直しが必要だった。

○ 그 옷은 수선이 불가능했다.　その服はサイズを直すことが不可能だった。

○ 그 치마를 수선해야 했다.　そのスカートをすそ直しに出さなければならなかった。

○ 치마가 너무 꽉 조여서 늘여야 했다.　スカートがとてもきつくてウエストを
出さなければならなかった。

○ 바지 주머니가 찢어졌다.　ズボンのポケットが破れた。

○ 코트 단추가 떨어졌다.　コートのボタンがなくなった。

○ 바지에 조그맣게 구멍이 났다.　ズボンに小さく穴が開いた。

○ 바지 끝단이 해졌다.　ズボンのすそがすれてしまった。

○ 지퍼가 중간에서 올라가지 않는다.　チャックが途中までしか閉まらなかった。

옷 수선하기

○ 치마 끝에 단을 댔다.　スカートのすそをあげた。

○ 드레스를 짧게 수선해야 했다.　ドレスを短くしなければならなかった。

○ 바지를 수선했다.　ズボンをお直しした。

○ 바지를 더 짧게 수선했다.　ズボンをもっと短くした。

○ 바지를 길게 수선시켰다.　ズボンのすそを出した。

○ 재봉사에게 바지 단을 좀
늘여 달라고 했다.　裁縫する人にズボンのすそを出してほしいと
お願いした。

○ 그에게 소매를 늘여 달라고 부탁했다.　彼に袖を出してほしいとお願いした。

○ 그가 소매를 적당히 늘여 주었다.　彼が袖をちょうどいい長さに出してくれた。

○ 내가 주머니를 꿰매었다.　私がポケットを縫い直した。

○ 스웨터 터진 곳을 수선했다.　セーターがほつれたところを直した。

❖ほつれる : (솔기 등이) 터지다.

○ 바지 구멍 난 곳에 천을 덧대었다.

ズボンの穴が開いたところにあて布をした。
❖あて布をする : 천을 덧대다.

○ 수선하는 사람에게 바지 무릎에
천을 덧대 달라고 부탁했다.

お直しをする人にズボンの膝の部分に
あて布をしてほしいとお願いした。

○ 양말에 난 구멍을 꿰매었다.

靴下にあいた穴をふさいだ。

○ 지퍼가 고장 나서 다시 달았다.

チャックが壊れたので新しいのに取り替えた。

○ 코트에 단추를 달았다.

コートのボタンをつけた。

○ 재킷에 단추를 달았다.

ジャケットにボタンをつけた。

○ 그는 옷을 잘 수선했다.

彼は服をきれいに繕った。

○ 수선을 하자 그 바지가 나에게
꼭 맞았다.

寸法直しをしたらそのズボンが私にピッタリ合った。

ダイエット突入

8月2日 金曜日、焦げつく暑さ

このごろ私の体つきが心配だ。私は最近太ってきているように感じる。私は太っているという言葉を聞くとストレスがたまる。太るのは簡単だがやせるのはとても難しい。今日はすべてのものを焼き尽くすかのように暑かったが、太ってみえると思ってそでなしの服とか短いズボンをはくことができなかった。私はいつもきれいでかわいい服を着たい。ときどきおへそが見えるTシャツとかかっこいいミニスカートも着てみたい。しかしそんな服はたいてい私にはきつくて着ることができない。そんなわけでデパートで服を買うときはいらいらする。私はダイエットをすることを決心した。インスタント食品やファーストフードは絶対食べないようにしようと思う。運動をすることがやせるのにとてもいい方法だと思う。明日から毎朝ジョギングをするつもりだし、夜にはやせるために腹筋運動をするつもりだ。

다이어트 돌입!

8월 2일, 금요일, 타는 듯이 더움

요즘 내 외모가 걱정이다. 내 생각에 난 살이 찌고 있는 것 같다. 나는 뚱뚱하다는 이야기를 들으면 스트레스를 받는다. 살찌는 것은 쉬운데, 살을 빼는 것은 매우 어렵다. 오늘은 모든 것을 태워 버릴 듯이 더웠지만 추해 보일까봐 민소매 옷이나 짧은 바지를 입을 수가 없었다. 나는 항상 예쁘고 귀여운 옷을 입고 싶어 한다. 가끔은 배꼽 티나 멋진 미니스커트도 입고 싶다. 하지만 그런 옷들은 대개 내게는 너무 작아 입을 수가 없다. 그런 이유로 백화점에서 옷을 살 때 짜증이 난다. 나는 다이어트를 하기로 결심했다. 인스턴트 음식이나 정크 푸드는 절대 먹지 않을 것이다. 운동을 하는 것이 살을 빼는 데 가장 좋은 방법이라 생각한다. 내일부터 매일 아침 조깅을 할 것이며, 밤에는 살을 빼기 위해 윗몸 일으키기를 할 것이다.

NOTES

焦こげつく 타는 듯, 늘어 붙다 | ~ように感かんじる ~처럼 느끼다 | ストレスがたまる 스트레스가 쌓이다 | ズボンをはく 바지를 입다 | 服ふくを着きたい 옷을 입고 싶다 | 着きることができない 입을 수가 없다 (* ~することができない ~할 수가 없다↔~することができる ~할 수가 있다) | するつもりだ 할 것이다

CHAPTER

09

외 모

1. 외모
2. 얼굴
3. 머리
4. 체형
5. 화장
6. 머리 손질
7. 비만
8. 다이어트
DIARY 9

01 외모

신 체 부 위

가슴	胸むね	약지	薬指くすりゆび
가운뎃손가락	中指なかゆび	어깨	肩かた
귀	耳みみ	얼굴	顔かお
눈	目め	엄지	親指おやゆび
다리,발	足あし	엉덩이	お尻しり
등	背中せなか	유방	乳房ちぶさ
머리	頭あたま	이마	おでこ
목	首くび	입	口くち
무릎	膝ひざ	입술	唇くちびる
발가락	足あしの指ゆび	종아리	ふくらはぎ
발목	足首あしくび	주먹	拳こぶし
발톱	足あしの爪つめ	집게손가락	人指ひとさし指ゆび
새끼손가락	小指こゆび	척추	脊椎せきつい・背骨せぼね
손	手て	코	鼻はな
손가락	指ゆび	팔꿈치	ひじ
손목	手首てくび	팔	腕うで
손바닥	手てのひら	허벅지	太股ふともも
손톱	指ゆびの爪つめ	혀	舌した

닮다

○ 나는 엄마를 닮았다.　　　　私は母に似ている。
　　　　　　　　　　　　　　わたし はは に
　　　　　　　　　　　　❖ ~に似ている : ~를 닮다. (조사에 주의)

○ 나는 엄마 성격을 닮았다.　　私は母の性格に似ている。
　　　　　　　　　　　　　　　　　　せいかく

○ 나는 아빠보다 엄마를 많이 닮았다.　私は父より母によく似ている。
　　　　　　　　　　　　　　　　　ちち

○ 나는 아빠를 아주 꼭 닮았다.　私は父にとてもよく似ている。

○ 아빠는 전혀 닮지 않았다.　　父にはぜんぜん似ていない。
　　　　　　　　　　　　　　　　　　　　　　に

○ 코는 엄마를, 입과 눈은 아빠를 닮았다.　鼻は母に口と目は父に似ている。
　　　　　　　　　　　　　　　　　　はな はは くち め ちち

○ 우리는 생김새가 아주 다르다.　私たちは顔立ちが全然違う。
　　　　　　　　　　　　　　　　　かおだ　　ぜんぜんちがう

○ 나는 나이보다 더 어려 보인다.	私は年よりもっと若く見える。
○ 나는 내 나이보다 훨씬 어려 보인다.	私は自分の年よりずっと若く見える。
○ 우리 가족 모두 다 그렇다.	私の家族みんながそうだ。
○ 그는 나이 들어 보이지 않는다.	彼は年をとって見えない。
○ 그는 중년처럼 보인다.	彼は中年のように見える。
○ 그는 항상 옛날이나 지금이나 변함없이 그 모습 그대로인 것 같다.	彼は昔も今も変わらないそのままの姿のようだ。

뛰어난 외모

○ 그녀는 예쁘다.	彼女はかわいい。
○ 그녀는 아름답다.	彼女は綺麗だ。
○ 그녀는 참 예쁘다.	彼女はとてもかわいい。
○ 그녀는 매력적이다.	彼女は魅力的だ。
○ 그녀는 지적으로 보인다.	彼女は知的に見える。
○ 그녀는 눈부시게 멋지다.	彼女はまぶしいくらい素敵だ。
○ 그녀는 꽤 미인이다.	彼女はかなり美人だ。
○ 그녀는 굉장한 미인이다.	彼女はとても美人だ。
○ 그녀는 고운 피부와 부드러운 머릿결, 반짝이는 눈, 도톰한 입술을 가진 미인이다.	彼女は美しい肌と柔らかい髪、きらきらした目、厚めの唇をした美人だ。
	❖きらきら : 반짝반짝.
○ 그는 매력적이다.	彼は魅力的だ。
○ 그는 매혹적이다.	彼は魅惑的だ。
○ 그는 참 멋지다.	彼は本当にかっこいい。
○ 그는 잘생겼다.	彼はハンサムだ。
	❖ハンサム : 핸섬/미남자.

평범한 외모

○ 그녀는 평범하게 생겼다.   彼女は平凡な顔付きだ。
　　　　　　　　　　　　　　　　かのじょ　へいぼん　かお つ

○ 그녀는 수수한 외모다.   彼女は外見が地味だ。
　　　　　　　　　　　　　　　　がいけん　じ み

○ 그녀는 그저 그렇게 생겼다.   彼女はまあまあの顔付きだ。

○ 나는 키가 크지도 않고   私は背が高くもなくきれいでもなかった。
　잘생기지도 않았다.   わたし　せ　たか

못생긴 외모

○ 그녀는 못생겼다.   彼女はブスだ。
　　　　　　　　　　かのじょ

○ 그녀는 밝은 얼굴이 아니다.   彼女は明るい顔ではない。
　　　　　　　　　　　　　　　　あか　かお

○ 그녀는 다른 어느 것보다   彼女は他の何よりも外見にもっと関心がある。
　외모에 더 관심이 있다.   かのじょ　ほか　なに　がいけん　かんしん

○ 그녀가 하는 일이라곤 외모에 관한   彼女がすることといったら外見に関する話だけだ。
　이야기를 하는 것뿐이다.   かん　はなし

○ 그녀는 거울 앞에서 포즈를 취하는   彼女は鏡の前でポーズをとるのが好きだ。
　것을 좋아한다.   かがみ　まえ　　　　す

○ 사람은 겉보기로는 알 수 없다.   人は表面だけでは知ることができない。/
　　　　　　　　　　　　　　　　ひと　ひょうめん　し
　　　　　　　　　　　　　　　　人は表面だけでは判断することができない。
　　　　　　　　　　　　　　　　　　　　　　　　はんだん

성형 수술

○ 성형 수술을 받고 싶다.   整形手術を受けたい。
　　　　　　　　　　　　　　せいけいしゅじゅつ　う

○ 코를 높이고 싶다.   鼻を高くしたい。
　　　　　　　　　　はな　たか

○ 나는 얼굴을 성형 수술했다.   私は顔の整形手術をした。
　　　　　　　　　　　　　　わたし　かお　せいけいしゅじゅつ

○ 쌍꺼풀 수술을 받았다.   二重の手術を受けた。
　　　　　　　　　　　　ふた え　しゅじゅつ　う

○ 턱을 깎았다.   あごを削った。
　　　　　　　　　　けず

○ 코 성형 수술이 잘못 되었다.   鼻の整形手術が失敗した。
　　　　　　　　　　　　　　はな　せいけいしゅじゅつ　しっぱい

○ 나는 성형 수술을 받고 싶지 않다. 私は整形手術を受けたくない。

○ 내 외모가 어떠하든 난 상관하지 않는다. 私は外見がどうあれ関係ない。

○ 겉모습은 중요하지 않다. 外見は重要ではない。

○ 나는 이대로의 모습이 좋다. 私はこのままの姿がいい。

02 얼굴

얼굴

○ 나는 얼굴이 둥글다. 私は顔が丸い。

○ 내 얼굴은 달걀형이다. 私の顔は卵型だ。

○ 그녀는 얼굴이 사각형이다. 彼女の顔は四角型だ。

○ 그는 얼굴이 편평한 편이다. 彼の顔は平たい方だ。

○ 나는 얼굴이 통통하다. 私の顔は真ん丸だ。
❖ 真ん丸 : 완전히 동그란 것.

○ 나는 얼굴이 여윈 편이다. 私の顔は細長い方だ。

○ 얼굴이 매우 야위었다. 顔がとても痩せ細っていた。

○ 내 얼굴이 매력적이라고 생각한다. 私の顔が魅力的だと思う。

○ 나는 양쪽 볼에 보조개가 있다. 私は両方の頬にえくぼがある。

○ 난 웃으면 보조개가 생긴다. 私は笑うとえくぼができる。

○ 나는 근시라서 안경을 쓴다. 私は近視なので眼鏡をかけている。

인체 60

피부

○ 나는 피부가 곱다. 私は肌がきれいだ。

○ 나는 피부가 희고 깨끗하다.　　私は肌が白くてきれいだ。

○ 그녀의 피부가 실크처럼　　彼女の肌がシルクのように柔らかく見える。
　부드러워 보인다.

○ 나는 피부색이 좋다.　　私は肌の色がいい。

○ 얼굴에 동그란 버짐이 생겼다.　　顔に丸い疥ができた。

○ 피부가 텄다.　　肌が荒れた。

○ 그는 얼굴빛이 좋다.　　彼は顔色がいい。

○ 그녀의 피부는 탄력이 있다.　　彼女の肌は弾力がある。

○ 피부가 검다.　　肌が黒い。

○ 피부가 거무스름하다.　　肌が浅黒い。

○ 검은 피부를 가지고 있다.　　黒い肌をしている。

○ 햇빛에 그을려 까무잡잡하다.　　日に焼けて浅黒い。

○ 내 피부는 지성이다.　　私の肌は脂性だ。

○ 내 피부는 건성이다.　　私の肌は乾燥肌だ。

○ 내 피부는 심한 건성이다.　　私の肌はひどい乾燥肌だ。

○ 피부가 거칠다.　　肌が荒れている。

○ 이렇게 거친 피부가 싫다.　　こんなに荒れている肌が嫌いだ。

○ 여드름이 나서 기분이 좋지 않다.　　にきびが出て気分がよくない。

○ 나는 주근깨가 좀 있다.　　私はそばかすが少しある。

○ 난 얼굴 전체에 주근깨가 있다.　　私は顔全体にそばかすがある。

○ 볼에 큰 흉터가 하나 있다.　　頬に大きな傷跡がひとつある。

○ 얼굴에 큰 점이 한 개 있다.　　顔に大きいほくろがひとつある。

○ 목에 사마귀가 있다.　　首にいぼがある。

○ 점을 뺄 것이다.　　ほくろをとるつもりだ。

○ 얼굴에 있는 점을 뺐다.　　顔にあるほくろをとった。

○ 얼굴에 주름이 많다.　　　　　　顔にしわが多い。

○ 나는 매일 주름 방지 크림을 바른다.　　私は毎日しわ予防クリームを塗る。

○ 나는 노화 방지 크림을 사용한다.　　私は老化防止クリームを使う。

눈

○ 나는 눈이 크다.　　　　　　私は目が大きい。

○ 나는 눈이 작다.　　　　　　私は目が小さい。

○ 나는 쌍꺼풀이 있다.　　　　　私は二重だ。

○ 나는 눈꺼풀이 두껍다.　　　　私はまぶたが厚い。

○ 나는 눈꺼풀이 얇다.　　　　　私はまぶたが薄い。

○ 눈이 가깝게 몰려 있다.　　　　目と目の間が狭い。

○ 눈이 멀리 떨어져 있다.　　　　目と目の間が広い。

○ 눈이 위로 올라가다.　　　　　目尻が上がっている。

○ 눈이 아래로 처지다.　　　　　目尻が下がっている。

○ 내 눈은 가느다랗다.　　　　　私の目は細い。

○ 내 눈은 움푹 들어갔다.　　　　私の目はへこんでいる。

○ 내 눈은 퉁방울눈이다.　　　　私の目は出目金だ。

○ 그는 눈이 부리부리하다.　　　　彼は目がぎらぎらしている。

코

○ 나는 코가 납작하다.　　　　　私は鼻が低い。

○ 나는 코가 높다.　　　　　　私は鼻が高い。

○ 나는 코가 들창코이다.　　　　私は鼻が獅子鼻だ。

○ 나는 매부리코이다.　　　　　私は鷲鼻だ。

○ 내 코는 뾰족하다.　　　　　　私の鼻はとがった鼻だ。

○ 나는 코가 넓다.　　　　　　　　私は鼻の幅が広い方だ。
　　　　　　　　　　　　　　　　　　　　はば　ひろ　ほう

○ 내 코는 좁은 편이다.　　　　　　私は鼻の幅が狭い方だ。
　　　　　　　　　　　　　　　　　　　　はば　せま　ほう

○ 우리 아빠 코는 딸기코이다.　　　私の父は赤鼻だ。
　　　　　　　　　　　　　　　　　　　　　　あかはな

입술

○ 나는 입술이 얇다.　　　　　　　私は唇が薄い。
　　　　　　　　　　　　　　　　　わたし　くちびる　うす

○ 나는 입술이 두껍다.　　　　　　私は唇が厚い。
　　　　　　　　　　　　　　　　　　　　　　あつ

○ 윗입술이 두껍다.　　　　　　　上唇が厚い。
　　　　　　　　　　　　　　　　うわくちびる

○ 아랫입술이 얇다.　　　　　　　下唇が薄い。
　　　　　　　　　　　　　　　　したくちびる　うす

○ 윗입술이 뒤집어졌다.　　　　　上唇が引っくり返った。
　　　　　　　　　　　　　　　　　　　　ひ　　　かえ

○ 나는 입술이 잘 튼다.　　　　　私は唇がよく荒れる。
　　　　　　　　　　　　　　　　　　　くちびる　　あ

치아

○ 이가 고르게 났다.　　　　　　歯がきれいに生えた。
　　　　　　　　　　　　　　　　は　　　　　　は

○ 이가 고르게 나질 않았다.　　　歯がきれいに生えてこなかった。

○ 덧니가 있다.　　　　　　　　八重歯がある。
　　　　　　　　　　　　　　　や　え　ば
　　　　　　　　　　　　　　❖八重歯 : 덧니.

○ 뻐드렁니가 있다.　　　　　　出っ歯がある。
　　　　　　　　　　　　　　　で　ば

○ 때운 이가 여러 개 있다.　　　治療した歯がいくつかある。
　　　　　　　　　　　　　　　ちりょう　　　　は

○ 나는 이가 하얗다.　　　　　私は歯が白い。
　　　　　　　　　　　　　　わたし　　しろ

○ 나는 이가 누렇다.　　　　　私は歯が黄色い。
　　　　　　　　　　　　　　　　　き いろ

○ 사랑니가 나고 있다.　　　　親知らずが生えてきた。
　　　　　　　　　　　　　　おや し　　　は

○ 사랑니가 났다.　　　　　　親知らずが生えた。

○ 나는 의치가 하나 있다.　　　私は義歯がひとつある。
　　　　　　　　　　　　　　　　　ぎ し

○ 우리 할머니는 틀니를 하신다.　私の祖母は入れ歯をしている。
　　　　　　　　　　　　　　　　　　そ ぼ　い　ば

○ 내 귀는 아주 작은 편이다.　　　　私の耳はとても小さい方だ。
　　　　　　　　　　　　　　　　　　　みみ　　　　　ちい　　ほう

○ 내 귀는 크다.　　　　　　　　　　私の耳は大きい。
　　　　　　　　　　　　　　　　　　　　　　　おお

○ 귀를 뚫는 귀걸이를 했다.　　　　　耳の穴を通すイヤリングをした。 / ピアスをした。
　　　　　　　　　　　　　　　　　　　　あな　とお

○ 귀를 안 뚫는 귀걸이를 했다.　　　　耳の穴を通さないイヤリングをした。
　　　　　　　　　　　　　　　　　　　みみ
　　　　　　　　　　　　　　　　　　❖일본에서는 귀걸이 종류를 다 합쳐서 「イヤリング」라고 하고,
　　　　　　　　　　　　　　　　　　　귀를 뚫는 귀걸이를 「ピアス」라고 한다.

○ 우리 아빠는 콧수염이 있으시다.　　私の父は鼻毛がある。
　　　　　　　　　　　　　　　　　　わたし　ちち　はなげ

○ 우리 아빠는 턱수염이 있으시다.　　私の父は顎ひげがある。
　　　　　　　　　　　　　　　　　　　　　　あご

○ 우리 삼촌은 귀밑 구레나룻이 짧게 있다.　私の叔父は短い頬ひげがある。
　　　　　　　　　　　　　　　　　　　　　おじ　みじか　ほお

○ 우리 삼촌은 구레나룻이 많다.　　　私の叔父は頬ひげが多い。
　　　　　　　　　　　　　　　　　　　　　　　　　おお

○ 우리 형은 턱밑 수염을 기른다.　　僕の兄は顎ひげを伸ばしている。
　　　　　　　　　　　　　　　　　　ぼく　あに　あご　　　の

03 머리

○ 머리색이 까맣다.　　　　　　　　髪の色が黒い。
　　　　　　　　　　　　　　　　　　かみ　いろ　くろ

○ 머리색이 짙은 갈색이다.　　　　　髪の色が濃い茶色だ。
　　　　　　　　　　　　　　　　　　　　　こ　　ちゃいろ

○ 머리색이 갈색이다.　　　　　　　髪の色が茶色だ。

○ 머리색이 금발이다.　　　　　　　髪の色が金色だ〔金髪だ〕。
　　　　　　　　　　　　　　　　　　　いろ　きんいろ　　きんぱつ

○ 할아버지는 머리가 백발이다.　　　祖父は白髪頭だ。
　　　　　　　　　　　　　　　　　　そふ　しらがあたま

311

○ 예전에는 그의 머리가 검은색이었는데
　이제는 거의 다 하얗게 되었다.

以前は彼の髪が黒かったが今ではほとんど白くなった。
<small>いぜん　かれ　かみ　くろ　　　　　いま　　　　　　　　しろ</small>

머리 길이

○ 나는 머리가 길다.

私は髪が長い。
<small>わたし　かみ　なが</small>

○ 나는 머리를 길게 기르고 싶다.

私は髪を長く伸ばしたい。
<small>の</small>

○ 내 머리는 중간 길이다.

私の髪は中間の長さだ。
<small>ちゅうかん</small>

○ 내 머리는 어깨까지 내려온다.

私の髪は肩までの長さだ。
<small>かた　　　なが</small>

○ 나는 허리까지 내려오는 땋은
　머리를 하고 싶다.

私は腰までかかって結うことのできる髪にしたい。
<small>わたし　こし　　　　　　　　　　ゆ　　　　　　　　　　　　かみ</small>

○ 나는 단발머리이다.

私は短い髪だ。
<small>みじか</small>

○ 나는 짧은 머리를 하고 싶다.

私は短い髪をしたい。

○ 거의 삭발이다.

ほとんど髪を剃った状態だ。/
<small>そ　　じょうたい</small>
ほとんど削髪だ。
<small>さくはつ</small>

○ 군인 머리이다.

軍人頭だ。
<small>ぐんじんあたま</small>

곱슬머리

○ 내 머리는 곱슬거리지 않는 머리이다.

私は天然パーマではない髪だ。/
<small>わたし　てんねん　　　　　　　　　かみ</small>
私は天然パーマではない。

❖天然パーマ : 곱슬머리.

○ 나는 짙은 색의 곱슬머리이다.

私は濃い色の天然パーマだ。
<small>こ　いろ</small>

○ 나는 파마를 하지 않아도 되는
　곱슬머리이다.

私はパーマをしなくてもいい天然パーマだ。

○ 나는 머리가 곱슬거리는 것이
　싫어서 스트레이트파마를 했다.

私は天然パーマの髪が嫌でストレートパーマにした。
<small>てんねん　　　　　かみ　いや</small>

○ 파마를 해서 곱슬거린다.

パーマをして髪がくるくるしている。/
パーマをして髪が縮れている。
<small>ちぢ</small>
❖縮れる : (머리털이) 곱슬곱슬해지다.

○ 머리숱이 너무 많다.	髪の毛がとても多い。
○ 머리가 가늘어지고 있다.	髪の毛が細くなってきている。
○ 머리숱이 없다.	髪の毛が少ない。
○ 나는 아직 어린데 머리가 벗어졌다.	私はまだ若いのに髪が抜け始めた。/ 私はまだ若いのに頭がはげてしまった。
○ 전에는 머리가 더 많았다.	前はもっと髪が多かった。
○ 머리가 빠져서 걱정이다.	髪の毛が抜けるので心配だ。
○ 대머리가 되어 가고 있어 걱정이다.	頭がはげてきて心配だ。
○ 그는 정수리 부분에 머리가 없다.	彼は頭のてっぺんがはげている。
○ 그는 머리가 많이 빠져 뒤만 남아 있다.	彼は髪がたくさんぬけて後ろの方だけ残っている。/ 彼は頭がはげてきて後ろの方だけ残っている。
○ 그는 가발을 써야 한다.	彼はかつらをしなければならない。

머리 모양

○ 머리 가르마를 가운데로 탔다.	髪を真ん中から分けた。/ 髪の分け目を真ん中にした。 ❖髪の分け目 : 머리 가르마.
○ 머리 가르마를 왼쪽(오른쪽)으로 탔다.	髪を左分け〔右分け〕した。
○ 올백으로 넘겼다.	オールバックにした。
○ 나는 머리를 귀 뒤로 넘긴다.	私は横髪を耳にかける。
○ 머리를 리본으로 맸다.	髪をリボンで結んだ。
○ 말총머리를 했다.	ポニーテールにした。
○ 나는 머리를 뒤로 묶었다.	私は髪を後ろで結んだ。
○ 머리를 양옆으로 묶었다.	髪を両分けに結んだ。
○ 머리를 땋았다.	髪を結った。
○ 머리를 풀었다.	結んだ髪をほどいた。

○ 걱정을 하느라 머리가 하얗게 셌다.　　心配で白髪が増えた。/ 心配で髪が白くなった。
　　　　　　　　　　　　　　　　　　しんぱい　しらが　ふ　　　　　　　　　　かみ　しろ

04 체형

○ 나는 키가 180센티미터이다.　　　私は背が180センチだ。
　　　　　　　　　　　　　　　　　わたし　せ

○ 나는 키가 크고 여위었다.　　　　私は背が高くて痩せている。
　　　　　　　　　　　　　　　　　たか　や

○ 나는 키가 아주 크고 호리호리해서　私は背がとても高くてすんなりとしているので
　친구들이 나를 키다리라 부른다.　　友達が私をノッポと呼ぶ。
　　　　　　　　　　　　　　　　　ともだち　　　　　　　　よ

○ 나는 키가 좀 큰 편이다.　　　　　私は背がちょっと高い方だ。
　　　　　　　　　　　　　　　　　せ　　　　　　　ほう

○ 나는 키가 평균을 넘는다.　　　　私は背が平均より高い。
　　　　　　　　　　　　　　　　　せ　へいきん　たか
　　　　　　　　　　　　　　　　　❖平均より高い : 평균보다 높다.

○ 나는 키가 중간 정도이다.　　　　私は背が中間ぐらいだ。
　　　　　　　　　　　　　　　　　わたし　せ　ちゅうかん

○ 나는 키가 작다.　　　　　　　　私は背が低い。
　　　　　　　　　　　　　　　　　せ　ひく

○ 우리는 키를 재 보았다.　　　　　私たちは身長を計った。
　　　　　　　　　　　　　　　　　しんちょう　はか

○ 내가 그보다 조금 더 크다.　　　　私が彼より少し大きい〔背が高い〕。
　　　　　　　　　　　　　　　　　かれ　すこ　おお

○ 내가 그보다 3센티미터 더 크다.　　私が彼より3センチ大きい〔背が高い〕。
　　　　　　　　　　　　　　　　　かれ

○ 나는 그와 키가 같다.　　　　　　私は彼と背の高さが同じだ。
　　　　　　　　　　　　　　　　　わたし　せ　たか　おな

○ 우리는 거의 키가 같다.　　　　　私たちはほとんど背の高さが同じだ。

○ 작년보다 5센티미터가 컸다.　　　去年より5センチ大きくなった。
　　　　　　　　　　　　　　　　　きょねん　おお

○ 나는 좀 뚱뚱하다.　　　　　　　私は少し太っている。
　　　　　　　　　　　　　　　　　わたし　すこ　ふと

○ 나는 키가 작고 통통하다.　　　　私は背が低くて丸々としている。
　　　　　　　　　　　　　　　　　せ　ひく　まるまる

○ 나는 땅딸막하다.	私はずんぐりしている。
○ 나는 좀 토실토실하다.	私は少しぽっちゃりしている。
○ 배가 나왔다.	お腹が出た。
○ 요즘 배가 나오고 있다.	この頃お腹が出てきた。
○ 나는 키에 비해 몸무게가 많이 나간다.	私は背に比べて体重がとても重い。
○ 나는 날씬하다.	私はすらりとしている。/ 私はすんなりしている。
○ 나는 말랐다.	私は痩せた。
○ 그는 몹시 마른 체형이다.	彼はとても痩せた体型だ。/ 彼はひどい痩せ型だ。
○ 나는 호리호리하다	私はすんなりとしている。
○ 나는 몸매가 좋다.	私はスタイルがいい。
○ 나는 가슴에 털이 있다.	僕は胸毛がある。

체격

○ 사람들이 나에게 몸이 좋다고 말하곤 한다.	周りの人達が私に体つきがいいと言ったりする。
○ 나는 몸이 별로 좋지 않다.	私はスタイルがあまりよくない。
○ 나는 근육질이다.	私は筋肉質だ。
○ 나는 근육이 단단하다.	私は筋肉が固い。
○ 나는 튼튼한 체격이다.	私は健康な体格だ。
○ 나는 알맞은 체격이다.	私は普通の体格だ。/ 私は適度な体格だ。
○ 나는 보통 체구이다.	私は普通の体つきだ。
○ 나는 어깨가 넓다.	私は肩が広い。
○ 나는 어깨가 좁다.	私は肩が狭い。

05 화장

화장품의 종류

눈썹 펜슬	アイペンシル	스킨	スキン
로션	ローション	아이 크림	アイクリーム
립스틱	リップスティック	아이라이너	アイライナー
마스카라	マスカラ	아이섀도	アイシャドー
매니큐어	マニキュア	영양크림	栄養えいようクリーム
메이크업 베이스	メークアップベース	입술 브러시	紅筆べにふで
분	パウダー	파운데이션 크림	ファンデーションクリーム
자외선 차단 크림	日焼ひやけ止どめ	핸드크림	ハンドクリーム
수분크림	水分すいぶんクリーム	향수	香水こうすい

화장의 진하기

○ 그녀는 화장을 진하게 하고 다닌다.　　彼女は厚化粧をする。
　　　　　　　　　　　　　　　　　かのじょ　あつげしょう

○ 나는 화장을 얇게 한다.　　私は薄化粧だ。
　　　　　　　　　　　わたし　うすげしょう

○ 기본 화장을 하고 립스틱을 발랐다.　　基本の化粧をして口紅をつけた。
　　　　　　　　　　　　　　　きほん　けしょう　　くちべに

○ 나는 기초화장만 한다.　　私は基礎化粧だけをする。
　　　　　　　　　　わたし　き そ けしょう

○ 나는 화장을 가볍게 하고 다닌다.　　私は軽く化粧をする。
　　　　　　　　　　　　　　　わたし　かる

○ 그는 내가 화장하는 것을 원하지 않는다.　　彼は私が化粧をするのを好まない。
　　　　　　　　　　　　　　　　　かれ　わたし　　　　　　　この

○ 화장을 진하게 하지 않으려고 한다.　　化粧を濃くしないようにしている。
　　　　　　　　　　　　　　けしょう　こ

○ 피부가 민감해서 화장을 진하게　　肌が敏感なので化粧を濃くしない。
　하지 않는다.　　はだ　びんかん

○ 두껍게 분을 바른 얼굴은 싫다.　　厚化粧をした顔は嫌いだ。
　　　　　　　　　　　　あつげしょう　かお　きら

○ 파티에 참여하기 위해 진하게 화장했다.　　パーティーに参加するために濃い化粧をした。
　　　　　　　　　　　　　　　　　　さんか　　　　　　こ けしょう

○ 나는 화장을 안 하는 쪽이 예쁜 것 같다.　　私は化粧をしない方がかわいいみたいだ。
　　　　　　　　　　　　　　　　わたし　　　　　ほう

○ 여자들은 다 그렇게 생각하는 것 같다.　　女性たちはみんなそのように考えるみたいだ。
　　　　　　　　　　　　　　　　じょせい　　　　　　　　かんが

○ 화장품을 사러 가게에 들렀다.　　化粧品を買いにお店に入った。
　　　　　　　　　　　　　　　　けしょうひん　か　　みせ　はい

○ 샘플을 발라 보았다.　　　　　　サンプルをぬってみた。

○ 나는 미용에 관한 것이라면　　　私は美容に関することならなんでも関心がある。
　무엇에든 관심이 있다.　　　　　わたし　びよう　かん　　　　　　　　　　かんしん

○ 아침마다 세안을 한 후 화장을 한다.　毎朝、顔を洗った後で化粧をする。／
　　　　　　　　　　　　　　　　まいあさ　かお　あら　　あと　げしょう
　　　　　　　　　　　　　　　　毎朝洗顔した後で化粧をする。
　　　　　　　　　　　　　　　　せんがん

○ 먼저 로션을 바른다.　　　　　　まずローションをつける。

○ 영양 크림은 턱 쪽에서 위쪽으로　栄養クリームは顎から上の方にやさしくぬる。
　부드럽게 바른다.　　　　　　　えいよう　　　　あご　　うえ　ほう

○ 파운데이션 크림을 한 후에　　　ファンデーションクリームをぬった後で、
　분으로 마무리한다.　　　　　　　　　　　　　　　　　　　　あと
　　　　　　　　　　　　　　　　パウダーで仕上げをする。
　　　　　　　　　　　　　　　　　　　　しあ

○ 눈썹 펜슬로 눈썹 모양을 그렸다.　アイペンシルで眉毛をかいた。
　　　　　　　　　　　　　　　　　　　　　　まゆげ

○ 나는 아이라이너를 사용하지 않는다.　私はアイライナーを使わない。
　　　　　　　　　　　　　　　　わたし　　　　　　つか

○ 화장을 거의 끝냈다.　　　　　　化粧をほとんど終わらせた。
　　　　　　　　　　　　　　　　けしょう　　　　お

○ 오늘은 향수를 뿌렸다.　　　　　今日は香水をつけた。
　　　　　　　　　　　　　　　　きょう　こうすい

○ 잠자기 전에는 아이 크림을 바른다.　寝る前にはアイクリームをつける。
　　　　　　　　　　　　　　　　ね　まえ

○ 화장을 고쳤다.　　　　　　　　化粧直しをした。
　　　　　　　　　　　　　　　　けしょうなお

○ 울어서 화장이 지워졌다.　　　　泣いたので化粧がおちてしまった。
　　　　　　　　　　　　　　　　な　　　　けしょう

○ 화장을 지웠다.　　　　　　　　化粧をおとした。

○ 나는 등에 문신이 있다.　　　　私は背中にいれずみがある。
　　　　　　　　　　　　　　　　わたし　せなか

○ 문신을 제거했다.　　　　　　　いれずみを消した〔落とした〕。
　　　　　　　　　　　　　　　　　　　　け

06 머리 손질

머리 상태

○ 머리 모양이 맘에 들지 않았다.	ヘアースタイルが気に入らなかった。
○ 오늘 머리가 엉망이었다.	今日髪がめちゃくちゃだった。
○ 머리가 이리저리 삐쳤다.	髪があちこちはねていた。
○ 머리 모양이 엉망이 되었다.	ヘアースタイルがめちゃくちゃになった。
○ 머리 스타일을 바꾸고 싶었다.	ヘアースタイルを変えたかった。
○ 요즘 유행하는 머리 모양으로 하고 싶다.	最近流行しているヘアースタイルにしたい。
○ 머리를 새로 하고 싶다.	新しいヘアースタイルにしたい。
○ 내 머리는 손질하기가 어렵다.	私の髪は手入れするのが難しい。
○ 머리 손질하러 미용실에 갔다.	髪の手入れをしに美容院に行った。
○ 나는 동네 미용실에서 머리를 자른다.	私は町内の美容院で髪を切る。

헤어컷

○ 미용실에서 머리를 다듬었다.	美容院で髪を整えた。
○ 앞머리를 다듬었다.	前髪を整えた。
○ 머리를 전체적으로 조금씩 다듬었다.	髪を全体的に少しずつ整えた。
○ 머리를 짧게 깎았다.	髪を短く切った。
○ 미용사가 위는 그냥 두고 옆만 다듬어 주었다.	美容師が上はそのままにして横だけ整えてくれた。
○ 미용사에게 머리를 너무 짧게 자르지 말라고 부탁했다.	美容師に髪をあまり短くしないでほしいと頼んだ。
○ 영화배우처럼 머리를 해 달라고 했다.	映画俳優のような髪型にしてほしいと言った。

○ 머리를 층지게 깎았다. 　　　　　段カットにした。
　　　　　　　　　　　　　　　　　　だん

○ 단발머리로 깎았다. 　　　　　　ショートカットにした。 / 短い髪にした。
　　　　　　　　　　　　　　　　　　　　　　　　　　　　みじか かみ

○ 어깨 길이만큼 잘랐다. 　　　　　肩の長さに切った。
　　　　　　　　　　　　　　　　　　かた　なが　　き

○ 이발사가 내 머리를 짧게 깎았다. 　理容師が私の髪を短く切った。
　　　　　　　　　　　　　　　　　　りようし　わたし　かみ　みじか　き

○ 상고머리를 하고 싶었다. 　　　　角刈りにしたかった。
　　　　　　　　　　　　　　　　　　かく が

○ 스님처럼 머리를 빡빡 깎았다. 　　お坊さんのように頭を剃った。
　　　　　　　　　　　　　　　　　　　ぼう　　　　　　　　あたま　そ

○ 그는 삭발을 했다. 　　　　　　彼は削髪した。
　　　　　　　　　　　　　　　　　　かれ　さくはつ

○ 미용사가 스펀지로 머리를 　　　美容師がスポンジで切った髪をはたいてくれた。
　털어 주었다. 　　　　　　　　びようし　　　　　　　　き　かみ

○ 머리를 자른 후 미용사가 머리를 　髪を切った後美容師が髪を洗ってくれた。
　감겨 주었다. 　　　　　　　　　あと　　　　　　　　あら

파마

○ 한 달에 두 번 머리를 깎는다. 　　1ヶ月に2回髪を切る。
　　　　　　　　　　　　　　　　　　いっか げつ　にかいかみ　き

○ 곱슬거리는 파마를 하고 싶다. 　　カールパーマをかけたい。

○ 파마를 했다. 　　　　　　　　パーマをかけた。 / パーマをした。

○ 컬 클립을 풀었다. 　　　　　　カールをはずした。

○ 약하게 파마를 했다. 　　　　　弱くパーマをかけた。
　　　　　　　　　　　　　　　　　　よわ

○ 강하게 파마를 했다. 　　　　　強くパーマをかけた。
　　　　　　　　　　　　　　　　　　つよ

○ 나는 파마가 오래 간다. 　　　　私はパーマが長持ちする。
　　　　　　　　　　　　　　　　　　わたし　　　　　　　なが も

○ 머리를 반듯하게 폈다. 　　　　髪を真っ直ぐにした。 / ストレートパーマにした。
　　　　　　　　　　　　　　　　　　かみ　ま　す

○ 이 스타일이 나에게 잘 어울린다. 　このスタイルが私によく似合う。
　　　　　　　　　　　　　　　　　　　　　　　わたし　　　に あ

○ 새로 한 머리스타일이 정말 맘에 　新しいヘアスタイルが本当に気に入らなかった。
　들지 않았다. 　　　　　　　　あたら　　　　　　　　ほんとう　き い

○ 새로 한 머리에 대해 불만을 토로했다. 　新しくした髪に対して不満を言った。
　　　　　　　　　　　　　　　　　　あたら　　　　　かみ　たい　　ふ まん　い

○ 파마를 했더니 머리가 아팠다. 　　パーマをしたら髪が痛んだ。
　　　　　　　　　　　　　　　　　　　　　　　　　　　いた

염색

○ 내가 머리를 염색했다.   自分で髪を染めた。
じぶん　かみ　そ

○ 다른 사람이 내 머리를 염색해 주었다.   他の人が私の髪を染めてくれた。
ほか　ひと　わたし　かみ

○ 머리를 갈색으로 염색했다.   髪を茶色に染めた。
かみ　ちゃいろ

○ 머리를 금발로 염색했다.   髪を金髪に染めた。
かみ　きんぱつ　そ

○ 머리가 하얀 부분만 염색했다.   髪が白い部分だけ染めた。
しろ　ぶぶん

○ 머리를 탈색시켰다.   髪を脱色した。
だっしょく

○ 흰머리 염색을 했다.   白髪染をした。
しらが　ぞめ

스타일링

○ 샴푸를 하고 세팅을 했다.   シャンプーをしてセットをした。

○ 머리에 젤을 발랐다.   髪にジェルをつけた。
かみ

○ 머리를 고정시키려고 무스를 발랐다.   髪を固定しようとムースをつけた。
こてい

○ 머리를 뒤로 빗어 넘긴 후   髪を後ろの方に流すようにとかしてヘアスプレーをした。
헤어스프레이를 뿌렸다.   かみ　うし　ほう　なが

○ 머리를 올렸다.   髪を結い上げた。
ゆ　あ

○ 머리를 풀었다.   髪をほどいた。

면도

○ 나는 매일 아침 면도를 한다.   私は毎朝ひげを剃る。
わたし　まいあさ

○ 깨끗이 면도된 얼굴이 좋다.   きれいにひげを剃った顔がいい。
かお

○ 콧수염은 남기고 면도를 한다.   口ひげはそのままにしてひげを剃った。
くち

○ 나는 면도하지 않은 얼굴로는   私はひげそりをしていない顔では外出しない。
외출하지 않는다.   わたし　かお　がいしゅつ

○ 이발사에게 면도를 해 달라고 부탁했다.   理容店でひげそりをしてほしいと頼んだ。
りようてん　たの

○ 손톱을 깎았다.   指の爪を切った。
                          ゆび　つめ　き

○ 발톱을 깎았다.   足の爪を切った。
                          あし

○ 손톱에 봉숭아물을 들였다.   爪を鳳仙花の汁で染めた。
                          ほうせんか　しる　そ

○ 나는 항상 매니큐어를 바르고 다닌다.   私はいつもマニキュアをつけて出かける。
                          わたし　　　　　　　　　　　で

○ 손톱을 반짝거리게 하는   指の爪にきらきら光るマニキュアをぬった。
　매니큐어를 칠했다.   ゆび　つめ　　　　　　ひか

○ 손톱에 매니큐어를 칠했다.   指の爪にマニキュアをぬった。

○ 매니큐어 손질을 받았다.   マニキュアで手入れをしてもらった。
                          てい

○ 손톱 손질을 받았다.   指の爪の手入れをしてもらった。
                          ゆび　つめ

○ 매니큐어를 지웠다.   マニキュアをおとした。

07 비만

○ 나는 과체중이다.   私は太り過ぎだ。
                          わたし　ふと　す

○ 나는 체중 미달이다.   私は痩せ過ぎだ。
                            や

○ 나는 뚱뚱하다.   私は太っている。
                          　　ふと

○ 요즘 뚱뚱해지고 있다.   この頃太ってきている。
                          ごろ

○ 요즘 체중이 불고 있다.   この頃体重が増えてきている。
                          たいじゅう　ふ

○ 계속 살이 찌고 있다.   ずっと太ってきている。
                          ふと

○ 체중계에 체중을 달아보았다.   体重計で体重を測ってみた。
                          たいじゅうけい　はか

○ 학교 신체검사 때 선생님께서   学校の身体検査のとき先生が体重を測ってくださった。
　체중을 재셨다.   がっこう　しんたいけんさ　　　　せんせい　たいじゅう

○ 체중이 늘었다.	体重が増えた。
○ 체중이 줄었다.	体重が減った。
○ 체중이 70킬로그램이었다.	体重が70キログラムだった。
○ 키를 재 보았다.	身長を計った。
○ 1년에 키가 5센티미터 자랐다.	1年に背が5センチ伸びた。
○ 키에 비해 몸무게가 많이 나간다.	背に比べて体重が重い。
○ 10킬로그램 정도 늘었다.	10キログラムぐらい増えた。
○ 나는 가슴이 넓다.	私は胸幅が広い。
○ 나는 배불뚝이다.	私はお腹がでている。
○ 똥배가 나왔다.	お腹が出てきた。
○ 배가 많이 나왔다.	お腹がとても出てきた。
○ 바지를 입을 수가 없다.	ズボンをはくことができなかった。
○ 나는 뚱뚱한 편이다.	私は太った方だ。

날씬한 몸

○ 내 체중을 알고 놀랐다.	自分の体重を知って驚いた。
○ 체중이 느는 것에 매우 예민해졌다.	体重が増えることに敏感になった。
○ 내가 뚱뚱하다는 이야기를 들으면 스트레스를 받는다.	私が太っているという話を聞くとストレスを受ける。
○ 몸매가 엉망이다.	スタイルが悪い。
○ 허리가 날씬했으면 좋겠다.	ウエストが細かったらいいと思う。
○ 몸무게를 좀 줄여야겠다.	体重をちょっと減らそうと思う。
○ 날씬해지고 싶다.	すらりとしたスタイルになりたい。 / 痩せたい。
○ 예전 몸매로 돌아가고 싶다.	以前の体つきに戻りたい。
○ 지난 두 달 동안 살이 도로 쪘다.	2ヶ月の間もっと太った。

○ 뭔가 먹은 후에는 운동을 해야겠다고 마음먹었다.

何か食べた後には運動をしようと決心した。
❖決心する/心に決める : 마음을 먹다.

○ 날씬한 여성은 아름답고 뚱뚱한 여성은 매력이 없다고 생각을 하는 것 같다.

すらりとした女性は綺麗で、太った女性は魅力がないと考えているみたいだ。

○ 많은 여성들이 거의 먹지 않고 마른 체형을 갖기 위해 애쓰고 있다.

多くの女性たちがほとんど食べずに痩せた体つきになろうと努力している。

○ 많은 젊은 여성들이 모델처럼 보이기를 원한다.

多くの若い女性たちがモデルのように見えることを願っている。

○ 외모에 민감한 사람들이 많다.

外見に敏感な人達が多い。

○ 살찌는 것은 쉽지만 몸무게를 줄이는 일은 어려운 것 같다.

太るのは簡単だが体重を減らすのは難しいようだ。

○ 날씬하면 아름답다는 통념을 뒤엎고 싶다.

痩せたら綺麗だという通念を覆したい。

08 다이어트

음식 다이어트

○ 다이어트를 하기로 결심했다.

ダイエットをしようと決心した。

○ 살을 빼려고 다이어트를 하고 있는 중이다.

痩せようとダイエットをしているところだ。

○ 지금부터 계속 소식을 할 것이다.

今からずっと食事を減らすつもりだ。

○ 인스턴트식품이나 패스트푸드를 절대 먹지 않을 것이다.

インスタント食品とかファーストフードを絶対食べないつもりだ。

○ 저지방 음식을 먹어야 한다.

低脂肪食品を食べなければならない。

○ 기름진 음식은 줄일 것이다.

油っこい食べ物を減らすつもりだ。

○ 나는 고기를 덜 먹고 채소를 더 많이 먹으려고 노력한다.

私は肉を少しだけ食べて野菜をもっとたくさん食べようと努力している。

○ 나는 음식을 좀 절제해야 한다.　　私は食べ物を節制しなければならない。

○ 규칙적으로 가벼운 식사를 하는 게 좋다.　規則的に軽い食事をするのがいい。

○ 살을 빼기 위해 저녁 6시 이후에는　痩せるために夕方6時以降には何も食べない。
　아무것도 먹지 않는다.

○ 먹고 싶은 것이면 무엇이든 다 먹고 싶다.　食べたいものなら何でも全部食べたい。

운동 다이어트

○ 내게 필요한 것은 운동뿐인 것 같다.　私に必要なのは運動だけのようだ。

○ 규칙적으로 운동하는 것이 몸무게를　規則的に運動することが体重を減らすための
　줄이기 위한 건강한 방법이다.　健康的な方法だ。

○ 다이어트를 위한 가장 좋은 방법은　ダイエットのための一番いい方法は運動によって
　운동으로 살을 빼는 것이다.　痩せることだ。

○ 유행하는 다이어트 방법을 무조건　流行しているダイエット方法を無条件に従っては
　따라해서는 안 된다고 생각한다.　いけないと思う。

○ 살 빼는 운동을 하고 있다.　痩せる運動をしている。

○ 나는 아침마다 뱃살 빼는 운동을 한다.　私は毎朝お腹の肉をとる運動をする。

○ 윗몸 일으키기를 매일 50번씩 한다.　腹筋を毎日50回ずつする。
　　　　　　　　　　　　　　　　❖腹筋 : 윗몸 일으키기.

○ 하루에 10킬로미터씩 달린다.　一日に10キロずつ走る。

○ 에어로빅을 해 보고 싶다.　エアロビックをしてみたい。

○ 에어로빅 교실에 다니면서 운동을 한다.　エアロビック教室に通いながら運動をする。

몸매 가꾸기

○ 몸매를 가꾸기 위해 운동을 시작했다.　スタイルをよくするために運動を始めた。

○ 나는 몸매를 유지하기 위해 하루에　私は今の体つきを維持するために一日に1時間ずつ
　한 시간씩 달리기를 한다.　ジョギングをする。

○ 계속 건강한 몸을 유지하도록 할 것이다.　ずっと健康な体を維持するようにするつもりだ。

○ 뱃살을 빼기 위해 윗몸 일으키기를 꾸준히 한다.	お腹の肉を減らすために腹筋を根気よく続ける。 なか にく へ　　　　　　ふっきん こんき　 つづ
○ 그것이 날씬한 몸매를 만드는 데는 아주 좋은 것 같다.	それがすらりとしたスタイルを作るのにとてもいい つく みたいだ。
○ 몸매가 더 좋아졌다.	スタイルがもっとよくなった。
○ 건강한 몸을 유지하기 위해 운동을 계속한다.	健康な体を維持するために運動を続ける。 けんこう からだ いじ　　　　　　うんどう つづ
○ 다이어트가 효과를 보이기 시작한 것 같다.	ダイエットが効果を見せはじめたようだ。/ こうか み ダイエットの効果が出てきたようだ。 で
○ 체중이 줄었다.	体重が減った。 たいじゅう へ
○ 체중을 좀 줄였다.	体重をちょっと減らした。
○ 5킬로그램을 뺐다.	5キログラム減らした。
○ 다시 찌지 않기를 바란다.	また太らないことを願う。 ふと　　　　　　ねが

美容院であったこと

10月7日　日曜日　肌寒い

家で偶然鏡を見たら頭がボサボサして汚く見えた。どうも美容院に行かなければならないときが来たようだ。もう少し髪を伸ばしたかったが、きれいにセットするのが難しくてちょっと整えるぐらいに切った方がいいと思った。体育服のままの姿でスリッパを履いて私がよく行く美容院に行った。美容師に髪を短く切りすぎないように少しだけ整える程度にしてほしいとお願いした。私は他人が私の頭を触ると眠くなる。それで髪を切っている間居眠りをしてしまったみたいだ。だれかが私の肩をトントンと叩くのを感じて眠りから覚め鏡を見た。そんな…顔が前よりもっと大きく見えるヘアスタイルになっていて、本当に気に入らなかった。泣きたかった。すでにどうすることもできないことではあるが私が不満を言うと、美容師はこのヘアスタイルが私にとてもよく似合っていて粋に見えるといった。こんな言葉は美容師がよく使う手段だということを私もよく知っている。今度からは美容院で絶対に居眠りをするものかと思った。

미용실에서 생긴 일

10월 7일, 일요일, 쌀쌀함

집에서 우연히 거울을 보니 머리가 덥수룩하고 지저분하게 보였다. 아무래도 미용실에 가야 할 것 같았다. 좀 더 머리를 기르고 싶었지만 깔끔하게 손질하기가 어려워 좀 다듬어야겠다는 생각을 했다. 체육복 차림으로 슬리퍼를 끌고 내가 자주 이용하는 미용실에 갔다. 미용사에게 너무 짧게 자르지 말고 조금만 다듬어 달라고 부탁했다. 난 다른 사람이 내 머리를 만지면 졸음이 온다. 그래서 머리를 깎는 동안 깜빡 존 것 같았다. 누군가 날 톡톡 치는 것을 느끼고 잠에서 깨서 거울을 봤다. 세상에! 얼굴이 더 커 보이는 머리 스타일로 정말이지 맘에 들지 않았다. 울고만 싶었다. 이미 어쩔 수 없는 일이지만 내가 불평을 하자 미용사는 이 머리 모양이 내게 아주 잘 어울리고 세련돼 보인다고 했다. 이런 말은 미용사들이 으레 하는 말이라는 것을 나도 잘 알고 있었다. 다음부터는 미용실에서 절대 졸지 말아야겠다고 생각했다.

NOTES

偶然ぐうぜん 우연히｜～ばならないみたいだ 하지 않으면 안되는 것 같다｜切きった方ほうがいい 자르는 것이 좋다｜体育服たいいくふくのままの姿すがた 체육복 차림으로｜整とのえてほしい 다듬어 달라(* ～てほしい ～해 달라)｜どうすることもできないこと 어쩔 수 없는 것｜似合にあっていて 어울리고

326

CHAPTER

10

성격

1. 성격
2. 긍정적인 성격
3. 부정적인 성격
4. 습관 · 버릇
5. 좋아하기
6. 싫어하기
DIARY 10

01 성격

거칠다	荒ぁらい	뻔뻔스럽다	図々ずぅずぅしい
건방지다	生意気なまいきだ	사교적	社交的しゃこうてき
겸손하다	謙遜けんそんだ	사려 깊다	思慮深しりょぶかい
고집하다	固執こしっする	상냥하다	優やさしい
구두쇠	けちんぼ・けちんぼう	성실하다	誠実せいじつだ
긍정적	肯定的こうていてき	소극적	消極的しょうきょくてき
까다롭다	気難きむずかしい	소심하다	小心しょうしんだ・
꼼꼼하다	几帳面きちょうめんだ		小心者しょうしんものだ
낙관적	楽観的らっかんてき	솔직하다	率直そっちょくだ
난폭하다	乱暴らんぼうだ	순하다	おとなしい
내성적이다	内向的ないこうてきだ	신경질	神経質しんけいしつ
냉정하다	冷つめたい	얌전하다	おとなしい
너그럽다	寛容かんようだ	어리석다	愚おろかだ
단순하다	単純たんじゅんだ	예의 바르다	礼儀正れいぎただしい
답답하다	もどかしい	용감하다	勇敢ゆうかんだ
무관심하다	無関心むかんしんだ	우유부단	優柔不断ゆうじゅうふだん
무난하다	無難ぶなんだ	원만하다	円満えんまんだ
무례하다	無礼ぶれいだ	이기적	利己的りこてき
무정하다	無情むじょうだ	이해하다	理解りかいする
민감하다	敏感びんかんだ	인내심이 많다	我慢強がまんづよい
배려하다	配慮はいりょする	인색하다	けちだ
변덕스럽다	気きまぐれ	적극적	積極的せっきょくてき
보수적	保守的ほしゅてき	정직	正直しょうじき
부정적	否定的ひていてき	착하다	善良ぜんりょうだ
부지런하다	勤勉きんべんだ	친절하다	親切しんせつだ
비관적	悲観的ひかんてき	활동적	活動的かつどうてき

성격

○ 사람은 누구나 장점과 단점을 가지고 있다.

人はだれでも長所と短所を持っている。
ひと　　　　ちょうしょ　たんしょ　も

○ 장점은 상황에 따라 단점으로 나타날 수도 있다.

長所は状況によって短所として現れることもある。
ちょうしょ　じょうきょう　　　　　　　　　　あらわ

328

○ 다른 사람의 성격을 이해한다는 他の人の性格を理解することはやさしい〔簡単な〕
　 것은 쉬운 일이 아니다. ことではない。

○ 나는 다른 사람의 성격을 잘 私は他の人の性格をよく判断することができない。
　 판단하지 못한다.

○ 그는 생각했던 것보다는 彼は思ったより悪い人ではない。
　 나쁜 사람이 아니다.

내 성격

○ 나는 내 친구와 성격이 정반대다. 私は私の友達と性格が正反対だ。

○ 나와 내 친구는 성격이 비슷하다. 私と私の友達は性格が似ている。

○ 친구들은 내가 조용하고 수줍음을 友達は私が静かで恥ずかしがり屋な方だと言う。
　 잘 타는 편이라고 한다.

　　　　　　　　　　　　　❖恥ずかしがり屋 : 수줍음을 잘 타는 사람.

○ 나는 남의 일에는 절대 신경 쓰지 않는다. 私は他人のことには絶対気を使わない。

○ 나와 관계없는 일에는 간섭하지 않는다. 私と関係ないことには干渉しない。

○ 나는 항상 다른 사람의 일에 私はいつも他の人のことに干渉しない。
　 간섭하지 않는다.

○ 나는 불편한 상황이 되면 부끄럼을 私は気まずい状況になると恥ずかしくなる。
　 많이 탄다.

○ 나는 낯선 사람과 함께 있으면 불편하다. 私は知らない人といっしょにいると心苦しい。

○ 나는 말괄량이 기질이 약간 있다. 私はおてんばの気質が少しある。

○ 나는 친구들과 수다를 즐긴다. 私は友達とおしゃべりを楽しむ。

○ 내 성격은 우리 부모님의 성격과 다르다. 私の性格は私の両親の性格と違う。

○ 누군가에게 심한 말을 들으면, だれかに傷付くことを言われるとそのことが頭から
　 그 일이 머리에서 떠나지 않아 離れなくて夜も眠れない。
　 밤에도 잠을 잘 수가 없다.

○ 지금은 예전만큼 예민하지는 않다. 今は前のように敏感ではない。

○ 나는 산전수전 다 겪었다. 私はすべての辛苦を経験した。

○ 나는 아주 바쁜 사람이다.　　　私はとても忙しい人間だ。

○ 나는 언제나 관심 받는 사람이 되고 싶다.　私はいつも関心を集める人になりたい。

❖関心を集める : 관심 받다.

○ 나는 빈틈없는 사람이다.　　　私は完璧な人間だ。

○ 나는 완벽주의자이다.　　　　私は完璧主義者だ。

○ 나는 개성이 좀 강하다.　　　私は個性がちょっと強い。

○ 나는 매우 섬세하다.　　　　私はとても繊細だ。

○ 나는 수줍음을 탄다.　　　　私は恥ずかしがり屋だ。

○ 나는 정말 숫기가 없다.　　　私ははにかみ屋だ。

❖はにかみ屋 : 숫기가 없는 사람.

○ 나는 현실주의자이다.　　　　私は現実主義者だ。

○ 나는 현실적이다.　　　　　　私は現実的だ。

○ 나는 좀 내성적이다.　　　　　私はちょっと内向的だ。

○ 이성에 관심을 가질 정도로 나는　異性に関心を持つほど私は早熟ではない。
조숙하지 않다.

○ 나도 내 성격에 결점이 있다는 것을　私も自分の性格に欠点があることを知っている。
알고 있다.

○ 나는 극복해야 할 핸디캡이 있다.　私は克服すべきハンディキャップがある。

02 긍정적인 성격

원만하다

○ 나는 객관적으로 봤을 때 나쁜　　私は客観的に見て悪い人間ではないと思う。
사람이 아니라고 생각한다.

❖일본사람들은 자기를 칭찬할 때 노골적으로 표현하지 않고
'좋은 사람'은 '나쁘지 않은 사람'과 같이 우회적으로 표현한다.

○ 나는 항상 어떤 일이든지 좋은 점을 보려고 노력한다.

私はいつもどんなことでもいいところを見ようと努力する。
どりょく

○ 나는 대체로 무난한 성격이다.

私は無難な性格だ。
ぶなん　せいかく

○ 나는 모든 사람들과 잘 지내는 편이다.

私はいろんな人達とうまく付き合う方だ。
わたし　ひとたち　つ　あ　ほう

❖うまく付き合う : 잘 지내다.

○ 그는 좋은 성격을 지녔던 사람이다.

彼はいい性格を備えた人だ。
かれ　せいかく　そな　ひと

○ 그는 성격이 좋은 사람이다.

彼は性格のいい人だ。

○ 그는 원만한 성격을 갖고 있는 사람이다.

彼は円満な性格の持ち主だ。
えんまん　も　ぬし

○ 그는 항상 긍정적이어서 그를 좋아한다.

彼はいつも肯定的なので彼が好きだ。
こうていてき　す

○ 그는 편견이 없다.

彼は偏見を持っていない。
かれ　へんけん　も

❖偏見を持っていない : 편견이 없다.

○ 그는 절대 무모하게 행동하지 않는다.

彼は絶対無謀な行動をしない。
ぜったいむぼう　こうどう

사교적이다

○ 나는 여러 사람들과 함께 있는 것을 좋아한다.

私はいろんな人達といっしょにいるのが好きだ。
わたし　ひとたち　す

○ 난 매우 사교적이고 솔직해서 친구가 많다.

私はとても社交的で率直なので友達が多い。
しゃこうてき　そっちょく　ともだち　おお

○ 나는 아무에게나 말을 거는 사교적인 성격이다.

私はだれにでも話しかける社交的な性格だ。
はな　せいかく

○ 나는 사람들과 잘 어울린다.

私はいろんな人達とうまく打ち解けあう。
ひとたち　う　と

○ 나는 친구들에게 신망이 두텁다.

私は友達から信頼されている。
ともだち　しんらい

○ 그녀는 매우 상냥하다.

彼女はとても優しい。
かのじょ　やさ

착하다

○ 그는 성품이 착하다.

彼は性品がいい。
かれ　せいひん

331

10 성격

○ 그는 법 없이도 살 사람이다.	彼は規則がなくても正しく生きていける人だ。
○ 그는 인격자이다.	彼は人格者だ。
○ 그는 양처럼 순한 사람이다.	彼は羊のようにおとなしい人だ。
○ 그는 마음씨가 착한 사람이다.	彼は気立てのいい人だ。
○ 그는 참 너그럽다.	彼は本当に寛容だ。
○ 그는 친절하고 이해심이 있는 사람이다.	彼は親切で理解のある人だ。
○ 그는 남의 말을 잘 들어준다.	彼は他人の言葉を良く聞いてあげる。
○ 그는 참 사려 깊은 사람이다.	彼は本当に思慮深い人だ。
○ 그는 배려심이 있다.	彼は相手を思いやる心がある。
○ 상대를 배려할 줄 안다	相手を配慮することを知っている。
○ 그는 어떤 일에도 절대 화를 내지 않는다.	彼はどんなことにも絶対怒らない。
○ 그는 어려운 사람들을 위해 착한 일을 많이 한다.	彼は困った人達のためにいいことをたくさんする。

모범적이다

○ 그는 항상 솔선해서 일을 처리한다.	彼はいつも率先して仕事をこなす。
○ 그는 성실하다.	彼は誠実だ。
○ 그는 열심히 일하는 사람이다.	彼は一生懸命仕事をする人だ。
○ 그는 마음이 따뜻해서 남을 잘 도와준다.	彼は心が温かくて他人をよく助けてあげる。
○ 그는 어리지만 분별력이 있다.	彼は若いが分別力がある。
○ 그는 책임감이 강하다.	彼は責任感が強い。
○ 그는 강한 의지력의 사나이다.	彼は意志力の強い男〔男性〕だ。 ❖ 男性 를 쓰면 더 공손한 느낌을 준다.
○ 그는 의리 있는 사람이다.	彼は義理をわきまえた人だ。 ❖わきまえる : 바른 판단을 하다, 잘 알고 있다.
○ 그는 믿음직스러운 사람이다.	彼は信頼できる人だ。

○ 나는 언제나 그에게 신뢰감을 갖고 있다. 　私はいつも彼に信頼感を持っている。

○ 나는 그의 정직한 면이 정말 좋다. 　私は彼の正直なところがとても好きだ。

○ 그는 무엇이든지 잘해 낼 수 있는 　彼はなんでも良くやり遂げる忍耐力がある。
인내심이 있다.

○ 그는 준비성이 좋은 사람이다. 　彼は前準備のしっかりした人だ。

○ 그는 항상 다른 사람에게 모범을 보인다. 　彼はいつも他の人に模範を見せる。/
彼はいつも他の人に手本を見せてくれる人だ。

○ 그는 다른 사람에게 모범이 되는 　彼は他の人の手本になる人だ。
사람이다.

적극적이다

○ 나는 그전보다 더 적극적인 　私は前よりもっと積極的な性格になった。
성격이 되었다.

○ 그는 남에게 두드러지게 눈에 　私は目立つことが好きだ。
띄는 것을 좋아한다.

○ 그는 적극적이고 긍정적이어서 　彼は積極的で肯定的なので人気がある。
인기가 좋다.

○ 그는 자신감이 넘친다. 　彼は自信に溢れている。

○ 그는 야심이 있다. 　彼は野望を抱いている。

○ 그는 도전을 좋아한다. 　彼は挑戦することが好きだ。

○ 나는 무슨 일이든 시작하면 　私はどんなことでも始めたら最後まで
끝까지 달라붙어 끝장을 낸다. 　あきらめずにやりとおす。

○ 나는 무슨 일이든 대충하는 법이 없다. 　私はどんなことでもいい加減にすることはない。

○ 그는 빈둥거리는 법이 없다. 　彼はぶらぶらすることはない。
❖ぶらぶら : 빈둥빈둥.

○ 그는 성격이 좀 강한 사람이다. 　彼はちょっと性格の強い人だ。

○ 야망이 있는 사람은 부지런한 법이다. 　野望を抱く人は勤勉だ。

03 부정적인 성격

이기적이다

○ 그는 매우 이기적이어서 도움이 필요한 사람들을 돌보지 않는다.

彼はとても利己的で助けが必要な人を
かれ　　　　　りこてき　たす　　　ひつよう　ひと
援助しようとしない。
えんじょ

○ 그가 물건을 나누어 쓰는 것을 좋아하지 않는 것을 보면 그는 이기적인 것 같다.

彼が物を他の人と一緒に使うのが好きではないのを
かれ　もの　ほか　ひと　いっしょ　つか　　　　す
見ると彼は利己的な感じがする。
み　　　かれ　　　　　　　かん

○ 그는 절대 다른 사람들을 돕지 않을 사람이다.

彼は絶対他の人を助けることを知らない人だ。
かれ　ぜったいほか　ひと　たす　　　　　　し　　　　ひと

❖「助けない人」라고 하는 것 보다 「助けることを知らない人」
라는 표현이 더 자연스럽다.

○ 그는 자신 밖에 모른다.

彼は自分のことしか知らない。
かれ　じぶん　　　　　　　し

○ 그는 양심의 가책을 느끼지 않는 것 같다.

彼は良心の呵責を感じないようだ。
かれ　りょうしん　かしゃく　かん

○ 그는 자기가 하는 일이 다른 사람에게 폐를 끼치는 일이라도 상관하지 않는다.

彼は自分のしていることが他の人の迷惑に
かれ　じぶん　　　　　　　　　ほか　ひと　めいわく
なったとしてもかまわない。

○ 그는 너무 인색해서 구두쇠라고 불린다.

彼はとてもけちでけちんぼうと呼ばれている。
かれ　　　　　　　　　　　　　　　　よ

❖けちんぼう : 구두쇠.

○ 그는 누구에게도 동전 한 닢 주지 않는다.

彼はだれにでも小銭一銭もあげることはない。
かれ　　　　　　　こ ぜにいっせん

○ 그는 언제나 자기 생각대로 한다.

彼はいつでも自分の考え通りにする。
かれ　　　　　　じぶん　かんが　どお

○ 자기 방식대로만 하려고 한다.

自分の思い通りにしようとする。
じぶん　おも

○ 그는 남을 배려할 줄 모른다.

彼は他人を思いやることを知らない。
かれ　たにん　おも　　　　　　　し

○ 그는 다른 사람이 그를 어떻게 생각하는지 전혀 신경 쓰지 않는다.

彼は他の人が自分をどんな風に考えるか全然気にしない。
かれ　ほか　ひと　じぶん　　　　　ふう　かんが　　ぜんぜんき

○ 그는 인정머리가 없다.

彼は人情味がない。
かれ　にんじょうみ

334

까다롭다

○ 그는 잘 지내기 어려운 사람이다.	彼は付き合いにくい人だ。
○ 그는 성미가 까다롭다.	彼は難しい気性だ。
○ 그는 꾀까다롭다.	彼はとても気難しい。
○ 그는 비위 맞추기 어려운 사람이다.	彼は機嫌を取りにくい人だ。 / 彼の機嫌を取ることは本当に難しい。
○ 그는 까다로운 요구를 많이 한다.	彼は難しい要求をたくさんする。
○ 나는 고집이 세다.	私は頑固だ。 ❖頑固だ : 고집이 세다.
○ 때로는 한 가지 일에 계속 고집을 피울 때도 있다.	ときどき一つのことにずっと意地を張るときもある。 ❖意地を張る : 고집을 부리다.
○ 그는 어느 것에나 불평을 잘한다.	彼は何にでもよく不平をもらす。
○ 그의 불평에 신물이 난다.	彼の不平にこりごりする。
○ 그의 행동은 꼭 다섯 살짜리 어린아이 같다.	彼の行動はまるで5才の子供のようだ。

냉정하다

○ 그는 참 냉정하다.	彼はとても冷たい。
○ 그는 냉정한 사람이다.	彼は冷たい人だ。
○ 그는 감정에 이끌리지 않는 사람이다.	彼は感情に捕らわれない人だ。
○ 그는 매우 냉담하다.	彼はとても冷淡だ。
○ 그는 동정심이 없는 냉혹한 사람이다.	彼は同情心のない冷酷な人だ。
○ 그는 무정한 사람이다.	彼は無情な人だ。
○ 그는 가끔 날 매정하게 대한다.	彼はときどき私にそっけなく接する。
○ 그는 아주 교활한 사람이다.	彼はとても狡猾な人だ。

10성격

신경질적이다

○ 그는 항상 신경과민이다.   彼はいつも神経過敏だ。
かれ　　　　　　　　しんけい か びん

○ 그는 신경질적이다.   彼は神経質だ。
しんけいしつ

○ 그는 신경질을 잘 부린다.   彼はよく神経質になる。
しんけいしつ

○ 그는 욕구 불만 덩어리다.   彼は欲求不満の塊だ。
よっきゅう ふ まん　　かたまり

○ 그는 성미가 급하다.   彼は気が短い。
き　みじか

○ 그는 성질이 거칠다.   彼は気性が荒い。
き しょう　あら

○ 그는 아주 민감하다.   彼はとても敏感だ。
びんかん

○ 그는 쉽게 화를 낸다.   彼は怒りやすい。/
おこ
彼はすぐカッとなる。

○ 그는 다혈질이다.   彼は熱しやすく冷めやすい。
かれ　ねつ　　　　　さ

○ 그는 기회만 되면 싸우려고   彼は機会さえあれば喧嘩をしようとする人みたいだ。
　하는 사람 같다.   き かい　　　　　　けん か　　　　　　　　　ひと

답답하다

○ 그는 사람이 좀 구식이다.   彼の考えはちょっと旧式だ。
かれ　かんが　　　　　　　きゅうしき

○ 그는 시대에 뒤진 사람이다.   彼は時代遅れの人だ。
じ だいおく　　ひと

○ 그는 아무 짝에도 쓸모없는 사람이다.   彼は誰の役にも立たない人だ。
だれ　やく　　た

○ 그는 융통성이 없다.   彼は融通性に乏しい。
ゆうずうせい　とぼ

○ 그는 참 답답한 사람이다.   彼は本当にもどかしい人だ。
ほんとう
❖もどかしい : 답답하다.

○ 그는 매우 보수적이다.   彼はとても保守的だ。
ほ しゅてき

○ 그는 옹고집이다.   彼はとても意地っ張りだ。
い じ　ば

○ 그는 새로운 것에 적응을 잘하지 못한다.   彼は新しいことによく適応することができない。
あたら　　　　　　　　てきおう

○ 그는 새로운 일을 하는 것을   彼は新しい仕事をすることを好まない。
　좋아하지 않는다.   し ごと　　　　この

잘난 체한다

○ 그는 자기가 제일 잘난 줄 안다. 　彼は自分が一番偉い〔優れている〕と思っている。

○ 그는 잘난 체를 한다. 　彼は偉そうな顔をしている。

○ 그는 너무 많이 뽐낸다. 　彼はとても威張っている。

○ 그는 너무 건방지다. 　彼はとても生意気だ。

○ 그는 참 오만한 사람이다. 　彼は本当に傲慢な人だ。

○ 그는 거만하다. 　彼は横柄だ。

○ 그는 시건방지다. 　彼は生意気だ〔小癪だ〕。

○ 그는 남의 약점을 자주 들춘다. 　彼は他人の弱点をよく暴く。

○ 그는 남의 약점 잡는 것을 좋아한다. 　彼は他人の弱点をつかむのが好きだ。

○ 그는 항상 내가 제안하는 　彼はいつも私が提案するすべてのことに反対する。
　모든 것에 반대한다.

의지가 약하다

○ 나는 다소 우유부단한 편이다. 　私は多少優柔不断な所がある。

○ 나는 결단력이 약하다. 　私は決断力が弱い。/ 私は決断力に乏しい。

○ 나는 결단력이 없다. 　私は決断力がない。

○ 그는 의지가 약한 남자다. 　彼は意志が弱い男〔男性〕だ。

○ 그는 무엇이든 쉽게 잘 포기한다. 　彼は何でもたやすく放棄する。

○ 그는 끝까지 해 내는 일이 없다. 　彼は最後までやり遂げたことがない。

○ 그는 참 미적지근하다. 　彼はとてもなまぬるい。

○ 그는 항상 일을 미루는 사람이다. 　彼はいつも仕事を伸ばす人だ。

○ 나는 늘 마지막 순간까지 일을 미룬다. 　私はいつも最後の瞬間まで仕事を伸ばす。

○ 나는 어느 일에도 끈기가 없다. 　私はどんなことにも根気がない。

○ 내 단점은 성격이 너무 느긋하다는 것이다. 　私の短所は性格がとてものんびりしているところだ。

○ 나는 참 무디다. 私はとても鈍い。

○ 나는 항상 다른 사람이 하는 대로 私はいつも他の人がする通りにする。
따라 한다.

○ 그는 남이 하자는 대로 행동한다. 彼は他人の言うがままに行動する。

○ 그는 가끔 보면 남의 장단에 춤을 춘다. 彼はときどき見ていると他人の思うがままに
踊らされている。

○ 그는 귀가 얇다. 彼の耳は疑うことを知らない。

○ 그는 다른 사람이 말하는 것에 彼は他の人の言うことに迷わされる。
잘 흔들린다.

○ 그는 제대로 하는 일이 하나도 없다. 彼はまともにできる仕事がひとつもない。

○ 그는 마음이 잘 변한다. 彼は心変わりが激しい。
❖心変わりが激しい : 마음의 변화가 심하다.

○ 그는 변덕쟁이다. 彼は気まぐれ者だ。

○ 그는 변덕스러운 사람이다. 彼は移り気な人だ。

○ 그는 아무 이유 없이 변덕을 부린다. 彼は何の理由もなく気まぐれを起こす。

○ 조그만 냄비가 쉽게 뜨거워진다. 小さい鍋がすぐに熱くなる。

04 습관 · 버릇

오랜 버릇

○ 나는 코 파는 습관이 있다. 私は鼻をほじくる習慣がある。

○ 손톱을 물어뜯는 버릇이 있다. 爪をかむ癖がある。

○ 나는 긴장을 하면 항상 무언가를 私は緊張するといつも何かをかじる。
물어뜯는다.

○ 그 꼬마는 아직도 엄지손가락을 빤다.　　その子はまだ親指をしゃぶる。

○ 나는 식사를 불규칙적으로 하는　　私は食事を不規則的にとる癖がある。
　버릇이 있다.

○ 나는 식사를 빨리 하는 경향이 있다.　　私は食事を早く食べる傾向がある。

○ 자주 눈을 깜빡이는 것이 버릇이 되었다.　　よくまばたきをするのが癖になった。

○ 저녁을 먹고 나서 산책을 하는 것이　　夕食を食べた後散歩をすることが習慣になった。
　습관이 되었다.

○ 나는 숙제를 하지 않는 것이　　私は宿題をしないのが習慣になった。
　습관이 되었다.

○ 아침에 늦게 일어나는 버릇이 있다.　　朝遅く起きる癖がある。

○ 나는 큰 소리로 말한다.　　私は大きい声で話をする。

○ 습관적으로 그렇게 한다.　　習慣的〔無意識的〕にそんな風にする。

○ 내가 우물거리며 말을 할 때마다　　私が口籠もって話をするたびに彼ははっきり話を
　그는 크게 말하라고 소리친다.　　しなさいと叫ぶ。

○ 그 습관에 익숙해졌다.　　その習慣に慣れた。

○ 내 나쁜 버릇을 부끄럽게 생각한다.　　私の悪い癖を恥ずかしく思う。

○ 그 습관이 굳어져 버렸다.　　その習慣から抜ききれない。

○ 습관은 제2의 천성이다.　　習慣は第2の天性だ。

○ 세 살 적 버릇 여든까지 간다.　　三つ子の魂百まで。
　❖우리나라 속담과 의미는 같지만, 일본에서는 100살까지 간다고 말한다.

습관 고치기

○ 다리를 떠는 나쁜 습관을 고쳐야겠다.　　貧乏揺すりをする悪い習慣を直そうと思う。

○ 버릇을 고치는 것은 쉬운 일이 아니다.　　癖を直すことはやさしいことではない。

○ 일단 버릇이 들면 고치기 힘들다.　　一回癖になると直すのが大変だ。

○ 그 나쁜 버릇을 꼭 고칠 것이다.　　その悪い癖を必ず直して見せる。

○ 엄한 선생님께서 내 지각하는 버릇을
고쳐주셨다.

厳しい先生が私の遅刻する癖を直してくださった。
きび　　せんせい　わたし　ちこく

○ 나쁜 버릇이 들지 않도록 노력하고 있다.

悪い癖がつかないように努力している。
わる　くせ　　　　　　　　どりょく

○ 아침에 일찍 일어나는 습관을
들여야겠다.

朝早く起きる習慣をつけようと思う。
あさはや　お　　しゅうかん　　　　　おも

○ 지각하는 버릇을 들이지 않으려고
노력하고 있다.

遅刻する癖がつかないように努力している。
ちこく　くせ　　　　　　　　どりょく

○ 책을 읽는 습관을 갖도록 해야겠다.

本を読む習慣をつけるようにしようと思う。
ほん　よ　しゅうかん　　　　　　　　おも

○ 오래된 버릇은 고치기 힘들다.

昔からの癖は直すのが大変だ。
むかし　　　くせ　なお　　　たいへん

○ 나쁜 버릇에 익숙해지기는
쉽지만 고치기는 어렵다.

悪い癖に慣れるのはやさしいが直すのは難しい。
わる　くせ　な　　　　　　　　　　むずか

○ 나쁜 버릇을 고치는 데 빠르다 늦다는
상관이 없다.

悪い癖を直すのに早い遅いは関係ない。
わる　くせ　なお　　　はや　おそ　　かんけい

05 좋아하기

좋아하다

○ 나는 그것을 좋아한다.

私はそれが好きだ。
す
❖ ～が好きだ : ～를 좋아하다. (조사에 주의)

○ 나는 그것을 매우 좋아한다.

私はそれがとても好きだ。

○ 나는 그것이 마음에 든다.

私はそれが気に入っている。
き　い

○ 나는 그것에 관심이 있다.

私はそれに関心がある。
かんしん

○ 그것이 좋아진다.

それが好きになる。
す

○ 나는 그것을 소중히 여긴다.

私はそれを大切に思う。
わたし　　　たいせつ　おも

○ 내가 가장 좋아하는 것은 운동이다.

私が一番好きなことは運動だ。
いちばんす　　　　うんどう

○ 나는 그것에 끌린다.

私はそれに惹かれる。
ひ

○ 그것에 매혹되었다.　　　　　　　それに魅了された。
　　　　　　　　　　　　　　　　　　　　みりょう

○ 나는 그것에 미쳐 있다.　　　　　私はそれにはまっている。／私はそれに狂っている。
　　　　　　　　　　　　　　　　　　　　　　　　　　　　　　　　　　　　　くる

○ 다른 어느 것보다 그것을 더 좋아한다.　他のどんなものよりそれがもっと〔ずっと〕好きだ。
　　　　　　　　　　　　　　　　　　ほか　　　　　　　　　　　　　　　す

○ 나는 저것보다 이것이 더 좋다.　　私はそれよりこれがもっといい。
　　　　　　　　　　　　　　　　　　わたし

○ 나는 거기에 가는 것보다 이곳에　　私はそこに行くことよりここに留まるのがいいと思う。
　 머무르는 것이 더 좋다.　　　　　　　　　　　い　　　　　　　　　　とど　　　　　　　おも

사람을 좋아하다

○ 나는 그를 좋아한다.　　　　　　　私は彼が好きだ。
　　　　　　　　　　　　　　　　　　わたし　かれ　す

○ 나는 그를 사랑한다.　　　　　　　私は彼を愛している。
　　　　　　　　　　　　　　　　　　　　　あい

○ 나는 그에게 애착이 간다.　　　　　私は彼に愛着を感じる。
　　　　　　　　　　　　　　　　　　　　　あいちゃく　かん

○ 나는 그를 사모한다.　　　　　　　私は彼を慕う。
　　　　　　　　　　　　　　　　　　　　　した

○ 나는 그를 존경한다.　　　　　　　私は彼を尊敬する。
　　　　　　　　　　　　　　　　　　　　　そんけい

○ 나는 그를 선생님으로 우러러본다.　私は彼を先生として仰いでいる。
　　　　　　　　　　　　　　　　　　わたし　かれ　せんせい　　　　あお

○ 나는 하나님을 숭배한다.　　　　　私は神様を崇拝している。／私は神様を信じている。
　　　　　　　　　　　　　　　　　　　　かみさま　すうはい　　　　　　　　かみさま　しん

○ 그는 그녀를 우상시하고 있다.　　　彼は彼女を偶像視している。
　　　　　　　　　　　　　　　　　　かれ　かのじょ　ぐうぞうし

○ 나는 그 가수의 열성 팬이다.　　　私はその歌手の熱烈なファンだ。
　　　　　　　　　　　　　　　　　　　　　かしゅ　ねつれつ

일을 좋아하다

○ 나는 그 일하는 것을 좋아한다.　　私はその仕事をするのが好きだ。
　　　　　　　　　　　　　　　　　　わたし　　しごと　　　　　す

○ 나는 그 일하기를 몹시 갈망한다.　私はその仕事をしたくてたまらない。

○ 나는 그 일이 몹시 하고 싶어　　　私はその仕事をとてもしたくて待ちきれない。
　 기다릴 수가 없다.　　　　　　　　　　　　　　　　　　　　　　ま

○ 나는 그 일에 중독되어 있다.　　　私はその仕事の中毒になった。
　　　　　　　　　　　　　　　　　　　　しごと　ちゅうどく

○ 나는 그것에 몰두해 있다.　　　　　私はそのことに没頭している。
　　　　　　　　　　　　　　　　　　　　　　　　　　ぼっとう

○ 나는 그것에 푹 빠져 있다.　　　　私はそれにはまっている。

○ 나는 그것에 열중해 있다.　　　　私はそれに熱中している。

06 싫어하기

싫어하다

○ 나는 그것을 좋아하지 않는다.　　私はそれが好きではない。

○ 나는 그것을 싫어한다.　　　　　私はそれが嫌いだ。

○ 나는 그것을 증오한다.　　　　　私はそれを憎む。

○ 나는 그것이 몹시 싫다.　　　　　私はそれがとても嫌いだ。

○ 나는 그것이 질색이다.　　　　　私はそれが大嫌いだ。

○ 나는 그것이 정말 싫다.　　　　　私はそれがとても嫌いだ。

○ 나는 역겹도록 싫다.　　　　　　私は耐えられないくらい嫌いだ。

○ 내가 가장 싫어하는 것은 뱀이다.　私が一番嫌いなのは蛇だ。

○ 그것은 나의 의욕을 잃게 한다.　　それは私の意欲を失わせる。

○ 나는 그것에 대해 적의를 가지고 있다.　私はそれに対して敵意を持っている。

○ 나는 그것에 대해 악의를 가지고 있다.　私はそれに対して悪意を持っている。

○ 견딜 수가 없다.　　　　　　　　耐えられない。

○ 참을 수가 없다.　　　　　　　　我慢できない。

○ 나는 싫어 견딜 수가 없었다.　　私は嫌で耐えることができなかった。

사람을 싫어하다

○ 나는 그에 대해 증오심을 가지고 있다.　私は彼に対して憎悪心を持っている。

342

○ 나는 그것에 대한 편견이 있다. 　　　私はそれに対する偏見を持っている。

○ 그가 메스껍도록 싫다. 　　　　　　彼がムカつくほど嫌いだ。

○ 그는 내 취향이 아니다. 　　　　　　彼は私の好みではない。

○ 나는 그가 행동하는 방식에 　　　　私は彼の行動の仕方に嫌悪感を感じる。
　 혐오감이 든다.

○ 나는 그를 경멸한다. 　　　　　　　私は彼を軽蔑している。

○ 나는 그를 퇴짜 놓았다. 　　　　　　私は彼を退けた。

○ 그를 거절했다. 　　　　　　　　　彼を拒絶した。

일을 싫어하다

○ 그 일이 하기 싫다. 　　　　　　　その仕事をしたくない。

○ 나는 그 일 하는 것을 싫어한다. 　　私はその仕事をするのが嫌だ。

○ 그 일을 하고 싶지 않다. 　　　　　その仕事をしたくない。

○ 나는 그 일을 하기가 꺼려진다. 　　私はその仕事をするのに気が乗らない。

○ 그 일 하는 것을 피하고 싶다. 　　　その仕事をすることを避けたい。

○ 마지못해 그 일을 했다. 　　　　　仕方なくその仕事をした。

○ 나는 아무것도 하지 않고 가만히 　私は何もしないでじっと座っているのが嫌いだ。
　 앉아 있는 것을 싫어한다.

DIARY 10

私が好きなこと

3月10日　火曜日　肌寒い

何日か前、携帯で友達に私をどう思っているかを問うメッセージを送った。その答えの中のひとつが「かわいいものが好きな子」だった。今日再びそのメッセージを見ながら私の好きなものについて考えてみた。私は好きなものがたくさんあるがその中で家族と友達が一番好きだ。私のめんどうをいつもよく見てくれて、理解してくれるので、彼らがとても好きだ。時々葛藤することも私が彼らを怒らせることもあるが、彼らはいつもいろいろなことを手伝い導いてくれる。他に私が好きなものは子犬と猫、人形、子供などのような可愛らしいものたちだ。そんな種類の可愛らしいものを見ると、私は声を出しながら近寄っていく。また私は寝ることと食べることが好きだ。私は食べ物の好き嫌いがなく脂っこいもの、塩辛いもの、辛いもの、甘いもの、それから酸っぱいもの、全部好きだ。そんなにおいしいわけではないが、学校の食堂で昼食を食べるときさえもいつも幸せだ。

내가 좋아하는 것

3월 10일, 화요일, 쌀쌀함

며칠 전 휴대전화로 친구들에게 나를 어떻게 생각하느냐고 묻는 문자를 보낸 적이 있다. 대답 중 하나가 '귀여운 걸 좋아하는 아이'였다. 오늘 다시 그 문자를 보다가 내가 좋아하는 것들에 대해 생각해 보았다. 내가 좋아하는 것들이 많이 있지만, 그 중 가족과 친구들을 가장 좋아한다. 그들은 나를 항상 잘 보살펴 주고 이해해 주기 때문에 매우 사랑한다. 가끔은 그들과 갈등이 있기도 하고 내가 그들을 화나게 하기도 하지만 그들은 항상 내 모든 일을 도와주고 잘 이끌어 준다. 내가 좋아하는 또 다른 것은 강아지와 고양이, 인형, 아기 등과 같은 귀여운 것들이다. 그런 종류의 귀여운 것들을 보면 나는 소리를 지르며 다가간다. 또한, 나는 잠자는 것과 먹는 것을 좋아한다. 나는 음식을 잘 가리지 않으며 기름진 것, 짠것, 매운것, 단것 그리고 신것을 다 좋아한다. 비록 맛있지는 않지만 학교 식당에서 점심을 먹을 때조차도 항상 행복하다.

NOTES

~について考かんがえてみた ~대해서 생각해봤다 ┊ 一番好いちばんすきだ 제일 좋아하다 ┊ 葛藤かっとうする 갈등하다 ┊ 怒おこらせる 화나게 하다 ┊ 近寄ちかよっていく 다가가다 ┊ 寝ねること 자는 것 ┊ 食たべること 먹는 것 ┊ 好すき嫌きらい (음식 등을) 가림 ┊ ~さえも ~조차도

CHAPTER

11

언행

1. 예절
2. 행동
3. 말
4. 조언 · 충고
5. 위로
6. 격려 · 축하
7. 기원
DIARY 11

01 예절

예절 지키기

○ 나는 예절을 지키는 것을 중요하게
　생각한다.
私は礼儀正しくすることは、とても大切な
ことだと思う。

○ 누구에게나 예의를 지키는 것이 좋다.
誰にでも礼儀正しくするのがいいと思う。

○ 최소한의 예의는 지켜야 한다.
最小限の礼儀は、守らなければならないと思う。

○ 사람은 많이 배울수록 더
　겸손해져야 한다.
人はたくさん学ぶほど、さらに謙遜に
ならなければならない。

○ 예의가 바른 사람은 좋은 인상을 준다.
礼儀正しい人は、いい印象を与える。

예의 바름

○ 나는 예의가 바르다.
私は礼儀正しい。

○ 나는 예의바르게 행동하려고 노력한다.
私は礼儀正しく振る舞おうと努力している。

○ 나는 항상 신사답게 행동하려고
　노력한다.
私はいつも紳士のように行動しようと努力している。

○ 웃어른을 만나면 당연히 인사해야 한다.
目上の人に会ったら、当然挨拶をすべきだ。

○ 웃어른께 무언가를 드릴 때는
　두 손으로 공손하게 드린다.
目上の人に何かを差し上げるときは、両手で
丁寧に差し上げる。

무례함

○ 그는 무례하다.
彼は無礼だ。

○ 그는 예의가 없다.
彼は礼儀正しくない。／彼は不作法だ。

○ 그는 버릇이 없다.
彼は礼儀を知らない。

○ 그는 예절에 좀 더 신경을 써야 한다.
彼は礼儀作法にもう少し気を配らなければならない。

○ 그의 무례한 행동이 싫다.　　　　彼の無礼な行動が嫌いだ。
　　　　　　　　　　　　　　　　　　ぶれい　こうどう　きら

○ 그는 건방지다.　　　　　　　　　彼は生意気だ。
　　　　　　　　　　　　　　　　　　なま い き

○ 그는 자만심으로 가득 차 있다.　　彼は自慢心でいっぱいだ。／彼はうぬぼれている。
　　　　　　　　　　　　　　　　　　じ まんしん
　　　　　　　　　　　　　　　　　❖うぬぼれる：자만하다.

○ 그는 옳고 그름을 구분하지 못한다.　彼は正しいか正しくないかを判断できない。
　　　　　　　　　　　　　　　　　　かれ　ただ　　　　　　　　　　　はんだん

○ 그는 다루기 힘든 사람이다.　　　　彼は扱いにくい人だ。
　　　　　　　　　　　　　　　　　　　　あつか　ひと

○ 모르는 사람에게 무례한 말을　　　知らない人に、無礼なことを言ってはいけない。
　하면 안 된다.　　　　　　　　　　し　　　　ぶ れい　　　　い

○ 식사 중에 입에 음식을 담은 채로　食事中に口に食べ物を入れたまま、話をするのは
　말하는 것은 좋지 않다.　　　　　しょくじちゅう　くち　た　もの　い　　　　　　　　はなし
　　　　　　　　　　　　　　　　　　よくない。

○ 식사 시간에 이야기를 너무 많이　食事の時間に話をたくさんすることは失礼になる。
　하는 것은 실례다.　　　　　　　しょくじ　じ かん　はなし　　　　　　　　　　　しつれい

○ 남 앞에서 트림하는 것은 좋은　　人の前でげっぷをすることはいい振る舞いではない。
　행동이 아니다.　　　　　　　　　ひと　まえ　　　　　　　　　　　　　ふ　ま

○ 껌을 씹을 때 딱딱 소리를 내는 것은　ガムをかむとき、クチャクチャと音を立てる
　다른 사람들에게 방해가 된다.　　のは他の人の迷惑になる。
　　　　　　　　　　　　　　　　　　ほか　めいわく
　　　　　　　　　　　　　　　　　❖ガムをかむ：껌을 씹다.

○ 없는 사람을 욕하는 것은 나쁘다.　人の陰口を言うのは良くない。／
　　　　　　　　　　　　　　　　　　ひと　かげぐち　い　　　　よ
　　　　　　　　　　　　　　　　　　いない人の悪口を言うことは良くない。
　　　　　　　　　　　　　　　　　　　　　　わるくち

○ 사람들이 이야기하고 있는데 도중에　人が話をしている途中に割り込むのは失礼なことだ。
　말을 가로막는 것은 무례한 일이다.　はなし　　　　　　とちゅう　わ　こ　　　しつれい

○ 숙녀에게 나이를 묻는 것은 실례다.　女性に年を聞くことは失礼だ。
　　　　　　　　　　　　　　　　　　じょせい　とし　き　　　しつれい

○ 거짓말을 하는 것은 나쁘다고 생각한다.　うそをつくことは悪いと思う。
　　　　　　　　　　　　　　　　　　　　　　わる　　おも

○ 은혜를 모르는 사람은 싫다.　　　恩を知らない人は嫌いだ。
　　　　　　　　　　　　　　　　　　おん　し　ひと　きら

○ 예절에 관한 한 그는 최악이다.　　礼儀作法に関しては、彼は最悪だ。
　　　　　　　　　　　　　　　　　　れい ぎ さ ほう　かん　　　かれ　さいあく

○ 인터넷에서는 네티켓을 지켜야 한다.　インターネットではネチケットを
　　　　　　　　　　　　　　　　　　守らなければならない。
　　　　　　　　　　　　　　　　　　まも

○ 그의 무례한 행동으로 매우 기분이 나빴다.　彼の無礼な行動のために、とても気分が悪かった。
　　　　　　　　　　　　　　　　　　　　　かれ　ぶ れい　こうどう　　　　　　　　　き ぶん　わる

○ 그는 그의 부모님께 매우 버릇없이
  말을 한다.

彼は自分の両親にとても礼儀知らずの言葉を使う。
かれ　じ ぶん　りょうしん　　　　　　　れい ぎ し　　　こと ば　つか

○ 부모님께 불손하게 하면 안 된다.

両親におごり高ぶってはならない。
　　　　　　　　　たか

❖おごり高ぶる : 교만하게 뽐내다.

○ 부모님을 공경해야 한다.

両親を敬わなければならない。
　　　うやま

○ 자식은 부모님께 순종해야 한다.

子供は親に従順でなければならない。
こ ども　おや　じゅうじゅん

○ 우리가 어른을 공경해야 하는
  것은 당연한 일이다.

私達が大人を敬うことは当然のことだ。
　　　おとな　うやま　　　　とうぜん

02 행동

○ 그는 언행이 일치한다.

彼は言行が一致する。
かれ　げんこう　いっ ち

○ 그는 나이에 비해 어른스럽다.

彼は自分の年よりも大人びている。
　　　じ ぶん　とし　　　　おとな

❖大人びる : 어른스러워지다.

○ 나는 약속을 꼭 지킨다.

私は約束を必ず守る。
　　　やくそく　かなら　まも

○ 나는 내가 한 약속을 행동으로 옮겼다.

私は自分がした約束を行動に移した。
　　　　　　　　　　　こうどう　うつ

○ 그렇게 하기 위해 용기를 냈다.

そんな風にするために勇気を出した。
　　　ふう　　　　　　　ゆう き　だ

○ 그의 행동으로 보아 그는 정직한
  사람이라고 생각된다.

彼の行動を見た限りでは、彼は正直な人だと思う。
かれ　こうどう　み　かぎ　　　　　　しょうじき　ひと　おも

○ 나는 상식에 벗어난 행동을 하지 않는다.

私は常識を外れた行動をしない。
　　　じょうしき　はず　こうどう

○ 그는 눈치가 빠르다.

彼は気が利く。／彼は目敏い。
　　　き　き　　　　　　めざと

○ 그는 이해가 빠르다.

彼は理解するのが早い。
かれ　り かい　　　　はや

348

○ 나는 행동이 민첩하다.　　　　私は行動が素早い。
　　　　　　　　　　　　　　こうどう　すばや

○ 그는 누구에게나 친절하다.　　彼は誰にでも親切だ。
　　　　　　　　　　　　　　だれ　　　しんせつ

○ 남에게 친절해서 손해 볼 일은 없다.　他人に親切にして、損なことはない。
　　　　　　　　　　　　　　　　た にん　しんせつ　　　　そん

잘못된 행동

○ 나는 좀 게으른 경향이 있다.　　私はちょっと怠慢なところがある。／
　　　　　　　　　　　　　　　　たいまん
　　　　　　　　　　　　　　私は怠けやすい傾向にある。
　　　　　　　　　　　　　　なま　　　けいこう

○ 그는 느긋하게 늦잠을 잔다.　　彼は悠々と寝坊をする。
　　　　　　　　　　　　　　かれ　ゆうゆう　ね ぼう

○ 그는 늘상 꾸물거린다.　　　　彼はいつもぐずぐずしている。

○ 그는 약속을 잘 지키지 않는 경향이 있다.　彼は約束をよく守らない傾向にある。
　　　　　　　　　　　　　　　　やくそく　　まも　　けいこう

○ 그는 어린아이처럼 행동한다.　彼は子供のように行動する。／ 大人気ない。
　　　　　　　　　　　　　　こ ども　　　こうどう　　おとな げ
　　　　　　　　　　　　　　❖大人気ない : 어른답지 못하다.

○ 나는 다른 사람은 개의치 않고　私は他の人のことを考えずにしたいことをする。
　 하고 싶은 대로 한다.　　　　ほか　ひと　　　　かんが

○ 그는 종종 지나친 행동을 한다.　彼はたまに度を越した行動をとる。／
　　　　　　　　　　　　　　かれ　　　ど こ　こうどう
　　　　　　　　　　　　　　彼はたまに過激な行動をとる。
　　　　　　　　　　　　　　　　か げき

○ 그는 과장되게 행동한다.　　　彼は大げさな行動をとる。
　　　　　　　　　　　　　　おお

○ 그는 대담하게 행동한다.　　　彼は大胆な行動をとる。
　　　　　　　　　　　　　　だいたん

○ 그의 행동이 대담해졌다.　　　彼の行動が大胆になった。
　　　　　　　　　　　　　　こうどう

○ 그 사람답지 않은 행동을 했다.　彼らしくない行動をとった。
　　　　　　　　　　　　　　❖〜らしくない : 〜답지 않다.

○ 그의 행동은 모두를 놀라게 했다.　彼の行動はみんなを驚かせた。
　　　　　　　　　　　　　　かれ　こうどう　　　　おどろ

○ 나는 아무 일도 없었다는 듯이 행동했다.　私は何事もなかったように行動した。
　　　　　　　　　　　　　　　　なにごと

○ 그의 행동에 놀라지 않을 수 없었다.　彼の行動に驚かずにはいられなかった。
　　　　　　　　　　　　　　かれ　こうどう　おどろ

○ 어떤 점에서는 그의 갑작스런　ある意味では彼の突然の行動を理解することができる。
　 행동을 이해할 수 있다.　　　い み　　　　とつぜん　　りかい

○ 그는 사람을 귀찮게 한다.　　　彼は人を煩わせる。
　　　　　　　　　　　　　　ひと　わずら

○ 그는 오만 방자했다. 彼は傲慢に振る舞った。

○ 그는 뻐겨댔다. 彼は威張っていた。

❖威張る：뻐기다.

○ 그는 요령이 없다. 彼は要領が悪い。

○ 그는 눈치가 없다. 彼は気が利かない。

○ 그는 징징대는 어린애 같다. 彼はぐじぐじした子供のようだ。

❖ぐじぐじ：투덜투덜.

○ 누군가 가래침을 뱉는 것을 誰かが痰を吐き出すのを見て、耐えるに耐えれなかった。
보니 역겨웠다.

바르게 행동하기

○ 정당하게 행동하는 것이 좋다. 正しい行動をするのがいい。

○ 나는 무슨 행동을 하든 항상 잘못한 私はどんなことをしていても、悪いことをしている
것 같은 생각이 든다. 気がする。

○ 그는 내 행동에 만족해 하지 않았다. 彼は私の行動に満足しなかった。

○ 그렇게 불건전한 행동은 좋지 않다고 そんなに不健全な行動は良くないと思う。
생각한다.

○ 더 조심성 있게 행동할 것이다. もっと注意して行動しようと思う。

○ 부끄러운 행동을 하지 말아야겠다. 恥ずかしい行動をしないようにしようと思う。

○ 내 태도를 고쳐야겠다. 私の態度を直すべきだと思う。

○ 나는 분별력 있게 행동하려고 私は分別のある行動をしようと努力している。
노력한다.

○ 행동은 말보다 더 영향력이 있다. 行動は言葉よりもっと影響力がある。

○ 행동하기 전에 잘 생각해라. 行動する前によく考えよ。

○ 대접받고자 하는 대로 남을 대접해라. 自分がしてもらいたいと思うことを他の人にして
あげなさい。

○ 행한 대로 받는다. してあげた分だけ、還ってくる。

350

03 말

옳은 말

○ 그의 말은 일리가 있는 말이었다. 　彼の話は一理ある話だった。

○ 나는 그의 말을 그대로 믿었다. 　私は彼の言葉をそのまま信じた。

○ 액면 그대로 그의 말을 믿었다. 　彼の言葉をそのまま信じた。

○ 그가 하는 말이라면 나는 믿을 것이다. 　彼が話す言葉なら、私は信じるだろう。

○ 그의 말이라면 믿을 수 있다. 　彼の言葉なら信じることができる。

○ 그의 약속은 믿을 만하다. 　彼の約束は信じるだけのものがある。

○ 그는 자신이 한 말을 꼭 지킨다. 　彼は自分が言ったことは必ず守る。

○ 그는 항상 이치에 맞게 말한다. 　彼はいつも道理にそった話をする。

○ 그는 항상 솔직히 말한다. 　彼はいつも率直に話をする。

○ 그는 말을 함부로 한다. 　彼はむやみに言葉を使う。／
　彼は、むやみに話をする。
　❖むやみに : 함부로.

○ 그는 항상 진실만을 말한다. 　彼はいつも真実だけを話す。

○ 인정하기는 싫었지만 그것은 사실이었다. 　認めたくないが、それは事実だった。

○ 그가 무슨 말을 하든 나는 관심을 갖고
　귀 기울인다. 　彼が何と言っているのか、私は関心をもって
　耳を傾ける。
　❖耳を傾ける : 귀를 기울이다.

○ 나는 그의 말을 절대 의심하지 않는다. 　私は彼の言葉を絶対に疑わない。

○ 나는 남의 칭찬을 잘 한다. 　私は他人をよくほめる。

○ 나는 내가 한 말은 꼭 지킨다. 　私は自分の言ったことは、必ず守る。

○ 나는 성격상 아부를 못한다. 　私は性格的にお世辞を言えない。
　❖お世辞を言う : 아부를 하다.

- 나는 남의 험담을 하지 않으려고 한다.   私は他人の中傷をしないように心掛けている。/
　私は他人の悪口を言わないように心掛けている。

　❖心掛ける : 유의하다.

- 침묵을 지키며 있었다.   沈黙を守っていた。

- 나는 아무 말 하지 않고 있었다.   私は何も言わずにいた。

- 입을 꾹 다물고 있었다.   口をつぐんでいた。

　❖口をつぐむ : 입을 다물다.

- 난 좀 내성적인 성격이라서 말을
　많이 하지 않는다.   私はちょっと内向的な性格なので、
　話をたくさんしない。

- 답을 잘 몰라서 우물거렸다.   答えがよくわからなくて、口ごもっていた。

- 무슨 말을 해야 할지 몰랐다.   なんと言ったらいいのか分からなかった。

- 나는 아무 말도 하지 않고 머리를
　숙이고 있었다.   私は何にも言わずにうつむいていた。

- 나는 말주변이 없다.   私は口達者ではない。

- 나는 당황하면 말을 더듬는다.   私は、当惑するとどもってしまう。

　❖どもる : 말을 더듬다.

- 더듬거리며 사과를 했다.   どもりがちに謝罪した。

- 언제든지 말조심해야 한다.   いつでも言葉に注意しなければならない。

- 그의 말은 마치 로맨틱 영화에
　나오는 대사 같다.   彼の言葉はまるでロマンチックな映画に
　出てくるようなセリフだった。

- 그는 말을 참 잘 한다.   彼は本当に話をするのがうまい。/ 彼は雄弁だ。/
　彼は口上手だ。

- 그의 말은 언제나 설득력이 있다.   彼の話はいつでも説得力がある。

- 그는 항상 명확하게 자신의
　생각을 표현한다.   彼はいつも明確に自分の考えを表現する。

11장

○ 그는 말을 논리정연하게 한다. 彼は論理整然と話をする。
ろんりせいぜん はなし

○ 그는 절대 빙빙 돌려 이야기하지 않는다. 彼は絶対同じことを繰り返し話をしない。
ぜったいおな く かえ はなし

○ 그는 절대 자기의 의견을 나에게 彼は絶対自分の意見を私に強要しない。
강요하지 않는다. じぶん いけん きょうよう

비밀

○ 비밀을 아무에게나 털어놓아선 안 된다. 秘密を誰にでも打ち明けてはならない。
ひみつ だれ う あ

○ 비밀을 지킬 것이다. 秘密を守るだろう。
ひみつ まも

○ 입을 꼭 다물고 말하지 않을 것이다. 口をつぐんで話をしないだろう。
くち はなし

○ 절대로 비밀을 누설하지 않을 것이다. 絶対に秘密を漏らさないだろう。
ぜったい も

○ 그것에 대해서는 어느 누구에게도 それに関しては、誰一人にも一言も話さないだろう。
한 마디도 안 할 것이다. かん だれひとり ひとこと はな

○ 그것을 비밀로 해 주기로 했다. それを秘密にすることにした。
ひみつ

○ 그에게 사실대로 말하는 것이 좋겠다. 彼に事実を話す方がいいと思う。/
かれ じじつ はな ほう おも
彼にありのままを話す方がいいと思う。

○ 비밀이 누설되었다. 秘密が漏れた〔ばれた〕。
ひみつ も

○ 낮말은 새가 듣고 밤말은 쥐가 듣는다. 壁に耳あり、障子に目あり。
かべ みみ しょうじ め
❖같은 뜻으로, 일본에서는 '벽에 귀가 있고, 장지에 눈이 있다' 라고 한다.

○ 호랑이도 제 말 하면 온다. トラもうわさすれば来る。/
く
うわさをすれば陰。
かげ

○ 가는 말이 고와야 오는 말이 곱다. 売り言葉に買い言葉。
う ことば か

소문

○ 그 사람은 지금 사람들의 입에 その人は今人々のうわさになっている。
오르내리고 있다. ひと いまひとびと

○ 그는 남의 사적인 일에 대한 彼は人の私的なことに対する話をよくする。
이야기를 많이 한다. かれ ひと してき たい はなし

○ 그는 종종 남의 사생활에 대한 소문에
관해 말을 한다.

彼はときどき人の私生活に対するうわさについて
話をする。

○ 그는 항상 잡다한 이야기를
끊임없이 한다.

彼はいつも様々な話を絶え間なく話す。

○ 그것에 대해 그에게 꼭 말해
줄 필요가 있다.

それに対して彼に必ず話をする必要がある。

○ 그는 말을 못 알아듣는 척했다.

彼は何の話かよく分からないふりをした。

○ 그의 말은 사실이 아닌 것 같다.

彼の話は事実ではないようだ。

○ 그는 소문을 잘 퍼뜨린다.

彼はよくうわさを立てる。

❖うわさを立てる : 소문을 퍼뜨리다.

○ 나쁜 소식은 빨리 퍼진다.

悪いうわさは早く広がる。

○ 아니 땐 굴뚝에 연기 날까.

火のないところに煙は立たない。

불평 · 변명

○ 그는 항상 모든 것에 불평이다.

彼はいつもすべてのことに不満だ。

○ 그의 계속되는 불평 소리가
이제는 지겹다.

彼の絶え間ない不平不満にはもううんざりだ。

○ 그는 항상 잘 둘러댄다.

彼はいつも都合のいいように言う。

○ 그의 변명을 듣고 싶지 않았다.

彼の弁明を聞きたくなかった。

○ 그는 무슨 말이든 생각 없이 해서
때때로 우리를 놀라게 한다.

彼はどんな話でも考えなしにして、たまに
私達を驚かせる。

○ 그는 똑같은 말을 반복해서
하는 경향이 있다.

彼は同じ話を繰り返しする傾向がある。

오해

○ 그의 말은 오해받을 가능성이 있다.

彼の言葉は誤解を招く可能性がある。

○ 우리는 서로 어긋나는 말을 하고 있었다.

私達はお互いに食い違った話をしていた。

○ 그가 오해를 했다.　　　　　　彼が誤解をした。

○ 그는 나를 오해하고 있다.　　　彼は私を誤解している。

○ 내 생각에는 그가 말을 잘못　　私は彼が話を良く理解してないように思う。
　이해한 것 같다.

○ 그가 말한 것은 어느 정도는 사실이었다.　彼が言ったことは大体において、事実だった。

○ 나는 그것이 거짓말이라는 것을　　私はそれがうそだということを分からないくらい
　모를 만큼 어리지 않다.　　　　幼くない。

○ 그가 무슨 말을 하는지 도대체　　彼は何の話をしているのか、さっぱり分からなかった。
　이해가 안 됐다.

○ 그가 하는 말이 무슨 말인지　　彼がする話が何のことか聞き取れなかった。
　알아듣지 못했다.

○ 그의 말을 곧이곧대로 받아들이면　彼の言葉をありのままに受け取ってはならない。
　안 된다.

○ 나는 그가 한 말을 믿지 않았다.　　私は彼が話すことを信じなかった。

○ 내 말은 오해 받을 여지가　　私の話は誤解を受ける余地があったようだ。
　있었던 것 같다.

○ 오해를 풀어야 한다.　　　　　誤解を解かなければならない。

농담

○ 그는 농담을 잘한다.　　　　　彼は冗談をよく言う。

○ 그의 농담에 웃지 않을 수 없었다.　彼の冗談に笑わずにいられなかった。

○ 우리는 그의 우스운 농담을 듣고　　私達は彼のおかしい冗談を聞いて、
　웃음을 터뜨렸다.　　　　　　笑いを爆発させた。

○ 그의 농담은 썰렁했다.　　　　彼の冗談はおもしろくなかった。/
　　　　　　　　　　　　　　　彼の冗談は雰囲気を冷たくさせた。/
　　　　　　　　　　　　　　　彼が冗談を言うと、周りがシーンとなった。
　　　　　　　　　　　　　　　❖周りがシーンとなった : 썰렁했다.

○ 그의 농담은 진부했다.　　　　彼の冗談は、古くさかった。

355

○ 때때로 나는 농담을 잘 이해하지   たまに私は冗談をよく理解できないことがある。
   못할 때가 있다.   り かい

○ 나는 가끔 농담을 심각하게 받아들일   私はときどき冗談を深刻に受け止めることがある。
   때가 있다.   しんこく う と

○ 그가 농담하면, 날 놀리는 것으로   彼が冗談をいうと、私をからかってるんだと思う。
   생각된다.   かれ   おも

                                   ❖からかう：놀리다.

○ 농담이 진담이 되는 경우도 있다.   冗談が真実になる場合もある。
                                        しんじつ   ば あい

○ 농담을 잘 받아 넘기는 방법을   冗談をよく受け流す方法をちょっと
   좀 배워야겠다.   じょうだん う なが ほうほう
                                   学ばなければならない。
                                   まな

○ 그저 농담으로 말했다.   ただ冗談で話をした。
                              はなし

시비 · 참견

○ 그는 항상 날 무시한다.   彼はいつも私を無視する。
                           かれ   むし

○ 그는 시비를 잘 건다.   彼はよく文句をつける。
                              もん く
                           ❖文句〔言い掛かり〕をつける：시비를 걸다.
                              い が

○ 그가 나에게 시비를 걸었다.   彼が私に文句をつけてきた。

○ 그는 이유 없이 트집을 잡았다.   彼は理由なしに言い掛かりをつけた。
                                    り ゆう い が

○ 그는 말도 안 되는 이야기를 자주 한다.   彼はでたらめなことをよく言う。／

                                         彼は話にもならないことをよく言う。
                                            はなし
                                         ❖でたらめ：엉터리.

○ 아무리 말해도 소용이 없었다.   どんなに話しても無駄だった。
                                    はな   む だ
                                 ❖無駄だ：소용이 없다.

○ 그는 내가 하지 않은 말을 했다고 했다.   彼は私が言ってないことを言ったと言い張った。
                                         かれ   い   は
                                         ❖言い張る：우겨대다.

○ 그는 종종 나를 짜증나게 한다.   彼はたまに私をいらいらさせる。

○ 그가 나의 말을 가로채서 먼저 말했다.   彼が私の話の途中で、割り込んで話をした。
                                         はなし とちゅう わ こ

○ 그는 종종 지나간 과거의 일을 이야기한다.   彼はたまに過ぎた過去のことを話す。
                                            す   か こ   はな

○ 그는 남을 험담하는 것을 좋아한다.	彼は人の悪口を言うことが好きだ。 ひと わるぐち い す
○ 그는 남의 일에 간섭을 잘 한다.	彼は他人のことによく干渉する。 た にん かんしょう
○ 그는 참견하기 좋아하는 사람이다.	彼は口出しするのが好きな人だ。/ くち だ す ひと 彼はでしゃばるのが好きな人だ。/ す ひと 彼はおせっかいをするのが好きな人だ。 ❖でしゃばる : 참견하다. / おせっかい : 쓸데없는 참견.
○ 그는 항상 다른 사람들 일에 참견을 한다.	彼は、いつも他の人達のことに口出しする。 ほか ひとたち くち だ

욕설

○ 그의 말이 귀에 거슬렸다.	彼の言葉が聞きづらかった。 かれ ことば き ❖聞きづらい : 듣기 거북하다.
○ 그가 내게 욕을 했다.	彼が私に悪口をいった。 わるぐち
○ 그는 잘 빈정댄다.	彼はよくあざける。 ❖あざける : 비웃다.
○ 그는 직선적으로 말을 한다.	彼は率直に話をする。 そっちょく はなし
○ 그는 입에서 나오는 대로 생각 없이 이야기한다.	彼は考えなしに口から出るままに話をする。 かんが くち で
○ 나에게 상처 주는 말을 했다.	私を傷付ける話をした。 きず つ
○ 그의 말에는 가시가 있었다.	彼の話には刺があった。 かれ とげ
○ 그는 입이 거칠다.	彼は口が悪い。 くち わる ❖口が悪い : 입이 거칠다.
○ 그의 거친 표현이 신경에 거슬렸다.	彼の荒っぽい表現が気持ちを逆撫でした。 あら ひょうげん き も さかな ❖逆撫でする : 거슬리다.
○ 그의 욕설이 나를 불편하게 만들었다.	彼の悪口が私を不愉快にした。 わるぐち ふ ゆかい
○ 그의 악담으로 기분이 무척 상했다.	彼の悪口で気分がとても悪くなった。 き ぶん わる
○ 그가 한 말이 나에게 상처를 주었다.	彼が言った言葉が私を傷付けた。 い こと ば きず つ
○ 그가 한 말 때문에 마음이 아팠다.	彼の言葉のせいで、心が痛かった。 こころ いた

○ 그는 종종 부풀려서 말한다. 　彼はときどき大げさなことを言う。／

彼はときどきほらを吹く。／

彼はときどき大風呂敷を広げる。

❖ほらを吹く : 허풍을 떨다. ／ 大風呂敷 : 과장해서 하는 말.

○ 그는 허풍쟁이이다. 　彼はほら吹きだ。

○ 그는 허풍이 심하다. 　彼のほらはひどい。

○ 그는 말 뿐이다. 　彼は言葉だけだ。／ 彼は口だけの人だ。

○ 그는 과장을 많이 한다. 　彼は誇張したことをよく言う。

○ 그녀는 큰소리를 쳤다. 　彼女は大きなことを言った。

○ 그는 입이 가볍다. 　彼は口が軽い。

○ 그는 마치 모든 것을 다 아는 듯 　彼はまるですべてのことを知っているかのように話す。
　 말을 한다.

○ 그는 자화자찬을 잘한다. 　彼はよく自画自賛をする。

○ 그는 항상 제 잘났다고 자랑만 한다. 　彼はいつも偉そうに自慢ばかりする。

○ 그는 자신에 대해 항상 떠벌린다. 　彼はいつも自分のことを大げさに言う。

○ 그가 허풍 치며 자랑하는 것 좀 　彼が大げさに自慢するのをちょっとやめて
　 그만 두면 좋겠다. 　くれたらいいと思う。

○ 그녀는 수다쟁이다. 　彼女はおしゃべりだ。

○ 그녀는 말이 많다. 　彼女は口数が多い。

○ 그녀는 한번 이야기를 시작하면 　彼女は一回話始めると、終わることを知らない。
　 끝이 없다.

○ 그는 거짓말을 잘 한다. 　彼はよく嘘をつく。

○ 그는 대단한 거짓말쟁이다. 　彼はひどい嘘つきだ。

○ 그가 태연한 얼굴로 거짓말을 했다. 　彼が平気な顔で嘘をついた。

358

- 그가 새빨간 거짓말을 했다. | 彼がしらじらしい嘘をついた。
  ❖しらじらしい : 시치미를 떼다.

- 그가 하는 말 대부분은 사실이 아니다. | 彼の話のほとんどは事実ではない。

- 그는 나에게 뻔뻔스럽게 거짓말을 했다. | 彼は私に図々しく嘘をついた。
  ◇図々しい : 뻔뻔스럽다.

- 말문이 막혔다. | 話の出端をくじかれた。
  ◇出端をくじく : 콧대를 꺾다.

- 어찌할 바를 몰라 할 말을 잃었다. | どうしたらいいかわからずに、言葉を失った。

- 나는 그가 거짓말쟁이라는 것을 알기 때문에 그가 한 말은 어떤 말이든 믿지 않는다. | 私は彼が嘘つきだということを知っているので、彼が話すことはどんなことでも信じない。

- 그가 한 거짓말이 들통 났다. | 彼のうそがばれた。
  ❖ばれる : 들통 나다.

- 솔직히 말하자면 그는 절대 거짓말을 하지 않는다. | 率直に話すと、彼は絶対嘘をつかない。

- 그는 절대 거짓말쟁이가 아니다. | 彼は絶対嘘つきではない。

- 진실은 드러나기 마련이다. | 真実は明される。

감언이설

- 그는 항상 입 발린 소리를 한다. | 彼はいつもお世辞を言う。

- 그는 아첨꾼이다. | 彼はよくおべっかを使う人だ。
  ❖おべっか : 아첨, 아부.

- 그는 누구에게나 아첨을 한다. | 彼は誰にでもおべっかを使う。

- 사람의 환심을 사려 아첨을 한다. | 人の機嫌を取って、おべっかを使う。
  ❖機嫌を取る : 비위를 맞추다.

- 그는 모두에게 아첨을 한다. | 彼はみんなにおべっかを使う。

- 그것은 감언이설일 뿐이었다. | それは口車にすぎない。
  ❖口車 : 감언이설.

○ 그의 말은 사실과 완전히 달랐다. 　彼の話は事実と完全に食い違っていた。

○ 그의 위선적인 이야기에 정말 　彼の偽善的な話は本当にいらいらする。
　짜증이 난다.

○ 말하기는 쉬우나 행하기는 어렵다. 　言葉にすることはやさしいが、行動することは難しい。

04 조언 · 충고

조언

○ 그 일을 처리하는 방법에 대해 조언이 　その事の処理方法について、助言が必要だった。
　필요했다.

○ 누구에게 조언을 부탁해야 할지 몰랐다. 　誰に助言をお願いするべきか分からなかった。/
　　　　　　　　　　　　　　　　　　　誰に相談したらいいか分からなかった。

○ 그가 여기에 있다면 모든 상황을 　彼がここにいたら、すべての状況を説明して、
　다 얘기하고 조언을 구했을 것이다. 　助言を求めたことだろう。

○ 그에게 고민을 털어놓고 조언을 구했다. 　彼に悩みを打ち明けて、助言を求めた。/
　　　　　　　　　　　　　　　　　　　彼に悩みを打ち明けて、どうしたらいいか相談した。

○ 그가 내게 무엇을 먼저 해야 할지 　彼が私がまず何をすべきか助言してくれた。
　조언해 주었다.

○ 절대 포기하지 말라는 조언을 들었다. 　絶対に放棄するなと助言を受けた。

○ 그의 조언은 내 문제를 다시 　彼の助言は私の問題をもう一度考えさせる言葉だった。
　생각하게 했다.

○ 그는 내가 필요할 때에 언제든 　彼は私が必要なときに、いつでも助けになる言葉を
　도움이 되는 말을 해 준다. 　言ってくれる。/ 彼は私が必要なときに、いつでも
　　　　　　　　　　　　　　　　　　　助言をしてくれる。

○ 그것이 최선의 방법이라고 생각했기 　それが最善の方法だと思ったので、彼の助言に
　때문에 그의 조언을 따르지 않을 수 　従わずにはいられなかった。
　없었다.

○ 부모님께서는 무엇이든 제대로 잘 | 両親は何でも一生懸命しなさいと
하라고 항상 조언해 주신다. | いつも助言してくれる。

○ 나는 그에게 조심하라고 조언했다. | 私は彼に注意しなさいと助言した。

충고

○ 복도를 뛰지 말라는 말을 들었다. | 廊下を走るなと言われた。

○ 그는 나에게 다시는 낙오하지 | 彼は二度と落伍者になるなと、私に忠告した。
말라고 충고했다.

○ 그의 충고에 진심으로 감사 드린다. | 彼の忠告に本当に感謝している。

○ 나는 그의 충고를 기꺼이 받아들였다. | 私は彼の忠告を喜んで受け入れた。

○ 다시는 그러지 않겠다고 약속했다. | 二度とそんな風にはしないと約束した。

○ 그는 나에게 서둘지 말라고 항상 | 彼は焦るなといつも私に忠告する。
충고한다.

○ 나는 그에게 그런 곳에 가지 않는 것이 | 私は彼にそんなところに行かない方がいいと言った。
좋겠다고 말했다.

○ 그는 나에게 그런 종류의 책은 읽지 | 彼は私にそんな種類の本は読むなと忠告した。
말라고 충고했다.

○ 그 충고는 나에게 별 효과가 없었다. | その忠告は私にはあまり効果がなかった。

○ 친구에게 몇 마디 충고를 해 주었다. | 友達にいくつか忠告をしてあげた〔やった〕。

○ 똑바로 행동하라고 그녀에게 말했다. | 正しく行動しなさいと彼女に言った。

○ 그에게 말썽 좀 피우지 말라고 | 彼にもめ事を起こすなと忠告した。
충고했다.

❖もめ事 : 말썽.

○ 그는 내 충고를 들으려 하지 않았다. | 彼は、私の忠告を聞こうとしなかった。

○ 그는 내 충고를 모르는 척했다. | 彼は私の忠告が聞こえないふりをした。

○ 그가 내 도움을 필요로 할 때마다 | 彼が私の助けを必要とするときごとに、彼に忠告して
그에게 충고해 줄 것이다. | あげるつもりだ。

05 위로

위안

○ 운동을 하면서 스스로 위안을 삼았다.　運動をしながら、自分自身を慰安した。
うんどう　　じぶんじしん　いあん

○ 그 일은 잘 될 것이다.　そのことなら、うまく行くだろう。／
い

そのことなら、心配いらないだろう。
しんぱい

❖心配いらない : 걱정할 필요 없다.

○ 모든 일이 잘 될 거라고 확신한다.　すべてのことがうまく行くと確信している。
かくしん

○ 그건 그리 심각한 일이 아니었다.　それはそんなに深刻なことではなかった。
しんこく

○ 그것은 전혀 중요하지 않은 일이다.　それは全然重要ではないことだ。
ぜんぜんじゅうよう

○ 그것은 생사가 걸린 문제가 아니다.　それは生死に関わる問題ではない。
せいし　かか　もんだい

○ 밝은 면을 보고 좋게 생각할 것이다.　いい面を見て、いい方に考えようと思う。
めん　み　ほう　かんが　おも

○ 우린 모두 같은 처지에 있다.　私達はみんな同じ境地〔立場〕にいる。
わたしたち　おな　きょうち　たちば

위로를 받다

○ 누군가가 나를 위로해 주었으면 좋겠다.　誰かが私を慰労して〔慰めて〕くれたらいいのにと思う。
だれ　わたし　いろう　なぐさ　おも

○ 내게 필요한 것은 따뜻한 위로의 말이다.　私に必要なのは温かい慰労〔慰め〕の言葉だ。
ひつよう　あたた　いろう　なぐさ　ことば

○ 그가 나를 위로해 주었다.　彼が私を慰労してくれた。／
かれ

彼が私を慰めてくれた。

○ 내가 낙담해 있을 때 그가 나를
위로해 주었다.　私が落ち込んでいるときに、彼が私を慰めてくれた。
お　こ

○ 내가 풀이 죽어 있을 때 그가
내게 따뜻한 말을 해주었다.　私が元気がないとき、彼が私に温かい言葉を
げんき　あたた　ことば
投げ掛けてくれた。
な　か

❖投げ掛ける : 던지다.

○ 내가 슬퍼할 때 그가 내게
위로의 말을 해주었다.　私が悲しんでいるとき、彼が私に慰めの
かな　なぐさ
言葉をかけてくれた。
ことば

기운을 북돋우다

○ 그가 나의 기분을 돋우기 위해
  재미있는 이야기를 해 주었다.

彼が私の気分を変えようとおもしろい話を
してくれた。

○ 그의 말로 나는 기운을 찾게 되었다.

彼の言葉で、私は元気が出た。

○ 그의 말이 내가 기운을 내도록 해 주었다.

彼の言葉が私に元気を出させた。

○ 우울할 땐 여행이 내 유일한 위안이 된다.

憂うつなときは旅行が私の唯一の慰めになる。

○ 그의 말 덕분에 조금 힘이 나는 것 같다.

彼の言葉のおかげで、少し元気が出てきた。

조문

○ 그의 삼촌이 돌아가셔서 그에게
  위로의 말을 해 주었다.

彼のおじさんが亡くなったので、彼に慰めの
言葉をかけてあげた。

○ 슬픔에 빠져 있는 그를 위로했다.

悲しみに暮れている彼を慰めた。

○ 그에게 애도의 뜻을 표했다.

彼に哀悼の意を表した。

○ 무어라 위로의 말을 해야 할지!

何とおくやみを申したらいいのか…。

○ 나는 그가 이 슬픔을 빨리
  이겨 내기를 바란다.

私は彼が早く悲しみから立ち直ることを願っている。

❖立ち直る : 기운을 되찾다/회복하다.

○ 그의 애도가 큰 위로가 되었다.

彼の哀悼が大きな慰めとなった。

○ 그에게 무어라고 감사를 해야
  할지 모르겠다.

彼に何と感謝したらいいのかわからない。

인생이란

○ 그런 게 인생이다.

それが人生というものだ。

○ 원래 다 그런 거다.

本来みんなそんなものだ。

○ 그럴 수도 있는 일이다.

そういうこともあるだろう。

○ 살다 보면 그럴 수도 있다.

生きていたらそういうこともあるだろう。

○ 인생이란 우리가 생각하는 것만큼　　人生というのは、私達が考えるように楽しいことばかり
　흥미로운 것은 아니다.　　　　　　　あるのではない。

○ 인생은 마시고 놀고 하는 즐거움만　　人生は、飲んで遊んで楽しむことだけあるものではない。
　있는 것이 아니다.

○ 그게 세상의 끝은 아니다.　　　　　　それが世の中の終りではない。

○ 세상은 돌고 돈다.　　　　　　　　　世の中は回り回ってくる。

○ 이미 지나간 것은 지나간 것이다.　　すでに過ぎたことは、過ぎたことにしかない。

○ 세상은 우리가 생각하는 것만큼　　　世の中は、私達が考えるように、そんなに
　그렇게 호락호락하지 않다.　　　　　たやすいものではない。

○ 세월이 약이다.　　　　　　　　　　時間が薬だ。

○ 하늘이 무너져도 솟아날 구멍이 있다.　道は必ずある。

○ 쥐구멍에도 볕 들 날이 있다.　　　　鼠の穴にも日が差す日がある。／犬も歩けば棒に当たる。

○ 그런다고 세상이 끝나는 것은 아니다.　だからといって、世の中の終わりではない。

○ 내일의 태양은 또 다시 떠오른다.　　明日の太陽は、再び昇る。

○ 인생은 부침으로 가득하다.　　　　　人生は浮き沈みでいっぱいだ。

○ 오르막길이 있으면 내리막길도 있다.　坂道があれば、下り坂もある。

○ 폭풍이 지나면 무지개가 뜬다.　　　　暴風が過ぎ去ると虹が出る。

○ 뜻이 있는 곳에 길이 있다.　　　　　意志のあるところに道がある。

○ 최후에 웃는 자가 진정 웃는 자다.　　最後に笑う者が、本当の意味で笑う者である。

○ 고생 끝에 낙이 온다.　　　　　　　苦労の後に楽がある。

○ 푸슈킨은 "삶이 그대를 속일지라도　　ブーシキンは「人生があなたを騙しても悲しんだり、
　슬퍼하거나 노여워하지 말라."고 했다.　腹を立てたりするな」と言った。

06 격려 · 축하

격려

○ 그는 내가 원하는 것을 하도록
  항상 격려해 준다.

彼は私がしたいことができるよういつも
激励してくれる。
かれ
げきれい

○ 그의 격려의 말이 항상 고맙다.

彼の激励の言葉にいつもありがたく思う。
ことば
おも

○ 그가 내가 최선을 다하도록
  격려해 주었다.

彼が私が最善を尽くせるように激励してくれた。
さいぜん つ

○ 그가 내게 행운을 빌어 주었다.

彼が私に幸運を祈ってくれた。
こううん いの

○ 그는 내가 의기소침하지 않도록
  격려해 주었다.

彼は私が意気消沈しないよう激励してくれた。
い き しょうちん   げきれい

○ 어려움을 극복할 수 있도록
  그가 도와주었다.

困難を克服できるように、彼が助けてくれた。
こんなん こくふく   たす

○ 그의 훌륭한 조언 덕분에 이 모든
  어려움을 극복할 수 있을 것이라고
  확신한다.

彼のすばらしい助言のおかげで、このすべての困難を
かれ   じょげん
克服できるだろうと確信している。
かくしん

○ 최선을 다하라고 나를 격려해 주었다.

最善を尽くせと私を激励してくれた。
さいぜん つ   げきれい

○ 그는 내게 오랫동안 꾸준히 끈기
  있게 할 수 있는 일을 찾아보라고
  하셨다.

彼は私に長い間根気よく続けることのできる仕事を
なが あいだこん き   つづ   しごと
探してみなさいとおっしゃった。
さが

○ 그는 내게 용기를 내라고 격려해 주었다.

彼は私に勇気を出せと激励してくれた。
ゆう き だ げきれい

○ 성실한 사람이라는 칭찬을 받았다.

誠実な人だと誉められた。
せいじつ ひと ほ

○ 그는 내게 마지막까지 잘 해
  나가라고 말했다.

彼は私に最後までうまくやりなさいと言った。
さいご   い

○ 천재는 1%의 영감과 99%의
  노력으로 이루어진다.

天才とは、1%のひらめきと99%の努力によるものである。
てんさい   どりょく

❖일본에서는 '영감'이라는 부분에 「ひらめき(기지·재능)」이라는 말을 쓴다.

365

○ 모든 일이 잘 될 것이다.	すべてうまくいくだろう。
○ 그는 틀림없이 잘 해낼 것이다.	彼は間違いなくうまくやり遂げるだろう。 ❖やり遂げる：(끝까지) 해내다.
○ 나는 무엇이든 할 수 있으리라 확신한다.	私は何でもうまくできると確信している。
○ 괜찮다. 흔히 있을 수 있는 일이다.	大丈夫だ。よくあることだ。
○ 그는 내가 긍정적으로 생각하도록 해 주었다.	彼は私が肯定的に考えられるようにしてくれた。
○ 그것은 걱정할 일이 아니라고 생각한다.	それは心配することではないと思う。／ それは心配いらないと思う。
○ 다시 일어서려고 노력했다.	再び立ち上がろうと努力した。

축하

○ 우리는 서로에게 축하의 인사를 했다.	私達はお互いに祝賀の挨拶をした。
○ 축하합니다!	おめでとうございます。
○ 졸업을 축하한다!	卒業おめでとう！
○ 승진을 축하합니다!	昇進おめでとう！／ ご昇進おめでとうございます。
○ 합격을 축하한다!	合格おめでとう！
○ 대회에서 우승한 것을 축하한다!	大会優勝おめでとう！
○ 네가 해낸 일이 자랑스럽다!	君がやり遂げたことが誇らしい。
○ 참으로 대단하구나!	本当に大したものだ。
○ 잘했어!	よくやった！
○ 정말 잘했구나!	本当によくやった！
○ 결혼기념일, 축하드려요!	結婚記念日おめでとうございます。
○ 50세 생신을 축하드립니다.	50才のお誕生日おめでとうございます。
○ 100일째 만남을 축하해!	出会ってから100日目だね。おめでとう！

07 기원

행복

○ 두 분이 행복하게 사시길 바랍니다.   お二人が幸せに暮せるように祈っています。
<small>ふたり　しあわ　　くら　　　　　　　　いの</small>

○ 두 분의 사랑이 영원히 지속되길   お二人の愛が永遠に続くことを心から祈っています。
　진심으로 바랍니다.   <small>あい　えいえん　つづ　　　　　こころ</small>

○ 금실 좋은 부부가 되기를!   仲のいい夫婦になってください。
<small>なか　　　ふうふ</small>

○ 두 분이 행복하시길 바랍니다!   お二人のお幸せを祈っています。
<small>ふたり　　しあわ　　いの</small>

○ 행복하세요!   お幸せに！
<small>しあわ</small>

○ 세상의 모든 행복과 기쁨이   世の中のすべての幸福と喜びがあなたにありますように！
　있기를 바랍니다!   <small>よ　なか　　　　　　こうふく　よろこ</small>

○ 즐거운 크리스마스 맞으세요.   楽しいクリスマスを迎えてください。
<small>たの　　　　　　　　　　　　むか</small>

○ 새해 복 많이 받으십시오.   あけましておめでとうございます。

○ 새해도 좋은 한해가 되기를…….   新年もいい年でありますように。
<small>しんねん　　　とし</small>

○ 모든 일을 이루시길 바랍니다.   すべての願いがかないますように。
<small>ねが</small>

○ 즐거운 설날 되세요!   楽しいお正月を送ってください。
<small>たの　　しょうがつ　おく</small>

○ 즐거운 여행 되세요!   楽しい旅行になりますように。
<small>たの　りょこう</small>

○ 시험 잘 보길!   テスト頑張ってね。
<small>がんば</small>

○ 최선을 다하길!   最善を尽くしてね。
<small>さいぜん　つ</small>
     ❖最善を尽くす：최선을 다하다.

○ 애쓰신 일이 성공하기를 빕니다!   苦労してきたことが成功をおさめることを
<small>くろう　　　　　　　　せいこう</small>
     祈っています。
<small>いの</small>

○ 모든 일에 성공하시길 빕니다!   すべてのことが成功するよう祈っています。

○ 모든 일이 잘 되고 있기를 바란다!   すべてのことがうまくいくことを祈っています。

○ 모든 일이 잘 되길 바란다!   すべてのことがうまくいきますように。

○ 새해에 행운이 깃들기를 소망합니다!　　新年、いいことがたくさんありますように。
　　　　　　　　　　　　　　　　　　　しんねん

○ 행복하길 빕니다!　　　　　　　　　　幸せになることを祈っています。
　　　　　　　　　　　　　　　　　　　しあわ　　　　　　　　いの

○ 행운을 빕니다!　　　　　　　　　　　幸運を祈ります。
　　　　　　　　　　　　　　　　　　　こううん

○ 당신에게도 행운이 있기를!　　　　　　あなたにも幸運がありますように。
　　　　　　　　　　　　　　　　　　　　　　　　こううん

○ 신의 은총이 있기를!　　　　　　　　　神のお恵みがありますように。
　　　　　　　　　　　　　　　　　　　かみ　　めぐ

○ 한국에서 행운을 빌겠습니다!　　　　　韓国から幸運を祈っています。
　　　　　　　　　　　　　　　　　　　かんこく　　こううん　いの

○ 행복한 결혼이 되기를!　　　　　　　　幸せな結婚ができますように。
　　　　　　　　　　　　　　　　　　　しあわ　　けっこん

○ 쾌유를 빕니다.　　　　　　　　　　　早くよくなることを祈っています。
　　　　　　　　　　　　　　　　　　　はや　　　　　　　　　　いの

○ 건강하세요!　　　　　　　　　　　　お体をお大事に。
　　　　　　　　　　　　　　　　　　　からだ　　だいじ

○ 건강하길 빕니다.　　　　　　　　　　健康でありますように。
　　　　　　　　　　　　　　　　　　　けんこう

○ 당신을 위해 기도하겠습니다.　　　　　あなたのために祈っています。
　　　　　　　　　　　　　　　　　　　　　　　　　　いの

○ 당신의 건강을 위해 하나님께　　　　　あなたの健康を神様にお祈り致します。
　기도합니다.　　　　　　　　　　　　　　　けんこう　かみさま　　　いた

368

DIARY ❶1

友達と口喧嘩

9月30日 月曜日　晴れ

私は学校で先生と面談をした。友達とささいな争いがあったためだ。誤解で起こった問題だが、私が彼の外見について話したことが発端だった。私は本来そんなことを言うつもりはなかった。私は絶対彼の感情を逆撫でしようとする意図はなかった。私は彼と親しいし、彼は私の昔からの友達だった。彼は本当にいい友達だと思う。彼は友達がお願いするといつも快く聞いてくれる。それに行いもとても正しい友達だ。そんなわけで、クラスの友達はみんな彼のことが好きだ。私は彼のように人気があったらいいなあと羨ましく思ったりするくらいだ。どうやってこの問題を解決するべきかについて、先生に相談してみた。先生は私がしたことについて、彼に謝罪すべきだと助言してくださった。私はそんなことを言ったことに対して、本当に悪かったと謝罪した。私たちはきっといい友達として仲直りできると思う。二度と私たちの友情が壊れないことを本当に願っている。

친구와 다투다

9월 30일, 월요일, 맑음

나는 학교에서 상담 선생님과 상담을 했다. 친구와 작은 문제가 있었기 때문이었다. 오해로 생긴 문제였는데, 내가 그의 외모에 대해 이야기를 한 것이 발단이 되었다. 나는 원래 그런 말을 하려고 했던 것은 아니었다. 나는 절대 그의 감정을 상하게 할 생각이 아니었다. 나는 그와 친하게 잘 지냈고 그는 내 오랜 친구였다. 나는 그가 정말 좋은 친구라고 생각한다. 그는 친구가 부탁을 하면 항상 흔쾌히 들어준다. 게다가 행실도 매우 바른 친구이다. 그런 이유로 반 친구들 모두 그를 좋아한다. 나도 그처럼 인기가 있었으면 하고 바라기도 했다. 나는 어떻게 문제를 해결해야 할지에 대해 상담 선생님께 여쭈어 보았고, 선생님께서 조언해 주시기를, 내가 한 일에 대해 그에게 사과해야 한다고 하셨다. 나는 그런 말을 한 것에 대해 정말 미안하다고 말했다. 우리는 다시 좋은 친구가 되리라 생각한다. 다시는 우리의 우정이 깨지지 않기를 진심으로 바란다.

NOTES

面談めんだんをした 면담을 했다 | ささいな 사소한 | 発端ほったんだった 발단이 되었다 | 言いうつもりはなかった 말할 생각이 아니었다 | 意図いと 의도 | そんなわけで 그런 이유로 | どうやって 어떻게 | 助言じょげんしてくださった 조언해주셨다

CHAPTER

12

건강

1. 건강
2. 건강 검진
3. 발병
4. 발열
5. 두통
6. 감기
7. 복통
8. 피부
9. 근육통
10. 골절
11. 치아 관리
12. 시력
13. 눈병
14. 귓병
15. 응급 치료
16. 진찰
17. 병원 치료
18. 약
DIARY 12

01 건강

건강의 소중함

○ 건강이 가장 중요하다. 健康が一番大切だ。

○ 건강보다 더 소중한 것은 없다. 健康より貴重な〔大切な〕ものはない。

○ 행복하려면 건강이 필수적이라고 생각한다. 幸せになるためには健康が必須的だと思う。

○ 건강은 소중한 재산이다. 健康は貴重な財産だ。

○ 건강이 성공의 제1의 조건이라고 생각한다. 健康が成功の第一条件だと思う。

○ 나는 건강을 최우선시 한다. 私は健康を最優先視する。

○ 나는 건강을 가장 중요하게 여긴다. 私は健康が最も重要だと思っている。

○ 젊은 사람들은 자신이 영원히 건강할 것이라고 생각한다. 若者たちは自分が永遠に健康であると考える。

○ 병이 나야 비로소 건강의 고마움을 느낀다. 病気になって始めて、健康のありがたさを感じる。

○ 누구나 죽을 때까지 건강하기를 바란다. 誰もが死ぬまで健康であることを願う。

건강하다

○ 나는 건강하다. / 나는 튼튼하다. 私は健康だ。

○ 건강 상태가 좋다. 健康状態がいい。

○ 몸 상태가 좋다. 体の具合いがいい。

○ 나는 기운이 좋다. 私は元気がいい。

○ 나는 강하다. 私は強い。

○ 나는 체력이 좋다. 私は体力がある。

372

○ 나는 강건하다.	私は壮健だ。 そうけん
○ 그는 그 나이치고는 건강한 편이다.	彼はその年にしては、健康な方だ。 とし　　　　　けんこう　ほう ❖年にしては : 나이치고는.
○ 머리부터 발끝까지 건강하다.	頭のてっぺんから足の先まで健康だ。 あたま　　　　　　あし　さき
○ 나는 잘 아프지 않는다.	私はあまり病気にかからない。 びょうき
○ 건강한 신체에 건전한 정신이 깃든다.	健康な身体に健全な精神が宿る。 しんたい　けんぜん　せいしん　やど

건강하지 못하다

○ 나는 요즘 건강이 좋지 않다.	私はこのごろ体の具合いが悪い。 からだ　ぐあ　　　わる
○ 나는 보기보다 몸이 약하다.	私は見た目より体が弱い。 み　め　　　からだ　よわ
○ 기력이 예전 같지 않다.	気力が以前〔昔〕のようではない。 きりょく　いぜん　むかし
○ 건강 걱정이 많이 된다.	健康がとても心配だ。 けんこう　　　　しんぱい
○ 내 건강 상태가 걱정스럽다.	私の健康状態が心配だ。 じょうたい
○ 건강이 예전 같지 않다.	体が以前のように健康ではない。 からだ　いぜん
○ 나는 자주 앓는다.	私はよく病気になる。 びょうき
○ 늘 피로하다.	いつも疲れる。 つか
○ 항상 몸이 개운치 않다.	いつも体がすっきりしない。 からだ
○ 나는 과로로 인해 건강이 나빠졌다.	私は過労で体の具合いが悪くなった。 かろう　からだ　ぐあ　　　わる
○ 과로 때문에 건강이 나빠지고 있다.	過労で健康状態が悪くなってきている。 けんこうじょうたい
○ 좀 쉴 시간이 필요하다.	ちょっと休む時間が必要だ。 やす　じかん　ひつよう
○ 너무 자주 피곤해서 병원에서 진찰을 받기로 했다.	よくとても疲れるので、病院で診察を受けることにした。 つか　　　　　　びょういん　しんさつ　う
○ 그는 간에 문제가 있다.	彼は肝臓に問題がある。 かれ　かんぞう　もんだい
○ 그는 B형 간염이 있다.	彼はB型肝炎だ。 がたかんえん
○ 그는 당뇨병으로 고생이다.	彼は糖尿病で苦労している。 とうにょうびょう　くろう

○ 그는 음식에서 설탕의 양을
제한해야 한다.

彼は食べ物の砂糖の量を制限しなければならない。
<ruby>た</ruby> <ruby>もの</ruby> <ruby>さとう</ruby> <ruby>りょう</ruby> <ruby>せいげん</ruby>

○ 나는 그의 건강이 걱정된다.

私は彼の健康が心配だ。
けんこう　しんぱい

○ 그 병은 치료할 수 없는 병이라고 한다.

その病気は治療できない病気だと言う。 /
びょうき　ちりょう　　　　　　　い
その病気は治らない病気だと言う。
なお

○ 그 병은 의학적인 치료가
불가능하다고 한다.

その病気は、医学的な治療が不可能だと言う。
びょうき　いがくてき　ちりょう　ふかのう

건강에 해로운 것

○ 스트레스는 조금씩 건강을 나쁘게
만든다.

ストレスは少しずつ健康状態を悪くする。 /
すこ　　　けんこうじょうたい　わる
ストレスは少しずつ健康状態を悪化させる。
あっか

○ 감정을 너무 억제하는 것은 건강에
좋지 않다.

感情を必要以上に抑えることは健康によくない。
かんじょう　ひつよういじょう　おさ　　　　　けんこう

○ TV만 보고 잘 움직이지 않는 생활
습관은 건강 문제를 유발할 수 있다.

テレビだけ見て、動かずにじっとしている
み　　　うご
生活習慣は健康の問題を誘発させる。
せいかつしゅうかん　けんこう　もんだい　ゆうはつ

○ 수면 부족이 점차 건강에 악영향을
미친다.

睡眠不足が次第に健康に悪影響を及ぼす。
すいみんぶそく　しだい　　けんこう　あくえいきょう　およ

○ 아침 식사를 거르는 것은 건강에 해롭다.

朝ご飯を抜くことは健康を害する。
あさ　はん　ぬ　　　　けんこう　がい

○ 자주 식사를 거르면 영양 부족
상태가 된다.

よく食事を抜くと栄養不足の状態になる。
しょくじ　ぬ　　えいようぶそく　じょうたい

○ 영양실조는 건강에 심각한
영향을 끼친다.

栄養失調は健康に深刻な影響を与える。
えいようしっちょう　けんこう　しんこく　えいきょう　あた

○ 과식은 건강에 해롭다.

過食は健康に悪い。 / 過食は健康を害する。
かしょく　けんこう　わる　　　　　　けんこう　がい

○ 건강을 위해서는 식사를 적절히
해야 한다.

健康のためには食事を適切にしなければならない。
けんこう　　　　　しょくじ　てきせつ

○ 과로가 내게 악영향을 미치기
시작하는 것 같다.

過労が私に悪影響を与え始めたようだ。
かろう　　わたし　あくえいきょう　あた　はじ

○ 흡연, 음주는 당연히 건강에 해롭다.

喫煙、飲酒は当然健康に悪い。 /
きつえん　いんしゅ　とうぜんけんこう　わる
喫煙、飲酒は当然健康を害する。
がい

○ 흡연은 건강에 해롭다.
喫煙は健康に悪い。

○ 담배는 백해무익하다고 한다.
たばこは百害無益だという。

○ 흡연은 건강에 심각한 영향을 끼친다.
喫煙は健康に深刻な影響をもたらす。

○ 담배는 해로운 물질을 많이
함유하고 있다.
たばこは有害な物質をたくさん含んでいる。

○ 그는 담배를 많이 핀다.
彼はたばこをたくさん吸う。

○ 담배 연기 때문에 숨을 쉴 수가 없었다.
たばこの煙のせいで、息をすることができなかった。

○ 그를 뺀 나머지 우리 가족은 모두
담배 연기를 싫어한다.
彼を除いて、残りの家族はみんなたばこの煙が嫌いだ。

○ 그는 몰래 베란다에 나가서 담배를 핀다.
彼は密かにベランダに出て、たばこを吸う。

○ 엄마는 간접 흡연이 직접 흡연보다 더
나쁘다고 생각하시기 때문에, 담배
연기가 집 안으로 들어오지 못하게
하신다.
母は間接喫煙が直接喫煙よりもっと体に悪いと
考えているので、たばこの煙が家の中に
入らないようにする。

○ 간접흡연은 건강에 매우 해롭다.
間接喫煙は健康にとても悪い。

○ 흡연이 심장병의 주요 원인이라고 한다.
喫煙が心臓病の重要原因だという。

○ 흡연이 그의 폐를 손상시켰다.
喫煙が彼の肺を損傷させた。

○ 그가 담배를 끊을 수 있었으면 좋겠다.
彼がたばこを止めることができたらいいと思う。

○ 그는 담배를 줄이기 시작했다.
彼はたばこを減らし始めた。

○ 그는 두 달 전쯤에 담배를 끊었다.
彼は2ヶ月ぐらい前にたばこを止めた。/
彼は2ヶ月ぐらい前に禁煙した。

○ 그는 담배를 딱 한 대만 피우고
싶다고 했다.
彼はたばこを一本だけ吸いたいと言った。

○ 그는 금연을 해서 더 건강해졌다.
彼は禁煙をしてから、もっと健康になった。

○ 건강을 유지하려면 담배를 피거나
술을 마시지 않는 게 좋다.
健康を維持するためには、たばこを吸ったり、
お酒を飲んだりしない方がいい。

○ 건강을 위해 모든 흡연자들이   健康のために、すべての喫煙者がたばこを
   담배를 끊었으면 좋겠다.   止めたらいいと思う。

건강관리

○ 특히 환절기에 건강관리를 잘 해야   特に季節の変わり目の健康管理をしっかりする
   할 필요가 있다.   必要がある。

○ 휴식은 건강 유지에 아주 중요하다.   休息は健康維持にとても重要だ。

○ 휴식은 건강에 도움이 된다.   休息は健康の助けになる。

○ 일찍 자고 충분한 휴식을 취해야 한다.   早く寝て、十分に休息を取る。

○ 병은 초기에 치료해야 한다.   病気は早期に治療するべきだ。／
                                 病気は早く治療しなければならない。

○ 물을 많이 마시는 것이 내가 건강을   水をたくさん飲むことが私の健康を守る方法だ。
   지키는 방법이다.

○ 일찍 일어나는 것이 건강의 비결이   早起きすることが健康の秘訣になりえる。
   될 수 있다.

○ 도시에서 사는 것보다 시골에서   都市で暮すより、田舎で暮す方が健康にもっといい。
   사는 것이 건강에 더 좋다.

○ 건강을 유지하려면 건강한 식이요법과   健康を維持するためには、健康的な食事療法と
   건강한 생활 방식이 필요하다.   健康的な生活方式が必要だ。

○ 건강에 좋은 음식, 특히 과일과   健康にいい食べ物、特に果物と野菜をたくさん
   채소를 많이 먹어야 한다.   食べなければならない。

○ 하루 세 끼를 골고루 먹어야 한다.   一日3食、いろんなものをまんべんなく
                                   食べなければならない。

                                 ❖まんべんなく : 골고루.

○ 건강을 위해 매일 비타민제를 복용한다.   健康のために毎日ビタミン剤を服用する。

○ 요리할 때 소금 사용을 절제하는 것이   料理するとき、塩を少なめに使うことが健康にいい。
   건강에 좋다.

○ 나의 건강이 작년보다 좋아졌다.   私の健康状態が去年よりよくなった。

○ 나는 언제나 건강에 각별히 주의한다.　　私はいつも健康に特別注意している。
　　　　　　　　　　　　　　　　　　　　　　とくべつちゅうい

○ 나는 항상 건강을 망치지 않도록　　　　私はいつも体を壊さないように注意している。
　조심한다.　　　　　　　　　　　　　　　からだ　こわ

○ 예방하는 것은 치료하는 것보다　　　　予防することは治療することより重要だ。
　중요하다.　　　　　　　　　　　　　　　よぼう　　　　　　ちりょう　　　　　　じゅうよう

운동

○ 나는 운동을 거의 하지 않는다.　　　　私は運動をほとんどしない。
　　　　　　　　　　　　　　　　　　　　　うんどう

○ 하루에 1시간씩 운동을 하기로 했다.　　一日に1時間ずつ運動することにした。
　　　　　　　　　　　　　　　　　　　　いちにち　じかん

○ 운동은 사람에게 좋다.　　　　　　　　運動は人にいい。
　　　　　　　　　　　　　　　　　　　　　　ひと

○ 적당한 운동은 건강에 좋다.　　　　　　適切な運動は健康にいい。
　　　　　　　　　　　　　　　　　　　　てきせつ　　　　けんこう

○ 매일 적당한 운동을 하는 것은　　　　毎日適切な運動をすることは健康を増進させる。
　건강을 증진시킨다.　　　　　　　　　まいにち　　　　　　　　　　　　　　　ぞうしん

○ 규칙적으로 스트레스를 해소하는　　　規則的にストレスを解消するのが重要だ。
　것이 중요하다.　　　　　　　　　　　きそくてき　　　　　　かいしょう　　じゅうよう

○ 규칙적으로 스트레스를 풀어야 한다.　規則的にストレスを解消すべきだ。

○ 작은 질병들 대부분은 규칙적인　　　軽い病気の大部分は規則的な運動によって、
　운동으로 치료할 수 있다고 생각한다.　かる　びょうき　だいぶぶん　　　　うんどう
　　　　　　　　　　　　　　　　　　　治療することができると考える。
　　　　　　　　　　　　　　　　　　　ちりょう　　　　　　　　かんが

02 건강 검진

검진 절차

○ 건강을 유지하려면 정기적인　　　　健康を維持するためには、定期検診を受けることが
　검진이 우선이다.　　　　　　　　　けんこう　いじ　　　　　　ていきけんしん　う
　　　　　　　　　　　　　　　　　　最優先だ。
　　　　　　　　　　　　　　　　　　さいゆうせん

○ 건강 검진을 받고 싶었다.　　　　健康診断を受けたかった。
　　　　　　　　　　　　　　　　　けんこうしんだん

○ 건강 검진을 받기 위해 예약을 했다.	健康診断を受けるために予約をした。
○ 삼촌이 능력 있는 의사를 추천해 주셨다.	おじさんがいい医者を推薦してくれた。
	❖일본에서는 의사, 간호사를 부를 때 ―お医者さん,
	看護婦さん― 등과 같이 ―さん― 을 붙이고 말 할 때가 많다.
○ 매년 하는 건강 검진을 받으러 병원에 갔다.	毎年している健康診断を受けに病院に行った。
○ 피 검사를 위해 12시간 동안 단식해야 했다.	血液検査のために12時間、食べ物を食べれなかった。
○ 문진표를 작성했다.	問診票を作成した。
○ 우선, 저울에 올라서자 간호사가 체중과 키를 쟀다.	まず、体重計にのって、看護婦が体重と身長を測ってくれた。
○ 의사는 내가 약간 과체중이어서 다이어트를 해야 한다고 하셨다.	少し太り過ぎなのでダイエットをしなさいと、医者に言われた。
○ 간호사가 혈압을 쟀다.	看護婦が血圧を測った。
○ 혈압이 높았다.	血圧が高かった。
○ 간호사가 혈액 검사를 했다.	看護婦が血液検査をした。
○ 간호사가 맥박을 쟀다.	看護婦が脈拍を測った。
○ 소변을 컵에 담아 간호사에게 가져다 주었다.	尿をコップにとって、看護婦に持って行った。
○ 가슴 엑스레이를 찍었다.	胸のレントゲンを取った。
○ 내시경으로 위 검사를 받았다.	内視鏡〔胃カメラ〕で胃の検査を受けた。
○ 의사가 나에게 건강에 관한 몇 가지 질문을 했다.	医者が私に健康に関するいくつかの質問をした。
○ 의사가 청진기로 심장 소리를 들으며 나를 검진했다.	医者が聴診器で心臓の音を聞きながら、私を診察した。

검진 결과

○ 오늘 검사 결과를 받았다.	今日、検査結果を受け取った。

378

○ 예상했던 결과가 나와서 기분이 좋았다. 予想していた結果が出て、気分がよかった。

○ 내가 생각했던 것보다도 건강하다는 私が考えていたよりも健康だという結果が出た。
결과가 나왔다.

○ 나는 건강에 문제가 몇 가지 있다고 私は健康問題がいくつかあると出ていた。
나왔다.

○ 의사는 내가 급성 장염이라고 진단했다. 医者は私が急性腸炎だと診断した。

○ 심장에는 문제가 없다고 하셨다. 心臓には異常がないと言われた。
❖異常がない : 문제가 없다.

○ 나는 검사를 더 받아야 했다. 私は再検査を受けなければならなかった。

○ 의사는 병의 진전 상황을 医者は病気の進行状況を見守りましょうと言った。
지켜보겠다고 하셨다.

○ 의사가 내게 운동을 시작하라고 하셨다. 医者に運動を始めなさいと言われた。

○ 의사는 내게 빵과 단 음식을 줄이고 医者にパンと甘いものを減らして、魚と野菜を
생선과 야채를 많이 먹으라고 하셨다. たくさん食べるようにと言われた。

○ 의사의 지시에 잘 따르기로 결심했다. 医者の指示に従おうと決心した。

03 발병

질병의 종류

간염	肝炎かんえん	수두	水痘すいとう・水疱瘡みずぼうそう
감기	風邪かぜ	식중독	食中毒しょくちゅうどく
결핵	結核けっかく	신장결석	腎臓結石じんぞうけっせき
고혈압	高血圧こうけつあつ	신장병	腎臓病じんぞうびょう
관절염	関節炎かんせつえん	심근경색	心筋梗塞しんきんこうそく
기관지염	気管支炎きかんしえん	심장병	心臓病しんぞうびょう
꾀병	仮病けびょう	암	癌がん
난치병	難病なんびょう	에이즈	エイズ
뇌졸중	脳卒中のうそっちゅう	위궤양	胃潰瘍いかいよう
당뇨병	糖尿病とうにょうびょう	위염	胃炎いえん
류머티즘	リューマチ	일사병	日射病にっしゃびょう
맹장염・충수염	虫垂炎ちゅうすいえん・盲腸もうちょう	전염병	伝染病でんせんびょう
몸살	疲つかれがたまった時にかかる	천연두	天然痘てんねんとう
	病気びょうき *일본에는 없는 말이다.	치질	痔じ
백혈병	白血病はっけつびょう	편도선염	扁桃腺炎へんとうせんえん
빈혈	貧血ひんけつ	폐렴	肺炎はいえん
소아마비	小児麻痺しょうにまひ	홍역	麻疹はしか

신체기관

간	肝臓かんぞう	신장	腎臓じんぞう
관절	関節かんせつ	심장	心臓しんぞう
기관지	気管支きかんし	십이지장	十二指腸じゅうにしちょう
담낭	胆嚢たんのう	요도	尿道にょうどう
대장	大腸だいちょう	위	胃い
림프선	リンパ腺せん	직장	直腸ちょくちょう
맹장	盲腸もうちょう	충수	虫垂ちゅうすい
방광	膀胱ぼうこう	췌장	すい臓ぞう
비장	脾臓ひぞう	폐	肺はい
생식기	生殖器せいしょくき	항문	肛門こうもん
소장	小腸しょうちょう	혈관	血管けっかん
식도	食道しょくどう		

질병

○ 홍역은 법정 전염병이다.

麻疹は法定伝染病だ。
はしか　ほうていでんせんびょう

○ 백혈병은 전염병이 아니다.

白血病は伝染病ではない。
はっけつびょう　でんせんびょう

○ 간염은 유전성 질환 중 하나이다.

肝炎は遺伝性疾患のひとつだ。
かんえん　いでんせいしっかん

○ 암과 에이즈가 적절한 치료약이
없는 가장 무서운 질병이다.

癌とエイズが適切な治療薬のない最も恐ろしい病気だ。
がん　　　てきせつ　ちりょうやく　　もっと　おそ　　びょうき

초기 증상

○ 몸이 별로 좋지 않았다.

体の調子があまりよくない。
からだ ちょうし

○ 몸이 찌뿌드드했다.

体がだるくて重苦しい。
おもくる

○ 몸 상태가 좋지 않았다.

体の調子がよくない。
ちょうし

○ 컨디션이 좋지 않았다.

コンディションがよくなかった。

○ 머리부터 발끝까지 몸이 쑤셨다.

頭から足の先まで体が痛んだ。
あたま　あし　さき　からだ　いた
❖体が痛む: (다치거나 해서 육체적으로) 몸이 아프다.

○ 입에서 냄새가 나서 진찰을 받으려 한다.

口から臭いがするので、診察を受けようと思う。
くち　にお　　　　　　しんさつ　う　　　おも

○ 몸이 매우 아팠다.

体の調子がとても悪い。/ 体の具合がとても悪い。
からだ ちょうし　　わる　　からだ　ぐあ　わる
❖体の具合が悪い: 몸이 아프다, 병이 나다.

○ 통증이 심했다.

痛みがひどかった。
いた

○ 그 증상이 계속되었다.

その症状が続いた。
しょうじょう　つづ

○ 그렇게 심한 것은 아니었다.

そんなにひどくはなかった。

○ 나는 그것이 너무 걱정 되어 병까지 났다.

私はそれがとても心配で、病気にまでなった。
しんぱい　　びょうき

꾀병

○ 나는 꾀병을 부렸다.

私は仮病をつかった。
けびょう

○ 나는 아픈 체했다.

私は体の具合が悪いふりをした。
からだ　ぐあ　　わる
❖~ふりをする: ~체하다.

○ 정말 그 일이 하기 싫어 배가 아픈 척 했다.	本当にその仕事をするのが嫌で、お腹が痛いふりをした。
○ 우리 가족들은 내가 정말 아픈 것이라고 믿었다.	私の家族は私が本当に具合いが悪いのだと信じた。
○ 때때로 꾀병은 불편한 상황을 피할 수 있게 해 준다.	時に仮病のおかげで、不都合な状況を避けれる こともある。

병가 · 병결

○ 병원에 가야 했다.	病院に行かなければならなかった。
○ 아파서 못 간다고 전화를 했다.	具合いが悪くて、行けないと電話をした。
○ 병가 중이었다.	病気休暇中だった。
○ 아파서 결석을 했다.	具合いが悪くて、欠席をした。
○ 병원에 가려고 휴가를 냈다.	病院に行こうと休暇届を出した。
○ 1주일 동안 아파서 누워 있었다.	1週間の間、具合いが悪くて横になっていた。
○ 부모님께서 나를 데리고 병원에 갔다.	両親が私を連れて、病院に行った。
○ 내가 아파서 가족들이 걱정을 많이 했다.	私が具合いが悪くて家族がひどく心配した。
○ 밖에 나가 신선한 공기를 마시고 나니 좀 나아졌다.	外に出て、新鮮な空気を吸ったら、少しよくなった。

04 발열

열이 나다

○ 열이 났다.	熱が出た。
○ 열이 오르고 있다.	熱が上がっている。

열이 있다.	熱がある。
고열이 있다.	高熱がある。
약간 열이 난다.	少し熱が出る。
미열이 있다.	微熱がある。
체온이 매우 높았다.	体温がとても高かった。
체온이 정상보다 3도나 높았다.	体温が平熱より3度も高かった。 ❖平熱: 정상 체온.
체온이 비정상이었다.	体温が正常ではなかった。
질병의 첫 징후는 고열이라고 한다.	病気の前兆は高熱だという。/ 疾病の最初の兆候は高熱だという。

열을 내리다

체온을 쟀다.	体温を測った。
체온계의 눈금을 보고 놀랐다.	体温計の目盛を見て驚いた。
열이 내리도록 수건을 물에 적셔 이마에 올려놓았다.	熱を下げるために、タオルを水に濡らしておでこにあてた。
미지근한 물로 샤워를 했다.	なまぬるい水でシャワーをした。 ❖なまぬるい: 뜨뜻미지근하다.
열이 내리도록 약을 먹었다.	熱を下げるために、薬を飲んだ。 ❖薬を飲む: 약을 먹다.
열이 서서히 내렸다.	熱が徐々に下がった。/ 熱が少しずつ下がった。
열이 내렸다.	熱が下がった。

오한

| 몸이 추웠다. | 寒く感じた。 |
| 오한이 났다. / 한기가 들었다. | 寒気がした。 |

○ 오한으로 떨렸다.	寒気に震えた。
○ 몸이 떨리면서 식은땀이 났다.	体は震えながら、冷汗が出た。

05 두통

어지럼증

○ 어지러웠다. / 현기증이 났다.	めまいがした。
○ 머리가 갑자기 뱅뱅 도는 것 같았다.	頭が急にぐるぐる回るようだった。
○ 눈이 핑핑 돌았다.	目がくるくる回った。
○ 가끔 어지러움을 느낀다.	ときどきめまいを感じる。
○ 그 문제 때문에 머리가 어지럽다.	その問題のために頭がくらくらする。

두통 증상

○ 머리가 아팠다.	頭が痛かった。 / 頭痛がした。
○ 머리가 조금 아팠다.	頭が少し痛かった。 / 少し頭痛がした。
○ 두통이 심했다.	頭痛がひどかった。
○ 만성적인 편두통이 있다.	慢性の偏頭痛をもっている。
○ 머리가 아파 죽을 지경이었다.	頭が痛くて、死にそうだった。
○ 하루 종일 머리가 계속 아팠다.	一日中、頭がずっと痛かった。
○ 편두통으로 괴로웠다.	偏頭痛で、つらかった。
○ 머리가 욱신욱신 쑤셨다.	頭がずきずきと痛んだ。
○ 욱신거리는 두통이었다.	ずきずきと痛む頭痛だった。
○ 머리가 깨질 듯 아팠다.	頭が割れるように痛かった。

○ 머리가 두들기듯 아팠다.　　　　頭を叩かれるかのように痛かった。
　　　　　　　　　　　　　　　　　　 たた

○ 머리가 무거웠다.　　　　　　　　頭が重かった。
　　　　　　　　　　　　　　　　　　　 おも

○ 날씨 탓인지 머리가 무거웠다.　　天気のせいか、頭が重かった。
　　　　　　　　　　　　　　　　　てんき

○ 뒷골이 당겼다.　　　　　　　　　首の後ろが引っ張られるようだった。
　　　　　　　　　　　　　　　　　くび うし　　ひ　ぱ

06 감기

감기 몸살

○ 감기는 만병의 근원이다.　　　　　風邪は万病のもとだ。
　　　　　　　　　　　　　　　　　 かぜ　まんびょう

○ 요즘 독감이 유행이다.　　　　　　最近、インフルエンザが流行している。
　　　　　　　　　　　　　　　　　 さいきん　　　　　　　　りゅうこう

○ 나는 감기에 잘 걸린다.　　　　　　私は風邪をよくひく。
　　　　　　　　　　　　　　　　　　　 かぜ

○ 감기에 걸린 것 같았다.　　　　　　風邪にかかったみたいだった。

○ 감기 기운이 있었다.　　　　　　　風邪気味だった。
　　　　　　　　　　　　　　　　　 かぜ ぎみ

○ 감기가 온 것 같았다.　　　　　　　風邪をひいたみたいだった。

○ 감기에 걸린 것 같은 느낌이 들었다.　風邪にかかったような感じがした。
　　　　　　　　　　　　　　　　　　　　　　　　　　　　 かん

○ 기온이 일정치 않을 때는 감기를　　気温が一定でない時は風邪に注意すべきだ。 /
　조심해야 한다.　　　　　　　　　 きおん　いってい　　とき　　　　ちゅうい
　　　　　　　　　　　　　　　　　気温差が激しい時は風邪に注意しなければならない。
　　　　　　　　　　　　　　　　　きおんさ　はげ

○ 어제 창문을 열어 놓은 채 잠이 들어서　昨日、窓を開けたまま寝てしまって、風邪をひいた。
　감기에 걸렸다.　　　　　　　　　 きのう　まど　あ　　　　　 ね　　　　　　 かぜ

○ 감기에 걸려 오한이 났다.　　　　 風邪にかかって、寒気がした。
　　　　　　　　　　　　　　　　　　　　　　　　 さむけ

○ 감기 때문에 춥고 떨렸다.　　　　 風邪のせいで、寒気に震えた。
　　　　　　　　　　　　　　　　　　　　　　　　 ふる

○ 기운이 없었다.　　　　　　　　　元気がなかった。
　　　　　　　　　　　　　　　　　 げんき

○ 온 몸에 피로감이 느껴졌다.　　　 体全体に疲労感を感じた。
　　　　　　　　　　　　　　　　　 からだぜんたい　ひろうかん　かん

○ 감기에 걸려서 누워 있었다.　　　　風邪にかかって、横になっていた。
　　　　　　　　　　　　　　　　　　かぜ　　　　　　　よこ

코 감기

○ 코감기에 걸린 것 같았다.　　　　　鼻風邪にかかったようだ。
　　　　　　　　　　　　　　　　　　はな　かぜ

○ 코감기에 걸렸다.　　　　　　　　　鼻風邪にかかった。

○ 콧물이 났다.　　　　　　　　　　　鼻水が出た。
　　　　　　　　　　　　　　　　　　はなみず　で

○ 하루 종일 콧물을 훌쩍거렸다.　　　一日中、鼻水が出た。
　　　　　　　　　　　　　　　　　　いちにちじゅう

○ 재채기를 했다.　　　　　　　　　　くしゃみをした。

○ 재채기가 계속 나왔다.　　　　　　　くしゃみが止まらなかった。
　　　　　　　　　　　　　　　　　　　　　　　と

○ 하루 종일 코를 풀었다.　　　　　　一日中、鼻をかんでいた。
　　　　　　　　　　　　　　　　　　いちにちじゅう　はな
　　　　　　　　　　　　　　　　　　❖鼻をかむ : 코를 풀다.

○ 코가 헐었다.　　　　　　　　　　　鼻の穴が腫れた。
　　　　　　　　　　　　　　　　　　あな　は

○ 코를 세게 풀었더니 귀가 멍멍했다.　鼻を強くかんだら、耳鳴りがした。
　　　　　　　　　　　　　　　　　　　つよ　　　　　みみな

○ 코가 막혔다.　　　　　　　　　　　鼻がつまった。/ 鼻づまりした。
　　　　　　　　　　　　　　　　　　はな

○ 코가 꽉 막혔다.　　　　　　　　　　鼻が完全につまった。
　　　　　　　　　　　　　　　　　　　かんぜん

○ 코가 막혀 숨 쉬기가 어려웠다.　　　鼻がつまって、息をするのが大変だった。
　　　　　　　　　　　　　　　　　　　　　　　いき　　　　　たいへん

○ 코가 간질간질했다.　　　　　　　　鼻がむずむずした。
　　　　　　　　　　　　　　　　　　はな

○ 콧속이 건조했다.　　　　　　　　　鼻のなかが乾燥した。
　　　　　　　　　　　　　　　　　　　　　　かんそう

○ 코피를 쏟았다.　　　　　　　　　　鼻血が出た。
　　　　　　　　　　　　　　　　　　はなぢ　で

○ 나는 비염이 있다.　　　　　　　　　私は鼻炎をもっている。
　　　　　　　　　　　　　　　　　　　　びえん

목 감기

○ 숨쉬기가 매우 어려웠다.　　　　　　息をするのがとても大変だった。
　　　　　　　　　　　　　　　　　　いき　　　　　　　たいへん

○ 목이 아팠다.　　　　　　　　　　　喉が痛かった。
　　　　　　　　　　　　　　　　　　のど　いた

○ 편도선이 부어서 매우 아팠다.　　　扁桃腺が腫れて、とても痛かった。
　　　　　　　　　　　　　　　　　　へんとうせん　は

○ 뭘 삼키기가 어려웠다.	飲み込むのが大変だった。 の こ たいへん
○ 음식을 삼킬 때 목이 아팠다.	食べ物を飲み込む時、喉が痛かった。 た もの の こ とき のど いた
○ 목이 아파 고생을 했다.	喉が痛くて苦労した。 く ろう
○ 목이 바싹 말랐다.	喉がからからに乾いた。 かわ ❖からから : 바싹 마른 모양.
○ 목이 막힌 것 같았다.	喉が詰まった感じだった。 つ かん
○ 감기로 목이 쉬었다.	風邪で喉がかれた。 かぜ
○ 기침을 많이 해서 목이 쉬었다.	咳をたくさんして喉がかれた。 せき
○ 말을 할 때 목이 아팠다.	話をするとき、喉が痛かった。 はなし のど いた
○ 소금물로 입 속을 헹궜다.	塩水で口のなかをすすいだ。 しおみず くち
○ 목 아픈 데 먹는 약을 먹었다.	喉が痛いときに飲む薬を飲んだ。 のど いた の くすり
○ 의사 선생님께서 편도선 제거 수술을 받아야 한다고 하셨다.	病院の先生に扁桃腺除去の手術を受けなさいと びょういん せんせい へんとうせんじょきょ しゅじゅつ う 言われた。 い

기침 감기

○ 기침이 심하고 열이 높았다.	咳がひどくて、熱が高かった。 せき ねつ たか
○ 3일 동안 기침을 했다.	3日間ずっと咳をしていた。 みっかかん
○ 기침을 할 때마다 가래가 나왔다.	咳をするたびに、啖が出た。 たん で
○ 기침을 하여 가래를 뱉었다.	咳をして啖をはきだした。
○ 기침이 계속 나왔다.	ずっと咳が出た。 で
○ 마른 기침이 계속 나왔다.	乾いた咳がずっと出た。 かわ
○ 기침이 심할 땐 숨이 막히는 것 같다.	咳がひどい時は息が詰まるようだ。 とき いき つ

독감

○ 독감에 걸렸다.	インフルエンザにかかった。

○ 마른 기침이 나고 열이 높으며, 　乾いた咳が出て、熱が高くて、胸も痛くて、
　가슴도 아프고 호흡도 가빴다. 　呼吸も荒かった。

○ 폐렴에 걸릴까 걱정이 됐다. 　肺炎にかかるかと心配になった。

○ 감기가 악화되어 폐렴이 되었다. 　風邪が悪化して、肺炎になった。

○ 누구에게도 감기를 옮게 하고 　誰にも風邪を移したくなかった。
　싶지 않았다.

○ 약을 먹고 누워서 좀 쉬어야겠다. 　薬を飲んで、横になってちょっと休もうと思う。

감기 치료

○ 주사를 맞았다. 　注射を打ってもらった。

○ 처방전을 받았다. 　処方せんをもらった。

○ 약국에서 처방전의 약을 받았다. 　薬局で処方せんの薬を受け取った。

○ 감기약을 먹었다. 　風邪薬を飲んだ。

○ 감기약을 먹으니 졸렸다. 　風邪薬を飲んだら、眠くなった。

○ 가래를 없애는 약을 먹었다. 　咳を抑える薬を飲んだ。

○ 감기가 나아지고 있다. 　風邪がよくなりつつあった。

○ 좀 쉬고 나니 상당히 좋아졌다. 　少し休んだら、だいぶ良くなった。

○ 감기가 나았다. 　風邪がよくなった。／
　　　　　　　　　　　　　　　風邪が治った。

○ 감기에서 회복되었다. 　風邪から回復した。

○ 감기가 낫는 데 오래 걸렸다. 　風邪が治るのに、長くかかった。

○ 감기가 낫질 않는다. 　風邪が治らない。／
　　　　　　　　　　　　　　　風邪がよくならない。

○ 예방 접종을 받았어야 했다. 　予防接種を受けるべきだった。

○ 열이 나면 굶고, 감기에 걸리면 　熱が出た時は食べずに、風邪にかかった時は
　많이 먹어라. 　たくさん食べなさい。

07 복통

배탈

○ 얼굴이 창백했다.　　　　　　　　顔が真っ青だった。
　　　　　　　　　　　　　　　　　かお　ま　さお

○ 안색이 좋지 않았다.　　　　　　　顔色がよくなかった。
　　　　　　　　　　　　　　　　　かおいろ

○ 속이 안 좋았다.　　　　　　　　　お腹の具合いがよくなかった。
　　　　　　　　　　　　　　　　　　なか　ぐ　あ

○ 배탈이 났다.　　　　　　　　　　お腹を壊した。
　　　　　　　　　　　　　　　　　　　　こわ

○ 배가 아팠다.　　　　　　　　　　お腹が痛かった。/ 腹痛がした。
　　　　　　　　　　　　　　　　　　　　いた　　　ふくつう

○ 뱃속이 영 불편했다.　　　　　　　お腹の具合が本当に悪かった。
　　　　　　　　　　　　　　　　　　　　ぐあい　ほんとう　わる

○ 배에 뭔가 문제가 있었다.　　　　　お腹に何か問題があった。
　　　　　　　　　　　　　　　　　　　　なに　もんだい

○ 밥을 먹고 났는데 배에 통증이 있었다.　ご飯を食べてから、腹痛がした。
　　　　　　　　　　　　　　　　　はん　た　　　　　ふくつう

○ 배가 계속 아팠다.　　　　　　　　お腹がずっと痛かった。
　　　　　　　　　　　　　　　　　　　　なか　　　　いた

○ 헛배가 불렀다.　　　　　　　　　お腹が張った。
　　　　　　　　　　　　　　　　　　　　　は

○ 배에 가스가 찼다.　　　　　　　　お腹にガスがたまった。

○ 배가 거북했다.　　　　　　　　　お腹の具合がすっきりしなかった。
　　　　　　　　　　　　　　　　　　　　ぐあい

○ 트림이 자꾸 났다.　　　　　　　　げっぷがしきりに出た。
　　　　　　　　　　　　　　　　　　　　　　　　　　で

❖しきりに : 끊임없이.

○ 그는 바늘을 소독하여 엄지손가락을　彼は針を消毒して、親指を少し針で刺し、血を出させた。
　따서 피가 나도록 해주었다.　　　かれ　はり　しょうどく　　おやゆび　すこ　はり　さ　　ち　だ

구토

○ 속이 울렁거렸다.　　　　　　　　胸がむかむかした。
　　　　　　　　　　　　　　　　　むね

○ 속이 느끼했다.　　　　　　　　　脂っこい感じだった。
　　　　　　　　　　　　　　　　　あぶら　　　かん

○ 속이 메스꺼웠다. / 구역질이 났다.　吐気がした。
　　　　　　　　　　　　　　　　　はき　け

389

○ 뱃속이 느글거렸다.　　　　　　　胃がむかついた。

○ 토할 것 같았다. / 넘어올 것 같았다.　吐いてしまうようだった。

○ 토했다.　　　　　　　　　　　　吐いた。

○ 먹은 것을 다 토했다.　　　　　　食べたものを全部吐いた。

식중독

○ 점심을 먹은 이후로 배가 아팠다.　　昼食を食べた後、お腹が痛かった。

○ 갑자기 배가 아프기 시작했다.　　　突然、お腹が痛くなった。

○ 상한 것을 먹은 것임에 틀림없었다.　悪くなった〔腐った〕ものを食べたに違いなかった。

○ 틀림없이 식중독인 것 같았다.　　　間違いなく食中毒だと思った。

○ 통증이 심했다.　　　　　　　　　痛みがひどかった。

○ 위가 쑤시는 것처럼 아팠다.　　　　胃が突き刺すように痛かった。

○ 심한 위경련이 있었다.　　　　　　ひどい胃けいれんだった。

○ 위를 쥐어짜는 것 같았다.　　　　　胃が絞られるような感じだった。

○ 통증을 참을 수가 없었다.　　　　　痛みを我慢することができなかった。

○ 통증을 덜기 위해 약을 먹었다.　　　痛みをやわらげるために薬を飲んだ。
　　　　　　　　　　　　　　　　❖痛みをやわらげる : 통증을 덜다.

○ 그것을 먹지 말았어야 했다.　　　　それを食べるべきではなかった。

○ 식생활에 더 주의했어야 했다.　　　食生活にもっと注意するべきだった。

소화

○ 나는 식사를 빨리 하는 경향이　　　私は食事を早く食べる傾向があって、よくお腹を壊す。
　있어서 자주 배탈이 난다.

○ 나는 위에 문제가 있다.　　　　　　私は胃に問題がある。

○ 소화에 뭔가 문제가 있었다.　　　　消化器官に何か問題があった。

○ 나는 위가 약하다.	私は胃が弱い。
○ 나는 소화를 잘 시키지 못한다.	私は消化力が弱い。
○ 소화 불량이다.	消化不良だ。
○ 만성 소화 불량이다.	慢性消化不良だ。
○ 소화 불량으로 통증이 있었다.	消化不良で痛みがあった。
○ 배 윗부분이 아팠다.	お腹の上の部分が痛かった。
○ 위가 거북했다.	胃がすっきりしなかった。
○ 배가 꾸르륵거렸다.	お腹がぐるぐると鳴った。
○ 배가 더부룩했다.	お腹が重かった。
○ 소화 불량으로 내과 치료를 받았다.	消化不良で内科の治療を受けた。
○ 식후 30분에 소화제를 먹었다.	食後30分に消化剤を飲んだ。

설사

○ 설사가 났다.	下痢をした。
○ 묽은 변이 나왔다.	ゆるい便が出た。
○ 정상적인 변이 아니었다.	正常な便ではなかった。
○ 설사를 심하게 했다.	ひどい下痢をした。
○ 배가 계속 살살 아팠다.	お腹がずっとしくしく痛かった。
○ 설사기가 있었다.	下痢気味だった。
○ 식은땀이 났다.	冷汗が出た。
○ 장염인 것 같았다.	腸炎のようだった。
○ 장염으로 고생했다.	腸炎で苦労した。
○ 화장실을 여러 번 갔다.	トイレに何回も行った。
○ 변에 피까지 섞여 있었다.	便に血まで混ざっていた。
○ 혈변이 나온 것을 보고 깜짝 놀랐다.	血便が出たのを見て、とっても驚いた。

○ 설사를 멈추게 하려고 약을 먹었다.　　　下痢を止めようと薬を飲んだ。

변비

○ 변비가 있다.　　　便秘だ。

○ 며칠 동안 변을 못 봤다.　　　何日か便が出なかった。

○ 변비약을 먹었다.　　　便秘薬を飲んだ。

○ 변비로 아침마다 고생이다.　　　便秘で毎朝苦労している。

○ 관장을 했다.　　　浣腸をした。

위염

○ 위염이 있다.　　　胃炎だ。

○ 위장이 약한 것은 부모님으로부터의
　유전인 것 같다.　　　胃腸が弱いのは、両親からの遺伝のようだった。

○ 위궤양이 또 도지는 것 같았다.　　　胃潰瘍がまたぶり返すようだった。

　　　❖ぶり返す : (병이) 도지다.

○ 속이 비어 있을 때는 심한 통증을 느낀다.　　　空腹の時はひどい痛みを感じる。

○ 식사를 하고 나니 좀 나아졌다.　　　食事をしたら、ちょっとよくなった。

○ 위가 쓰렸다.　　　胃が痛んだ。

○ 위궤양 때문에 매우 아팠다.　　　胃潰瘍のためにとても痛かった。

○ 위궤양 때문에 통증이 심해졌다.　　　胃潰瘍のために、痛みがひどくなった。

맹장염

○ 배꼽 주변이 몹시 아팠다.　　　おへその辺りがとても痛かった。

○ 바닥을 뒹굴 정도로 배가 많이 아팠다.　　　床を転げまわるほどお腹がとても痛かった。

○ 다리를 펼 수가 없었다.　　　足を伸ばすことができなかった。

○ 가족들이 나를 급히 병원에 데리고 갔다.	家族が私を急いで病院につれていった。 かぞく　　　いそ　　　びょういん
○ 의사가 배를 눌러 보았다.	病院の先生がお腹を押えてみた。 びょういん　せんせい　　なか　おさ
○ 오른쪽 아랫배가 매우 아팠다.	右側の下腹がとても痛かった。 みぎがわ　したばら　　　　　いた
○ 의사는 내가 맹장염이라고 진단했다.	病院の先生は私が盲腸炎だと診断した。 びょういん　　もうちょうえん　　しんだん
○ 맹장을 제거해야 했다.	盲腸を取り除かなければならなかった。 もうちょう　と　のぞ
○ 수술을 받아야만 했다.	手術を受けなければならなかった。 しゅじゅつ　う
○ 의사가 마취를 할 때 겁이 났다.	先生が麻酔をするとき、怖かった。 せんせい　ますい　　　　　　こわ
○ 의사가 맹장을 제거했다.	先生が盲腸を取り除いた。 もうちょう　と　のぞ
○ 수술은 성공이었다.	手術は成功した。 しゅじゅつ　せいこう

08 피부

피부 질환

○ 피부병에 걸렸다.	皮膚病にかかった。 ひ　ふびょう
○ 땀띠가 났다.	あせもができた。
○ 온 몸에 두드러기가 났다.	身体中にじんましんが出た。 からだじゅう　　　　　　　で
○ 온 몸이 가려웠다.	身体中がかゆかった。
○ 가려운 곳을 긁었다.	かゆいところをかいた。
○ 손에 습진이 생겼다.	手に湿疹ができた。 て　しっしん
○ 피부가 벗겨졌다.	皮膚がはがれた。 ひふ
○ 먼지 알레르기가 있다.	ほこりのアレルギーがある。
○ 꽃가루 알레르기가 있다.	花粉アレルギーがある。 かふん
○ 꽃가루 때문에 볼에 발진이 생겼다.	花粉のために、頬に発疹〔ブツブツ〕ができた。 かふん　　　　　ほほ　はっしん
○ 모기에 물렸다.	蚊に刺された。 か　さ

○ 모기에 물려 다리가 퉁퉁 부어올랐다.　　蚊に刺されて、足がひどく腫れた。

○ 벌에 쏘였다.　　蜂に刺された。

○ 손가락에 가시가 박혔다.　　指に刺が刺さった。
　　　　　　　　　　　　　　　　　　❖刺が刺さる：가시가 박히다.

○ 핀으로 가시를 빼냈다.　　ピンで刺を取り除いた。

○ 목에 생선 가시가 걸렸다.　　喉に魚の骨が刺さった。

○ 입 주변이 헐었다.　　口の周りがただれた。

○ 입술이 갈라졌다.　　唇が切れた。／唇がひび割れした。
　　　　　　　　　　　　　　　　　　❖ひび割れ：갈라져 터짐.

○ 입술이 텄다.　　唇が荒れた。

여드름

○ 얼굴에 여드름이 있다.　　顔ににきびがある。

○ 얼굴에 여드름이 났다.　　顔ににきびができた。

○ 여드름을 짰다.　　にきびをつぶした。

○ 여드름을 짜면 흉터가 남을 것이다.　　にきびをつぶしたら、傷跡が残るだろう。

○ 이마에 뾰루지가 났다.　　おでこにできものができた。

○ 볼에 종기가 났다.　　頬にできものができた。

화상

○ 바비큐를 하다가 데였다.　　バーベキューをしている途中で、火傷をした。

○ 손가락에 화상을 입었다.　　指に火傷を負った。

○ 손가락에 얼음 조각을 올려놓았다.　　指に氷をのせた。

○ 얼음으로 화상 부위를 식혔다.　　氷で火傷の部分を冷やした。

○ 데어서 물집이 생겼다.　　火傷したところに水脹れができた。

발 문제

○ 새 신발을 신었더니 발뒤꿈치가
　부르텄다.
新しい靴を履いたら、かかとに靴擦れを起こした。

○ 운동화가 꼭 끼어 발뒤꿈치가 아팠다.
運動靴がきつくて、かかとが痛かった。

○ 발뒤꿈치에 물집이 생겼다.
かかとに水脹れができた。

○ 물집이 터졌다.
水脹れが破れた。

○ 발에 티눈이 생겼다.
足に魚の目ができた。

○ 티눈을 빼고 싶었다.
魚の目を取りたかった。

○ 발에 사마귀가 났다.
足にいぼができた。

○ 발바닥에 굳은살이 박였다.
足の裏にたこができた。

○ 무좀이 있다.
水虫がある。

○ 무좀 치료를 받아야 했다.
水虫の治療を受けなければならなかった。

○ 무좀은 쉽게 치료된다고 한다.
水虫は簡単に治るという。

○ 발가락이 아프다.
足の指が痛い。

○ 발이 아파 죽겠다.
足が痛くて死にそうだ。

○ 발에 감각이 없다.
足に感覚がない。

멍·혹

○ 나는 멍이 잘 든다.
私は痣がよくできる。

○ 의자에 부딪쳤다.
椅子にぶつかった。

○ 책상에 머리를 부딪칠 때 별이 보였다.
机に頭をぶつけたとき、星が見えた。

○ 머리에 멍이 들었다.
頭にあざができた。

○ 눈이 파랗게 멍들었다.
目の周りに青あざができた。

○ 그 충격으로 온몸에 멍이 들었다.
その衝撃で身体中にあざができた。／
その衝撃で身体中があざだらけになった。

○ 멍든 곳이 아직 아프다. あざができたところが今も痛い。

○ 달걀로 멍든 곳을 살살 문질러 주었다. あざができたところに、たまごをあてて転がした。

○ 머리에 혹이 생겼다. 頭にたんこぶができた。

상처

○ 송곳에 찔렸다. 錐が刺さった。

○ 실수로 송곳에 찔렸다. 過って錐に刺された。

○ 칼에 손가락을 베였다. 包丁で指を切った。

○ 칼을 가지고 장난치다가 손을 베었다. 包丁でいたずらをしていたら、手を切った。

○ 피가 많이 났다. 血がたくさん出た。

○ 피를 많이 흘렸다. 血をたくさん流した。

○ 상처를 치료받았다. 傷の治療を受けた。

○ 무릎에 생채기가 났다. 膝を擦りむいた。

○ 무릎이 까졌다. 膝が擦りむけた。

○ 무릎에 찰과상을 입었다. 膝に擦り傷を負った。

○ 손가락이 문틈에 끼였다. ドアに指を挟んだ。

○ 손가락을 다쳤다. 指にけがを負った。/ 指にけがをした。

통증

○ 상처를 입었다. 傷を負った。

○ 그 상처 때문에 너무 아팠다. その傷のせいでとても痛かった。

○ 상처가 부었다. 傷の部分が腫れた。

○ 상처가 밤새 꾹꾹 쑤셨다. 傷が一晩中うずいた。

○ 상처에 찌르는 듯한 통증이 느껴졌다. 傷に、刺されるような痛みを感じた。

○ 상처가 욱신거렸다. 傷がずきずきと痛んだ。

○ 규칙적으로 상처에 통증이 느껴졌다.　　持続的に傷の痛みを感じた。
　　　　　　　　　　　　　　　　　　　　じぞくてき　きず　いた　かん

○ 상처가 쓰라렸다.　　　　　　　　　　傷がひりひりと痛んで辛かった。
　　　　　　　　　　　　　　　　　　　　きず　　　　　　いた　つら

상처 치료

○ 상처를 소독하고 연고를 발랐다.　　　傷を消毒して、軟膏をぬった。
　　　　　　　　　　　　　　　　　　　　きず　しょうどく　なんこう

○ 의사가 상처를 꿰매었다.　　　　　　医者が傷を縫った。
　　　　　　　　　　　　　　　　　　　　いしゃ　きず　ぬ

○ 상처에 다섯 바늘을 꿰맸다.　　　　　傷を5針縫った。
　　　　　　　　　　　　　　　　　　　　きず　はり　ぬ

○ 의사가 꿰맨 실을 풀었다.　　　　　　医者が抜糸をした。
　　　　　　　　　　　　　　　　　　　　いしゃ　ばっし

○ 상처에 딱지가 생겼다.　　　　　　　傷にかさぶたができた。
　　　　　　　　　　　　　　　　　　　　きず

　　　　　　　　　　　　　　　　　　❖かさぶた : (부스럼) 딱지.

○ 상처 때문에 흉터가 남지 않기를 바란다.　けがの傷跡が残らないことを願う。
　　　　　　　　　　　　　　　　　　　　　　きずあと　のこ　　　　　ねが

염증

○ 상처가 곪았다.　　　　　　　　　　傷が化膿した。
　　　　　　　　　　　　　　　　　　　　きず　かのう

○ 상처에 염증이 생겼다.　　　　　　　傷が炎症を起こした。
　　　　　　　　　　　　　　　　　　　　きず　えんしょう　お

○ 상처가 감염되었다.　　　　　　　　傷に感染を起こした。
　　　　　　　　　　　　　　　　　　　　きず　かんせん　お

○ 상처에 고름이 생겼다.　　　　　　　傷に膿ができた。/ 傷が膿んだ。
　　　　　　　　　　　　　　　　　　　　きず　うみ　　　　きず　う

○ 상처가 곪지 않고 나아서 다행이었다.　傷が化膿せずによくなって、幸いだ。
　　　　　　　　　　　　　　　　　　　　きず　かのう　　　　　　　さいわ

○ 염증 때문에 상처가 덧났다.　　　　　傷が炎症でもっと悪くなった。
　　　　　　　　　　　　　　　　　　　　きず　えんしょう　わる

09 근육통

근육통

○ 근육이 쑤셨다.   筋肉が痛んだ。
きんにく　いた

○ 근육통이 있었다.   筋肉痛になった。
きんにくつう

○ 온몸이 쑤셨다.   身体中が痛んだ。
からだじゅう

○ 운동을 너무 많이 했더니 등이   運動をたくさんして、背中がとても重苦しかった。
매우 뻐근했다.   うんどう　　　　　　せなか　　　　　おもぐる

○ 근육통으로 천천히 걸을 수밖에 없었다.   筋肉痛で、ゆっくりとしか歩けなかった。
きんにくつう　　　　　　　　ある

○ 근육통 부위에 찜질을 했다.   筋肉痛のところにシップをした。

관절 문제

○ 무릎 관절이 아팠다.   膝の関節が痛かった。
ひざ　かんせつ　いた

○ 무릎이 부어오르고 뻣뻣하고 아팠다.   膝がはれて、関節を動かしにくくて痛かった。
うご

○ 무릎이 저렸다.   膝がしびれた。

○ 관절염에 걸린 것 같았다.   関節炎になったようだった。
かんせつえん

○ 다리를 펼 수가 없었다.   足を伸ばすことができなかった。
あし　　の

○ 팔꿈치가 빠졌다.   ひじの関節がはずれた。
かんせつ

○ 관절이 탈구되었다.   関節が脱臼した。
だっきゅう

○ 팔걸이 붕대를 하고 있었다.   肘掛け包帯をしていた。/ 三角巾をしていた。
ひじか　ほうたい　　　　　　さんかくきん

○ 오른쪽 팔꿈치가 아팠다.   右の肘が痛かった。
みぎ　ひじ　いた

○ 무거운 상자를 들어 올리다가   重い箱を持ちあげる途中に均衡を失った。/
균형을 잃었다.   おも　はこ　も　　　　　　とちゅう　きんこう　うしな
     重い箱を持ちあげる途中によろめいた。

○ 허리가 아팠다.   腰が痛かった。
こし　いた

398

○ 허리 통증으로 걷는 것이 불편했다.	腰痛で、歩くのが大変だった。
○ 책상에 오래 앉아 있어서 허리가 아팠다.	机の前に長い間座っていたので、腰が痛かった。
○ 깨고 나니 목을 돌릴 수가 없었다.	起きたら、首を回すことができなかった。
아마도 잠을 잘 못잔 게 틀림없다.	たぶん、寝違いしたに違いない。

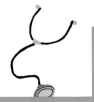

10 골절

넘어지다

○ 넘어졌다.	転んだ。/ 倒れた。
○ 곤두박질쳤다.	急に真っ逆様に落ちた。
○ 앞으로 넘어졌다.	前に転んだ。
○ 뒤로 넘어졌다.	後ろに転んだ。
○ 엉덩방아를 쪘다.	しりもちをついた。
○ 돌에 걸려 넘어졌다.	石につまずいて転んだ。
○ 집에 오는 길에 돌부리에 걸려 넘어졌다.	家に帰る途中に石につまずいて転んだ。
○ 계단에서 발을 헛디뎠다.	階段で足を踏み外した。
○ 계단을 내려가다가 헛디뎌서 넘어졌다.	階段を降りる途中足を踏み外して転んだ。
○ 계단에서 굴러 떨어졌다.	階段から転がり落ちた。
○ 누군가에 밀려서 넘어졌다.	誰かに押されて転んだ。
○ 빙판에서 미끄러져 넘어졌다.	氷の上で滑って転んだ。
○ 몇몇 사람이 내가 넘어지는 것을 보았다.	何人かの人が私が転ぶのを見た。
○ 누군가 나를 일으켜 주었다.	誰かが私を起こしてくれた。
○ 너무 창피해서 얼굴이 빨개졌다.	とても恥ずかしくて、顔が赤くなった。

- 달리기 경주를 하다가 발목을 접질렸다.　かけっこ〔徒競走〕をしている途中、
　　　　　　　　　　　　　　　　　　　　　とうきょうそう　　　　　　　　とちゅう
　　　　　　　　　　　　　　　　　　　足首をくじいた。
　　　　　　　　　　　　　　　　　　　あしくび
　　　　　　　　　　　　　　　　　❖くじく：관절을 삐다.

- 발목을 삐었다.　　　　　　　　　　足首をくじいた〔ひねった・痛めた〕。
　　　　　　　　　　　　　　　　　　　　　　　　　　　　　　　　　　いた

- 삔 발목이 크게 부어올랐다.　　　　くじいた足首がひどく腫れた。
　　　　　　　　　　　　　　　　　　　　　　　　あしくび　　　　　は

- 부기가 가라앉았다.　　　　　　　　腫れがひいた。

- 부기가 금방 빠졌다.　　　　　　　　腫れがすぐにおさまった。

- 무릎의 인대가 늘어났다.　　　　　　膝の靭帯が損傷した。
　　　　　　　　　　　　　　　　　　　ひざ　じんたい　そんしょう

- 심각한 부상이었다.　　　　　　　　深刻なけがだった。
　　　　　　　　　　　　　　　　　　　しんこく

- 접질린 발목을 보호하기 위해 다리에　痛めた足首を保護するために、足にギブスをしている。
　깁스를 하고 있다.　　　　　　　　いた　あしくび　ほご　　　　　　　あし

- 축구를 하다가 다리를 다쳤다.　　　サッカーをしている途中で、足を痛めた。
　　　　　　　　　　　　　　　　　　　　　　　　　　　　とちゅう　　あし　いた

- 나는 심하게 부상을 입었다.　　　　私はひどいけがを負った。
　　　　　　　　　　　　　　　　　　　　　　　　　　　　お

- 치명적인 부상은 아니었다.　　　　　致命的なけがではなかった。
　　　　　　　　　　　　　　　　　　　ちめいてき

- 많이 다치지 않아서 그나마 다행이었다.　けががひどくなくて、幸いだった。
　　　　　　　　　　　　　　　　　　　　　　　　　　　　　　さいわ

- 다리가 부러졌다.　　　　　　　　　足の骨が折れた。
　　　　　　　　　　　　　　　　　　　あし　ほね　お

- 골절상을 입었다.　　　　　　　　　骨折をした。/
　　　　　　　　　　　　　　　　　　　こっせつ
　　　　　　　　　　　　　　　　　　　骨折傷を負った。
　　　　　　　　　　　　　　　　　　　こっせつしょう　お

- 일어설 수가 없었다.　　　　　　　　起き上がることができなかった。
　　　　　　　　　　　　　　　　　　　お　あ

- 어깨를 다쳤다.　　　　　　　　　　肩にけがをした。
　　　　　　　　　　　　　　　　　　　かた

- 척추가 부러졌다.　　　　　　　　　脊椎の骨が折れた。/
　　　　　　　　　　　　　　　　　　　せきつい　ほね　お
　　　　　　　　　　　　　　　　　　　背骨が折れた。
　　　　　　　　　　　　　　　　　　　せぼね

- 단순 골절이었다.　　　　　　　　　単純骨折だった。
　　　　　　　　　　　　　　　　　　　たんじゅんこっせつ

- 그가 내 다리에 부목을 대고 붕대를
  감아 주었다.

  彼が私の足に副木をして包帯をまいてくれた。
  かれ　　あし　ふくぼく　　ほうたい

- 그가 나를 업고 병원에 데리고 갔다.

  彼が私を背負って、病院に連れていった。
  せ　お　　びょういん　つ

- 먼저 다리 엑스레이를 찍었다.

  まず、足のレントゲンを撮った。
  あし　　　　　　と

- 의사 선생님이 복합 골절이라고
  말씀하셨다.

  医者が複雑骨折だとおっしゃった。
  いしゃ　ふくざつこっせつ

- 다리가 세 군데 부러졌다.

  足の骨が3個所折れていた。
  ほね　　かしょお

- 수술을 받아야 했다.

  手術を受けなければならなかった。
  しゅじゅつ　う

- 수술이 간단한 것이라고 했지만
  겁이 났다.

  手術は簡単なものだと言われたが、怖かった。
  かんたん　　　い　　　　こわ

- 다리에 깁스를 했다.

  足にギブスをした。
  あし

- 목발로 다니고 있다.

  松葉杖をついている。
  まつばづえ

- 목발이 있어야 걸을 수가 있었다.

  松葉杖がないと歩くことができなかった。
  ある

- 목발을 짚고 돌아다니기가 어려웠다.

  松葉杖で歩きまわるのは難しかった。
  むずか

- 빨리 깁스를 풀고 싶다.

  早くギブスをはずしたい。
  はや

- 아무런 도움도 받지 않고 자유롭게
  걷고 싶다.

  何の助けも受けずに、自由に歩きたい。/
  なん　たす　う　　　じゆう　ある
  何の助けもなしに、自由に歩きたい。

11 치아 관리

- 나는 치아에 문제가 있다.

  私は歯に問題があるようだ。
  は　もんだい

- 흔들리던 이 하나가 빠졌다.

  ぐらぐらしていた歯がひとつ抜けた。
  ぬ

  ❖ぐらぐら : 흔들흔들.

401

○ 충치 때운 것이 없어졌다. 　　　虫歯の治療をした銀歯がなくなった。

○ 이 하나가 부러졌다. 　　　　　歯がひとつ欠けた。

○ 이 하나가 흔들렸다. 　　　　　歯がひとつぐらぐらしていた。

○ 흔들리는 이를 뺐다. 　　　　　ぐらぐらしている歯を抜いた。

○ 이가 예민해졌다. 　　　　　　歯が鋭敏になった。

○ 차가운 것을 먹으면 이가 시리다. 　冷たいものを食べると歯がしみる。

○ 단것을 먹으면 이가 아프다. 　　甘いものを食べると歯が痛む。

○ 이가 누렇게 변했다. 　　　　　歯が黄色くなった。

○ 어금니 하나에 충치가 있었다. 　奥歯の1つが虫歯になった。

○ 단것을 좋아하기 때문일 것이다. 　甘いものを好むからだろう。/
　　　　　　　　　　　　　　　甘いものが好きだからだろう。

○ 나는 단것이라면 사족을 못 쓴다. 　私は甘いものに目がない。
　　　　　　　　　　　　　　　❖目がない : 사족을 못 쓰다.

○ 충치가 생겼다. 　　　　　　　虫歯になった。/ 虫歯ができた。

○ 충치가 하나 있다. 　　　　　　虫歯がひとつある。/
　　　　　　　　　　　　　　　ひとつ虫歯になった。

치통

○ 심한 치통이 있었다. 　　　　　ひどい歯の痛み〔歯痛〕があった。

○ 문제가 심각해질 때까지 아프지 않았다. 　問題が深刻になるまで、痛くなかった。

○ 충치 때문에 잠을 잘 수가 없었다. 　虫歯のせいで、眠ることができなかった。

○ 이가 욱신욱신 쑤셨다. 　　　　歯がずきずき痛んだ。

○ 아무래도 이가 썩고 있는 것 같았다. 　どうも歯が腐っているみたいだった。

○ 그 치아를 뽑아버리고 싶었다. 　その歯を抜いてしまいたかった。

○ 통증을 완화시키기 위해 　　　痛みをやわらげるために鎮痛剤を飲んだ。
　진통제를 먹었다.

구강 질환

○ 단단한 것을 먹으면 잇몸에서 피가 난다.　固いものを食べると歯茎から血が出る。
　　　　　　　　　　　　　　　　　　　　かた　た　　はぐき　　ち　で

○ 이가 서로 부딪치면 윗 잇몸이 아프다.　歯を噛み合わせると上の歯茎が痛む。
　　　　　　　　　　　　　　　　　　　は　か　あ　　　　うえ　　　　いた

○ 양치를 하면 잇몸에서 피가 난다.　歯磨きをすると歯茎から血が出る。
　　　　　　　　　　　　　　　は　みが　　　　　　　　ち　で

○ 영양부족으로 잇몸에 염증이 생겼다.　栄養不足で、歯茎に炎症が起った。
　　　　　　　　　　　　　　　　えいよう ぶそく　　　　えんしょう　おこ

○ 잇몸병 때문에 잇몸이 부어오르고　歯肉炎のために、歯茎が腫れて、ときどき血が出る。
　종종 피가 난다.　　　　　　しにくえん　　　　　はぐき　は　　　　　　　ち　で

○ 입안에 염증이 생겼다.　口の中に炎症が起った。
　　　　　　　　　　くち　なか　えんしょう　おこ

○ 입안이 헐었다.　口の中がただれた。
　　　　　　くち　なか

○ 혓바늘이 났다.　舌に炎症が起きた。
　　　　　　した　えんしょう　お

○ 혀에 발진이 생겼다.　舌に発疹が出た。
　　　　　　　　した　ほっしん　で

○ 혀에 구강용 연고를 발랐다.　舌に口腔用軟膏をぬった。
　　　　　　　　　　した　こうくうようなんこう

○ 입에서 고약한 냄새가 났다.　口からひどい臭いがした。
　　　　　　　　　　くち　　　　　にお

○ 가끔 입 냄새가 난다.　ときどき口臭がする。
　　　　　　　　　　　　　こうしゅう

○ 치석을 제거했다.　歯石を取り除いた。
　　　　　　　しせき　と　のぞ

치과 치료

○ 치과에 가는 것이 두려웠다.　歯医者に行くのが怖かった。
　　　　　　　　　　はいしゃ　い　　　　こわ
　　　　　　　　　　❖치과를 그대로 번역하면 ─歯科─가 되지만 보통 말할 때는
　　　　　　　　　　　　　　　　　　　　　しか
　　　　　　　　　　─歯医者─라고 한다.
　　　　　　　　　　　しか

○ 치과에 가는 것이 정말 싫었다.　歯医者に行くのが本当にいやだった。
　　　　　　　　　　　　　　　　　　　　　ほんとう

○ 치과 예약을 했다.　歯医者の予約をした。
　　　　　　　　　　　　よやく

○ 이를 치료받았다.　歯の治療を受けた。
　　　　　　　は　ちりょう　う

○ 충치 두 개를 때워야 한다고 했다.　虫歯ふたつを治療しなければならないと言われた。
　　　　　　　　　　　　むしば　　　　　　　　　　　　　　　　　い

○ 이를 때웠다.　歯を治療した。
　　　　　　は

○ 이를 하나 뺐다.　歯をひとつ抜いた。
　　　　　　　　　　　ぬ

○ 사랑니를 하나 뺐다.　　　　　親知らずをひとつ抜いた。
　　　　　　　　　　　　　　　　おやし

○ 이에 치석이 많이 꼈다.　　　　歯に歯石がたくさんたまった。
　　　　　　　　　　　　　　　　は　しせき

○ 스케일링을 했다.　　　　　　　スケーリングをした。

○ 이를 심어 넣었다.　　　　　　　インプラントをした。

○ 이 하나를 덧씌웠다.　　　　　　歯をひとつかぶせた。
　　　　　　　　　　　　　　　　は

○ 충치를 방지하기 위해 불소 도포를 했다.　虫歯を予防するためにフッ素処理をした。
　　　　　　　　　　　　　　　　むしば　よぼう　　　　　　　　そしょり

치아 교정

○ 이가 삐뚤게 나서 교정을 해야 했다.　歯並びが悪くて、矯正をしなければならなかった。
　　　　　　　　　　　　　　　　はなら　わる　きょうせい

○ 이를 교정하는 데 비용이 많이 든다.　歯を矯正するのに、たくさんの費用がかかる。
　　　　　　　　　　　　　　　　は　　　　　　　　　　　　　ひよう

○ 이에 교정기를 하고 있는 게 싫다.　歯に矯正器具をつけるのがいやだ。
　　　　　　　　　　　　　　　　きょうせいきぐ

○ 이를 반듯하게 하기 위해 치아를　歯並びをよくするために、歯の矯正をしている。
　 교정하고 있다.　　　　　　　　はなら　　　　　　　　　　きょうせい

○ 치아 교정기를 하고 있어서 깨끗이　歯の矯正器具をしているので、きれいに
　 양치하기가 어렵다.　　　　　　きょうせいきぐ
　　　　　　　　　　　　　　　　歯磨きするのが難しい。
　　　　　　　　　　　　　　　　はみが　　　　　　むずか

○ 2년 동안 치아 교정기를 하고　二年間、歯の矯正器具をつけていなければならなかった。
　 있어야 했다.　　　　　　　　　にねんかん

○ 나는 치아 교정기를 보이지 않으려고　私は歯の矯正器具が見えないように、口を大きく
　 입을 크게 벌리지 않는다.　　　　　　　　　　　　み　　　　　　　くち　おお
　　　　　　　　　　　　　　　　開けない。
　　　　　　　　　　　　　　　　あ

○ 드디어 치아 교정기를 풀었다.　やっと歯の矯正器具を取り外した。
　　　　　　　　　　　　　　　　は　きょうせいきぐ　と　はず

○ 이가 고르게 되었다.　　　　　　歯並びがよくなった。
　　　　　　　　　　　　　　　　はなら

○ 치아 교정기를 제거하고 지금은　歯の矯正器具をはずして、今は補整器をしている。
　 보정기를 하고 있다.　　　　　　は　きょうせいきぐ　　　　　いま　ほせいき

치아 관리

○ 단 음식을 줄여야겠다.　　　　　甘いものを減らさなければならない。
　　　　　　　　　　　　　　　　あま　　　　へ

○ 치과에 6개월마다 가는 것이 좋다.	6ヶ月ごと、歯医者に行った方がいい。 かげつ　はいしゃ　い　ほう
○ 이를 보호하기 위해서 단것을 먹지 않을 것이다.	歯を保護するために、甘いものを食べないように は　ほご　あま　た しようと思う。 おも
○ 식사를 하고 나서는 바로 양치하고 치실도 사용한다.	食事をした後は、すぐに歯磨きをして、糸ようじも使う。 しょくじ　あと　は みが　いと　つか
○ 양치질은 위 아래로 한다.	歯磨きは歯ブラシを上下に動かしてする。 は　じょうげ　うご
○ 양치질을 할 수 없을 때에는 물로 입을 헹군다.	歯磨きをすることができないときは水でうがいをする。 みず
○ 매 식사 후에는 구강 청정제를 이용한다.	いつも食事の後には口腔清浄剤を利用する。 しょくじ　あと　こうくうせいじょうざい　りよう
○ 나는 항상 입을 상쾌하게 하는 것을 가지고 다닌다.	私はいつも口の中をさわやかにさせるものを くち　なか 持って歩く。 も　ある

12 시력

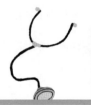

시력 문제

○ 먼 곳에 있는 것이 잘 안 보인다.	遠くのものがよく見えない。 とお　み
○ 가까이 있는 것이 또렷하게 보이지 않는다.	近くにあるものが鮮明に見えない。 ちか　せんめい
○ 잘 안 보인다.	よく見えない。
○ 특히 밤에는 잘 안 보인다.	特に夜はよく見えない。 とく　よる
○ 시력이 떨어지고 있다.	視力が落ちてきている。 しりょく　お
○ 시력이 나빠지기 시작했다.	視力が悪くなりはじめた。 わる
○ 눈이 침침하다.	目がぼんやりしてよく見えない。 め　み
○ 사물이 흐릿하게 보인다.	物がぼんやり見える。 もの
○ 사물이 일그러져 보인다.	物がゆがんで見える。

○ 칠판의 글씨가 잘 안 보인다.	黒板の文字がよく見えない。
○ 내 눈에 무언가 문제가 있다.	私の目に何か問題がある。
○ 나는 밤눈이 밝다.	私は夜、物がよく見える。
○ 나는 밤눈이 어둡다.	私は夜、物がよく見えない。

시력 검사

○ 시력 검사를 했다.	視力検査をした。
○ 내 시력은 1.0 / 1.0 이다.	私の視力は、1.0/ 1.0 だ。
○ 시력이 좋았다.	視力がよかった。
○ 나는 시력이 정상이다.	私は視力が正常だ。
○ 시력이 나쁘다.	視力〔目〕が悪い。
○ 나는 근시이다.	私は近視だ。
○ 나는 원시이다.	私は遠視だ。
○ 약간 원시이다.	少し遠視だ。
○ 나는 난시이다.	私は乱視だ。
○ 나는 색맹이다.	私は色盲だ。
○ 나는 색을 잘 구별하지 못한다.	私はよく色を区別することができない。
○ 그는 눈이 멀었다.	彼は目が見えなかった。
○ 라식 수술을 받고 싶다.	レーシック手術を受けたい。
○ 비타민 A가 시력에 좋다고 한다.	ビタミンAが視力にいいという。
○ 시력이 더 나빠지지 않도록 주의해야겠다.	視力がもっと悪くならないように 注意しなければならない。

안경

○ 안경을 써야 한다.	眼鏡をかけなければならない。

○ 우리 반에는 안경을 쓴 친구들이 많다. 　私達のクラスには、眼鏡をかけている友達が多い。
　　　　　　　　　　　　　　　　　　　　　　　　　　　　　　　　　　　ともだち　おお

○ 안경을 쓰면 불편하기 때문에 　　　　眼鏡をかけると不便なので、私は眼鏡をかけるのが
　 나는 안경 쓰는 것이 싫다. 　　　　　　　　　　　ふべん
　　　　　　　　　　　　　　　　　　　　いやだ。

○ 안경 없이는 잘 보이지 않는다. 　　　　眼鏡がないと、よく見えない。
　　　　　　　　　　　　　　　　　　　　　　　　　　　　　　　　み

○ 안경 없이는 책을 읽을 수 없다. 　　　眼鏡がないと、本を読むことができない。
　　　　　　　　　　　　　　　　　　　　めがね　　　　ほん　よ

○ 안경을 안 쓰면 사물이 겹쳐 보인다. 　　眼鏡をかけないと、物が重なって見える。
　　　　　　　　　　　　　　　　　　　　　　　　　　　　もの　かさ　　　み

○ 안경을 벗으면 모든 것이 흐리게 보인다. 　眼鏡をはずすとすべてのものがぼんやりと見える。

○ 안경을 쓰면 머리가 아프다. 　　　　　眼鏡をかけると頭が痛い。
　　　　　　　　　　　　　　　　　　　　　　　　　　　あたま　いた

○ 안경 도수가 안 맞는 것 같다. 　　　　眼鏡の度数が合わないようだ。
　　　　　　　　　　　　　　　　　　　　　　　どすう　あ

○ 안경 도수를 조정하러 안경점에 갔다. 　眼鏡の度数を調整しに、眼鏡屋さん〔眼鏡店〕に行った。
　　　　　　　　　　　　　　　　　　　　　　　　　ちょうせい　　　めがねや　めがねてん　い

○ 안경을 바꿔야 할 필요가 있었다. 　　眼鏡を買い直す必要があった。
　　　　　　　　　　　　　　　　　　　めがね　か　なお　ひつよう

○ 안경 도수를 더 높여야 했다. 　　　　眼鏡の度数をもっとあげなければならなかった。
　　　　　　　　　　　　　　　　　　　めがね　　どすう

○ 안경을 망가뜨렸다. 　　　　　　　眼鏡を壊してしまった。
　　　　　　　　　　　　　　　　　　　　　こわ

○ 안경테가 부러졌다. 　　　　　　　眼鏡のフレームが折れた。
　　　　　　　　　　　　　　　　　　　　　　　　　お

○ 금테로 된 안경을 샀다. 　　　　　金のフレームの眼鏡を買った。/ 金縁の眼鏡を買った。
　　　　　　　　　　　　　　　　　　きん　　　　　　か　　きんぶち

○ 무테 안경으로 했다. 　　　　　　フレームなしの眼鏡にした。

○ 안경알에 흠집이 많이 났다. 　　　　眼鏡のレンズに傷がたくさんついた。
　　　　　　　　　　　　　　　　　　　　　　　　きず

○ 안경알을 바꾸었다. 　　　　　　　眼鏡のレンズを交換した。
　　　　　　　　　　　　　　　　　　　　　　　　こうかん

○ 안경에 김이 서리면 정말 귀찮다. 　　眼鏡が湯気で曇るととても面倒だ。
　　　　　　　　　　　　　　　　　　　　　ゆげ　くも　　　　めんどう

○ 더 잘 보이게 안경을 닦았다. 　　　　もっとよく見えるように眼鏡を拭いた。
　　　　　　　　　　　　　　　　　　　　　　み　　　　　　　　ふ

○ 그녀는 햇빛으로부터 눈을 보호하기 　彼女は日差しから目を守るために、暗い色の眼鏡を
　 위해 어두운 색 안경을 샀다. 　　　　かのじょ　ひざ　　め　まも　　　くら　いろ
　　　　　　　　　　　　　　　　　　　買った。
　　　　　　　　　　　　　　　　　　　か

렌즈

○ 나는 콘택트렌즈를 낀다. 　　　　　私はコンタクトレンズをつけている。

○ 나는 일회용 렌즈를 사용한다.　　私は使い捨てレンズを使う。

❖使い捨て : 일회용.

○ 색깔이 있는 렌즈를 꼈다.　　色のついたレンズをつけた。

○ 눈동자를 더 커 보이게 하는　　瞳をもっと大きく見せるレンズをつけたい。
　 렌즈를 끼고 싶다.

○ 나는 렌즈를 끼면 눈이 아프다.　　私はレンズをつけると目が痛む。

○ 자기 전에 렌즈를 빼야 하는 것이　　寝る前にレンズをはずさなければならないのが
　 참 불편하다.　　本当に面倒だ。

○ 렌즈 닦는 일이 싫다.　　レンズを洗うことが面倒だ。

○ 너무 피곤해서 렌즈 빼는 일을　　とても疲れて、レンズをはずすのを忘れてしまった。
　 잊어버렸다.

13 눈병

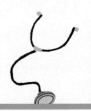

눈병

○ 오른쪽 눈에 다래끼가 났다.　　右目にものもらいができた。

❖ものもらい : 다래끼.

○ 눈병이 났다.　　目の病気にかかった。

○ 눈이 피로해진 것 같다.　　目が疲れたようだ。

○ 요즈음 눈이 예민해졌다.　　この頃目が敏感になった。

○ 환한 빛에는 눈이 부셔서 눈을　　明るい光がまぶしくて、目を開けることができない。
　 뜰 수가 없다.

○ 아무런 이유 없이 눈물이 났다.　　何の理由もなく、涙が出た。

○ 눈이 충혈되었다.　　目が充血した。

○ 눈이 많이 충혈되었다.　　目がとても充血した。

○ 눈이 아팠다.	目が痛かった。
○ 눈이 시고 따끔거렸다.	目がしみて、ひりひりした。
	❖ ひりひり : 따끔따끔.
○ 눈병 때문에 눈물이 났다.	目の病気のために、涙が出た。
○ 눈이 너무 아파서 눈을 뜰 수가 없었다.	目がとても痛くて、
	目を開けることができなかった。
○ 눈에 뭐가 들어간 것 같았다.	目に何か入ったようだ。
○ 눈이 가려웠다.	目がかゆかった。
○ 눈이 부었다.	目が腫れた。
○ 눈이 따끔거렸다.	目がひりひりした。
○ 눈을 비볐다.	目をこすった。
○ 속눈썹이 눈에 들어갔다.	まつげが目に入った。
	❖「まつげが目を刺した(속눈썹이 눈을 찔렀다)」라고는
	잘 쓰지 않는다.
○ 눈에 모래가 낀 것 같았다.	目に砂が入ったようだ。
○ 눈을 빨리 깜빡거렸다.	瞬きをはやくした。

안과 치료

○ 안과에 갔다.	眼科に行った。
○ 의사 선생님께서 약간 감염이 되었다고 하셨다.	病院の先生が少し感染しているとおっしゃった。
○ 의사 선생님께서 눈을 비비지 말라고 하셨다.	病院の先生が目をこすらないようにとおっしゃった。
○ 눈을 치료받았다.	目の治療を受けた。
○ 눈에 안약을 넣었다.	目に目薬を注した。
○ 눈에 안연고를 발랐다.	目に軟膏をつけた。
	❖ 軟膏をつける : 연고를 바르다.

14 귓병

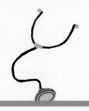

○ 귀가 아팠다.	耳が痛かった。 みみ　いた
○ 귀에 염증이 생겼다.	耳に炎症が起った。 えんしょう　おこ
○ 귀를 자주 파서 그런 것 같았다.	耳をよくほじくるので、そうなったようだった。
○ 귀가 울렸다.	耳鳴りがした。 みみ　な
○ 윙윙거리는 소리가 난다.	キーンキーンと音がする。 おと
○ 귀가 막힌 느낌이 든다.	耳が塞がった感じがする。 みみ　ふさ　　かん
○ 뭔가 귀에 들어간 것 같다.	何かが耳に入ったようだ。 なに　　はい
○ 나는 작은 소리는 잘 안 들린다.	私は小さい音がよく聞こえない。 ちい　おと　　き
○ 가끔 잘 안 들릴 때가 있다.	ときどきよく聞こえないことがある。
○ 오른쪽 귀가 안 들린다.	右の耳が聞こえない。 みぎ　みみ
○ 그는 귀가 안 들린다.	彼は耳が聞こえない。 かれ　　き
○ 청력검사를 했다.	聴力検査をした。 ちょうりょくけんさ
○ 난청 때문에 보청기를 했다.	難聴のために、補聴器をつけた。 なんちょう　　ほちょうき
○ 귀에서 고름이 나왔다.	耳垂れをおこした。 みみだ
○ 갑자기 귀가 안 들리게 되었다.	突然、耳が聞こえなくなった。 とつぜん　みみ　き

15 응급 치료

응급 상황

○ 기절을 해서 즉시 병원으로 옮겨졌다.	気を失って、すぐに病院に運ばれた。 き　うしな　　びょういん　はこ

○ 엄마가 도움을 요청하기 위해 응급 助けを求めるために、母が緊急電話をかけた。
전화를 걸었다.   たす もと   はは きんきゅうでん わ

❖일본에서는 '응급'의 뜻이 '일시적인 대응'이라는 의미가 강해서
응급전화를 ─緊急電話─로 쓴다.

○ 들것에 실려 응급실로 옮겨졌다.   担架に乗せられて、救急室に運ばれた。
                                    たん か の   きゅうきゅうしつ はこ

○ 나는 위독한 상태였다.   私は危篤状態だった。
                                    きとくじょうたい

○ 의식이 없었다.   意識がなかった。
                                    い しき

○ 심장이 뛰지 않고 맥박도 없었다.   心臓も止まって、脈拍もなかった。
                                    しんぞう と   みゃくはく

○ 나는 혼수 상태였다.   私は昏睡状態だった。
                                    こんすいじょうたい

응급 처치

○ 가능한 한 빨리 치료를 받아야 했다.   できるだけ早く、治療を受けなければならなかった。
                                         はや   ちりょう う

○ 응급 처치가 필요했다.   応急処置が必要だった。
                                    おうきゅうしょ ち ひつよう

○ 우선, 응급 치료를 받았다.   まず、応急治療を受けた。
                                    おうきゅう ち りょう う

○ 의사가 손으로 가슴을 누르고   医者が手で胸を押しながら人工呼吸をした。
인공호흡을 했다.   いしゃ て むね お   じんこう こ きゅう

○ 다시 살아났다.   再び生き返った。
                                    ふたた い かえ

○ 고비를 넘겼다.   峠を越した。
                                    とうげ こ

○ 중환자실에 있었다.   集中治療室にいた。
                                    しゅうちゅう ち りょうしつ

○ 맥박이 가냘프게 뛰고 있었다고 한다. 脈拍が弱いと言われた。
                                        みゃくはく よわ い

○ 수혈을 받았다.   輸血をした。
                                    ゆ けつ

○ 죽음의 문턱까지 갔다 왔다.   死の入り口まで行ってきた。
                                    し い ぐち い

○ 기절했다가 병원에서 의식이 돌아왔다. 気を失って、病院で意識を取り戻した。
                                        き うしな びょういん いしき と もど

○ 적절한 응급 처치를 받지 못했었더라면   適切な救急処置を受けれなかったら、私は今
나는 지금 살아 있지 않을 것이다.   てきせつ きゅうきゅうしょ ち う   いま
                                       生きていなかっただろう。
                                        い

○ 병원에서 치료를 받았다.   病院で治療を受けた。
                                    びょういん ちりょう

411

○ 점차 좋아져서 이제는 위험에서 벗어났다.
少しずつよくなって、今では危険な状態から脱した。
すこ　　　　　　　　いま　　きけん　じょうたい　　だっ

○ 나는 병원에서 금방 회복이 되었다.
私は病院ですぐ回復した。
びょういん　　　　かいふく

16 진찰

병원 예약

○ 진료 예약을 위해 미리 전화를 했다.
診察の予約をするために、
しんさつ　よやく
前もって電話をした。
まえ　　　でんわ

○ 진찰 예약 시간을 정해야 했다.
診察の予約時間を決めなければならなかった。
よやくじかん　き

○ 예약이 가능한 시간이 언제인지 물었다.
予約の可能な時間がいつなのか聞いた。
かのう　じかん　　　　　　き

○ 진찰을 받기 위해 진료 예약을 했다.
診察を受けるために診療予約をした。
しんさつ　う　　　　　　しんりょうよやく

○ 내일 5시에 진료 예약이 있다.
明日5時に診療予約がある。
あした　じ

예약 접수

○ 접수원에게 의료 보험 카드를 제시했다.
受付の人に医療保険カードを提示した。
うけつけ　ひと　いりょうほけん　　　　ていじ

○ 내 이름을 부를 때까지 대기실에서 기다렸다.
私の名前が呼ばれるまで、待合室で待った。
なまえ　よ　　　　　　まちあいしつ　ま

○ 진료 예약을 하지 않아서 오랫동안 기다려야 했다.
診療予約をしてなかったので、長い間
しんりょうよやく　　　　　　　　なが　あいだ
待たなければならなかった。
ま

○ 그 병원에 처음 가는 거라 문진표를 작성했다.
その病院にはじめて行ったので、問診書を作成した。
びょういん　　　　　い　　　　　もんしんしょ　さくせい

○ 간호사가 내 이름을 불렀다.
看護婦が私の名前を呼んだ。
かんごふ　　　なまえ　よ

○ 내가 진찰 받을 순서였다.
私が診察を受ける順番だった。
しんさつ　う　じゅんばん

○ 전문의의 진료를 받았다.   専門医の診療を受けた。
　　　　　　　　　　　　　　　　　　せんもん い　しんりょう　う

○ 내 증상을 자세히 설명했다.   私の症状を細かく説明した。
　　　　　　　　　　　　　　　　　　　しょうじょう　こま　　せつめい

○ 의사 선생님이 내게 병력이   病院の先生が私に病歴があるか聞いた。
　있는지 물었다.   びょういん　せんせい　　　びょうれき　　　　き

○ 체온과 혈압을 쟀다.   体温と血圧を測った。
　　　　　　　　　　　　　　　　　　たいおん　けつあつ　はか

○ 진찰대에서 진찰을 받았다.   診察台で診察を受けた。
　　　　　　　　　　　　　　　　　　しんさつだい　しんさつ　う

○ 의사가 배를 누르며 진단했다.   病院の先生がお腹を押しながら診断した。
　　　　　　　　　　　　　　　　　　びょういん　　　　なか　お　　　　　しんだん

○ 누르면 아픈 부위가 있었다.   押すと痛い部位があった。
　　　　　　　　　　　　　　　　　　いた　ぶい

○ 그는 청진기로 내 심장 소리를 들었다.   彼は聴診器で私の心臓の音を聞いた。
　　　　　　　　　　　　　　　　　　かれ　ちょうしんき　　　しんぞう　おと　　き

○ 의사가 내게 언제부터 아팠는지 물었다. 医者が私にいつから痛かったのか聞いた。
　　　　　　　　　　　　　　　　　　いしゃ　　　　　　いた

○ 의사가 내게 약을 처방해 주셨다.   医者が私に薬を処方してくださった。
　　　　　　　　　　　　　　　　　　くすり　しょほう

○ 의사가 당분간은 좀 쉬라고 말했다.   医者が当分の間は休みなさいと言った。
　　　　　　　　　　　　　　　　　　とうぶん　あいだ　やす　　　　　い

○ 의사가 내게 과로하지 말라고 했다.   医者が私に過労しないようにと言った。
　　　　　　　　　　　　　　　　　　かろう

17 병원 치료

병 원 의 종 류

구강외과	口腔外科こうこうげか	외과	外科げか
내과	内科ないか	이비인후과	耳鼻咽喉科じびいんこうか
마취과	麻酔科ますいか	임상병리과	臨床病理科りんしょうびょうりか
방사선과	放射線科ほうしゃせんか	정신과	精神科せいしんか
비뇨기과	泌尿器科ひにょうきか	정형외과	整形外科せいけいげか
산부인과	産婦人科さんふじんか	치과	歯科しか
성형외과	形成外科けいせいげか	피부과	皮膚科ひふか
소아과	小児科しょうにか	항문과	肛門科こうもんか
신경외과	神経外科しんけいげか	흉부외과	胸部外科きょうぶげか
안과	眼科がんか		

조기 치료

○ 병은 초기에 치료해야 한다.　病気は初期に治療するべきだ。
びょうき　しょき　ちりょう

○ 아프다고 생각되면 빨리 병원에　具合いが悪いと思ったら、早く病院に行く方がいい。
　가는 것이 좋다.　ぐあ　わる　おも　はや　びょういん　い　ほう

○ 적절한 치료를 등한시하면 위험하다.　適当な処置を怠ることは危険だ。
てきとう　しょち　おこた　きけん

○ 질병을 치료하지 않고 내버려 두면　疾病を治療せずに放っておくと、もっと悪化する
　더 악화 될 수 있다.　しっぺい　ちりょう　ほう　あっか
　こともある。

○ 조기 치료를 하면 완치될 수 있다.　早期治療をすれば、完治できる。
そうき　ちりょう　かんち

입원 치료

○ 증세가 점점 나빠지고 있다.　症状がどんどん悪くなっている。
しょうじょう　わる

○ 전화로 왕진을 불렀다.　電話で往診をお願いした。
でんわ　おうしん　ねが

○ 특수 치료가 필요했다.　特殊治療が必要だった。
とくしゅちりょう　ひつよう

○ 입원 치료가 필요했다.　入院治療が必要だった。
にゅういんちりょう

○ 병원에 입원을 해야 했다. 病院に入院しなければならなかった。
びょういん にゅういん

○ 결국 병원에서 치료를 받게 되었다. 結局病院で治療を受けることになった。
けっきょく びょういん ちりょう う

○ 간단한 검사 후 입원 절차를 밟았다. 簡単な検査の後、入院手続きをした。
かんたん けんさ あと にゅういんてつづ

○ 병원에 입원했다. 病院に入院した。
びょういん にゅういん

○ 나는 병원에 입원해 있다. 私は病院に入院している。
にゅういん

○ 나는 지금 병원에서 치료를 받고 私は今、病院で治療を受けているところだ。
있는 중이다. いま ちりょう う

○ 의사의 치료를 받고 있다. 医者の治療を受けている。
いしゃ ちりょう

○ 의사가 내 당뇨병을 치료했다. 医者が私の糖尿病を治療した。
とうにょうびょう

○ 약물 치료를 하고 있다. 薬物治療をしている。
やくぶつちりょう

○ 나는 항생제 치료를 계속해야 했다. 私は抗生剤の治療を続けなければならなかった。
こうせいざい ちりょう つづ

○ 방사선 치료를 받았다. 放射線治療を受けた。
ほうしゃせんちりょう う

○ 링거 주사를 맞았다. リンゲル注射を打った。
ちゅうしゃ う

○ 1주일을 꼬박 침대에 누워 있었다. 1週間ずっと、ベットに横になっていた。
しゅうかん よこ

○ 내 입원 소식을 듣고 친구들은 私の入院の知らせを聞いた友達はとても驚いた。
깜짝 놀랐다. にゅういん し き ともだち おどろ

○ 나는 2주 동안 병원에 입원해 있었다. 私は2週間病院に入院していた。
しゅうかんびょういん

○ 친구들이 병문안을 왔다. 友達がお見舞いに来てくれた。
ともだち みま き

○ 그들은 내게 쾌유를 비는 카드를 주었다. 彼らは私にお見舞いのカードをくれた。
かれ

○ 그들은 꽃과 먹을 것을 사 가지고 왔다. 彼らは花と食べ物を買って来た。
はな た もの か き

회복

○ 곧 건강해졌으면 좋겠다. 早くよくなったらいいと思う。
はや おも

○ 상태가 좋아지기를 바라고 있다. 状態がよくなることを願っている。
じょうたい ねが

○ 증세가 점점 좋아지고 있다. 症状が少しずつよくなってきている。
しょうじょう すこ

○ 상태가 눈에 띄게 좋아졌다.　　　状態が目につくほどよくなった。
　　　　　　　　　　　　　　　じょうたい　め

○ 의사가 효과적인 식이요법을　　　医者が効果的な食事療法を教えてくれた。
　알려 주셨다.　　　　　　　　　いしゃ　こうかてき　しょくじりょうほう　おし

○ 적절한 치료를 받는 것을 게을리　適切な治療を受けることを怠らなかった。
　하지 않았다.　　　　　　　　　てきせつ　ちりょう　う　　　　　　　おこた

○ 병이 나았다.　　　　　　　　　病気が治った。
　　　　　　　　　　　　　　　びょうき　なお

○ 의사의 치료 덕분에 완쾌되었다.　医者の治療のおかげで完治した。
　　　　　　　　　　　　　　　いしゃ　ちりょう　　　　　　かんち

○ 병이 말끔히 나아 다시 건강을 회복했다.　病気がすっかりよくなって、再び健康を回復した。
　　　　　　　　　　　　　　　びょうき　　　　　　　　ふたた　けんこう　かいふく

○ 병을 앓고 나서 다시 건강을 찾았다.　病気になって、また健康を取り戻した。
　　　　　　　　　　　　　　　びょうき　　　　　　　　　　　と　もど

○ 완전히 회복되지는 않았다.　　　完全に回復していなかった。
　　　　　　　　　　　　　　　かんぜん　かいふく

○ 진료비를 냈다.　　　　　　　　診療費を支払った。
　　　　　　　　　　　　　　　しんりょうひ　しはら

○ 병원에서 퇴원했다.　　　　　　病院を退院した。
　　　　　　　　　　　　　　　びょういん　たいいん

한의원 치료

○ 한의원에 갔다.　　　　　　　　韓方医院〔病院〕に行った。
　　　　　　　　　　　　　　　かんぽういいん　びょういん　い
　　　　　　　❖일본과 중국은 「漢医学」를 쓰고, 우리나라는 「韓医学(중국에서 전래되어

　　　　　우리나라에서 독자적으로 발달한 의학)」을 씀. 漢方＝韓方는 혼용해도 무방함.
　　　　　　　　　　　　　　　　　　　　　　かんぽう　かんぽう

○ 한의사가 맥박을 쟀다.　　　　　韓方医院〔病院〕の先生が脈拍をとった。
　　　　　　　　　　　　　　　　　　　　　せんせい　みゃくはく

○ 침을 맞았다.　　　　　　　　　針治療をした。
　　　　　　　　　　　　　　　はりちりょう

○ 그리 많이 아프지 않았다.　　　そんなに痛くはなかった。
　　　　　　　　　　　　　　　　　　　いた

○ 한의원 치료는 부작용이 없어서 좋다.　韓方医院〔病院〕の治療は副作用がなくていい。
　　　　　　　　　　　　　　　　　　　　　ちりょう　ふくさよう

○ 나는 감기에 걸리면 갈근탕을 먹는다.　私は風邪にかかると葛根湯を飲む。
　　　　　　　　　　　　　　　　　かぜ　　　　　かっこんとう　の

○ 건강을 위해 일년에 두 번 한약을 먹는다.　健康のために1年に2回韓方薬を飲む。
　　　　　　　　　　　　　　　けんこう　　　　　　　　かいかんぽうやく　の

○ 엄마가 나를 위해 한약을 달이셨다.　母が私のために韓方薬を煎じてくれた。
　　　　　　　　　　　　　　　はは　　　　　　　　　せん

○ 한약은 너무 써서 싫다.　　　　韓方薬はとても苦くていやだ。
　　　　　　　　　　　　　　　　　　　　　にが

○ 요즘 나는 보약을 먹고 있다.　　最近私は補薬を飲んでいる。
　　　　　　　　　　　　　　　さいきん　ほやく　の

18 약

-내복약		캡슐	カプセル
가루약	粉薬こなぐすり	피임약	避妊薬ひにんやく
감기약	風邪薬かぜぐすり	한약	韓方薬かんぽうやく
과립	顆粒かりゅう	항생제	抗生剤こうせいざい
두통약	頭痛薬ずつうやく	항암제	抗こぅガン剤ざい
변비약	便秘薬べんぴやく	해열제	解熱剤げねつざい
비타민제	ビタミン剤ざい	-외용약	
소화제	消化剤しょうかざい	거즈	ガーゼ
수면제	睡眠薬すいみんやく	밴드	バンドエイド
시럽	シロップ	붕대	包帯ほうたい
신경안정제	精神安定剤せいしんあんていざい	소독약	消毒液しょうどくえき
아스피린	アスピリン	안약	目薬めぐすり
알약	錠剤じょうざい	연고	軟膏なんこう
위장약	胃腸薬いちょうやく	좌약	座薬ざやく
진통제	痛いたみ止どめ	파스	貼はり薬ぐすり

처방전

○ 처방전을 가지고 약국에 갔다.　　処方せんを持って、薬局に行った。
　　　　　　　　　　　　　　　　しょほう　　も　　　　やっきょく　い

○ 약사가 처방전대로 약을 지어 주었다.　薬剤師が処方せんの通りに薬を調合してくれた。
　　　　　　　　　　　　　　　　　　　やくざいし　とお　　　くすり　ちょうごう
　　　　　　　　　　　　　　　　　　　❖調合してくれる : 지어 주다.

○ 고통을 덜어줄 약이 필요했다.　　苦痛をやわらげる薬が必要だった。
　　　　　　　　　　　　　　　　く つう　　　　　　　　ひつよう
　　　　　　　　　　　　　　　　❖やわらげる : 완화시키다.

○ 처방전 없이 약을 살수 없었다.　　処方せんなしで、薬を買うことができなかった。
　　　　　　　　　　　　　　　　しょほう　　　　　　　　　か

○ 처방전 없이 살수 있는 약을　　処方せんなしで、買うことのできる薬をいくつか買った。
　　몇 가지 샀다.

○ 그 시럽은 처방전 없이 살수 있는　　そのシロップは処方せんなしで、
　　약이다.　　　　　　　　　　買うことのできる薬だ。
　　　　　　　　　　　　　　　　か

○ 약국에서 소독약, 붕대, 밴드를 샀다.　薬屋で消毒液、包帯、バンドエイドを買った。
　　　　　　　　　　　　　　　　　くすりや　しょうどくえき　ほうたい

복용법

○ 약사가 약을 하루에 세 번 먹어야 한다고 했다.	薬剤師が薬を1日に3回飲まなければならないと言った。
○ 그는 식사하기 30분 전에 약을 두 알씩 먹으라고 말씀하셨다.	彼は食事の30分前に薬を2錠ずつ飲みなさいとおっしゃった。
○ 나는 시럽보다 알약 먹기가 더 좋다.	私はシロップより錠剤が飲みやすい。
○ 약을 6시간마다 먹었다.	薬を6時間ごとに飲んだ。
○ 그 약은 공복에 먹어야 했다.	その薬は空腹時に飲まなければならなかった。
○ 약이 매우 쓴맛이 났다.	薬がとても苦い味がした。

약효

○ 그 약을 먹으니 졸렸다.	その薬を飲むと眠くなった。
○ 그 약은 졸음을 일으킨다.	その薬は眠気を起こさせる。
○ 약을 먹고 좀 나아졌다.	薬を飲んだら、少しよくなった。
○ 그 약을 먹으니 몸이 좀 나아졌다.	その薬を飲んだら、体の調子が少しよくなった。
○ 그 약은 효과가 좋은 것 같았다.	その薬は効き目がいいようだった。
○ 그 약은 효과가 좋았다.	その薬は効き目がよかった。
○ 그 약은 효능이 좋았다.	その薬は効能がよかった。
○ 그 약을 먹자마자 효력이 나타났다.	その薬を飲むやいなや効力が現われた。 ❖飲むやいなや/飲むとすぐに：먹자마자.
○ 그 약은 내게 즉각적인 효과를 나타냈다.	その薬は私に迅速な効果を現わした。
○ 그 약은 즉시 약효를 나타냈다.	その薬はすぐに薬効を現わした。
○ 그 약은 신기하게 잘 들었다.	その薬は不思議によく効いた。
○ 타이레놀 한 알이 내 두통을 말끔히 씻어 주었다.	タイレノール1錠が、私の頭痛をすっかり洗い流してくれた。
○ 아스피린을 먹은 후 통증이 약해졌다.	アスピリンを飲んだ後、痛みがやわらいだ。

○ 그것이 그 병에는 특효약이다. その病気にはそれが特効薬だ。
                                   びょうき   とっこうやく

○ 약의 부작용이 있었다. 薬の副作用があった。
                          くすり ふくさよう

○ 그 약은 아무런 효과가 없었다. その薬は何の効果もなかった。
                                  くすり なん こうか

○ 문제가 심각하지 않을 때는 종종 問題が深刻でないときは、たまに民間治療法を使う。
  민간치료법을 사용한다.   もんだい しんこく   みんかん ち りょうほう つか

○ 좋은 약은 입에 쓰나 몸에는 좋다. いい薬は口に苦いが、体にはいい。
                                 くすり くち にが   からだ

○ 웃음이 약이다. 笑いが薬だ。
                  わら

風邪

4月9日　月曜日　曇り

長い間正体を隠していた風邪のウイルスが帰ってきた。風邪のウイルスは、インターネットで連載されている漫画のひとつのキャラクターだ。彼は、人の形をしているが、目、鼻、口はなく、「風邪」と書いてあって、体全体が青い色だ。その漫画でウイルスは毎年冬になるたびに主人公を訪ねてくる。不幸にも私が試験勉強をしなければならない時期に、この風邪のウイルスが帰ってきたわけだ。昨日父に電話をしたら、「このごろ、ちゃんと試験勉強しているか。風邪をひかないように注意しなさい。」と言われた。試験の前に風邪をひくことはめったにないが、今学期は風邪をひいてしまった。今は息をするのも大変だ。一日中鼻水が出て、頭痛もひどかった。試験を台無しにしてしまうような気がする。あーそんな！お願いだから、早く出ていってくれたらと思う。

감기

4월 9일, 월요일, 흐림

오랫동안 자취를 감췄던 감기군이 돌아왔다. 감기군은 인터넷으로 연재되는 만화 일기의 한 캐릭터이다. 그는 사람 모양을 했지만, 눈코입은 없고 얼굴에 '감기'라고 적혀 있으며 온몸이 파란색이다. 그 만화에서 그는 매년 겨울마다 주인공에게 찾아온다. 불행히도 내가 시험 준비를 하고 있을 때 감기군이 찾아온 것이다. 어제 아빠께 전화를 하자 아빠는 "요즘 시험 공부하고 있니? 감기에 걸리지 않도록 조심해라"라고 말씀하셨다. 시험 전에 감기에 걸리는 건 극히 드문 일인데, 이번 학기에는 감기에 걸리고 말았다. 지금은 숨 쉬기도 어렵다. 하루 내내 콧물이 흐르고 두통도 심했다. 시험을 망칠 것 같은 기분이 든다. 아! 안돼! 제발 하루라도 빨리 떠나 줬으면 좋겠다.

NOTES

正体しょうたいを隠かくす 자취를 감추다 | 訪たずねてくる 찾아오다 | 不幸ふこうにも 불행히도 | 風邪かぜをひく 감기에 걸리다 (= 風邪かぜにかかる) | めったにない 거의 없다 | 台無だいなしにする 망치다

CHAPTER

13

학교 생활

1. 학교
2. 수업
3. 공부
4. 시험
5. 성적
6. 선생님
7. 영어
8. 숙제
9. 학원 · 과외
10. 방학
11. 대학 입시
12. 대학 생활
DIARY 13

01 학교

학 교 의 종 류

유치원	幼稚園ようちえん	실업고교	実業高校じつぎょうこうこう
어린이집	保育園ほいくえん	대안학교	オルタナティブスクール
초등학교	小学校しょうがっこう	2년제 대학	専門大学せんもんだいがく・
중학교	中学校ちゅうがっこう		短期大学たんきだいがく
고등학교	高校こうこう・高等学校こうとうがっこう	대학교	大学だいがく
공업고교	工業高校こうぎょうこうこう	종합대학	総合大学そうごうだいがく
농업고교	農業高校のうぎょうこうこう	대학원	大学院だいがくいん
상업고교	商業高校しょうぎょうこうこう		

우리 학교

○ 나는 고등학교에 다닌다.　　私は高校に通っている。
　　　　　　　　　　　　　　こうこう　かよ
　　　　　　　　　　　　　❖学校に通う : 학교에 통학하다.

○ 나는 한국중학교 학생이다.　　私は韓国中学校の学生だ。
　　　　　　　　　　　　　　ちゅうがっこう　がくせい

○ 나는 사립학교에 다니고 있다.　私は私立の学校に通っている。
　　　　　　　　　　　　　　しりつ　がっこう　かよ

○ 나는 공립학교에 다니고 있다.　私は公立の学校に通っている。
　　　　　　　　　　　　　　こうりつ

○ 나는 고등학교 2학년 2반 2번이다.　私は高校の2年2組2番だ。
　　　　　　　　　　　　　　こうこう　ねん　くみ　ばん
　　　　　　　　　　　　　❖組 : 학급, 반.

○ 나는 친구들과 놀 수 있어서　　私は友達と遊べるので、学校に行くのが好きだ。
　학교 가는 것을 좋아한다.　　　ともだち　あそ　　　　がっこう　い　　　　す

○ 나는 공부하는 것이 싫어서　　私は勉強するのが嫌いなので、学校に行くのが
　학교 가는 것이 싫다.　　　　　べんきょう　　　　きら　　　　　がっこう
　　　　　　　　　　　　　　嫌いだ。

○ 우리 학교는 폭력이 없어서 좋다.　私達の学校は暴力がないのでいい。
　　　　　　　　　　　　　　ぼうりょく

○ 우리 학교는 폭력으로부터 안전하다.　私達の学校は暴力から守られている。
　　　　　　　　　　　　　　　　　　まも

○ 우리 학교는 어떤 때는 즐겁고,　私達の学校はあるときは楽しく、
　어떤 때는 매우 힘들다.　　　　　　　　　　　たの
　　　　　　　　　　　　　　あるときはとても大変だ。
　　　　　　　　　　　　　　　　　　　たいへん

하루 일과

○ 우리 학교는 8시에 시작된다.　　私達の学校は8時に始まる。

○ 학교 수업은 아침 8시부터 오후　　学校の授業は朝8時から午後6時まである。
　6시까지 있다.

○ 우리는 매시간 10분씩 쉰다.　　私達は1時間ごとに10分ずつ休む。

○ 4교시가 끝나고 한 시간 동안　　4時間目が終わったら、1時間昼食時間がある。
　점심시간이 있다.

○ 정규 수업은 하루 6시간이다.　　正規授業は1日6時間だ。

○ 정규 수업이 끝나고 보충 수업을 받는다.　　正規授業が終わって、補習授業を受ける。

○ 방과 후에는 학과 외의 특별 활동에　　放課後には学科外の特別活動に参加する。
　참여한다.

○ 5시 30분에 수업이 모두 끝난다.　　5時30分に授業がすべて終わる。

○ 오후 수업이 끝나고 함께 교실을　　午後の授業が終わって、いっしょに教室を掃除する。
　청소한다.

○ 나는 저녁 7시에 학교에서 돌아온다.　　私は夕方7時に学校から帰ってくる。

○ 오늘 학교에서 재미있었다.　　今日学校でおもしろいことがあった。

○ 나는 학교에서의 틀에 박힌　　私は型にはまった学校での日常にうんざりしている。
　일상이 지겹다.

　　❖型にはまる : 틀에 박히다.

○ 내일은 학교가 논다.　　明日は学校が休みだ。

교칙

○ 학교에서는 교복을 입어야 한다.　　学校では制服を着なければならない。

○ 교복 재킷에 명찰을 단다.　　制服のジャケットに名札をつける。

○ 우리 학교는 머리에 대해 교칙이　　私達の学校は頭髪に対しての校則がとても厳しい。
　아주 엄격하다.

○ 머리를 짧게 해야 한다.　　頭髪を短くしなければならない。

| 염색이 허용되지 않는다. | 髪を染めることは認められない。 |

髪(かみ) 染(そ) 認(みと)

| 머리 염색은 학교 규칙에 어긋난다. | 髪を染めることは学校の規則に違反する。 |

学校(がっこう) 規則(きそく) 違反(いはん)

| 학교 안에서는 슬리퍼를 신는다. | 学校のなかではスリッパを履く。 |

履(は)

| 실내화를 신고 교문 밖으로 나가면 안 된다. | 上履きをはいて校門の外に出てはいけない。 |

上履(うわば) 校門(こうもん) 外(そと) 出(で)

| 나는 항상 학교 규칙을 지키려고 노력한다. | 私はいつも学校の規則を守ろうと努力している。 |

学校(がっこう) 規則(きそく) 守(まも) 努力(どりょく)

| 가끔 학교 규칙을 어긴다. | ときどき学校の規則を破る。 |

破(やぶ)

등교

| 우리 집은 학교에서 꽤 멀다. | 私の家は学校からかなり遠い。 |

家(いえ) 学校(がっこう) 遠(とお)

| 엄마가 차로 데려다 주신다. | 母が車で送ってくれる。 |

母(はは) 車(くるま) 送(おく)

| 엄마가 버스 정거장까지 태워 주신다. | 母がバス停まで乗せてくれる。 |

停(てい) 乗(の)

| 아빠가 학교 앞에 내려 주신다. | 父が学校の前で降ろしてくれる。 |

父(ちち) 学校(がっこう) 前(まえ) 降(お)

| 나는 버스로 학교에 다닌다. | 私はバスで学校に通う。 |

通(かよ)

| 나는 등교할 때 스쿨버스를 이용한다. | 私は登校するときスクールバスを利用する。 |

登校(とうこう) 利用(りよう)

| 종로에서 다른 버스로 갈아타야 한다. | チョンノで、他のバスに乗り換えなければならない。 |

他(ほか) 乗(の)換(か)

| 나는 자전거로 학교에 다닌다. | 私は自転車で学校に通っている。 |

自転車(じてんしゃ) 学校(がっこう) 通(かよ)

| 우리 학교는 집에서 그리 멀지 않다. | 私達の学校は家からそんなに遠くない。 |

家(いえ) 遠(とお)

| 나는 걸어서 학교에 다닌다. | 私は歩いて学校に通っている。 |

歩(ある) 学校(がっこう) 通(かよ)

| 우리 학교는 집에서 걸어서 2분 거리이다. | 私達の学校は家から歩いて2分の距離だ。 |

家(いえ) 分(ふん) 距離(きょり)

| 걸어 다닐 수 있는 거리이다. | 歩いて通える距離だ。 |

通(かよ)

출석

| 늦잠을 자서 지각을 했다. | 朝寝坊をして、遅刻した。 |

朝寝坊(あさねぼう) 遅刻(ちこく)

○ 늦어서 학교로 급히 뛰어갔다. 　遅れたので、急いで学校に走っていった。
　　　　　　　　　　　　　　　　おく　　　　　いそ　　がっこう　　はし

○ 다시는 지각을 하지 않겠다고 약속했다. 　二度と遅刻をしないと約束した。
　　　　　　　　　　　　　　　　　　　　に　ど　　ちこく　　　　　　やくそく

○ 교통이 막혀 지각했다. 　道が混んで遅刻をした。
　　　　　　　　　　　　みち　こ

○ 지각을 하지 말라는 주의를 받았다. 　遅刻をするなと注意をされた。
　　　　　　　　　　　　　　　　　　　　　　　　ちゅうい

○ 이제부터 시간을 잘 지킬 것이다. 　今から時間をよく守るつもりだ。
　　　　　　　　　　　　　　　　いま　　じかん　　まも

○ 학교를 조퇴했다. 　学校を早退した。
　　　　　　　　　がっこう　そうたい

○ 학교가 끝나기 전에 집에 왔다. 　学校が終わる前に家に帰った。
　　　　　　　　　　　　　　　　お　　まえ　いえ　かえ

○ 수업시간을 빼먹었다. 　授業をサボった。
　　　　　　　　　　　じゅぎょう

○ 학교에 결석했다. 　学校を欠席した。
　　　　　　　　　　けっせき

○ 아무 이유 없이 학교에 가지 않았다. 　何の理由もなく学校に行かなかった。
　　　　　　　　　　　　　　　　　　　なん　りゆう　　　　　　　　い

○ 며칠 동안 무단으로 학교를 결석했다. 　何日か無断で学校を欠席した。
　　　　　　　　　　　　　　　　　　　なんにち　むだん　　　　　　けっせき

학적

○ 올해 학교에 입학했다. 　今年学校に入学した。
　　　　　　　　　　　ことし　がっこう　にゅうがく

○ 학교를 전학 갔다. 　学校を転校した。
　　　　　　　　　　がっこう　てんこう

○ 한 학기를 휴학 중이다. 　1学期を休学中だ。
　　　　　　　　　　　　がっき　きゅうがくちゅう

○ 곧 복학할 예정이다. 　すぐに復学する予定だ。
　　　　　　　　　　　　　　　ふくがく　　　よてい

○ 학교를 그만두고 싶다. 　学校をやめたい。
　　　　　　　　　　　がっこう

○ 학교를 그만두게 되었다. 　学校をやめた。

○ 정학당했다. 　停学になった。
　　　　　　　ていがく

○ 퇴학당했다. 　退学させられた。
　　　　　　　たいがく

○ 학교를 졸업했다. 　学校を卒業した。
　　　　　　　　　　そつぎょう

13 학교생활

425

02 수업

가정	家庭かてい	영어	英語えいご
과학	科学かがく	윤리	倫理りんり
국어	国語こくご	음악	音楽おんがく
기술	技術ぎじゅつ	일본어	日本語にほんご
도덕	道徳どうとく	중국어	中国語ちゅうごくご
문학	文学ぶんがく	지구과학	地球科学ちきゅうかがく
물리	物理ぶつり	지리	地理ちり
미술	美術びじゅつ	체육	体育たいいく
사회	社会しゃかい	컴퓨터	コンピューター
생물	生物せいぶつ	프랑스어	フランス語ご
세계사	世界史せかいし	한문	漢文かんぶん
수학	数学すうがく	화학	化学かがく
역사	歴史れきし		

출석 확인

○ 선생님께서 출석을 부르셨다.　　　先生が出席をとった。
　　　　　　　　　　　　　　　　せんせい　しゅっせき

○ 선생님께서 학생들 출석을 확인하셨다.　先生が生徒の出席を確認された。
　　　　　　　　　　　　　　　　　　せいと　しゅっせき　かくにん

○ 큰 소리로 대답했다.　　　　　　大きい声で返事をした。
　　　　　　　　　　　　　　　おお　こえ　へんじ

○ 친구 대신 대답을 했다.　　　　友達の変わりに返事をした。
　　　　　　　　　　　　　ともだち　か

○ 선생님께서 눈치 채지 못하셨다.　先生に気付かれなかった。
　　　　　　　　　　　　　　せんせい　きづ

○ 모든 학생이 출석했다.　　　　すべての生徒が出席した。
　　　　　　　　　　　　　　　せいと　しゅっせき

○ 결석생이 없었다.　　　　　　欠席した生徒がいなかった。
　　　　　　　　　　　けっせき

○ 한 명이 결석했다.　　　　　　ひとり欠席した。

○ 선생님께서 그가 왜 결석했는지　先生が彼がなぜ欠席したのか、私達に聞いた。
　　우리에게 물으셨다.　　　　　　かれ　　　　　　　　　　　き

○ 우리는 그가 결석한 이유를 몰랐다.　私達は彼が欠席した理由を知らなかった。
　　　　　　　　　　　　　　　　けっせき　りゆう　し

○ 오늘 수학 수업은 매우 흥미로웠다.　今日の数学の授業はとても面白かった。

○ 나는 수학을 잘 한다.　私は数学が得意だ。

○ 나는 수리능력이 좋다.　私は数理能力がある。

○ 수학에 관한 한 나는 많은 것을 알고 있다.　数学に関することなら、
私はいろんなことを知っている。

○ 나는 숫자 계산을 잘 못한다.　私は計算が不得意だ。
❖不得意 : 잘 못함.

○ 문제를 풀었다.　問題を解いた。

○ 나는 영어 수업을 듣는 것이 재미있다.　私は英語の授業を聞くのがおもしろい。

○ 나는 영어를 제외하고는 모든
과목이 싫다.　私は英語を除いて、すべての科目が嫌いだ。

○ 화학 시간에 화학 실험을 했다.　化学の時間に化学実験をした。

○ 오늘 사회 시간에는 종교적인
문제점에 대해 공부했다.　今日、社会の時間に宗教的な問題点について、
勉強した。

○ 체육 선생님께서 줄넘기 하는
법을 가르쳐 주셨다.　体育の先生がなわとびの仕方を教えてくださった。

○ 미술 시간에 만들기를 했다.　美術の時間に工作をした。

○ 미술 시간에 찰흙으로 동물을 만들었다.　美術の時間に粘土で動物を作った。

○ 나는 뭘 만드는 데 소질이 없다.　私は何かを作る素質がない。
❖素質がある : 소질이 있다.

○ 컴퓨터 선생님께서 인터넷에서
유용한 사이트를 이용하는 방법을
가르쳐 주셨다.　コンピューターの先生がインターネットで有用な
サイトを利用する方法を教えてくださった。

○ 나는 인터넷에서 무언가를 검색하는
척하면서 친구들과 채팅을 했다.　私はインターネットで何かを検索するふりをして、
友達とチャットをした。
❖~するふりをして : ~하는 척하면서.

○ 오늘 갑자기 쪽지 시험을 봤다.　今日、突然簡単な試験を受けた。

○ 문제 해결을 위해 조별로 토론을 했다. | 問題解決のため、グループごとに討論をした。
もんだいかいけつ とうろん

○ 오늘의 토론 주제는 종교에 관한 | 今日の討論の主題は宗教に関することだった。
것이었다. | きょう しゅだい しゅうきょう かん

○ 5명씩 조를 짜서 그 주제에 대해 | 5人ごとに組になって、その主題に対して討論をした。
토론을 했다. | にん くみ たい

○ 나는 토론에 적극적으로 참여했다. | 私は討論に積極的に参加した。
せっきょくてき さんか

○ 우리는 정말 열띤 토론을 벌였다. | 私達は本当に熱い討論をした。
ほんとう あつ

○ 나는 그 문제의 중요성을 강조했다. | 私はその問題の重要性を強調した。
もんだい じゅうようせい きょうちょう

○ 아무도 내 의견을 귀담아 듣지 | 誰も私の意見に耳を傾けてくれていないようだった。
않는 것 같았다. | だれ いけん みみ かたむ

❖耳を傾ける : 귀담아 듣다.

○ 그들은 내 생각에 동의하지 않았다. | 彼らは私の考えに同意しなかった。
かれ かんが どうい

○ 그것에 대한 의견을 더 듣고 싶었다. | それに対する意見をもっと聞きたかった。
たい いけん き

○ 다른 친구들의 의견을 귀 기울여 들었다. | 他の友達の意見に耳を傾けた。
ほか ともだち みみ かたむ

○ 그들의 의견에 열심히 귀를 기울였다. | 彼らの意見を一生懸命聞いた。/
いけん いっしょうけんめい き
彼らの意見に一生懸命耳を傾けた。
みみ かたむ

○ 내 생각을 조리 있게 설명했다. | 私の考えを筋道立てて説明した。
かんが すじみちた せつめい

○ 나는 그의 제안에 찬성했다. | 私は彼の提案に賛成した。
かれ ていあん さんせい

○ 우리는 만장일치로 그의 아이디어에 | 私達は満場一致で彼のアイディアに同意した。
동의했다. | まんじょういっち どうい

○ 나는 그것에 전적으로 찬성했다. | 私はそれに対して全面的に賛成した。
たい ぜんめんてき さんせい

○ 나는 그의 의견에 반대했다. | 私は彼の意見に反対した。
いけん はんたい

○ 다음 주에 발표할 것을 준비하고 있다. | 来週に発表することを準備している。
らいしゅう はっぴょう じゅんび

○ 조사해야 할 자료가 많았다. | 調査すべき資料が多かった。
ちょうさ しりょう おお

○ 드디어 발표할 준비가 끝났다. やっと発表する準備が終わった。

○ 나는 수업 시간에 전교 학생 앞에서 私は授業時間に全校生徒の前で発表をした。
발표를 했다.

○ 모두의 시선이 나에게 집중되었다. みんなの視線が私に集中した。

○ 웃음거리가 될까봐 걱정이 되었다. 笑い物になるかも知れないと心配になった。

○ 긴장되었지만 잘 해냈다. 緊張したが、うまくやり遂げた。

○ 너무 초조해서 손이 떨렸다. とても焦って、手が震えた。

○ 자신감 있게 내 의견을 발표했다. 自信満々に〔堂々と〕自分の意見を発表した。

○ 선생님 앞에서 발표하기가 참 어려웠다. 先生の前で発表するのがとても大変だった。

○ 선생님이 내게 자신감을 더 가지라고 先生が私に、自信をもっと持ちなさいと
조언해 주셨다. 助言してくださった。

13 학교생활

수업 이해하기

○ 선생님께서 그 내용을 충분히 先生がその内容を十分に説明してくださった。
설명해 주셨다.

○ 선생님의 설명을 잘 이해했다. 先生の説明をよく理解した。

○ 선생님의 설명이 내겐 너무 어려워서 先生の説明が私にはとても難しくて、
이해하지 못했다. 理解できなかった。

○ 처음에는 선생님께서 무슨 설명을 最初は先生が何の説明をされているのか
하시는지 이해할 수가 없었다. 理解することができなかった。

○ 선생님께서 요점을 자세히 先生が要点を詳しく説明してくださった。
설명해 주셨다.

○ 그가 한 말이 무슨 말인지 갈피를 彼の話が何の話なのか、要点をつかむことが
잡을 수가 없었다. できなかった。

○ 그것을 이해할 수가 없었다. それを理解することができなかった。

○ 그것을 알아들을 수가 없었다. それが何のことか分からなかった。/
それを理解しながら聞き取ることができなかった。

○ 그 문제가 이해가 되지 않았다.   その問題の理解ができなかった。

○ 내 능력 밖이었다.   私の能力外だった。

○ 의미를 파악할 수가 없었다.   意味を把握できなかった。

○ 내 이해력의 한계를 넘어선 것이었다.   私の理解力の限界を越えたものだった。

○ 모든 것이 이해가 되지 않았다.   すべてが理解できなかった。

○ 그가 무슨 말을 하는 지 전혀
  알아들을 수가 없었다.   彼が何のことを行っているのか全然わからなかった。

○ 그 수업을 따라갈 수가 없었다.   その授業についていけなかった。

○ 선생님의 설명을 다시 듣고 나니
  이해가 되었다.   先生の説明をもう一度聞いたら、理解ができた。

수업 태도

○ 선생님께서 말씀하시는 것에
  집중하려고 노력했다.   先生がおっしゃることに集中しようと努力した。

○ 수업 시간 중에 친구에게 장난을 쳤다.   授業中に友達にいたずらをした。

○ 수업 시간에 옆 짝과 이야기를 했다.   授業中に隣の友達と話をした。

○ 선생님의 말씀에 주의를 기울이지
  않았다.   先生のおっしゃることに注意を傾けなかった。

○ 교과서를 보는 척하면서 만화책을
  읽었다.   教科書を見るふりをしながら、マンガの本を読んだ。

○ 머리가 아파서 양호실에 갔다.   頭が痛くて、保健室に行った。

○ 수업 시간에 주의가 산만했다.   授業中に気が散った。

○ 나는 선생님의 지시를 따르지 않았다.   私は先生の指示に従わなかった。

졸음

○ 수업 시간에 자지 않으려고 노력한다.   授業中に寝ないように努力する。

○ 한 시간 내내 선생님의 설명을 듣고만 있으려니 졸음이 밀려 왔다.

1時間もの間、先生の説明を聞いてばかりいたら、眠気が押し寄せた。

○ 지루한 수업 때문에 너무 졸렸다.

退屈な授業のせいでとても眠かった。

○ 수업 시간에 졸았다.

授業中に居眠りした。

○ 깜빡 졸았다.

うっかり眠った。

○ 수업 시간 내내 졸았다.

授業中、ずっとうとうとした。

○ 졸음을 쫓으려고 애썼다.

眠気を覚まそうと苦労した。
❖眠気を覚ます : 졸음을 쫓다.

○ 지루해 죽을 뻔했다.

退屈で死にそうだった。

○ 수업이 끝나갈 무렵 잠이 들었다.

授業が終わりかけた頃に眠りについた。

○ 뭔가 변화가 필요하다.

何か変化が必要だ。

칭찬

○ 우리 선생님은 학생들이 착한 일을 하면 늘 칭찬해 주신다.

私達の先生は、生徒がいいことをすると、いつも誉めてくださる。

○ 담임 선생님께서 교실 청소를 잘한다고 칭찬해 주셨다.

担任の先生が教室の掃除が上手だと誉めてくださった。

○ 선생님께 칭찬을 들었다.

先生に誉められた。

○ 잘했다고 등을 두드려 주셨다.

よくできたと、背中を叩いてくださった。

○ 나에 대해 극찬을 해 주셨다.

私に対する絶賛をしてくださった。

○ 나를 매우 칭찬해 주셨다.

私をとても誉めてくださった。

○ 내가 시간을 잘 지킨다고 칭찬해 주셨다.

私が時間をよく守ると誉めてくださった。

○ 칭찬의 말을 들으니 기분이 좋았다.

誉め言葉を聞いて、気分がよかった。

○ 칭찬을 받자 기분이 우쭐해졌다.

誉められて、気分が舞い上がった。

○ 그분은 우리에게 칭찬을 함으로써 항상 용기를 북돋아 주신다.

その方は私達を誉めることによって、いつも勇気を引き立たせてくださる。

○ 선생님께 꾸중을 들었다.   先生に小言を言われた。/ 先生に叱られた。

○ 나는 나쁜 행동으로 호된   私は悪いことをして、ひどく叱られた。
　꾸지람을 받았다.

○ 선생님께서 지각한 학생들을   先生が遅刻した生徒を叱ってくださった。
　혼내 주셨다.

○ 담임 선생님께 거짓말을 해서   担任の先生に、うそをついて叱られた。
　꾸중을 들었다.

○ 꾸지람을 받아서 부끄러운 생각이   叱られて、恥ずかしく思った。
　들었다.

○ 우리 선생님은 문제 학생을   私達の先生は問題の生徒にお仕置きをされる。
　매로 때리신다.

        ❖お仕置きをする/体罰を与える：매로 때리다.

○ 선생님께서 회초리로 손바닥을 때리셨다.   先生が細い棒で手のひらを叩いた。

○ 나는 선생님께 종아리를 맞았다.   私は先生からふくらはぎを叩かれた。

○ 나는 선생님과 문제가 많다.   私は先生との問題をたくさん抱えている。

○ 수업 시간에 떠들어서 미술 선생님께   授業中に騒いで、美術の先生に罰を受けた。
　벌을 받았다.

○ 그는 우리의 잘못을 바로잡기 위해   彼は私達の過ちを直すために罰してくださった。/
　벌을 주셨다.   彼は私達が過ちを繰り返さないように
　 罰してくださった。

선생님의 질문

○ 선생님께서 우리에게 질문을   先生が私達にひとつ質問をされた。
　하나 하셨다.

○ 선생님의 질문에 대한 답을   先生の質問に対する答えを知っていた。
　알고 있었다.

○ 나는 자신감 있게 그 질문에 대답했다.   私は自信を持って、その質問に答えた。

○ 나는 선생님의 모든 질문에 정확한
　답을 하고 싶었다.

私は先生のすべての質問に正確に答えたかった。
せんせい　　　　　　　　　　　　せいかく

○ 내 대답은 모든 점에서 정확했다.

私の答えはすべての点で正確だった。
こた　　　　　　　てん

○ 정확하게 대답해서 선생님께
　칭찬을 받았다.

正確に答えたので先生に誉められた。
せいかく　こた　　　　　　せんせい　ほ

○ 기분이 너무 좋았다.

気分がとてもよかった。
き　ぶん

○ 선생님의 질문에 대답을 못했다.

先生の質問に答えられなかった。
せんせい　しつもん　こた

○ 틀린 대답을 했다.

間違った答えをした。/ 答えを間違えた。
ま　ちが　　こた　　　　　　　こた　　ま　ちが

○ 선생님께서 다른 학생에게 대답할
　기회를 주셨다.

先生が他の生徒に答える機会をくださった。
せんせい　ほか　せいと　こた　　き　かい

○ 나는 어려운 질문으로 선생님을
　곤란하게 만들었다.

私は難しい質問をして、先生を困らせた。
むずか　　しつもん　　　　　せんせい　こま

우등생

○ 나는 그가 다른 학생들보다 월등히
　뛰어나다고 생각한다.

私は彼が他の生徒よりずば抜けていると考える。
かれ　ほか　せいと　　　　ぬ　　　　　　かんが

❖ずば抜ける : 뛰어나게 우수하다.

○ 나는 그의 영리함의 비결이 무엇인지
　궁금하다.

私は彼の賢さの秘訣が何なのか気になる。
かしこ　　ひけつ　なん　　　　き

○ 그는 걸어다니는 백과사전이다.

彼は歩く百科事典だ。
ある　ひゃっか　じてん

○ 그는 다른 학생들보다 뛰어난 것 같다.

彼は他の学生よりずば抜けているようだ。
ほか　がくせい　　　　ぬ

○ 그는 성취동기가 강하다.

彼は負けず嫌いだ。
ま　　ぎら
❖負けず嫌い : 유달리 지기 싫어하는 성질.

○ 그는 정말 열심히 공부하는 학생이다.

彼は本当に熱心に勉強する学生だ。
ほんとう　ねっしん　べんきょう　がくせい

○ 그는 선생님께서 예뻐하는 학생이다.

彼は先生に可愛がられる学生だ。
せんせい　かわい

○ 때때로 그의 대답은 이치에 맞지
　않기도 했다.

ときどき、彼の答えは理にかなってなかったりした。
こた　　り

❖理にかなう : 이치에 맞다.

433

○ 그는 뭐든지 아는 체한다.　　　　彼は何でも知っているふりをする。

○ 그는 모든 것을 아는 듯이 말한다.　　彼はすべてのことを知っているように話す。

문제 학생

○ 그는 학교에서 자주 문제를 일으킨다.　彼は学校でよく問題を起こす。

○ 그는 항상 수업시간에 늦는다.　　　彼はいつも授業時間に遅れる。

○ 그는 밥 먹듯이 결석을 한다.　　　　彼はよく欠席をする。

○ 그는 가끔 수업을 빼먹는다.　　　　彼はときどき授業をサボる。

○ 그는 오후 수업을 땡땡이쳤다.　　　彼は午後の授業をサボった。

○ 그는 기분이 나쁘면 친구들을 때린다.　彼は気分が悪いと友達を殴る。

○ 그는 수업시간에 큰 소리로 떠든다.　彼は授業中に大声で騒ぐ。

○ 그는 복도를 뛰어다닌다.　　　　　彼は廊下を走り回る。

○ 그는 선생님들의 지시를 무시한다.　彼は先生たちの指示を無視する。

○ 그는 자주 학교를 빠진다.　　　　　彼はよく学校を休む。

○ 그는 절대 숙제를 하지 않는다.　　彼は絶対宿題をしない。

○ 그는 자기 하고 싶은 대로 한다.　　彼は自分がしたいようにする。

○ 그의 행동은 참 거칠다.　　　　　彼の行動は本当に荒っぽい。

○ 그는 무엇이든지 제멋대로이다.　　彼は何でも自分勝手だ。

○ 그는 항상 문제를 일으킨다.　　　彼はいつも問題を起こす。

○ 그는 선생님께 말대꾸를 자주 한다.　彼は先生に口答えをよくする。

○ 그는 타고난 반항아인 것 같다.　　彼は生まれつきの反抗児のようだ。

03 공부

공부

○ 나는 학교에서 공부를 잘한다.　　私は学校で勉強がよくできる。
　　　　　　　　　　　　　　　　　がっこう　　べんきょう

○ 나는 학교에서 공부를 못한다.　　私は学校で勉強がよくできない。

○ 공부를 게을리 했다.　　勉強を怠った。
　　　　　　　　　　　　おこた

○ 나는 중학생 시절에 별로 공부를　　私は中学校の時に、あまり勉強をしなかった。
　하지 않았다.　　　　　　　　　ちゅうがっこう　とき

○ 수학을 공부하려고 책을 폈다.　　数学を勉強しようと本を開いた。
　　　　　　　　　　　　　　　　すうがく　　　　　　ほん　ひら

○ 숙제 내준 문제들을 풀었다.　　宿題の問題を解いた。
　　　　　　　　　　　　　しゅくだい　もんだい　と

○ 영어를 복습했다.　　英語を復習した。
　　　　　　　　　えいご　ふくしゅう

○ 가끔 예습을 한다.　　ときどき予習をする。
　　　　　　　　　　　　　よしゅう

공부에 대한 다짐

○ 공부를 열심히 해야겠다고 다짐했다.　　勉強を熱心にしようと決心した。
　　　　　　　　　　　　　　　　　　べんきょう　ねっしん　　　　けっしん

○ 부모님을 기쁘게 해드리기 위해　　両親を喜ばせるために、一生懸命勉強をすべきだ。
　열심히 공부를 해야 한다.　　　りょうしん　よろこ　　　　いっしょうけんめい

○ 지금부터 열심히 공부할 것이다.　　今から一生懸命勉強するつもりだ。
　　　　　　　　　　　　　　　　いま

○ 학생으로서 해야 할 일이 매우 많다.　　学生として、すべきことがたくさんある。
　　　　　　　　　　　　　　　　　がくせい

○ 노력해서 해로운 것은 없는 것 같다.　　努力して害になることはないと思う。
　　　　　　　　　　　　　　　　どりょく　がい　　　　　　　　おも

○ 많은 내용을 외우려고 노력했다.　　多くの内容を覚えようと努力した。
　　　　　　　　　　　　　　　おお　　ないよう　おぼ

○ 각 과목 공부를 철저히 하는 것이　　各科目の勉強を徹底的にするのが重要だと思う。
　중요하다고 생각된다.　　　　　かくかもく　　　てっていてき　　　じゅうよう　おも

○ 아는 것이 힘이다.　　知っていることが力だ。
　　　　　　　　　　し　　　　　　ちから

○ 공든 탑이 무너지랴!　　努力したことは、決して無駄にならない。
　　　　　　　　　　　どりょく　　　　けっ　むだ

○ 구르는 돌에는 이끼가 끼지 않는다.　転がる石には、苔が生えない。

○ 뿌린 대로 거둔다.　蒔いただけ収穫できる。

공부하라는 말씀

○ 엄마는 공부에 대해 계속 잔소리를
하신다.

母は勉強に対していつも小言をおっしゃる。

○ 엄마의 끊임없는 잔소리에 짜증이 난다.

母の終りのない小言にいらいらする。

○ 우리 부모님은 내게 늘상 공부만
하라고 하신다.

私の両親は、私にいつも勉強だけしなさいとおっしゃる。

○ 엄마는 내가 무얼 하는지 항상 나를
지켜 보신다.

母は私が何をしているのかいつも見守っておられる。

○ 부모님께서 돌아다니지 말고 공부 좀
하라고 하셨다.

両親が遊び回らないで、ちょっと勉強をしなさいと
おっしゃった。

○ 부모님의 설교를 더 이상 듣고
싶지 않았다.

両親の説教をこれ以上聞きたくなかった。

○ 부모님이 나를 그냥 혼자 내버려
뒀으면 좋겠다.

両親が私を一人にしてくれたらいいと思う。

○ 우리 부모님은 나에게 할 수 있는 한
열심히 공부하라고 말씀하셨다.

私の両親は私にできるだけ一生懸命勉強しなさいと
おっしゃった。

○ 우리 부모님은 다음 시험에는 더
열심히 공부하라고 하셨다.

私の両親は次の試験の時は、もっと一生懸命
勉強しなさいとおっしゃった。

○ 그들의 기대를 저버리지 않도록
학업에 열중할 것이다.

彼らの期待を裏切らないように学業に専念するつもりだ。

❖期待を裏切る : 기대에 어긋나다.

○ 부모님을 실망시켜 드리지 않도록
학업에 열중할 것이다.

両親を失望させないように学業に専念するつもりだ。

436

04 시험

각종 시험

○ 우리는 1년에 네 번 시험을 치른다.　　私達は1年に4回テストを受ける。
　　　　　　　　　　　　　　　　　　　　　　　　 ねん　　　かい　　　　　　　う

○ 학기마다 우리는 중간 및 기말　　　私達は学期ごとに、中間テストと期末テストを
　시험을 치른다.　　　　　　　　　　　　　　がっき　　　　　ちゅうかん　　　　　きまつ
　　　　　　　　　　　　　　　　　　　　　受ける。
　　　　　　　　　　　　　　　　　　　　　う
　　　　　　　　　　　　　　　　　　　　❖ごと : 마다.

○ 다음 주에 중간고사가 시작된다.　　来週、中間テストが始まる。
　　　　　　　　　　　　　　　　　　　　らいしゅう　ちゅうかん　　　　 はじ

○ 시험이 바로 코앞이다.　　　　　　テストが目の前に迫った。
　　　　　　　　　　　　　　　　　　　　　　　 め　　まえ　せま
　　　　　　　　　　　　　　　　　　❖일본에서는 '코앞'이 아니라, '눈앞'(目の前)으로 표현한다.

○ 중간고사가 다가온다.　　　　　　　中間テストが迫ってくる。
　　　　　　　　　　　　　　　　　　　　ちゅうかん　　　　 せま

○ 오늘 학력 테스트가 있었다.　　　　今日、学力テストが行われた。
　　　　　　　　　　　　　　　　　　　　きょう　がくりょく　　　　おこな

○ 모의고사를 보았다.　　　　　　　　模擬試験を受けた。
　　　　　　　　　　　　　　　　　　　　も ぎ し けん　う

시험 공부

○ 시험 준비로 매우 바빴다.　　　　　テストの準備でとても忙しかった。
　　　　　　　　　　　　　　　　　　　　　　　じゅん び　　　　　いそが

○ 시험을 보기 전에 배운 것을　　　　テストを受ける前に、学んだことを
　복습해야 한다.　　　　　　　　　　　　　　　う　　　まえ　　まな
　　　　　　　　　　　　　　　　　　　　復習しなければならない。
　　　　　　　　　　　　　　　　　　　　ふくしゅう

○ 시험에서 좋은 성적을 거두도록　　試験でいい成績をとれるように最善を尽くそうと思う。
　최선을 다해야겠다.　　　　　　　　しけん　　　せいせき　　　　　　　　　さいぜん　つ　　　　　おも

○ 시험에 대비해서 평소보다　　　　試験に備えて、いつもよりもっと一生懸命勉強した。
　더 열심히 공부했다.　　　　　　　しけん　そな　　　　　　　　　　　　いっしょうけんめいべんきょう

○ 쉬지도 않고 열심히 공부했다.　　休みもせずに一生懸命勉強した。
　　　　　　　　　　　　　　　　　　やす　　　　　　　いっしょうけんめい

○ 저녁 식사 후에 하루에 4시간씩 공부했다.　夕食の後に、一日4時間ずつ勉強した。
　　　　　　　　　　　　　　　　　　　　　　　ゆうしょく　あと　　いちにち　じ かん

○ 시험에 대비해서 벼락치기 공부를 했다.　試験に備えて、一夜漬けをした。
　　　　　　　　　　　　　　　　　　　　　しけん　そな　　　　いちや づ
　　　　　　　　　　　　　　　　　　❖一夜漬け : 벼락치기 공부.

○ 내일부터 시험이라서 공부를 시작했다. 明日からテストというときになって、勉強を始めた。

○ 벼락치기는 좋은 공부 방법이
아니라는 것을 알고 있었지만
어쩔 수 없었다.
一夜漬けは、いい勉強の方法ではないとわかっていたが、
どうしようもなかった。

○ 밤늦도록 공부를 했다. 夜遅くまで勉強をした。

○ 밤늦도록 잠을 자지 않고 공부했다. 夜遅くまで眠らずに勉強した。

○ 시험에 대비해 밤새 복습을 했다. テストに備えて、夜通し復習をした。

○ 하루 온종일 놀지도 않고 공부만 했다. 一日中、遊びもしないで勉強だけをした。

○ 우선, 교과서를 훑어보았다. まず、教科書に目を通した。

○ 지금까지 한 문제밖에 풀지 못했다. 今まで1つの問題しか解くことができなかった。

○ 많은 것들을 외웠다. 多くのことを覚えた〔暗記した〕。

○ 시험은 내게 많은 스트레스를 준다. 試験は私に多くのストレスを与える。

○ 시험 때문에 스트레스를 많이 받았다. 試験のために、たくさんのストレスを受けた。

○ 자고 싶은 생각이 간절했다. 寝たい思いでいっぱいだった。

○ 동생이 시끄럽게 해서 공부에 집중이
잘 안 됐다.
弟が騒いで、勉強に集中することができなかった。

○ 열심히 공부하는 척했다. 一生懸命勉強するふりをした。

○ 무슨 공부를 어떻게 해야할지 모르겠다. 何の勉強をどうやってしたらいいのかわからない。

○ 선생님 설명을 더 잘 들었어야 했다. 先生の説明をもっとよく聞いておくべきだった。

○ 시험을 잘 보면 부모님께서 새 컴퓨터를
사 주시겠다고 약속하셨다.
テストの成績がよかったら、両親が新しい
コンピューターを買ってくれると約束してくださった。

○ 부모님께서 약속을 지키시기 바란다. 両親が約束を守ってくれることを願う。

시험 보기 전

○ 시험 보기 전에 매우 긴장되었다. テストを受ける前にとても緊張した。

○ 어제부터 긴장해 있었다. 昨日から緊張していた。

438

○ 긴장을 풀려고 노력했다. 　　　　　緊張を解こうと努力した。

○ 시험 때문에 매우 초조했다. 　　　　試験のためにとても落ち着かなかった。

○ 가슴이 두근거렸다. 　　　　　　　　胸がどきどきした。

○ 너무 긴장돼서 한숨도 못 잤다. 　　　とても緊張して、一睡もできなかった。

○ 숨을 깊이 들이쉬었더니 긴장을 　　　深呼吸をしたら、緊張を解くのに役立った。
　　푸는 데 도움이 되었다.

○ 마음을 편히 하고 시험에 임할 것이다. 　気持ちを楽にして、テストに臨むつもりだ。

○ 시험 전에 노트를 훑어보았다. 　　　　試験の前にノートに目を通した。

○ 나는 커닝 페이퍼를 준비했다. 　　　　私はカンニングペーパーを準備した。

시험 시간

○ 시험을 보았다. 　　　　　　　　　　試験を受けた。
　　　　　　　　　　　　　　　　　　❖試験を受ける : 시험을 보다.

○ 영어 시험을 봤다. 　　　　　　　　　英語の試験を受けた。

○ 오늘은 내게 중요한 날이었다. 　　　　今日は私にとって重要な日だった。

○ 오늘 시험 과목은 윤리, 체육, 물리, 　　今日の試験科目は倫理、体育、物理、地理だった。
　　지리였다.

○ 시험에서 한 번 커닝해 본 적이 있다. 　試験の時、一回カンニングをしたことがある。

○ 우리 학교는 두 분의 선생님께서 　　　私達の学校は、二人の先生が試験監督をされた。
　　시험 감독을 하셨다.

○ 시험 중에 한 학생이 다른 학생에게 　　試験中に一人の学生が他の学生に答えを教えたことが
　　답을 알려주다가 적발되었다. 　　　摘発された。

○ 모르는 문제가 많아서 커닝을 　　　　分からない問題がたくさんあって、カンニングを
　　하고 싶었다. 　　　　　　　　　　したかった。

○ 시험을 보는 중에는 이야기하는 것도, 　試験中には、話をすることも、周りを見回すことも、
　　둘러보는 것도 그리고 커닝하는 것도 　それから、カンニングすることも許されなかった。
　　허용되지 않았다.

439

○ 최선을 다해 문제를 풀었다. 　　最善を尽くして、問題を解いた。
　　　　　　　　　　　　　　　さいぜん　つ　　　もんだい　と

○ 능력을 최대한 발휘해서 시험에 임했다. 　能力を最大に発揮して、試験に臨んだ。
　　　　　　　　　　　　　　　　　のうりょく　さいだい　はっき　　　しけん　のぞ

시험 문제

○ 정답을 몰라서 답을 찍어야 했다. 　　正解がわからなくて、答えを勘に
　　　　　　　　　　　　　　　せいかい　　　　　　　こた　　　かん
　　　　　　　　　　　　　　　まかせなければならなかった。

○ 되는 대로 답을 선택했다. 　　　　　なるがままに答えを選んだ。
　　　　　　　　　　　　　　　　　　　　　　　　　　えら

○ 운 좋게도 그 답이 맞았다. 　　　　運よく、その答えが当たった。
　　　　　　　　　　　　　　　うん　　　　　　　　あ

○ 그 문제가 시험에 나왔다. 　　　　その問題が試験に出た。
　　　　　　　　　　　　　　　　　もんだい　しけん　で

○ 예상했던 것보다 시험이 쉬웠다. 　　予想したより、試験が易しかった。
　　　　　　　　　　　　　　　よそう　　　　　　　しけん　やさ

○ 시험이 내가 예상했던 것과는 　　　試験が、私が予想したものとは大幅に違っていた。
　　많이 달랐다. 　　　　　　　　　　　　　　　　　　　おおはば　ちが

○ 빈칸 채우기 문제가 몇 개 나왔다. 　　空欄を埋める問題がいくつか出た。
　　　　　　　　　　　　　　　くうらん　う　　もんだい　　　　　で

○ 대부분의 문제는 선다형 문제였다. 　　問題の大部分は多項選択式の問題だった。
　　　　　　　　　　　　　　　もんだい　だいぶぶん　たこうせんたくしき　もんだい

○ 함정이 있는 문제를 틀렸다. 　　　落とし穴のある問題を間違えた。／
　　　　　　　　　　　　　　　お　　あな　　　もんだい　まちが
　　　　　　　　　　　　　　　引っ掛かりやすい問題を間違えた。
　　　　　　　　　　　　　　　ひ　か

○ 몇 문제는 내 능력 밖이었다. 　　　何問かは私の能力外だった。
　　　　　　　　　　　　　　　なんもん　　　　　のうりょくがい

○ 그 문제는 너무 어려워서 풀 수가 없었다. 　その問題はとても難しくて、解くことができなかった。
　　　　　　　　　　　　　　　　　もんだい　　　　　むずか　　　　と

○ 그 문제는 내가 풀 수 없는 문제였다. 　その問題は私が解くことができない問題だった。

○ 그 문제는 내 능력 밖이었다. 　　　その問題は私の能力外だった。
　　　　　　　　　　　　　　　　　　　　　　のうりょくがい

○ 수학 문제를 푸는 데 매우 어려웠다. 　数学の問題を解くのがとても難しかった。／
　　　　　　　　　　　　　　　すうがく　もんだい　と　　　　　むずか
　　　　　　　　　　　　　　　数学の問題を解くのが大変だった。
　　　　　　　　　　　　　　　　　　　　　　　　たいへん

시험 끝

○ 시간 가는 줄 몰랐는데 시간이 다 됐다. 　知らない間に、時間が過ぎて、終わる時間になっていた。
　　　　　　　　　　　　　　　　し　あいだ　じかん　す　　お

○ 시간 안에 문제를 다 풀지 못했다. 　　時間内に問題を全部解くことができなかった。
　　　　　　　　　　　　　　　じかんない　もんだい　ぜんぶ　と

○ 서둘러 답안을 작성했다.	急いで、答えを書き込んだ。
○ 남은 시간을 확인하지 못해서 몇 문제를 놓쳤다.	余った時間を確認できずに、問題をいくつか解くことができなかった。
○ 오늘이 시험 마지막 날이었다.	今日が試験の最後の日だった。
○ 최선을 다했다.	最善を尽くした。
○ 시험이 끝나서 약간의 휴식을 취할 수 있었다.	試験が終わって、ちょっと休息を取ることができた。
○ 시험이 끝나니 홀가분했다.	試験が終わって、気が楽になった。
○ 시험이 끝나서인지 긴장이 풀렸다.	試験が終わったからか、緊張が解けた。
○ 어젯밤에 푹 잘 수 있었다.	昨夜、よく眠れた。

시험 결과

○ 시험을 잘 봤다.	試験の結果がよかった。
○ 시험에 합격했다니 운이 좋았다.	試験に合格したなんて、運がよかった。
○ 시험을 망쳤다.	試験を台無しにした。／試験が台無しになった。／試験の結果が悪かった。
○ 수학 시험을 망쳤다.	数学の試験の結果が悪かった。
○ 수학 시험에서 낙제했다.	数学の試験で落第した。
○ 다음에는 최선을 다해 더 잘 할 것이다.	次は最善を尽くしてもっとよい結果が出るようにするつもりだ。
○ 시험에서의 성공이 운에 달려 있다는 내 생각이 잘못됐다는 것을 알았다.	試験での成功は、運にかかっているという私の考えは、間違っているということを知った。
○ 시험 결과가 오늘 나왔다.	今日、試験の結果が出た。
○ 다음 주에 성적표를 받게 될 것이다.	来週に成績表をもらうはずだ。

441

05 성적

성적

○ 성적이 좋았다.   成績がよかった。

○ 나는 학급에서 성적이 제일 좋았다.   私は学級で成績が一番よかった。

○ 내가 일등을 했다.   私が一番だった。

○ 내가 우리 반에서 일등이다.   私がクラスで一番だ。

○ 나는 일년 내내 일등을 했다.   私は一年中ずっと一番だった。

○ 나는 다른 학생들보다 월등하게 뛰어나다.   私はほかの学生よりずば抜けている。

○ 과학 시험에서 만점을 받았다.   科学の試験で満点をとった。

○ 수학시험은 100점 만점에 90점을 맞았다.   数学の試験は、100点満点の90点をとった。

○ 영어 성적이 좋았다.   英語の成績がよかった。

○ 영어에서 좋은 점수를 받았다.   英語でいい点数をとった。

○ 한 문제만 틀렸다.   1問だけ間違った。

○ 학급에서 2등을 했다.   学級で2番だった。

○ 나는 우등생이다.   私は優等生だ。

○ 이번 학기 성적은 대부분 A였다.   今学期の成績はほとんどがAだった。

○ 성적 우수 장학금을 받았다.   成績が優秀な人がもらう奨学金を受け取った。

○ 내 성적은 그저 그렇다.   私の成績はまあまあだった。

○ 나는 평균 성적이다.   私の成績は平均〔普通〕だ。

○ 나는 우리 반에서 성적이 중간쯤이다.   私はクラスで中間の成績だ。

○ 내 성적은 평균에 못 미친다.   私の成績は平均に届かない。

○ 학교에서 공부를 잘 못한다. 学校の勉強がよくできない。
がっこう べんきょう

○ 학교에서 성적이 좋지 않다. 学校の成績がよくない。
せいせき

○ 나는 영어 성적이 나빴다. 私は英語の成績が悪かった。
えいご わる

○ 영어에서 나쁜 점수를 받았다. 英語で悪い点数をとった。
てんすう

○ 영어에서 50점밖에 못 맞았다. 英語で50点しかとれなかった。
てん

○ 생각했던 것만큼 잘 하지 못했다. 思ったよりよくできなかった。
おも

○ 물리와 지리는 엉망이었다. 物理と地理はめちゃくちゃだった。
ぶつり ちり

○ 나는 우리 반 아이들보다 훨씬 私はクラスの子よりずっと成績が悪い。
뒤떨어진다. こ せいせき わる

○ 나는 우리 반에서 꼴찌다. 私はクラスでビリだ。

○ 공부를 열심히 하지 않으니 성적이 勉強を一生懸命しないから、成績が悪いのは
나쁜 것은 당연하다. べんきょう いっしょうけんめい わる
当たり前だ。
あ まえ

○ 나는 성적표를 부모님께 보여 私は成績表を両親に見せなかった。
드리지 않았다. せいせきひょう りょうしん み

○ 나는 기억력이 나쁜 것 같다. 私は記憶力が悪いみたいだ。
き おくりょく わる

○ 성적을 올려야만 한다. 成績をあげなければならない。

○ 행복은 성적순이 아니다. 幸福は成績順ではない。
こうふく せいせきじゅん

성적이 오르다

○ 이번 학기 성적이 생각했던 것보다 今学期の成績が思ったよりずっとよくて、
훨씬 좋아서 매우 기쁘다. こんがっき せいせき おも
とても嬉しい。
うれ

○ 이번 학기에 성적이 올랐다. 今学期、成績が上がった。
あ

○ 성적이 점점 더 좋아지고 있다. 成績が少しずつよくなってきている。
すこ

○ 성적은 얼마나 열심히 공부하느냐에 成績はどれぐらい一生懸命勉強するのかに
달려 있다고 생각한다. いっしょうけんめいべんきょう
かかっていると思う。
おも

○ 성적이 오른 것에 만족한다. 成績が上がったことに満足する。
あ まんぞく

443

○ 나는 학교 성적이 중간 이상은 된다.   私は学校の成績が真ん中より上だ。

がっこう   まなか   うえ

06 선생님

좋아하는 선생님

○ 선생님들은 내가 기대했던 것보다
더 다정하시다.   先生たちは私が期待していたよりもっと
せんせい   きたい
優しい方たちだ。
やさ   かた

○ 우리 수학 선생님은 정말 훌륭하시고
멋지시다.   私達の数学の先生は本当に立派で素敵だ。
すうがく   ほんとう   りっぱ   すてき

○ 나는 실력 있는 선생님이 좋다.   私は実力がある先生が好きだ。
じつりょく   す

○ 우리 영어 선생님은 수업 중에
학생에게 엄하시기도 하시고
다정하시기도 하다.   私達の英語の先生は、授業中、生徒に厳しくもし、
えいご   せんせい   じゅぎょうちゅう せいと   きび
優しくもする。
やさ

○ 그 선생님은 재미있고 다정해서
나는 그분을 좋아한다.   その先生が面白くて、優しくて、私はその方が好きだ。
おもしろ   かた   す

○ 그분은 내가 본받고 싶은 분이다.   その方は私が見習いたい方だ。
かた   みなら

○ 많은 학생들이 그 분을 존경한다.   多くの学生たちがその方を尊敬している。
おお   がくせい   そんけい

○ 그분은 많은 학생들에게 존경을 받는다.   その方は、多くの学生たちから尊敬されている。
かた

○ 나는 그 선생님에게 빠져 있다.   私はその先生にはまっている。
せんせい

○ 그 선생님은 유머 감각이 있으셔서
학생들 사이에서 인기가 좋으시다.   その先生はユーモアがあって、学生の間で人気がある。
がくせい   あいだ   にんき

○ 그 선생님은 우리에게 옳은 일의
중요성을 가르쳐 주셨다.   その先生は、私達に正しいことの重要性を
ただ   じゅうようせい
教えてくださった。
おし

○ 그 선생님은 아주 좋으신 분이다.   その先生はとてもいい方だ。
かた

○ 그 선생님은 꽤 진보적이시다.   その先生はかなり進歩的な方だ。
しんぽてき

444

○ 그는 선생님으로서 충분한 자격을 갖추고 있다.　彼は先生として十分な資格を持っている。
かれ　せんせい　じゅうぶん　しかく　も

○ 선생님은 우리에게 좋은 영향을 주셨다.　先生は私達にいい影響を与えてくださった。
えいきょう　あた

싫어하는 선생님

○ 그 선생님은 점수 줄 때 매우 까다롭다.　その先生は点数をくれるとき、とても厳しい。
せんせい　てんすう　きび

○ 그 선생님은 아주 보수적이시다.　その先生はとても保守的だ。
ほしゅてき

○ 선생님이 너무 엄해서 학생들이 모두 겁먹고 있다.　先生がとても厳しくて、学生たちみんなが恐れている。
きび　がくせい　おそ

○ 우리 담임 선생님은 매우 모질다.　私達の担任の先生はとても残酷な人だ。
たんにん　ざんこく　ひと

○ 우리 담임 선생님은 일찍 끝내 주시지 않는다.　私達の担任の先生は早く終わらせてくれない。
はや　お

○ 그 선생님은 항상 우리를 짜증나게 한다.　その先生はいつも私達をいらいらさせる。

○ 그 선생님은 우리에게 자주 벌을 주신다.　その先生は私達をよく罰する。
ばっ

○ 그 선생님은 우리를 지루하게 하신다.　その先生は私達を退屈にさせる。
たいくつ

○ 그 선생님은 학생들의 인사를 잘 받지 않으신다.　その先生は学生たちが挨拶をしても見向きもしない。
がくせい　あいさつ　みむ

○ 그 선생님은 우리의 잘못을 자주 지적하신다.　その先生は私達の失敗をよく指摘する。
しっぱい　してき

스승의 은혜

○ 선생님의 지도에 감사드린다.　先生の指導に感謝する。
せんせい　しどう　かんしゃ

○ 선생님께서 내게 해 주신 것에 대해 진심으로 감사드린다.　先生が私にしてくださったことに対して、本当に感謝している。
たい　ほんとう

○ 지금의 나는 선생님들 덕분이라고 생각한다.　先生たちのおかげで、今の私がいると思う。
いま　おも

○ 선생님들께 뭐라고 감사의 말을 해야 할지 모르겠다.　先生たちになんと感謝の言葉を言ったらいいのか分からない。
かんしゃ　ことば　い　わ

○ 졸업 후에도 선생님들을 찾아 뵐 것이다.　卒業した後にも、先生たちに会いに行くつもりだ。

07 영어

영어

○ 영어는 국제 언어로 사용되므로
반드시 공부 해야 한다.

英語は、国際言語として使われるので必ず
勉強しなければならない。

○ 어디에서나 영어가 필수인 것 같다.　どこでも英語が必須のようだ。

○ 나는 5년 넘게 영어를 공부해 오고 있다.　私は5年以上英語を勉強してきた。

○ 알파벳만 봐도 머리가 어질어질하다.　アルファベットだけ見ても頭がくらくらする。

○ 영어는 나하고 잘 맞지 않는다.　英語は私に合わない。

○ 외국인이 하는 말을 알아들을 수가 없다.　外国人の話を聞き取ることができない。

○ 영어 때문에 가끔 좌절기도 한다.　英語のためにときどき挫折することもある。

○ 영어라면 누구에게도 뒤지고 싶지 않다.　英語なら、誰にも負けたくない。

○ 내 의견을 영어로 잘 표현할 수가 없다.　私の意見を英語でよく表現できない。

○ 영어로 내 의사가 잘 전달되지 않을 때
답답한 마음이 든다.

英語で私の意志を伝えることができないとき、
もどかしくなる。

○ 때때로 내가 하고 싶은 말을 제대로
전달할 수 없어서 어려움을 겪는다.

たまに、私が話したいことを正確に伝えることができず、
難しさを感じる。

유창한 영어

○ 그는 영어를 원어민처럼 말한다.
그래서 그가 부럽다.

彼は英語を現地の人のように話す。
だから、彼が羨ましい。

○ 그는 영어는 물론 스페인어도 할 줄 안다.　彼は英語はもちろん、スペイン語も話すことができる。

○ 나는 그를 따라잡기 위해 더 열심히
공부할 것이다.

私は彼についていくために、もっと一生懸命
勉強するつもりだ。

○ 나는 정말 영어를 유창하게 말하고 싶다.

私は本当に英語を流暢に話したい。

○ 영어를 유창하게 마음대로 구사할 수
있으면 좋겠다.

英語を流暢に、心のままに使うことができたら
いいと思う。

○ 유창하게 말을 할 수 있을 때까지
영어 공부를 열심히 하기로 결심했다.

流暢に話をすることができるまで、英語の勉強を
一生懸命しようと決心した。

영어 공부의 왕도

○ 영어 공부는 하루아침에 되는
것이 아니다.

英語の勉強は一瞬にして、できるようになる
ものではない。

❖一瞬：한 순간.

○ 영어 공부에 왕도란 없다.

英語の勉強に王道というものはない。

○ 영어를 완전히 정복하기란
쉬운 일이 아니다.

英語を完全に征服することは、やさしいことではない。

○ 시행착오는 영어 학습의 핵심이다.

試行錯誤は英語の学習の核心だ。

○ 아이들은 어른보다 영어를 더 빨리
배운다고 한다.

子供たちは大人より英語をもっと早く学ぶという。

○ 영어를 공부하는 데 어떤 방법이 가장
좋은지 궁금하다.

英語を勉強するのに、どんな方法が一番いいのか
気になる。

○ 중도에 포기한다면 아예 시작하지
않는 것이 좋다.

途中で放棄するなら、最初からしない方がいい。

○ 내 영어가 급속도로 향상되고 있다.

私の英語が急速に向上してきた。

○ 많은 노력과 연습으로 영어에
능통해졌다.

多くの努力と練習で英語が上手になった。

○ 영어를 배우는 데 가장 중요한
것은 연습이다.

英語を学ぶのに一番重要なことは練習だ。

○ 연습을 해야만 완벽해진다.

練習をすればこそ、完璧になる。

듣기 연습

○ 듣기를 위해서는 TV 영어 프로그램을
보는 것이 좋다.

聞き取りのためには、英語のテレビ番組を見るのがいい。
きと　　　　　　　　えいご　　　　ばんぐみ　み

○ 나는 듣기를 향상시키기 위해 매일
아침 영어 비디오를 시청한다.

私は聞き取りの力を向上させるために、毎朝、
きと　　ちから　こうじょう　　　　　まいあさ
英語のビデオを見る。
み

○ 나는 자막 없이 영어로 된 영화를
보려고 노력한다.

私は字幕なしで、英語の映画を見ようと努力する。
じまく　　　　　　えいが　　　　　　どりょく

○ 나는 등하교 길에 항상 영어
테이프를 듣는다.

私は登下校のときにいつも英語のテープを聞く。
とうげこう　　　　　　　　　　　　き

○ 이해가 안 되는 부분은 반복해서 듣는다.

理解ができない部分は、反復して聞く。
りかい　　　　　　ぶぶん　　はんぷく

○ 여러 번 들으면 이해가 된다.

何回か聞くと理解ができる。
なんかい　　　　りかい

발음 연습

○ 몇 단어는 영어 발음이 잘 안 된다.

いくつかの単語は、英語の発音がよくできない。
たんご　　えいご　　はつおん

○ 나는 녹음기를 가지고 발음을 연습한다.

私は録音機を使って、発音練習をする。
ろくおんき　つか　　　はつおんれんしゅう

○ 나는 발음 공부를 할 때 영어를
소리 내어 연습한다.

私は発音の勉強をするときは、英語を声を出して
はつおん　べんきょう　　　　　　　　　こえ　だ
練習する。
れんしゅう

○ 나는 그날 배운 영어 발음을
매일 밤 복습한다.

私はその日学んだ英語の発音を毎晩復習する。
ひまな　　　　　　　　まいばんふくしゅう

○ 내 발음을 확인하기 위해 녹음을 했다.

私の発音を確かめるために録音をした。
はつおん　たし　　　　　　ろくおん

○ 원어민의 발음을 듣고 내 잘못된
발음을 교정했다.

現地の人の発音を聞いて、私の間違った発音を直した。
げんち　ひと　はつおん　き　　　　　まちが　　　　はつおん　なお

어휘 학습

○ 나는 어휘력이 부족하다.

私は語彙力が不足している。
ごいりょく　ふそく

○ 어휘력을 좀 늘려야 한다.

語彙力をちょっとつけなければならない。
ごいりょく

○ 단어를 많이 알기 위해 매일
새로운 단어를 암기한다.

単語をたくさん覚えるために、毎日新しい単語を
たんご　　　　　おぼ　　　　　　まいにちあたら
暗記する。
あんき

○ 나는 매일 새로운 영어 단어와
　표현들을 공부한다.

私は毎日新しい英語の単語と表現を勉強する。
<ruby>毎日<rt>まいにち</rt></ruby> <ruby>英語<rt>えいご</rt></ruby> <ruby>表現<rt>ひょうげん</rt></ruby> <ruby>勉強<rt>べんきょう</rt></ruby>

○ 단어의 의미뿐 아니라 사용법까지
　알아야 한다.

単語の意味だけでなく、使い方まで
知らなければならない。
<ruby>意味<rt>いみ</rt></ruby> <ruby>使<rt>つか</rt></ruby> <ruby>方<rt>かた</rt></ruby> <ruby>知<rt>し</rt></ruby>

○ 새로운 단어들을 반복해서 쓰면서
　익힌다.

新しい単語を反復して書きながら覚える。

영작 훈련

○ 나는 영작 훈련이 필요하다.

私は、英語の書き取りの練習が必要だ。
<ruby>英語<rt>えいご</rt></ruby> <ruby>書<rt>か</rt></ruby> <ruby>取<rt>と</rt></ruby> <ruby>練習<rt>れんしゅう</rt></ruby> <ruby>必要<rt>ひつよう</rt></ruby>

○ 영어 작문을 잘 하기 위해 쉽고
　짧은 문장들을 외운다.

英語の作文を上手に書くために、やさしくて、
短い文章を覚える。
<ruby>作文<rt>さくぶん</rt></ruby> <ruby>上手<rt>じょうず</rt></ruby> <ruby>短<rt>みじか</rt></ruby> <ruby>文章<rt>ぶんしょう</rt></ruby> <ruby>覚<rt>おぼ</rt></ruby>

○ 영어를 잘 쓰기 위해서는 펜팔 친구와
　영어 편지를 주고받는 것도 좋은
　방법이다.

英語を上手に書くためには、ペンパルの友達と
手紙のやり取りをすることもいい方法だ。
<ruby>友達<rt>ともだち</rt></ruby> <ruby>手紙<rt>てがみ</rt></ruby> <ruby>取<rt>と</rt></ruby> <ruby>方法<rt>ほうほう</rt></ruby>

○ 나는 영어로 이메일을 쓰거나
　일기를 쓴다.

私は英語でEメールを書いたり、日記を書いたりする。
<ruby>日記<rt>にっき</rt></ruby>

○ 영어로 글을 더 잘 쓰기 위해
　더 자주 연습해야겠다.

英語で文章をもっと上手に書くために、もっとよく
練習しなければならない。
<ruby>文章<rt>ぶんしょう</rt></ruby> <ruby>上手<rt>じょうず</rt></ruby> <ruby>練習<rt>れんしゅう</rt></ruby>

○ 나는 영어로 내 생각을 표현하려고
　노력한다.

私は英語で私の考えを表現しようと努力する。
<ruby>考<rt>かんが</rt></ruby> <ruby>表現<rt>ひょうげん</rt></ruby> <ruby>努力<rt>どりょく</rt></ruby>

○ 영어로 표현하는 방법을 모를 때는
　종종 영어 사전을 참조한다.

英語で表現する方法がわからないときは、ときどき
英語の辞典を参照する。
<ruby>方法<rt>ほうほう</rt></ruby> <ruby>辞典<rt>じてん</rt></ruby> <ruby>参照<rt>さんしょう</rt></ruby>

○ 영작을 잘 하려면 영어의 기본
　문장 구조를 알아야 한다.

英語の作文を上手にするためには、英語の基本文章の
構造を知らなければならない。
<ruby>作文<rt>さくぶん</rt></ruby> <ruby>上手<rt>じょうず</rt></ruby> <ruby>基本文章<rt>きほんぶんしょう</rt></ruby> <ruby>構造<rt>こうぞう</rt></ruby> <ruby>知<rt>し</rt></ruby>

독해 연습

○ 영어로 된 책을 읽으려고 노력한다.

英語の本を読もうと努力する。
<ruby>英語<rt>えいご</rt></ruby> <ruby>本<rt>ほん</rt></ruby> <ruby>読<rt>よ</rt></ruby> <ruby>努力<rt>どりょく</rt></ruby>

○ 처음에는 아주 쉬운 영어로 된
　책을 읽었다.

最初はとてもやさしい英語の本を読んだ。
<ruby>最初<rt>さいしょ</rt></ruby>

○ 그 책은 쉬운 영어로 쓰여 있어서 이해하기가 쉬웠다.

その本は簡単な英語で書かれていて、理解しやすかった。

○ 독해력을 향상시키기 위해 영어 에세이를 읽는다.

読解力を向上させるために、英語のエッセイを読む。

○ 나는 실수할까봐 두려워도 영어로 말하려고 노력한다.

私は間違えるかも知れないと不安だが、英語で話そうと努力する。

○ 영어 회화 연습을 도와 줄 외국인 친구가 있었으면 좋겠다.

英会話の練習を手伝ってくれる外国人の友達がいたらいいと思う。

○ 원어민과 대화할 수 있는 기회가 있었으면 좋겠다.

現地の人と対話することのできる機会があったらいいと思う。

○ 나는 영어로 의사소통이 가능하기를 원한다.

私は英語で意思疎通ができることを願う。

○ 원어민처럼 영어를 잘 말하고 싶다.

現地の人のように、英語をうまく話したい。

08 숙제

○ 선생님께서 숙제를 너무 많이 내주셨다.

先生がとてもたくさん宿題を出した。

○ 숙제가 많아서 부담이 된다.

宿題が多くて、負担になる。

○ 숙제가 많으면 부담스럽다.

宿題が多いと、負担がかかる。

○ 숙제를 먼저 해야만 했다.

まず、宿題をしなければならなかった。

○ 오늘 숙제는 내 미래에 관한 글을 쓰는 것이다.

今日の宿題は、私の未来に関する作文を書くことだ。

○ 숙제는 환경오염에 대해 조사하는 것이다.　宿題は環境汚染に対して調査することだ。

○ 최근 읽은 책에 대해 독후감을 써야 했다.　最近読んだ本に対して、読書感想文を書かなくてはならなかった。

○ 숙제를 끝내야만 TV를 볼 수 있다.　宿題を終わらせなければ、テレビを見ることができない。

○ 기쁘게도 오늘은 숙제가 없다.　嬉しいことに今日は宿題がない。

조별 과제

○ 조별로 숙제를 해야 했다.　グループごとに宿題をしなければならなかった。

○ 우리는 모두 숙제를 하기 위해 모였다.　私達はみんな宿題をするために集まった。

○ 숙제를 하려면 인터넷이 필요했다.　宿題をするには、インターネットが必要だった。

○ 환경 문제에 관한 보고서를 작성하기 위해 인터넷을 검색했다.　環境問題に関する報告書を作成するためにインターネットを検索した。

○ 인터넷에서 자료를 찾아보았다.　インターネットで資料を探してみた。

○ 그것에 대해 좀 더 조사를 해야 했다.　それに対してもっと調査をしなければならなかった。

○ 나는 자료 수집하는 일을 담당했다.　私は資料を収集する仕事を担当した。

○ 서로간의 협조가 필요했다.　お互いの協調が必要だった。

○ 우리는 서로 협력했다.　私達はお互いに協力しあった。

○ 친구들이 숙제를 도와 주었다.　友達が宿題を手伝ってくれた。

○ 친구들과 협력해서 어려운 숙제를 해결했다.　友達と協力して、難しい宿題を解決した。

과제물 제출

○ 숙제 제출 기한은 내일 모레까지이다.　宿題の提出期限はあさってまでだ。

○ 늦어도 오늘밤까지 숙제를 끝내야 한다.　遅くとも今日の夜まで宿題を終わらせなければならない。

○ 숙제를 한 시간 안에 끝내려고 노력했다.　宿題を1時間以内に終わらせようと努力した。

○ 시간 안에 숙제를 끝마칠 수 있도록
　형이 도와주었다.　時間内に宿題を終わらせられるように兄が
　手伝ってくれた。

○ 오늘 숙제를 끝마치기가 거의
　불가능하다.　今日中に宿題を終わらせるのは、ほとんど不可能だ。

○ 숙제를 끝내려면 밤을 새워야 할 것이다.　宿題を終わらせるには、徹夜をしなければ
　ならないだろう。

숙제를 끝내다

○ 숙제 때문에 친구와의 약속을 미루었다.　宿題のために、友達との約束を延期した。

○ 하마터면 오늘 숙제를 잊을 뻔했다.　ややもすると、今日宿題を忘れてしまうところだった。
　❖ややもすると : 하마터면.

○ 숙제를 끝내는 데 하루 종일 걸렸다.　宿題を終わらせるのに一日かかった。

○ 숙제를 하는 데 많은 시간과 노력이
　필요했다.　宿題をするのに多くの時間と努力が必要だった。

○ 숙제를 끝마칠 때까지 다른 일은
　아무것도 할 수 없었다.　宿題を終わらせるまで、他のことは
　何もできなかった。

○ 오늘 숙제를 간신히 끝마쳤다.　今日、宿題をやっとの思いで終わらせた。/
　今日、宿題を辛うじて終わらせた。

○ 나 혼자서 모두 다 해냈다.　私一人ですべてを全部やり遂げた。

○ 다 마치고 나니 내 자신이 대견스러웠다.　全部終わらせたことに、自分自身感心した。

○ 숙제를 성의 없이 너무 빨리 하는
　바람에 실수가 많았다.　宿題を適当にとても早く終わらせたので、間違いが
　多かった。

숙제를 끝내지 못하다

○ 시간이 부족해서 숙제를 끝내지 못했다.　時間がなくて、宿題を終わらせられなかった。

○ 배가 아파서 숙제를 하지 못했다.　お腹が痛くて、宿題をすることができなかった。

○ 숙제를 내일로 미루었다.　　　　　宿題を明日に持ち越した。／
　　　　　　　　　　　　　　　　　宿題を明日にすることにした。

○ 때때로 숙제를 하고 싶지 않을 때가 있다.　ときどき宿題をしたくないときがある。

○ 잊어버리고 숙제를 가지고 오지 않아서　宿題を持って来るのを忘れてしまって、
　숙제를 제출할 수가 없었다.　　　　提出することができなかった。

○ 숙제를 미리 하지 않은 것을 후회했다.　宿題を前もってしなかったことを後悔した。

09 학원 · 과외

학원

학원

○ 방과 후 나는 영어 학원에 다닌다.　放課後、私は英語塾に通っている。

○ 나는 학원에 가고 싶지 않지만　私は塾に行きたくないが、両親に無理やり
　부모님께서 억지로 다니게 하신다.　通わされている。

○ 학원에 다닐 때 학원 셔틀버스를　塾に通うとき、塾のシャトルバスを利用する。
　이용한다.

○ 학원에서 매일 두 시간씩 공부를 한다.　塾で毎日2時間ずつ勉強する。

○ 내 학습 능력을 향상시키는 데　私の学習能力を向上させるのに役立つ。
　도움이 된다.

○ 학원에 다니기 때문에 놀거나　塾に通うので、遊んだり、休んだりする時間が
　쉴 시간이 충분하지 않다.　　　　十分ではない。

○ 학원에서 개인별 수업을 받을 수 있다.　塾で個別授業を受けることができる。

○ 학원에서 공부를 하고 집에 밤늦게　塾で勉強をして、家に夜遅く帰ってくる。
　돌아온다.

○ 학원에서 공부를 하기 때문에 학교　塾で勉強をするので、学校の授業時間によく
　수업시간에 덜 집중한다.　　　　集中できない。

○ 매일 공부를 많이 해서 매우 피곤하다.　毎日勉強をたくさんするので、とても疲れる。

○ 나는 수학 공부를 도와주는 과외
　선생님이 있다.
私は数学の勉強を助けてくれる家庭教師がいる。

○ 과외 선생님은 일주일에 두 번 오셔서
　두 시간씩 가르치신다.
家庭教師は、1週間に2回来られて、2時間ずつ
教えてくださる。

○ 과외 선생님과 일대일로 공부하는 것이
　도움이 되는 것 같다.
家庭教師と1対1で勉強するのが、役に立つようだ。

○ 그 선생님의 도움으로 공부가 쉬워졌다.　その先生の助けで、簡単に勉強できるようになった。

○ 다시 복습을 하지 않으면 그리
　도움이 되지 않는다.
もう一度復習しないと、あまり役に立たない。

○ 과외 선생님은 내게 가르쳐 주신 내용을
　연습하도록 연습문제를 내주신다.
家庭教師は私に教えた内容を練習するように、
練習問題を出してくれる。

○ 과외 전에 공부할 핵심을 미리
　예습해야 한다.
個人レッスンの前に、勉強する核心を前もって
予習するべきだ。

○ 한 학기 동안 과외를 받았기 때문에
　성적을 향상시킬 수 있었다.
1学期の間、個人教授を受けたので、成績を向上させる
ことができた。

○ 나에게는 과외가 아무런 도움이
　되지 않았다.
私には個人レッスンが何の役にも立たなかった。

○ 나는 과외 선생님 없이는 혼자
　공부하지 못한다.
私は家庭教師なしでは、一人で勉強できない。

○ 나는 과외 선생님에게 너무 의존한다.　私は家庭教師に、とても依存している。

○ 과외를 하게 된 이후로 혼자 공부하지
　않는다.
個人教授を受けてから、一人では勉強しない。

10 방학

방학 첫날

○ 기다리고 기다리던 여름 방학이 되었다.　待ちに待った夏休みに入った。

○ 드디어 긴 여름 방학이 시작되었다.　やっと長い夏休みが始まった。

○ 오늘 여름 방학을 했다.　今日から夏休みに入った。

○ 오늘 학교가 여름 방학에 들어갔다.　今日、学校が夏休みに入った。

○ 오늘이 여름 방학의 첫날이다.　今日が夏休み最初の日だ。

○ 이번 여름 방학엔 보충수업이 없다.　今回の夏休みには、補習授業がない。

방학 계획

○ 여름 방학 계획을 잘 세워야 하겠다.　夏休みの計画をよく立てようと思う。

○ 이번 여름 방학엔 영어 공부를 열심히 할 것이다.　今回の夏休みには、英語の勉強を一生懸命するつもりだ。

○ 이번 여름 방학엔 여러 운동을 해서 몸을 튼튼히 해야겠다.　今回の夏休みには、いろんな運動をして、健康な体を作ろうと思う。

○ 이번 여름 방학엔 꼭 10권이 넘는 책을 읽어야겠다고 결심했다.　今回の夏休みには、必ず10冊以上の本を読もうと決心した。

○ 이번 겨울 방학엔 꼭 스키를 배울 것이다.　今回の冬休みには、必ずスキーを学ぶつもりだ。

○ 멀리 계신 친척집을 방문할 것이다.　遠くに住んでいる親戚の家を訪問するつもりだ。

○ 내가 가 보지 못했던 곳을 여행할 것이다.　私が行ったことのないところに、旅行するつもりだ。

○ 알찬 여름 방학이 되도록 노력할 것이다.　充実した夏休みになるように努力するつもりだ。

방학을 알차게 보내다

○ 다양한 종류의 책들을 많이 읽었다.　いろいろな種類の本をたくさん読んだ。
しゅるい　ほん　　　　　　　　　よ

○ 우리 부모님은 여름 방학 동안 내게　私の両親は夏休みの間、私に塾に行って
　학원에 가서 공부를 더 하라고　りょうしん　なつやす　あいだ　　じゅく　い
　말씀하셨다.　もっと勉強しなさいと言った。
　　　　　　　　べんきょう　　　　　い

○ 학교 보충수업이 많아서 놀 시간이　学校の補習授業が多くて遊ぶ時間がなかった。
　없었다.　がっこう　ほしゅうじゅぎょう　おお　あそ　じかん

○ 여름 방학 동안 부족한 과목들을　夏休みの間、実力不足の科目を一生懸命勉強した。
　열심히 공부했다.　なつやす　あいだ　じつりょくぶそく　かもく　いっしょうけんめいべんきょう

○ 여름 방학 중에 청소, 설거지, 빨래 등　夏休み中に、掃除、皿洗い、洗濯など、母の仕事を
　엄마 일을 도와드렸다.　なつやす　ちゅう　そうじ　さらあら　せんたく　はは　しごと
　　　　　　　　　手伝った。
　　　　　　　　　てつだ

○ 부모님을 위해 심부름을 많이 해드렸다.　両親のためにお使いをたくさんして差し上げた。
　　　　　　　　りょうしん　　　つか　　　　さ　あ

○ 부모님이 안 계실 땐 내가 동생을　両親がいないときは、私が弟の面倒を見た。
　돌보았다.　おとうと　めんどう　み

○ 겨울 방학 동안에 스키 캠프에 참가했다.　冬休みの間、スキーキャンプに参加した。
　ふゆやす　あいだ　　　　　　　さんか

○ 친구가 보고 싶으면 자주 전화를 걸었다.　友達に会いたくなると、よく電話をした。
　ともだち　あ　　　　　　　　でんわ

방학을 헛되이 보내다

○ 방학의 대부분을 그저 허송세월로　休みのほとんどをただなんとなく過ごした。
　보냈다.　やす　　　　　　　　　　　す

○ 늦었다고 생각될 때가 가장 빠른 때다.　遅かったと思う時が一番早い時だ。
　　　　　　おそ　　　おも　とき　いちばんはや

○ 엄마한테 매일 늦잠 잔다고 꾸중을 들었다.　母に毎日朝寝坊すると叱られた。
　　　　　　はは　まいにちあさねぼう　　しか

○ 이렇게 게으른 생활은 이제 끝내야 한다.　こんなに怠けた生活はもう終わらせなければならない。
　　　　　　なま　せいかつ　　お

○ 방학동안 TV를 보느라 너무 많은　休みの間、テレビを見るためにあまりにも多くの時間を
　시간을 보냈다.　やす　あいだ　　　　　　　　　　　おお　じかん
　　　　　　費やした。
　　　　　　つい

○ 방학 내내 동생과 싸웠다.　休みの間ずっと弟と喧嘩をしていた。
　　　　　　やす　あいだ　　おとうと　けんか

○ 엄마는 제발 동생과 그만 싸우라고　母はお願いだから弟と喧嘩をしないでと叫んだ。
　소리치셨다.　はは　ねが　　　　　　　　　　さけ

456

○ 방학을 알차게 보낼 수 있으리라 생각했는데 그러지 못했다.	充実した休みを送れると思っていたが、そうできなかった。
○ 이렇게 헛되이 보내리라고는 생각지 못했다.	このように何にもせずに過ごすとは思わなかった。

방학 숙제

○ 여름 방학 숙제가 너무 많아서 다 할 수 없을 것 같다.	夏休みの宿題がとても多くて、全部終わらせることができそうにない。
○ 방학이 끝나기 전에 계획했던 것들을 모두 끝내도록 할 것이다.	休みが終わる前に、計画していたすべてのことを終わらせるようにするつもりだ。
○ 여름 방학 숙제를 다 끝내지 못해 걱정이다.	夏休みの宿題を、全部終わらせることができなくて心配だ。
○ 미리 여름 방학 숙제를 끝냈어야 했다.	前もって、夏休みの宿題を終わらせるべきだった。
○ 개학하는 날 여름 방학 숙제를 제출해야 한다.	開校式の日に、夏休みの宿題を提出しなければならない。

방학 마무리하기

○ 방학이 하루 남았다.	休みが残り一日だ。
○ 방학을 헛되이 보낸 것 같아 후회된다.	休みを何にもせずに過ごしたみたいで後悔している。
○ 좀 더 부지런했어야 했다.	もう少し勤勉に生活するべきだった。
○ 방학을 알차게 보낼 수 있어서 만족스럽다.	充実した休みを送れて満足している。
○ 방학을 정말 재미있게 보냈다.	休みを本当に楽しく過ごした。
○ 이번 방학은 정말 보람찬 방학이었다.	今回の休みは、本当にやりがいのあった休みだった。 ❖やりがい : 보람.
○ 방학 동안에 여행을 여러 번 해서 좋은 경험이 되었다.	休みの間、旅行を何回かしていい経験になった。

457

○ 개학이 몹시 기다려진다.　　　　　　新学期が本当に待ち遠しい。
　　　　　　　　　　　　　　　　　しんがっき　ほんとう　　ま　どお
　　　　　　　　　　　　　　　　　❖待ち遠しい：몹시 기다려지다.

개학

○ 내일이 개학이다.　　　　　　　　　明日から学校だ。／明日が始業式だ。
　　　　　　　　　　　　　　　　　あした　　がっこう　　　あした　しぎょうしき

○ 친구들과 선생님들이 보고 싶다.　　友達と先生に会いたい。
　　　　　　　　　　　　　　　　　ともだち　せんせい　あ

○ 다른 친구들은 어떻게 지낼까 궁금하다.　他の友達は、どんな風に過ごしているか気になる。
　　　　　　　　　　　　　　　　　ほか　ともだち　　　　　　ふう　す　　　　　　　　き

○ 오늘이 개학날이어서 학교에 갔다.　今日、始業式なので学校に行った。
　　　　　　　　　　　　　　　　　きょう　しぎょうしき　　　がっこう　い

○ 오랫동안 못 봤던 친구들과 선생님을　長い間会えなかった友達や先生と久しぶりに会えて
　 오랜만에 만나서 반가웠다.　　　　なが　あいだあ　　　　　ともだち　せんせい　ひさ
　　　　　　　　　　　　　　　　　嬉しかった。
　　　　　　　　　　　　　　　　　うれ

○ 친구들 중에는 모습이 조금 변한　　友達の中には姿が少し変わっている友達もいた。
　 친구도 있었다.　　　　　　　　　なか　すがた　すこ　か

○ 친구들을 오랜만에 만나 방학 생활에　友達に久しぶりに会って、休み中の生活の話をした。
　 관한 이야기를 나누었다.　　　　　ひさ　　　　あ　　　　やす　ちゅう　せいかつ　はなし

○ 나는 방학 중에 있었던 일을　　　　私は休み中にあったことを友達に話した。
　 친구들에게 이야기했다.　　　　　　　　　やす　ちゅう　　　　　　ともだち　はな

11 대학 입시

전 공 과 목

간호학과	看護学科かんごがっか	신문방송학과	マスメディア学科がっか
건축학과	建築学科けんちくがっか	심리학과	心理学科しんりがっか
경영학과	経営学科けいえいがっか	약학과	薬学科やくがっか
경제학과	経済学科けいざいがっか	언론학과	言論学科げんろんがっか
고고학과	考古学科こうこがっか	언어학과	言語学科げんごがっか
교육학과	教育学科きょういくがっか	역사학과	歴史学科れきしがっか
국제경제무역학과	国際経済貿易学科こくさいけいざいぼうえきがっか	연극학과	演劇学科えんげきがっか
기계공학과	機械工学科きかいこうがっか	영어학과	英語学科えいごがっか
농학과	農学科のうがっか	외교학과	外交学科がいこうがっか
문학과	文学科ぶんがっか	음악학과	音楽学科おんがくがっか
물리학과	物理学科ぶつりがっか	의학과	医学科いがっか
미술학과	美術学科びじゅつがっか	정치학과	政治学科せいじがっか
법의학과	法医学科ほういがっか	지질학과	地質学科ちしつがっか
법학과	法学科ほうがっか	천문학과	天文学科てんもんがっか
사회학과	社会学科しゃかいがっか	철학과	哲学科てつがっか
상학과	商学科しょうがっか	체육학과	体育学科たいいくがっか
생물화학과	生物化学学科せいぶつかがくがっか	행정학과	行政学科ぎょうせいがっか
수산학과	水産学科すいさんがっか	화학과	化学学科かがくがっか
수의학과	獣医学科じゅういがっか	회계학과	会計学科かいけいがっか

입시 공부

○ 나는 입시 준비를 하고 있다.　私は入試の準備をしている。
にゅうし　じゅんび

○ 올해 입시를 치르게 될 것이다.　今年入試を受けるつもりだ。
ことし　う

○ 나는 시험에 합격하기 위해 공부에　私は試験に合格するために勉強に専念するつもりだ。
전념할 것이다.　しけん　ごうかく　べんきょう　せんねん

○ 공부에 열중할 것이다.　勉強に熱中するつもりだ。
ねっちゅう

○ 우리 부모님은 사교육비가 너무　私の両親は個人負担の教育費がとても多く
많이 든다고 하신다.　りょうしん　こじんふたん　きょういくひ　おお
かかるとおっしゃる。

○ 나는 대입 입시 때문에 매일　私は大学入試のために毎日遅くまで一生懸命勉強する。
늦게까지 열심히 공부한다.　だいがくにゅうし　まいにちおそ　いっしょうけんめいべんきょう

○ 입학시험에서 좋은 성적을
  거두도록 최선을 다할 것이다.

入学試験でいい成績をとれるように最善をつくす
つもりだ。

○ 내가 지금 할 일은 오직 공부이다.

私が今すべきことは、ただ勉強することだけだ。

진로 결정

○ 나는 대학에 가야 할지 말아야 할지를
  아직 결정하지 못했다.

私は大学に行くか行かないか、まだ決めれずにいる。

○ 나는 꼭 그 대학에 가고 싶다.

私は絶対その大学に行きたい〔入りたい〕。

○ 내 점수로는 그 대학에 충분히 갈 만하다.

私の点数では、十分にその大学に行ける。

○ 무엇을 전공해야 할지 선생님과
  상의했다.

何を専攻しなければならないか、先生と相談した。

○ 내 적성에 맞는 전공을 찾고 있다.

私の適性に合う専攻を探している。

○ 어떤 전공을 선택해야 할지 결정하기가
  정말 어렵다.

どんな専攻を選ぶべきか決めるのが本当に難しい。

○ 나는 대학에서 의학을 전공하고 싶다.

私は大学で医学を専攻したい。

○ 나는 의과 대학에 진학할 예정이다.

私は医科大学に進学する予定だ。

대학 진학

○ 세 개의 대학에 지원을 했다.

3つの大学に願書を出した。

○ 그 대학에 지원했다.

その大学に志願した。

○ 그 대학에 들어가기 위한 입학 조건이
  까다로웠다.

その大学に入るための入学条件が厳しかった。

○ 두 군데 대학에 합격했다.

2つの大学に合格した。

○ 한 대학에 합격되었다.

1つの大学に合格した。

○ 대학 입시에 합격했다.

大学入試に合格した。

○ 시험에 가까스로 합격했다.

試験にやっと合格した。

○ 간신히 합격했다.	辛うじて合格した。
○ 대학 생활을 통해 많은 것을 경험할 수 있을 것이다.	大学生活を通して、多くのことを経験できるはずだ。
○ 나는 그의 합격을 축하해 주었다.	私は彼の合格を祝った。
○ 나는 그가 합격할 것이라고 예상했다.	私は彼が合格するはずだと思っていた。
○ 그의 합격은 끊임없는 노력 덕분이다.	彼の合格は終りのない努力の結晶だ。
○ 나는 교환 학생으로 도쿄대학에 다닌다.	私は交換学生として東京大学に通っている。

진학 실패

○ 놀랍게도 그는 시험에서 떨어졌다.	驚いたことに、彼は試験に落ちた。
○ 난 그가 시험에 합격하는 데 어려움이 없을 거라고 확신했다.	私は彼が試験に合格するのは、難しいことではないと確信した。
○ 불행하게도 나는 대입에 실패했다.	不幸なことに、私は大学入試に失敗した。
○ 열심히 노력했으나 실패하고 말았다.	一生懸命努力したが失敗に終わった。
○ 내가 시험에 떨어졌다니 믿을 수가 없다.	私が試験に落ちたなんて信じられない。
○ 나는 시험에 실패했으나 낙심하지는 않았다.	私は、試験に失敗したが落胆しなかった。
○ 다시 한 번 시도해 볼 자신감이 없다.	もう一度挑戦してみる自身がない。
○ 실패는 성공을 위한 디딤돌일 뿐이다.	失敗は、成功のための踏み石であるだけだ。
○ 실패는 성공의 어머니이다.	失敗は成功のもとだ。
	❖일본에서는 '어머니' 대신 '근원(もと)' 이라고 한다.

재수

○ 입시에서 실패해서 재수를 하기로 했다.	入試に失敗して、浪人することにした。
	❖浪人 : 재수(생).
○ 나는 재수 중이다.	私は浪人中だ。

○ 내년에는 실패하지 않도록 더 열심히　　来年には失敗しないようにもっと一生懸命勉強する
　공부할 것이다.　　　　　　　　　　　つもりだ。

○ 나는 대학을 다니고 있는 사촌이 부럽다.　私は大学に通っているいとこが羨ましい。

12 대학생활

대학 입학

○ 나는 한국대학교 신입생이다.　　　　私は韓国大学の新入生だ。

○ 그는 한국대학교 2학년에 재학 중이다.　彼は韓国大学2年生として在学中だ。

○ 나는 3학년이다.　　　　　　　　　　私は、3年生だ。

○ 선배들이 신입생 환영 파티를　　　　先輩たちが新入生の歓迎パーティーを開いてくれた。
　열어 주었다.

○ 신입생을 위한 오리엔테이션에　　　　新入生のためのオリエンテーションに参席した。
　참석했다.

○ 몇몇 선배들이 대학 생활에 대한　　　何人かの先輩たちが、大学の生活に対して、
　조언을 해 주었다.　　　　　　　　　助言をしてくれた。

○ 나는 영문학을 전공한다.　　　　　　私は英文学を専攻する。

○ 내 전공은 영문학이다.　　　　　　　私の専攻は英文学だ。

○ 부전공은 불문학이다.　　　　　　　第2専攻はフランス文学だ。

○ 전공을 바꾸고 싶다.　　　　　　　　専攻を変えたい。

○ 내년에 일문학과로 편입하고 싶다.　　来年、日本文学科に編入したい。

○ 학생증을 발급 받았다.　　　　　　　学生証が発給された。

○ 학생증으로 지하철과 버스를　　　　学生証で地下鉄とバスを10%割引を受ける
　10% 할인 받을 수 있다.　　　　　　ことができる。

　　　　　　　　　　　　　　　　❖割引 : 할인.

462

○ 이번 학기에는 무슨 과정을 들어야 | 今学期に何の課程を聞かなければならないのか
할지 모르겠다. | 分からない。

○ 어떤 과목이 나에게 도움이 될지 | どんな科目が私に役立つか考えているところだ。
생각 중이다.

○ 여러 강의의 수강 신청을 했다. | いろいろな講義の受講の申し込みをした。

○ 인기 강의는 신청할 수가 없었다. | 人気のある講義は、申し込みすることができなかった。

○ 나는 그 강의를 꼭 듣고 싶었다. | 私はその講義を必ず聞きたかった。

○ 인기 교수의 강의를 신청하려면 | 人気のある教授の講義を申し込むなら、
서둘러야 한다. | 急がなければならない。

○ 그 과목은 수강 신청자가 많았다. | その科目は受講申込者が多かった。

○ 내가 갔을 때는 인기 강의의 신청이 | 私がついたときには、人気の講義の申し込みは
이미 종료되었다. | もう終了していた。

○ 그 과목은 이미 신청이 마감되었다. | その科目はもう申し込みが締め切られた。

○ 몇 과목은 필수 과목이었다. | いくつかの科目は必須科目だった。

○ 여러 선택 과목 중 중국어를 선택했다. | いろいろな選択科目のなかで、中国語を選択した。

○ 영문법 강의를 수강 신청했다. | 英文法の講義の受講申し込みをした。

○ 전공 과목을 들을 수 있도록 예비 필수 | 専攻科目を聞けるように、予備必須科目を
과목을 수강해야 한다. | 受講しなければならない。

○ 이번 학기에 15학점을 수강할 것이다. | 今学期に15単位を受講するつもりだ。

○ 졸업을 하려면 140학점을 들어야 한다. | 卒業をするなら、140単位を取らなければならない。

○ 수강 신청을 끝내고 이번 학기 | 受講申し込みが終わって、今学期の時間表を組んだ。
시간표를 짰다.

강의

○ 그 교수님의 강의는 매우 지루했다. | その教授の講義は、とても退屈だった。

○ 그 강의는 정말 재미없었다. | その講義は、本当におもしろくなかった。

13 학교생활

○ 그 교수님은 강의를 매우 열정적으로 하신다. その教授はとても情熱的に講義をされる。

○ 그 교수님은 항상 영어로 강의를 하신다. その教授はいつも英語で講義をされる。

○ 나는 항상 강의에 집중하려고 노력한다. 私はいつも講義に集中しようと努力する。

○ 그 강의를 이해하기가 어려웠다. その講義を理解するのが難しかった。

○ 내가 수강한 강의가 너무 어려웠다. 私が受講している講義がとても難しかった。

○ 그 교수는 출석에 매우 엄격했다. その教授は出席に対してとても厳しい。

○ 대리 출석은 불가능했다 代理出席は不可能だった。

○ 나는 절대 수업을 빼먹지 않는다. 私は絶対授業をさぼらない〔欠席しない〕。

○ 수업 시간에 필기를 많이 했다. 授業中、筆記をたくさんした。

○ 강의 시간엔 가능한 한 필기를 많이 했다. 講義の時間には、できる限りたくさん筆記をした。

○ 그 수업을 일주일에 한 번씩 청강했다. その授業を1週間に1回聴講した。

○ 나는 성적에 신경을 많이 쓴다. 私は成績にとても神経を使う。

○ 그 교수님은 학점을 잘 주셨다. その教授は単位をよくくださる。

○ 역사과목에서 A를 받았다. 歴史の科目でAをもらった。

보고서

○ 제출해야 할 보고서가 많다. 提出しなければならないレポートがたくさんある。

○ 봐야 할 참고 문헌이 너무 많다. 見てみなければならない文献がとてもたくさんある。

○ 그 보고서를 쓰기 위해 10개 이상의 참고 자료를 읽어야 한다. そのレポートを書くために10以上の参考資料を読まなければならない。

○ 환경에 관한 에세이를 써야 한다. 環境に関するエッセイを書かなければならない。

○ 2주일 이내로 보고서를 제출해야 한다. 2週間以内にレポートを提出しなければならない。

○ 보고서를 끝내려면 아직 멀었다. レポートを終わらせるには、まだまだかかる。

○ 하루 종일 긴 보고서를 작성했다. 一日中長いレポートを作成した。

○ 정말 열심히 보고서를 썼다. 　本当に一生懸命レポートを書いた。

○ 보고서가 거의 완성되어 가고 있다. 　レポートがほとんど完成しようとしている。

○ 좋은 점수를 받으려면 제 때에 　いい点数を取るためには、提出すべき時にレポートを
　보고서를 제출해야 한다. 　提出しなければならない。

○ 보고서로 스트레스를 많이 받았다. 　レポートのせいで、ストレスをたくさん受けた。

○ 인터넷의 자료를 이용해서 　インターネットの資料を利用してレポートを書いた。
　보고서를 썼다.

○ 솔직히 말하면 많은 문장들을 표절했다. 　正直に話すと、多くの文章を盗作した。

○ 보고서를 빨리 끝내려고 노력을 　レポートを早く終わらせようと多くの努力をした。
　많이 했다.

○ 보고서 마감일은 13일까지이다. 　レポートの締め切りは、13日までだ。

○ 보고서를 완성하기에 시간이 　レポートを完成するには、時間が十分ではなかった。
　충분하지 않았다.

○ 프로젝트를 연구하고 있다. 　プロジェクトを研究している。

○ 그 프로젝트에 관해 보다 심층적인 　そのプロジェクトに関して、より深層的な研究を
　연구를 해야 했다. 　しなければならなかった。

○ 조사 자료들이 많이 필요했다. 　調査資料がたくさん必要だった。

○ 마감일을 1주일 더 연장해 달라고 　締め切りを1週間延ばしてほしいと教授にお願いした。
　교수에게 부탁했다.

○ 다행히 마감일이 연기되었다. 　幸い、締め切りが延期された。

○ 시간을 좀 벌 수 있게 되었다. 　時間を少し稼ぐことができた。

○ 방금 보고서를 끝냈다. 　たった今、レポートを終わらせた。

동아리 활동

○ 대학 캠퍼스는 언제나 생동감이 있다. 　大学のキャンパスはいつも生き生きしている。

○ 여러 학과 외에 다른 활동에도 　いろいろな学科以外に他の活動にも加入した。
　가입했다.

○ 내 관심사를 다른 학생들과 함께 할 동아리를 찾았다.	他の学生といっしょに活動する興味のあるサークルを探した。
○ 방학 동안 동아리 회원들과의 MT에 참여했다.	休みの間、サークルの会員たちとのMTに参加した。
○ 에세이 작성을 위한 현장 체험 여행을 했다.	エッセイを書くための現地体験旅行をした。
○ 강의 사이의 빈 시간을 동아리 방에서 보냈다.	講義の間と間に空いた時間をサークルの部室で過ごした。

장학금

○ 나는 장학생이다.	私は奨学生だ。 / 私は奨学金をもらっている学生だ。
○ 나는 4년 전액 장학금을 받는다.	私は4年間学費全部が支給される奨学金をもらっている。
○ 이번 학기에 나는 장학금을 탈 만큼 성적이 좋았다.	今学期に私は奨学金をもらえるくらい成績がよかった。
○ 이번에는 성적이 많이 올랐다.	今回は成績がとてもあがった。
○ 내 평점이 장학금을 탈 만큼 좋지 않았다.	私の平均点が奨学金をもらえるぐらいのいい点数ではなかった。
○ 모든 과목에서 A학점을 받으면 장학금을 받게 될 것이다.	すべての科目でAをもらったら、奨学金をもらえるだろう。
○ 장학금을 신청했다.	奨学金を申請した。
○ 이번 학기에는 장학금을 탈 수 있었으면 좋겠다.	今学期には奨学金をもらえたらいいと思う。
○ 이번 학기에 장학금을 받아서 너무 기뻤다.	今学期に奨学金をもらえて、とても嬉しかった。
○ 이번 장학금은 전액 장학금이다.	今回の奨学金は学費が全額出る奨学金だ。
○ 전액 장학금을 받았다.	学費全額奨学金をもらった。
○ 부분 장학금을 받았다.	部分奨学金をもらった。
○ 등록금을 면제받았다.	登録料の免除を受けた。

○ 나는 장학금으로 공부를 하고 있다.　　私は奨学金で勉強をしている。
　　　　　　　　　　　　　　　　　　　　　しょうがくきん　べんきょう

○ 학비 대출을 신청했다.　　　　　　　　学費ローンを申請した。
　　　　　　　　　　　　　　　　　　　　がくひ　　　　しんせい

아르바이트

○ 요즘은 아르바이트 자리 구하기가　　最近アルバイト先を探すのがとても難しい。
　　매우 어렵다.　　　　　　　　　　　さいきん　　　　さき　さが　　　　　　　むずか

○ 어렵게 아르바이트 자리를 구했다.　　やっとのことでアルバイト先を見つけた。
　　　　　　　　　　　　　　　　　　　　　　　　　　　　　　　　　　　み

○ 나는 학비를 벌기 위해 아르바이트를　私は学費を稼ぐためにアルバイトをする。
　　한다.　　　　　　　　　　　　　　　　がくひ　かせ

○ 나는 아르바이트를 해서 학비를 번다.　私はアルバイトをして学費を稼ぐ。
　　　　　　　　　　　　　　　　　　　　　　　　　　　　　　　がくひ　かせ

○ 나는 고등학생에게 영어를 가르치는　　私は高校生に英語を教える家庭教師をしている。
　　과외를 한다.　　　　　　　　　　　こうこうせい　えいご　　おし　　　かていきょうし

　　　　　　　　　　　　　　　　　　　❖「家庭教師」는 집을 방문하여 가르치는 과외를 말한다.

○ 수업이 끝나면 식당에서 접시 닦는　　授業が終わると、食堂の皿洗いの仕事をする。
　　일을 한다.　　　　　　　　　　　じゅぎょう　お　　　　しょくどう　さらあら　　しごと

○ 시간당 4000원을 받는다.　　　　　時給4000ウォンだ。/ 1時間に4000ウォンもらう。
　　　　　　　　　　　　　　　　　　じきゅう　　　　　　　　　じかん

○ 1주일에 한 번 돈을 받는다.　　　　1週間に1回アルバイト料をもらう。
　　　　　　　　　　　　　　　　　しゅうかん　かい　　　　　　りょう

○ 아르바이트로 항상 바쁘다.　　　　アルバイトでいつも忙しい。
　　　　　　　　　　　　　　　　　　　　　　　　　　いそが

○ 밤에 녹초가 되어 집에 들어온다.　　夜、くたくたになって家に帰ってくる。
　　　　　　　　　　　　　　　　　　よる　　　　　　　　　　いえ　かえ
　　　　　　　　　　　　　　　　　　❖くたくたになる : 녹초가 되다.

○ 돈 받는 날에 친구들에게 저녁을 샀다.　給料日に友達に夕食をおごってあげた。
　　　　　　　　　　　　　　　　　きゅうりょうび　ともだち　ゆうしょく

하숙 · 자취

○ 나는 학교 기숙사에서 지낸다.　　　私は学校の寄宿舎で過ごしている。
　　　　　　　　　　　　　　　　　　　　がっこう　きしゅくしゃ　す

○ 기숙사에는 모든 가구가 설치되어　　寄宿舎にはすべての家具が設置されていた。
　　있었다.　　　　　　　　　　　　　　　　　　　　　　　　かぐ　せっち

○ 룸메이트와 아파트에서 함께 지낸다.　ルームメートとアパートでいっしょに暮している。
　　　　　　　　　　　　　　　　　　　　　　　　　　　　　　　　　　くら

○ 지난 주에 룸메이트가 이사 나갔다.	先週ルームメートが引っ越しした。 せんしゅう　　　　　　　　ひ　こ
○ 혼자 있으니 더 외로웠다.	一人でいるので、もっと寂しかった。 ひとり　　　　　　　　さみ
○ 나는 원룸형 아파트에서 자취를 한다.	私はワンルームアパートで自炊をしている。 じすい
○ 보증금 500만원에 월세가 35만원이다.	保証金〔敷金〕500万ウォン、家賃が35万ウォンだ。 ほしょうきん　しききん　　　　　　　　　や　ちん ❖일본에서는 보증금을 ─敷金─ 이라고 한다.
○ 매일 빵 먹는 것에 질렸다.	毎日パンを食べるのがいやになった。 まいにち　　た
○ 나는 학교에서 걸어 다닐 수 있는 　곳에서 하숙을 했다.	私は学校から歩いて通えるところに下宿した。 がっこう　　ある　　かよ　　　　　　　げしゅく
○ 대학교 근처에서 하숙을 한다.	大学のそばに下宿をする。 だいがく

학위

○ 나는 학부생이다.	私は学部の学生だ。 がくぶ　がくせい
○ 대학 학위가 꼭 필요한 것은 아니라고 　생각한다.	大学の学位が必ず必要ではないと思う。 だいがく　がくい　かなら　ひつよう　　　　　おも
○ 대학 학위가 인생의 전부는 아니다.	大学の学位が人生の全部ではない。 じんせい　ぜんぶ
○ 대학 학위가 더 좋은 삶을 살도록 　도와주는 것은 아니다.	大学の学位が幸せな暮らしができるように手伝ってくれる しあわ　く　　　　　　　　てつだ ものではない。
○ 나는 불문학 학사 학위를 땄다.	私は仏文学の学士学位を取得した。 ふつぶんがく　がくし　　しゅとく
○ 나는 석사 과정에 있다.	私は修士課程にいる。 しゅうし　かてい
○ 나는 미국 워싱턴대학에서 석사 　학위를 위해 공부하고 있다.	私はアメリカのワシントン大学で修士学位を だいがく　しゅうしがくい 取得するために勉強をしている。 しゅとく　　　　　べんきょう
○ 내년이면 석사 학위를 따게 된다.	来年になったら、修士学位を取得することになるだろう。 らいねん
○ 석사 학위를 받는 데 2년이 걸렸다.	修士学位を取得するのに2年かかった。 しゅうしがくい　しゅとく　　　　　ねん
○ 나는 영문학 석사 학위를 땄다.	私は英文学の修士学位を取得した。 えいぶんがく
○ 나는 박사 과정에 있다.	私は博士課程にいる。 はくし　かてい
○ 나는 생물학에서 박사 학위를 받았다.	私は生物学の博士学位を取得した。 せいぶつがく　はくしがくい

유학 준비

○ 나는 유학을 가고 싶었다.   私は留学したかった。
りゅうがく

○ 유학을 위해 2년 휴학했다.   留学するために、2年休学した。
ねんきゅうがく

○ 음악을 공부할 목적으로 미국에   音楽を勉強する目的で、アメリカに行く予定だ。
おんがく べんきょう もくてき い よてい
갈 예정이다.

○ 국비로 유학하게 되었다.   国費で留学することになった。
こくひ りゅうがく

○ 워싱턴대학에 대한 정보를 수집했다.   ワシントン大学に関する情報を収集した。
だいがく かん じょうほう しゅうしゅう

○ 나는 아이비리그 대학 중 한 대학에   私はアイビーリーグの大学のなかの1つの大学に
지원했다.   志願した。
しがん

○ 입학에 필요한 것들이 많았다.   入学に必要なものがたくさんあった。
にゅうがく ひつよう

○ 그 대학에 진학하기 위해 많은 것을   その大学に進学するために、いろいろなものを
だいがく しんがく
준비해야 했다.   準備しなければならなかった。
じゅんび

○ 그 프로그램 과정의 지원서를 작성했다.   そのプログラム課程の志願書を作成した。
かてい しがんしょ さくせい

○ 교수님께 추천서를 써 달라고   教授に推薦書を書いてほしいとお願いした。
きょうじゅ すいせんしょ か ねが
부탁드렸다.

○ 그 학교로부터 입학 허가서를 받았다.   その学校から入学許可書をもらった。
がっこう にゅうがくきょかしょ

○ 나는 도쿄대학에 합격했다.   私は東京大学に合格した。
とうきょうだいがく ごうかく

○ 외국 학생을 위한 안내 책자를 읽었다.   外国の学生のための案内書を読んだ。
がいこく がくせい あんないしょ よ

유학 생활

○ 드디어 그 대학에 등록했다.   やっとその大学に登録した。
だいがく とうろく

○ 3년 정도 뉴욕에서 머무를 예정이다.   3年ぐらいニューヨークに滞在する予定だ。
ねん たいざい よてい

○ 나는 1년 정도 어학 연수를 받을 것이다.   私は1年ぐらい語学研修を受けるつもりだ。
ごがくけんしゅう う

○ 비용이 많이 들 것이라고 예상했다.   たくさん費用がかかるだろうと思った。
ひよう おも
     ❖費用がかかる : 비용이 들다.

○ 학비가 너무 비쌌다.   学費がとても高かった。
がくひ たか

469

○ 부모님께서 해외 유학 비용을
책임져 주셨다.

両親が海外留学の費用の責任を負ってくださった。
りょうしん　かいがいりゅうがく　ひよう　せきにん　お

○ 아버지가 모든 비용을 대 주셔서
매우 감사하게 생각한다.

父がすべての費用を出してくださって、とても
ちち　　　　　　ひよう　だ
感謝している。
かんしゃ

○ 나는 도쿄에 아는 사람이 하나도 없다.

私は東京に知っている人が一人もいない。
わたし　とうきょう　し　　　　　ひと　ひとり

○ 우리나라와는 다르게 대학의 학기가
6월에 시작한다.

私の国とは違って、大学の学期が6月に始まる。
わたし　くに　　ちが　　　だいがく　がっき　がつ　はじ

○ 많은 학생들이 험난한 취업 시장에 대해
걱정하고 있다.

多くの学生が就職難に対して心配している。
おお　　がくせい　しゅうしょくなん　たい　　しんぱい

❖就職難 : 취업난.

○ 이곳에 공부하러 온지 벌써 1년이
지났다.

ここに勉強しに来て、もう1年が過ぎた。
べんきょう　き　　　　ねん　す

○ 가끔 향수를 느낀다.

ときどき郷愁の思いにふける。
きょうしゅう　おも

○ 고향 생각이 간절하다.

故郷を切望する。
こきょう　せつぼう

○ 가족이 그립다.

家族に会いたい。
かぞく　あ

○ 가족이 그리울 땐 편지를 보냈다.

家族が恋しいときは手紙を送った。
かぞく　こい　　　　てがみ　おく

どきどき エイプリルフール

4月1日　金曜日　晴れ

今日は、4月1日、エイプリルフールだ。今年は、とても疲れてしまうほど先生方に

いたずらをたくさんした。今日、私たちは、数学のテストを受けることになっていた

が、テストを受けるのがいやで他の子達と教室を入れ替わった。だが、数学の先生

が、絶対にテストを受けなければならないと直接上がってこられたので、先生をだま

す作戦は失敗してしまった。その次、世界史の時間に私たちは、2時ちょうどに各自

の携帯のアラームをセットして、隠しておいた。同時に鳴るのを期待していたが、誰

かの携帯が先に鳴ってしまって、期待していたほどの効果をもたらすことができなか

った。日本語の時間にどんないたずらをするか相談したが、結局、私を含む8名の生

徒が他の教室に入り込んだ。先生が「教室を移動した生徒達は、前に出なさい。」と

大声で叫んだ。私たちは、とてもびっくりして、自分の教室に急いで帰ってしまっ

た。仕方がなかった。ともあれ、本当におもしろい一日だった。

두근두근 만우절

4월 1일, 금요일, 맑음

오늘은 4월 1일, 만우절이다. 올해는 선생님들께 장난을 많이 쳐서 이제는 피곤할 정도이다. 오늘 우리는 수학 시험을 보기로 되어 있었는데 시험 보기가 싫어서 다른 아이들과 교실을 바꾸었다. 하지만 수학 선생님께서 시험을 봐야만 한다고 하시며 직접 올라오시는 바람에 선생님 속이기는 실패하고 말았다. 그 다음 세계사 시간에 우리는 각자의 휴대전화을 2시 정각에 알람을 맞춰 놓고 숨겨 두었다. 동시에 울리기를 기대했었는데 누군가의 휴대전화가 먼저 울리는 바람에 기대했던 만큼은 효과를 거두지 못했다. 일본어 시간에는 어떻게 할지 의논하다가 결국 나를 포함한 8명의 아이들이 다른 교실로 들어갔다. 선생님께서 "교실을 이동한 학생들, 앞으로 나와!"하시며 고함을 지르셨다. 우리는 깜짝 놀라 우리 교실로 돌아오고 말았다. 어쩔 수 없었다. 어쨌든 정말 재미있는 하루였다.

NOTES

エイプリルフール 만우절┊いたずら 장난┊テストを受うける 테스트를 보다 (* テストを見みる라고 틀리기 쉽다.)┊入いれ
替かわった 바꾸었다┊だます 속이다┊ちょうど 정각┊もたらす 거두다, 가져오다┊仕方しかたがなかった 할 수 없었다

CHAPTER

14

학교 행사

1. 입학
2. 체육대회
3. 학교 축제
4. 동아리
5. 캠핑
6. 소풍
7. 수학여행
8. 졸업
DIARY 14

01 입학

○ 올해 나는 중학교에 입학한다. 　今年、私は中学校に入学する。

○ 오늘은 학교 입학식이 있었다. 　今日は学校の入学式が行われた。

○ 새 교복을 입고 입학식에 참석했다. 　新しい制服を着て、入学式に参席した。

○ 우리는 훌륭한 학생이 될 것을 선서했다. 　私達は立派な学生になることを宣誓した。

○ 오늘은 새로운 학교 생활의 시작이다. 　今日は新しい学校生活の始まりだ。

○ 가슴이 매우 벅차올랐다. 　胸がとてもどきどきした。

○ 신입생들을 위한 오리엔테이션이 있었다. 　新入生のためのオリエンテーションがあった。

○ 교감 선생님께서 학교 규칙 및 지켜야 할 　教頭先生が学校の規則と守るべき事柄について
　사항들에 대해 알려 주셨다. 　教えてくださった。

○ 새 학교를 둘러 볼 때 약간 긴장이 됐다. 　新しい学校を見回しながら、少し緊張した。

○ 낯선 얼굴들이 많았다. 　見知らぬ顔が多かった。

○ 아는 사람들을 몇 명 만나 반가웠다. 　知っている人と何人か会って、嬉しかった。

○ 내 담임 선생님은 누가 될지 몹시 궁금했다. 　私の担任の先生に、誰がなるかとても気になった。

○ 우리 담임 선생님이 발표되었다. 　私達の担任の先生が発表された。

○ 내가 공부하게 될 교실에 가 보았다. 　私が勉強することになる教室に行ってみた。

○ 선생님께서 새 교과서를 나누어 주셨다. 　先生が新しい教科書を配ってくれた。

○ 학용품도 새것을 쓰게 될 것이다. 　学用品も新しいのを使うことになるはずだ。

○ 우리는 서로를 소개했다. 　私達はお互いに自己紹介をした。

○ 친구로서 잘 지내고 싶다고 말했다. 　友達として仲よくしようと言った。

○ 부모님과 입학 기념사진을 찍었다. 　両親と入学記念写真を撮った。

○ 부모님께서는 새로운 마음가짐으로 　両親は新しい気持ちで学校生活を送りなさいと
　학교 생활을 잘하라고 말씀하셨다. 　おっしゃった。

02 체육대회

체육 대회

○ 오늘은 우리 학교 체육 대회 날이다.
今日は私の学校の運動会の日だ。
きょう　　　　　 がっこう　　 うんどうかい　 ひ
❖초등학교까지는 「運動会」, 중학교부터는 「体育大会」라고 하는 것이
　　　　　　　　　　　　　　　　　 たいいくたいかい
일반적이다.

○ 체육 대회는 학교의 연중행사이다.
運動会は、学校の年中行事だ。
　　　　　　　　　　 ねんちゅうぎょうじ

○ 올해는 체육 대회가 5월 6일에 열렸다.
今年は、運動会が5月6日に開かれた〔行われた〕。
ことし　　　　　　　　　　 がつむいか　 ひら　　　 おこな

○ 체육 대회 하기에 매우 좋은 날씨였다.
運動会をするのにふさわしい、とてもいい天気だった。
　　　　　　　　　　　　　　　　　　　　 てんき

○ 대부분의 학생들이 체육 대회에
참가했다.
大部分の学生が運動会に参加した。
だいぶぶん　 がくせい　　　　　　 さんか

○ 우리는 여러 경기에 참가했다.
私達はいろいろな競技に参加した。
わたしたち　　　　　　　　 きょうぎ

○ 비가 와서 경기가 연기되었다.
雨が降って、競技が延期された。
あめ　 ふ　　　　　　 えんき

달리기

○ 체육대회가 있어서 달리기 연습을
열심히 했다.
体育大会があるので走る練習を一生懸命した。
たいいくたいかい　　　　　 はし　 れんしゅう　 いっしょうけんめい

○ 나는 달리기 할 때 전속력으로 뛰었다.
私は徒競走の時、全速力で走った。
　 ときょうそう　 とき　 ぜんそくりょく　 はし

○ 죽을힘을 다해 달렸다.
死ぬほど力を振り絞って走った。
し　　　　 ちから　 ふ　 しぼ　　　 はし
❖振り絞る：있는대로 쥐어짜다.

○ 경쟁자를 따라잡았다.
ライバルに追い付いた。
　　　　　　 お　 つ

○ 내가 달리기의 테이프를 끊었다.
私が徒競走のテープを切った。
　 ときょうそう　　　　　　 き

○ 달리기에서 일등을 했다.
徒競走で1番になった。/ 徒競走で1番をとった。
　　　　　 ばん

○ 달리기에서 꼴찌로 들어왔다.
徒競走で、びりで入ってきた。
ときょうそう　　　　　 はい

○ 달리기에서는 그를 당할 자가 없었다.
徒競走では彼に敵う者がいなかった。
　　　　 かれ　 かな　 もの

○ 그는 신호에 앞서 먼저 뛰었다. 彼はピストルの音がなる前に、走り出した。/
彼はフライングをした。

○ 그는 발이 무척 빨랐다. 彼は足がとても速かった。

경기

○ 팽팽한 경기가 많았다. 勝負のつけがたい競技が多かった。

○ 우리는 그 경기를 포기했다. 私達はその競技をあきらめた〔放棄した〕。

○ 줄다리기에서 우승했다. 綱引きで優勝した。

○ 800미터 릴레이 경기가 가장 흥미로웠다. 800メートルリレーの競技がとても面白かった。

○ 단체 경기에서 개인플레이는 금물이다. 団体競技で個人プレイは禁物だ。

○ 내가 농구에서 최고 득점을 했다. 私がバスケットボールで最高得点をとった。

○ 우리 반이 이길 거라고 확신했다. 私達のクラスが勝つだろうと確信した。

○ 우리들은 열심히 싸웠지만 私達は一生懸命戦ったが、結局負けてしまった。
결국 지고 말았다.

○ 누가 이기든지 나에겐 별로 誰が勝とうと、私にはあまり重要ではなかった。
중요하지 않았다.

○ 우리 팀을 열심히 응원했다. 私達のチームを一生懸命応援した。

○ 드디어 경기가 끝났다. やっと競技が終了した〔終わった〕。

○ 우리 반이 모든 경기를 이겼다. すべての競技において、私達のクラスが勝った。

○ 우리 반은 2등을 했다. 私達のクラスは2位だった。

○ 우리 반은 단합상을 탔다. 私達のクラスは団結賞をとった。

03 학교 축제

축제

○ 우리 학교는 매년 10월에 축제가 있다.　私達の学校は毎年10月に学園祭がある。
　　　　　　　　　　　　　　　　　　がっこう　まいとし　がつ　がくえんさい
　　　　　　　　　　　　　　　　❖학교 축제를 ─文化祭─나 ─学芸会─라고도 한다.
　　　　　　　　　　　　　　　　　　　　　　ぶんかさい　　　　がくげいかい
　　　　　　　　　　　　　　　　─学芸会─는 초등학교 축제를 말한다.
　　　　　　　　　　　　　　　　　　がくげいかい

○ 조별로 학교 축제에 대해 논의했다.　グループ別に学園祭について話し合った。
　　　　　　　　　　　　　　　　　　　　　べつ　　　　　　　　　　　　　はな　あ

○ 각 동아리들이 다양한 행사를 준비했다.　各サークルがいろいろな行事を準備した。
　　　　　　　　　　　　　　　　　　かく　　　　　　　　　　ぎょうじ　じゅんび

○ 학교 축제의 전야제가 있었다.　学園祭の前夜祭が行われた。
　　　　　　　　　　　　　　　がくえんさい　ぜんやさい　おこな

○ 행사 중에 가장 행렬이 있었다.　行事中、仮装行列があった。
　　　　　　　　　　　　　　　ぎょうじちゅう　か そうぎょうれつ

○ 나는 여자로 분장했다.　私〔僕〕は女性に変装した。
　　　　　　　　　　　ぼく　　じょせい　へんそう

○ 나는 공주 옷을 입었다.　私はお姫様の服を着た。
　　　　　　　　　　　　　ひめさま　ふく　き

○ 학교 정원에서 시화전이 있었다.　学校の庭園で、詩画展が行われていた。
　　　　　　　　　　　　　　　　がっこう　ていえん　し がてん　おこな

○ 운동장에서는 바자회가 열렸다.　運動場ではバザーが開かれた。
　　　　　　　　　　　　　　　うんどうじょう　　　　　　　ひら

○ 싼 가격에 내가 원하는 물건을　安い値段で、私がほしいものを買うことができた。
　살 수 있었다.　　　　　　　　やす　ねだん　　　　　　　　　　　　　か

○ 행사에 참여하기 위해 친구들과　行事に参加するために、友達とどこそこ歩きまわった。
　여기저기 돌아다녔다.　　　　　ぎょうじ　さんか　　　　　　ともだち　　　　　　ある

○ 학교 축제를 즐겼다.　学園祭を楽しんだ。
　　　　　　　　　　がくえんさい　たの

연극 발표

○ 오후에는 강당에서 학생들의　午後には講堂で学生の発表会があった。
　발표회가 있었다.　　　　　ごご　　　こうどう　がくせい　はっぴょうかい

○ 나는 무대 공포증이 있다.　私は舞台恐怖症がある。
　　　　　　　　　　　　　ぶたいきょうふしょう

○ 우리는 학교 축제 때 무대에서　私達は学園祭の時、舞台で演劇をした。
　연극을 했다.　　　　　　　がくえんさい　とき　ぶたい　えんげき

○ 처음으로 많은 관중 앞에서 하는 연극이었다. | 初めて多くの観衆の前でする演劇だった。

○ 나는 줄리엣의 역할을 했다. | 私はジュリエットの役をした。

○ 그 연극을 위해 동아리 회원들이 한 달 동안 많이 연습했다. | その演劇のためにサークルの会員は1ヶ月の間、たくさんの練習をした。

○ 대본도 완벽하게 외웠다고 생각했다. | 台本も完璧に覚えたと思った。

○ 어젯밤에는 처음부터 끝까지 연극 예행연습을 했다. | 昨夜は初めから終りまで演劇の予行練習をした。

○ 무대 커튼이 올라가자 긴장해서 대사가 생각나지 않았다. | 舞台のカーテンが上がると、緊張してセリフを忘れてしまった。

○ 커튼 뒤에 있던 친구가 작은 소리로 대사를 읽어 주어서 그럭저럭 내 역할을 할 수 있었다. | カーテンの後ろにいた友達が小さい声で、セリフを読んでくれて、なんとか私の役をこなすことができた。

○ 성공적으로 연극을 잘 마쳤다. | 演劇は大成功に終わった。／無事に演劇を終わらせることができた。

장기 자랑

○ 나는 학생 장기 자랑을 위해 특이한 것들을 준비했다. | 私は学生自慢大会のために変わったものを準備した。

○ 나는 무대에서 색소폰을 연주했다. | 私は舞台でサックスを演奏した。

○ 나는 태권도 시범을 보였다. | 私はテコンドーの模範を見せた。

○ 나는 선생님들의 말투를 흉내 냈다. | 私は先生方の話し方のまねをした。

○ 댄스 경연 대회가 있었다. | ダンスのコンテストが行われた。

○ 강당에서 댄스 파티가 열렸다. | 講堂でダンスパーティーが開かれた。

○ 나는 음악에 맞춰 열심히 춤을 추었다. | 私は音楽に合わせて一生懸命踊った。

○ 무대 위에서 내 춤 실력을 뽐냈다. | 舞台の上で私の踊りの実力を見せ付けた。

○ 내가 그 대회에서 대상을 받았다. | 私がその大会で大賞を受賞した。

04 동아리

동아리 가입

○ 우리 학교는 다양한 동아리가 있다.   私達の学校はいろいろなサークルがある。

○ 나는 어느 동아리에도 속해 있지 않다.   私はどのサークルにも入っていない。

○ 나는 컴퓨터 동아리를 만들었다.   私はコンピューターサークルを作った。

○ 선생님께서는 내게 공부하는 동아리에   先生が私に勉強するサークルに入りなさいと
들어가라고 권하셨다.   薦めてくださった。

○ 나는 그 동아리에 가입하고 싶었다.   私はそのサークルに入りたかった。

○ 나는 컴퓨터 동아리에 가입했다.   私はコンピューターサークルに入った。

○ 나는 영화를 좋아해서 영화 동아리에   私は映画が好きなので、映画のサークルに入った。
가입했다.

○ 나는 영어에 관심이 많아서   私は英語に関心があるので、英会話サークルに
영어 회화 동아리에 가입했다.   加入した。
   ❖英会話 : 영어 회화.

○ 나는 축구부에 있다.   私はサッカー部にいる。

○ 나는 합창부에 속해 있다.   私は合唱部に所属している。

○ 나는 독서 동아리의 회원이다.   私は読書サークルの会員だ。

동아리 활동

○ 나는 연극부 행사에 참여했다.   私は演劇部の行事に参加した。

○ 나는 동아리 회의에 참석했다.   私はサークルの会議に参席した。

○ 컴퓨터 동아리에서 선배들로부터   コンピューターサークルで、先輩からコンピューターに
컴퓨터에 관해 많은 것을 배울 수 있었다.   関する多くのことを学ぶことができた。

○ 우리 동아리가 다른 사람들을 위해   私達のサークルが他の人達のために、
무슨 일을 해 왔는지 생각해 보았다.   どんなことをしてきたのか考えてみた。

479

○ 우리 동아리 회원들이 불쌍한 사람들을 도와 줄 것을 제안했다.	私達のサークルの会員がかわいそうな人達を 助けることを提案した。
○ 우리 동아리는 일주일에 한 번 모임을 갖는다.	私達のサークルは1週間に1回集まりがある。
○ 우리 동아리의 회비는 한 달에 만원이다.	私達のサークルの会費は1ヶ月に1万ウォンだ。
○ 나는 친구들에게 우리 동아리에 가입할 것을 권유했다.	私は友達に私達のサークルに入ることを薦めた。
○ 동아리 회원들이 돈을 갹출해서 행사를 준비했다.	サークルの会員がお金を集めて、行事を準備した。
○ 나는 동아리 친구들과 마음이 잘 안 맞는다.	私はサークルの友達と意見〔気持ち〕が合わない。
○ 조만간 나는 동아리에서 탈퇴할 것이다.	もう少ししたら私はサークルから脱退するつもりだ。

05 캠핑

캠핑 준비

○ 보이 스카우트 캠핑을 갈 것이다.	ボーイスカウトのキャンプに行くつもりだ。
○ 어젯밤에 짐을 꾸렸다.	昨夜、荷物を準備した。
○ 필요한 물건이 무엇인지 잘 몰랐다.	必要なものが何なのかよく分からなかった。
○ 침낭을 포함해서 캠핑에 필요한 물품들이 매우 많았다.	寝袋を含めて、キャンプに必要なものがとても多かった。
○ 칫솔, 치약, 수건, 여분의 옷 등을 배낭에 챙겼다.	歯ブラシ、歯磨き粉、タオル、着替えなどを リュックに入れた。 ❖リュック：등산·여행용 배낭.
○ 형이 내가 짐 꾸리는 것을 도와주었다.	兄が私が荷物を準備するのを手伝ってくれた。
○ 빠뜨린 것이 있는지 다시 점검했다.	忘れものがないか、もう一度点検した。

480

○ 많이 설렌다. | とてもわくわくする。

○ 이번 캠핑이 기대가 된다. | 今回のキャンプを楽しみにしている。

○ 너무 흥분돼서 잠이 안 온다. | とても興奮して、眠れない。

캠핑

○ 이른 아침에 모임 장소로 갔다. | 朝早く、集まる場所に出かけた。

○ 모두들 들떠 있었다. | みんな興奮していた。

○ 우리 동아리는 부산으로 캠핑을 갔다. | 私達のサークルはキャンプをしにプサンへ行った。

○ 숲 속에서 야영을 했다. | 森のなかで野営〔キャンプ〕をした。

○ 해변에서 캠핑을 했다. | 海岸でキャンプをした。

○ 이번 캠핑은 3일간 계속되었다. | 今回のキャンプは3日間続いた。

○ 이것이 내 첫 야영이었다. | これが私の最初の野営〔キャンプ〕だった。

○ 야영지에 도착하자마자 우리는 텐트를 쳤다. | キャンプ場についてすぐ、私達はテントを張った。

○ 극기 훈련을 받았다. | 自制トレーニングを受けた。

○ 각종 재미있는 이벤트가 있었다. | いろいろな面白いイベントがあった。

○ 캠프에서 많은 친구들을 사귀게 되었다. | キャンプでたくさんの友達を作ることができた。

○ 우리 모두는 캠프파이어 둘레에 모였다. | 私達みんなはキャンプファイアの周りに集まった。

○ 우리는 캠프파이어를 가운데에 두고 동그랗게 둘러섰다. | 私達はキャンプファイアを中心に丸く囲みながら立った。

○ 캠프파이어에 불을 붙였다. | キャンプファイアに火をつけた。

○ 우리는 환호성을 질렀다. | 私達は歓声を上げた。

○ 불꽃놀이를 했다. | 花火をした。

○ 장기 자랑을 했다. | 特技を披露した。

○ 나는 장기 자랑 대회에서 인기가 좋았다. | 私は自慢大会で人気が高かった。

○ 캠프파이어 앞에 앉아서 친구들과 이런저런 이야기를 나누었다.

キャンプファイアの前に座って、友達といろんな話をした。

○ 늦게까지 자지 않고 친구들과 이야기를 나누었다.

遅くまで、寝ないで友達と話をした。

○ 잠들기 전에 가족들이 보고 싶었다.

寝る前に家族に会いたくなった。

○ 그 다음날 아침에 캠프장에서 철수했다.

その次の日の朝、キャンプ場を出発した。 /
その次の日の朝、キャンプ場から引き揚げた。

❖引き揚げる : 철수하다.

○ 정말 재미있는 캠핑이었다.

本当におもしろいキャンプだった。

○ 내게는 너무 흥미롭고 유익한 캠프였다.

私にはとても興味深くて、意味のあるキャンプだった。

06 소풍

소풍 준비

○ 내일 우리는 놀이 공원으로 소풍을 간다.

明日、私達は遊園地に遠足に行く。

○ 슈퍼에 가서 소풍 때 먹을 것을 샀다.

スーパーに行って、
遠足のときに食べるものを買った。

○ 내일 아침 엄마가 점심 도시락을 싸 주실 것이다.

明日の朝、母が昼のお弁当を作ってくれるだろう。

○ 소풍이 기대된다.

遠足が楽しみだ。

○ 즐거운 소풍이 되었으면 좋겠다.

楽しい遠足になったらいいなあと思う。

○ 소풍에 딱 맞는 캐주얼한 옷차림을 했다.

遠足にピッタリのカジュアルな服を着た。

❖ピッタリ : 잘 어울리는 모양.

○ 도시락과 마실 것을 배낭에 넣었다.

お弁当と飲み物をリュックに入れた。

○ 소풍에 늦지 않도록 일찍 출발했다.

遠足に遅れないよう、早めに出発した。

소풍날 날씨

○ 내일 날씨가 좋지 않으면, 우리는
　소풍을 가지 않을 것이다.

明日、天気がよくなかったら、私達は遠足に
行かないつもりだ。

○ 내일 날씨가 화창하면 좋겠다.

明日、天気がよかったらいいと思う。

○ 날씨가 좋아서 다행이었다.

天気がよくて、よかった。

○ 소풍 가기에 너무나 좋은 날씨였다.

遠足に行くには、とてもいい天気だった。

○ 궂은 날씨 때문에 소풍을 포기해야 했다.

天気が悪くて、遠足に行くのを
あきらめなければならなかった。

○ 비가 억수처럼 쏟아져서 소풍이
　연기되었다.

雨がどしゃ降りになって、遠足が延期された。

○ 날씨는 우리 힘으로는 어떻게
　할 수 없었다.

天気は私達の力では、どうしようもなかった。

○ 비가 왔는데도 불구하고 소풍을 갔다.

雨が降っているのにもかかわらず、遠足に行った。
❖ ～にもかかわらず : ～에도 불구하고.

소풍 장소

○ 비원으로 소풍을 갔다.

ビウォンに遠足に行った。

○ 나는 그곳을 여러 번 가 보았다.

私はそこに何回か行ってみた。

○ 산을 오르느라 숨이 찼다.

山に登ったら息切れがした。

○ 산에 오르기는 힘들었지만 정상에
　도착하니 기분이 좋았다.

山に登るのは大変だが、頂上に到着したら、
気分がよかった。

○ 길이 미끄러워서 산에서 천천히
　내려왔다.

道が滑りやすくて、山からゆっくり降りた。

○ 선생님께서 미리 선물 이름을 적어둔
　쪽지들을 숨겨 놓으셨다.

前もって先生がプレゼントの中身が
書かれたメモを隠しておいた。

○ 보물찾기를 했다.

宝物探しをした。

○ 나는 두 개의 보물 쪽지를 찾았다.

私は宝物の書かれたメモを2つ探し当てた。

483

- 선물을 두 개 받을 수 있었다. プレゼントを2つ受け取ることができた。
- 소풍 가서 친구들과 사진을 찍었다. 遠足に行って、友達と写真を撮った。
- 정말 즐거운 소풍이었다. 本当に楽しい遠足だった。
- 견학을 다녀왔다. 見学をしてきた。
- 잊지 못할 추억 거리가 될 것이다. 忘れることのできない思い出になるだろう。
- 이번 소풍은 정말 재미없었다. 今回の遠足は本当におもしろくなかった。
- 점심만 먹고 집에 돌아왔다. 昼ご飯だけ食べて、家に帰ってきた。

07 수학여행

- 제주도로 3박 4일 동안 수학여행을 갈 것이다. チェジュドに3泊4日、修学旅行に行くつもりだ。
- 우리는 봄에 제주도로 수학여행을 갈 것이다. 私達は春にチェジュド修学旅行に行くつもりだ。
- 역사적인 유적지 탐방과 한라산 등반을 할 계획이었다. 歴史的な遺跡探訪をするのと、ハンラサンに登山する計画だった。
- 오늘이 제주도로 가는 3일 간의 여행 첫날이었다. 今日はチェジュドの3日間の旅行の最初の日だった。
- 아침에 들뜬 마음으로 여행을 떠났다. 朝、浮き立った心で旅行に出発した。
- 우리는 아침 8시에 출발하여 12시에 부산에 도착했다. 私達は朝8時に出発して、12時にプサンに到着した。
- 점심 식사를 하고 배에 올라탔다. 昼ご飯を食べて、船に乗った。
- 배를 타고 제주도로 갔다. 船に乗って、チェジュドへ行った。
- 우리가 그곳에 도착했을 때에는 날씨가 매우 나빴다. 私達がそこに到着したときには天気がとても悪かった。
- 밤새 친구들과 놀았다. 夜通し友達と遊んだ。

484

○ 밤에 선생님들께 장난을 쳤다.	夜、先生たちにいたずらをした。 よる　せんせい
○ 밤에 잠을 잘 못 자서 버스 안에서 내내 졸렸다.	夜、眠れなくて、バスのなかでずっと眠たかった。 よる　ねむ
○ 버스 안에서 대중가요를 불렀다.	バスのなかで、歌謡曲などを歌った。 かようきょく　うた
○ 배를 타고 선상 여행도 했다.	船に乗って、船上旅行もした。 ふね　の　せんじょうりょこう
○ 가족들에게 줄 기념품도 몇 개 샀다.	家族にあげる記念品もいくつか買った。 かぞく　きねんひん　か
○ 제주에서 비행기를 타고 돌아왔다.	チェジュドから飛行機に乗って帰ってきた。 ひこうき　の　かえ
○ 나는 비행기를 처음 탔다.	私は飛行機に初めて乗った。 はじ
○ 비행기가 이륙할 때 좀 흥분이 됐다.	飛行機が離陸するとき、ちょっと興奮した。 りりく　こうふん
○ 어두워지고 나서야 도착했다.	暗くなってから、やっと到着した。 くら　とうちゃく
○ 수학여행에서 돌아와 학교 앞에서 해산했다.	修学旅行から帰ってきて、学校の前で解散した。 しゅうがくりょこう　かえ　がっこう　まえ　かいさん
○ 여행 중에 찍은 사진을 빨리 보고 싶었다.	旅行中に撮った写真を早く見たかった。 りょこうちゅう　と　しゃしん　はや　み
○ 수학여행의 추억을 영원히 간직할 것이다.	修学旅行の思い出を永遠に忘れないだろう。 しゅうがくりょこう　おも　で　えいえん　わす
○ 꿈같은 여행이었다.	夢みたいな旅行だった。 ゆめ　りょこう
○ 가족들에게 여행에 대해서 해 줄 이야기가 많았다.	家族たちにしてあげたいお土産話がたくさんあった。 かぞく　みやげばなし

❖お土産話 : 여행할 때 있었던 이야기들.

485

08 졸업

졸업식 전날

○ 나는 올해 학교를 졸업하게 된다.　　私は今年学校を卒業する。

○ 졸업식은 일반적으로 2월에 한다.　　卒業式は一般的に2月に行われる。

○ 졸업식 예행연습을 했다.　　卒業式の予行練習をした。

○ 나는 꼴찌로 간신히 졸업했다.　　私は最下位で辛うじて卒業した。

○ 그는 나보다 1년 먼저 졸업했다.　　彼は私より1年早く卒業した。

○ 나는 학교생활에 좋은 추억이 많다.　　私は学校生活のいい思い出がたくさんある。

○ 그 추억들을 언제까지나 기억할 것이다.　　その思い出をいつまでも忘れないだろう。

❖ ―記憶するだろう―보다는 ―忘れないだろう―로 표현하는 것이 더 자연스럽다.

○ 타임캡슐 안에 우리의 추억을 담았다.　　タイムカプセルのなかに私達の思い出を詰め込んだ。

○ 땅을 파고 타임캡슐을 묻었다.　　土を掘って、タイムカプセルを埋めた。

졸업식

○ 오늘 졸업식이 있었다.　　今日、卒業式が行われた。

○ 졸업을 하게 되어 무척 기뻤다.　　卒業できてとても嬉しかった。

○ 가족과 친척들이 내 졸업을 축하해 주었다.　　家族と親戚たちが私の卒業を祝ってくれた。

○ 삼촌이 내게 멋진 꽃다발을 주셨다.　　叔父が私に素敵な花束をくださった。

○ 부모님께서는 선물로 가방을 주셨다.　　両親はプレゼントにカバンをくださった。

○ 친척들이 내 졸업을 축하해 주었다.　　親戚たちが私の卒業を祝ってくれた。

○ 졸업장 그 자체는 내게 별 의미가 없었다.　　卒業証書そのものは私にあまり意味がなかった。

○ 친구들과 헤어지기 싫어서 울었다.　　友達と別れるのがいやで泣いた。

486

○ 졸업식이 끝나고 우리는 서로에게 　밀가루와 달걀을 던졌다.	卒業式が終わって、私達はお互いに小麦粉や卵を <small>そつぎょうしき　お　　　　　　　たが　　　　こむぎこ　たまご</small> 投げ合った。 <small>な　あ</small>
○ 모자를 하늘 높이 날렸다.	帽子を空高く投げた。 <small>ぼうし　そらたか　な</small>
○ 학교를 졸업하니 시원섭섭했다.	学校を卒業して、嬉しくもあり残念でもあった。 <small>がっこう　そつぎょう　　　うれ　　　　　　ざんねん</small>
○ 착잡한 마음으로 학교를 졸업했다.	複雑な思いで、学校を卒業した。 <small>ふくざつ　おも</small>

상장 수여

○ 졸업장을 받았다.	卒業証書をもらった。 <small>そつぎょうしょうしょ</small>
○ 3년 개근상을 받았다.	3年皆勤賞をもらった。 <small>ねんかいきんしょう</small>
○ 3년 동안 하루도 학교를 결석하지 　않았다.	3年間、一日も学校を欠席しなかった。 <small>ねんかん　いちにち　がっこう　けっせき</small>
○ 3년 정근상을 받았다.	3年精勤賞をもらった。 <small>ねんせいきんしょう</small>
○ 우등상을 타서 자랑스러웠다.	優秀賞をもらって誇らしかった。 <small>ゆうしゅうしょう　　　　ほこ</small>
○ 전 과목 모두 A로 졸업했다.	全科目Aで、卒業した。 <small>ぜんかもく　　　そつぎょう</small>
○ 우수한 성적으로 졸업했다.	優秀な成績で卒業した。 <small>ゆうしゅう　せいせき</small>
○ 수석으로 졸업했다.	首席で卒業した。 <small>しゅせき</small>
○ 공로상을 받았다.	功労賞をもらった。 <small>こうろうしょう</small>
○ 효행상을 받았다.	孝行賞をもらった。 <small>こうこうしょう</small>
○ 선행상을 받았다.	善行賞をもらった。 <small>ぜんこうしょう</small>
○ 모범상을 받았다.	模範賞をもらった。 <small>もはんしょう</small>

졸업 후 계획

○ 졸업하면 이제 대학생이 된다.	卒業したら、もう大学生になる。 <small>そつぎょう　　　　　だいがくせい</small>
○ 졸업 후의 계획은 아직 없다.	卒業後の計画はまだない。 <small>そつぎょうご　けいかく</small>
○ 졸업하면 당장 운전 면허증을 따고 싶다.	卒業したら、すぐに運転免許を取りたい。 <small>うんてんめんきょ　と</small>

○ 졸업 후에 좋은 직업을 갖고 싶다.

卒業後にいい職場に就職したい。

○ 졸업 후에 세계 일주를 하고 싶다.

卒業後に世界一周をしたい。

○ 졸업 후에 친구들과 적어도 한 달에
한 번씩은 만나자고 약속했다.

卒業後に友達と少なくとも1ヶ月に1回は会おうと
約束した。
❖少なくとも：적어도.

○ 졸업하고 10년 후에 만나기로 했다.

卒業して、10年後に会うことにした。

DIARY ❶4

オリエンテーションに行く

2月26日　木曜日　寒い

私は今日入学を目の前に控えている大学生達のオリエンテーションに参加した。始めて会う人たちなのでとてもぎこちなかった。参加者は14のグループに分けられて、私はSグループに配属された。私達はキャンピング場に行くため、バスに身をゆだねた。私はデジタルオーディオプレーヤーに聞き入っている一人の学生の横に座ることになった。私はこのよそよそしい雰囲気を変えたくて、彼女と目を合わせてみようと努力した。しかし、彼女はずっと窓の外を見つめたままで、何の効果もなかった。到着地に到着するまで3時間という長い時間が過ぎていったが、その間中、彼女にひとことも話しかけることができなかった。到着して、時間が過ぎるにつれて、親しい友達ができた。夜は本当にすてきなパーティーが始まった。私達は楽しそうな雰囲気にたちまちのめり込んだが、それは何と言っても私達の若さのゆえではないかと思った。私達と一緒に来た先輩、先生達とゲームをした。お互いに親しくなった友達と徹夜で話もした。

오리엔테이션에 가다

2월 26일, 목요일, 추움

나는 오늘 예비 대학생을 위한 오리엔테이션에 참가했다. 처음 만나는 사람들이어서 매우 어색했다. 우리는 열네 그룹으로 나뉘었는데 나는 S그룹에 배정되었다. 우리는 캠핑장으로 가기 위해 버스에 몸을 실었다. 나는 mp3 플레이어를 듣고 있는 한 학생 옆에 앉게 되었다. 나는 어색한 분위기를 깨고 싶어서 그녀와 눈을 맞춰 보려고 애썼다. 그녀는 계속 창밖을 보고 있어서 별 효과가 없었다. 도착지에 도착하기까지 3시간이라는 긴 시간이 지났지만 그 시간 동안 그녀에게 한 마디도 걸지 못했다. 시간이 흐르면서 친구들을 사귀게 되었다. 밤에는 정말로 멋진 파티가 시작되었다. 우리는 흥겨운 분위기에 금세 도취되었는데 그것은 아무래도 우리의 젊음 때문이 아닐까 싶다. 우리와 함께 온 선배들, 교수님들과 함께 게임을 했다. 새로 사귄 친구들과 밤새워 이야기도 했다.

NOTES

ぎこちなかった 어색했다 ┊ 分けられて 나뉘어서 ┊ 身をゆだねた 몸을 실었다 ┊ 聞き入いる 열심히 듣다 ┊ よそよそしい 서먹서먹하다 ┊ ひとことも 한마디도 ┊ 話しかける 말을 걸다 ┊ たちまち 금세 ┊ のめり込む 빠져들다

CHAPTER

15

친구

1. 친구 사귀기
2. 좋은 친구
3. 사이가 나쁜 친구
4. 친구와의 다툼
5. 옛 친구
DIARY 15

01 친구 사귀기

친구란

○ 사람들은 주위 사람들에게
쉽게 영향을 받는다.
人々は周りの人達から簡単に影響を受ける。

○ 사귀는 친구에 따라 성격이
바뀔 수도 있다.
付き合う友達によって、性格が変わることもある。

○ 친구를 지혜롭게 선택하는 것은
아주 중요하다.
友達を賢く選ぶことはとても重要だ。

○ 친구는 얻기보다 잃기가 쉽다.
友達は得るより失いやすい。

○ 공통의 관심사가 있으면 서로
친해질 수 있다.
共通の関心事があると、お互いに親しくなれる。

○ 친구가 어떤 사람인지 알려면 그와 함께
1주일 동안 여행을 해보면 된다.
友達がどんな人か知りたいなら、彼といっしょに
1週間旅行をしてみたらいい。

○ 사람은 사귀는 친구를 보면 알 수 있다.
人は付き合う友達を見れば、知ることができる。

○ 어려울 때 도와주는 친구야말로
진정한 친구다.
大変なときに手伝ってくれる友達こそが本当の友達だ。

❖ ~こそ : ~야말로.

○ 유유상종(類類相從)이다.
類は、友を呼ぶ。

○ 친구와 포도주는 오래될수록 좋다.
友達とワインは古くなるほどいい。

사귀고 싶은 친구

○ 나는 그와 친구가 되고 싶다.
私は彼と友達になりたい。

○ 나는 그와 친하게 지내고 싶다.
私は彼と親しくしたい。

○ 그는 사귀기 어려운 사람이다.
彼は付き合うのが難しい人だ。/
彼は付き合いにくい人だ。

492

○ 그는 사귀기 쉬운 사람이다.   彼は付き合いやすい人だ。

○ 그는 나이에 비해 매우 성숙하다.   彼は年に比べて、とても大人っぽい。

○ 그가 나와 친구가 되고 싶어 할지   彼が私と友達になりたいと思っているのか、
   궁금하다.   気になる〔知りたい〕。

○ 그는 멋진 미소를 짓는다.   彼は素敵な微笑みをする。

○ 그는 불행을 함께 나누는 친구이다.   彼は辛い〔苦しい〕ときにいっしょにいてくれる友達だ。

○ 그는 재미있는 이야기를 잘 한다.   彼はおもしろい話をよくする。

친구 사귀기

○ 좋은 친구를 사귀도록 해야 한다.   いい友達と付き合うようにするべきだ。

○ 정직하고 공부도 열심히 하는 친구를   正直で、勉強も一生懸命する友達と付き合えば、
   사귀면 나도 그렇게 되리라 생각한다.   私もそんな風になると思う。

○ 새 친구들을 사귀고 싶다.   新しい友達を作りたい。/ 新しい友達と付き合いたい。

○ 나쁜 친구는 피하려고 한다.   悪い友達は避けようと思う。

○ 외국에서 온 친구가 있다는 것은   外国から来た友達がいるということは、本当に
   매우 흥미로운 일이다.   興味深いことだ。

○ 책에 대한 내 관심사를 공유할 수   本についての私の関心事を共有することのできる
   있는 친구가 있었으면 좋겠다.   友達がいたらいいと思う。

○ 내 고민을 털어놓을 수 있는   私の悩みを打ち明けることのできる友達が必要だ。
   친구가 필요하다.

○ 무엇이든 이야기할 수 있는 친구가   何でも話ができる友達が必要だ。
   필요하다.

○ 그와 사귀게 되었다.   彼と付き合うことになった。

○ 그와 친구가 되었다.   彼と友達になった。

02 좋은 친구

내 친구

○ 나와 수진이는 매우 좋은 친구 사이이다.   私とスジンはとても仲のいい友達だ。

○ 우리는 같이 자랐고, 같은 학교를   私達はいっしょに育って、いっしょに学校に通った。
함께 다녔다.

○ 우리는 어릴 때부터 친구였다.   私達は小さいときからの友達だった。

○ 그는 우리 동네에 산다.   彼は私の町内に住んでいる。

○ 그는 우리 집 가까이에 산다.   彼は私の家の近くに住んでいる。

○ 그는 우리 집 근처에 산다.   彼は私の家の近所に住んでいる。

○ 그의 집은 우리 집과 매우 가깝다.   彼の家は私の家ととても近い。

○ 그와 나는 이런저런 이야기를 나누는   彼と私はいろんな話をしあう間柄だ。
사이이다.

○ 그는 내 가장 친한 친구이다.   彼は私の一番親しい友達だ。

○ 나는 그를 가장 친한 친구라고 생각한다.   私は彼を一番親しい友達だと思っている。

○ 그는 친구가 없다.   彼は友達がいない。

○ 우리는 서로 가까워졌다.   私達はお互いに近くなった〔親しくなった〕。

○ 그는 이성 친구가 많다.   彼は異性の友達が多い。

○ 우리의 우정이 깨지지 않기를   私達の友情が壊れてしまわないことを懇切に願う。
간절히 바란다.

○ 우리의 우정이 영원히 지속되길 바란다.   私達の友情が永遠に持続することを願う。

사이좋은 친구

○ 우리는 항상 붙어 다닌다.   私達はいつもくっつき回っている。/
私達はいつも付き添っている。

○ 우리는 5년 동안 친구로 지내왔다.	私達は5年間友達として過ごしてきた。
○ 우리는 비록 멀리 떨어져 살아도 여전히 좋은 친구이다.	私達はたとえ遠く離れていても、変わらないいい友達だ。
○ 그 친구는 내게 무엇이든 이야기한다.	その友達は私に何でも話をする。
○ 나는 그와 친하다.	私は彼と親しい。
○ 나는 그와 친한 사이이다.	私は彼と親しい間柄だ。
○ 우리는 매우 친하다.	私達はとても親しい。
○ 나는 그와 사이가 좋다.	私は彼と仲がいい。
○ 나는 그와 사이좋게 잘 지낸다.	私は彼と仲よく過ごしている。
○ 그와 나는 서로 잘 지낸다.	彼と私はお互いによく過ごしている。
○ 우리는 마음이 잘 맞는다.	私達は心がよく合う〔通じ合う〕。

좋은 친구

○ 우리는 서로 잘 이해한다.	私達はお互いによく理解する。
○ 나는 항상 친구를 이해하려고 노력한다.	私はいつも友達を理解しようと努力する。
○ 나는 그가 다른 사람을 욕하는 걸 들어 본 적이 없다.	私は彼が他の人の悪口を言ってるのを聞いたことがない。
○ 그는 사교적이다.	彼は社交的だ。
○ 내가 그를 좋아하는 것은 취미가 같기 때문이다.	私が彼を好むのは趣味が同じだからだ。
○ 나는 친구와 절대 싸우지 않는다.	私は友達と絶対喧嘩をしない。
○ 왠만해선 친구와 싸우지 않는다.	ちょっとしたことでは友達と喧嘩しない。
○ 나는 그와 좋은 친구이다.	私は彼と仲のいい友達だ。
○ 나는 그와 좋은 관계를 유지하고 있다.	私は彼といい関係を維持している。
○ 그는 비밀을 잘 지키고 나를 흉보지 않는다.	彼は秘密をよく守って、私の陰口を叩かない。 / 彼は秘密をよく守って、私の悪口を言わない。

❖陰口を叩く: 뒤에서 험담을 하다.

○ 나는 그에게 신세를 많이 졌다.　　　私は彼にとてもお世話になった。

○ 그는 나에게 잘해 준다.　　　　　　彼は私によくしてくれる。

○ 그는 참 재미있는 친구이다.　　　　彼は本当におもしろい友達だ。

○ 그의 이야기는 언제나 날 즐겁게 한다.　彼の話はいつも私を楽しくしてくれる。

○ 그는 참 행실이 바르다. 그래서　　彼は本当に行いが正しい。
　모두에게, 특히 선생님들에게　　　　だから、みんなから、特に先生たちから可愛がられる。
　사랑 받는다.

○ 나는 좋은 친구들이 있어서　　　　私はいい友達に恵まれて、本当に幸運だと思う。
　정말 행운이라고 생각한다.

○ 우정을 돈독히 하기 위해 우리는　友情の絆を強くするために、私達はよく会う。
　자주 만난다.

03 사이가 나쁜 친구

비열한 친구

○ 그는 진정한 친구가 아니다.　　　彼は本当の意味での友達ではない。

○ 그는 좋을 때만 친한 척한다.　　　彼は都合のいいときばかり親しいふりをする。

○ 그가 내 잘못을 선생님께 일러바쳤다.　彼が私の過ちを先生に告げ口した。
　　　　　　　　　　　　　　　　　❖告げ口 : 고자질.

○ 그가 나를 선생님께 고자질했다.　　彼が私のことを先生に言い付けた。

○ 그는 내게 비열한 짓을 한다.　　　彼は私に卑劣なことをする。

○ 그가 나를 바보라고 부르면서 모욕했다. 彼が私を馬鹿だといいながら、侮辱した。

○ 그는 나를 눈엣가시로 여긴다.　　彼は私を目のかたきと思っている。／
　　　　　　　　　　　　　　　　　彼は私を目のかたきにしている。

○ 그는 종종 약한 친구들을 괴롭힌다.　彼はときどき弱いものいじめをする。

○ 그는 남의 약점을 잘 이용한다.　　彼は他人の弱点をよく利用する。

○ 그는 자신의 잘못을 남의 탓으로
　돌리는 경향이 있다.

彼は自分の過ちを他人のせいにする傾向がある。
　　じぶん　あやま　　　　　　　　　　　けいこう

놀리는 친구

○ 그는 종종 친구들을 놀린다.

彼はときどき友達をばかにする。
かれ　　　　　ともだち

○ 그가 날 놀렸다.

彼が私をよく馬鹿にした。/ 彼が私を冷やかした。
　　　　　　ばか　　　　　　　　　　　ひ

○ 그가 내게 농담을 했다.

彼が私に冗談を言った。
　　　　じょうだん　い

○ 그가 내 머리 모양을 놀렸다.

彼が私のヘアスタイルを冷やかした。
　　　　　　　　　　　　　ひ

○ 그는 모든 사람의 신경을 거슬리게 한다.

彼はみんなの神経を逆撫でするようなことをする。
　　　　　　しんけい　さかな

○ 친구를 놀리지 말아야 한다.

友達を冷やかさないようにしなければならない。
ともだち　ひ

○ 약한 자를 괴롭히는 일은 비열한 짓이다.

弱いものいじめをすることは卑劣なことだ。
よわ　　　　　　　　　　　　ひれつ

○ 그는 몹시 떠드는데 그렇지만 않으면
　좋은 아이다.

彼はとても騒がしいが、それさえしなければいい子供だ。
　　　　　さわ　　　　　　　　　　　　　　　　こども

나와 맞지 않는 친구

○ 그는 게임방을 돌아다니며
　술, 담배를 한다.

彼はゲームセンターを歩きまわって、酒、
かれ　　　　　　　　　　ある　　　　さけ
たばこをする。

○ 그는 장난이 심하다.

彼はいたずらがひどい。

○ 그는 문제아다.

彼は問題児だ。
　　もんだいじ

○ 그녀는 말괄량이다.

彼女はおてんばだ。
かのじょ

○ 그는 사교적이지 못하다.

彼は社交的ではない。
　　しゃこうてき

○ 우리 반 아이들은 그를 멀리한다.

私達のクラスの子達は彼を避ける。
こたち　　　　かれ　さ

○ 그는 우리 반에서 왕따이다.

彼は私達のクラスでのけ者にされている。
　　　　　　　　　　　　もの

❖のけ者 : 따돌림 받는 사람.

○ 그는 우리 반에서 소외당한다.

彼は私達のクラスで、疎外されている。
　　　　　　　　　　そがい

○ 그는 친구들 사이에서 평판이 좋지 않다.

彼は友達の間で評判がよくない。
　　ともだち　あいだ　ひょうばん

497

○ 그는 사람들에게 욕을 잘 한다. 　　彼は周りの人達に悪口をよく言う。

○ 그는 다른 사람들 욕을 잘 한다. 　　彼は他の人達の悪口をよく言う。

○ 그는 다른 사람들에 대해 험담을 잘 한다. 　　彼は他の人達に対する中傷をよくする。

○ 나는 특별한 이유 없이 그가 싫다. 　　私は特別な理由なしに彼が嫌いだ。

○ 나는 그와 잘 맞지 않는다. 　　私は彼とよく合わない。

○ 나는 그와 의견이 잘 맞지 않는다. 　　私は彼と意見がよく合わない。

○ 나는 그와 관계가 별로 좋지 않다. 　　私は彼との関係があまりよくない。

○ 나는 그와 사이가 나쁘다. 　　私は彼と仲が悪い。

○ 근묵자흑(近墨者黑)이다. 　　朱に交われば赤くなる。

04 친구와의 다툼

사소한 다툼

○ 나는 친구와 사소한 문제로 다투었다. 　　私は友達とちょっとした問題で争った。

○ 친구와 종종 다툼을 하곤 했다. 　　友達とたまに喧嘩したりもした。

○ 친구 사이의 다툼은 흔히 일어나는 일이다. 　　友達との間での争いはよくあることだ。

○ 그는 나를 지적하는 경향이 있다. 　　彼は私を指摘する傾向にある。

○ 나는 그가 잘못했다고 생각한다. 　　私は彼が間違っていたと思う。

오해

○ 그가 나를 오해했다. 　　彼が私を誤解した。

○ 나는 그 오해를 벗기 위해 이런저런 변명을 했다. 　　私はその誤解を解くためにいろんな弁明をした。

○ 우리 사이에 오해가 있었던 것 같다.	私達の間に誤解があったようだ。
○ 나는 그에게 따질 게 있었다.	私は彼に問いただしたいことがあった。
	❖問いただす : 따져 묻다.
○ 나는 그에게 따졌다.	私は彼を問いただした。
○ 그가 거짓말을 한 게 분명했다.	彼がうそをついているのが明らかだった。
○ 이번에는 그를 용서할 수 없었다.	今回は彼を許すことができなかった。
○ 그의 변명을 이해할 수가 없었다.	彼のいいわけを理解することができなかった。
○ 내 논리로는 그의 말을 도대체 이해할 수가 없었다.	私の考えでは彼の言葉をどうしても理解することができなかった。
○ 그것은 발뺌하기 위한 변명일 뿐이었다.	それは言い逃れするためのいいわけに過ぎなかった。
○ 이제 그는 더 이상 내 친구가 아니다.	もう、彼はこれ以上私の友達ではない。
○ 나는 "두고 보자!"고 하면서 나와버렸다.	私は「今に見ていろ」といいながら、その場から立ち去った。
○ 왜 그렇게 말을 했는지 이해할 수가 없었다.	なぜそんなことを言ったのか、理解することができなかった。

말다툼

○ 우연히 그가 내 험담을 하는 것을 들었다.	偶然に彼が私の悪口を言うのを聞いた。
○ 그의 말을 듣고 매우 화가 났다.	彼の話を聞いてとても頭に来た。 / 彼の話を聞いて腹が立った。
○ 그가 내 감정을 상하게 했다.	彼が私の感情を害した。 / 彼が私の心を傷付けた。
○ 그가 내게 말하는 태도를 참을 수가 없었다.	彼が私に話をする態度に我慢することができなかった。
○ 그는 나를 완전히 깔보고 있었다.	彼は私を完全に見下していた。
○ 그와 말다툼을 했다.	彼と口喧嘩をした。
○ 우리는 그것에 대해 말다툼을 했다.	私達はそのことについて、口争いをした。

싸움의 발단

○ 그의 행동이 너무 지나쳤다.　　　　　彼の行動はとても行きすぎていた。

○ 나는 완전히 무시당했다.　　　　　　私は完全に無視された。

○ 너무 불쾌해서 참을 수가 없었다.　　とても不愉快で我慢することができなかった。

○ 진정할 수가 없었다.　　　　　　　　冷静になることができなかった。

○ 그런 모욕은 참을 수가 없었다.　　　そんな侮辱は我慢することができなかった。

○ 나는 그를 째려보았다.　　　　　　　私は彼をにらみつけた。

　　　　　　　　　　　　　　　　　　❖にらみつける : 노려보다.

○ 그의 그런 행동에 이제는 신물이 난다.　彼のそんな行動にもううんざりする〔こりごりだ〕。

○ 그를 외면해 버렸다.　　　　　　　　彼を疎外した。

○ 지렁이도 밟으면 꿈틀한다.　　　　　みみずも踏めば動き出す。

싸움

○ 그가 내게 싸움을 걸었다.　　　　　　彼が私に喧嘩を吹っ掛けた。

○ 결국 싸움을 하게 되었다.　　　　　　結局、喧嘩をしてしまった。

○ 나는 그와 싸웠다.　　　　　　　　　私は彼と喧嘩した。

○ 그가 나를 꼬집었다.　　　　　　　　彼が私をつねった。

○ 그가 내 머리를 쳤다.　　　　　　　　彼が私の頭を叩いた。

○ 그가 내 뺨을 때렸다.　　　　　　　　彼が私の頬を叩いた。

○ 그가 내 얼굴을 쳐서 눈이　　　　　　彼が私の顔を殴って、目の周りに青あざができた。
　퍼렇게 멍들었다.

○ 나는 그를 때려 눕혔다.　　　　　　　私は彼を殴り倒した。

○ 결판이 날 때까지 싸웠다.　　　　　　決着がつくまで争った。

○ 그에게 아는 체도 안 할 것이다.　　　彼とは知らないふりをするつもりだ。

○ 그들의 싸움에 휘말리고 싶지 않았다.　彼たちの喧嘩に巻き込まれたくなかった。

500

○ 나는 그가 왜 화가 났는지 궁금했다. 　私は彼がなぜ頭に来たのか気になった。

○ 그와 그것에 대해 이야기를 해야 했다. 　彼とそれに対して話をしなければならなかった。

○ 그의 감정을 상하게 할 의도는 아니었다. 　彼の感情を逆撫でするつもりはなかった。

○ 사실은 그에게 호의를 품고 있었다. 　本当は彼に好意を持っていた。

○ 내가 먼저 미안하다고 말했다. 　私が先にごめんねと言った。

○ 그에게 사과했다. 　彼に謝った。

○ 그가 내 사과를 받아들였다. 　彼が私の謝罪を受け入れた。

○ 우리가 싸운 것은 잊어버리기로 했다. 　私達が喧嘩したことは忘れることにした。

○ 그와 화해했다. 　彼と和解した。

○ 물론, 친구와 다투는 것은 어리석은 　もちろん、友達と争うのは愚かなことだと知っている。
　일이라는 것을 알고 있다.

○ 지는 것이 이기는 것이다. 　負けるが勝ちだ。

15 친구

05 옛 친구

○ 그 사진을 보면 옛 친구들이 생각난다. 　その写真を見ると、昔の友達を思い出す。

○ 때때로 옛 친구들이 그리울 때가 있다. 　ときどき、昔の友達が恋しいときがある。

○ 오랫동안 그를 못 만났다. 　長い間、彼に会うことができなかった。

○ 우리는 서로 오랫동안 만나지 못했다. 　私達はお互いに長い間会えなかった。

○ 그는 옛날 모습 그대로였다. 　彼は昔の姿のままだった。

○ 하나도 변하지 않았다. 　ひとつも変わっていなかった。

○ 그가 너무 많이 변해서 첫눈에
　알아볼 수가 없었다.

彼がとても変わっていて、会ってすぐ誰だか
分からなかった。

○ 그동안 어떻게 지냈는지 물어봤다.

今まで、どう過ごしていたのか聞いてみた。

○ 그는 예전처럼 말쑥해 보이지 않았다.

彼は前のようにすっきりとした感じに見えなかった。

○ 친구들에게 안부를 전해 달라고
　그에게 부탁했다.

友達によろしく伝えてほしいと、彼にお願いした。

반가운 옛 친구

○ 그가 낯이 익어 보였다.

彼が知っている人のように見えた。

○ 내가 아는 사람으로 착각하고
　그에게 인사를 했다.

私の知っている人と勘違いして、
彼に挨拶をした。
❖勘違い : 착각.

○ 그는 전에 어디에선가 본 사람 같았다.

彼は前にどこかで見たことのある人のようだった。

○ 그는 고등학교 동창이었다.

彼は高校の同窓生だった。

○ 그는 여자 친구와 같이 있었다.

彼はガールフレンドといっしょにいた。

○ 우리는 고등학교 졸업 이후로 연락이
　끊어졌었다.

私達は高校を卒業した後、連絡がとぎれた。

❖とぎれる : 도중에서 끊어지다.

○ 오랫동안 그의 소식을 듣지 못했다.

長い間、彼の便りを聞くことができなかった。

○ 우연히 옛 친구를 만났다.

偶然、昔の友達に会った。

○ 나는 어릴 적 친구를 우연히 만났다.

私は偶然、幼なじみに出会った。
❖幼なじみ : 소꿉친구.

○ 우리의 만남은 정말로 우연이었다.

私達の出会いは本当に偶然だった。

○ 정말 우연한 만남이었다.

本当に偶然の出会いだった。

○ 도서관에 가는 길에 그를 만났다.

図書館に行く途中に彼に会った。

○ 정말로 몇 년 만에 만났다.

本当に何年かぶりに会った。

○ 그의 이름이 생각나질 않았다.

彼の名前が思い出せなかった。

○ 그의 이름이 혀끝에서 맴돌았다.　　彼の名前が出そうで出なかった。

○ 정말 뜻밖이었다.　　本当に予想外のことだった。

○ 정말 세상 좁구나!　　本当に世の中は狭いんだなあ。

○ 나는 그를 못 본 척했다.　　私は彼に気付かないふりをした。

○ 그와 몇 시간이나 즐거운 이야기를　　彼と何時間も楽しい話をした。
　 나누었다.

동창회

○ 오늘 동창회가 있었다.　　今日、同窓会があった。

○ 우리는 1년에 한 번 동창 모임을 갖는다.　　私達は1年に1回同窓会をする。

○ 오랜만에 옛 친구들을 만나서　　久しぶりに昔の友達に会って、とても嬉しかった。
　 매우 반가웠다.

○ 10년 만에 만났지만 그를 단번에　　10年ぶりに会ったが、彼だとすぐにわかった。
　 알아볼 수 있었다.

○ 우리는 초등학교 때 같은 반이었다.　　私達は小学校の時いっしょのクラスだった。

○ 동창회에서 중학교 때 단짝을 만났다.　　同窓会で中学校の時の友達に会った。

○ 그는 내가 꼭 보고 싶어 했던 사람이었다.　　彼は私が必ず会いたかった人だった。

○ 초등학교 다닐 때 그를 짝사랑했었다.　　小学校に通っていたとき、彼に片想いしていた。

○ 그는 여전했다.　　彼は以前と変わっていなかった。

○ 장난꾸러기였던 아이들이 이제는　　わんぱくだった子供たちが、今では落ち着きを
　 점잖아졌다.　　　　　　　　　　　　　　はらっていた。

　　　　　　　　　　　　　　　　　　　❖わんぱく : 장난꾸러기.

○ 가장 공부를 잘 했던 친구는　　一番勉強がよくできた友達は教授になっていた。
　 교수가 되었다.

○ 몇몇 친구들은 성공한 것 같았다.　　何人かの友達は成功したみたいだった。

○ 어떻게 지내는지에 대해 이야기를　　どう過ごしていたかについて話をした。
　 나누었다.

○ 우리는 학창 시절의 추억에 잠겼다.　　私達は学生時代の思い出にひたった。

○ 학창 시절에 대한 추억이 아직도　　学生時代に対する思い出が今でも私の心の中に
　 내 마음속에 남아 있다.　　残っている。

○ 우리는 옛 학창 시절 이야기를　　私達は昔の学生時代の話をしながら、
　 하면서 기억들을 되살려 보았다.　　記憶をたどってみた。

○ 동창회에 참석하지 않은 친구들이　　同窓会に出席しなかった友達に会いたかった。
　 보고 싶었다.

○ 우리는 더 자주 만나자는 약속을　　私達はもっと頻繁に会おうと約束をして別れた。
　 하고 헤어졌다.

チャットが好き

10月17日　土曜日　とても肌寒い

今日はメル友である洋子とチャットをした。私達二人はお互い遠く離れたところにいるが、こんな風にチャットをすることができるということは、本当にうれしいことだ。私は5年ぐらい前に洋子と偶然知り合い、メル友になった。ある時、洋子が私にMSNのIDを持っているか聞いてきた。私は当然持っていた。それで、インターネットでチャットをすることができるようになった。夜1時まで眠らずにいたら、洋子が私にメッセージを送ってきた。わあ〜。通信技術の驚くべき発達を実感することができた。私達は約1時間くらい洋子が一番好きな俳優であるジョニー・デップのことについてしゃべった。ジョニー・デップはキャラビアンの海賊に出演した俳優だ。洋子はそのジョニー・デップに完全にはまっていた。洋子は私に映画プロムヘルを見たらと勧めてくれた。ジョニー・デップがその映画で本当に幻想的だったと言っていた。それから、私達の未来について、つまり、これから何をするかというようなことを話した。

채팅이 좋아

10월 17일, 토요일, 매우 쌀쌀함

오늘은 이메일 친구인 요코와 채팅을 했다. 우리 둘은 비록 멀리 떨어진 곳에 있지만 채팅을 할 수 있다는 것에 정말 기뻤다. 나는 한 5년 전쯤 요코와 우연히 이메일 친구가 되었다. 한 번은 요코가 나한테 MSN ID가 있는지 물어봤다. 난 당연히 가지고 있었다. 그래서 인터넷에서 채팅을 할 수 있게 되었다. 새벽 1시까지 안 자고 있었는데 요코가 나한테 메시지를 보냈다. 와! 통신 기술의 놀라운 발달을 실감할 수 있었다. 우리는 약 한 시간 정도 요코가 가장 좋아하는 영화 배우인 조니뎁에 대해 수다를 떨었다. 조니뎁은 〈캐리비안의 해적〉에서 연기한 배우이다. 요코는 조니뎁한테 푹 빠져 있었다. 요코는 나에게 영화 〈프롬헬〉을 보라고 추천해 줬다. 조니뎁이 그 영화에서 정말 환상적이었다고 했다. 그리고 우리의 미래에 대해, 즉 앞으로 무엇을 해야 할지와 같은 것들에 대해 이야기했다.

NOTES
チャット 채팅 | メル友とも 메일 친구 | 驚おどろくべき発達はったつ 놀라운 발달 | はまっていた 빠져 있었다 | 勧すすめてくれた 추천해 주었다

CHAPTER
16

사랑

1. 미팅
2. 사랑
3. 연애
4. 이별
5. 결혼
DIARY 16

01 미팅

미팅

○ 미팅을 했다.	合コンをした。
○ 미팅할 장소와 시간을 정했다.	合コンの場所と時間を決めた。
○ 친구가 그를 내게 소개시켜 주었다.	友達が彼を私に紹介してくれた。
○ 그가 미팅을 주선해 주었다.	彼が合コンを取り持ってくれた。
○ 그는 나를 미팅 장소로 억지로 끌고 갔다.	彼は私を合コン会場に無理やり連れていった。
○ 나는 그에 대해서 많은 이야기를 들었다.	私は彼に対するたくさんの話を聞いた。
○ 나는 그를 카페에서 처음 만났다.	私は彼にカフェで初めて会った。
○ 두 명씩 하는 미팅이었다.	二人ずつカップルになる合コンだった。
○ 가슴이 몹시 설레었다.	胸がとてもときめいた。
○ 멋진 사람을 만날 수 있기를 바랐다.	素敵な人に会うことができることを願った。
○ 여러 명 중 단발머리를 한 사람이 내 파트너가 되기를 희망했다.	多くの人の中で首のあたりで切りそろえた断髪の人が私の パートナーになることを願った。
○ 그는 어디서 많이 본 사람 같았다.	彼はどこかでよくみかける人みたいだった。

마음에 안 드는 파트너

○ 그는 내 타입이 아니었다.	彼は私のタイプではなかった。
○ 일명 그는 허풍쟁이였다.	別名、彼はホラ吹き屋だった。
○ 그는 내가 싫어하는 것을 다 가지고 있었다.	彼は私が嫌いな面をみんな持っていた。
○ 그는 여자를 유혹하는 방법에 대해 많이 아는 것 같았다.	彼は女性を誘惑する方法について、 たくさん知っているようだった。
○ 그는 여자를 잘 다루는 것 같았다.	彼は女性によく接するようだった。

○ 그는 말을 느끼하게 했다.	彼は気持ち悪い言葉使いをした。
○ 첫 인상이 험악했다.	第一印象が険悪だった。
○ 못 생긴 외모였다.	外見が醜かった。
○ 깔끔해 보이지 않았다.	さわやかそうに見えなかった。/ きれいに見えなかった。
○ 말하는 매너가 좋지 않았다.	話し方のマナーがよくなかった。
○ 그는 아주 무례한 사람이었다.	彼はとても無礼な人だった。
○ 그는 마마보이였다.	彼はママボーイだった。
○ 그가 내 파트너가 안 되길 바랐다.	彼が私のパートナーにならないことを願った。
○ 불행히도 그가 내 파트너가 되었다.	不幸にも、彼が私のパートナーになった。

이상형

○ 그는 내 이상형이었다.	彼は私の理想のタイプだった。
○ 그녀는 내 이상형이었다.	彼女は私の理想のタイプだった。
○ 그는 내 타입이었다.	彼は私のタイプだった。
○ 꿈에 그리던 사람을 찾았다.	夢にまで見た人を探し当てた。
○ 우리는 첫눈에 사랑에 빠졌다.	私達は一目惚れをした。
○ 나는 첫눈에 그에게 사랑에 빠졌다.	私は彼に一目惚れをした。
○ 나는 그를 보고 첫눈에 반했다.	私は彼を見て一目惚れをした。
○ 그는 정말 잘 생겼다.	彼は本当にハンサムだった。
○ 그는 매너가 참 좋았다.	彼はマナーがとてもよかった。
○ 그는 인상이 너무 좋았다.	彼は印象がとてもよかった。
○ 그녀가 눈에 띄었다.	彼女が目にとまった。 ❖目にとまる : 눈에 띄다.
○ 나는 그에게 데이트 신청을 했다.	私は彼にデートを申し込んだ。

509

○ 그와 즐거운 데이트를 했다.　　　　　彼と楽しいデートをした。

매력적인 파트너

○ 그는 말도 잘 하지만 상대의 이야기도　彼は話もうまいが、相手の話もよく聞いてくれた。
　잘 들어 주었다.

○ 처음에 그는 내게 별로 강한 인상을　　最初、彼は私にそんなに強い印象を与えなかった。
　주지 않았다.

○ 그는 매력적이었다.　　　　　　　　　彼は魅力的だった。

○ 그는 박력이 있었다.　　　　　　　　　彼は迫力があった。

○ 그는 활동적이었다.　　　　　　　　　彼は活動的だった。

○ 그의 외모가 인상적이었다.　　　　　　彼の外見が印象的だった。

○ 기품이 있어 보였다.　　　　　　　　　気品があるように見えた。

○ 그는 유머 감각이 있었다.　　　　　　　彼はユーモア感覚があった。

○ 그는 내심으로는 낭만적인 사람이었다.　彼は内的にロマンチックな人だった。

○ 그는 내가 지금까지 만난 사람 중에　　彼は私が今まで会った人の中で、一番素敵な人だった。
　가장 멋진 사람이었다.

○ 그는 미소가 멋진 남자였다.　　　　　　彼は微笑みが素敵な男性だった。

○ 나는 감정적인 사람보다 이지적인　　　私は感情的な人よりも、理知的な人が好きだ。
　사람이 좋다.

○ 열 번 찍어 안 넘어가는 나무 없다.　　　10回斧で切り叩いて、倒れない木はない。

02 사랑

사랑이란

○ 사랑이란 말보다 더 로맨틱한 말은 없다.　愛という言葉よりもっとロマンチックな言葉はない。

○ 사랑에 빠지면 행복해진다.	愛に落ちると、幸せになる。
○ 사랑에는 국경이 없다.	愛には国境がない。
○ 사랑은 나이와 상관없다.	愛は年と関係ない。
○ 나도 동감이다.	私も同感だ。
○ 나는 사랑은 이해를 의미한다고 생각한다.	私は、愛は理解を意味すると思う。
○ 나는 변함없는 사랑을 원한다.	私は変わりのない愛を願う。
○ 제 눈에 안경이다.	あばたもえくぼ。
	❖일본 속담으로 '곰보도 보조개로 보인다.'는 뜻이다.
○ 사랑에 빠지면 추녀도 미인으로 보인다.	愛に落ちると、ブスも美人に見える。
○ 뜨거운 사랑은 쉽게 식는다.	熱い愛はすぐに冷める。
○ 사랑이란 끝이 없는 것이다.	愛とは終りのないものだ。
○ 짚신도 짝이 있다.	必ず合う相手がいるものだ。

첫사랑 · 짝사랑

○ 첫사랑은 실패하기 쉽다고 한다.	初恋は失敗しやすいという。
○ 내 첫사랑을 잃고 싶지 않았다.	私の初恋を失いたくなかった。
○ 결국에는 첫사랑을 지키지 못했다.	結局は初恋を実らせられなかった。
	❖実る : 결실하다.
○ 내 첫사랑이 그립다.	私の初恋が恋しい。
○ 나는 짝사랑이었다.	私は片想いだった。
○ 그는 모르지만 나는 그를 사랑한다.	彼は知らないが、私は彼を愛している。
○ 그를 보면 가슴이 두근거린다.	彼を見ると胸がどきどきする。
○ 그 사람은 내가 사랑하고 있는 줄 모른다.	その人は私が愛していることを知らない。
○ 나도 그에게 사랑받고 싶다.	私も彼に愛されたい。
○ 이심전심이면 좋겠다.	以心伝心したらいいと思う。

○ 나는 짝사랑을 하고 있다.	私は片想いをしている。
○ 짝사랑은 때론 매우 고통스럽다.	片想いは時にとても苦しい。
○ 절대 일방적인 짝사랑은 하지 않을 것이다.	絶対、一方的な片想いはしないつもりだ。

사랑에 빠지다

○ 누군가를 사랑할 것만 같다.	誰かと恋に落ちてしまうような気がする。
○ 마음에 두고 있는 사람이 있다.	心にとめている人がいる。
○ 그녀는 내가 꿈에 그리던 여자다.	彼女は僕が夢見ていた女性だ。
○ 나는 그녀에게 반했다.	僕は彼女に一目惚れした。
○ 내가 그와 사랑에 빠지다니 정말 웃기는 일이다.	私が彼と恋におちるなんて、本当におかしなことだ。
○ 우리는 서로 사랑한다.	私達はお互いに愛している。 / 私達は愛し合っている。
○ 우리는 서로에 대해 똑같은 감정을 느끼고 있었다.	私達はお互いに対して、同じ感情を感じていた。
○ 우리의 우정이 점차 사랑으로 바뀌었다.	私達の友情が少しずつ愛に変わっていった。
○ 그녀의 사랑을 얻게 되어 정말 행복하다.	彼女の愛を得ることができて、本当に幸せだ。
○ 나는 지금 사랑에 빠져 있다.	私は今恋に落ちている。
○ 나는 그에게 푹 빠져 있다.	私は彼に夢中だ。 / 私は彼にすっかりはまっている。
○ 나는 그에게 미쳐 있다.	私は彼に狂っている。
○ 나는 그에게 깊이 빠져 있다.	私は彼に深く〔すっかり〕はまっている。
○ 우리는 서로에게 푹 빠져 있다.	私達はお互い、すっかり恋におちている。
○ 나는 변함없이 그를 사랑하고 있다.	私は変わりなく彼を愛している。
○ 그의 결점에도 불구하고 나는 그를 사랑한다.	彼の欠点にもかかわらず、私は彼を愛している。

❖ ～にもかかわらず : ～에도 불구하고.

○ 나는 진심으로 그를 사랑한다. 　私は本当に彼を愛している。
　　　　　　　　　　　　　　　　　　　ほんとう

○ 그의 모습 그대로를 사랑한다. 　彼のそのままの姿を愛している。
　　　　　　　　　　　　　　　　　　　　　　　　すがた　あい

사랑에 눈이 멀다

○ 나는 사랑에 눈이 멀었다. 　私は愛に目がくらんだ。
　　　　　　　　　　　　　　　　　あい　め
　　　　　　　　　　　　　　　　❖目がくらむ : 눈이 멀다.

○ 사랑은 사람을 눈멀게 한다. 　愛は人を盲目にする。
　　　　　　　　　　　　　　　　　　　　　もうもく

○ 사랑에 눈이 멀어 그의 단점이 보이지 　愛に目がくらんで、彼の短所が見えない。
　않는다. 　　　　　　　　　　　　　　　　たんしょ　み

○ 그를 위해서는 무슨 일이든 할 수 있다. 　彼のためなら、どんなことでもできる。

○ 그는 내가 원하는 것은 무엇이든지 　彼は私が願うことを何でもしてくれる。
　해 준다. 　　　　　　　　　　　　ねが　　　　　　なん

○ 그는 나의 전부이다. 　彼は私のすべてだ。

○ 그가 없는 세상은 상상할 수도 없다. 　彼がいない世の中は、想像することもできない。
　　　　　　　　　　　　　　　　　　　　　　　よ　なか　　　　そうぞう

○ 우리는 천생연분인 것 같다. 　私達は天が定めた縁のようだ。/
　　　　　　　　　　　　　　　　　　てん　さだ　　　えん
　　　　　　　　　　　　　　　　私達はベストカップルのようだ。

○ 드디어 내 불 같은 사랑을 고백했다. 　やっと、私の燃える炎のような愛を告白した。
　　　　　　　　　　　　　　　　　　　　　　　　も　　　ほのお　　　あい　こくはく

○ 나는 그를 영원히 사랑할 것이다. 　私は彼を永遠に愛するつもりだ。
　　　　　　　　　　　　　　　　　　　　　えいえん

○ 우리의 사랑이 영원하길 바란다. 　私達の愛が永遠であることを願っている。
　　　　　　　　　　　　　　　　　　　　　　　　　　　　　ねが

○ 우리의 사랑이 영원히 지속되길 바란다. 　私達の愛が永遠に持続することを願っている。
　　　　　　　　　　　　　　　　　　　　　　　　じぞく

○ 그는 항상 내 마음 속에 있다. 　彼はいつも私の心のなかにいる。
　　　　　　　　　　　　　　　　　　　　　こころ

○ 그가 날 필요로 하면 언제든지 그의 　彼が私を必要とするなら、いつでも彼のそばにいる
　곁에 있을 것이다. 　　　　　　　　ひつよう
　　　　　　　　　　　　　　　　つもりだ。

16사랑

513

03 연애

연애

○ 나는 멋진 사람과 사귀고 있다.	私は素敵な人と付き合って〔交際して〕いる。 <small>すてき ひと つ あ こうさい</small>
○ 우리는 1년 동안 사귀었다.	私達は1年間付き合った〔交際した〕。
○ 매일 그와 데이트를 한다.	毎日、彼とデートをする。 <small>まいにち</small>
○ 그는 항상 데이트 약속 시간보다 일찍 나와 나를 기다린다.	彼はいつも、デートの約束の時間より早く来て、 <small>やくそく じかん はや き</small> 私を待っている。 <small>ま</small>
○ 그와 함께 있으면 즐겁다.	彼といっしょにいると楽しい。 <small>たの</small>
○ 그와 함께 있으면 마음이 편하다.	彼といっしょにいると、気が楽だ。/ <small>き らく</small> 彼といっしょにいると、安らかな気分になる。 <small>やす きぶん</small>
○ 우리는 전혀 말다툼을 하지 않는다.	私達は口喧嘩を全然しない。 <small>くちげんか ぜんぜん</small>
○ 데이트할 때 그가 항상 식사비를 낸다.	デートするとき、彼がいつも食事代を支払う。 <small>しょくじだい しはら</small>
○ 그녀는 애교를 잘 부린다.	彼女は愛嬌をよく振りまく。 <small>かのじょ あいきょう ふ</small> ❖愛嬌を振りまく : 애교를 떨다.
○ 그녀는 귀엽게 행동한다.	彼女は可愛らしい行動をする。 <small>かわい こうどう</small>
○ 그녀는 정말 사랑스럽다.	彼女は本当に愛らしい。 <small>ほんとう あい</small>
○ 그녀에게서 장미꽃 향기가 난다.	彼女から薔薇の香りがする。 <small>ばら かお</small>
○ 나는 그의 팔짱을 끼고 걸었다.	私は彼の腕を組んで歩いた。 <small>うで く ある</small>
○ 우리는 손을 잡고 걸었다.	私達は手をつないで歩いた。 <small>て</small>
○ 밤이나 낮이나 그와 함께 있고 싶다.	夜も昼も彼といっしょにいたい。 <small>よる ひる</small>

헤어짐

○ 헤어질 시간이 되었다.	別れの時間になった。/ 別れの時間が来た。 <small>わか じかん き</small>
○ 집에 혼자 가기 싫었다.	家に一人帰るのがいやだった。 <small>いえ ひとりかえ</small>

○ 그가 집에 데려다 주었다.	彼が家まで送ってくれた。
○ 그가 날 차로 집에 데려다 주었다.	彼が、私を車で家まで送ってくれた。
○ 사랑의 표시로 내 뺨에 키스해 주었다.	愛情表現として私の頬にキスしてくれた。
○ 그가 날 꼭 안아 주었다.	彼が私を抱いてくれた。
○ 언제나 그를 만나기를 바란다.	いつでも彼に会うことを願う。
○ 그를 몹시 만나고 싶다.	彼にとても会いたい。
○ 그와 함께 있을 수 있어서 정말 즐거웠다.	彼といっしょにいることができて、本当に楽しかった。
○ 그가 나하고만 사귀었으면 좋겠다.	彼が、私とだけ付き合ってくれたらいいと思う。

04 이별

16 사랑

사랑이 식다

○ 나는 사소한 일로 그와 자주 말다툼을 한다.	私は些細なことで彼とよく口喧嘩をする。
○ 우리 문제는 보통 의사소통이 잘 안 돼서 일어난다.	私達の問題は、普通、意志の疎通がうまく行かずに起こる。
○ 우리는 서로 말이 잘 안 통한다.	私達はお互いに話が通じない。
○ 생각할 시간이 필요하다.	考える時間が必要だ。
○ 그녀는 나를 거절했다.	彼女は私を拒絶した。
○ 나는 그녀에게 차였다.	僕は彼女にふられた。
○ 그녀의 마음이 변했다.	彼女の心が変わった。/彼女が心変わりした。
○ 그녀의 마음을 돌려 보려고 했으나 허사였다.	彼女の心を取り戻そうとしたが、無駄だった。
○ 그녀는 내게서 등을 돌렸다.	彼女は僕に背をむけた。

515

○ 그녀가 나를 배신했다.　　　　　　　彼女が僕を裏切った。

○ 그녀가 그렇게 했을 때 배신감을 느꼈다.　彼女がそんな風にしたとき、裏切られたと感じた。/
　　　　　　　　　　　　　　　　　　彼女がそんな風にしたとき、背信感を感じた。

○ 그녀는 나를 더 이상 좋아하지 않는다.　彼女はもう僕のことを好きではない。

○ 우리는 만나자마자 헤어졌다.　　　　私達は会ってすぐに別れた。

○ 처음에는 그가 좋았으나 곧 흥미를　最初は彼が好きだったが、すぐに興味を失った。
　잃었다.

○ 다른 사람을 찾아야 한다.　　　　　他の人を探さなければならない。

○ 그는 나를 바람맞혔다.　　　　　　彼は私を待ち惚けさせた。

　　　　　　　　　　　　　　　　　❖待ち惚け : 바람맞음, 기다리는 사람이 결국 오지 않음.

○ 그는 나를 두 시간동안 기다리게 했다.　彼は私を2時間待たせた。

○ 그는 나를 오랫동안 계속 기다리게 했다. 彼は私を長い間ずっと待たせた。

○ 내 사랑이 식기 시작했다.　　　　　私の愛が冷め始めた。

이별

○ 우리는 서로 어울리지 않는 것 같다.　私達はお互い似合わないような気がする。

○ 우리는 여러 면에서 맞지 않는다.　私達はいろんな面で合わない。

○ 우리 관계에 대해 좀 더 생각해 볼　私達の関係について、もう少し考えてみる時間が
　시간이 필요하다.　　　　　　　　必要だ。

○ 그와 만나는 것에 대해 다시 생각해　彼と会うことについて、もう一度考えてみるべきだ
　봐야 할 것 같다.　　　　　　　　と思う。/ 彼と会うことについて、もう一度考え直して
　　　　　　　　　　　　　　　　　みようと思う。

○ 그가 내게 왜 갑자기 헤어지자고 했는지　彼が私になぜ突然別れようと言い出したのか、
　그 이유를 모르겠다.　　　　　　　その理由が分からない。

○ 우리 관계는 끝났다.　　　　　　　私達の関係は終わった。

○ 우리는 끝낼 때가 됐다.　　　　　　私達は終わらせるときが来た。

○ 우리의 관계를 끝냈다.　　　　　　私達の関係を終わらせた。

○ 나는 그와 헤어졌다[갈라섰다].　　私は彼と別れた。

○ 그와는 끝났다.　　彼とは終わった。

○ 우리는 갈라섰다[헤어졌다].　　私達は別れた。

○ 그와 연락이 끊어졌다.　　彼と音信不通になった。

❖音信不通 : 소식 불통.

이별 후

○ 그가 가 버리면 나는 우울해질 것이다.　　彼が行ってしまったら、私は憂うつになるだろう。

○ 그가 없으니 마음이 텅 빈 듯하다.　　彼がいないので、心が空っぽになったようだ。

❖空っぽ : (속이) 텅 빔.

○ 그를 몹시 그리워할 것이다.　　彼をとても恋しがるだろう。

○ 그가 보고 싶어 죽겠다.　　彼に会いたくて死にそうだ。

○ 그가 무척이나 보고 싶다.　　彼にとっても会いたい。

○ 기쁠 때나 슬플 때나 그가 보고 싶다.　　嬉しいときや悲しいとき、彼に会いたくなる。

○ 그 사진을 보면 그가 생각난다.　　その写真を見ると彼のことが思い出される。

○ 그를 다시 만날 때가 있을 것이다.　　彼にまた会うことがあるはずだ。

○ 그가 왜 작별 인사도 없이 떠났는지 궁금하다.　　彼がなぜ別れの挨拶もなしに去ってしまったのか気になる。

○ 그녀의 생각을 떨쳐버릴 수가 없다.　　彼女のことを忘れることができない。

○ 나는 감정을 드러내지 않으려고 노력했다.　　私は感情を表に出さないように努力した。

○ 나는 상사병이 났다.　　私は恋煩いに陥った。

○ 그에 대한 기억을 모두 잊을 것이다.　　彼に対する記憶を全部消してしまうつもりだ。

○ 사랑을 하기에 나는 너무 어리다.　　恋をするには、私はまだ若すぎる。

○ 사랑하는 사람이 없으면 외롭고 우울해진다.　　愛する人がいないと、寂しくて、憂うつになる。

○ 그와 다시 사귀려고 노력했으나 허사였다.

彼ともう一度付き合おうと努力をしたが
無駄むだだった。

○ 안 보면 더욱더 보고 싶어진다.

会わないともっと会いたくなる。

○ 안 보면 멀어진다.

会わないと心が遠ざかる。
❖遠ざかる : 멀어지다.

○ 눈에서 멀어지면 마음에서도 멀어진다.

目から遠ざかると心からも遠ざかる。

05 결혼

결혼관련어

중매하다	仲立なかだちする	신랑	新郎しんろう
선보다	見合みぁいする	신부	新婦しんぷ
중매결혼	見合みぁい結婚けっこん	웨딩드레스	ウェディングドレス
연애결혼	恋愛結婚れんあいけっこん	턱시도	タキシード
청혼하다	プロポーズする	부케	ブーケ
약혼	婚約こんやく	서약	誓約せいやく
약혼 반지	婚約指輪こんやくゆびわ	하객들	お祝いわいに参席さんせきする
결혼 반지	結婚指輪けっこんゆびわ		お客様きゃくさま
파혼하다	婚約破棄こんやくはきする	방명록	芳名録ほうめいろく
청첩장・초대장	招待状しょうたいじょう	결혼 피로연	結婚披露宴けっこんひろうえん
결혼식	結婚式けっこんしき		

약혼

○ 나는 가능한 한 빨리 그와 약혼식을 하겠다고 발표했다.

私はできるだけはやく彼と婚約式をすると発表した
〔宣言した〕。

○ 우리 부모님은 내가 그와 약혼하는 것을 원하지 않으셨다.

私の両親は私が彼と婚約するのを願わなかった。

○ 그가 우리 부모님께 약혼을 허락해 달라고 설득했다.

彼が私の両親に婚約を承諾してほしいと説得した。

○ 약혼식 때 분홍색 드레스를 입었다.

婚約式のとき、ピンクのドレスを着た。

○ 약혼식에는 부모님과 친척분들,
  그리고 친구 몇 명이 참석했다.

婚約式では両親と親戚の方々、
そして何人かの友達が参席した。

○ 우리는 약혼반지를 서로 교환했다.

私達は婚約指輪をお互いに交換した。

○ 친구들이 멋진 약혼 선물을 해 주었다.

友達が素敵な婚約プレゼントをくれた。

○ 나는 그와 약혼한 사이이다.

私は彼と婚約した仲だ。

○ 그는 내 약혼자이다.

彼は私の婚約者だ。

○ 우리는 잘 어울리는 커플이다 .

私達はお似合いのカップルだ。

○ 우리는 천생연분이다.

私達は天が定めた縁のカップルだ。

○ 오해로 인해 약혼이 깨졌다.

誤解のために婚約が破棄された。

○ 약혼자가 약혼을 깬 것이 내게는
  견디기 어려운 시련이었다.

婚約者が婚約を破棄したことが、私には、
耐えがたい試練だった。

○ 결국 우리는 파혼했다.

結局私達は婚約を破棄した。

청혼

○ 삼촌이 우리를 중매했다.

叔父が私達を仲立ちした。

○ 우리의 결혼을 중매한 사람이 바로
  우리 삼촌이다.

私達の結婚を仲立ちしてくれた人は、他ならない
私の叔父だ。

❖他ならない : 바로 ~이다.

○ 그가 내게 청혼했다.

彼が私にプロポーズした。

○ 그가 무릎을 꿇고 내게 청혼을 했을 때
  난 정말 행복했다.

彼がひざまずいて私にプロポーズしたとき、私は、
本当に幸せだった。

○ 너무 당황해서 애매한 대답을 했다.

とても慌てて、はっきりとしない返事をした。

○ 결국 그의 청혼을 받아들였다.

結局彼のプロポーズを受け入れた。

○ 그와 결혼하기로 결심했다.

彼と結婚することを決心した。

○ 그와 영원히 함께 하고 싶다.

彼と永遠にいっしょにいたい。

○ 그를 행복하게 해 주고 싶다.

彼を幸せにしてあげたい。

○ 그의 청혼을 받아들였다. 彼のプロポーズを受け入れた。

○ 그의 청혼을 거절했다. 彼のプロポーズを断った。

○ 사랑하면 결혼하는 것은 당연한 愛するなら、結婚するのは当然のことだと思う。
일이라고 생각한다.

○ 결혼에 있어서 사랑이 전부라고는 結婚するにあたって、愛が全部だとは思わない。
생각하지 않는다.

○ 중요한 것은 그의 사람됨이지 그의 重要なことは彼の人柄であって、彼の財産ではない。
재산이 아니다.

○ 우리 부모님은 내가 그와 결혼하는 私の両親は私が彼と結婚することを許して
것을 허락하지 않으실 것이다. くれないだろう。

○ 우리 부모님은 결혼을 위해 사랑 하나 私の両親は、結婚するためには、愛ひとつだけでは
로는 충분하지 않으니 좀 더 현실적으로 十分でないので、もっと現実的に考えなさいと
생각하라고 말씀하셨다. おっしゃった。

○ 결국 부모님께서 우리의 결혼을 結局、両親が私達の結婚を承認して下さった。
승낙해 주셨다.

○ 드디어 그와 결혼할 수 있게 되었다. やっと彼と結婚することになった。

○ 결혼 날짜를 잡았다. 結婚する日を決めた。

○ 결혼 날짜가 5월 5일로 잡혔다. 結婚する日が5月5日と決まった。

○ 내가 결혼을 한다니 초조하고 흥분이 된다. 私が結婚するなんて、興奮して、気分が落ち着かない。

○ 친구들 모두에게 결혼 청첩장을 보냈다. 友達みんなに結婚式の招待状を送った。

○ 다음 주말에 그와 결혼할 것이다. 来週の週末、彼と結婚する予定だ。

○ 우리는 결혼 준비로 바빴다. 私達は結婚準備で忙しかった。

○ 웨딩드레스를 고르러 갔는데 흰 ウェディングドレスを選びに行ったのだが、
드레스들이 정말 아름다웠다. 白いドレスが本当に美しかった。

○ 내일이 우리의 결혼식 날이다. 明日が私達の結婚式の日だ。

○ 오늘은 우리 일생에서 가장 의미 있는 날이다. 今日は私達の一生の中で一番意味のある日だ。

○ 신부와 신랑이 아름다웠다. 新婦と新郎が素敵だった。

○ 신부의 얼굴이 면사포에 가려져 있었다. 新婦の顔がベールで覆われていた。

○ 신부의 부케는 장미꽃으로 만들어졌다. 新婦のブーケは薔薇の花で作られていた。

○ 결혼식장을 걸어들어 갈 때 매우 떨렸다. 結婚式場に歩いて入るとき、とても震えた。

○ 조카가 신부의 들러리를 했다. 姪が新婦の花まき娘の役をした。

○ 신랑이 신부에게 결혼반지를 껴 주었다. 新郎が新婦に結婚指輪をはめてくれた。

○ 신랑의 교수님이 결혼식 주례를 해 주셨다. 新郎の教授が結婚式の司会をしてくださった。

○ 그는 죽음이 우리를 갈라놓을 때까지 彼は死が私達を引き離すまで、お互い愛し合いなさい
  서로 사랑하라고 하셨다. とおっしゃった。

○ 결혼 서약을 했다. 結婚誓約をした。

○ 부모님께 절을 했다. 両親に挨拶〔敬礼〕をした。

○ 신부가 친구에게 뒤로 부케를 던졌다. 新婦が後ろ向きになって、友達にブーケを投げた。

○ 한 노처녀가 부케를 받았다. あるオールドミスの人がブーケを受け取った。

○ 결혼식이 금방 끝났다. 結婚式があっという間に終わった。

○ 하객들이 많았다. 参列者が多かった。

○ 내 결혼을 축하해 주기 위해 친한 私の結婚を祝うために、親しい友達がみんな来てくれた。
  친구들이 모두 왔다.

○ 방명록에 하객들의 이름들을 모두 적어 芳名録に、参列した方々の名前を全部書いて
  놓도록 했다. おくようにした。

○ 결혼 피로연에 가서 하객들에게 감사의 結婚披露宴に行って、参列してくれた方々に感謝の意を
  표현을 했다. 表した。

○ 헤어지지 않고 영원히 행복하게 살 別れることなく、永遠に幸せに暮すつもりだ。
  것이다.

○ 행복과 웃음이 가득 찬 가정을 幸せと笑いがいっぱいの家庭を築けるように努力する
  이루도록 노력할 것이다. つもりだ。

告白するか、しないか

3月9日　水曜日　寒い

果たして、好きだという感情とは、どんなものだろうか。昨日は彼に手紙を書く決心をして、今日準備までしたのに、チヨンに会って相談した結果、彼に手紙を渡すことをあきらめた。私が書いた手紙の内容を読みながら、だれかがもしそれを読んだとしたら、私が恋愛小説とかマンガの読みすぎだと思われると思った。結局、とても幼稚だと思って手紙を破ってしまった。夕方になると、私がだれを好きなのかもわからなくなって、頭が混乱した。チヨンはまずメッセンジャーを通して告白してみたらと言うが、そうする勇気が出ない。手紙を彼に出すのは、私の一方的な行動だが、インターネットのメッセンジャーで対話するというのは、彼の反応まで即座にわかる、直接的な意思疎通だ。明日、告白してみようか。本当に緊張する。私はなぜその友達を好きになったのだろうか。本当に混乱状態だ。いい解決策があったらいいな。

고백할까, 말까?

3월 9일, 수요일, 추움

도대체 좋아한다는 감정은 어떤 걸까? 어제 겨우 그에게 편지를 보낼 마음을 먹고 오늘은 준비까지 해 놨는데 지연이를 만나서 상의한 후, 그에게 편지 보내는 걸 포기했다. 내가 쓴 편지 내용을 읽으면서, 누군가 그것을 읽는다면 내가 "연애 소설이나 만화를 너무 많이 읽은 것 같다."고 생각할 것 같았다. 결국 너무 유치해서 편지를 찢어 버렸다. 저녁때쯤 되니 내가 누굴 좋아하는지도 모르겠고 혼란스럽기 그지없었다. 지연이는 일단 메신저를 이용해서 고백을 해 보라는데, 그렇게 할 용기가 나지 않는다. 편지를 그에게 보내는 것은 내 일방적인 행동이지만, 인터넷에서 메신저로 대화하는 것은 그의 반응을 알 수 있는 직접적인 의사 소통이다. 그냥 내일 고백을 해 버릴까? 정말 긴장된다. 난 왜 그 친구를 좋아하게 된 것일까? 정말 혼란스럽다. 시원한 해결책이 있었으면 좋겠다.

NOTES

告白こくはくする 고백하다 | あきらめる 단념하다, 포기하다 | 読よみながら 읽으면서 | もしそれを読よんだとしたら 만약 그것을 읽는다면 | ～を通とおして ～를 통해서 | 勇気ゆうきが出でない 용기가 나지 않다

CHAPTER
17

취미 활동

1. 취미
2. 등산
3. 독서
4. 음악
5. 악기
6. 노래
7. 춤
8. 그림
9. 사진
10. 애완동물
11. 연예
12. 수집
13. 재봉 · 자수
DIARY 17

01 취미

취미생활

그림	絵ぇ	악기연주	楽器演奏がっきえんそう
기타	ギター	여행	旅行りょこう
꽃꽂이	生いけ花ばな	영화 감상	映画鑑賞えいがかんしょう
낚시	釣っり	요리	料理りょうり
노래	歌うた	원예	園芸えんげい・ガーデニング
독서	読書どくしょ	음악 감상	音楽鑑賞おんがくかんしょう
등산	登山とざん	줄넘기	なわとび
뜨개질	編ぁみ物もの	자수	刺繍ししゅう
사진	写真しゃしん	체스	チェス
서예	書道しょどう	춤	ダンス
수집	収集しゅうしゅう	컴퓨터게임	コンピューターゲーム
스포츠	スポーツ	퀼트	キルト
십자수	クロスステッチ		

취미

○ 취미는 취향에 따라 다르다.
趣味は趣向によって違う。
しゅみ　しゅこう　　　　ちが

○ 취미를 시간 낭비라고 생각하는 사람도 있지만 나는 그렇게 생각하지 않는다.
趣味を時間の無駄だと考える人もいるが、
じかん　むだ　　かんが　ひと
私はそんな風には考えない。
ふう

○ 취미는 단지 시간을 보내기 위한 것만은 아니다.
趣味は、ただ時を過ごすためのものだけではない。
とき　す

○ 취미는 우리의 감정을 안정시키고 긍정적인 사고를 키워준다.
趣味は、私達の感情を安定させて、
かんじょう　あんてい
肯定的な思考を育ててくれる。
こうていてき　しこう　そだ

○ 친구가 나와 똑같은 취미가 있다는 것을 알고 매우 기뻤다.
友達が私と同じ趣味を持っていることを知って、
ともだち　おな　　　　も　　　　　　　し
とても嬉しかった。
うれ

○ 우리 두 사람은 취미에 있어 공통점이 많다.
私達二人は趣味において共通点が多い。
ふたり　　　　　　きょうつうてん　おお

내 취미

○ 나는 다양한 취미를 가지고 있다.
私はいろいろな趣味を持っている。
も

○ 나는 취미가 많은데 그 중 여행을 제일 좋아한다.	私は趣味が多いが、その中でも旅行が一番好きだ。
○ 내 취미는 음악 감상이다.	私の趣味は音楽鑑賞だ。
○ 나는 여행하기를 좋아한다.	私は旅行するのが好きだ。
○ 내가 가장 좋아하는 취미는 자수이다.	私が一番好きな趣味は刺繍だ。
○ 내가 좋아하는 취미 중 하나는 십자수이다.	私が好きな趣味の中の1つは、クロスステッチだ。
○ 내 취미는 꽃꽂이이다.	私の趣味は生け花だ。
○ 나는 낚시 가는 것을 좋아한다.	私は釣りに行くのが好きだ。
○ 나는 사진 찍는 것이 재미있다는 것을 알게 되었다.	私は写真を撮るのがおもしろいという事を知った。
○ 나는 손재주가 많다.	私は手先が器用だ。
○ 내 특기는 노래를 잘 부르는 것이다.	私の特技は歌を上手に歌うことだ。
○ 나는 노래 부르기에 특별한 재능이 있다.	私は歌を歌うことに特別な才能がある。

17 취미·활동

취미 개발

○ 나는 이렇다 할 취미가 없다.	私はこれだという趣味がない。
○ 나는 특별한 취미가 없다.	私は特別な趣味がない。
○ 나는 수집에 재능이 없다.	私は収集に才能がない。
○ 나는 손재주가 없다.	私は手先が器用ではない。
○ 굼벵이도 구르는 재주가 있는 법이다.	セミの幼虫にも、転がる能力があるものだ。/ 人には、その人だけがもっている才能があるものだ。
○ 꽃꽂이를 배우고 싶다.	生け花を習いたい。
○ 나는 서예와 체스, 그리고 기타를 연주하는 법을 배우고 싶다.	私は書道とチェス、そして、ギターの弾き方を習いたい。
○ 나는 취미로 애완견을 기르고 싶다.	私は趣味として犬を育てたい〔飼いたい〕。

02 등산

등산을 가다

○ 나는 어렸을 때부터 등산이 취미였다.	私は幼い時から登山が趣味だった。
○ 나는 거의 모든 등산 장비를 가지고 있다.	私はほとんどともいえる登山用品を持っている。
○ 나는 상쾌한 공기를 마시러 친구들과 등산을 갔다.	私はすがすがしい空気を吸いに友達と山登りに行った。
○ 이번 휴일에는 가족과 함께 산에 올라갔다.	今回の休みには家族といっしょに山に登った。
○ 그 산은 등산하기에 지루했다.	その山は山登りするには退屈だった。
○ 그는 매우 빨리 산에 올랐다.	彼はとても速く山に登った。
○ 그를 따라잡을 수가 없었다.	彼に追い付くことができなかった。
○ 이마에 땀이 맺혔다.	額に汗がにじんだ。
○ 그렇게 높은 산을 올라가 본 적이 없었다.	そんなに高い山を登ったことがなかった。
○ 암벽 등반을 갔다.	クライミングをしに行った。
○ 암벽 등반을 하다가 발을 삐었다.	クライミングをしている途中、足を挫いた。

❖足を挫く : 발을 삐다.

정상에서

○ 산 정상에 도착하자 기분이 상쾌했다.	山の頂上に到着すると、気分が爽快だった。
○ 전망대에서 아래 풍경을 내려다볼 수 있었다.	展望台から下の風景を見下ろすことができた。
○ 전망대에서 풍경을 내려다보니 가슴이 후련했다.	展望台から風景を見下ろしたら、胸がすっきりした。
○ 그곳에서 멀리까지 볼 수 있었다.	そこから、遠くの方まで見ることができた。

○ 산꼭대기에서 마을이 잘 보였다.	山のてっぺんから、村がよく見えた。
○ 산을 등반하고 난 후 우리는 산 경치에 감탄했다.	山に登った後、私達は山の景色に感嘆した。
○ 해가 산 너머로 지는 것을 볼 수 있었다.	太陽が山の向こうに沈むのを見ることができた。
○ 정상에서 보는 일몰은 장관이었다.	頂上から見る日の入りはとてもすばらしい眺めだった。
○ 숨이 멎을 정도로 경치가 장관이었다.	息が止まるほど、景色がよかった。
○ 말로 표현이 안 될 정도였다.	言葉にできないほどだった。
○ 경치가 말로 표현할 수 없을 정도로 아름다웠다.	景色が言葉にならないほど美しかった。

03 독서

독서

○ 나는 책 읽는 것을 좋아한다.	私は本を読むのが好きだ。
○ 나는 책 읽기를 아주 좋아한다.	私は読書がとても好きだ。
○ 그는 독서를 좋아하는 사람이다.	彼は読書が好きな人だ。
○ 독서가 내 유일한 취미이다.	読書が私の唯一の趣味だ。
○ 학교에서 읽으라고 하는 책들을 읽었다.	学校で読みなさいという本を読んだ。
○ 가을은 저녁에 독서하기에 가장 좋은 계절이다.	秋は、夕方読書するのにとてもいい季節だ。
○ 일요일에는 대부분의 시간을 독서로 보낸다.	日曜日にはほとんどの時間を読書に費やす。
○ 나는 한 달에 적어도 소설 한 권은 읽는다.	私は1ヶ月に少なくとも小説1冊は読む。
○ 매일 한 시간 이상 꼭 책을 읽는다.	毎日1時間以上必ず本を読む。

○ 나는 잠자리에서 책을 읽는 것을 좋아한다.	私は寝床で本を読むのが好きだ。
○ 항상 새로운 책들을 읽으려고 노력한다.	いつも新しい本を読もうと努力している。
○ 책을 읽다가 깜빡 졸았다.	本を読んでいたら、うっかり眠ってしまった。
○ 책을 읽다가 잠이 들었다.	本を読んでいたら、眠ってしまった。
○ 나는 책을 읽지 않는다.	私は本を読まない。
○ 책을 읽을 기분이 아니었다.	本を読む気分ではなかった。
○ 모두가 내게 책을 읽으라고 하지만 나는 독서가 재미없다.	みんなが私に本を読みなさいと言うが、私は、読書がおもしろくない。
○ 나는 항상 인터넷으로 책을 구입한다.	私はいつもインターネットで本を購入する。
○ 인터넷에서 역사에 관한 책 몇 권을 주문했다.	インターネットで歴史に関する本を何冊か注文した。
○ 독서와 정신의 관계는 음식과 육체의 관계와 같다.	読書と精神的なものの関係は、食べ物と肉体の関係と等しい〔同じだ〕。
○ 문(文)은 무(武)보다 강하다.	文は武より強い。／ペンは、剣より強し。

독서에 빠지다

○ 나는 책벌레이다.	私はブックワームだ。
○ 나는 책에 묻혀 산다.	私は本に埋もれて暮している。
○ 나는 닥치는 대로 책을 읽는다.	私は次から次に本を読む。
○ 나는 독서에 푹 빠져 있다.	私は読書にはまっている。
○ 나는 독서에 사로잡혀 있다.	私は読書に捕らわれている。
○ 다 읽을 때까지 책을 내려놓지 않았다.	全部読んでしまうまで、本を手放さなかった。
○ 그 책에 푹 빠졌다.	その本にはまった。
○ 나는 항상 책만 읽는다.	私はいつも本だけ読んでいる。
○ 나는 항상 책을 가지고 다닌다.	私はいつも本を持ち歩いている。

○ 그 책은 결코 쉬운 읽을거리가 아니다. その本は決して易しい読み物ではない。

○ 세 달 걸려서 그 책을 다 읽었다. 3ヶ月かかって、その本を全部読んだ。

○ 나는 글 속에 숨은 의미를 이해하려고 私は文字の中に潜んでいる意味を理解しようと
노력한다. 努力する。

○ 나는 우리 학교에서 책을 가장 많이 私は私達の学校で本を一番たくさん読む。
읽는다.

독서 취향

○ 나는 역사 이야기에 관심이 있다. 私は歴史の話に関心がある。

○ 지금 아주 재미있는 탐정소설을 읽고 今、とてもおもしろい探偵小説を読んでいる。
있다.

○ 나는 특히 만화책 읽기를 좋아한다. 私は特にマンガの本を読むことが好きだ。

○ 만화책은 좋은 점이 많다. マンガの本はいい点がたくさんある。

○ 만화책은 재미있을 뿐 아니라 マンガの本はおもしろいだけではなく、
교육적이기도 하다. 教育的でもある。

○ 만화책을 읽음으로써 어려운 マンガの本を読んだことによって、難しい経済学も
경제학도 공부할 수 있다. 勉強することができる。

○ 나는 성경책을 즐겨 읽는다. 私は聖書を楽しく読む。

○ 나는 보통 문학 서적을 읽는다. 私は普通文学書籍を読む。

○ 나는 세계의 유명한 문학 작품들을 私は世界の有名な文学作品を読むのが好きだ。
읽는 것을 좋아한다.

○ 최근에 나는 마거릿 미첼이 쓴 '바람과 最近、私はマーガレットミッチェルが書いた
함께 사라지다'를 번역판으로 읽었다. 「風と共に去りぬ」を翻訳版で読んだ。

○ 그 책은 한국어로 번역되어 있었다. その本は韓国語に翻訳されていた。

○ 내가 좋아하는 작가는 어니스트 私が好きな作家は、アーネストヘミングウェイだ。
헤밍웨이이다.

○ 그는 인기 있는 작가 중 한 사람이다. 彼は人気がある作家の一人だ。

○ 나는 소설뿐 아니라 시와 수필에도 　　私は小説だけでなく詩と随筆にも興味がある。
　　흥미가 있다。　　　　　　　　　　　　しょうせつ　　し　ずいひつ　　きょうみ

○ 나는 책을 정독한다。　　　　　　　　私は本を精読する。
　　　　　　　　　　　　　　　　　　　ほん　せいどく

○ 나는 속독에 능하다。　　　　　　　　私は速読が得意だ。
　　　　　　　　　　　　　　　　　　　そくどく　とくい

○ 광범위하게 책을 읽는다。　　　　　　幅広くいろいろな本を読む。
　　　　　　　　　　　　　　　　　　　はばひろ　　　　　　　ほん　よ

도서관에서

○ 책을 빌리기 위해 도서관에 갔다。　　　本を借りるために図書館に行った。
　　　　　　　　　　　　　　　　　　　　か　　　　　としょかん　い

○ 하루 종일 도서관에서 책을 읽으며 보냈다。　一日中図書館で本を読みながら過ごした。
　　　　　　　　　　　　　　　　　　　　いちにちじゅうとしょかん　ほん　よ　　　　　す

○ 도서관에서 책을 빌리기 위해서는　　　図書館で本を借りるためには、図書館のカードが
　　도서관 카드가 있어야 한다。　　　　　なければならない。

○ 한 번에 3권씩 빌릴 수 있다。　　　　　一回3冊ずつ借りることができる。
　　　　　　　　　　　　　　　　　　　　いっかい　さつ

○ 내가 대출하고 싶은 책은 참고　　　　　私が、借りたい本は参考書籍なので、借りることが
　　서적이어서 대출을 할 수 없었다。　　　　　　　　　さんこうしょせき　できなかった。

○ 나는 그 책을 열람실에서 읽어야 했다。　私は、その本を閲覧室で読まなければならなかった。
　　　　　　　　　　　　　　　　　　　　　　　　えつらんしつ　よ

○ 대출 기간은 2주일 동안이다。　　　　　貸し出し期間は、2週間だ。
　　　　　　　　　　　　　　　　　　　　か　だ　きかん　しゅうかん

○ 내가 찾는 책이 벌써 대출이 되어 있었다。　私が探していた本が、もう貸し出されていた。
　　　　　　　　　　　　　　　　　　　　　　さが　　　　　　　か　だ

○ 그 책의 반납 기한이 지났다。　　　　　その本の返還期限が過ぎた。
　　　　　　　　　　　　　　　　　　　　　　へんかんきげん　す

○ 연체료를 지불해야 했다。　　　　　　　延滞料を支払わなければならなかった。
　　　　　　　　　　　　　　　　　　　　えんたいりょう　しはら

○ 그 책을 이틀 더 보고 싶었다。　　　　その本を二日ぐらいもっと読みたかった。
　　　　　　　　　　　　　　　　　　　　　　ほん　ふつか　　　　　よ

○ 대출 기간을 연장해 달라고 사서에게　　貸し出し期間を延長してほしいと司書にお願いした。
　　부탁했다。　　　　　　　　　　　　　か　だ　きかん　えんちょう　　　　　ししょ　ねが

○ 책을 다 읽고 반납했다。　　　　　　　本を全部読んで返納した。
　　　　　　　　　　　　　　　　　　　　ぜんぶよ　　　へんのう

독후감

○ 나는 책을 읽고 난 후에 독후감을 쓴다。　私は本を読んだ後に読書感想文を書く。
　　　　　　　　　　　　　　　　　　　　　　　あと　どくしょかんそうぶん　か

○ 나는 역사 소설을 읽고 있는데 아주 재미있다.	私は歴史小説を読んでいるがとてもおもしろい。 れきししょうせつ
○ 그 책은 지루하다.	その本は退屈だ。 たいくつ
○ 그 책은 시시하다.	その本はつまらない。
○ 그 이야기는 싱겁다.	その話は味気ない。 はなし　あじけ
○ 그 책은 극적이다.	その本は劇的だ。 げきてき
○ 그 책은 웃긴다.	その本はおかしい。
○ 그 책은 끔찍하다.	その本は残忍極まり無い。 ざんにんきわ　　な ❖極まりない : ～하기 짝이 없다.
○ 그 책은 환상적이다.	その本は幻想的だ。 げんそうてき
○ 그 책은 이해하기 어렵다.	その本は理解するのが難しい。 りかい　　　　むずか
○ 그 책은 읽기에 매우 쉽고 재미있다고 생각되었다.	その本は読むにとてもやさしくて、 よ おもしろいと思った。 おも
○ 그 책은 내가 읽기에는 너무 어려웠다.	その本は私が読むにはとても難しかった。 むずか
○ 그 책이 너무 재미있어서 하루 종일 읽었다.	その本がとてもおもしろくて、一日中読んだ。 いちにちじゅう
○ 나는 그 책을 읽고 감상적인 기분이 되었다.	私はその本を読んで、感傷的な気分になった。 かんしょうてき　きぶん
○ 그 책을 통해 놀라운 사실을 알게 되었다.	その本を通して、驚くべき事実を知った。 とお　　おどろ　　　じじつ　し
○ 우리는 책을 통해 많은 간접 경험을 할 수 있다.	私達は本を通して、多くの間接的な経験をする おお　　かんせつてき　けいけん ことができる。
○ 그 책은 나에게 많은 정보를 알려 주었다.	その本は私に多くの情報を与えてくれた。 おお　　じょうほう　あた
○ 그 책은 읽을 가치가 있는 책이다.	その本は読む価値がある本だ。 かち
○ 그 책이 내게 가장 많은 영향을 끼쳤다.	その本が私に一番大きな影響を与えた。 いちばんおお　　えいきょう　あた
○ 그 책은 올해의 베스트셀러이다.	その本は今年のベストセラーだ。 ことし
○ 나는 그 책을 친구들에게 읽어보라고 추천해 주었다.	私は、その本を友達に読んでみたらと薦めてあげた。 ともだち　よ　　　　　　　すす

04 음악

음악의 종류

가스펠	ゴスペル	오페라	オペラ
댄스곡	ダンス曲きょく	재즈	ジャズ
랩	ラップ	클래식	クラシック
레게	レゲエ	트로트	演歌えんか
민요	民謡みんよう	팝송	ポップス
발라드	バラード	포크송	フォークソング
배경음악	バックミュージック・BGM	하드록	ハードロック
상송	シャンソン	헤비메탈	ヘビメタ
R&B	アールアンドビー	힙합	ヒップホップ

나와 음악

○ 나는 음악에 취미가 있다.
私は音楽が趣味だ。

○ 우리 부모님은 내가 어릴 때부터 음악에
재능이 있었다고 하신다.
私の両親は私が小さい頃から音楽に才能があったと
言う。

○ 나는 음악을 배우고 있다.
私は音楽を習っている。

○ 나는 그 음악을 클라리넷용으로
편곡했다.
私はその音楽をクラリネット用に編曲した。

○ 피아노를 위한 감미로운 음악을
작곡했다.
ピアノのための甘美な音楽を作曲した。

○ 내 취미는 음악을 녹음하는 것이다.
私の趣味は音楽を録音することだ。

○ 나는 CD를 수집하고 있다.
私はCDを収集している〔集めている〕。

○ CD 가격이 비싸 내가 원하는 만큼
살 수 없다.
CDの値段が高くて、私がほしいだけ買うことができない。

○ 인터넷에서 노래를 다운받는다.
インターネットで歌をダウンロードする。

○ 나는 언제 어디서든 음악을 듣기 위하여
항상 MP3 플레이어를 가지고 다닌다.
私はいつ、どこでも音楽を聞くために〔聞けるように〕、
いつもMP3プレーヤーを持って歩く。

○ 음악은 내 관심사 중 하나이기 때문에 音楽は私の関心事の1つなので、
　나는 음악회 가는 것을 좋아한다.　　私は音楽会に行くことが好きだ。

○ 내 또 다른 취미는 음악에 맞춰 춤을 私のまた違ったの趣味は、音楽に合わせて踊ることだ。
　추는 것이다.

내가 좋아하는 음악

○ 나는 음악을 좋아한다.　　　　　　　私は音楽が好きだ。

○ 나는 음악 애호가이다.　　　　　　　私は音楽の愛好家だ。

○ 나는 팝송을 좋아한다.　　　　　　　私はポップスが好きだ。

○ 나는 댄스곡을 좋아한다.　　　　　　私はダンス曲が好きだ。

○ 나는 랩 음악을 좋아한다.　　　　　　私はラップ音楽が好きだ。

○ 나는 힙합 음악을 좋아한다.　　　　　私はヒップホップ音楽が好きだ。

○ 나는 헤비메탈 음악을 좋아한다.　　　私はヘビーメタル音楽が好きだ。

○ 나는 클래식 음악을 좋아한다.　　　　私はクラシック音楽が好きだ。

○ 나는 시끄러운 음악을 좋아한다.　　　私はうるさい音楽が好きだ。

○ 나는 조용한 음악을 좋아한다.　　　　私は静かな音楽が好きだ。

○ 나는 특히 모차르트의 작품을 좋아한다. 私は、特にモーツァルトの作品が好きだ。

○ 베토벤은 내가 제일 좋아하는 작곡가이다. ベートーベンは、私が一番好きな作曲家だ。

○ 모차르트는 내가 음악을 좋아하게 モーツァルトは、私に音楽を好きにさせた人だ。
　만든 사람이다.

음악 감상

○ 나는 때때로 음악을 즐기는데 특히 私はときどき音楽を楽しむが、とくに甘味な音楽を
　감미로운 음악을 즐긴다.　　　　　　楽しむ。

○ 나는 클래식 음악 듣기를 좋아하는데 私はクラシック音楽鑑賞が好きだが、
　특히 피아노와 바이올린 2중주를 　特にピアノとバイオリン2重奏が好きだ。
　좋아한다.

○ 나는 몇 시간씩 음악을 들으며 앉아 있곤 했다.　私は何時間も音楽を聞きながら座っていたりした。

○ 그 음악은 옛 추억을 떠올리게 한다.　その音楽は昔の思い出を思い出させる。

○ 그 음악을 들으면 옛날 생각이 난다.　その音楽を聞くと昔の思い出がよみがえる。／
その音楽を聞くと昔を思い出す。

○ 음악은 나에게 감동을 준다.　音楽は私に感動を与えてくれる。

○ 그 음악은 정말 감동적이다.　その音楽は本当に感動的だ。

○ 그 음악은 내게 깊은 감동을 주었다.　その音楽は私に深い感動を与えた。

○ 그 음악은 정말 인상적이었다.　その音楽は本当に印象的だった。

○ 나는 음악의 박자에 맞추어 발을 구르는 것을 좋아한다.　私は音楽の拍子に合わせて、足でリズムをとるのが好きだ。

○ 영혼을 맑게 해 주는 좋은 음악을 들을 기회를 가졌다.　霊魂を清くしてくれるいい音楽を聞ける機会を持った。

○ 이제 좋은 음악에 귀가 좀 틔는 것 같다.　今ではいい音楽を味わうことができるようになったようだ。

○ 음악은 감정을 공유하도록 도와준다.　音楽は感情を共有することができるようにしてくれる。

○ 나는 좋은 음감을 가지고 있다.　私はいい音感を持っている。

○ 나는 음악엔 문외한이다.　私にとって音楽は畑違いのものだ。
❖畑違い : 전문 분야가 아님.

534

05 악기

17 취미·활동

악기의 종류

건반악기	鍵盤楽器けんばんがっき	클라리넷	クラリネット
관악기	管楽器かんがっき	타악기	打楽器だがっき
금관악기	金管楽器きんかんがっき	트라이앵글	トライアングル
기타	ギター	트럼펫	トランペット
리코더	リコーダー	트롬본	トロンボーン
목관악기	木管楽器もっかんがっき	풍금	風琴ふうきん
바이올린	バイオリン	플루트	フルート
색소폰	サキソホン	피아노	ピアノ
실로폰	シロフォン	피콜로	ピッコロ
오보에	オーボエ	하프	ハープ
일렉트릭 기타	エレキギター	현악기	弦楽器げんがっき
첼로	チェロ	호른	ホルン

○ 나는 2년 동안 바이올린 레슨을 받아 왔다.

私は2年間バイオリンのレッスンを受けてきた。

○ 나는 1주일에 두 번씩 피아노 레슨을 받는다.

私は1週間に2回ずつピアノのレッスンを受ける。

○ 나는 피아노 연주를 잘한다.

私はピアノをうまく弾くことができる。 / 私はピアノの演奏が上手い。

○ 피아노가 연주하기에 가장 좋은 악기 같다.

ピアノは演奏するには、一番いい楽器みたいだ。

○ 나는 그저 즐기기 위해 피아노를 친다.

私はただ楽しむためにピアノを弾く。

○ 바이올린은 여러 가지 소리를 낼 수 있어서 좋다.

バイオリンはいろいろな音を出すことができるので好きだ。

○ 나는 일렉트릭 기타 치는 것을 좋아한다.

私はエレキギターを弾くのが好きだ。

○ 오늘은 학교에서 단소 부는 법을 배웠다.

今日は学校でタンソの吹き方を習った。

○ 소리 내기가 어려웠다.

音を出すのが難しかった。

○ 나는 우리 학교의 음악 부원이다.　　　私は私達の学校の音楽部員だ。

○ 나는 학교 밴드에서 클라리넷을 분다.　私は学校のバンドでクラリネットを吹いて〔して〕いる。

○ 클라리넷을 불기 전에 먼저 음을　　　クラリネットを吹く前にまず、音合わせをした。
　맞추었다.

○ 나는 어떤 악기도 연주할 줄 모른다.　私はどんな楽器も演奏することができない。

○ 나는 색소폰을 배우고 싶다.　　　　　私はサキソホンを習いたい。

06 노래

나와 노래

○ 나는 음악을 듣는 것보다 노래하는　私は音楽を聴くことより歌を歌うことがもっと好きだ。
　것을 더 좋아한다.

○ 나는 피아노에 맞추어 노래하는 것을　私はピアノに合わせて歌を歌うのが好きだ。
　좋아한다.

○ 나는 아주 열정적으로 노래를 부른다.　私はとても情熱的に歌を歌う。

○ 나는 큰 소리로 노래 부르는 것을　　私は大きい声で歌を歌うのが好きだ。
　좋아한다.

○ 나는 노래를 잘해서 친구들에게　　　私は歌が上手くて、友達に人気がある。
　인기가 있다.

○ 내 멋진 목소리 때문에 그들은 나를　彼らが、私を好むのは私の歌声が素敵だからだ。
　좋아한다.

○ 내가 그 노래를 좋아하는 것은 노래　私が、その歌が好きなのは、歌詞がとてもいいからだ。
　가사가 좋기 때문이다.

○ 나는 좀 서글픈 노래를 좋아한다.　　私は少し悲しい歌が好きだ。

○ 그 노래는 옛 친구를 생각나게 한다.　その歌は昔の友達を思い出させる。

○ 나는 노래 부를 때 음을 못 맞춘다.	私は歌を歌うとき、音程を合わせることができない。
○ 나는 음치이다.	私は音痴だ。
○ 나는 많은 사람 앞에서 노래하는 것을 싫어한다.	私は多くの人の前で、歌を歌うことが嫌いだ。

노래방에서

○ 가끔 친구들과 노래방에 간다.	ときどき友達とカラオケに行く。
○ 우선 노래를 선곡했다.	まず、歌を選曲した。
○ 내가 첫 번째로 마이크를 잡았다.	私が最初にマイクを持った〔とった〕。
○ 노래를 부르기 전에 목청을 가다듬었다.	歌を歌う前に、声を整えた。
○ 내가 멋지게 한 곡 불렀다.	私がかっこよく一曲歌った。
○ 친구들은 탬버린을 흔들며 함께 노래했다.	友達は、タンバリンを振りながら、いっしょに歌った。
○ 노래로 기분 전환을 했다.	歌で気分転換をした。
○ 우리는 교대로 노래를 불렀다.	私達は、交代で歌を歌った。
○ 모두 다 함께 노래를 불렀다.	みんなでいっしょに歌を歌った。
○ 즐겁게 춤추며 노래를 불렀다.	楽しく踊りながら歌を歌った。
○ 음악에 맞추어 박수를 쳤다.	音楽に合わせて、手を叩いた。
○ 그 노래는 발을 구르게 할 만큼 흥겨웠다.	その歌は、自然に足でリズムをとるぐらいいい歌だった。
○ 노래를 너무 크게 불러서 목이 아팠다.	歌をとても大きな声で歌って、喉が痛かった。

07 춤

나와 춤

○ 나는 친구들과 춤추는 것을 아주
좋아한다.

私は友達とダンスするのがとても好きだ。

○ 예전에는 춤을 자주 추곤 했는데,
이제는 그렇게 춤추는 것을 좋아하지 않는다.

前は、ダンスをよく踊っていたが、今では、
そんなにダンスが好きではない。

○ 나는 춤을 잘 추는 법을 배우고 싶다.

私はダンスの上手な踊り方を習いたい。

○ 나는 춤을 잘 춘다.

私はダンスが上手い。

○ 나는 춤추는 것을 좋아하지만 춤은 잘
못 춘다.

私はダンスをするのが好きだが、上手くは踊れない。

○ 춤을 추다가 그의 발을 여러 번 밟았다.

ダンスをしながら、彼の足を何回か踏んでしまった。

○ 나는 춤을 잘 추지는 못하지만 자주
즐겨 춘다.

私はダンスが上手くはないが、よく楽しみながら踊る。

춤을 추다

○ 나에게 춤은 스트레스를 날려 버릴
정도로 재미있는 것이다.

私にとって、ダンスはストレスを吹き飛ばすくらい
おもしろいものだ。

○ 나는 종종 댄스 클럽에 춤추러 간다.

私はときどきダンスクラブに踊りに行く。

○ 음악이 시작되자 모두 일어나 춤을
추었다.

音楽が始まると、みんな立ち上がって
踊りを踊った〔ダンスをした〕。

○ 내가 춤을 이끌었다.

私が踊りを指導した。

○ 나는 춤에 푹 빠졌다.

私はダンスにはまった。

○ 신나는 음악에 맞추어 즐겁게 춤을
추었다.

テンポのいい音楽に合わせて、楽しくダンスをした。

○ 그는 어깨춤을 잘 추었다.

彼は肩ダンスをうまく踊った。

○ 우리는 블루스 음악에 맞추어
　함께 춤을 추었다.

私達はブルースの音楽に合わせて、いっしょに
踊った。

○ 우리는 각자의 파트너와 춤을 추었다.

私達はお互いのパートナーと踊った。

○ 하와이 춤인 홀라 춤을 배웠다.

ハワイの踊りであるフラダンスを習った。

○ 남미 춤인 룸바 댄스를 좋아한다.

南米の踊りであるルンバダンスが好きだ。

○ 그가 탭 댄스 추는 것을 보니 참 멋졌다.

彼がタップダンスをするのを見て、
本当にかっこよかった。

08 그림

17 취미·활동

나와 그림

○ 나는 펜으로 그림을 그리는 취미가 있다.

私はペンで絵を描くのが趣味である。

○ 그림 그리는 것은 내가 가장 좋아하는
　것이다.

絵を描くのは、私が一番好きな事だ。

○ 나는 그림에 큰 재능이 있다.

私はとても絵の才能がある。

○ 나는 삽화가가 되고 싶다.

私はイラストレーターになりたい。

○ 나는 그림을 잘 그리지는 못하지만
　그림 그리기를 좋아한다.

私はうまく絵を描くことができないが、
絵を描くことが好きだ。

○ 휴식이 필요할 때에는 그림을 그린다.

休息が必要なときには絵を描く。

○ 그림을 그리는 동안에는 마음이
　편안하다.

絵を描いているときは心が安らかだ。

○ 그림 그리기는 마음을 편하게 해 주고
　잠시나마 일을 잊도록 해 준다.

絵を描くことは、心を安らかにし、しばらくの間、
仕事を忘れさせてくれる。

○ 나는 방에 르누아르의 그림을 걸어
　놓았다.

私は部屋にルノアールの絵をかけておいた。

○ 나는 그에게 내가 그린 그림을 하나
　주었다.

私は、彼に私が描いた絵を一つあげた。

○ 그 그림을 벽에 걸기 위해 액자에 넣었다.

その絵を壁にかけるために、額縁にいれた。

그림을 그리다

○ 나는 일요일에 친구들과 스케치를
　하러 밖으로 나갔다.

私は日曜日に友達とスケッチをしに外に出た。

○ 유화물감으로 풍경화를 그렸다.

オイルカラー〔油絵〕の具で風景画を描いた。

○ 수채화로 정물화를 그렸다.

水彩絵の具で静物画を描いた。

○ 목탄으로 그의 초상화를 그렸다.

木炭で彼の肖像画を描いた。

○ 꽃 그림을 그렸다.

花の絵を描いた。

○ 나는 데생을 잘한다.

私はデッサンが得意だ〔上手だ〕。

○ 가끔은 삽화도 그린다.

ときどきはイラストも描く。

○ 내 그림을 따라 갈 사람이 없다고
　생각한다.

私のように絵を上手に描く人はいないと思う。

○ 내 그림은 멀리서 보면 훨씬 더 멋지게
　보인다.

私の絵は遠くから見るともっと素敵に見える。

09 사진

카메라

○ 나는 외출할 때마다 카메라를
　가지고 나간다.

私は、外出するときには必ずカメラを持って出かける。／
外出ごとにカメラを持って出かける。

○ 내 카메라는 자동이어서 초점을
　맞출 필요가 없다.

私のカメラは、自動なので焦点〔ピント〕を合わせる
必要がない。

○ 디지털 카메라로 찍은 사진은 수정 할 수 있어서 좋다.　デジタルカメラで撮る写真は、修正することが できるのでいい。

○ 36장짜리 컬러 필름을 한 통 샀다.　36枚撮りカラーフィルムを1つ買った。

○ 나는 카메라에 필름을 넣었다.　私はカメラにフィルムを入れた。

○ 렌즈를 돌리면서 카메라 초점을 맞췄다.　レンズを回しながら、カメラの焦点〔ピント〕を合わせた。

○ 카메라 렌즈를 조절했다.　カメラのレンズを調節した。

사진 촬영

○ 나는 풍경 사진 찍는 것을 좋아한다.　私は風景の写真を撮るのが好きだ。

○ 나는 사람을 찍는 것보다 경치를 찍는 것에 더 관심이 있다.　私は人を撮るより景色を撮るのに関心がある。

○ 디지털 카메라로 꽃 사진을 찍었다.　デジタルカメラで、花の写真を撮った。

○ 아기들의 스냅 사진을 찍었다.　子供たちのスナップ写真を撮った。

○ 나는 사진을 부탁해서 찍었다.　私は写真をお願いして撮った。

○ 그에게 셔터를 누를 때 흔들리지 않도록 해 달라고 부탁했다.　彼にシャッターを押す時、動かないようにしてほしいと お願いした。

○ 사진을 찍기 위해 포즈를 잡을 때 어색했다.　写真を撮るポーズを取る時、ぎこちなかった。

○ 사진을 두 통 찍었다.　写真をフィルム2つ分撮った。

○ 찍은 사진을 빨리 보고 싶었다.　撮った写真を早く見たかった。

○ 찍은 사진을 보기 위해 기다려야 하는 게 싫어서 폴라로이드 카메라를 샀다.　撮った写真を見るために待たなければならないのが いやで、ポラロイドカメラを買った。

○ 나는 사진 찍는 것을 좋아하지 않는다.　私は写真を撮るのが好きではない。

○ 나는 사진 콘테스트에서 1등상을 탔다.　私は写真コンテストで1等賞をとった。

현상 · 인화

○ 필름 한 통을 현상했다.　フィルム1つを現像した。

○ 현상 필름을 인화했다.　　　　　現像フィルムを焼き付けした。

○ 사진이 초점이 맞질 않았다.　　　写真のピントがあっていなかった。

○ 사진이 몇 장은 흐리고 어둡게 나왔다.　写真が何枚かぼやけて、暗く写っていた。

○ 플래시를 사용하지 않아서 그렇다.　フラッシュを使わなかったからだ。

○ 필름이 빛에 노출돼서 사진들을 망쳤다.　フィルムに光が入って、写真がだめになった
　　　　　　　　　　　　　　　　　　〔台無しになった〕。

○ 그 사진을 확대하고 싶었다.　　　その写真を拡大したかった。／
　　　　　　　　　　　　　　　　　その写真を引き伸ばしたかった。

○ 그 사진을 두 배로 확대했다.　　その写真を2倍に拡大した。

사진

○ 나는 사진이 잘 나온다.　　　　私は写真写りがいい。

○ 사진들이 잘 나왔다.　　　　　写真がきれいに写っていた。

○ 사진이 실물보다 잘 나왔다.　　写真が実物よりきれいに写っていた。

○ 사진 속의 모습이 실제 인물보다 더 낫다.　写真の中の姿が実際の人物よりもっといい。

○ 실물이 더 낫다.　　　　　　　実物がもっといい。

○ 나는 사진이 잘 안 받는다.　　　私は写真写りが悪い。

○ 사진이 실물보다 못 나왔다.　　写真が実物より悪かった〔まずかった〕。

○ 내가 그 사진을 액자에 넣었다.　私がその写真を額縁に入れた。

10 애완동물

애 완 동 물

개	犬いぬ	새	鳥とり
거북이	亀かめ	열대어	熱帯魚ねったいぎょ
고양이	猫ねこ	이구아나	イグアナ
금붕어	金魚きんぎょ	잉꼬	インコ
닭	鶏にわとり	카나리아	カナリア
도마뱀	トカゲ	토끼	ウサギ
병아리	ひよこ	햄스터	ハムスター

내 애완동물

○ 애완동물을 기르고 싶었다.   ペットを飼いたかった。

○ 드디어 애완동물을 갖게 되었다.   やっとペットを飼うことができた。

○ 내 취미는 애완동물을 돌보는 것이다.   私の趣味はペットの面倒を見ることだ。

○ 내 애완동물은 나를 잘 따른다.   私のペットは私になついている。

○ 내 애완동물은 무엇이든 물어뜯는다.   私のペットは何でもかみちぎる。

○ 내 애완동물은 큰 소리가 나면
　무서워한다.   私のペットは大きな音がすると怖がる。

○ 내 애완동물은 나만 보면 꼬리를 흔든다.   私のペットは私を見ると尻尾を振る。

○ 나는 그렇게 사랑스런 애완동물을 본
　적이 없다.   私はそんなに可愛らしいペットを見たことがない。

○ 먹을 것을 주는 것만으로는 애완동물을
　키울 수 없다.   食べるものを上げることだけでは、ペットを育てる
　ことはできない。

○ 아기처럼 애완동물을 보살펴야 한다.   赤ちゃんのように、ペットの世話をしてあげなければ
　ならない。

○ 내 애완동물은 내 팔 위에서 자는 것을
　좋아한다.   私のペットは私の腕の上で寝るのが好きだ。

○ 그곳은 애완동물이 허용되지 않는다.   そこはペットを飼うことが許されていない。

○ 내 애완동물은 순종이다.   私のペットは純血種である。

○ 내 애완동물은 잡종이다.   私のペットは雑種だ。

○ 나는 애완동물을 끈으로 묶지 않는다.   私はペットを紐でつながない。

○ 내 애완동물은 대소변을 가리는 훈련을 받았다.   私のペットは排泄の訓練を受けた。

○ 내 애완동물은 사람들과 함께 있는 것을 좋아한다.   私のペットは人々といっしょにいることが好きだ。

애완견

○ 개는 충직한 동물이라고 생각한다.   犬は忠直な動物だと思う。

○ 개들도 사람들처럼 사랑과 애정을 필요로 한다.   犬達も人々のように、愛と愛情を必要とする。

○ 나는 개를 산책시켰다.   私は犬を散歩させた。

○ 나는 개를 데리고 산책을 나갔다.   私は犬を連れて散歩に出かけた。

○ 개는 날마다 운동을 시킬 필요가 있다.   犬は毎日運動をさせる必要がある。

○ 나는 애완견의 털을 매일 빗겨 준다.   私は愛犬の毛を毎日といてあげる。

○ 털을 자주 빗겨 주면 털이 광택이 난다.   毛をよくといてあげると毛に光沢が出る。

     ❖ 光沢が出る : 광택이 나다.

○ 그 개는 졸리면 바닥에 몸을 쭉 편다.   その犬は眠くなると床に体を伸ばす。

○ 매일 아침이면 개가 내 침대 위로 올라와 나를 깨운다.   毎日、朝になると犬が私のベットの上にのぼってきて、私を起こす。

○ 내 애완견은 내 손에 발을 올려놓을 수 있다.   私の愛犬は、お手をすることができる。

     ❖ お手란 사람 손에 발을 올려놓는 행동을 말한다.

○ 내가 물건을 던지면, 내 애완견은 달려가 그것을 물어온다.   私がものを投げると、私の愛犬は走っていってそれをくわえてくる。

544

○ 내가 이름을 부르면 곧장 나에게 달려와 　私が名前を呼ぶとすぐに私に走り寄って来て、
　내 무릎 위에 눕는다. 　私の膝に横たわる。

○ 내 개는 낯선 사람을 보면 항상 큰 　私の犬は、知らない人を見るといつも大きい声で吠える。
　소리로 짖는다.

○ 집에 들어가자마자 개가 내게 달려왔다. 　家に入るやいなや、犬が私に走り寄ってきた。

○ 개가 으르렁거렸다. 　犬がうなった。

○ 개가 내 팔을 할퀴었다. 　犬が私の腕を引っ掻いた。

○ 개에게 밥 줄 시간이다. 　犬にご飯をあげる時間だ。

○ 목욕을 시켜야 한다. 　お風呂に入れてあげなければならない。

○ 개를 목욕시켰다. 　犬をお風呂に入れてあげた。

○ 나는 어디를 가든 애완견을 데리고 　私は、どこに行くでも愛犬を連れて歩く〔行く〕。
　다닌다.

○ 내 개는 턱 밑을 긁어 주는 것을 좋아한다. 　私の犬はあごの下をかいてあげると喜ぶ。

○ 그 개는 변기 훈련이 되어 있다. 　その犬は排便訓練をしてある。

애완 고양이

○ 고양이가 한 마리 있었으면 좋겠다. 　猫が1匹いたらいいと思う。

○ 나는 애완동물로 고양이를 기른다. 　私はペットとして猫を飼っている。

○ 나는 고양이를 굉장히 좋아한다. 　私は猫がとても好きだ。

○ 고양이는 강아지보다 더 깨끗하고 더 　猫は子犬よりもっときれいでもっと静かだ。
　조용하다.

○ 고양이는 식사를 한 후 자신을 핥아서 　猫は食事をした後、自分をなめてきれいにする。
　깨끗이 한다.

○ 고양이는 보살핌을 별로 필요로 하지 　猫は世話をあまり必要としない。
　않는다.

○ 그런 이유로 나는 강아지보다는 　そんな理由で私は、子犬より猫がもっと好きだ。
　고양이가 더 좋다.

○ 고양이가 아픈 것 같았다.	猫が、具合が悪いようだった。
○ 고양이를 데리고 동물 병원에 가야 했다.	猫を連れて、動物病院に行かなければならなかった。
○ 수의사가 아무 문제 없다고 했다.	獣医が悪いところは何にもないと言った。
○ 나는 고양이를 무서워한다.	私は猫が怖い。
○ 나는 고양이 알레르기가 있다.	私は猫アレルギーがある。

11 연예

내가 좋아하는 가수

○ 내가 좋아하는 가수는 빅토리이다.	私が好きな歌手は、ビクトリーだ。
○ 나는 그 가수를 좋아하는데, 그 이유는 그가 다재다능하기 때문이다.	私は、その歌手が好きなのは、彼が多才多能だからだ。
○ 그는 타고난 연예인이다.	彼は生まれつきの芸能人だ。
○ 그의 다재다능함이 청중을 계속 놀라게 하고 즐겁게 한다.	彼の多才多能さが聴衆を驚かせて楽しくさせる。
○ 그는 히트곡 '러브'로 유명하다.	彼はヒット曲—ラブ—で有名だ。
○ 그는 노래뿐 아니라 기타도 친다.	彼は歌だけでなくギターも弾く。
○ 그의 음악은 항상 재미있고 신난다.	彼の音楽はいつも楽しくてわくわくする。
○ 그는 여러 가지 다양한 음악 스타일을 가지고 있는 훌륭한 신인 가수이다.	彼は、いろいろな音楽のスタイルを持っている立派な新人歌手だ。
○ 그 가수의 노래가 지금 방송되고 있다.	その歌手の歌が今、放送されている。
○ 내가 좋아하는 가수가 텔레비전에 나왔다.	私が好きな歌手がテレビに出た。
○ 그의 노래를 듣자마자 그에게 푹 빠졌다.	その歌を聴くやいなや彼に夢中だ。

○ 그 가수는 녹음된 노래에 맞추어 입만
　움직였다.

その歌手は録音された歌に合わせて、
口だけ動かしていた。

○ 그 가수가 라디오에 나와 이야기를 했다.

その歌手がラジオに出て、話をした。

○ 그는 어깨를 위아래로 움직이는 춤을
　추며 노래를 부른다.

彼は、肩を上下に動かす踊りを踊りながら、歌を歌う。

인기 가수

○ 그는 요즈음 인기가 좋은 가수 중
　한 명이다.

彼は、最近人気がある歌手の中のひとりだ。

○ 그는 참 유명한 가수이다.

彼はとても有名な歌手だ。

○ 그 가수는 갑작스럽게 인기를 얻었다.

その歌手は突然人気を得た。

○ 그의 폭발적인 인기가 놀랍다.

彼の爆発的な人気に驚いた。

○ 그는 감정을 잘 표현하며 얼굴 표정도
　잘 짓는다.

彼は感情をうまく表現して、顔の表情を作るのも
うまい。

○ 그의 신곡이 유행이다.

彼の新曲が流行している。

○ 그의 신곡들이 그의 팬들에게 큰 호평을
　얻고 있다.

彼の新曲が、彼のファン達にとても好評だ。

○ 그의 신곡이 몇 주 동안 인기 순위에
　들어 있었다.

彼の新曲が何週もの間、人気チャートに入っていた。

○ 그가 입은 옷 스타일이 유행했다.

彼が着た服のスタイルが流行した。

○ 그는 올해 인기를 많이 얻었다.

彼は今年人気をたくさん得た。

연예 이야기

○ 내 친구는 연예계에 있는 사람을
　잘 알고 있다.

私の友達は、芸能界にいる人をよく知っている。

○ 한 신문 기자가 그의 스캔들을 폭로하는
　기사를 썼다.

一人の新聞記者が、彼のスキャンダルを暴露する記事を
書いた。

○ 나는 연예인들의 무대 뒤 이야기를 다루는 스포츠 신문을 매일 본다.

私は、芸能人達の舞台裏話を取り上げるスポーツ新聞を毎日読む。

○ 그런 나쁜 소문 때문에 그녀의 인기가 떨어지고 있다.

そんな悪いうわさのために彼女の人気が落ちている。

○ 그녀는 악성 루머로 고전하고 있다.

彼女は悪性ルーマーに苦戦している。

○ 그녀는 아직도 연예 활동을 한다.

彼女は今でも芸能活動をしている。

○ 그녀는 외모가 예쁘긴 하지만 좋은 가수는 아니다.

彼女は見た目がかわいいが、いい歌手ではない。

12 수집

○ 나는 희귀한 것을 수집한다.

私は珍しいものを収集する。

○ 내 취미는 전 세계의 우표를 모으는 것이다.

私の趣味は全世界の切手を集めることだ。

○ 나는 우표 수집가이다.

私は切手収集家だ。

○ 새로운 우표가 나올 때마다 나는 그것들을 수집하기 위해 우체국에 간다.

新しい切手が発売されるごとに、私はそれらを収集するために郵便局に行く。

○ 나는 취미가 많은데 그 중 외국 동전 모으는 것을 제일 좋아한다.

私は趣味が多いが、その中で外国の銅貨を集めるのが一番好きだ。

○ 나는 외국을 여행할 때 각 나라의 동전을 수집한다.

私は、外国を旅行するとき各国の銅貨を集める。

○ 다양한 동전을 수집함으로써 나는 다른 나라의 문화에 대해 알 수 있다.

多様な銅貨を収集することによって、私は他の国の文化について知ることができる。

○ 나는 내가 방문하는 여러 곳에서 기념품을 수집한다.

私は、私が訪問する色々なところで記念品を収集する。

○ 나는 영화 포스터를 모으고 있다.

私は映画のポスターを集めている。

○ 작은 영화 포스터들은 영화관에서
무료로 얻을 수 있다.

小さい映画のポスターは、映画館で無料で得ることが
できる。

○ 시간이 지나도 그것들을 보고 그 영화를
다시 기억할 수 있어서 좋다.

時が過ぎても、それらを見て、その映画をもう一度
思い出すことができていい。

○ 나는 취미로 미니카를 수집한다.

私は趣味でミニカーを集めている。

○ 어떤 사람들은 수집품의 가치가 높아져서
생기는 이익을 기대해 모으기도 한다.

ある人達は、収集したものの価値が高くなって生じる
利益を期待して、集める人もいる。

13 재봉 · 자수

재봉

○ 재봉틀로 드레스를 만들었다.

ミシンでドレスを作った。

○ 바느질할 때는 항상 골무를 낀다.

縫い物をするときいつも指貫きをはめる。

○ 천 위에 초크와 줄자를 이용해서 옷본을
그렸다.

布の上にチョークと巻き尺を使って、型を描いた。

○ 이미 재단되어 나온 종이 옷본은
사용하기가 아주 편리하다.

すでに裁断されている型紙は、使うのにとても便利だ。

○ 옷본에 있는 선을 따라 잘랐다.

型紙にある線にそって切った。

○ 핀으로 천을 고정시켰다.

ピンで布を固定した。

○ 재봉하기 전 정확한 사이즈에 맞추기
위해 입어 보았다.

縫う前に、正確なサイズに合わせるために着てみた。

○ 냅킨과 식탁보, 앞치마 같은 주방용품을
만들었다.

ナプキンやテーブルクロス、エプロンのような台所で
使うものを作った。

○ 계절이 바뀔 때 커튼과 침대보, 베갯잇,
의자 커버 같은 것들을 몇 개씩 만든다.

季節が変わるとき、カーテンや、ベットカバー、まくら
カバー、椅子のカバーのようなものをいくつか作る。

549

뜨개질

○ 털실로 장갑을 짜 봤다.　　　　　毛糸で手袋を編んでみた。

○ 그를 위한 스웨터를 짰다.　　　　彼のためにセーターを編んだ。

○ 졸다가 한 코를 빠뜨렸다.　　　　眠くなって、ひとつステッチをし損った。／
　　　　　　　　　　　　　　　　　眠くなって、ステッチの目をひとつ飛ばしてしまった。

○ 스웨터가 그에게 너무 커서 풀어서　セーターが彼にとても大きくて、ほどいて、
　다시 뜨개질을 해야 했다.　　　　もう一度編まなければならなかった。

○ 내가 짠 스웨터가 그에게 꼭 맞았다.　私が編んだセーターが彼にピッタリだった。

자수

○ 새틴 스티치와 러닝 스티치 같은 여러　サテンステッチとランニングステッチのようないろいろな
　종류의 수놓는 방법을 배웠다.　　刺繍の仕方を習った。

○ 식탁보 가장자리에 수를 놓았다.　テーブルクロスの端に刺繍をした。

○ 다채로운 색실로 식탁보를 수놓았다.　いろいろな色の糸でテーブルクロスに刺繍をした。

○ 베개에 꽃무늬의 수를 놓았다.　　まくらに花の模様の刺繍をした。

○ 퀼트 쿠션을 만들었다.　　　　　キルトクッションを作った。

십자수

○ 휴식을 취할 때 나는 십자수를 한다.　休息を取るとき、私はクロスステッチをする。

○ 예쁜 식탁보를 만들기 위해 십자수를　かわいいテーブルクロスを作るためにクロスステッチを
　했다.　　　　　　　　　　　　　した。

○ 도안에 따라 십자수를 했다.　　図案にしたがって、クロスステッチをした。

○ 십자수를 할 바늘과 실, 도안 그리고　クロスステッチをする針と糸、図案、そして布を買った。
　천을 샀다.

○ 십자수 가게에는 고를 수 있는 여러　クロスステッチのお店には、選ぶことのできるいろいろな
　도안들이 있었다.　　　　　　　図案があった。

○ 하나를 완성하는 데 오랜 시간이 걸렸다.　ひとつ完成させるのに、長い時間がかかった。

○ 한 작품을 끝내는 데 많은 인내심이 필요했다.	ひとつの作品を終わらせるのに、多くの我慢が必要だった。
○ 친구들에게 선물로 줄 열쇠고리를 만들었다.	友達のプレゼントにするキーホルダーを作った。
○ 사진을 십자수로 수놓을 도안으로 만들었다.	写真をクロスステッチで刺繍する図案として作った。
○ 십자수로 시계를 만들었다.	クロスステッチで時計を作った。
○ 완성된 십자수 작품을 액자에 넣어 벽에 걸었다.	完成したクロスステッチの作品を額縁に入れて、壁にかけた。

DIARY①⑦

楽しい音楽会

9月22日　木曜日　さわやかな天気

わーい。今日は本当に楽しかった。3年生を除くすべての学生達が、学校の音楽会に行った。私は音楽を聴くのが好きなので、音楽会に行くのがとても楽しかった。2年生がドラマの主題歌を歌ったのだが、あんなに小さい体から、どうやってそんなに大きな声が出るのかとてもびっくりした。その声はとても魅力的だった。何曲か歌が終わって、何人かの男子生徒が踊った韓国の伝統の踊りも見た。私は前にテレビでそんな種類の踊りを見たことがあったが、あんなに楽しいとは思わなかった。とても印象的だった。拍手をとてもたくさんしたので、手のひらから火が出るようだった。時間の余裕がなくて、3年間、音楽会に行ったことがなかった。大半の時間を家とか学校で勉強しながら費やした。私たちの学校が学生達に多様な文化を経験できる機会をもっと与えてくれたらなあと思う。

신나는 음악회

9월 22일, 목요일, 상쾌함

와! 오늘은 정말 즐거웠다. 3학년을 제외한 나머지 학생들이 학교 음악회에 갔다. 나는 음악 듣는 것을 좋아하기 때문에 거기에 가는 것이 정말 신났다. 2학년 학생이 드라마의 주제가를 불렀는데, 그렇게 자그마한 몸에서 어떻게 그렇게 큰 목소리가 나올 수 있는지 매우 놀라웠다. 그 목소리는 정말 감미로웠다. 몇 곡의 노래가 끝나고 몇몇 남학생들이 추는 한국의 전통 춤을 보았다. 나는 전에 TV에서 그런 종류의 춤을 본 적이 있었지만 그렇게 신날 줄은 몰랐다. 매우 인상적이었다. 박수를 너무 많이 쳐서 손바닥에 불이 나는 줄 알았다. 시간이 여유롭지 못해서 3년 동안 음악회에 가 본 적이 없었다. 대부분의 시간을 집이나 학교에서 공부를 하며 보냈다. 우리 학교가 학생들에게 다양한 문화를 경험할 수 있는 기회를 더 많이 제공해 줬으면 좋겠다.

NOTES

～を除のぞく ～를 제외한 | 主題歌しゅだいか 주제가 | 魅力的みりょくてき 매력적 | ～とは思おもわなかった ～라고는 생각하지 않았다 | 費つぃやした 보냈다, 소비했다 | 与あたえてくれたらなあ/与あたえてほしい 주면 좋겠다

CHAPTER

18

운동

1. 운동
2. 축구
3. 야구
4. 수영
5. 탁구
6. 테니스
7. 승패
DIARY 18

01 운동

운동

○ 운동을 좀 해야 한다.

運動をちょっとしなければならない。
うんどう

○ 운동 부족이 건강을 나쁘게 만드는 것 같다.

運動不足が健康を損ねるみたいだ。
うんどうぶそく　けんこう　そこ

○ 일반적으로 운동을 하는 사람들이 운동을 하지 않는 사람들보다 더 오래 건강하게 산다.

一般的に運動をする人達が、運動しない人達よりもっと
いっぱんてき　　　　　ひとたち
長く健康的に生きる〔過ごす〕。
なが　けんこうてき　い　　　す

○ 운동을 하지 않는 사람들이 더 쉽게 다치는 경향이 있다.

運動をしない人達がたやすく怪我する傾向にある。
け　が　けいこう

○ 걷기는 효율적인 운동 중 하나라고들 한다.

歩くことは効率的な運動のひとつだという。
ある　　　　こうりつてき

○ 규칙적으로 걷는 운동만 해도 건강하고 활기찬 생활을 할 수 있다.

規則的に歩く運動だけしても健康で活気に満ちた生活を
きそくてき　ある　　　　　　　　かっき　み　　せいかつ
することができる。

○ 나는 운동을 하면 식욕이 좋아진다.

私は運動をすると食欲が出る。
しょくよく　で

554

○ 운동은 적당히 해야 한다.	運動は適度にすべきだ。
○ 적절한 운동은 혈액 순환을 활발하게 한다.	適度な運動は血液循環を活発にする。
○ 적당한 운동이 건강에 좋다.	適度な運動が健康にいい。
○ 적절한 운동은 건강을 증진시킨다.	適度な運動は健康を増進させる。
○ 과도한 운동은 해가 될 수 있다.	過度な運動は害になることもある。
○ 스트레칭을 하는 것만으로도 도움이 된다.	ストレッチングをすることだけでも助けになる。
○ 스트레칭은 유연성을 향상시켜 준다.	ストレッチングは柔軟性を向上させてくれる。
○ 운동 전에 하는 준비 운동은 부상을 예방하는 데 도움이 된다.	運動の前にする準備運動は、怪我を予防するのに、助けになる。

나와 운동

○ 나는 어떤 운동이든 다 좋아한다.	私はどんな運動でも全部好きだ。
○ 나는 반사 신경이 빠르다.	私は反射神経が鋭い。
○ 나는 운동 신경이 좋다.	私は運動神経がいい。
○ 나는 운동을 좋아한다.	私は運動が好きだ。
○ 나는 운동에 빠져 있다.	私は運動に夢中だ。
○ 나는 스포츠를 잘한다.	私はスポーツが上手だ。
○ 나는 스포츠를 잘 못한다.	私はスポーツが苦手だ〔よくできない〕。
○ 나는 스포츠를 전혀 못한다.	私はスポーツが全然できない。
○ 나는 스포츠를 잘 하지는 못하지만 경기 보는 것은 좋아한다.	私はスポーツを上手くできないが競技を見るのが好きだ。
○ 내 특기는 달리기다.	私の特技はかけっこだ。
○ 나는 승마를 잘한다.	私は乗馬がうまい〔上手だ〕。
○ 나는 운동으로 조깅을 한다.	私は運動としてジョギングをする。

○ 나는 매일 조깅으로 운동을 한다.	私は毎日ジョギングで運動をする。
○ 나는 물구나무를 서서 걸을 수 있다.	私は逆立をして歩くことができる。
○ 나는 매일 아침 운동을 하고 샤워를 한다.	私は毎朝運動をして、シャワーをする。
○ 나는 매일 운동하러 체육관에 다닌다.	私は毎日運動しに、体育館に通う。
○ 그 체육관은 쾌적하게 운동할 수 있는 환경을 제공한다.	その体育館は快適に運動をすることができる環境を提供してくれる。
○ 나는 실내 운동보다 실외 스포츠가 더 좋다.	私は室内での運動より室外スポーツがもっと好きだ。
○ 스쿼시도 자주 한다.	スカッシュもよくする。
○ 규칙적으로 운동을 할 것이다.	規則的に運動をするつもりだ。
○ 운동을 지나치게 하지 않도록 해야겠다.	度を越した運動をしないようにしなければならない。

헬스

○ 나는 헬스클럽에서 운동하는 것을 좋아한다.	私は、ヘルスクラブで運動することが好きだ。
○ 헬스클럽에 등록했다.	ヘルスクラブに登録した。
○ 몸을 좀 단단히 해야겠다.	体を少し引き締めなければならない。
○ 헬스클럽에서 1주일에 세 번 운동을 한다.	ヘルスクラブで1週間に3回運動をする。
○ 그 헬스클럽에는 헬스 도구가 많다.	そのヘルスクラブは、ヘルス器具が多い。
	❖비교적으로 간단한 기구는 ─器具─, 복잡한 큰 기구는 ─機具─로 쓴다.
○ 운동을 하기 전에 워밍업을 했다.	運動をする前にウォーミングアップをした。
○ 근육을 키우고 싶다.	筋肉をつけたい。
○ 근육을 더 키우기 위해 무거운 것을 드는 운동을 했다.	筋肉をもっとつけるために、重いものを持ち上げる運動をした。
○ 나는 근육을 키우고 지구력을 증진시키기 위한 운동을 한다.	私は筋肉をつけて、持久力を増進するために運動をする。

○ 웨이트 트레이닝을 잘하는 방법을 배우고 싶다.　ウエートトレーニングをうまくする方法を習いたい。

○ 매일 1시간 30분씩 역기를 드는 연습을 한다.　毎日1時間30分ずつバーベルを持ち上げる練習をする。

○ 러닝머신을 매일 1시간씩 한다.　ランニングマシーンを毎日1時間ずつする。

○ 매일 팔굽혀펴기를 100번씩 한다.　毎日腕立て伏せを100回ずつする。
❖腕立て伏せ : 팔굽혀펴기.

○ 턱걸이를 10번 했다.　懸垂を10回した。

운동의 효과

○ 매일 운동을 하기 때문에 나는 매우 건강하다.　毎日運動をするので、私はとても健康だ。

○ 나는 스트레스를 받는다고 생각되면 운동을 한다.　私はストレスを受けたと思うと運動をする。

○ 나는 운동 부족으로 피로를 자주 느낀다.　私は運動不足で疲労感をよく感じる。

○ 나는 운동으로 스트레스를 해소한다.　私は運動でストレスを解消する。

○ 나는 스트레스를 해소하려고 운동을 한다.　私はストレスを解消しようと運動をする。

○ 운동은 휴식에 도움이 된다.　運動は休息するのに役立つ。

○ 운동으로 기분을 전환했다.　運動で気分転換をした。

○ 기분 전환을 위해 운동을 한다.　気分転換をするために運動をする。

○ 운동으로 몸을 좀 다듬을 것이다.　運動で体を整えるつもりだ。

○ 스트레칭을 포함한 몇 가지 간단한 운동으로 근육을 풀었다.　ストレッチングを含めたいくつかの簡単な運動で筋肉をほぐした。

○ 정신적 긴장을 풀기 위해 요가를 배우고 있다.　精神的な緊張をほぐすためにヨガを習っている。

○ 요가를 할 때는 균형을 잘 잡는 것이 정말 중요하다.　ヨガをするときは、均衡をよく取ることが本当に重要だ。

○ 요가는 집중력을 많이 필요로 한다. ヨガは、大変な集中力を必要とする。
たいへん しゅうちゅうりょく ひつよう

○ 달리기를 너무 많이 했더니 다리에 とてもたくさん走ったら、足が棒のように固くなった。
알이 배였다. はし あし ぼう かた

❖일본어에서는 흔히 ─足が棒のように固くなる(다리 근육이 막대기처럼
딱딱해지다)─라는 표현을 쓴다.

02 축구

축구용어

골	ゴール	오버헤드킥	オーバーヘッドキック
골인	ゴールイン	월드컵	ワールドカップ
골키퍼	ゴールキーパー	자책골	自殺点じさつてん
골킥	ゴールキック	축구	サッカー
공	ボール	코너	コーナー
관중석	観客席かんきゃくせき	코너킥	コーナーキック
노골	ノーゴール	킥	キック
드로잉	スローイング	킥오프	キックオフ
레드카드	レッドカード	태클	タックル
바나나킥	バナナキック	페널티 킥	ペナルティーキック
붉은악마	レッドデビルズ	포워드	フォワード
센터	センター	프리킥	フリーキック
슛	シュート	하프 백	ハーフバック
오프사이드	オフサイド	핸들링	ハンドリング
옐로우카드	イエローカード	헤딩	ヘディング

축구에 빠지다

○ 나는 축구에 빠져 있다. 私はサッカーに夢中だ。
むちゅう

○ 나는 축구에 미쳐 있다. 私はサッカーに狂っている。
くる

○ 나는 축구에 정신을 빼앗겼다. 私はサッカーに心を奪われた。
こころ うば
❖心を奪われる : 마음이 사로잡히다.

○ 나는 축구에 열광한다. 私はサッカーに熱中している。
ねっちゅう

○ 선생님께서 축구부에 가입해 보라고
　권하셨다.

先生がサッカー部に入ってみなさいと薦めてくださった。
せんせい　　　　　　　ぶ　　はい　　　　　　　　　　　　すす

○ 나는 축구부에 속해 있다.

私はサッカー部に所属している。
　　　　　　　　　しょぞく

○ 나는 축구부의 일원이다.

私はサッカー部の一員だ。
　　　　　　　　いちいん

○ 축구 선수로 선발되었다.

サッカー選手として選抜された。
　　　　　せんしゅ　　　せんばつ

○ 내 백넘버는 11번이다.

私の背番号は11番だ。
　　せばんごう　　ばん

○ 경기 규칙에 대해 자세히 배웠다.

競技ルールについて、詳しく習った。
きょうぎ　　　　　　くわ　　なら

○ 지금은 후보 선수이다.

今は候補選手だ〔補欠選手だ〕。
いま　こうほせんしゅ　ほけつ

○ 축구를 하기 전에 팔다리를 풀었다.

サッカーをする前に腕や足をほぐした。
　　　　　　まえ　うで　あし

○ 방과 후 해가 질 때까지 축구 연습을 했다.

放課後、日が暮れるまでサッカーの練習をした。
ほうかご　ひ　く　　　　　　　　　　れんしゅう

○ 너무 어두워져서 공이 보이지 않을
　때까지 축구를 했다.

とても暗くなって、ボールが見えなくなるまで
　　　くら　　　　　　　　み
サッカーをした。

○ 하루에 공차기를 2시간씩 연습했다.

一日にボールを蹴る練習を2時間ずつした。
いちにち　　　　　　け　れんしゅう　じかん

○ 나는 할 수 있는 만큼 세게 공을 찼다.

私は、できるだけ強くボールを蹴った。
　　　　　　　　つよ　　　　　　　け

축구 경기

○ 비 때문에 그 경기가 취소되었다.

雨のためにその競技が中止になった。
あめ　　　　　　きょうぎ　ちゅうし

○ 매년 열리는 학교 간 대항 경기가 있었다.

毎年開かれる学校間の対抗競技があった。
まいとしひら　　がっこうかん　たいこうきょうぎ

○ 다른 학교 축구팀과 축구 경기를 했다.

他の学校のサッカーチームと競技〔試合〕をした。
ほか　がっこう　　　　　　　　　　　　しあい

○ 준결승전에 올랐다.

準決勝に上がった。
じゅんけっしょう　あ

○ 오늘은 준결승전이 있었다.

今日は準決勝戦があった。
きょう　じゅんけっしょうせん

○ 우리 팀이 결승전까지 올라갔다.

私達のチームが決勝戦まで上がった。
わたしたち　　　けっしょうせん　あ

○ 우리 팀이 결승전에 나갔다.

私達のチームが決勝戦に出た。
　　　　　　　　　　　で

○ 나는 오늘 결승전에서 최고 득점을
　올렸다.

私は、今日決勝戦で最高得点を取った。
　　　　　　　　さいこうとくてん　と

○ 내가 실수로 자살골을 넣었다.

私が誤って、自殺点を入れた。
あやま　　　じさつてん　い

- 나는 부상 때문에 경기에 뛰지 못했다. 私は負傷のために競技に出られなかった。
- 나는 부상이 심해 팀에서 빠졌다. 私は負傷がひどくてチームから外れた。
- 그가 헤딩으로 골을 넣었다. 彼がヘディングで、ゴールを入れた。
- 한 선수의 반칙으로 우리 팀이 페널티 킥을 얻었다. 一人の選手の反則で、私達のチームがペナルティーキックを得た。
- 심판의 호루라기 소리가 나고 경기는 끝이 났다. 審判の笛の音で、競技は終わった。
- 우리 팀이 져서 침울했다. 私達のチームは負けて落ち込んだ。
- 우리는 정정당당히 경기했다. 私達は正々堂々と競技をした。
- 우리 팀을 응원했다. 私達のチームを応援した。
- 우리의 열렬한 응원에 힘을 얻은 것 같았다. 私達の熱烈な応援に力を得たようだった。
- 나는 그 팀의 열렬한 팬이다. 私はそのチームの熱烈なファンだ。

축구 중계

- TV 경기 중계를 보러 집에 일찍 왔다. テレビの実況中継を見るために家に早く帰った。
- 그 경기는 생중계로 방송되었다. その競技は、生中継で放送された。
- 나는 축구를 하는 것보다는 보는 것을 좋아한다. 私はサッカーをするよりは見るのが好きだ。
- 그는 TV로 축구를 보는 것은 시간 낭비라고 생각한다. 彼はテレビでサッカーを見ることは、時間の無駄だと思っている。
- 내가 좋아하는 축구 선수는 박주영이다. 私が好きなサッカー選手は、パクジュヨンだ。
- 그는 한국에서 인기 있는 운동선수 중 한 명이다. 彼は韓国で人気のある運動選手の中の一人だ。
- 그는 한국 축구팀의 베테랑 스트라이커이다. 彼は韓国サッカーチームのベテランストライカーだ。
- 그는 헤딩과 공격에 뛰어난 감각을 가지고 있다. 彼はヘディングと攻撃にずば抜けた感覚を持っている。

560

○ 그가 득점할 좋은 기회를 가졌다.　　　彼が得点するいい機会をつかんだ。

○ 그가 멋지게 두 골을 넣는 것을 보았다.　　彼がかっこよく2ゴールを入れるのを見た。

○ 골키퍼가 슛을 잘 막았다.　　　　　ゴールキーパーがシュートをよく食い止めた。

○ 우리 팀이 막판에 한 골을 넣어 동점이　　私達のチームが、終盤に一点を入れて、同点になった。
　되었다.

○ 우리 축구팀을 응원했다.　　　　　私達のサッカーチームを応援した。

○ 마음을 졸이는 경기였다.　　　　　どきどきする競技だった。

○ 그 선수는 많은 돈을 받고 다른 팀으로　　その選手は、たくさんのお金をもらって他のチームに
　이적했다.　　　　　　　　　　移籍した。

○ 그 선수는 올해의 가장 우수한 선수로　　その選手は、今年一番優秀な選手に選ばれた。
　뽑혔다.

18 운애

03 야구

야구용어

강타자	強打者きょうだしゃ	연장전	延長戦えんちょうせん
내야	内野ないや	외야	外野がいや
도루	盗塁とうるい	왼손잡이	左利ひだりきき
득점	得点とくてん	우천 교환권	雨天うてん交換券こうかんけん
땅볼	ゴロ	1루수	1塁手いちるいしゅ
만루	満塁まんるい	타율	打率だりつ
변화구	変化球へんかきゅう	타자	打者だしゃ・バッター
본루	本塁ほんるい	터치아웃	タッチアウト
사구	デッドボール	투수	投手とうしゅ
삼진	三振さんしん	파울	ファール
스트라이크	ストライク	포수	捕手ほしゅ・キャッチャー
슬라이딩	スライディング	홈런	ホームラン
아웃	アウト	~회 말	~回裏かいうら
안타	安打あんだ	~회 초	~回表かいおもて
역전	逆転ぎゃくてん		

나와 야구

○ 나는 스포츠 중에서 야구를 가장 좋아한다.

私はスポーツの中で野球が一番好きだ。
なか　やきゅう　いちばん す

○ 매주 금요일마다 친구들과 야구를 한다.

毎週金曜日に友達と野球をする。
まいしゅうきんようび　ともだち　やきゅう

○ 어떤 팀이 먼저 할지 결정하기 위해 동전을 던졌다.

どのチームが先に攻撃するか決めるために、
さき　こうげき　き
小銭を投げた。
こぜに　な

○ 나는 우리 학교 팀에서 1루수를 보았다.

私は私の学校のチームで1塁手をした〔守った〕。
がっこう　るいしゅ　まも

○ 나는 강타자라서 우리 팀의 4번 타자였다.

私は強打者なので、私のチームの4番打者だった。
きょうだしゃ　ばんだしゃ

○ 나는 팀에서 외야수였다.

私はチームで外野手だった。
がいやしゅ

○ 나는 왼손잡이 투수이다.

私は左利きの投手だ。
ひだりき　とうしゅ

○ 나는 오늘 최고 득점을 올렸다.

私は今日最高得点をあげた。
きょうさいこうとくてん

562

○ 나는 TV로 프로 야구 경기를 보았다.　私はテレビでプロ野球を見た。

○ 폭우가 내리는 데도 경기는 계속　暴雨であるのにもかかわらず、競技はそのままずっと
진행되었다.　行われた。

○ 쏟아지는 비 때문에 경기는 취소되었고　降り注ぐ雨のために、競技が中止となり雨天交換券を
우천 교환권을 받았다.　受け取った。

❖降り注ぐ : 쏟아져 내리다.

○ 나는 LG 트윈스의 열렬한 팬이다.　私はLGトウィンスの熱烈なファンだ。

○ 나는 친구들과 야구장에 갔다.　私は友達と野球場に行った。

○ 정면 특별관람석 티켓을 샀다.　正面特別観覧席のチケットを買った。

○ 나는 흥분을 하지 않을 수 없었다.　私は興奮せざるを得なかった。

○ 정말 흥미진진하게 본 게임이었다.　本当に興味津々に見たゲームだった。

○ 그 투수의 공은 변화구였기 때문에　その投手のボールは変化球だったので真っ直ぐに
똑바로 가지 않았다.　行かなかった。

○ 그는 매우 큰 변화구를 던졌다.　彼は変化の激しい変化球を投げた。

○ 그가 파울 볼을 쳤다.　彼がファウルボールを打った。

○ 그가 삼진아웃 되었다.　彼が三振バッターアウトになった。

○ 1루에서 터치아웃 당했다.　一塁でタッチアウトになった。

○ 그는 2루측 땅볼로 아웃되었다.　彼は2累側のゴロでアウトになった。

○ 그는 5타수 3안타를 쳤다.　彼は5打数3安打だった。

○ 그는 타자를 사구로 내보냈다.　彼はデッドボールで打者を送った。

○ 그의 타율은 3할 4푼 5리였다.　彼の打率は3割4分5厘だった。

○ 그 공이 타자의 팔에 맞았다.　そのボールが打者の腕に当たった。

○ 그는 외야에서 공을 잘 잡았다.　彼は外野でボールをよく取った。

○ 그는 내야와 외야에서 모두 능하다.　彼は内野と外野どちらも上手い。

○ 그가 1루를 맡았다.　彼が1累を守った。

○ 그 팀은 내야 수비가 강하다.　　　　そのチームは内野の守備が固い。
　　　　　　　　　　　　　　　　　　しゅび　かた
　　　　　　　　　　　　　　　　　❖ 守備が強い ─ 보다 ─ 固い ─ 를 많이 쓴다.
　　　　　　　　　　　　　　　　　　つよ　　　　　　　かた

○ 그 팀의 1루수가 9회 말에 큰 실책을　　そのチームの1累手が9回裏で、大きな失敗をして
　하고 말았다.　　　　　　　　　　　　るいしゅ　かいうら　おお　しっぱい
　　　　　　　　　　　　　　　　　　しまった。

○ 그가 2루로 도루를 했다.　　　　　　彼が2累に盗塁をした。
　　　　　　　　　　　　　　　　　　にるい　とうるい

○ 그는 2루 도루에 완벽하게 성공했다.　彼は2累盗塁に完璧に成功した。
　　　　　　　　　　　　　　　　　　かんぺき　せいこう

○ 그는 이번 게임에서 세 번째 도루를 했다.　彼は今回のゲームで3度目の盗塁をした。
　　　　　　　　　　　　　　　　　　こんかい　　　　ど め　とうるい

○ 그는 홈으로 슬라이딩 했으나 터치　　彼はホームにスライディングをしたがタッチアウト
　아웃되었다.　　　　　　　　　　　　になった。

○ 그는 2루에 머리부터 슬라이딩을 해서　彼は2累に頭からスライディングをしてセーフになった。
　세이프 되었다.　　　　　　　　　　にるい　あたま

○ 그는 도루에 실패했다.　　　　　　彼は盗塁に失敗した。
　　　　　　　　　　　　　　　　　　とうるい　しっぱい

○ 그는 도루왕이다.　　　　　　　　彼は盗塁王だ。
　　　　　　　　　　　　　　　　　　とうるいおう

○ 그가 홈런을 쳤다.　　　　　　　　彼がホームランを打った。
　　　　　　　　　　　　　　　　　　う

○ 그가 만루 홈런을 쳤다.　　　　　　彼が満塁ホームランを打った。
　　　　　　　　　　　　　　　　　　まんるい

○ 그는 9회 초에 장외 홈런을 쳤다.　　彼は9回表で場外ホームランを打った。
　　　　　　　　　　　　　　　　　　かいおもて　じょうがい

○ 그는 9회 말에 3점 홈런을 쳤다.　　彼は9回裏に3点ホームランを打った。
　　　　　　　　　　　　　　　　　　うら　　てん

○ 그는 그 홈런으로 자신의 기록을　　　彼はそのホームランで自分自身の記録を更新した。
　갱신했다.　　　　　　　　　　　　じぶんじしん　きろく　こうしん

○ 그 팀은 만루 상태였다.　　　　　　そのチームは満塁の状態だった。
　　　　　　　　　　　　　　　　　　まんるい　じょうたい

○ 9회 말 투아웃 상황이었다.　　　　9回裏2アウトの状況だった。
　　　　　　　　　　　　　　　　　　かいうら　　　　じょうきょう

○ 그 팀이 3점을 지고 있었다.　　　　そのチームが3点負けていた。
　　　　　　　　　　　　　　　　　　てんま

○ 그 팀이 3점을 이기고 있었다.　　　そのチームが3点勝っていた。
　　　　　　　　　　　　　　　　　　か

○ 그가 홈으로 들어왔다.　　　　　　彼がホームに帰ってきた。
　　　　　　　　　　　　　　　　　　かえ

○ 상대에게 질까 봐 우리 팀은 한층 더　相手に負けるかと思って、私のチームは、
　분발했다.　　　　　　　　　　　　あいて　ま　　　　おも
　　　　　　　　　　　　　　　　　　一層頑張った。
　　　　　　　　　　　　　　　　　　いっそうがんば

○ 안타 한 개로 역전을 했다.　　　　1安打で、逆転した。
　　　　　　　　　　　　　　　　　　あんだ　ぎゃくてん

○ 그의 2루타로 2점을 얻었다.   彼の2累打で2点得点した。
　　　　　　　　　　　　　　　　 るいだ　　てんとくてん

○ 우리 팀이 9회 말에 역전을 했다.   私達のチームが9回裏に逆転した。
　　　　　　　　　　　　　　　　 かいうら

○ 그 경기는 연장전까지 갔다.   その競技は、延長戦にまでなった。
　　　　　　　　　　　　　　　 きょうぎ　　えんちょうせん

○ 그 팀의 성공에는 그의 공이 컸다.   そのチームの成功には、彼の功労が大きかった。
　　　　　　　　　　　　　　　　 せいこう　　　かれ　こうろう　おお

○ 우리 팀은 일부러 게임에서 져 주었다.   私達のチームは、わざとゲームに負けてやった。
　　　　　　　　　　　　　　　　　　　　　　　　　　　　　　　　　　 ま

04 수영

수영

○ 수영은 어린이들에게뿐 아니라   水泳は子供たちだけでなく、すべての人にいい運動だ。
　모두에게 좋은 운동이다.   すいえい　こども　　　　　　　　　ひと　　　　うんどう

○ 수영은 긴장을 풀어 주고 기분을 좋게   水泳は緊張をほぐしてくれて、気分をよくしてくれる。
　도와준다.   きんちょう　　　　　　　　　きぶん

○ 운동 중에서도 수영은 특히 좋은   運動の中でも水泳は特にいい運動になるという。
　운동이라고 한다.   うんどう　なか　すいえい　とく

○ 수영은 근육을 강화시키는 데 도움이   水泳は筋肉を強化するのに役立つ。
　된다.   きんにく　きょうか　　　　やくだ

○ 수영을 할 때는 안전 규칙을 잘   水泳をするときは安全ルールをよく守らなければ
　지켜야 한다.   あんぜん　　　　　　まも
　　　　　　　　　　　　　　　　　　　　　 ならない。

○ 안전 장비를 착용해야 한다.   安全装備を着用しなければならない。
　　　　　　　　　　　　　　　 あんぜんそうび　ちゃくよう

수영을 하다

○ 친구와 함께 집 근처 수영장으로   友達といっしょに家の近くのプールに泳ぎに行った。
　수영하러 갔다.   ともだち　　　　いえ　ちか　　　　　　およ　い

○ 우리 동네에 좋은 수영장이 있다.   私達の町にいいプールがある。
　　　　　　　　　　　　　　　　 まち

18 여행

○ 실내 수영장에 수영하러 갔다.	室内プールに泳ぎに行った。
○ 수영복과 수영 모자, 물안경을 가지고 갔다.	水着と水泳帽子、水中メガネを持って行った。
○ 수영장 안으로 서둘러 뛰어 들어갔다.	プールの中に急いで走って入った。
○ 나는 수영을 잘한다.	私は水泳がうまい。
○ 나는 수영을 못한다.	私は水泳ができない。／私は泳ぐことができない。
○ 나는 개헤엄밖에 못 친다.	私は犬かきしかできない。
○ 수영을 배우고 싶다.	水泳を習いたい。
○ 그래서 매일 수영을 연습한다.	それで、毎日水泳を練習する。
○ 1주일에 두 번, 1시간씩 수영을 배운다.	一週間に2回、1時間ずつ水泳を習う。
○ 짧은 시간에 많이 늘었다.	短い時間でとても上手くなった。
○ 나는 평영으로 약 100미터를 수영할 수 있다.	私は平泳ぎで約100メートルを泳ぐことができる。
○ 배영은 어렵지만 재미있다.	背泳ぎは難しいがおもしろい。
○ 나는 주로 접영으로 수영을 한다.	私は主にバタフライで泳ぐ。
○ 나는 자유형을 좋아한다.	私は自由型が好きだ。
○ 물 속으로 다이빙했다.	水の中にダイビングした。
○ 올여름에는 바다로 수영하러 갈 것이다.	今年の夏には海に泳ぎに行くつもりだ。
○ 바다에서 스노클링과 스쿠버 다이빙을 해 보았다.	海でスノーケリングとスキューバーダイビングをしてみた。
○ 스노클링을 위해서는 산소통과 잠수복, 물안경이 필요했다.	スノーケリングのためには、酸素ボンベとウエットスーツ、水中メガネが必要だった。
○ 지난 여름에 스노클링을 많이 했다.	去年の夏にスノーケリングをたくさんした。

05 탁구

○ 탁구를 치러 체육관에 갔다.   卓球をしに体育館に行った。
　　　　　　　　　　　　　　　　たっきゅう　　たいいくかん　い

○ 시합을 하기 위해 두 팀으로 나누었다.   試合をするために2チームに分かれた。
　　　　　　　　　　　　　　　　し あい　　　　　　　　　　　わ

○ 내가 먼저 서브를 넣었다.   私が先にサーブをした。
　　　　　　　　　　　　　　わたし さき

○ 공을 너무 세게 쳤다.   ボールをとても強く打った。
　　　　　　　　　　　　　　　　　　つよ　う

○ 공이 밖으로 나갔다.   ボールが外に出た。
　　　　　　　　　　　　　　　そと　で

○ 나는 공을 되받아 치지 못했다.   私はボールを受け返すことができなかった。
　　　　　　　　　　　　　　　　　　　う　かえ

○ 나는 공을 앞으로 잘 돌려 쳤다.   私はボールを前に上手く返した。
　　　　　　　　　　　　　　　　　　まえ　うま　かえ

○ 점수가 듀스가 되었다.   点数が同点になった。
　　　　　　　　　　　　　てんすう　どうてん

○ 다른 팀을 이기기가 매우 어려웠다.   他のチームに勝つのがとても難しかった。
　　　　　　　　　　　　　　　　　ほか　　　　か　　　　　　むずか

○ 상대팀이 우리를 이겼다.   相手のチームが勝った。
　　　　　　　　　　　　　　あい て　　　　　か

○ 게임에서 져서 기분이 좋지 않았다.   ゲームに負けて、気分がよくなかった。
　　　　　　　　　　　　　　　　　　　ま　　　き ぶん

○ 탁구를 치고 나면 기분이 좋아진다.   卓球をしたら、気分がよくなる。

06 테니스

○ 나는 1년 동안 테니스 레슨을 받고 있다.   私は1年の間テニスのレッスンを受けている。
　　　　　　　　　　　　　　　　　ねん　あいだ　　　　　　　　　う

○ 나는 테니스 클럽 회원이다.   私はテニスクラブの会員だ。
　　　　　　　　　　　　　　　　　　　かいいん

○ 테니스를 치기 위해 코트를 예약했다.   テニスをするためにコートを予約した。
　　　　　　　　　　　　　　　　　　　よ やく

○ 그와 1대 1로 쳤다.   彼と1対1で、テニスをした。
　　　　　　　　　　　かれ　たい

○ 친구들과 2대 2로 쳤다.   友達と2対2で、テニスをした。
　　　　　　　　　　　　ともだち　たい

○ 혼합 복식으로 쳤다.   混合複式で、テニスをした。
　　　　　　　　　　　こんごうふくしき

○ 오늘 우리는 테니스를 세 게임 쳤다.　今日、私達はテニスを3試合した。

○ 나는 서비스 에이스를 받았다.　私はサービスエースを得た。

○ 내 포핸드 스트로크가 아주 좋았다.　私のフォアハンドストロークがとてもよかった。

○ 나는 백핸드 치는 것에 익숙하지 않았다.　私はバックハンドに慣れていなかった。

○ 그의 서브가 너무 빨라서 받지 못했다.　彼のサーブがとても速くて返すことができなかった。

○ 내가 서브 할 차례였다.　私がサーブする番だった。

○ 내가 가장 좋아하는 테니스 선수는 아가시이다.　私が一番好きなテニス選手は、アガシだ。

○ 얼마 전 시합에서 그는 우승했다.　何日か前の試合で、彼は優勝した。

○ 그는 뛰어난 선수이다.　彼はずば抜けた選手だ。

○ 그는 포핸드에서 최고이다.　彼のフォアハンドが最高だ。

07 승패

○ 이길 승산이 있는 경기였다.　勝つことのできる競技だった。/
勝算のある競技だった。

○ 우리 팀은 기권승을 얻었다.　私達のチームは不戦勝となった。

○ 우리 팀이 이겼다.　私達のチームが勝った。

○ 우리 팀이 상대팀을 이겼다.　私達のチームが相手のチームを破った。

○ 우리 팀이 다른 모든 팀을 이기기를 바란다.　私達のチームが他のすべてのチームに勝つことを願う。

○ 우리가 5연승을 거두었다.　私達が5連勝をした。

○ 우리는 세 경기를 연속해서 이겼다.　私達は3競技を連続して勝った。

568

○ 우리 팀이 6대 4로 이겼다.	私達のチームが6対4で勝った。
○ 3대 0으로 이겼다.	3対0で勝った。
○ 3대 2의 점수로 이겼다.	3対2の点数で勝った。
○ 우리 팀이 2점 차로 이겼다.	私達のチームが2点差で勝った。
○ 우리가 압도적인 차로 이겼다.	私達が圧倒的な差で勝った。
○ 우리는 경쟁팀을 쉽게 이겼다.	私達はライバルのチームにたやすく〔軽く〕勝った。
○ 모든 역경을 극복하고 경기에서 이겼다.	すべての逆境を克服して、競技に勝った。
○ 패배 직전에서 이겼다.	敗北寸前で勝った。
○ 근소한 차로 이겼다.	わずかな差で勝った。
○ 역전승을 했다.	逆転勝ちをした。
○ 정정당당히 싸워 이겼다.	正々堂々と戦って勝った。
○ 정당하지 못하게 이겼다.	正当な方法で勝つことができなかった。 / 不当な方法で勝った。
○ 나는 아직 경기에서 져 본 적이 없다.	私はまだ競技で負けたことがない。
○ 나는 어느 누구에게도 승리를 양보하고 싶지 않다.	私はどこの誰にでも勝利を譲りたくない。
○ 아슬아슬하게 그 경기에서 이겼다.	ぎりぎりのところでその競技に勝った。
○ 간신히 그 경기에서 이겼다.	辛うじてその競技に勝った。
○ 마지막 순간에 이겼다.	最後の瞬間に勝った。
○ 우리는 챔피언이 될 것이다.	私達はチャンピオンになるはずだ。
○ 승리를 축하하기 위해 파티를 열었다.	勝利を祝うためにパーティーを開いた。

비기다

○ 막상막하의 경기였다.	負けず劣らずの競技だった。
○ 그 경기는 비겼다.	その競技は引き分けた。

○ 동점으로 끝났다.	同点で終わった。
○ 그 경기는 동점이었다.	その競技は同点だった。
○ 2대 2로 비겼다.	2対2で引き分けた。

지다

○ 이길 가망이 없는 경기였다.	勝つ見込みのない競技だった。
○ 우리는 시합에서 졌다.	私達は試合で負けた。
○ 우리 팀이 졌다.	私達のチームが負けた。
○ 우리는 참패했다.	私達は惨敗を喫した〔大敗した〕。
○ 우리 팀이 2대 3으로 졌다.	私達のチームが2対3で負けた。
○ 우리는 5대 0으로 완패했다.	私達は5対0で完敗した。
○ 우리 팀은 10대 6으로 경쟁팀에게 졌다.	私達のチームは10対6でライバルのチームに負けた。
○ 우리는 패배를 받아들였다.	私達は敗北を受け止めた〔甘受した〕。
○ 우리는 패배를 인정했다.	私達は敗北を認めた。
○ 콜드게임으로 끝났다.	コールドゲームで終わった。
○ 그 경기의 결과는 우리가 예상했던 것과는 반대였다.	その競技の結果は私達の予想とは、反対だった。

D I A R Y 1 8

テコンドー大会出場前夜

11月14日 土曜日 少し肌寒い

とっても緊張する。やっと私のテコンドーの実力を試すことのできる機会がやってきた。私はほかのアマチュアの大学生達と競うために中央体育館に行くことになった。私は今まで一生懸命練習をしてきた。足にだけでも7個所以上あざができたくらいだから。あざができたところをみた何人かの友達は、なぜテコンドーを習うのか聞いたりもする。私はただ好きだからと答えた。最初は痩せようと思って、テコンドーを始めた。しかし、時がたつにつれて、テコンドーが肉体だけでなく精神的にも私のためになるということを知った。私をもっといい人間に鍛えてくれるような気がする。例えば、忍耐することも学んだし、私自身に対する自信もついた。武術は男のためのものだと言わないでほしいと思う。それは年齢と性別に関係なく、みんなのためのものだ。ともあれ、私に幸運が訪れてくれたらと思う。そろそろ寝なければならない。明日の朝、大会に遅れないように早く起きようと思う。

태권도 대회 출전 전야

11월 14일, 토요일, 조금 쌀쌀함

매우 긴장이 된다. 드디어 내 태권도 실력을 점검해 볼 수 있는 기회를 갖게 된다. 나는 다른 아마추어 대학생들과 겨루기 위해 중앙체육관에 가게 되었다. 나는 지금껏 열심히 연습을 해 왔다. 다리에만도 7군데나 넘게 멍이 들었을 정도니까. 내가 멍든 것을 본 몇몇 친구들은 왜 태권도를 배우냐고 묻기도 한다. 나는 그저 '좋아서'라고 대답한다. 처음에는 살을 좀 빼 보려고 태권도를 시작했다. 그러나 시간이 지나면서, 태권도가 육체적으로뿐만 아니라 정신적으로도 내게 도움이 된다는 것을 알게 되었다. 나를 더 나은 사람으로 만들어 주는 것 같았다. 예를 들자면, 참을성을 배웠고 내 자신에 대한 자신감이 더 생겼다. 사람들이 무술은 남자들만을 위한 것이라고 말하는 것을 그만뒀으면 좋겠다. 그것은 나이와 성별에 상관없이 모두를 위한 것이다. 어쨌든 나에게 행운이 있기를 바란다. 이제 잠자리에 들어야겠다. 내일 아침, 대회에 늦지 않도록 일찍 일어나야 한다.

18 단어

NOTES

実力じつりょくを試ためす 실력을 점검하다 | ～と答こたえた ～라고 대답했다 | 時ときがたつにつれて 시간이 지나면서 | 鍛きたえてくれる 만들어 주다, 단련해 주다 | 自信じしんもついた 자신감도 생겼다 | ともあれ 어쨌든, 하여튼

571

CHAPTER

19

쇼핑

1. 쇼핑
2. 장보기
3. 가격
DIARY 19

01 쇼핑

쇼핑

○ 그에게 선물을 사 줘야겠다고 생각했다.　彼にプレゼントを買ってあげようと思った。

○ 친구들에게 함께 쇼핑을 가자고 했다.　友達に一緒に買い物〔ショッピング〕に行こうと言った。

○ 쇼핑을 하기 위해 백화점에서 친구들과　ショッピングするためにデパートで友達と
만났다.　待ち合わせした。
　❖待ち合わせ : 만남, 모임.

○ 백화점은 매우 붐볐다.　デパートはとても混みあっていた。

○ 동대문 시장에 가면 더 싸게 살 수 있을　トンデムン市場に行けばもっと安く買うことができる
것이라고 생각했다.　はずだと思った。

○ 오늘 친구들과 함께 쇼핑을 했다.　今日、友達といっしょにショッピングをした。

○ 나는 충동구매를 잘한다.　私は衝動買いをよくする。
　❖衝動買い : 충동구매.

○ 나는 쇼핑 중독자는 아니다.　私はショッピング中毒者ではない。

○ 구두가 닳아서 새것을 사러　靴が古くなったので新しいのを買いに
백화점에 갔다.　デパートに行った。

○ 원피스를 사러 갔다.　ワンピースを買いに行った。

아이쇼핑

○ 아이쇼핑만 했다.　ウインドーショッピングだけした。

○ 그저 구경만 했다.　ただ見物だけした。

○ 나는 그저 구경만 해도 좋다.　私は、ただ見て歩くだけでもいい。

○ 기분 전환을 위해 아이 쇼핑을 했다.　気分転換のためにウインドーショッピングをした。

○ 사고 싶은 물건들이 많았다.　買いたいものがたくさんあった。

○ 마음에 드는 것이 하나도 없었다.   気にいるものがひとつもなかった。

❖気にいる : 마음에 들다.

○ 가전제품 코너에서 신상품이 나왔는지   家電製品コーナーで新商品が出てないか見て回った。
    둘러보았다.

○ 좀 더 둘러보았다.   もう少し見て回った。

○ 덜 사고 더 저축하려고 노력하고 있다.   少し買って、もっと貯蓄しようと努力している。

○ 나는 사치품은 거의 사지 않는다.   私はぜいたくなものはほとんど買わない。

○ 주차권 받아 오는 것도 잊지 않았다.   駐車券をもらってくるのも忘れなかった。

세일

○ 백화점이 세일 중이었다.   デパートがセール中だった。

○ 그 가게가 재고 정리 세일 중이었다.   その店が在庫整理セール中だった。

○ 그 브랜드가 세일 중이었다.   そのブランドがセール中だった。

○ 그것은 날개 돋친 듯 팔리고 있었다.   それは、飛ぶように売れていた。

○ 재고가 있었다.   在庫があった。

○ 재고가 없었다.   在庫がなかった。

○ 그 상품은 다 팔리고 없었다.   その商品は、全部売れて、なかった。/
     その商品は売り切れだった。

❖売り切れ : 다 팔림, 매진.

○ 그 상품은 다 떨어져서 다음 주에 물건이   その商品は、全部出てしまって〔売れてしまって〕、
    들어온다고 한다.   来週入庫するという。

○ 유사품에 속았다.   類似品にだまされた。

○ 그것을 사느라 용돈을 다 써 버려서   それを買うためにお小遣いを全部使ってしまって、
    무일푼이 되었다.   一文無しになった。

❖一文無し : 무일푼, 빈털터리.

○ 무분별한 구매를 하지 않아야 한다.   無分別に購入すべきではない。

○ 충동구매는 더 이상 하지 않을 것이다.   衝動買いは、これ以上しないつもりだ。

○ 여성복 코너에는 여러 종류의
바지가 있었다.

婦人服コーナーには、いろいろな種類のズボンがあった。

○ 친구의 것과 똑같은 것이 있었다.

友達のと同じものがあった。

○ 무엇을 사야 할지 결정할 수가 없었다.

何を買うべきか決めることができなかった。

○ 다른 스타일의 것을 보고 싶었다.

他のスタイルのものを見たかった。

○ 나는 옷에 대한 안목이 없는 모양이다.

私は服を見る目がないようだ。

○ 점원이 내가 사고 싶은 것을 고르도록
도움을 주었다.

店員が私が買いたいものを選べるように手伝ってくれた。

○ 점원에게 다른 것을 보여 달라고 했다.

店員に他のものを見せてほしいといった。

○ 때때로 점원이 내가 물건 사는 것을
돕는 것이 싫을 때가 있다.

店員の手助けなしで一人で選びたいときもある。

○ 스커트를 사는 데 1시간 가량 걸렸다.

スカートを買うのに1時間ぐらいかかった。

○ 먼저 그것의 가격이 얼마인지 물어
보았다.

まずそれの価格がいくらなのか聞いた。

○ 옷을 입어 보기 위해 점원에게 탈의실이
어디 있는지 물었다.

服を着てみるために、店員に更衣室がどこにあるのか
聞いた。

○ 마음에 드는 것을 발견하고는 입어
보았다.

気に入ったものを見つけたので、着てみた。

○ 여러 종류의 바지를 입어 보았다.

いろいろな種類のズボンを着てみた。

○ 진짜 가죽으로 된 가방을 사고 싶었다.

本当の革でできたカバンを買いたかった。

○ 이 가방은 윗부분을 자석으로 여닫는
것이다.

このカバンは、上の部分を磁石で開け閉めするものだ。

○ 흠이 있는지 자세히 살펴보았다.

傷がないかよく見てみた。

○ 내가 기대했던 것만큼 좋지 않았다.

私が期待していたほどよくなかった。

○ 같은 값이면 다홍치마.

同じ値段ならよりいい物を選ぶ。

❖일본에서는 쓰지 않는 말로, 직역하면 알아듣지 못한다.

맘에 드는 물건

○ 한 가게에서 내가 사고 싶은 것을
찾아냈다.

あるお店で私が買いたいものを探した。

○ 첫눈에 마음에 쏙 들었다.

一目見て、とても気に入った。

○ 그것은 진열장에 전시된 물건 중에
있었다.

それはショーケースの中に展示されているものの
中にあった。

○ 그것은 최신 브랜드였다.

それは最新ブランドだった。

○ 최근에 나온 신상품이었다.

最近出た新商品だった。

○ 중국에서 만들어진 옷이었다.

中国で作られた服だった。

○ 그것은 프랑스에서 수입된 것이었다.

それはフランスから輸入されたものだった。

○ 나는 질이 가장 좋은 물건을 사고 싶었다.

私は品質が一番いい物を買いたかった。

○ 그 옷의 스타일과 색깔이 맘에 들지
않았다.

その服のスタイルと色が気に入らなかった。

○ 그것은 내가 마음에 두고 있었던
스타일이 아니었다.

それは私が心に描いていたスタイルではなかった。

○ 내가 찾는 스타일은 없었다.

私が探しているスタイルがなかった。

○ 옷의 색 배합이 마음에 들지 않았다.

服の色の組み合わせが気に入らなかった。

○ 내게는 색깔이 좀 화려했다.

私には色がちょっと派手だった。

○ 면으로 된 티셔츠를 원했다.

綿でできたTシャツがほしかった。

○ 아무리 비싸도 그것을 사고 싶었다.

どんなに高くてもそれを買いたかった。

○ 드디어 내가 원하던 것을 손에 넣었다.

やっと私が願っていた物を手に入れた。
❖手にいれる : 손에 넣다.

○ 그것을 선물 포장해 달라고 했다.

それをプレゼントとして包装してほしいと言った。

옷을 사다

○ 내 사이즈의 수트가 다 팔렸다.

私のサイズのスーツが売り切れていた。

○ 내게 맞는 사이즈의 스웨터가 없었다.　私に合うサイズのセーターがなかった。

○ 나는 작은 사이즈를 입는다.　私は小さいサイズを着る。

○ 내 사이즈의 옷을 찾기가 어려웠다.　私のサイズの服を探すのが大変だった〔難しかった〕。

○ 그 코트는 허리 부분이 너무 컸다.　そのコートは、ウエストの部分がとても大きかった。

○ 그 바지는 좀 조였다.　そのズボンはちょっときつかった。

○ 그 치마는 좀 헐렁했다.　そのスカートはちょっとぶかぶかだった。

○ 그 코트가 나에게 꼭 맞았다.　そのコートが私にぴったりだった。

○ 나는 주저없이 그것을 샀다.　私は、躊躇しないでそれを買った。

○ 그것에 어울릴 만한 구두를 사야겠다.　それに似合うような靴を買わなければと思う。

○ 세탁기로 세탁할 수 있는 옷을 샀다.　洗濯機で洗濯できる服を買った。

○ 그것은 질이 아주 좋았다.　それは品質がとてもよかった。

○ 품질 보증이 되는 제품이다.　品質保証がされている製品だ。

○ 품질 보증 기간은 1년이다.　品質保証期間は1年だ。

○ 잘 선택한 것 같다.　よく選んだようだった。

○ 선택을 잘못 했다.　選択に失敗した。

기타 쇼핑

○ 가끔은 텔레비전 홈쇼핑 프로그램을 보고 쇼핑을 한다.　ときどきテレビホームショッピングの番組を見て、ショッピングをする。

○ 가능한 빨리 주문을 하면 할인이 되기도 한다.　できるだけ早く注文をしたら、割引してくれたりする。

○ 컴퓨터를 구입하기로 결정하고 홈쇼핑에 주문 전화를 했다.　コンピューターを買うことに決めて、ホームショッピングに注文の電話をした。

○ 주문을 하면서 선금 결제하는 방법을 택했다.　注文する時、前払いの支払い方法を選択した。

❖前金/前払い：선불.

578

- 물건을 받고 나서 후불 결제 하는 것을 원했다. 品物を受け取ってからお金を払う後払いにしたかった。

- 신용 카드로 결제했다. クレジットカードで支払った〔決済した〕。

- 인터넷 쇼핑을 했다. インターネットショッピングをした。

- 인터넷 쇼핑은 무엇이든, 언제든지 그리고 어디에서든지 쇼핑할 수 있어서 자주 이용한다. インターネットショッピングは、何でも、いつでもそして、どこでもショッピングできるので、よく利用する。

- 가격에 배송료가 포함되어 있다고 했다. 価格に配達料が含まれているといった。

- 배송비가 포함되어 있지 않았다. 配達料が含まれていなかった。

- 물건의 배달 비용은 그들이 부담했다. 品物の配達費用は彼らが負担した。

- 주문한 물건을 받기까지 며칠을 기다렸다. 注文した品物を受け取るまで何日か待った。

- 물건에 흠이 있어서 되돌려 보냈다. 品物に傷があったので送り返した。

- 교환할 새 물건을 보내 주었다. 交換された新しい品物を送ってくれた。

- 나는 교환을 원하지 않았기 때문에 전액 환불을 요구했다. 私は交換を願わないので、全額払い戻しを要求した。

02 장보기

가지	なす	복숭아	桃もも
갈치	太刀魚たちうお	비계	脂身あぶらみ
감	柿かき	사과	りんご
감자	じゃがいも	삼치	さわら
계란	卵たまご	새우	エビ
고구마	さつまいも	생선	魚さかな
고등어	サバ	소고기	牛肉ぎゅうにく
과일	果物くだもの	수박	すいか
굴	かき	시금치	ほうれん草そう
귤	みかん	식료품	食料品しょくりょうひん
김	海苔のり	양배추	キャベツ
꽁치	さんま	양파	たまねぎ
닭고기	鶏肉とりにく	연어	サーモン
당근	にんじん	오렌지	オレンジ
덤	おまけ	오리고기	アヒルの肉にく
돼지고기	豚肉ぶたにく	오이	きゅうり
두부	豆腐とうふ	오징어	いか
딸기	いちご	유기농재배	有機栽培ゆうきさいばい
떨이	売うれ残のこり	유통기한	賞味期限しょうみきげん
레몬	レモン	조개	貝かい
마늘	ニンニク	채소	野菜やさい
망고	マンゴー	콩	豆まめ
멜론	メロン	키위	キーウィ
멸치	いりこ	토마토	トマト
무	大根だいこん	파	ねぎ
미역	ワカメ	파인애플	パイナップル
바나나	バナナ	포도	ぶどう
배	なし	피망	ピーマン
배추	白菜はくさい	햄	ハム
버섯	きのこ	호박	かぼちゃ

장보기

○ 식료품점에 갔다.　　　　食料品店に行った。
　　　　　　　　　　　　しょくりょうひんてん　い

○ 엄마가 내게 장을 봐 오라고 하셨다.　　母が私に買い物に行って来てと言った。
　　　　　　　　　　　　　　　　　　はは　わたし　か　もの　い　　き　　い

○ 장보기 전에 필요한 물건들의 목록을 만들었다.	買い物に行く前に必要なものをメモした。
○ 필요하지 않은 물건들은 사지 않으려고 노력했다.	必要のないものは買わないように努力した。
○ 무엇을 사야 할지 쇼핑 목록을 확인했다.	何を買うべきかメモを確認した。
○ 쇼핑용 비닐 주머니를 가지고 가는 것을 잊지 않았다.	ショッピングビニール袋を持っていくのを忘れなかった。
○ 가끔은 카트 대신에 바구니를 사용한다.	ときどきカートの代わりに、かごを使う。
○ 고기를 사러 정육점 코너에 갔다.	お肉を買いにお肉のコーナーに行った。
○ 비계가 없는 찌개용 돼지고기를 샀다.	脂身のないチゲ用の豚肉を買った。
○ 생활용품도 몇 가지 사야 했다.	生活用品もいくつか買わなければならなかった。
○ 화장지, 칫솔 등을 포함해서 다른 여러 가지 물건들을 샀다.	トイレットペーパー、歯ブラシなどを含めて、他のいろいろなものを買った。
○ 주스가 필요할 때는 무가당으로 산다.	ジュースが必要なときは、砂糖の入ってないものを買う。
○ 그 가게의 물건들은 항상 싱싱하고 깨끗하다.	その店のものはいつも新鮮できれいだ。
○ 내가 좋아하는 과일을 샀다.	私の好きな果物を買った。
○ 수박이 제철이라 아주 맛있었다.	すいかの季節なので、とてもおいしかった。
○ 가게 주인은 그것들이 농장 직거래 물건이라고 했다.	お店の主人はそれらのものが農場から直接仕入れたものだといった。
○ 유기농 재배 채소를 샀다.	有機栽培の野菜を買った。
○ 그 채소에는 벌레의 흔적이 있었다.	その野菜には虫が食った跡があった。
○ 과일들이 모두 싱싱해 보였다.	果物がみんな新鮮に見えた。
○ 과일들이 잘 익었다.	果物がよく熟れていた。
○ 몇 개는 무른 것 같았다.	いくつかは熟れすぎて柔らかくなっていた。
○ 일부는 이미 상해 있었다.	一部はすでに腐っていた。
○ 유통 기한을 확인했다.	賞味期限を確認した。

19 쇼핑

581

○ 유통 기한이 지났다.   賞味期限が過ぎた。

○ 시장에 가면 더 싼 가격에 더 싱싱한   市場に行くともっと安い値段でもっと新鮮な野菜を買う
야채를 살수 있다.   ことができる。

덤 · 떨이 · 쿠폰

○ 그는 나에게 덤을 주었다.   彼は私におまけ〔景品〕をくれた。

○ 덤이 있었다.   おまけ〔景品〕があった。

○ 하나를 사면 덤으로 하나를 더 주었다.   ひとつ買ったら、おまけにもうひとつくれた。

○ 그는 넘치게 많이 주었다.   彼はあふれるぐらいたくさんくれた。

○ 가격이 표시되어 있지 않았다.   値段が表示されていなかった。

○ 가격표를 그 물건 위에 붙여 주었다.   価格表をその品物の上につけてあげた。

○ 떨이 물건이었다.   売れ残りの品物だった。

○ 떨이로 팔고 있었다.   売れ残りを売っていた。

○ 남아 있는 물건들을 싼 가격으로 팔고   残っている品物を安い値段で売っていた。
있었다.

○ 가게에서 샘플을 나누어 주고 있었다.   お店でサンプルを配っていた。

○ 무료 샘플을 가져왔다.   無料サンプルを持ってきた。

○ 가게 주인이 넉넉하게 많이 주셨다.   お店の主人が十分に、たくさんくださった。

○ 그 가게의 쿠폰을 가지고 갔다.   その店のクーポンを持っていった。

○ 쿠폰을 사용해서 돈을 조금 절약할 수   クーポンを使って、お金を少し節約することができた。
있었다.

○ 몇 장의 쿠폰은 더 이상 사용할 수 없었다.   何枚かのクーポンはこれ以上使うことができなかった。

○ 그 쿠폰은 그날 하루 동안만 유효했다.   そのクーポンはその日だけ有効だった。

○ 그 쿠폰은 유효 기간이 끝난 것이었다.   そのクーポンは有効期間が切れたものだった。

○ 집에 오는 길에 학용품을 사려고   家の帰り道に学用品を買おうと文具店に寄った。
문구점에 들렀다.

○ 내가 담은 물건들로 카트가 가득 찼다.	私が入れた品物でカートがいっぱいになった。
○ 그 마트는 배달 서비스를 해 준다.	そのマートは配達サービスをしてくれる。
○ 그 마트의 배달은 매우 빠르다.	そのマートは配達がとても速い。
○ 배달 비용은 없었다.	配達の費用はなかった〔かからなかった〕。
○ 나는 물건을 많이 사게 되면 배달 서비스를 이용한다.	私は買い物をたくさんしたら、配達サービスを利用する。
○ 나는 그 물건들을 배달 받기를 원했다.	私はその品物を配達してもらいたかった。
○ 내가 산 것들을 배달해 달라고 부탁했다.	私が買ったものを配達してほしいとお願いした。
○ 내가 산 물건을 집에서 받았다.	私が買ったものを家で受け取った。

03 가격

○ 가격이 다양했다.	値段がいろいろだった。
○ 정찰제였다.	正札制だった。
○ 그 물건에는 정찰 가격이 붙어 있었다.	その品物には正札の値段がついていた。
○ 그들은 정찰 가격으로만 판매했다.	彼らは、正札の値段でだけ販売した。
○ 원가는 2,000원이었다.	原価は2000ウォンだった。
○ 세일가는 70,000원이었다.	セール価格は7万ウォンだった。
○ 가격을 깎았다.	値段をまけてもらった。
	❖まける : 값을 깎아 주다.
○ 가격을 깎아 달라고 했다.	値段をまけてほしいといった。

19쇼핑

○ 나는 흥정을 잘한다.	私は取引が上手だ。 とりひき じょうず
○ 가격을 깎아 주었다.	値段をまけてくれた。
○ 그는 좋은 가격으로 주었다.	彼はいい値段でくれた。
○ 가격을 10% 깎아 주었다.	値段を10%まけてくれた。
○ 가격이 적절했다.	適当な値段だった。 てきとう
○ 가격에 비해서 물건이 좋았다.	値段に比べて、品物がよかった。 くら しなもの
○ 좋은 값에 샀다.	いい値段で買った。 ね だん か
○ 그것을 5만원에 샀다.	それを5万ウォンで買った。 まん

비싸다

○ 높은 가격 때문에 망설였다.	値段が高かったのでためらった。 ね だん たか ❖ためらう : 망설이다.
○ 너무 비싸서 세일 때까지 기다릴 것이다.	とても高くて、セールの時まで待つつもりだ。 とき ま
○ 저축을 더 많이 했어야만 했다.	貯金をもっとしなければならなかった。 ちょきん
○ 필요 없는 것을 사는 데 돈을 써버렸다.	必要のないものを買うのに、お金を使ってしまった。 ひつよう か かね つか
○ 큰 맘 먹고 샀다.	思いきって買った。 おも か
○ 그것은 비쌌다.	それは高かった。
○ 꽤 비쌌다.	かなり高かった。
○ 높은 가격이었다.	高い値段だった。
○ 값이 터무니없이 비쌌다.	値段が途方もなく高かった。 と ほう たか
○ 터무니없는 가격이었다.	途方もない値段だった。
○ 바가지를 썼다.	ぼられた。 ❖ぼる : 바가지 씌우다.
○ 아주 비싼 가격에 그것을 샀다.	とても高い値段でそれを買った。 か
○ 나는 그것을 살 여유가 없었다.	私は、それを買う余裕がなかった。 よ ゆう

○ 돈이 부족해 살 수 없었다.　　　　　　お金が足りなくて買うことができなかった。

○ 그것을 살 만큼 돈이 충분하지 않았다.　それを買うだけのお金が十分ではなかった。

○ 좀 더 싼 것을 원했다.　　　　　　　　もう少し安いものがほしかった。

싸다

○ 싸게 잘 샀다.　　　　　　　　　　　　安く、よく買った。

○ 그것을 특별 할인가로 샀다.　　　　　それを特別割引の値段で買った。

○ 정말 좋은 가격으로 샀다.　　　　　　本当にいい値段で買った。

○ 저렴했다.　　　　　　　　　　　　　安かった。

○ 그리 비싸지 않았다.　　　　　　　　そんなに高くなかった。

○ 가격이 낮았다.　　　　　　　　　　値段が低かった。

○ 세일 중이어서 50% 할인된 가격으로　　セール中だったので、50%価格で買った。
　샀다.

○ 그것은 반값으로 아주 싼 것이었다.　　それは半分の値段で、本当に安いものだった。

○ 그것은 거저나 다름없었다.　　　　　それはただ同然だった。

　　　　　　　　　　　　　　　　　　❖ただ : 무료, 공짜.

○ 나는 그것을 거의 공짜로 샀다.　　　　私はそれをほとんどただで買った。

○ 이례적으로 싼 가격이었다.　　　　　異例的に安い値段だった。

○ 나는 믿을 수 없이 싼 가격에 그것을 샀다.　私は信じられない安い値段でそれを買った。

○ 특별 할인 매장에서 우연히 아주 좋은　特別割引売り場で、偶然とてもいい品物を安く買った。
　물건을 싸게 샀다.

계산

○ 내가 살 물건들을 계산하기 위해　　　私が買う品物を計算するためにレジに行った。
　계산대로 갔다.

　　　　　　　　　　　　　　　　　　❖レジ : 계산대.

○ 계산대에서 줄을 섰다.	レジに並んだ。
○ 그 상점은 어느 형태의 지불 방법이든 다 가능하다.	その商店はどんな形態の支払い方法でも全部可能だ。
○ 카드로 지불했다.	カードで支払った。
○ 수표로 지불했다.	小切手で支払った。
○ 현금으로 지불했다.	現金で支払った。
○ 일시불로 지불해야 했다.	一時払いで支払いしなければならなかった。
○ 일시불로 지불했다.	一時払いで支払った。
○ 나는 그것을 할부로 샀다.	私はそれを分割払いで買った。
○ 그것을 6개월 할부로 했다.	それを6ヶ月分割払いにした。
○ 거스름돈과 영수증을 받았다.	おつりと領収書を受け取った。 ❖おつり : 거스름돈.
○ 내가 산 것보다 더 많은 금액이 청구되었다.	私が買ったものより、もっとたくさんの金額が請求された。
○ 계산원이 실수를 한 것 같았다.	レジの人がミスしたようだった。
○ 그녀가 계산을 잘못했다.	彼女が計算を間違えた。
○ 그녀가 거스름돈 1,000원을 덜 주었다.	彼女がくれたおつりが1000ウォン少なかった。
○ 그 상점은 계산원이 고객에게 잘못된 금액을 청구할 경우 실수에 대한 보상으로 천원을 준다.	その商店は、レジの人がお客様に間違った金額を請求した場合には、間違いに対する補償として千ウォンをくれる。

환불

○ 다른 것으로 바꾸고 싶었다.	他のものと交換したかった。
○ 반품을 하려면 반송하는 비용을 지불해야 한다.	返品をするには、返送する費用を支払わなければならない。
○ 마음에 안 들 경우 환불받을 수 있다.	気に入らない場合、払い戻しすることができる。 ❖払い戻し : 환불.

○ 그 물건값을 환불받고 싶었다.

その品物代を払い戻ししたかった。

○ 그들은 특별 세일 제품은 환불이 안 된다고 했다.

彼らは特別セール製品は、払い戻しできないといった。

○ 내가 환불을 요구하자 그들은 영수증을 보여 달라고 했다.

私が払い戻しを要求すると、彼らは領収書を見せてほしいと言った。

○ 그들은 영수증을 확인하고 돈을 환불해 주었다.

彼らは領収書を確認して、お金を払い戻ししてくれた。

○ 나는 카드 거래 취소를 원했다.

私はカードの取引の取消しをすることを願った。

❖取消し：취소.

バーゲンセール

8月 9日　月曜日　晴れ

今日は友達とデパートへショッピングに行った。市内のすべてのデパートがバーゲンセールをしていて、私は友達の誕生日のプレゼントを買おうと思っていた。友達の誕生日は、来週だ。友達はかわいい指輪をして、出かけるのがとても好きなので、私は彼女にすてきな指輪をひとつ買ってあげようと決心した。私が入ったひとつめのお店で、本当にかわいい指輪を一つみつけた。しかし、とても高かったので、また他のものを探してみた。やっと彼女が本当に気に入りそうなのを見つけた。幸いにもそれは、セールをしている商品だった。友達に安値でその指輪を買ってあげることができて、とてもうれしかった。私が買ってあげた指輪を彼女が気に入ってくれたらいいなあと思う。来月には、お姉ちゃんの誕生日だ。今から、お姉ちゃんにいいプレゼントを買ってあげれるようお金を貯めなければならない。私が貯金するのはただプレゼントを買うためのようなものだと思った。

빅 세일!

8월 9일, 월요일, 맑음

오늘은 친구와 백화점에 쇼핑을 갔다. 시내의 모든 백화점들이 빅 세일을 하고있었고, 나는 친구의 생일 선물을 사려고 했다. 친구의 생일은 다음 주이다. 그녀는 멋진 반지를 끼고 다니는 것을 정말 좋아해서 나는 그녀에게 끝내주는 반지를 하나 사 줘야겠다고 마음먹었다. 내가 간 첫 번째 가게에서 정말 예쁜 반지 하나를 보았다. 그러나 너무 비싸서 다른 것을 찾아 보았다. 드디어 그녀가 정말 마음에 들어할 만한 것을 발견했다. 다행히도 그것은 세일 품목이었다. 싼 가격으로 그녀에게 그 반지를 사 줄 수 있어서 매우 기뻤다. 내가 사 준 그 선물이 그녀의 마음에 꼭 들기를 바란다. 언니의 생일도 다음 달에 있다. 지금부터는 언니에게 선물을 사 줄 수 있게 돈을 좀 모아야 한다. 내가 저축하는 것은 그저 선물들을 사기 위한 것만 같다.

NOTES

買かおうと思おもっていた 사려고 생각하고 있었다 ┆ 出でかける 외출하다 ┆ ひとつめ 첫 번째 ┆ 気きに入いりそうなのを 마음에 들어할 만한 것을 ┆ 幸さいわいにも 다행히도 ┆ 貯ためなければならない 저축해야 된다

CHAPTER

20

여가 활동

1. 문화 생활
2. 음악회
3. 연극
4. 영화
5. 공원
6. 동물원
7. 식물원
8. 여행
9. 외국 여행
DIARY 20

01 문화생활

문화

○ 다른 문화를 경험해 보고 싶다.   他の文化を経験〔体験〕してみたい。

○ 문화 수준을 올리고 싶다.   文化水準をあげたい。

○ 나는 다양한 문화를 경험하려고 한다.   私は多様な文化を経験しようとする。

○ 문화는 사람을 사람답게 하는 중요한   文化は人を人らしくする重要な事のひとつだ。
　 것 중 하나이다.

○ 다양한 문화를 경험한 사람은 마음이   多様な文化を経験した人は心が広くなるという。
　 넓어진다고 한다.

○ 다양한 방법으로 다른 문화를 경험할   多様な方法で他の文化を経験することができる。
　 수 있다.

○ 여러 문화를 경험하면 사람들을 더 잘   いろんな文化を経験したら、人々をもっとよく理解する
　 이해할 수 있게 된다.   ことができるようになる。

○ 경험이 최고의 스승이다.   経験が最高の師匠だ。

○ 경험은 바보도 지혜롭게 만든다.   経験は馬鹿も賢くさせる。

전시회

○ 나는 미술 전시회에 자주 간다.   私は美術の展示会によく行く。

○ 가을이면 나는 전시중인 그림을 보러   秋になると、私は展示中の絵を見にときどき画廊に行く。
　 종종 화랑에 간다.

○ 우리 가족은 지난 주말에 미술관에 갔다.   私の家族は先週末に美術館に行ってきた。

○ 그 미술관은 가 볼 만한 곳이다.   その美術館は行ってみるだけの価値のあるところだ。

○ 그 미술관은 연중 개방되어 있다.   その美術館は年中開放されている。

○ 그 전시관은 무료이다.   その展示館は無料だ。

○ 친구에게 전시회에 같이 가자고 했다.	友達に展示会にいっしょに行こうといった。
○ 그 전시회는 내 친구의 취향이 아니어서 나 혼자 전시회에 갔다.	その展示会は私の友達の趣向に合わなくて、私一人で展示会に行った。
○ 그곳에는 항상 다양한 종류의 전시회가 있다.	そこではいつも多様な種類の展示会がある。
○ 우리 미술 선생님의 전시회가 시내 화랑에서 있었다.	私達の美術の先生の展示会が市内の画廊で開かれた。
○ 전시회는 아주 성공적이었다.	とても成功的な展示会だった。
○ 지금은 세계적으로 유명한 화가들의 그림이 전시되고 있다.	今は世界的に有名な画家たちの絵が展示されている。
○ 그 그림들은 예술적 창의력을 나타내고 있었다.	それらの絵は芸術的創意力を表わしていた。
○ 나는 그림 보는 안목이 있다.	私は絵を見る目がある。
○ 그 그림은 원본이었다.	その絵は原本だった。
○ 그림들이 모사품인 것 같았다.	それらの絵は模写品のようだった。
○ 그림들 중 하나가 매우 인상 깊었다.	それらの絵の中のひとつがとても印象が深かった。

02 음악회

연주회

○ 나는 음악회에 잘 가지 않는다.	私は音楽会にあまり行かない。
○ 나는 음악회에 직접 가서 음악을 감상하는 것을 좋아한다.	私は音楽会に直接行って、音楽を鑑賞するのが好きだ。
○ 나는 가족들과 함께 음악회에 자주 간다.	私は家族といっしょに音楽会によく行く。
○ 음악회 티켓을 예매했다.	音楽会の前売り券を買った。

○ 초대권이 두 장 있었다.	招待券が2枚あった。 しょうたいけん まい
○ 오늘밤에 시내에서 야외 음악회가 있었다.	今晩、市内で野外音楽会があった。 こんばん しない やがい
○ 음악회에 놀라울 정도로 많은 사람들이 왔다.	音楽会に驚くほど多くの人達が集まった〔来た〕。 おどろ おお ひとたち あつ き
○ 음악회가 지연되었다.	音楽会が遅延した。 ち えん
○ 지연에 대한 사과 방송이 들렸다.	遅延に対する謝罪の放送が聞こえた。 たい しゃざい ほうそう き
○ 그는 훌륭한 연주자처럼 피아노를 잘 쳤다.	彼は立派な演奏者のようにピアノを上手に弾いた。 かれ りっぱ えんそうしゃ じょうず ひ
○ 음악회에서 바이올리니스트가 매우 열정적으로 연주했다.	音楽会でバイオリニストがとても情熱的に演奏した。 じょうねつてき えんそう
○ 그는 교향악단과 협연했다.	彼は、交響楽団と共演した。 かれ こうきょうがくだん きょうえん
○ 연주자들이 모차르트 제2번 교향곡을 연주했다.	演奏者たちがモーツァルト第2番交響曲を演奏した。 えんそうしゃ だい ばんこうきょうきょく えんそう
○ 나는 미완성 교향곡이 제일 좋았다.	私は未完成交響曲が一番よかった。 みかんせい いちばん
○ 지휘자의 지휘가 매우 훌륭했다.	指揮者の指揮がとてもすばらしかった。 しきしゃ しき
○ 그는 아주 열정적으로 오케스트라를 지휘했다.	彼はとても情熱的にオーケストラを指揮した。 かれ じょうねつてき
○ 그는 요즘 가장 눈에 띄는 음악가 중 한 사람이다.	彼は最近注目を集める音楽家の中の一人だ。 さいきんちゅうもく あつ おんがくか なか ひとり
○ 그는 음악적 재능을 타고난 것 같다.	彼は音楽的才能を持って生まれたようだ。 おんがくてきさいのう も う
○ 그 음악에 매우 감동받았다.	その音楽にとても感動を受けた。 かんどう う
○ 그 음악이 내 마음에 와 닿았다.	その音楽が私の心に染み込んだ。 こころ し こ ❖染み込む：깊이 스며들다.
○ 그의 열정적인 연주가 매우 인상적이었다.	彼の情熱的な演奏がとても印象的だった。 じょうねつてき えんそう いんしょうてき
○ 한 곡이 끝날 때마다 우리는 박수갈채를 보냈다.	ひとつの曲が終わるたびに、私達は拍手喝采を きょく お はくしゅかっさい 送った。 おく ❖たび：〜할 때마다.

○ 내가 좋아하는 가수가 콘서트를 하면 나는 꼭 간다.

私が好きな歌手がコンサートをしたら、私は必ず行く。

○ 내가 가장 좋아하는 가수가 콘서트를 열었다.

私が一番好きな歌手がコンサートを開いた。

○ 그것은 젊은 청중들에 맞추어진 콘서트였다.

それは若い聴衆たちにあわせたコンサートだった。

○ 그의 콘서트 티켓이 인터넷에서 1시간 만에 매진되었다고 한다.

彼のコンサートチケットが、インターネットで1時間で売りきれたという。

○ 운 좋게도 무대가 잘 보이는 자리의 티켓을 두 장 구했다.

運よく、舞台がよく見える席のチケットを2枚手に入れた。

○ 콘서트 장에 들어서자 정말 흥분이 되었다.

コンサート場に入ると、本当に興奮させられた。

○ 너무 일찍 도착해서 한 시간을 기다려야 했다.

とてもはやく着いて、1時間待たなければならなかった。

○ 많은 팬들이 야광 봉을 들고 있었다.

多くのファンたちが、蛍光スティックを持っていた。

○ 우리는 그 가수를 환호와 큰 박수로 맞이했다.

私達はその歌手を歓声と大きな拍手で迎えた。

○ 그 콘서트는 라이브 공연이었다.

そのコンサートはライブ公演だった。

○ 그는 내 우상이라고 말할 수 있다.

彼が私のアイドルであると言うことができる。

○ 그는 그 그룹의 리드 싱어이다.

彼はそのグループのリードシンガーだ。

○ 그의 목소리는 아주 우렁찼다.

彼の声はとても大きくて力強かった。

○ 그의 노래가 젊은이들에게 인기가 좋았다.

彼の歌が若者たちに人気があった。

○ 상당히 많은 열성 팬들이 있었다.

とても多くの熱烈なファンがいた。

○ 일부 학생들은 청중석에서 수치스러운 행동을 했다.

一部の学生たちは聴衆席で恥ずべき行動をした。

○ 객석에서 어떤 아이들은 야유하는 소리를 냈다.

客席である子供たちは、人をからかうような声を出した。

○ 그 가수가 우리가 가장 좋아하는 노래를 불렀을 때 손을 흔들며 소리를 질렀다.	その歌手が私達の一番好きな歌を歌ったとき、手を振りながら大声で叫んだ。
○ 그들의 노래를 들으면서 나는 춤을 추고 싶은 생각이 들었다.	彼らの歌を聞きながら、私は踊りたいと思った。
○ 춤 공연이 있었다.	ダンスの公演があった。
○ 우리는 박수를 치며 앙코르를 외쳤다.	私達は拍手をしながらアンコールと叫んだ。
○ 그의 공연 전체가 정말 멋졌다.	彼の公演全体がとてもすばらしかった。
○ 우리는 너무나 멋진 공연에 기립 박수를 보냈다.	私達はとてもすばらしい公演に立ち上がって拍手を送った。
○ 콘서트는 두 시간 정도 계속되었다.	コンサートは2時間ぐらい続いた。
○ 마지막 노래가 끝나고 그가 무대를 떠날 때는 섭섭한 마음이 들었다.	最後の歌が終わって、彼が舞台を去るときは、寂しい気がした。
○ 콘서트가 끝난 후 그의 콘서트 CD를 샀다.	コンサートが終わったあと、彼のコンサートCDを買った。

03 연극

연극 공연

○ 나는 연극을 보러 가는 것을 좋아한다.	私は演劇を見に行くのが好きだ。
○ 곧 훌륭한 새 연극이 상연될 예정이다.	すぐにすばらしい新演劇が上演される予定だ。
○ 대학에서 연극을 전공하고 싶다.	大学で演劇を専攻したい。
○ 오늘밤 공연 티켓이 두 장 있었다.	今晩の公演チケットが2枚あった。
○ 그 연극의 입장료는 15,000원이었다.	その演劇の入場料は、15,000ウォンだった。
○ 특별 관람석 티켓을 샀다.	特別観覧席のチケットを買った。
○ 그 연극의 팸플릿을 샀다.	その演劇のパンフレットを買った。

○ 연극을 보러 갔다. 演劇を見に行った。

○ 유명한 브로드웨이 뮤지컬을 보았다. 有名なブロードウェーミュージカルを見た。

○ 그 연극은 지금도 극장에서 상연되고 その演劇は今も劇場で上演されている。
있다.

○ 이 연극은 하루에 3회 공연된다. この演劇は一日に3回公演される。

○ 그 연극은 장기 공연이다. その公演は長期公演だ。

○ 공연이 취소되어 환불을 받았다. 公演が取消しになって、払い戻しを受けた。

○ 그 연극은 순회공연 중이다. その演劇は巡回公演中だ。

○ 연극 첫날 사람들이 매우 많았다. 演劇の初公演の日、人がとても多かった。

○ 그것은 1막 짜리 연극이었다. それは1幕の演劇だった。

○ 그 연극은 꾸며낸 이야기였다. その演劇は作られた話だった。

○ 그 연극은 실제 이야기를 연극으로 꾸민 その演劇は実際にあった話をもとにして作られた
것이다. ものだ。

훌륭한 연극

○ 무대 장치가 정말 실제처럼 꾸며졌다. 舞台装置が本当に本物のように作られていた。

○ 배우들의 의상도 매우 멋졌다. 俳優たちの衣装もとても素敵だった。

○ 그 연극의 분위기가 마음에 들었다. その演劇の雰囲気が気に入った。

○ 나는 배우들에게서 매우 강한 열정을 私は俳優たちのとても強い情熱を感じた。
느꼈다.

○ 내가 예상했던 것보다 더 훌륭했다. 私が予想していたものよりもっと立派だった。

○ 그 연극의 주인공은 연기를 아주 잘했다. その演劇の主人公は演技がとっても上手だった。

○ 연기자들의 연기가 자연스러웠다. 演技者たちの演技が自然だった。

○ 그 연극은 평판이 아주 좋았다. その演劇は評判がとてもよかった。

○ 신문에서도 그 연극에 대해 격찬을 했다. 新聞でもその演劇を絶賛した。

○ 그 연극을 아주 재미있게 봤다. その演劇をとても楽しみながら見た。

○ 그 연극은 유쾌했다.	その演劇は愉快だった。
○ 그 연극은 참 즐거웠다.	その演劇はとても楽しかった。
○ 배우들에게 박수갈채를 보냈다.	俳優たちに拍手喝采を送った。
○ 관객들은 약 5분간 계속 박수갈채를 보냈다.	観客たちは約5分間ずっと拍手喝采を送った。
○ 그 연극은 엄청난 흥행을 거두었다.	その演劇はすごい人気を集めた。
○ 그것은 내가 지금까지 본 연극 중 가장 재미있는 연극이었다.	それは私が今まで見た演劇の中で一番おもしろい演劇だった。
○ 연극이 끝난 후에도 자리를 뜨지 못했다.	演劇が終わったあとにも、席を立つことができなかった。
○ 그 연극은 인기가 많아서 6개월 동안 계속 공연되었다.	その演劇は人気がたくさんあって、6ヶ月間ずっと公演された。

지루한 연극

○ 그 연극은 그저 그랬다.	その演劇はまあまあだった。
○ 그 연극은 별로였다.	その演劇はあまりよくなかった。 / その演劇はあまりおもしろくなかった。
○ 나는 별로 재미없었다.	私はあまりおもしろくなかった。
○ 그 연극은 이해하기가 어려웠다.	その演劇は理解するのが難しかった。
○ 연기자들의 연기가 좀 과장되었다.	演技者たちの演技がちょっとオーバーだった。
○ 연기가 어색했다.	演技がぎこちなかった。
○ 그들은 모두 아마추어인 것 같았다.	彼らはみんなアマチュアのようだった。
○ 그 연극은 따분했다.	その演劇は退屈だった。
○ 그 연극은 싱거웠다.	その演劇はつまらなかった。
○ 그 연극은 호소력이 없었다.	その演劇は訴える力がなかった。
○ 그 연극은 단조로웠다.	その演劇は単調だった。
○ 그 연극은 정말 재미없었다.	その演劇は本当におもしろくなかった。

○ 그 연극은 형편없었다.	その演劇はひどかった。
○ 그 연극은 매우 지루했다.	その演劇はとても退屈だった。
○ 지루해서 견딜 수가 없었다.	退屈で耐えることができなかった。 / 退屈で我慢することができなかった。
○ 2막에서는 잠이 들었다.	2幕では眠ってしまった。

04 영화

나와 영화

○ 영화를 봄으로써 다른 문화에 대해 많은 것을 배울 수 있어서 좋다.	映画を見ることによって、他の文化について多くのことを 学ぶことができていいと思う。
○ 나는 영화 보는 것을 좋아한다.	私は映画を見るのが好きだ。
○ 나는 영화 감상하는 것을 좋아한다.	私は映画鑑賞をするのが好きだ。
○ 나는 영화 애호가이다.	私は映画の愛好家だ。
○ 나는 코미디 만화 영화를 좋아한다.	私はコメディーマンガの映画が好きだ。
○ 나는 서부 영화를 좋아한다.	私は西部劇が好きだ。
○ 내가 가장 좋아하는 영화 장르는 코미디이다.	私が一番好きな映画のジャンルは、コメディーだ。
○ 영화는 영어를 배우는 데 도움이 된다.	映画は英語を学ぶのに役立つ。
○ 나는 오랫동안 인기가 있는 옛날 영화를 좋아한다.	私は長い間人気のある昔の映画が好きだ。
○ 영화는 재미와 오락을 제공한다.	映画は楽しさと娯楽を提供する。
○ 나는 주말이면 친구들과 영화를 보러 간다.	私は週末になると友達と映画を見に行く。

○ 최근에는 너무 바빠 영화 보러 갈 시간이 없었다.	最近はとても忙しくて、映画を見に行く時間が なかった。
○ 정말 영화 보러 가고 싶었다.	本当に映画を見に行きたかった。
○ 요즘 흥행하는 공포 영화를 보고 싶었다.	最近ヒットしているホラー映画を見たかった。
○ 공부를 하지 않을 때는 영화를 보러 간다.	勉強をしないときは、映画を見に行く。
○ 보통 한 달에 한 번 영화를 보러 간다.	普通、1ヶ月に1回映画を見に行く。
○ 보통 2주에 한 번 영화를 보러 간다.	普通、2週間に1回映画を見に行く。
○ 보통 3주에 한 번 영화를 보러 간다.	普通、3週間に1回映画を見に行く。
○ 나는 영화에 별 관심이 없다.	私は映画にあまり関心がない。
○ 나는 비현실적인 공상 영화는 정말 싫어한다.	私は非現実的な空想映画は本当に嫌いだ。
○ 영화를 끝까지 보는 것이 내게는 어렵다.	私には映画を最後まで見ることが難しい。
○ 영화 자막을 읽는 것이 싫다.	映画の字幕を読むのが嫌だ。
○ 나는 더빙된 영화는 좋아하지 않는다.	私はダビングされた映画は好きではない。

영화표

○ 무료 초대권이 있었다.	無料招待券があった。
○ 인터넷으로 티켓 2장을 예매했다.	インターネットで前売り券を2枚買った。
○ 영화표를 사기 위해 많은 사람들이 매표소 앞에 줄지어 서 있었다.	映画のチケットを買うために多くの人達がチケット 売り場の前に立ち並んでいた。
○ 나도 영화표를 사려고 줄을 섰다.	私も映画のチケットを買おうと列に並んだ。
○ 매표소에서 두 장의 표를 샀다.	チケット売り場で2枚のチケットを買った。
○ 내 영화 클럽 회원 카드는 모든 영화를 20% 할인해 준다.	私の映画クラブ会員カードはすべての映画を20% 割引してくれる。
○ 다행히 남아 있는 표가 조금 있었다.	幸い、残っているチケットが少しあった。
○ 남아 있는 표 없었다.	残っているチケットがなかった。

○ 티켓이 매진되었다.　　　　　　　チケットが売りきれていた。

극장에 가다

○ 그 영화가 언제 어디서 상영되는지　　その映画がいつどこで上映されるのか探してみた。
　찾아보았다.

○ 나만 빼고 모두 영화를 보러 갔다.　　私だけ除いて、みんな映画を見に行った。

○ 영화 시사회에 갔다.　　　　　　　映画の試写会に行った。

○ 자동차 극장에서 영화를 봤다.　　　ドライブインシアターで映画を見た。

○ 그 영화는 지금 극장에서 상영중이다.　その映画は今劇場で上映中だ。

○ 형이 나에게 그 영화를 추천해 주었다.　兄が私にその映画を薦めてくれた。

○ 나는 최근에 개봉된 영화를 보러 갔다.　私は最近封切りになった映画を見に行った。

○ 간이매점에서 팝콘을 조금 샀다.　　スナックコーナーでポップコーンを少し買った。

○ 표 받는 사람이 내 표를 잘라 반쪽은　チケットを受け取る人が私のチケットを切って、
　다시 돌려주었다.　　　　　　　　片方を返してくれた。

○ 그 영화는 2관에서 상영했다.　　　その映画は2館で上映された。

○ 앞자리에 앉았다.　　　　　　　　前の方の座席に座った。

○ 중간 자리에 앉았다.　　　　　　真ん中の座席に座った。

○ 뒷자리에 앉았다.　　　　　　　　後ろの座席に座った。

○ 앞에 앉은 사람이 내 시야를 가렸다.　前に座った人が私の視野を遮った。

○ 그에게 옆으로 좀 비켜 달라고 부탁했다.　ちょっと横に寄ってほしいとお願いした。

○ 영화가 시작되기 전에 휴대전화를 껐다.　映画が始まる前に携帯電話の電源を切った。

○ 영화의 예고편을 봤다.　　　　　映画の予告編を見た。

20 여가 활동

영화를 보다

○ 그 영화의 상영 시간은 2시간이었다.　その映画の上映時間は2時間だった。

○ 그 영화는 원작에 충실한 영화였다.　その映画は原作に忠実な映画だった。
　　　　　　　　　　　　　　　　　げんさく　　ちゅうじつ

○ 그 영화는 특수 효과를 많이 이용해서　その映画は特殊効果をたくさん使って作られた。
　만들었다.　　　　　　　　　　　　とくしゅこうか　　　　　　　つか　つく

○ 그 영화를 만들기 위해 컴퓨터　　その映画を作るために、
　애니메이션이 사용되었다.　　　　　　　　　つく
　　　　　　　　　　　　　　　　　コンピューターアニメーションが使われた。
　　　　　　　　　　　　　　　　　　　　　　　　　　　　　　　　つか

○ 그 영화는 블록버스터가 되었다.　その映画はブロックバスター〔超大作〕になった。
　　　　　　　　　　　　　　　　　　　　　　　　　　　　　ちょうたいさく

○ 그 영화는 상업적으로 성공했다.　その映画は商業的に成功した。
　　　　　　　　　　　　　　　　　　　　　　しょうぎょうてき　せいこう

○ 그 영화는 우리말로 더빙되어 있었다.　その映画は韓国語でダビングされていた。/
　　　　　　　　　　　　　　　　　　　　　　かんこくご
　　　　　　　　　　　　　　　　　その映画は私達の言葉でダビングされていた。
　　　　　　　　　　　　　　　　　　　　　　　　　　ことば

○ 내가 좋아하는 배우가 그 영화에　私が好きな俳優がその映画に出演する。
　출연한다.　　　　　　　　　　　　す　　はいゆう　　　　　　しゅつえん

○ 그가 그 영화에서 주연을 맡았다.　彼がその映画で主演を務めた。
　　　　　　　　　　　　　　　　　かれ　　　　　しゅえん　つと

○ 그는 조연으로 출연했다.　　　　彼が助演として出演した。
　　　　　　　　　　　　　　　　　　　じょえん　　　　しゅつえん

○ 배우들의 연기가 뛰어났다.　　　俳優たちの演技が目にとまった。
　　　　　　　　　　　　　　　　　はいゆう　　えんぎ　め

○ 그 감독은 정말 재능 있는 사람 같다.　その監督は本当に才能のある人みたいだった。
　　　　　　　　　　　　　　　　　　かんとく　ほんとう　さいのう　　　ひと

○ 그 영화의 주제곡이 감미로웠다.　その映画の主題歌がロマンチックだった。
　　　　　　　　　　　　　　　　　えいが　しゅだいか

○ 누군가가 영화를 보는 내내 흐느꼈다.　誰かが映画を見ている間、ずっと噎び泣いていた。
　　　　　　　　　　　　　　　　　　だれ　　えいが　み　　　あいだ　　　　むせ　な

○ 영화가 끝날 무렵에 잠이 들었다.　映画が終わりかけた頃に眠りに着いた。
　　　　　　　　　　　　　　　　　　　　　お　　　　　ころ　ねむ　　　つ

○ 자막이 오르면서 영화가 끝났다.　字幕が出てきながら映画が終わった。
　　　　　　　　　　　　　　　　　じまく　で　　　　　　　　　お

영화평

○ 그 영화는 눈물나게 하는 영화였다.　その映画は涙を流させる映画だった。
　　　　　　　　　　　　　　　　　　　　　なみだ　なが

○ 나는 그 영화의 마지막 장면을 보고　私はその映画の最後の場面を見て、涙を流した。
　눈물을 흘렸다.　　　　　　　　　　　　　　　さいご　ばめん　み　　なみだ　なが

○ 그 영화는 마지막까지 손에 땀을 쥐게　その映画は最後まで手に汗にぎる映画だった。
　하는 영화였다.　　　　　　　　　　　　　　　さいご　　　て　あせ

　　　　　　　　　　　　　　　　　❖手に汗をにぎる : 손에 땀을 쥐다.

○ 그 영화는 굉장히 스릴이 있었다.　　　その映画はとてもスリルがあった。

○ 정말로 무서운 영화였다.　　　本当に怖い映画だった。

○ 그 영화는 소름을 돋게 할 정도로　　　その映画は鳥肌が立つくらい怖かった。
　무서웠다.

○ 그 영화는 너무 무서워서 머리가 쭈뼛　　　その映画はとても怖くて、髪の毛が逆立つ
　설 정도였다.　　　くらいだった。

○ 그 공포 영화를 보고 난 후 며칠 동안　　　その恐怖映画を見た後、何日かずっと怖くて大変だった。
　무서워 혼이 났다.

○ 그 영화는 폭력으로 가득 차 있었다.　　　その映画は暴力でいっぱいだった。

○ 나는 그런 폭력적이고 잔인한 영화를　　　私はそんな暴力的で、残忍な映画は嫌いだ。
　싫어한다.

○ 그 영화는 난폭한 장면들이 많았다.　　　その映画は荒っぽい場面が多かった。

○ 많은 범죄자들이 폭력적인 영화들로부터　　　多くの犯罪者たちが暴力的な映画から影響を
　영향을 받았다고 한다.　　　受けたという。

○ 영화에서의 폭력적인 장면은 미성년자들　　　映画での暴力的な場面は、未成年者たちによくない
　에게 좋지 않은 영향을 끼칠 수도 있다.　　　影響を及ぼすこともある。

○ 그 영화는 내가 본 영화 중 가장 웃기는　　　その映画は私が見た映画の中で一番笑わせる
　영화였다.　　　映画だった。

○ 그 영화는 우리에게 역사적 교훈을 준다.　　　その映画は私達に歴史的な教訓を与えた。

○ 그 장면이 내 기억에 남아 있다.　　　その場面が私の記憶に残っている。

○ 그 장면이 아직도 생생하다.　　　その場面がまだ記憶に鮮明だ。

○ 그 영화는 심금을 울렸다.　　　その映画に心を動かされた。

○ 그 영화는 감동적이었다.　　　その映画は感動的だった。

○ 그 영화에 깊이 감동받았다.　　　その映画に深く感動させられた。

○ 인생에 대해 많은 생각을 하게 하는　　　人生について多くのことを考えさせられる映画だった。
　영화였다.

○ 그 영화는 관객들로부터 호평을 받고　　　その映画は観客たちから好評を受けている。
　있다.

○ 그 영화는 모든 면에서 훌륭했다. その映画はすべての面で立派だった。

○ 정말 추천할 만한 영화였다. 本当に推薦するだけの映画だった。

○ 그 영화는 정말 실패작인 것 같다. その映画は本当に失敗作のようだった。

영화 등급

○ 그 영화는 너무 어려워서 이해할 수가 없었다. その映画はとても難しくて、理解ができなかった。

○ 미성년자는 그 영화를 볼 수 없었다. 未成年者はその映画を見ることができなかった。

○ 그 영화는 12세 미만의 어린이를 대상으로 했다. その映画は12歳未満の子供を対象にした。

○ 18세 미만은 그 영화를 볼 수 없었다. 18歳未満はその映画を見れなかった。

○ 그 영화는 성인용이었다. その映画は成人向きだった。

○ 그 영화는 미성년자들이 보기에는 적절하지 않았다. その映画は未成年者たちが見るには、向いていなかった。

○ 그 영화는 상영이 금지되었다. その映画は上映禁止になった。

05 공원

공원

○ 주말에 우리 가족은 가까운 공원에 자주 간다. 週末に私の家族は近くの公園によく行く。

○ 나는 교외에 살고 있어서 갈 만한 공원이 많다. 私は郊外に住んでいるので、行ってみるだけの価値のあるいい公園が多い。

○ 친구들과 공원으로 피크닉을 갔다. 友達と公園にピクニックに行った。

○ 공원에는 사람들이 많이 있었다. 公園には多くの人達がいた。

○ 자전거 길로 자전거를 타러 갔다. 自転車専用道路があるところで自転車を乗りに行った。

○ 가족들과 공원으로 나들이를 갔다. 家族たちと公園に出かけた。

○ 우리 가족은 공원에서 음식을 해 먹었다. 私達の家族は公園で食べ物を料理して食べた。

○ 공원에서 동생과 원반을 가지고 公園で弟と丸い円盤で遊んだ。
　놀았다.

○ 공원에서 그와 배드민턴을 쳤다. 公園で彼とバドミントンをした。

○ 강아지와 마음껏 뛰어 놀았다. 子犬と思いっ切り飛び回って遊んだ。

○ 많은 아이들이 잔디에서 뛰어놀고 多くの子供たちが芝生の上で飛び回っていた。
　있었다.

○ 잔디밭에 들어갈 수 없었다. 芝生に入ることができなかった。

○ 분수가 계속 물을 뿜어내고 있었다. 噴水がずっと水を吹き出していた。

○ 그네도 타고 사진도 찍으면서 공원에서 ブランコにも乗って、写真も撮りながら、公園で休日を
　휴일을 즐겼다. 過ごした。

○ 시원한 나무 그늘 밑 벤치에서 낮잠을 涼しい木の陰の下のベンチで昼寝をした。
　잤다.

○ 해질녘에야 집으로 돌아왔다. 日が暮れた頃に家に帰ってきた。

○ 공원에서 종종 야외 음악회가 열린다. 公園でたまに野外音楽会が開かれる。

○ 가로등 불빛이 있어서 밤에 공원에 街灯の明かりがあるので、夜公園に行っても大丈夫だ。
　가도 괜찮다.

○ 밤에는 수많은 가로등이 공원을 밝혀 夜は数多い街灯が公園を照らしてくれる。
　준다.

놀이 공원

○ 우리 가족은 지난 일요일에 놀이 私の家族は先週の日曜日に遊園地に行ってきた。
　공원에 갔다.

○ 매표소에서 입장권을 샀다. チケット売り場で、入場券を買った。

○ 자유 이용권을 샀다. フリーチケットを買った。

○ 놀이 공원에는 꽤 많은 사람들이 있었다.	遊園地にはかなり多くの人がいた。
○ 사람들이 너무 많아 제대로 즐길 수 없었다.	人々がとても多くて、まともに楽しめなかった。
○ 놀이 공원에는 다양한 놀이 기구와 행사가 있었다.	遊園地では多様な乗り物とイベントがあった。
○ 아이들을 위한 인형극이 있었다.	子供達のための人形劇があった。
○ 점심 먹기 전에 동화의 집을 구경했다.	昼ご飯を食べる前に童話の家を見物した。
○ 그곳은 신비롭고 환상적이고, 모험으로 가득했다.	そこは、神秘的で、幻想的で、冒険でいっぱいだった。
○ 그곳은 독특하고 멋진 즐거움을 경험하게 해 주었다.	そこは独特で素敵な楽しさを経験させてくれた。
○ 우리는 유령의 집에 들어갔다.	私達は幽霊の家に入った。
○ 안에는 온통 깜깜했다.	中はいちめん真っ暗だった。
○ 유령들 때문에 정말 무서웠다.	幽霊たちのせいで、とても怖かった。
○ 어떤 유령은 나를 때리기도 했다.	ある幽霊は私を叩いたりもした。
○ 나는 비명을 지르며 도망갔다.	私は悲鳴をあげて逃げた。
○ 놀이 공원 직원 몇 명이 유령 역할을 하고 있었다.	遊園地の職員たちが何人か幽霊の役をしていた。
○ 나는 유령들에게 장난을 치기도 했다.	私は幽霊たちにいたずらをしたりした。
○ 길거리 퍼레이드가 아주 환상적이었다.	道のパレードがとても幻想的だった。
○ 눈이 휘둥그레질 정도로 매우 멋졌다.	人目をひくほど、とてもすばらしかった。
	❖人目をひく : 남의 주목을 끌다.
○ 눈이 튀어나올 정도로 굉장했다.	目が飛び出るほどすごかった。
○ 퍼레이드의 인물들이 재미있었다.	パレードの人物達がおもしろかった。
○ 하루 종일 공원 안 여기저기에서 다양한 행사가 열렸다.	一日中公園の中のあちこちで、多様なイベントが開かれた。

○ 시간마다 다른 나라의 음악과 춤을
　감상할 수 있는 문화 행사가 있었다.

時間ごとに他の国の音楽とダンスを見ることができる
文化のイベントがあった。

○ 솜사탕을 사 먹었다.

わたがしを買って食べた。

○ 하늘에는 기구들이 높이 떠 있었다.

空には気球が高く浮かんでいた。

○ 밤에는 화려한 불꽃놀이를 볼 수 있었다.

夜は華やかな花火を見ることができた。

○ 놀이 공원의 장미 축제 마당에 들렀다.

遊園地の薔薇の祭典の庭先に立ち寄った。

○ 꽃을 짓밟지 않도록 조심했다.

花を踏まないように注意した。

○ 꽃을 꺾지 말라고 써 있었다.

花を折らないようにと書いてあった。

놀이 기구

○ 우리는 먼저 회전목마를 탔다.

私達はまずメリーゴーラウンドに乗った。

○ 우리는 회전목마를 타고 빙글빙글
　돌았다.

私達はメリーゴーラウンドに乗って、
くるくる回った。

○ 롤러코스터를 타려면 한 시간을
　기다려야 했다.

ジェットコースターに乗るなら、1時間待たなければ
ならなかった。

○ 롤러코스터를 탈까 말까 망설였다.

ジェットコースターに乗るか乗らないか迷った。

○ 내 동생은 그 놀이 기구를 타기에는
　키가 작았다.

私の弟はその乗り物に乗るには背が低い方だった。

○ 한 시간 동안 줄 서 있었다.

1時間もの間、列に並んだ。

○ 줄을 서서 오래 기다렸다.

列に並んで長い間待った。

○ 어떤 사람이 새치기를 했다.

ある人は横入りをした。

○ 한참을 기다린 후에 그것을 타게 되었다.

ずいぶん長い間待った後で、それに乗ることができた。

○ 드디어 롤러코스터를 타게 되었다.

やっとジェットコースターに乗ることができた。

○ 세 번이나 돌아가는 롤러코스터였다.

3回も回転するジェットコースターに乗った。

○ 그것을 타는 내내 소리를 지르면서
　눈을 감고 있었다.

それに乗っている間ずっと、叫びながら目をつぶって
いた。

○ 스릴이 넘쳤다.	スリル満点だった。
○ 롤러코스터에서 내리니 정말 어지러웠다.	ジェットコースターから降りると本当にフラフラした。
○ 범퍼 카를 타고 서로 부딪치는 것이 재미있었다.	バンパーカーに乗って、お互いにぶつかり合うのがおもしろかった。
○ 드롭다운은 내가 타기에는 너무 높았다.	ドロップダウンは私が乗るにはとても高かった。
○ 드롭다운을 타고 올라갈 때 떨렸다.	ドロップダウンに乗って、上に上がる時震えた。
○ 그것은 올라갈 때 천천히 올라가다가 내려올 때는 매우 빠르게 내려온다.	それは上がる時ゆっくり上がって、降りる時は、とても速く降りる。
○ 그것이 높이 올라 갈수록 더 겁이 났다.	それが、高く上がれば上がるほどもっと怖くなった。
○ 큰 회전 기구를 타는 게 재미있었다.	大きく回転する乗り物を乗るのがおもしろかった。/ 観覧車に乗るのがおもしろかった。
○ 회전 기구에서 놀이 공원 전체를 볼 수 있었다.	観覧車から遊園地全体を見ることができた。
○ 회전 기구가 가장 높이 올라갔을 때 좀 무서웠다.	観覧車が一番高く上がった時、ちょっと怖かった。
○ 바이킹이 흔들릴 때 나는 날아갈 것만 같았다.	バイキングが揺れる時、私は飛んでいってしまうと思うくらいだった。
○ 무서운 놀이 기구는 타지 않았다.	怖い乗り物には乗らなかった。
○ 하루 종일 놀이 공원에서 놀이 기구를 모두 타면서 재미있게 보냈다.	一日中、遊園地ですべての乗り物を乗りながら楽しく過ごした。

06 동물원

동물이름

거미	蜘蛛くも	새	鳥とり
거위	ガチョウ	소	牛うし
고슴도치	はりねずみ	송아지	子牛こうし
공룡	恐竜きょうりゅう	악어	ワニ
기린	キリン	앵무새	オウム
낙타	らくだ	야생동물	野生やせいの動物どうぶつ
너구리	狸たぬき	양	羊ひつじ
늑대	狼おおかみ	얼룩말	シマウマ
다람쥐	リス	여우	きつね
독수리	鷲わし	오리	アヒル
돼지	豚ぶた	원숭이	さる
말	馬うま	코끼리	ゾウ
백조	白鳥はくちょう	코뿔소	サイ
뱀	蛇へび	코알라	コアラ
병아리	ひよこ	타조	ダチョウ
북극곰	北極熊ほっきょくぐま	플라밍고	フラミンゴ
사슴	鹿しか	하마	カバ
사자	ライオン	호랑이	トラ

○ 어린이날에 우리 가족은 동물원에 갔다.　子供の日に私の家族は動物園に行った。
　　　　　　　　　　　　　　　　　　こども ひ　 わたし かぞく どうぶつえん い

○ 동물들이 불쌍해 보였다.　動物たちがかわいそうに見えた。
　　　　　　　　　　　どうぶつ　　　　　　　　み

○ 동물들에게 먹이를 주고 싶었다.　動物たちにえさをあげたかった。

○ 사슴을 제외하고는 동물들에게 먹이 주는　鹿を除いて、動物たちにえさを与えることが禁止されて
　것이 금지되어 있었다.　　　　　　　しか のぞ　　　　　　　　　あた　　　　　きんし
　　　　　　　　　　　　　　　　　いた。

○ 어느 꼬마가 동물들에게 무언가를　ある子供が動物に何かを投げた。
　던졌다.　　　　　　　　　　こども　 どうぶつ なに な

○ 북극곰은 수영을 하고 있었다.　北極熊は泳いでいた。
　　　　　　　　　　　　ほっきょくぐま およ

○ 호랑이와 사자는 우리 안에서 잠을　トラとライオンはおりの中で寝ていた。
　자고 있었다.　　　　　　　　　　　　　なか ね

○ 뱀을 보니 징그러웠다.	蛇を見たら、気持ちが悪かった。
○ 원숭이가 사람 흉내를 내는 것을 보니 우스웠다.	さるが人のまねをするのを見て、おかしかった。
○ 원숭이들은 우리에게 먹을 것을 달라는 몸짓을 했다.	さる達は私達に食べ物をくれるようジェスチャーをした。
○ 내가 모르는 새들이 매우 많았다.	私が知らない鳥たちがたくさんいた。
○ 바쁘게 그 이름을 익혔다.	忙しくその名前を覚えた。
○ 백조는 내가 상상했던 것만큼 우아해 보이지 않았다.	白鳥は私が想像したものより優雅に見えなかった。
○ 독수리의 눈빛은 매우 매서웠다.	鷲の目はとても鋭かった。
○ 일부 동물들은 만질 수도 있었고 그들과 함께 가까이에서 사진도 찍을 수 있었다.	一部の動物たちは触ることもできて、彼らといっしょに近くで写真も撮ることができた。
○ 나는 물고기에게 먹이도 주고 앵무새를 내 어깨에 앉히기도 했다.	私は魚にえさをあげたり、オウムを私の肩に座らせたりした。
○ 거미가 거미집을 짓는 것을 볼수 있었다.	蜘蛛が蜘蛛の巣を張るのを見ることができた。
○ 낙타를 탈 기회가 있었다.	らくだに乗る機会があった。
○ 마차를 타고 공원 전체를 돌아다녔다.	馬車に乗って、公園全体を一周した。
○ 버스를 타고 호랑이, 사자 같은 야생 동물들을 가까이서 볼 수 있었다.	バスに乗って、トラ、ライオンのような野生動物たちを近くで見ることができた。
○ 야생 동물들이 버스 밖에 달려 있는 고기들을 잡기 위해 버스 창문을 만지는 것을 볼 수 있었다.	野生動物たちが、バスの外にぶら下がっている肉を取るためにバスの窓を触るのを見ることができた。
○ 처음에는 야생 동물들이 버스 창문을 깨지 않을까 두려웠다.	最初は野生動物たちがバスの窓を割らないか怖かった。
○ 야생 동물들은 매우 잘 길들여져 있는 듯 보였다.	野生動物たちはとてもよく懐いているように見えた。
○ 동물들이 우리에서 풀려나기를 원하는 것 같았다.	動物たちがおりから開放されるのを願っているようだった。

○ 박제된 동물들이 몇몇 있었다.　　　剥製にされた動物たちがいくつかあった。
　　　　　　　　　　　　　　　　　　はくせい

○ 동물원에서는 공룡 전시회도 있었다.　動物園では恐竜の展示会もあった。
　　　　　　　　　　　　　　　　　　どうぶつえん　　きょうりゅう　　てんじかい

07 식물원

너도밤나무	ぶな	삼나무	杉すぎ
노송나무	檜ひのき	선인장	サボテン
녹나무	楠くすのき	소나무	松まつ
느릅나무	楡にれ	소철	蘇鉄そてつ
느티나무	欅けやき	아카시아	アカシア
단풍나무	かえで・紅葉もみじ	야자수	ヤシ
대나무	竹たけ	오동나무	桐きり
동백나무	椿つばき	옻나무	漆うるし
등나무	藤ふじ	은행나무	銀杏いちょう
떡갈나무	かしわ	자작나무	白樺しらかば
버드나무	柳やなぎ	전나무	樅もみ
뽕나무	桑くわ	참나무	くぬぎ
매화나무	梅うめ	포플러	ポプラ
벚나무	桜さくら	플라타너스	プラタナス
사철나무	まさき	호랑가시나무	ひいらぎ
산사나무	サンザシ		

○ 식물에 관한 리포트를 쓰기 위해　　　植物に関するレポートを書くために植物園に行った。
　식물원에 갔다.　　　　　　　　　しょくぶつ　かん　　　　　　　か　　　　しょくぶつえん　い

○ 그 식물원에는 각기 다른 1,000종의　その植物園にはそれぞれ違う1000種類の植物があった。
　식물들이 있었다.　　　　　　　　　　　　　　　　　ちが　　　しゅるい

○ 그 식물원에는 나비 전시장이 있었다.　その植物園にはちょうちょの展示場があった。
　　　　　　　　　　　　　　　　　　　　　　　　　　　てんじじょう

○ 그 전시장에 여러 가지 나비가 전시되어　その展示場にいろいろなちょうちょが展示されていた。
　있었다.　　　　　　　　　　　　　　　　　　　　　　　　　てんじ

○ 유명한 화가들의 나무 그림이 전시되고　有名な画家たちの木の絵が展示されていた。
　있었다.　　　　　　　　　　　　ゆうめい　がか　　　き　え

○ 멸종 위기에 처한 식물들의 표본도 볼 수 있었다.
絶種の危機にさらされた植物の標本も見ることができた。
ぜっしゅ き き　　　　　　　　しょくぶつ ひょうほん み

○ 거대한 온실 안에는 여러 종류의 열대 식물들이 있었다.
巨大な温室の中にはいろいろな種類の熱帯植物が
きょだい おんしつ なか　　　　　　　　しゅるい ねったい
あった。

○ 일부 꽃들은 매우 화려해서 내 시선을 끌었다.
一部の花たちはとても華やかで、私の視線を惹いた。
いちぶ はな　　　　　　　　はな　　　　　　しせん ひ

○ 어떤 꽃은 매우 소박했으나 좋은 향기가 났다.
ある花はとても素朴だったがいい香りがした。
そぼく　　　　　　かお

○ 꽃이 핀 선인장들이 매우 아름다웠다.
花が咲かせたサボテンたちがとてもきれいだった。
さ

○ 손에 가시가 찔렸다.
手に刺が刺さった。
て とげ さ

○ 가시를 뺐다.
刺を抜いた。
ぬ

○ 식충 식물이 곤충을 잡아먹는 것이 흥미로웠다.
食虫植物が昆虫をつかまえて食べるのが興味深かった。
しょくちゅうしょくぶつ　こんちゅう　　　　　た　　　　きょう み ぶか

○ 생소한 식물들이 매우 많았다.
珍しい植物たちがとても多かった。
めずら　　　　　　　　おお

○ 허브 정원이 제일 좋았다.
ハーブ庭園が一番よかった。
ていえん いちばん

○ 집에서 허브를 키워 보려고 몇 그루의 허브를 샀다.
家でハーブを育ててみようと、いくつかのハーブを
いえ　　　　　そだ
買った。
か

○ 식물원의 공기가 너무 신선했다.
植物園の空気がとても新鮮だった。
しょくぶつえん くう き　　　　　しんせん

08 여행

여행을 꿈꾸다

○ 여행의 목적은 견문을 넓히는 데 있다.
旅行の目的は見聞を広めることにある。
りょこう もくてき けんぶん ひろ
❖見聞を広める : 견문을 넓히다.

○ 도보 여행을 하고 싶다.
徒歩旅行をしたい。
と ほりょこう

610

○ 그저 집을 벗어나서 여기저기를 다니고
　싶다.
ただ、家を脱け出して、あちこち行きたい。

○ 자유롭게 전국 일주를 하고 싶다.
自由に全国一周をしたい。

○ 일상생활에서 탈출하고 싶다.
日常生活から脱出したい。

○ 우울할 때면 여행을 가고 싶다.
憂うつなときは旅行をしたい。

○ 여행의 계획을 짜는 것은 언제나
　즐거운 일이다.
旅行の計画を立てることはいつも楽しいことだ。

○ 이제 여름 방학이 되었으니 어디로든
　여행을 갈 수 있다.
もう夏休みになったので、どこでも旅行することが
できる。

○ 가방을 싸는 대로 곧 여행을 떠날 것이다.
カバンに荷物をつめたら、すぐ旅行に出かけるつもりだ。

○ 내일 우리는 여행을 갈 것이다.
明日私達は旅行に行くつもりだ。

여행 계획

○ 주말여행을 갈 것이다.
週末旅行に行くつもりだ。

○ 주말 낀 연휴여서 우리 가족은 3일간의
　여행을 떠나기로 결정했다.
週末をはさんだ連休なので、私の家族は3日間の旅に
出ることにした。

○ 친구 몇 명과 함께 여행 계획을 세우기
　위해 모였다.
友達何人かといっしょに旅行の計画を立てるために
集まった。

○ 나는 강원도 지리에 밝다.
私はカンウォンドーの地理に詳しい。

○ 여행을 위한 것들을 준비했다.
旅行に必要なものを準備した。

○ 섬으로 여행을 갈 계획을 세우고 있다.
島に旅行に行く計画を立てている。

○ 여행 갈 날짜를 잡았다.
旅行に行く日を決めた。

○ 여행을 위한 모든 것이 다 준비된 것 같다.
旅行のためのすべての準備ができたようだ。

○ 여행을 떠나기 전에 자동차를 철저히
　점검했다.
旅に出る前に自動車を徹底的に点検した。

○ 이번 여행을 고대하고 있다.
今度の旅行を期待している。

○ 즐거운 여행이 되었으면 좋겠다.
楽しい旅行になるといいなあと思う。

○ 여름휴가가 시작되자마자 제주도로 여행을 떠났다.
夏休みが始まってすぐ、チェジュドに旅に出た。

○ 여행 가서 가족들과 사진을 많이 찍었다.
旅行に行って、家族たちと写真をたくさん撮った。

○ 우리는 많은 유적지를 방문했다.
私達は多くの遺跡地を訪問した。

○ 우리 가족은 시골길을 따라 드라이브를 했다.
私達の家族は田舎道に沿って、ドライブをした。

○ 우리 가족은 휴가 때 온천에 갔다.
私の家族は休暇のとき温泉に行った。

○ 여행 중에 날씨가 매우 좋았다.
旅行中に天気がとてもよかった。

○ 우리는 1주일간의 여행에서 밤 늦게 돌아왔다.
私達は1週間の旅行から夜遅く帰ってきた。

○ 정말 행복한 여행이었다.
本当に幸せな旅行だった。

○ 로마에 가면 로마법을 따르라.
ローマへ行ったら、ローマの法に従え。

○ 백문이 불여일견이다.
百聞は一見にしかず。

○ 나는 주말에 자전거를 즐겨 탄다.
私は週末にサイクリングを楽しむ。

○ 자전거를 타고 여행을 하자고 친구들에게 제안했다.
自転車に乗って、旅行をしようと友達に提案した。

○ 모두가 내 제안에 동의했다.
みんなが私の提案に同意した。

○ 우선 부모님의 허락을 얻어야 했다.
まず両親の許可をもらわなければならなかった。

○ 그는 자전거를 못 타서, 우리와 함께 갈 수가 없었다.
彼は自転車に乗れなくて、私達といっしょに行くことができなかった。

○ 조만간 그는 자전거를 배울 것이다.
近いうちに彼は自転車に乗るのを習うだろう。

○ 우리는 함께 모여 자전거 여행을 준비했다.
私達はいっしょに集まって、自転車旅行を準備した。

○ 자전거가 없는 사람은 대여하기로 했다.
自転車がない人は借りることにした。

○ 자전거를 탈 때는 항상 헬멧을 써야 한다.　自転車に乗るときはいつもヘルメットをかぶらなければならない。

○ 사고가 났을 경우 헬멧이 머리를 보호해 줄 것이다.　事故にあった場合、ヘルメットが頭を保護してくれるはずだ。

○ 자전거 여행하기에 아주 좋은 날씨였다.　自転車旅行をするには、とてもいい天気だった。

○ 자전거 도로를 잘 이용하였다.　自転車道路をよく利用した。

○ 열심히 자전거 페달을 밟았다.　一生懸命自転車のペダルを踏んだ。

○ 사람들 때문에 길이 좀 복잡했다.　人が多くて道がちょっと混雑していた。

○ 한 번 넘어지긴 했지만 그리 심각하진 않았다.　一回倒れたりしたが、そんなに深刻ではなかった。

○ 커브를 돌다가 다른 자전거와 마주쳤다.　カーブを曲がったら、他の自転車とぶつかりそうだった。

○ 그것과 부딪혔더라면 크게 다쳤을 것이다.　それとぶつかっていたら、大怪我をするところだった。

○ 그림 같은 주변 경관을 즐기며 달렸다.　絵のような周りの景観を楽しみながら走った。

○ 경치가 너무 좋아 잠시 자전거를 나무에 기대어 놓고 쉬었다.　景色がとてもよくて、少し自転車を木に立てかけて、休んだ。

○ 자전거 바퀴에 바람을 넣었다.　自転車のタイヤに空気をいれた。

○ 자전거로 오르막길을 오르기가 매우 힘들었다.　自転車で坂道を登るのがとても大変だった。

○ 자전거 바퀴의 살 하나가 부러졌다.　自転車の車輪の棒ひとつが折れた。

○ 자전거를 수리하도록 맡겼다.　自転車を修理に出した。

09 외국 여행

세계의나라

―아시아	アジア	오스트리아	オーストリア
한국	韓国かんこく	우크라이나	ウクライナ
일본	日本にほん	이탈리아	イタリア
네팔	ネパール	포르투갈	ポルトガル
대만	台湾たいわん	폴란드	ポーランド
라오스	ラオス	프랑스	フランス
말레이시아	マレーシア	핀란드	フィンランド
몽골	モンゴル	헝가리	ハンガリー
미얀마	ミャンマー	―아메리카	アメリカ
방글라데시	バングラデシュ	도미니카	ドミニカ
베트남	ベトナム	멕시코	メキシコ
북한	北朝鮮きたちょうせん	미국	アメリカ
사우디아라비아	サウジアラビア	베네수엘라	ベネズエラ
스리랑카	スリランカ	볼리비아	ボリビア
싱가폴	シンガポール	아르헨티나	アルゼンチン
아랍	アラブ	우루과이	ウルグアイ
아프가니스탄	アフガニスタン	자메이카	ジャマイカ
우즈베키스탄	ウズベキスタン	칠레	チリ
이라크	イラク	캐나다	カナダ
이란	イラン	콜롬비아	コロンビア
이스라엘	イスラエル	쿠바	キューバ
인도	インド	파나마	パナマ
인도네시아	インドネシア	페루	ペルー
중국	中国ちゅうごく	―아프리카	アフリカ
카자흐스탄	カザフスタン	가나	ガーナ
캄보디아	カンボジア	기니	ギニア
쿠웨이트	クウェート	남아프리카	南みなみアフリカ
태국	タイ	리비아	リビア
터키	トルコ	모로코	モロッコ
파키스탄	パキスタン	세네갈	セネガル
필리핀	フィリピン	수단	スーダン
―유럽	ヨーロッパ	알제리	アルジェリア
그리스	ギリシャ	우간다	ウガンダ
네덜란드	オランダ	에티오피아	エチオピア
노르웨이	ノルウェー	이집트	エジプト
독일	ドイツ	중앙아프리카	中央ちゅうおうアフリカ
러시아	ロシア	케냐	ケニア
루마니아	ルーマニア	콩고	コンゴ
벨기에	ベルギー	탄자니아	タンザニア
불가리아	ブルガリア	나이지리아	ナイジェリア
스웨덴	スウェーデン	―오세아니아	オセアニア
스위스	スイス	뉴질랜드	ニュージーランド
스페인	スペイン	사모아	サモア
아이슬란드	アイスランド	오스트레일리아	オーストラリア
아일랜드	アイルランド	통가	トンガ
영국	イギリス	파푸아뉴기니	パプアニューギニア

여행과 문화

○ 다른 특이한 문화를 배우는 것은 매우
흥미로운 일이다.

他の国の珍しい文化を学ぶことは、
とても興味深いことだ。

○ 여행은 우리에게 다른 문화를 경험할 수
있는 기회를 준다.

旅行は私達に他の文化を経験することができる機会を
与えてくれる。

○ 여행은 견문을 넓혀 준다.

旅行は見聞を広くさせる。

○ 돈을 충분히 벌면 언젠가는 세계 여행을
할 것이다.

お金を十分に稼いだら、いつかは世界旅行をする
つもりだ。

○ 나는 세계 여행을 통해 여러 문화를
경험하고 싶다.

私は世界旅行を通じて、いろんな文化を体験したい。

○ 다른 나라의 다양한 민족들을 만나보고
싶다.

他の国の多様な民族に会ってみたい。

○ 다른 나라를 여행하려면 미리 그 나라의
문화에 대해 알아두는 게 좋다.

他の国を旅行するなら、前もってその国の文化に
対して、知っておく方がいい。

여행 준비

○ 다음 휴가 때 해외 여행을 가자고
제안했다.

次の休暇のとき、海外旅行に行こうと提案した。

○ 우리는 해외여행 준비를 하고 있다.

私達は海外旅行の準備をしている。

○ 우리 가족은 뉴욕 관광 여행을 계획하고
있다.

私の家族はニューヨーク観光旅行を計画している。

○ 유럽으로 여행을 갈 계획을 세우고 있다.

ヨーロッパに旅行に行く計画を立てている。

○ 우리 가족은 5박 6일간의 여행을 떠날
것이다.

私の家族は5泊6日の旅に出るつもりだ。

○ 배낭여행을 갈 것이다.

リュックサック旅行に行くつもりだ。

○ 배를 타고 일본에 갈 것이다.

船に乗って、日本に行くつもりだ。

○ 이번에는 단체 여행으로 가고 싶다.

今回は団体旅行で行きたい。

○ 여행을 위해 준비할 것들이 많다.

旅行のために準備するものが多い。

○ 우선 여권과 비자를 신청했다.	まず、パスポートとビザを申請した。
○ 비자 받는 시간이 오래 걸렸다.	ビザを受け取るまでに長い時間がかかった。
○ 미리 여행사에 예약을 했다.	前もって、旅行社に予約をした。
○ 5월 5일 프랑스행 비행기의 좌석을 두 개 예약했다.	5月5日、フランス行き飛行機の座席を2つ予約した。
○ 영국까지의 비행기 요금이 꽤 비쌌다.	イギリスまでの飛行機代がかなり高かった。
○ 호텔을 트윈 룸으로 예약했다.	ホテルのツインルームを予約した。
○ 더블 룸은 빈방이 없었다.	ダブルルームは空き部屋がなかった。
○ 비행기가 예약이 되어 있는지 확인했다.	飛行機が予約されているか確認した。
○ 짐을 꾸렸다.	荷物をまとめた。

공항에서

○ 가족들이 배웅을 해 주었다.	家族が見送りしてくれた。
○ 나는 비행기를 타기 위해 서둘러야 했다.	私は飛行機に乗るために急がなければならなかった。
○ 비행기가 한 시간 연착되었다.	飛行機が1時間延着した。
○ 비행기가 한 시간 늦었다.	飛行機が1時間遅れた。
○ 안개 때문에 비행기가 뜰 수가 없었다.	霧のために、飛行機が飛ぶことができなかった。
○ 어쩔 수 없이 출발을 하루 늦춰야만 했다.	仕方なく出発を一日延ばさなければならなかった。
○ 공항에서 출국 수속을 밟았다.	空港で出国手続きをした。
○ 탑승 수속 카운터에서 탑승 수속을 했다.	搭乗手続きカウンターで、搭乗手続きをした。
○ 나는 비행기의 창가 쪽 자리를 원했다.	私は飛行機の窓際の席がほしかった。
○ 통로 쪽 좌석만 있었다.	通路側の席だけあった。
○ 공항 이용료를 지불했다.	空港利用料を支払った。
○ 각각의 짐에 꼬리표를 붙였다.	それぞれの荷物に荷札をつけた。

○ 탑승하기 전에 면세점에서 물건 몇 개를 샀다.	搭乗する前に免税店でいくつかの品物を買った。
○ 3시 이탈리아행 대한항공 707편의 출발을 알리는 소리를 들었다.	3時イタリア行き大韓航空707便の出発を知らせる案内を聞いた。
○ 35번 탑승구에서 비행기를 탔다.	35番搭乗口から飛行機に乗った。

기내에서

○ 승무원에게 탑승권을 보여 주었다.	乗務員に搭乗券を見せた。
○ 승무원이 자리를 안내해 주었다.	乗務員が席に案内してくれた。
○ 좌석이 붙어 있지 않아서 다른 사람에게 바꿔 달라고 부탁했다.	座席が離れていて、他の人に席をかわってほしいとお願いした。
○ 나는 처음으로 비행기를 타고 여행을 했다.	私は初めて飛行機に乗って、旅行をした。
○ 비행기가 배보다 훨씬 더 편하다고 생각되었다.	飛行機が船よりずっと楽だと思った。
○ 가방을 선반 위에 올려놓았다.	ガバンを棚の上に載せた。
○ 안전벨트를 착용했다.	安全ベルトを着用した。
○ 비행기가 이륙하기 시작하자 속이 울렁거렸다.	飛行機が離陸し始めると、胸がムカムカした。
○ 비행기 멀미를 했다.	飛行機酔いをした。
○ 토할 것 같았다.	吐気がした。
○ 구토용 봉투가 필요했다.	嘔吐用のビニール袋が必要だった。
○ 멀미약을 먹었어야 했다.	酔い止め薬を飲まなければならなかった。
○ 비행기를 타니 귀가 멍멍했다.	飛行機に乗ったら耳がつまったようになった。
○ 귀가 뚫리도록 침을 삼켰다.	耳が聞こえるように唾を飲み込んだ。
○ 의자를 뒤로 젖혔다.	椅子を後ろに倒した。
○ 창 가리개를 내리고 잠을 잤다.	窓のブラインドを降ろして眠った。

○ 기내 영화를 보았다.	機内の映画を見た。 （きない　えいが　み）

입국 수속

○ 예정대로 도착했다.	予定通り到着した。 （よていどお　とうちゃく）
○ 예정보다 1시간 늦게 도착했다.	予定より1時間遅く到着した。 （よてい　じ　かんおそ）
○ 도착해서 입국 신고서를 작성했다.	到着して、入国申告書を作成した。 （にゅうこくしんこくしょ　さくせい）
○ 세관 신고서를 작성했다.	税関申告所を作成した。 （ぜいかんしんこくしょ）
○ 나는 신고할 것이 없었다.	私は申告するものがなかった。 （しんこく）
○ 세관 검사소를 통과해야 했다.	税関検査所を通過しなければならなかった。 （ぜいかんけんさしょ　つうか）
○ 세관에 걸렸다.	税関で引っ掛かった。 （ひ　か）
○ 그 물건에 대한 관세를 내야 했다.	その品物に対する関税を支払わなければならなかった。 （しなもの　たい　かんぜい　しはら）
○ 삼촌께 공항에 나와 달라고 부탁했었다.	叔父に空港に出迎えに来てほしいと頼んだ。 （おじ　くうこう　でむか　き　たの）
○ 그가 마중 나왔다.	彼が出迎えに着てくれた。 （かれ　でむか　き）
○ 그곳에 도착하자마자 가족에게 전화를 했다.	そこに到着してすぐ家族に電話をした。 （とうちゃく　かぞく　でんわ）
○ 시차 적응을 잘 했다.	時差ぼけしなかった。 （じさ）
	❖時差ぼけ : 시차병.
○ 시차 적응을 잘 못해서 내내 졸렸다.	時差ぼけをして、ずっと眠たかった。 （ねむ）

관광

○ 우리는 5일 동안 최고급 호텔에 머물렀다.	私達は5日間最高級ホテルに泊まった。 （さいこうきゅう　と）
○ 그 호텔은 시설이 좋았다.	そのホテルは施設がよかった。 （しせつ）
○ 호텔 시설은 꽤 좋았으나 숙박료가 비쌌다.	ホテルの施設はかなりよかったが、宿泊料が高かった。 （しゅくはくりょう　たか）
○ 우리의 호텔 방은 바다가 보이는 전망 좋은 곳이었다.	私のホテルの部屋は海が見える展望のいいところ だった。 （へや　うみ　み　てんぼう）

○ 호텔에서 아침을 무료로 제공했다.	ホテルから朝食が無料で提供された。
○ 관광버스로 시내를 둘러보았다.	観光バスで市内を回ってみた。
○ 일정이 빡빡했다.	日程がいっぱいできつかった。
○ 나가사키를 두루 둘러보며 여행했다.	長崎をまんべんなく見て回りながら旅行をした。 ❖まんべんなく：두루.
○ 거기에 가는 길을 몰라 어떤 사람에게 물어 보았다.	そこに行く道を知らなかったので、ある人に聞いてみた。
○ 길이 매우 헷갈렸다.	とても道に迷った。
○ 그는 내게 약도를 그려 주었다.	彼は私に略図を描いてくれた。
○ 그가 길을 자세히 가르쳐 주었다.	彼が道を詳しく教えてくれた。
○ 별 어려움 없이 그곳을 찾을 수 있었다.	別に難しいこともなくそこを探すことができた。
○ 관광 안내소에서 지도와 팸플릿을 구했다.	観光案内所で地図とパンフレットを手に入れた。
○ 지도에서 그곳을 찾아보았다.	地図から、その場所を探してみた。
○ 유명한 관광 명소가 어디에 있는지 확인했다.	有名な観光名所がどこにあるのか確認した。
○ 안내원이 그 도시의 볼거리 몇 곳을 추천해 주었다.	案内係がその都市の見所をいくつか推薦してくれた。
○ 세계에서 가장 큰 박물관에 다녀왔다.	世界で、一番大きい博物館に行ってきた。
○ 구경할 만한 것들이 많았다.	見物する価値のあるところが多かった。
○ 관광객들이 꼭 봐야 할 것들은 놓치지 않고 보려고 했다.	観光客達が必ず見ておくべきものを逃さずに 見ようとした。
○ 거리 상인들이 파는 그 지역의 특산 요리도 맛보았다.	道ばたの商人たちが売る、その地域の特産料理も味わって みた。
○ 다른 나라의 독특한 맛을 경험해 보는 것이 아주 흥미로웠다.	他の国の独特の味を経験してみることがとても おもしろかった。
○ 배를 타고 섬을 일주하는 선상 여행을 했다.	船に乗って、島を一周する船上旅行をした。

○ 삼촌이 우리를 데리고 구경시켜 주셨다.	叔父が私達を連れて、見物させてくれた。
○ 그 풍경은 말로 표현할 수 없을 정도로 아름다웠다.	その風景は言葉で表現できないくらい美しかった。
○ 믿을 수 없을 정도로 멋진 풍경을 지금껏 본 적이 없었다.	信じられないくらいすばらしい風景を今まで見たことがなかった。
○ 가족들에게 줄 기념품을 사야 했다.	家族にあげる記念品を買わなければならなかった。
○ 기념할 만한 것을 사고 싶었다.	記念になるものを買いたかった。
○ 선물 가게에서 수공예 기념품을 몇 개 샀다.	プレゼントの店で、手工芸記念品をいくつか買った。
○ 다른 나라의 다양한 문화를 경험했다.	他の国の多様な文化を経験した。
○ 문화적 차이를 느낄 수 있었다.	文化的な違いを感じることができた。
○ 그가 우리를 태워 가기 위해 공항에 왔다.	彼が私達を乗せて行くために空港に来た。
○ 언젠가 세계 일주 여행을 하고 싶다.	いつか世界一周旅行をしたい。

行こう〜ヨーロッパへ

6月29日　月曜日　晴天

来週の月曜日にはヨーロッパに向けて出発だ。一ヶ月の間、この日を待ちに待っていた。もちろん、長くて険しい旅になることは承知の上だ。私は36日間、ヨーロッパ全域を旅行するつもりだ。私はこんなに長い間、家を空けたことがない。興奮すると同時に心配にもなる。道に迷ったらどうしよう、誰かが私の財布を盗んでしまったらどうしよう、万一、何か事件が起ったらどうしよう、なんていう思いが私を襲ったりする。しかし、私は自信満々だ。私は必ずやり遂げることができるだろう。私はインターネットを通して、情報を得ることができたし、飛行機のチケットやホテルも予約することができた。インターネットサービスを利用したら、多くの経費を節約することができる。私はヨーロッパに旅立つ前にヨーロッパについて勉強した。ヨーロッパは活気に満ちているようだ。今すぐにでもはやく出発したい。本当にすばらしい夏休みになりそうだ。他の国の博物館、遺跡、そしてほんとうにすてきな景色を見れることを期待している。

가자, 유럽으로!

6월 29일, 월요일, 화창함

다음 주 월요일이면 유럽에 가게 된다. 한 달 내내 이날을 기다리고 있다. 물론 길고도 험한 여행이 되리라는 것을 알고 있다. 나는 36일 동안 유럽 전역을 여행할 계획이다. 나는 그렇게 오랫동안 집을 떠나 본 적이 한 번도 없다. 흥분되기도 하고 동시에 걱정이 되기도 한다. 길을 잃으면 어쩌지? 누군가 내 지갑을 훔쳐 가면 어쩌지? 만일 무슨 일이 생기면 어쩌지 하는 생각들이 나를 미치게 만들고 있다. 그러나 나는 자신만만하다. 나는 잘해 낼 수 있을 것이다. 나는 인터넷을 통해 많은 정보를 얻을 수 있었고 비행기 티켓이나 호텔을 예약할 수 있었다. 인터넷 서비스를 이용해서 많은 돈을 절약했다. 나는 유럽으로 떠나기 전에 유럽에 대해 공부를 했다. 유럽은 활기로 가득 차 있는 것 같다. 어서 빨리 출발하고 싶다! 정말 끝내주는 여름 방학을 보내게 될 것이다. 다른 나라의 박물관, 유적지 그리고 정말 멋진 경치들을 보게 될 것을 간절히 기대하고 있다.

20 여가 활동

NOTES

~に向むけて出発しゅっぱつ ~향해서 출발 ｜ 待まちに待っていた 기다리고 기다렸다 ｜ 承知しょうちの上うえ 잘 알고 있다 ｜
家いえを空あけたことがない 집을 떠나 본 적이 없다 ｜ すると同時どうじに 하는 것과 동시에 ｜ どうしよう 어쩌지 ｜
やり遂とげる 해내다 ｜ 経費けいひ 경비 ｜ 活気かっきに満みちている 활기로 가득 차 있다

CHAPTER

21

직장 생활

1. 직업
2. 취업
3. 직장 생활
4. 사업
DIARY 21

01 직업

■ 직 업 의 종 류

가수	歌手かしゅ	상담원	カウンセラー
가정교사	家庭教師かていきょうし	선장	船長せんちょう
가정부	家政婦かせいふ	성우	声優せいゆう
가정주부	主婦しゅふ	성직자	聖職者せいしょくしゃ
간호사	看護婦かんごふ	소방관	消防士しょうぼうし
감독	監督かんとく	소설가	小説家しょうせつか
건축가	建築家けんちくか	수녀	修道女しゅうどうじょ
검사	検事けんじ	수의사	獣医師じゅういし
검찰관	検察官けんさつかん	스튜어디스	スチュワーデス
경리	経理けいり	시인	詩人しじん
경비원	警備員けいびいん	신문 기자	新聞記者しんぶんきしゃ
경찰관	警察官けいさつかん	아나운서	アナウンサー
고고학자	考古学者こうこがくしゃ	야구 선수	野球選手やきゅうせんしゅ
공무원	公務員こうむいん	어부	漁夫ぎょふ
과학자	科学者かがくしゃ	엔지니어	エンジニア
교사	教師きょうし	연구원	研究員けんきゅういん
교수	教授きょうじゅ	연극배우	演劇俳優えんげきはいゆう
교장	校長こうちょう	연예인	芸能人げいのうじん
국회의원	国会議員こっかいぎいん	영업사원	営業社員えいぎょうしゃいん
군인	軍人ぐんじん	예술가	芸術家げいじゅつか
노동자	労働者ろうどうしゃ	외교관	外交官がいこうかん
농부	農夫のうふ	요리사	料理士りょうりし・調理師ちょうりし
대통령	大統領だいとうりょう	운동선수	運動選手うんどうせんしゅ
댄서	ダンサー	운전기사	運転手うんてんしゅ
동물조련사	調教師ちょうきょうし	은행원	銀行員ぎんこういん
목사	牧師ぼくし	음악가	音楽家おんがくか
목수	大工だいく	의사	医者いしゃ
미용사	美容師びようし	작가	作家さっか
방송 기자	放送記者ほうそうきしゃ	정비공	整備士せいびし
배달원	配達員はいたついん	정치가	政治家せいじか
배우	俳優はいゆう	제빵사	パン屋や
번역가	翻訳家ほんやくか	주방장	料理長りょうりちょう
변호사	弁護士べんごし	탐험가	探検家たんけんか
비서	秘書ひしょ	판매원	販売員はんばいいん
비행기조종사	パイロット	판사	判事はんじ
사무원	事務員じむいん	회계사	会計士かいけいし
사장	社長しゃちょう	회사원	会社員かいしゃいん

○ 직업을 잘 선택하는 것은 중요한
일이다.

いい職業を選択することは重要なことだ。
しょくぎょう せんたく じゅうよう

○ 좋은 직업을 갖는 것은 쉬운 일이
아니다.

いい職業を持つことはたやすいことではない。
も

○ 안정된 직업이 있다는 것은 행운이라고
생각한다.

安定した職業があるという事は幸運だと思う。
あんてい こと こううん おも

○ 좋은 직업을 갖기를 원하는 사람들은
사람들과의 관계가 좋아야 하고,
적어도 하나 정도 외국어는 유창하게
할 수 있어야 한다.

いい職業を持つことを願う人々は、いろんな人達との
も ねが ひとびと ひとたち
関係がよくなければならないし、少なくともひとつ
かんけい すく
くらいの外国語は、流暢に話せなければならない。
がいこくご りゅうちょう はな

○ 일하지 않는 자는 먹지도 말라.

仕事をしない者は食べるな。
しごと もの た

○ 구직하기에 앞서 내가 가장 잘할 수
있는 일이 무엇인지 생각해 보았다.

求職する前に、私が一番よくできることが何なのか
きゅうしょく まえ いちばん なん
考えてみた。
かんが

○ 내게 맞는 일을 찾기 위해 직업 적성
검사를 해 보았다.

私に合う仕事を探すために職業適性検査を受けてみた。
あ しごと さが しょくぎょうてきせいけんさ う

○ 앞으로 존경받는 직업을 갖고 싶다.

将来尊敬される職業につきたい。
しょうらいそんけい

○ 우리 과학 선생님처럼 완벽한
선생님이 되고 싶다.

私達の科学の先生みたいに完璧な先生になりたい。
かがく せんせい かんぺき

○ 나는 공무원 같은 직업을 갖고 싶다.

私は公務員みたいな職業につきたい。
こうむいん

○ 보수가 많은 직업을 갖고 싶다.

報酬が多い職業につきたい。
ほうしゅう おお

○ 근무 시간을 자유롭게 조절해서 일할 수
있는 직장에 다니고 싶다.

勤務時間を自由に調節して仕事をすることができる職場に
きんむじかん じゆう ちょうせつ しごと しょくば
通いたい。
かよ

○ 직업을 갖지 않고 알뜰한 가정주부가
되고 싶다.

職業を持たずに、倹しい家庭の主婦になりたい。
しょくぎょう も つま かてい しゅふ

❖倹しい : 알뜰하다.

○ 돈을 많이 벌게 해 주는 직업이
무엇인지 궁금하다.

お金をたくさん稼げる職業が何なのか知りたい。
かね かせ なん し

○ 유망한 기업에 들어가고 싶다.

有望な企業に入りたい。
ゆうぼう きぎょう はい

○ 내가 그 일에 적임자라고 생각한다. 私がその仕事の適任者だと思う。

○ 내가 그 일에 적당한 사람이다. 私がその仕事に適した者だ。

○ 나는 그 업무에 필요한 모든 것을 다 私はその業務に必要なすべてのものを持っている。
갖추고 있다.

○ 내가 그 자리에 적합하다고 생각된다. 私がその位置に合っていると思う。

○ 내 적성에 잘 맞는 직업이다. 私の適性によく合う職業だ。

○ 그 일은 내게 잘 맞지 않는다. その仕事は私によく合わない。

○ 나는 그 일을 하기에 기술이 부족하다. 私がその仕事をするには技術不足だ。

○ 어떤 직장을 가질 것인지 아직 결정하지 どんな職場につきたいのか、まだ決めることが
못했다. できなかった。

○ 직업을 선택하는 것이 이렇게 어려운 職業を選択することが、こんなに難しいとは
줄 몰랐다. 思わなかった。

02 취업

구직

○ 요즘 일자리를 찾고 있다. 最近仕事を探している。

○ 요즘은 일자리 구하기가 매우 어렵다. 最近は仕事を見つけるのがとても難しい。

○ 요즘은 취업하기가 매우 어렵다. 最近は就職するのがとても難しい。

○ 학교를 졸업하자마자 일자리에 지원할 学校を卒業してすぐ、就職するつもりだ。/
계획이다. 学校を卒業してすぐ、働くつもりだ。

○ 나는 1년간 취업 교육을 받았다. 私は1年間就職教育を受けた。

○ 취업 박람회에 가 보았다. 就職博覧会に行ってみた。

○ 내가 지원한 그 일에 5년간의 실무 경험이 있다.　私が志願したその仕事には、5年間の実務経験がある。

○ 그 회사는 어느 정도의 직업 경험을 필요로 했다.　その会社はある程度の職業経験を必要とした。

○ 그 회사에서 일하려면 높은 토익 점수가 꼭 필요하다.　その会社で仕事をするなら、高いTOEICの点数が必ず必要だ。

○ 나는 국제 무역 회사에 근무했었다.　私は国際貿易の会社に勤務していた。／私は国際貿易の会社で働いていた。

○ 신문 구인 광고에 있는 회사의 전화번호를 보고 전화를 했다.　新聞の求人広告に出ている会社の電話番号を見て、電話をした。

○ 그 회사에 지원하려고 했으나 마감이 어제였다.　その会社に志願しようとしたが、締め切りが昨日だった。

○ 엔지니어를 구하는 광고를 보고 전화를 했더니 아직도 접수할 수가 있었다.　エンジニアの募集の広告を見て電話をしたら、まだ受付することができた。

○ 그 회사가 적극적인 면이 있어서 지원했다.　その会社が積極的な面があったので志願した。

○ 컴퓨터에 관련된 직업에 응시했다.　コンピューターに関連した職業に申し込んだ〔志願した〕。

입사 시험

○ 오늘 그 회사 입사 시험이 있었다.　今日、その会社の入社試験があった。

○ 경쟁률이 아주 높았다.　競争率がとても高かった。

○ 입사 시험이 어려웠지만 합격을 했다.　入社試験が難しかったが、合格した。

○ 면접 날짜가 잡혔다.　面接の日にちが決まった。
❖日にち : 날짜.

○ 오늘 면접이 있었다.　今日、面接があった。

○ 면접을 위해 정장을 하고 머리를 단정히 빗었다.　面接のために正装をして、髪をきれいに整えた。

○ 많은 지원자들이 면접에 왔다.　多くの志願者が面接を受けに来た。

627

- 회사의 인사 담당 직원들이 내게 몇 가지 질문을 했다.
  会社の人事担当の職員が私にいくつかの質問をした。

- 나는 면접관들의 질문을 주의 깊게 듣고 자신감 있고 정중하게 대답했다.
  私は面接官の質問を注意深く聞いて、自信を持って、丁寧に答えた。

- 그들에게 내가 가진 기술과 경험에 대해 설명했다.
  彼らに私が持っている技術と経験について、説明した。

- 특히 그 직업에 대한 내 관심을 강조했다.
  とくにその職業について、私の関心を強調した。

- 면접관의 질문에 대답을 적절히 잘 한 것 같다.
  面接官の質問に、適切によく答えたようだ。

취업

- 면접에 합격했다.
  面接に合格した。

- 드디어 직장을 구했다.
  やっと就職できた。

- 대기업에 입사하게 되었다.
  大企業に入社することになった。

- 일을 시작하게 되어 매우 기쁘다.
  仕事ができるようになって、とてもうれしい。

- 삼촌의 주선으로 일자리를 얻게 되었다.
  叔父の取り持ちで就職できた。 /
  叔父の取り持ちで働き口を得ることができた。

- 그분 덕분으로 일자리를 구했다.
  その方のおかげで、仕事場を見つけることができた。

- 그가 나에게 일자리를 주선해 주었다.
  彼が、私が就職するのを取り持ってくれた。

03 직장 생활

내 직장

- 나는 신입 사원이다.
  私は新入社員だ。

- 나는 취업하여 일하고 있다.
  私は就職して、仕事をしている。

○ 나는 사무직 근로자이다. 私は事務職勤労者だ。

○ 지금 나는 컴퓨터 회사에서 근무한다. 今、私はコンピューターの会社に勤務している。

○ 나는 해외 무역에 종사하고 있다. 私は海外貿易に従事している。

○ 나는 관리자의 직책을 맡고 있다. 私は管理者の職責を引き受けている。/
私は管理者として仕事をしている。

○ 나는 내 직업에 만족한다. 私は私の職場に満足している。

○ 나는 직장에 충실하려고 항상 노력한다. 私は忠実に会社で働こうといつも努力している。

○ 직장에서 일하는 것이 학교에서 공부하는 職場で仕事をすることが学校で勉強することよりずっと
것보다 훨씬 더 스트레스를 많이 받는다. ストレスをたくさん受ける。

○ 요즘 우리 회사는 사업이 잘 되고 있다. 最近、私の会社は事業がうまくいっている。

○ 그 회사에는 여러 가지 복지 제도가 있다. その会社にはいろいろな福祉制度がある。

○ 가능한 한 빨리 승진하고 싶다. できる限り早く昇進したい。

○ 사장님이 나를 부장으로 승진시켜 주었다. 社長が、私を部長に昇進させてくださった。

○ 나는 부장으로 승진했다. 私は部長に昇進した。

○ 나는 내 직업에 자부심을 가지고 있다. 私は私の仕事に自負心を持っている。

○ 나는 다른 자리로 좌천되었다. 私は他の仕事場に左遷させられた。

근무 시간

○ 나는 1주일에 5일 근무한다. 私は1週間に5日勤務する。

○ 우리 회사의 근무 시간은 오전 9시부터 私の会社の勤務時間は、午前9時から午後6時までだ。
오후 6시까지이다.

○ 나는 9시에 출근해서 6시에 퇴근한다. 私は9時に出勤して、6時に退社する。

○ 나는 오전 9시부터 오후 5시까지 하루에 私は午前9時から、午後5時まで1日8時間仕事をする。
8시간 일한다.

○ 8시까지 출근한다. 8時までに出勤する。

○ 8시에 일이 시작된다. 8時に仕事が始まる。

○ 12시에 한 시간 동안 점심시간이 있다.　12時に1時間昼食時間がある。
　　　　　　　　　　　　　　　　　じ かんちゅうしょく

○ 오늘은 오전 근무조로 일했다.　　　　今日は早番で仕事をした。
　　　　　　　　　　　　　　　　　きょう　はやばん
　　　　　　　　　　　　　　　　　❖교대 근무제에서 오전 근무조는 ─┐早番┌─ , 야간 근무조는 ─┐遅番┌─ 이라고
　　　　　　　　　　　　　　　　　　　　　　　　　　　はやばん　　　　　　　　おそばん
　　　　　　　　　　　　　　　　　한다.

○ 6시에 퇴근을 하여 7시까지 집에　　　6時に退社して、7時までに家に帰る。
　들어간다.　　　　　　　　　　　　　　　　たいしゃ　　　　　　いえ　かえ

○ 우리는 3교대제로 근무한다.　　　　　私達は3交代制で勤務する。
　　　　　　　　　　　　　　　　　　　　　　　こうたいせい

○ 8시간 단위로 교대 근무를 한다.　　　8時間単位で交代勤務をする。
　　　　　　　　　　　　　　　　　たん い　　こうたいきん む

○ 나는 야간조 근무를 한다.　　　　　　私は遅番をする。
　　　　　　　　　　　　　　　　　　　おそばん

○ 나는 주간조 근무를 한다.　　　　　　私は早番をする。
　　　　　　　　　　　　　　　　　　　はやばん

○ 오늘은 야간 근무조이다.　　　　　　今日は遅番だ。
　　　　　　　　　　　　　　　　きょう　おそばん

○ 오늘은 야근을 해야 했다.　　　　　　今日は夜勤をしなければならなかった。
　　　　　　　　　　　　　　　　　　や きん

○ 1주일에 두 번은 야근을 한다.　　　　1週間に2回夜勤をする。
　　　　　　　　　　　　　　　　いっしゅうかん　かい や きん

○ 그 프로젝트를 끝마치기 위해 야근을　そのプロジェクトを終わらせるために夜勤をした。
　했다.　　　　　　　　　　　　　　　　　　　　　　お

○ 요즘은 거의 매일 야근을 한다.　　　　最近ほとんど毎日夜勤をする。
　　　　　　　　　　　　　　　　さいきん　　　　　まいにち や きん

○ 일을 마치고 집에 돌아갔다.　　　　　仕事を終わらせて、家に帰った。
　　　　　　　　　　　　　　　　し ごと　お　　　　　　いえ　かえ

○ 나는 일이 끝나면 곧장 집으로 간다.　私は仕事が終わったら、すぐ家に帰る。
　　　　　　　　　　　　　　　　　　　　　　お

○ 오늘은 쉬는 날이다.　　　　　　　　今日は休みだ。
　　　　　　　　　　　　　　　　きょう　やす

○ 내일은 출장을 갈 것이다.　　　　　　明日、出張する予定だ。
　　　　　　　　　　　　　　　　あした　しゅっちょう　よてい

○ 하루 일을 마치고 나면 지친다.　　　　一日の仕事を終えるとくたくたになる。
　　　　　　　　　　　　　　　　いちにち　　　　お

○ 드디어 오늘의 일을 끝마쳤다.　　　　やっと今日の仕事を終えた。

○ 내일은 쉴 것이다.　　　　　　　　　明日は休むつもりだ。
　　　　　　　　　　　　　　　　あした　やす

○ 나는 1주일에 이틀을 쉰다.　　　　　私は1週間に2日休む。
　　　　　　　　　　　　　　　　いっしゅうかん　ふつかやす

○ 며칠간 쉬었으면 좋겠다.　　　　　　何日か休みたい。
　　　　　　　　　　　　　　　　なんにち　やす

○ 당분간 휴가를 가고 싶다.　　　　　　当分の間、休暇を取りたい。
　　　　　　　　　　　　　　　　とうぶん　あいだ　きゅうか　と

○ 아침 일찍 출근 준비를 했다.	朝早く出勤準備をした。 あさはや　しゅっきんじゅんび
○ 나는 집에서 회사까지 지하철로 통근한다.	私は家から会社まで地下鉄で通勤する。 いえ　かいしゃ　ちかてつ　つうきん
○ 출근하는 데 지하철로 20분 걸린다.	出勤するのに地下鉄で20分かかる。 ぶん
○ 집에서 사무실까지 지하철로 한 시간 정도 걸린다.	家から事務所まで地下鉄で1時間くらいかかる。 いえ　じ むしょ　じ かん
○ 러시아워에는 지하철에 사람이 너무 많다.	ラッシュアワーのときには、地下鉄に人々がとても多い。 ち かてつ　ひとびと　おお
○ 나는 통근 버스를 이용한다.	私は通勤バスを利用する。 つうきん　り よう
○ 나는 동료 한 명과 카풀을 한다.	私は同僚の一人といっしょに車で通勤する。 どうりょう　ひとり　くるま
○ 우리 회사는 집에서 아주 가까운 곳에 있다.	私達の会社は家からとても近いところにある。 かいしゃ　いえ　ちか
○ 걸어서 7분밖에 안 걸린다.	歩いて、7分しかかからない。 ある
○ 아파서 회사에 지각했다.	体の具合が悪くて、会社に遅刻した。 からだ　ぐ あい　わる　かいしゃ　ち こく ❖具合が悪い : 아프다.
○ 아파서 출근을 못한다고 전화했다.	体の具合が悪くて、出勤できないと電話をした。 しゅっきん　でん わ

○ 일이 익숙해질 때까지는 무척 바빴다.	仕事に慣れるまでは、とても忙しかった。 し ごと　な　いそが
○ 일에 익숙해지고 있다.	仕事に慣れてきた。
○ 요즈음은 일에 압도될 정도로 일이 많다.	最近は仕事に圧倒されるくらい仕事が多い。 さいきん　あっとう　おお
○ 한 가지 일을 채 끝마치기도 전에 또 다른 일이 밀려온다.	ひとつの仕事を終わらせる前に、また他の仕事が お　まえ　ほか 入ってきた。 はい
○ 할 일이 많아 꼼짝 못하고 있었다.	しなければならない仕事が多くて、身動きできずにいた。 おお　み うご ❖身動きできない : 꼼짝 못하다.
○ 시간에 쫓기고 있었다.	時間に追われていた。 じ かん　お

○ 내가 맡은 일을 매우 잘 해내고 있다.   私が引き受けた仕事をとてもよくやりこなしている。

ひ う　　しごと

○ 쉬지 않고 일했다.   休まずに仕事をした。

やす

○ 나는 밤낮으로 열심히 일했다.   私は昼も夜も一生懸命仕事をした。

ひる よる いっしょうけんめい

○ 헌신적으로 일을 했다.   献身的に仕事をした。

けんしんてき

○ 나는 일벌레가 된 것 같다.   私は働き蜂になったようだ。

はたら ばち

○ 나는 항상 일에 얽매여 있다.   私はいつも仕事に縛られている。

しば

○ 할 일이 산더미 같다.   しなければならない仕事が山のようだ。

やま

○ 신선한 공기를 마시며 한숨 돌리기   新鮮な空気を吸って、一息つくためにしばらく外に出た。
위해 잠시 밖으로 나갔다.   しんせん くうき す ひといき そと で

○ 나는 소매를 걷어 올리고 열심히 일했다.   私は腕捲りをして、一生懸命仕事をした。

うでまく いっしょうけんめい しごと

○ 그 일은 혼자 하기에는 너무 벅찬   その仕事はひとりでするには、とても大変な仕事
일이었다.   たいへん

だった。

○ 그 일은 솔직히 말해 나한테는 버거운   その仕事は正直なところ、私の能力を越えた仕事
일이었다.   しょうじき のうりょく こ

だった。

○ 나는 그 일을 할 수 있는 자격이 안 된다.   私はその仕事をすることのできる資格がない。

しかく

○ 나는 항상 근면하게 일을 하려고 노력한다.   私はいつも勤勉に仕事をしようと努力する。

きんべん どりょく

○ 다른 사람들보다 앞서기 위해 열심히 일한다.   他の人より抜きん出るために熱心に仕事をする。

ほか ひと ぬ で ねっしん しごと
❖抜きん出る : 뛰어나다.

○ 오늘은 월급날이다.   今日は給料日だ。

きょう きゅうりょうび

○ 첫 월급을 탔다.   初月給をもらった。

はつげっきゅう

○ 초봉은 그리 많지 않았다.   初給はあまり多くなかった。

しょきゅう おお

○ 후한 월급을 받고 있다.   手厚い給料をもらっている。／

てあつ きゅうりょう
高い給料をもらっている。

たか

632

내 보수는 많은 편이다.	私の報酬は多い方だ。
한 달에 적어도 200만원은 받는다.	一ヶ月に少なくとも200万ウォンはもらう。
다음 달에는 월급을 더 많이 받게 될 것이다.	来月には給料をもっとたくさんもらうはずだ。
월급이 인상되어 기쁘다.	給料が上がって嬉しい。
이번 달에는 성과급을 받았다.	今月はボーナスをもらった。
내 월급에 만족한다.	私の給料に満足している。
월급이 삭감됐다.	給料が減らされた。
많은 일을 하지만 월급은 적다.	多くの仕事をするが、給料は安い。
월급이 너무 적다.	給料がとても安い。
월급이 올랐으면 좋겠다.	給料があがったらいいと思う。
사장님에게 월급 인상을 요구했다.	社長に給料の引き揚げを要求した。
월급을 올려 주었다.	給料をあげてくれた。
기대하고 있었는데 월급을 인상해 주지 않았다.	期待していたのに、給料をあげてくれなかった。

근무 조건

우리 회사는 근무 조건이 아주 좋다.	私達の会社は勤務条件がとてもいい。
우리 회사의 근무 조건은 매우 열악하다.	私達の会社の勤務条件はとても劣悪だ。
나는 사장과 사이가 좋지 않다.	私は社長と仲がよくない。
사장은 항상 우리에게 어조를 낮추어 이야기한다.	社長はいつも私に静かな口調で話す。
사장은 참견하기 좋아하는 사람이라 항상 이래라저래라 한다.	社長は干渉するのが好きな人なので、いつもああしろこうしろと言う。
사장한테 질책을 받았다.	社長に叱責を受けた。/社長に怒られた。
사장에게 불만이 많았다.	社長に対する不満がたくさんあった。

○ 많은 동료들이 근무 조건에 만족하지 못하고 있다.

多くの同僚たちが勤務条件に満足できずにいる。
おお　　　どうりょう　　　　きんむじょうけん　まんぞく

○ 다른 동료들도 그들의 문제점을 사장에게 터놓고 이야기하고 싶어 했다.

他の同僚たちも彼らの問題点を社長に面と向かって
ほか　どうりょう　　かれ　もんだいてん　しゃちょう　めん　む
話したがった。
はな
❖面と向かって : 얼굴을 보면서/ 당당하게/터놓고.

○ 아무도 고양이 목에 방울 다는 일은 하지 않으려고 했다.

誰も猫の首に鈴をつけることはしようとしなかった。
だれ　ねこ　くび　すず

○ 내 일에 열의가 없어졌다.

私の仕事に熱意が失われた〔なくなった〕。
しごと　ねつい　うしな

○ 너무나 오랫동안 임금이 적어서 직업을 바꾸기로 결심했다.

とても長い間賃金が少なくて、仕事を変えることを
なが　あいだちんぎん　すく　　しごと　か
決心した。
けっしん

○ 나는 다음 주에 서울로 전근을 갈 것이다.

私は来週ソウルに転勤することになっている。
らいしゅう　　　てんきん

○ 더 좋은 직장을 찾을 때까지 지금 직장에 그대로 있기로 했다.

もっといい職場を見つけるまで、今の職場にそのままいる
しょくば　み　　　いま
ことにした。

○ 기회가 되면 즉시 직업을 바꿀 것이다.

機会があったら、すぐ職場を変えるつもりだ。
きかい　　　　　しょくば　か

○ 다른 직장으로 옮겼다.

他の職場に移った。
ほか　　うつ

실직

○ 회사 거래를 하다가 큰 실수를 저질러 정직 당했다.

会社の取引で、大きな失敗をして、停職させられた。
かいしゃ　とりひき　おお　　しっぱい　　　ていしょく

○ 나에겐 그 일을 잘 해낼 능력이 없다고 생각한다.

私にはその仕事をうまくやり遂げる能力がないと思う。
しごと　　　と　のうりょく　おも

○ 회사가 파업중이다.

会社がストライキしている。

○ 회사를 그만둘 것이다.

会社を辞めるつもりだ。
や

○ 직장을 그만둘까 생각 중이다.

職場を辞めようかと考えているところだ。
しょくば　や　　　かんが

○ 마침내 나는 일을 그만두었다.

ついに私は仕事を辞めた。

○ 사장에게 사직서를 냈다.

社長に辞表を提出した。
しゃちょう　じひょう　ていしゅつ

○ 충동적으로 일을 그만두었다.

衝動的に仕事を辞めた。
しょうどうてき　　や

○ 회사가 정리해고를 했다.	会社がリストラをした。
○ 정리해고 당했다.	リストラされた。
○ 해고당했다.	解雇された。/ 首になった。
○ 내가 해고당하리라고는 생각지 못했다.	私が解雇されるなんて、考えても見なかった。
○ 게으름 때문에 직장을 잃었다.	私が怠慢なために職場を失った。
○ 유학을 가려고 일을 포기했다.	留学しようと仕事を放棄した。
○ 아파서 일을 쉬고 있다.	体の具合が悪くて、休んでいる。
○ 나는 지금 실업자이다.	私は今失業者だ。
○ 나는 일이 없다.	私は仕事がない。
○ 나는 직업이 없다.	私は職業がない。
○ 나는 지금 실업 상태다.	私は今失業状態だ。
○ 자주 직장을 옮기는 것은 바람직하지 못하다.	よく職場を変わることは望ましくない。
○ 나는 이 직장 저 직장을 전전했다.	私はこの職場あの職場と転々とした。
○ 나는 요즘 일정한 직업이 없다.	私は最近一定した職業がない。
○ 약 1년간 직업이 없었다.	約1年間職業がなかった。/ 約1年間仕事につけなかった。
○ 안정된 직장에서 일하고 싶다.	安定した職場で、仕事をしたい。
○ 일자리가 없을 때는 스스로 나약하게 느껴진다.	職がないときは、自らが弱く感じる。
○ 직장을 잃었을 때 무력감을 느꼈다.	職場を失ったとき無力感を感じた。
○ 백수로 지내는 것도 이젠 지긋지긋하다.	仕事をしないで過ごすことも、もう、うんざりだ。 ❖うんざり : 진절머리가 남.
○ 자신감을 잃어서 지금 당장 다른 직장을 찾기가 어렵다.	自信を失って、今すぐに他の職場を探すのが難しい。
○ 일이 없어서 근근이 살아 가고 있다.	仕事がなくて、やっとのことで生きている。

04 사업

개인 사업

○ 졸업 후 나는 나만의 사업을 시작할 계획이다.　卒業した後、私は私ならではの事業を始める計画だ。
　　　　　　　　　　　　　　　　　　　　そつぎょう　あと　　　　　　　じぎょう　はじ　けいかく

○ 나는 자영업을 하고 싶다.　私は自営業をしたい。
　　　　　　　　　　　じえいぎょう

○ 나는 작은 가게를 운영하고 싶다.　私は小さい店を運営したい。
　　　　　　　　　　　　　　ちい　みせ　うんえい

○ 나는 가업을 이어받을 것이다.　私は家業を受け継ぐつもりだ。
　　　　　　　　　　　　かぎょう　う　つ

○ 아버지께서 내게 사업을 물려주실 것이다.　父が私に事業を相続させてくれるだろう。
　　　　　　　　　　　　　　　　　ちち　　じぎょう　そうぞく

○ 우리 부모님은 사업에 있어 나를 상당히　私の両親は事業において、私をとても信頼して
　신뢰하신다.　　　　　　　　　　　りょうしん　じぎょう　　　　　　しんらい
　　　　　　　　　くれている。

○ 아버지의 식당을 인계 받았다.　父の食堂の引き継ぎを受けた。
　　　　　　　　　　　　　ちち　しょくどう　ひ　つ　う

○ 기업을 이어받기 보다는 내 자신의　家業を引き継ぐことより、私自身の事業を始めたい。
　사업을 시작하고 싶다.　　　　　かぎょう　ひ　つ　　　　わたしじしん　じぎょう　はじ

○ 나는 자동차에 관심이 많아서 정비소를　私は自動車に関心があるので、カーセンターを
　열고 싶다.　　　　　　　　　じどうしゃ　かんしん　　　　　　　　　
　　　　　　　　　開きたい。
　　　　　　　　　ひら

○ 사업을 잘 운영하기 위해서는 관리를　事業をうまく運営するためには、管理を上手くしなければ
　잘해야 한다.　　　　　　　　　うんえい　　　　　　　　　かんり　うま
　　　　　　　　　ならない。

사업 준비

○ 사업에 착수하려면 자금이 필요하다.　事業に着手するなら、資金が必要だ。
　　　　　　　　　　　　　じぎょう　ちゃくしゅ　　　　しきん　ひつよう

○ 그 사업을 시작하려면 꽤 많은 돈이　その事業を始めるなら、かなり多くのお金が必要だ。
　필요하다.　　　　　　　　　　はじ　　　　　　おお　かね

○ 그는 가지고 있는 돈을 모두 사업에　彼は持っているお金をすべて事業に投資した。
　투자했다.　　　　　　　　　かれ　も　　　　かね　　　　とうし

○ 은행으로부터 약간의 돈을 대출　銀行から少し貸付を受けなければならなかった。／銀行
　받아야 했다.　　　　　　　ぎんこう　すこ　かしつけ　う　　　　　　　　
　　　　　　　　　から少しお金を貸し出してもらわなければならなかった。
　　　　　　　　　　　かね　か　だ

○ 사무실을 임대했다.　事務室を賃借した。
　　　　　　　　　　じ む しつ　ちんしゃく

○ 중심가에 있는 사무실을 찾을 수 있었다.　中心街にある事務所を探すことができた。
　　　　　　　　　　ちゅうしんがい　　　じ む しょ　さが

○ 나는 지역 신문에 사업을 시작한다는　私は地域の新聞に事業を始めたという公告を出した。
　공고를 냈다.　わたし ち いき　しんぶん じ ぎょう はじ　　　　　　こうこく　だ

○ 사업을 곧 시작한다는 광고를 냈다.　事業をまもなく始めると広告を出した。
　　　　　　　　　　じ ぎょう　　　　はじ　　　こうこく　だ

○ 내 사업은 컴퓨터를 취급한다.　私の事業はコンピューターを取り扱う仕事だ。
　　　　　　　　　　わたし じ ぎょう　　　　　　　　　と　あつか し ごと

○ 그 사업을 시작하기 전에 그 분야에　その事業を始める前にその分野に関する勉強をした。
　대한 공부를 했다.　　じ ぎょう はじ　まえ　　ぶん や　かん　　べんきょう

○ 그 사업을 위한 사전 조사가 필요했다.　その事業のための事前調査が必要だった。
　　　　　　　　　　じ ぜんちょうさ　ひつよう

○ 그 조사에는 기술, 경제, 재정에 관한　その調査には技術、経済、財政に関する調査が
　조사가 포함되었다.　　ちょうさ　　　ぎ じゅつ けいざい ざいせい かん　ちょうさ
　　　　　　　　　　含まれていた。
　　　　　　　　　　ふく

○ 그 가게를 열기 전에 근처에 경쟁 상대가　その店を開く前に、その辺りに競争相手がどれくらい
　몇이나 되는지 알아야 했다.　　みせ ひら　まえ　　　　あた　きょうそうあいて
　　　　　　　　　　いるか知っていなければならなかった。
　　　　　　　　　　し

○ 어느 정도의 사람들이 그 서비스를　どれくらいの人達がそのサービスを必要としているのか
　필요로 하는지 미리 조사했다.　　ひとたち　　　　　　　　　ひつよう
　　　　　　　　　　前もって、調査した。
　　　　　　　　　　まえ

○ 물건을 시장에 내놓기 전에 몇 가지　品物を市場に出す前に、いくつかの事前作業をした。
　사전 작업을 했다.　しなもの いち ば　だ　まえ　　　　　　じ ぜんさぎょう

사업 시작

○ 직원을 몇 명 고용했다.　職員を何人か雇用した。
　　　　　　　　　　しょくいん なんにん　こ よう

○ 모두에게 친절하라고 사원을 교육시켰다.　みんなに親切にしなさいと社員教育を行った。
　　　　　　　　　　しんせつ　　　　しゃいんきょういく おこな

○ 직원들이 열심히 일하지 않으면 즉시　職員が熱心に仕事をしなかったら、すぐに解雇する
　해고할 것이다.　しょくいん ねっしん し ごと　　　　　　　　かい こ
　　　　　　　　　　つもりだ。

○ 개업식에 친구들과 지인들을 초대했다.　開業式に友達と知人を招待した。
　　　　　　　　　　かいぎょうしき ともだち ち じん しょうたい

○ 가게 앞에 개업 광고 현수막을 걸었다.　店の前に開業宣伝の垂れ幕をかけた。
　　　　　　　　　　みせ まえ かいぎょうせんでん た まく

○ 많은 사람들이 개업을 축하하러 와 주었다.　多くの人々が開業を祝いに来てくれた。
　　　　　　　　　　おお　ひとびと かいぎょう いわ　き

○ 첫 거래는 성공적이었다.　初取引は成功だった。
　　　　　　　　　　はつとりひき　せいこう

○ 이번 달은 흑자이다.	今月は黒字だ。
○ 매출을 올렸다.	売り上げが伸びた。
○ 사업이 잘 돼서 확장했다.	事業がうまくいったので、拡張した。
○ 사업이 계속 번창하고 있다.	事業がずっと繁盛している。
○ 내가 예상했던 것보다 훨씬 많은 돈을 벌 수 있었다.	私が予想してたより、もっと多くのお金を稼ぐことができた。
○ 직원들을 관리하는 일이 사업에서 어려운 일 중 하나이다.	事業において、職員を管理することが難しい事のひとつだ。
○ 매달 말에 사원들에게 급여를 준다.	毎月月末に社員に給与をあげる。
○ 내 성공에 대해 겸손해야겠다.	私の成功について謙遜にならなければならない。

불경기

○ 지난 번 거래의 결과가 만족스럽지 않았다.	前回の取引の結果に満足できなかった。
○ 요즘은 경기가 매우 좋지 않다.	最近景気がとてもよくない。
○ 우리 가게는 불경기의 영향이 크다.	私達の店は不景気の影響が大きい。
○ 경기 불황으로 고전하고 있다.	景気不況で、苦戦している。
○ 이 불경기가 빨리 끝나기를 바란다.	この不景気が早く終わることを願う。
○ 경기 회복을 위해 무슨 조치를 취해야겠다.	景気回復のために、何か措置を取らなければならない。
○ 경기가 곧 회복되기를 바란다.	景気がすぐ回復することを願う。
○ 경기가 다시 좋아지고 있다.	景気が再びよくなってきている。
○ 회사가 오래 못 갈 것 같다.	会社が長くもたないような気がする。
○ 회사가 파산 직전이다.	会社が破産寸前だ。
○ 회사가 파산했다.	会社が破産した。
○ 회사가 폐업했다.	会社が廃業した。
○ 급기야는 회사가 문을 닫고 말았다.	とうとう会社が倒産してしまった。

DIARY 21

日本語が上手になるためには

7月6日　水曜日　雨

私達の国の人々は外国語の中でも、日本語は少し簡単に勉強できると思っている。その理由にはまず、英語と違って語順が同じで、漢字を通して、ある程度意味も見当がつくからではないかと思う。しかし、私はまず本格的に文法と会話の勉強をしてみて、「日本語もやはり外国語だな。」と感じた。うまく使いこなすためには、多くの努力が必要なようだ。最近は世界的にインターネットの技術がとても発達していて、日本のサイトに接続して情報を集めたり、インターネット通信などを利用する機会が本当に増えた。それから、日本人と直接対話する機会も多い。しかし、そういういい機会に私の思ったとおりに日本語を流暢に使うことができないときは、挫折感も感じる。短期間で日本語をマスターすることのできる魔法みたいな方法はないだろうか。周りの人たちに聞いても、外国語というのは一瞬にして、上達するのではないと言う。今からでも少しずつ根気よく日本語の勉強をしようと思う。

일본어를 잘하려면?

7월 6일, 수요일, 비

우리나라 사람들은 외국어 중에서 일본어는 좀 쉽게 공부할 수 있다고 생각한다. 그 이유로 우선은 영어와 달리 어순이 똑같고, 한자를 통해서 어느 정도 뜻도 짐작이 되기 때문이 아닐까 싶다. 하지만 나는 일단 본격적으로 문법과 회화 공부를 해 보고 "일본어도 역시 외국어였군!"하고 느꼈다. 능통하게 구사하기 위해서는 많은 노력이 필요한 것 같다. 요즘은 세계적으로 인터넷 기술이 너무나 발달해서 일본 사이트에 들어가서 정보를 찾거나, 인터넷 통신 등을 이용할 기회는 정말 많이 늘었다. 그리고, 일본인과 직접 대화할 기회도 많다. 하지만 이때 내 뜻대로 일본어를 유창하게 구사하지 못할 때는 좌절감도 느낀다. 단기간에 일본어에 통달하는 마술 같은 방법은 없을까? 주위에 물어 봐도 외국어라는 것은 하루 아침에 이루어지는 것이 아니라고 한다. 지금부터라도 조금씩 꾸준히 일본어 공부를 해야겠다.

NOTES

まず 우선｜違ちがって ~와 달리｜~からではないか ~ 때문이 아닐까｜うまく使つかいこなす 능통하게 구사하다｜情報じょうほうを集あつめたり 정보를 찾거나｜思おもったとおりに 뜻대로｜流暢りゅうちょうに使つかう 유창하게 구사하다｜根気こんきよく 꾸준히